KB167976

기본이론 단과강의 20% 할인쿠폰

A47DD833FCBEWKLA

해커스 주택관리사 사이트(house.Hackers.com)에 접속 후 로그인
▶ [나의 강의실 − 결제관리 − 쿠폰 확인] ▶ 본 쿠폰에 기재된 쿠폰번호 입력

1. 본 쿠폰은 해커스 주택관리사 동영상강의 사이트 내 2025년도 기본이론 단과강의 결제 시 사용 가능합니다.
2. 본 쿠폰은 1회에 한해 등록 가능하며, 다른 할인수단과 중복 사용 불가합니다.
3. 쿠폰사용기한 : **2025년 9월 30일** (등록 후 7일 동안 사용 가능)

무료 온라인 전국 실전모의고사 응시방법

해커스 주택관리사 사이트(house.Hackers.com)에 접속 후 로그인
▶ [수강신청 − 전국 실전모의고사] ▶ 무료 온라인 모의고사 신청

* 기타 쿠폰 사용과 관련된 문의는 해커스 주택관리사 동영상강의 고객센터(1588-2332)로 연락하여 주시기 바랍니다.

해커스 주택관리사 인터넷 강의 & 직영학원

인터넷 강의
1588-2332
house.Hackers.com

강남학원
02-597-9000
2호선 강남역 9번 출구

해커스 주택관리사

수많은 합격생들이 증명하는
해커스 스타 교수진

민법	관리실무	관계법규	시설개론	회계원리	관계법규
민희열	김성환	조민수	송성길	강양구	한종민

해커스를 통해 공인중개사 합격 후, 주택관리사에도 도전하여 합격했습니다.
환급반을 선택한 게 동기부여가 되었고, 1년 만에 동차합격과 함께 환급도 받았습니다.
해커스 커리큘럼을 충실하게 따라서 공부하니 동차합격할 수 있었고,
다른 분들도 해커스커리큘럼만 따라 학습하시면 충분히 합격할 수 있을 거라
생각합니다.

합격생 송*성 님

주택관리사를 준비하시는 분들은 해커스 인강과 함께 하면 반드시 합격합니다.
작년에 시험을 준비할 때 타사로 시작했는데 강의 내용이 어려워서 지인 추천을
받아 해커스 인강으로 바꾸고 합격했습니다. 해커스 교수님들은 모두 강의 실력이
1타 수준이기에 해커스로 시작하시는 것을 강력히 추천합니다.

합격생 송*섭 님

해커스 주택관리사

기본서

1차 회계원리

해커스 주택관리사

배정란

약력

현 | 해커스 주택관리사 회계원리 동영상강의 대표강사

전 | 한국법학원 회계원리 강사 역임
수원행정고시학원 공무원 회계학 강사 역임
에듀윌 회계원리 강사 역임
해커스 공무원 회계학 강사 역임
미래보험교육원 보험계리사 회계학 강사 역임

저서

주택단기 주택관리사 1차 기본서 회계원리, ST&BOOKS, 2016~2017
워밍업 기초회계, 신지원, 2017~2018
회계원리(기본서), 해커스패스, 2018~2025
회계원리(문제집), 해커스패스, 2018~2024
기초입문서(회계원리) 1차, 해커스패스, 2021~2025
핵심요약집(회계원리) 1차, 해커스패스, 2023~2024
기출문제집(회계원리) 1차, 해커스패스, 2022~2024

강양구

약력

현 | 해커스 주택관리사학원 회계원리 대표강사
해커스 주택관리사 회계원리 동영상강의 대표강사

전 | 7급 세무직 회계학, 주택관리사 회계원리, 감정평가사 회계학 강사 역임
박문각, 메가랜드, 새롬, EBS 공인중개사 강사 역임

저서

감정평가사 회계학, 한국고시회, 2001
주택관리사 회계원리, 한국고시회, 2000
공무원 회계학, 서울고시각, 2000

2025 해커스 주택관리사(보) 1차 기본서
회계원리

개정8판 1쇄 발행	2024년 8월 26일
지은이	배정란, 강양구, 해커스 주택관리사시험 연구소
펴낸곳	해커스패스
펴낸이	해커스 주택관리사 출판팀
주소	서울시 강남구 강남대로 428 해커스 주택관리사
고객센터	1588-2332
교재 관련 문의	house@pass.com
	해커스 주택관리사 사이트(house.Hackers.com) 1:1 수강생 상담
학원강의 및 동영상강의	house.Hackers.com
ISBN	979-11-7244-297-2(13320)
Serial Number	08-01-01

주택관리사 시험 전문,
해커스 주택관리사 house.Hackers.com

ᴛ̄ᴛ̄ 해커스 주택관리사

- 해커스 주택관리사학원 및 인터넷강의
- 해커스 주택관리사 무료 온라인 전국 실전모의고사
- 해커스 주택관리사 무료 학습자료 및 필수 합격정보 제공
- 해커스 주택관리사 동영상 기본이론 단과강의 20% 할인쿠폰 수록

주택관리사 합격을 위한 `필수 기본서`
기초부터 실전까지 **한 번에!**

정보화와 세계화를 통해 국경 없이 거래가 이루어지면서 전 세계에 걸쳐 있는 수많은 투자자들이 좀 더 신뢰성 있는 정보를 요구하게 되었습니다. 그로 인하여 국제적인 합의가 이루어지게 되었고 우리나라도 이러한 변화에 맞추어 2011년부터 국제회계기준(IFRS: International Financial Reporting Standards)을 적용하게 되었습니다. 한국채택국제회계기준을 적용하게 되면서 전 세계적인 회계처리기준의 단일화에 참여하게 된 것입니다.

한국채택국제회계기준을 고려한 해커스 주택관리사(보) 회계원리는 다음과 같은 사항에 역점을 두고 구성 하였습니다.

1 생소하고 난해한 국제회계기준 중 회계원리에 반영되어야 할 내용들을 이해하기 쉽게 서술하였습니다.

2 표와 주석 등을 활용하여 회계원리의 기본개념을 효율적으로 정리할 수 있도록 구성하였습니다.

3 실전에 대비할 수 있도록 주택관리사(보)의 최신 기출문제뿐만 아니라 유사 관련 시험의 출제경향을 반영한 객관식 문제를 수록하였습니다.

회계원리는 수험생 여러분의 성실함이 뒷받침되어야 하는 과목입니다. 기본이론 과정을 학습할 때에는 단원별로 본문에 있는 예제를 직접 풀어 보면서 본문 내용을 바로 정리하고, 마무리단계의 문제풀이 과정을 통하여 내용과 관련된 기출유형을 완전히 숙지하는 것이 중요합니다.

눈이 아닌 손으로 직접 문제를 풀면서 기본원리를 익히는 연습을 꾸준히 한다면 그 노력에 비례하여 회계 실력이 향상될 것입니다.

더불어 주택관리사 시험 전문 해커스 주택관리사(house.Hackers.com)에서 학원강의나 인터넷 동영상 강의를 함께 이용하여 꾸준히 공부한다면 학습효과를 극대화할 수 있습니다.

주택관리사(보) 합격의 길라잡이가 될 수 있는 좋은 수험서를 만들 수 있도록 의욕을 가지고 시작하였으나 분주한 일정과 학문적 부족으로 아쉬움이 남습니다. 부족한 부분은 온라인 카페나 해커스 홈페이지를 통해 보완해 나갈 것을 약속드리며, 끝으로 좋은 교재의 출간을 위해 힘써주신 해커스 편집팀 여러분께 진심으로 감사드립니다.

2024년 8월
배정란, 강양구, 해커스 주택관리사시험 연구소

이 책의 차례

이 책의 특징

1 합격의 완성, 2025 주택관리사(보) 합격을 위한 필수 기본서

2025년도 제28회 주택관리사(보) 시험 대비를 위한 필수 기본서로서 꼭 필요한 기본이론을 엄선하여 수록하고, 보다 효율적인 학습이 가능하도록 구성하였습니다. 또한 기출문제와 중요 지문을 풍부하게 수록하여 기초부터 실전 대비까지 한 번에 완성할 수 있도록 하였습니다.

2 기본기를 탄탄하게 다지는 체계적인 학습구성

단원열기 PART(미리보기)

이론학습 전 전체적인 흐름을 파악하고 중점을 두고 학습하여야 하는 부분을 미리 확인할 수 있도록 각 단원의 목차와 출제포인트를 연계하여 구성하였습니다. 여기에 '단원길라잡이'를 구체적으로 제시하여 앞으로의 학습방향을 효율적으로 세울 수 있도록 하였습니다.

기본이론 PART(이해하기)

기초용어부터 심화이론까지 풍부한 내용을 효과적으로 이해할 수 있도록 다양한 학습장치를 수록하였습니다. 이를 통하여 이론을 차근차근 학습할 수 있으며, 실제 출제경향을 엿볼 수 있는 요소들을 적절히 배치하여 주택관리사(보) 시험에 최적한 학습이 이루어지도록 하였습니다.

단원마무리 PART(점검하기)

완성도 높은 마무리학습을 할 수 있도록 앞서 공부한 내용을 되짚어 볼 수 있는 '2단계 마무리 STEP'을 수록하였습니다. 출제빈도가 높은 지문들을 다시 한 번 점검하고, 다양한 유형의 문제를 통하여 실제 시험이 어떻게 출제되는지를 확인함으로써 학습성과를 점검할 수 있도록 하였습니다.

3 최신 개정법령 및 출제경향 반영

최신 개정법령 및 시험 출제경향을 철저하게 분석하여 이론과 문제에 모두 반영하였습니다. 또한 기출문제의 경향과 난이도가 충실히 반영된 문제들을 수록하여 주택관리사(보) 시험의 최신 경향을 익히고 실전에 충분히 대비할 수 있도록 하였습니다.

4 전략적 학습을 위한 3주/8주 완성 학습플랜 제공

학습자의 수준과 상황에 따라 활용할 수 있는 3주/8주 완성 학습플랜을 수록하였습니다. 개인의 전략에 맞춰 과목별 3주 완성 학습플랜과 전 과목 8주 완성 학습플랜 중 선택하여 학습할 수 있도록 구성하였으며, 제시된 학습플랜에 따라 매일 계획적으로 학습하여 공부의 흐름을 놓치지 않도록 하였습니다.

5 학습효과의 극대화를 위한 명쾌한 온·오프라인 강의 제공(house.Hackers.com)

체계적으로 학습하여 한 번에 합격을 이루고자 하는 학습자들을 위하여 해커스 주택관리사학원에서는 주택관리사 전문 교수진의 쉽고 명쾌한 강의를 제공하고 있습니다. 해커스 주택관리사(house.Hackers.com)에서는 학원강의를 온라인으로 학습할 수 있도록 동영상강의를 제공하고 있으며, 1:1 학습문의를 통하여 교수님에게 직접 질문하고 답변을 받으며 현장강의를 듣는 것과 같은 학습효과를 얻을 수 있습니다.

6 다양한 무료 학습자료 및 필수 합격정보 제공(house.Hackers.com)

해커스 주택관리사(house.Hackers.com)에서는 제27회 기출문제 동영상 해설강의, 무료 온라인 전국 실전모의고사 그리고 각종 무료 강의 등 다양한 무료 학습자료와 시험안내자료, 시험 가이드 등 필수 합격정보를 무료로 제공하고 있습니다. 이러한 유용한 자료와 정보들을 효과적으로 얻어 시험 관련 내용에 빠르게 대처할 수 있도록 하였습니다.

이 책의 구성

01 눈에 쏙! 흐름분석

단원별 출제비중과 구조 등을 시각적으로 제시하여 본격적으로 이론학습을 시작하기 전 단원의
출제경향과 흐름파악을 통한 전략적인 학습이 가능하도록 하였습니다.

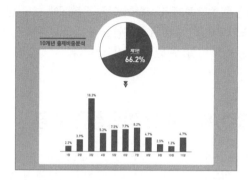

10개년 출제비중분석

최근 10개년의 출제비중을 시각적으로 제시하여
이론학습 전에 해당 편·장의 출제비중을 한눈에
확인할 수 있도록 하였습니다.

목차 내비게이션 / 단원길라잡이

'목차 내비게이션'을 통하여 학습하고 있는 편의
구조와 장의 위치 및 구성을 파악할 수 있으며, '단
원길라잡이'를 통하여 중점적으로 학습하여야 할
핵심 내용을 먼저 확인한 후 학습의 방향을 잡을
수 있도록 하였습니다.

02 개념 쏙! 이론학습

학습에 도움을 줄 수 있는 다양한 코너를 마련하여 출제가 예상되는 중요 이론을 효과적으로
정리하고 실력을 쌓을 수 있도록 하였습니다.

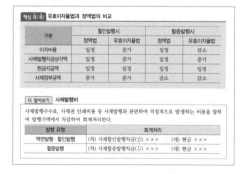

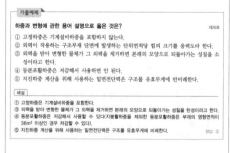

핵심 콕! 콕! / 더 알아보기

'핵심 콕! 콕!'을 통하여 출제 가능성이 높은 중요
이론을 확실히 이해하고 정리할 수 있도록 하였고,
'더 알아보기'를 통하여 이론을 더욱 충실히 학습
할 수 있도록 하였습니다.

기출예제

'기출예제'를 통하여 이론이 실제로 어떻게 출제되
는지 바로 확인하며 출제유형을 파악하고, 이론에
대한 이해도를 높일 수 있도록 하였습니다.

03

실력 쏙! 확인학습

시험 출제경향과 난이도를 충실히 반영한 2단계 단원마무리를 통하여 학습한 내용을 확실히 점검하고 실전에 충분히 대비할 수 있도록 하였습니다.

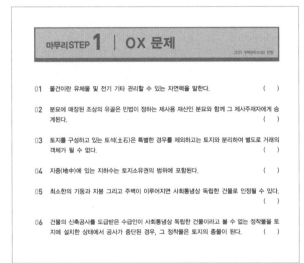

마무리STEP 1 OX 문제

출제빈도가 높은 중요 지문으로 구성된 OX 문제를 단원별로 제공하여 중요 내용을 다시 한 번 확인할 수 있도록 하였습니다.

마무리STEP 2 확인문제

해당 단원에서 자주 출제되는 기출문제를 엄선하여 수록하였으며, 기출유형 분석으로 출제 가능성이 높은 예상문제를 수록하여 실전에 충실히 대비할 수 있도록 하였습니다.

주택관리사(보) 안내

주택관리사(보)의 정의

주택관리사(보)는 공동주택을 안전하고 효율적으로 관리하고 공동주택 입주자의 권익을 보호하기 위하여 운영·관리·유지·보수 등을 실시하고 이에 필요한 경비를 관리하며, 공동주택의 공용부분과 공동소유인 부대시설 및 복리시설의 유지·관리 및 안전관리 업무를 수행하기 위하여 주택관리사(보) 자격시험에 합격한 자를 말합니다.

주택관리사의 정의

주택관리사는 주택관리사(보) 자격시험에 합격한 자로서, 다음의 어느 하나에 해당하는 경력을 갖춘 자로 합니다.

① 사업계획승인을 받아 건설한 50세대 이상 500세대 미만의 공동주택(「건축법」 제11조에 따른 건축허가를 받아 주택과 주택 외의 시설을 동일 건축물로 건축한 건축물 중 주택이 50세대 이상 300세대 미만인 건축물을 포함)의 관리사무소장으로 근무한 경력이 3년 이상인 자
② 사업계획승인을 받아 건설한 50세대 이상의 공동주택(「건축법」 제11조에 따른 건축허가를 받아 주택과 주택 외의 시설을 동일 건축물로 건축한 건축물 중 주택이 50세대 이상 300세대 미만인 건축물을 포함)의 관리사무소 직원(경비원, 청소원, 소독원은 제외) 또는 주택관리업자의 직원으로 주택관리 업무에 종사한 경력이 5년 이상인 자
③ 한국토지주택공사 또는 지방공사의 직원으로 주택관리 업무에 종사한 경력이 5년 이상인 자
④ 공무원으로 주택 관련 지도·감독 및 인·허가 업무 등에 종사한 경력이 5년 이상인 자
⑤ 공동주택관리와 관련된 단체의 임직원으로 주택 관련 업무에 종사한 경력이 5년 이상인 자
⑥ ①~⑤의 경력을 합산한 기간이 5년 이상인 자

주택관리사 전망과 진로

주택관리사는 공동주택의 관리·운영·행정을 담당하는 부동산 경영관리분야의 최고 책임자로서 계획적인 주택관리의 필요성이 높아지고, 주택의 형태 또한 공동주택이 증가하고 있는 추세로 볼 때 업무의 전문성이 높은 주택관리사 자격의 중요성이 높아지고 있습니다.
300세대 이상이거나 승강기 설치 또는 중앙난방방식의 150세대 이상 공동주택은 반드시 주택관리사 또는 주택관리사(보)를 채용하도록 의무화하는 제도가 생기면서 주택관리사(보)의 자격을 획득 시 안정적으로 취업이 가능하며, 주택관리시장이 확대됨에 따라 공동주택관리업체 등을 설립·운영할 수도 있고, 주택관리법인에 참여하는 등 다양한 분야로의 진출이 가능합니다.
공무원이나 한국토지주택공사, SH공사 등에 근무하는 직원 및 각 주택건설업체에서 근무하는 직원의 경우 주택관리사(보) 자격증을 획득하게 되면 이에 상응하는 자격수당을 지급받게 되며, 승진에 있어서도 높은 고과점수를 받을 수 있습니다.
정부의 신주택정책으로 주택의 관리측면이 중요한 부분으로 부각되고 있는 실정이므로, 앞으로 주택관리사의 역할은 더욱 중요해질 것입니다.

① 공동주택, 아파트 관리소장으로 진출
② 아파트 단지 관리사무소의 행정관리자로 취업
③ 주택관리업 등록업체에 진출
④ 주택관리법인 참여
⑤ 주택건설업체의 관리부 또는 행정관리자로 참여
⑥ 한국토지주택공사, 지방공사의 중견 간부사원으로 취업
⑦ 주택관리 전문 공무원으로 진출

주택관리사의 업무

구분	분야	주요업무
행정관리업무	회계관리	예산편성 및 집행결산, 금전출납, 관리비 산정 및 징수, 공과금 납부, 회계상의 기록유지, 물품구입, 세무에 관한 업무
	사무관리	문서의 작성과 보관에 관한 업무
	인사관리	행정인력 및 기술인력의 채용·훈련·보상·통솔·감독에 관한 업무
	입주자관리	입주자들의 요구·희망사항의 파악 및 해결, 입주자의 실태파악, 입주자간의 친목 및 유대 강화에 관한 업무
	홍보관리	회보발간 등에 관한 업무
	복지시설관리	노인정·놀이터 관리 및 청소·경비 등에 관한 업무
	대외업무	관리·감독관청 및 관련 기관과의 업무협조 관련 업무
기술관리업무	환경관리	조경사업, 청소관리, 위생관리, 방역사업, 수질관리에 관한 업무
	건물관리	건물의 유지·보수·개선관리로 주택의 가치를 유지하여 입주자의 재산을 보호하는 업무
	안전관리	건축물설비 또는 작업에서의 재해방지조치 및 응급조치, 안전장치 및 보호구설비, 소화설비, 유해방지시설의 정기점검, 안전교육, 피난훈련, 소방·보안경비 등에 관한 업무
	설비관리	전기설비, 난방설비, 급·배수설비, 위생설비, 가스설비, 승강기설비 등의 관리에 관한 업무

주택관리사(보) 시험안내

응시자격

1. 응시자격: 연령, 학력, 경력, 성별, 지역 등에 제한이 없습니다.
2. 결격사유: 시험시행일 현재 다음 중 어느 하나에 해당하는 사람은 주택관리사 등이 될 수 없으며, 그 자격이 상실됩니다.
   - 피성년후견인 또는 피한정후견인
   - 파산선고를 받은 사람으로서 복권되지 아니한 사람
   - 금고 이상의 실형을 선고받고 그 집행이 끝나거나(집행이 끝난 것으로 보는 경우 포함) 집행이 면제된 날부터 2년이 지나지 아니한 사람
   - 금고 이상의 형의 집행유예를 선고받고 그 유예기간 중에 있는 사람
   - 주택관리사 등의 자격이 취소된 후 3년이 지나지 아니한 사람
3. 주택관리사(보) 자격시험에 있어서 부정한 행위를 한 응시자는 그 시험을 무효로 하고, 당해 시험시행일로부터 5년간 시험 응시자격을 정지합니다.

시험과목

구분	시험과목	시험범위
1차 (3과목)	회계원리	세부과목 구분 없이 출제
	공동주택시설개론	• 목구조 · 특수구조를 제외한 일반 건축구조와 철골구조, 장기수선계획 수립 등을 위한 건축적산 • 홈네트워크를 포함한 건축설비개론
	민법	• 총칙 • 물권, 채권 중 총칙 · 계약총칙 · 매매 · 임대차 · 도급 · 위임 · 부당이득 · 불법행위
2차 (2과목)	주택관리관계법규	다음의 법률 중 주택관리에 관련되는 규정 「주택법」, 「공동주택관리법」, 「민간임대주택에 관한 특별법」, 「공공주택 특별법」, 「건축법」, 「소방기본법」, 「소방시설 설치 및 관리에 관한 법률」, 「화재의 예방 및 안전관리에 관한 법률」, 「승강기 안전관리법」, 「전기사업법」, 「시설물의 안전 및 유지관리에 관한 특별법」, 「도시 및 주거환경정비법」, 「도시재정비 촉진을 위한 특별법」, 「집합건물의 소유 및 관리에 관한 법률」
	공동주택관리실무	시설관리, 환경관리, 공동주택 회계관리, 입주자관리, 공동주거관리이론, 대외업무, 사무 · 인사관리, 안전 · 방재관리 및 리모델링, 공동주택 하자관리(보수공사 포함) 등

* 시험과 관련하여 법률 · 회계처리기준 등을 적용하여 정답을 구하여야 하는 문제는 시험시행일 현재 시행 중인 법령 등을 적용하여 그 정답을 구하여야 함
* 회계처리 등과 관련된 시험문제는 한국채택국제회계기준(K-IFRS)을 적용하여 출제됨

시험시간 및 시험방법

구분	시험과목 수		입실시간	시험시간	문제형식
1차 시험	1교시	2과목(과목별 40문제)	09:00까지	09:30~11:10(100분)	객관식 5지 택일형
	2교시	1과목(과목별 40문제)		11:40~12:30(50분)	
2차 시험	2과목(과목별 40문제)		09:00까지	09:30~11:10(100분)	객관식 5지 택일형 (과목별 24문제) 및 주관식 단답형 (과목별 16문제)

*주관식 문제 괄호당 부분점수제 도입
 1문제당 2.5점 배점으로 괄호당 아래와 같이 부분점수로 산정함
 • 3괄호: 3개 정답(2.5점), 2개 정답(1.5점), 1개 정답(0.5점)
 • 2괄호: 2개 정답(2.5점), 1개 정답(1점)
 • 1괄호: 1개 정답(2.5점)

원서접수방법

1. 한국산업인력공단 큐넷 주택관리사(보) 홈페이지(www.Q-Net.or.kr/site/housing)에 접속하여 소정의 절차를 거쳐 원서를 접수합니다.
2. 원서접수 시 최근 6개월 이내에 촬영한 탈모 상반신 사진을 파일(JPG 파일, 150×200픽셀)로 첨부하여 인터넷 회원가입 후 접수합니다.
3. 응시수수료는 1차 21,000원, 2차 14,000원(제27회 시험 기준)이며, 전자결제(신용카드, 계좌이체, 가상계좌) 방법을 이용하여 납부합니다.

합격자 결정방법

1. 제1차 시험: 과목당 100점을 만점으로 하여 모든 과목 40점 이상이고, 전 과목 평균 60점 이상의 득점을 한 사람을 합격자로 합니다.
2. 제2차 시험
   • 1차 시험과 동일하나, 모든 과목 40점 이상이고 전 과목 평균 60점 이상의 득점을 한 사람의 수가 선발예정인원에 미달하는 경우 모든 과목 40점 이상을 득점한 사람을 합격자로 합니다.
   • 2차 시험 합격자 결정 시 동점자로 인하여 선발예정인원을 초과하는 경우 그 동점자 모두를 합격자로 결정하고, 동점자의 점수는 소수점 둘째 자리까지만 계산하며 반올림은 하지 않습니다.

최종합격자 발표

시험시행일로부터 1차 약 1달 후, 2차 약 2달 후 한국산업인력공단 큐넷 주택관리사(보) 홈페이지(www.Q-Net.or.kr/site/housing)에서 확인 가능합니다.

학습플랜

8주 완성 학습플랜

- 일주일 동안 3과목을 번갈아 학습하여, 8주에 걸쳐 1차 과목을 1회독할 수 있는 학습플랜입니다.
- 주택관리사(보) 시험 공부를 처음 시작하는 수험생, 학원강의 커리큘럼에 맞추어 공부하는 수험생에게 추천합니다.

구분	월 회계원리	화 공동주택 시설개론	수 민법	목 회계원리	금 공동주택 시설개론	토 민법
1주차	1편 1장	1편 1장	1편 1장~ 3장 2절 1관	1편 2장	1편 2장	1편 3장 2절 2관~3절
2주차	1편 3장	1편 3장	1편 3장 문제~4장	1편 4장	1편 4장	1편 5장 1절~ 5장 본문
3주차	1편 5장	1편 5장~6장	1편 5장 문제~7절	1편 6장~7장	1편 7장~8장	1편 5장 8절~6장
4주차	1편 8장	1편 9장~10장	1편 7장	1편 9장	1편 11장~12장	2편 1장~2장
5주차	1편 10장	2편 1장	2편 3장 본문	1편 11장~12장	2편 2장~3장	2편 3장 문제~4장
6주차	1편 13장~14장	2편 4장~5장	2편 5장	1편 15장	2편 6장	3편 1장~ 3장 본문
7주차	2편 1장~2장	2편 7장	3편 3장 문제~5장	2편 3장~4장	2편 8장 1절~4절	3편 6장~ 4편 2장 3절
8주차	2편 5장~6장	2편 8장 5절~8절	4편 2장 4절~ 3장 2절	2편 7장~9장	2편 9장~10장	4편 3장 3절~5장

3주 완성 학습플랜 - [회계원리]

• 한 과목을 3주에 걸쳐 1회독할 수 있는 학습플랜입니다.
• 한 과목씩 집중적으로 공부하고 싶은 수험생에게 추천합니다.

구분	월	화	수	목	금	토
1주차	1편 1장	1편 2장	1편 3장	1편 4장 1절~6절	1편 4장 7절~ 5장 3절	1편 5장 4절~7절
2주차	1편 6장~ 7장 1절	1편 7장 2절~ 8장 3절	1편 8장 4절~ 9장 1절	1편 9장 2절~ 10장 4절	1편 10장 5절~ 12장 3절	1편 12장 4절~13장
3주차	1편 14장	1편 15장	2편 1장~2장	2편 3장~4장	2편 5장~6장	2편 7장~9장

학습플랜 이용 Tip

• 본인의 학습 진도와 상황에 적합한 학습플랜을 선택한 후, 매일·매주 단위의 학습량을 확인합니다.
• 목표한 분량을 완료한 후에는 ☑과 같이 체크하며 학습 진도를 스스로 점검합니다.

[1회독 시]
• 8주 완성 학습플랜에 따라 학습합니다.
• 처음부터 완벽하게 이해하려 하기보다는 용어와 흐름을 파악한다는 생각으로 학습하는 것이 좋습니다.
• 본문의 별색으로 표시된 부분을 위주로 이해하고, 이론과 연계된 기출문제를 확인하며 주요 내용을 파악합니다.

[2회독 시]
• 8주 완성 학습플랜에 따라 학습하되 1회독에서 이해한 내용을 바탕으로 체계를 잡고 주요 내용을 요약하며 학습합니다.
• '핵심 콕! 콕!'을 중심으로 중요한 내용의 체계를 잡고, 기출예제를 통하여 주요 내용을 점검하며 빈출되는 출제포인트를 익힙니다.

[3회독 시]
• 과목별 학습 진도와 상황을 고려하여 8주 완성 또는 3주 완성 학습플랜에 따라 학습합니다.
• 2회독까지 정리한 내용을 단원마무리 문제에 적용하여 출제경향을 파악하고 실전감각을 익히며 중요한 부분을 선별해 집중 학습하도록 합니다.

출제경향분석 및 수험대책

제27회(2024년) 시험 총평

제27회 시험은 그동안 출제되었던 기본형 문제가 많이 출제되어 평소에 교재와 강의에 충실했다면 목표하는 점수를 무난하게 획득했을 것입니다. 원가·관리회계의 경우 최근 경향과 유사하게 제품원가계산보다 관리적 의사결정 부분이 좀 더 비중이 높았고, 난이도는 대부분 이전보다 다소 낮아져서 계산문제의 복잡성이 최근 출제경향보다 덜한 기본형 문제가 출제되었습니다.

전반적으로 최근 출제경향과 동일하게 각각 32문항(80%), 8문항(20%)이 전 영역에서 출제되었고, 계산형 문제는 25문항(62.5%)으로 비계산형 문제 15문항(37.5%)보다 여전히 높은 비율로 출제되었습니다.

기본개념에 대한 철저한 이해와 부단한 연습을 통해 기본형 문제 및 심화문제에 대한 응용력을 갖추는 것이 매우 중요한 시험이었다고 볼 수 있습니다

제27회(2024년) 출제경향분석

	구분	제18회	제19회	제20회	제21회	제22회	제23회	제24회	제25회	제26회	제27회	계	비율(%)
재무회계	회계와 회계정보	1		1	1	2	2	2	2	2	2	15	3.75
	회계의 순환과정	3	3	2	3	3	2	2	3	2		23	5.75
	금융자산 I: 현금과 수취채권	2	2	2	4	5	4	4	3	2	3	31	7.75
	재고자산	4	4	2	4	4	4	5	5	4	4	40	10
	유형자산	4	4	5	5	6	4	4	3	4	3	42	10.5
	무형자산	1	1	1		1	1	1			1	7	1.75
	금융자산II, 관계기업투자, 투자부동산	2	3	3	2	4	1	1	3	3		25	6.25
	부채	3	3	3	2	2	2	3	1	3	3	25	6.25
	자본	1	3	2	1	2	2	1	4	2	2	20	5
	수익과 비용	2	2	1	1		2	1	2	2	2	15	3.75
	회계변경과 오류수정				2	1		1				4	1
	재무제표의 표시	4	2	4	1		3	3	1	2	3	23	5.75
	현금흐름표	1	1	3	3		1	2	2	1	2	16	4
	재무제표 분석	2	2	2	2	1	2		1	2	2	16	4
	재무보고를 위한 개념체계	2	2	1	1	1	2	2	2	3	2	18	4.5
원가·관리회계	원가회계의 기초			1	1							2	0.5
	원가흐름과 집계	1		1	1		1	1	1	1	1	8	2
	원가배분	1	2	2			1	1		1	1	10	2.5
	개별원가계산과 활동기준원가계산		1			1					1	3	0.75
	종합원가계산과 결합원가계산	1	1	1			1	1	1	1	1	8	2
	원가추정과 CVP분석	1	1	1	2	3	2	2	2	1	1	16	4
	전부원가계산과 변동원가계산	1	1				1	1	1	1	1	7	1.75
	표준원가 차이분석	1	1	1	1	1	1	1	1	1	1	10	2.5
	기타의 관리회계	2	1	1	2	2	2	1	1	2	2	16	4
	총계	40	40	40	40	40	40	40	40	40	40	400	100

❶ 재무회계의 경우 재고자산, 유형자산, 금융자산, 부채 그리고 재무제표의 표시 등에서 3문항 이상씩 빈도 높게 출제되었고, 최근까지 꾸준히 출제되었던 회계순환과정에서 결산 관련 문제가 출제되지 않았습니다.

❷ 원가 · 관리회계의 경우 최근 경향과 유사하게 제품원가계산에서 3문항이 출제되고, 관리적 의사결정에서 5문항이 출제되어 관리회계의 비중이 지속적으로 높아지는 추세이지만, 최근 기출유형과 비교해 보면 기본에 충실한 평이한 문제유형이 출제되고 있습니다.

제28회(2025년) 수험대책

최근 출제경향을 종합적으로 살펴보면 재무회계와 원가 · 관리회계의 출제비중과 계산형 문제와 비계산형 문제의 비중이 일관성 있게 출제되고 있습니다. 연도별 출제 난이도는 어느 정도 차이가 존재하지만 회계과목의 특성상 지속적인 연습을 통한 문제풀이가 훈련되지 않으면 쉬운 문제라 할지라도 제한된 시간에 실력을 발휘하기가 어렵습니다. 따라서 회계는 기초입문 과정부터 회계원리 전 과정까지 기본개념을 이해하고 신속한 풀이를 위해 반복연습에 대한 훈련이 필요합니다.

❶ 재무회계

2024년 제27회 기출문제에서 확인한 바와 같이 최근 출제경향은 연도별로 난이도의 차이는 존재하지만, 그동안 반복적으로 출제되는 문제유형이 있다는 점에 집중하고, 반복연습을 통해 자주 출제되는 기출패턴을 익히도록 노력해야 합니다. 응용문제학습은 그 다음입니다.

연도별로 차이는 존재하지만 꾸준히 높은 출제비중을 나타내고 있는 회계의 기초와 회계순환과정, 자산, 부채, 재무제표 표시 · 분석 및 개념체계 등과 관련된 단원은 충분히 학습하고, 나머지 단원들은 기존의 기출유형을 중심으로 정리합니다. 난이도는 연도별로 차이가 있고, 응용문제로 심화된 문제가 다소 출제되기도 하지만 대부분의 문제는 자주 접한 기본형이므로 이를 제한된 시간에 정확하게 풀 수 있도록 해야 합니다. 따라서 기본이론의 이해가 선행되고 이를 바탕으로 유형별 기출문제와 다양한 유형의 문제를 반복학습하여 제한된 시간에 정확하게 풀 수 있도록 계산능력을 갖추어야 합니다.

❷ 원가 · 관리회계

제21회 시험 이후부터 출제경향을 살펴보면, 제품원가계산보다 관리적 의사결정 부분인 6장 이후의 출제비중이 1문항 정도 더 출제되고 있습니다. 6장 이후는 공헌이익적 사고에 대한 완전한 이해와 이와 관련된 문제유형들에 대한 충분한 풀이연습을 통해 계산능력을 높이도록 합니다. 최근까지 안정적인 출제경향을 보이고 있는 원가흐름과 집계, 원가배분, 종합원가계산, 원가추정과 CVP분석, 표준원가 차이분석, 단기적 특수의사결정 및 예산 등은 철저한 학습이 요구됩니다.

회계는 무엇보다 수험생 여러분의 성실함이 요구되는 과목입니다. 눈으로만 하는 학습이 아닌 눈과 손이 함께 이해하고 연습해야 합니다.

2025 해커스 주택관리사(보)
house.Hackers.com

10개년 출제비중분석

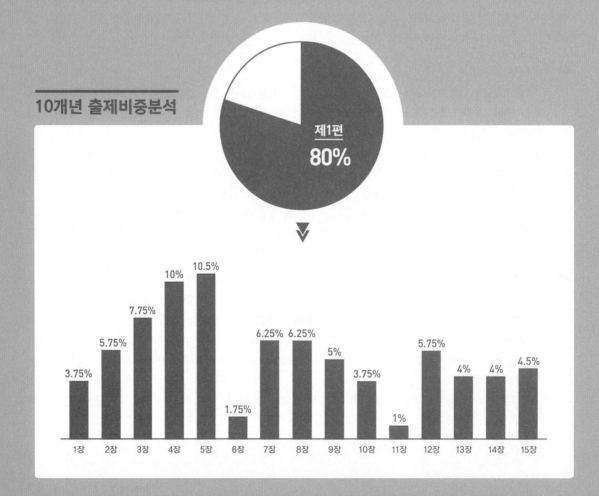

제1편
80%

1장	2장	3장	4장	5장	6장	7장	8장	9장	10장	11장	12장	13장	14장	15장
3.75%	5.75%	7.75%	10%	10.5%	1.75%	6.25%	6.25%	5%	3.75%	1%	5.75%	4%	4%	4.5%

제1편

재무회계

제 1 장 회계와 회계정보

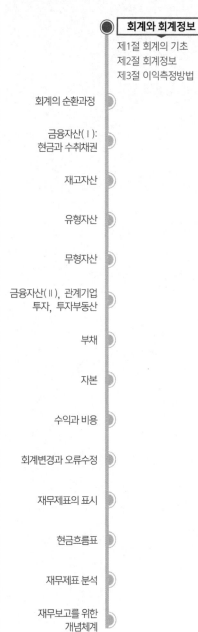

📖 단원길라잡이

정보의 제공 관점에서 회계의 정의를 이해하고, 재무상태정보와 경영성과정보를 개략적으로 파악하는 것이 중요하다. 1~2문항 정도 출제되고 있으며, 감사의견의 종류와 당기순손익의 측정에 대한 출제비중이 높으므로 기출된 문제유형을 명확히 이해하고 계산능력을 키워야 한다.

🔍 출제포인트

- 회계의 의의, 기능
- 감사의견의 이해와 구분
- 재무상태정보와 경영성과정보의 구분
- 자본계정을 활용한 당기순손익의 측정

제1절 회계의 기초

01 회계의 정의

우리는 경제활동에서 발생하는 사건을 기록함으로써 돈에 대한 계산을 하고 있다. 즉, 과거의 경제사건에 대한 반성과 미래의 합리적인 의사결정들을 하기 위하여 기록을 하게 되는 것이다. 따라서 이익창출을 추구하는 기업의 경우 기록은 더욱 중요하다고 볼 수 있다.

과거의 회계는 장부기입을 의미하는 부기에 기초하여 정의하였다. 그러나 현대사회는 기업의 기록을 통해 얻어지는 회계정보를 알고 싶어하는 정보수요자들이 늘어남에 따라 최근 회계는 장부를 기록하여 회계정보를 생산하는 것에 좀 더 확장하여 정보의 제공 관점에서 정의하고 있다. 회계는 '정보이용자가 합리적인 판단이나 의사결정을 할 수 있도록 유용한 경제적 정보를 식별·측정·전달하는 과정'이다. 즉, 기업이 제공하는 회계정보가 정보이용자의 합리적 의사결정을 할 수 있게 돕는 정보시스템을 말한다. 이와 같은 유용한 회계정보는 한정된 경제적 자원을 효율적으로 기업에 배분하는 기능과, 수탁받은 경영의 성과를 보고하는 사회적 기능을 갖는다.

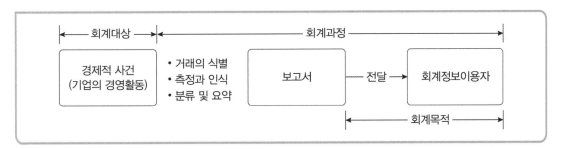

더 알아보기 ── 부기란 무엇일까?

부기란 **'장부기입'**의 약칭으로, 기업의 영업활동에 따른 **재산의 변동사항**을 체계적으로 **기록·계산·정리하는 방법(기술)**으로서 해당 원인과 결과를 명백히 밝히는 절차를 말한다. 즉, 기록의 방법 및 기술을 의미하며 회계정보(예 매출액, 이자수익, 급여 등)를 생산하는 역할을 담당한다. 이와 같은 기록의 방법은 재산의 증감 변화를 일정한 원리 없이 결과만 한 번 기록하는 방법을 나타내는 단식부기와, 일정한 원리에 따라 원인과 결과를 양면성(이중성)에 의하여 기록하는 복식부기로 구분된다. 부기라 함은 일반적으로 복식부기를 의미한다.

다음 중 회계의 가장 기본적인 기능에 해당되는 것은?

① 재무제표 분석　　　　　　　　　② 인식 및 측정, 전달
③ 내부통제 및 계획　　　　　　　　④ 수탁책임 이행 여부의 평가
⑤ 예산 수립과 의사결정

해설

인식 및 측정, 전달은 회계의 기본적인 기능이고, 나머지는 부수적인 기능이다.　　　　　　정답: ②

02 회계정보이용자

기업과 이해관계를 갖고 있는 사람들은 기업의 회계정보를 이용하려고 한다. 이들을 이해관계자 또는 회계정보이용자라고 하는데, 정보이용자들은 서로 다른 다양한 정보를 요구한다.

(1) 투자자

자본시장에서 투자자는 주식의 시세차익이나 배당수익을 얻기 위해 지분에 참여한다. 따라서 매수 · 보유 · 매도에 관한 현재 또는 미래의 투자의사결정과 관련하여 투자위험 및 투자수익을 평가할 수 있는 정보를 필요로 한다.

(2) 채권자

공급자 등의 거래 채권자는 기업의 기일 내 지급능력을 판단하기 위한 정보를 필요로 한다. 따라서 기업의 회계정보를 기초로 기업의 부채상환 가능성을 분석한다.

(3) 종업원

종업원은 급여와 퇴직금 등의 지급능력을 평가할 수 있는 정보를 필요로 하며, 기업의 안정성과 수익성에 관심이 있다.

(4) 고객

고객은 해당 기업과 장기간 거래관계를 유지하고 있거나 그 의존도가 높은 경우에 해당 기업의 존속가능성에 대한 정보에 관심을 갖는다.

(5) 정부기관

정부기관은 기업활동에 대한 각종 규제와 관리를 한다. 즉, 자원의 효율적 배분을 위한 정책 입안, 기업활동의 규제, 조세정책의 결정, 기타 경제활동 관련 통계를 위하여 기업의 회계정보를 활용한다.

(6) 일반대중

일반대중은 재무제표를 통해서 기업의 성장추세, 최근 동향, 활동범위, 기업이 지역경제에 미치는 영향 등을 평가할 수 있는 회계정보를 얻을 수 있다.

03 회계의 분류

일반적으로 회계는 보고의 대상과 목적에 따라 재무회계와 관리회계로 분류된다.

(1) 재무회계

재무회계는 외부정보이용자에게 재무정보를 제공하는 회계를 말한다. 보고대상이 특정 이용자가 아니므로 일반목적의 재무보고서를 일정한 회계원칙에 따라 작성한다.

(2) 관리회계

관리회계는 내부정보이용자에게 의사결정을 위한 정보를 제공하는 회계이므로 특정한 양식에 따라 작성하지 않는다.

재무회계와 관리회계의 비교

구분	재무회계	관리회계
대상	경영자를 제외한 모든 이해관계자	경영자
목적	외부정보이용자의 의사결정에 유용한 정보 제공	경영자의 관리적 의사결정에 유용한 정보 제공
보고 수단	재무제표(재무보고)	특수목적 보고서
보고 주기	보통 1년, 6개월(반기), 3개월(분기)	필요할 때마다 수시 보고
시간적 관점	과거 지향적	과거 지향적, 미래 지향적
작성기준	일반적으로 인정된 회계원칙(GAAP)	객관적이고 공통된 기준이 없음

확인 및 기출예제

다음 중 회계에 관한 설명으로 옳지 않은 것은?　　　　　　제15회 수정

① 회계는 경영자의 수탁책임을 보고하는 기능을 수행한다.
② 관리회계는 기업 내부정보이용자가 의사결정을 하는 데 유용한 정보를 제공한다.
③ 최고경영자의 사임은 중요한 경제적 사건이지만 회계상 거래는 아니다.
④ 회계정보는 거래의 인식 및 측정, 처리, 보고의 단계를 거쳐 산출된다.
⑤ 내부정보이용자에게 전달되는 재무제표는 일반적으로 인정된 회계원칙에 따라 작성·보고되어야 한다.

해설

외부정보이용자에게 전달되는 재무제표는 일반적으로 인정된 회계원칙에 따라 작성·보고되어야 한다.　정답: ⑤

04 회계기간과 회계단위

(1) 회계기간

기업이 회계정보이용자에게 일정 기간마다 재무제표를 작성 및 보고하기 위하여 인위적으로 설정한 기간적 단위를 '회계기간' 또는 '회계연도'라고 한다. 일반적으로 대부분의 기업들은 1년을 기준으로 1월 1일부터 12월 31일까지를 한 회계연도로 정하고 있으며, 필요에 따라서 반기 또는 분기를 기준으로 재무제표 등을 작성하기도 한다.

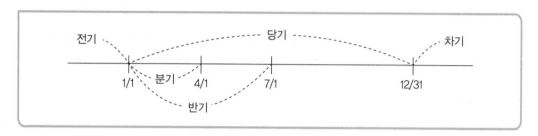

(2) 회계단위

기업의 재산상태의 증감 변화를 기록하는 장소적 범위를 회계단위라고 한다(예 본점과 지점, 본사와 공장, 영업소, 점포 등).

05 회계기준

재무회계는 외부정보이용자에게 유용한 정보를 제공하는 것을 목적으로 한다. 그러나 불특정 다수를 모두 만족시키는 것은 불가능하므로, 공통적으로 요구된 부분에 대하여 최대화한 일정 기준을 정해 정보를 제공할 필요가 있다. 재무회계에서 기준이 되는 것을 회계기준이라 한다.

1. 일반적으로 인정된 회계원칙(GAAP)과 한국채택국제회계기준

일반적으로 인정된 회계원칙은 회계실무에서 회계정보의 작성과 공시에 적용되는 일반원칙 또는 기준이다. 따라서 기업회계기준서나 기업회계기준해석서 등과 같이 공식적으로 법적 효력을 가지는 회계기준뿐만 아니라 실무에서 관습적으로 사용되어 온 것을 모두 포함한다. 일반적으로 인정된 회계원칙의 구체적인 특징은 다음과 같다.

(1) 회계행위를 할 때 준수해야 할 지침이며 회계실무를 이끌어갈 지도원리이다.

다수의 권위 있는 전문가들이 지지하여 제정하거나 다수의 실무자들이 존중하여 수용한 것이다. 따라서 회계행위의 지침이며 회계실무를 이끌어갈 지도원리가 된다.

(2) 보편타당성과 다수 이해관계자들의 이해조정적 성격이 있다.

다수의 이해관계자들은 각각 추구하는 목표가 상이하다. 따라서 일반적으로 인정된 회계원칙은 모든 기업이 보편타당하게 적용 가능한 지침을 제공하므로 다양한 이해관계자들의 서로 다른 이해관계를 조정한다.

(3) 기업의 환경변화에 따라 함께 변화한다.

사회적 합의에 의해 도출된 일반적으로 인정된 회계원칙은 기업이 처한 정치적·경제적 환경이 변화함에 따라 함께 변화해야 한다. 왜냐하면 회계환경이 변화함에 따라 회계원칙에 이를 적절히 반영하여야 경제적 현상을 올바르게 보고할 수 있기 때문이다.

(4) 일반적으로 인정된 회계원칙은 정치적 과정의 산물이다.

다양한 정보이용자의 경제적 부에 영향을 미치기 때문에 이해관계자들이 회계원칙의 제정과정에서 영향력을 행사하여 제정되는 일종의 정치적 과정의 산물이다.

더 알아보기 | 한국채택국제회계기준

> 한국채택국제회계기준은 주식회사 등의 외부감사에 관한 법률의 적용대상 기업 중 주권상장기업과 한국채택국제회계기준의 적용을 선택한 비상장기업의 회계처리에 적용한다. 다만, 한국채택국제회계기준의 적용을 선택하지 않은 비상장기업의 경우 일반기업회계기준을 적용한다. 또한 비외부감사대상인 경우는 중소기업회계기준을 적용한다.

---

2. 형식

(1) 원칙주의

원칙주의는 회계기준을 제정한 취지와 원칙을 중시하여 회계기준을 해석하는 방식으로, 회계기준에 원칙적인 내용만을 규정한다. 따라서 구체적인 상황에서 기준을 적용하는 경우에는 회계전문가의 판단에 따른다.

(2) 규칙주의

규칙주의는 모든 상황에 대하여 회계기준이 규정하고 있는 방식으로, 회계기준의 규정대로만 적용하며 회계전문가의 판단을 최소화한다.

◉ 회계기준 제정의 접근방법에는 연역적 방법과 귀납적 방법이 있다.

06 회계감사

(1) 의의

재무회계는 다양한 이해관계자를 대상으로 정보를 제공하기 때문에 정보제공에 따른 영향이 크다. 우리나라의 경우 회계정보의 신뢰성과 객관성을 검증하기 위하여 주식회사 등의 외부감사에 관한 법률의 규정에 의하여 일정한 기준에 해당하는 회사는 회계법인으로부터 의무적으로 재무제표에 대한 감사를 받도록 하고 있다. 독립된 외부감사가 감사하고 그에 따른 의견이 표명된 재무제표는 전자공시시스템에서 확인할 수 있으며 이와 같은 정보를 통해 정보이용자가 올바른 판단을 할 수 있도록 하는 제도이다.

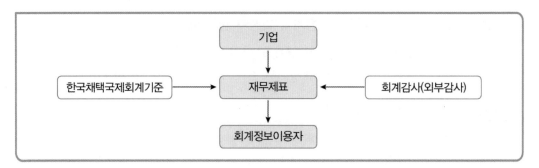

(2) 감사의견의 종류

감사보고서에서 감사인은 재무제표 전체에 대하여 명료하게 표명된 감사의견을 기술하여야 하고 감사의견의 종류는 다음과 같다.

① **적정의견**: 재무제표가 감사범위(의견표명에 필요한 충분한 증거의 수집)의 중요한 제한이나 회계기준의 중요한 위배 없이 적정하게 작성된 경우에 표명한다.

② **한정의견**: 감사인과 경영자간의 의견불일치(회계기준 위배)나 감사범위의 제한에 따른 영향이 중요할 경우, 이러한 사항을 제외하고는 적정하게 작성된 경우에 표명한다.

③ **부적정의견**: 감사인과 경영자간의 의견불일치(회계기준 위배)의 영향이 매우 중요하고 전반적이어서, 한정의견으로는 재무제표의 오도나 불완전성을 나타내기에 부적절하다고 판단되는 경우에 표명한다.

④ **의견거절**: 감사범위 제한의 영향이 매우 중요하고 전반적이어서 충분하고 적합한 감사증거를 획득할 수 없고, 따라서 재무제표 전체에 대한 감사의견을 표명할 수 없어 의견을 거절하는 경우에 표명한다.

다음 각 설명에 해당하는 감사의견은?　　　　　　　　　　　　　　　제24회

> (가) 한국채택국제회계기준을 위배한 정도가 커서 재무제표가 중대한 영향을 받았을 때 표명된다.
>
> (나) 재무제표에 대한 감사범위가 부분적으로 제한되었거나 또는 재무제표가 한국채택국제회계기준을 부분적으로 위배하여 작성된 경우에 표명된다.

	(가)	(나)		(가)	(나)
①	적정의견	한정의견	②	한정의견	부적정의견
③	한정의견	의견거절	④	부적정의견	한정의견
⑤	부적정의견	의견거절			

해설

한국채택국제회계기준의 위배 정도가 매우 중요한 경우의 감사의견은 부적정의견이고, 재무제표에 표시된 일부 재무정보가 한국채택국제회계기준을 준거하지 않았거나, 감사의견을 형성하는 데 필요한 합리적인 증거를 얻지 못했다고 판단되어 회계기준 위배와 감사범위 제한이 중요한 경우 한정의견에 해당된다.　　정답: ④

제2절　회계정보

회계정보이용자가 부기(기록)를 통해 얻고자 하는 두 가지 중요한 회계정보는 일정한 시점의 재무상태(총재산과 빚)와 일정한 기간 동안의 경영성과(수입과 지출)이며, 이들은 각각 재무상태표와 포괄손익계산서라는 형식을 통해서 제공된다.

01　재무상태의 측정과 재무상태표

기업의 재무상태란 일정한 시점에서 기업의 총재산과 부채(빚)를 말하며, 재무상태표를 통해서 회계정보이용자에게 정보가 전달된다. 재무상태를 나타내는 구성요소는 다음과 같다.

(1) 자산

기업이 경영활동을 수행하기 위해서는 현금이나 상품, 비품, 건물 등의 재화가 필요하고 이러한 재화를 거래하는 과정에서 대여금, 매출채권 등의 채권이 발생한다. 이처럼 자산은 기업이 소유하고 있는 재화와 채권으로서 미래에 현금유입이 기대되는 자원을 뜻한다. 즉, 자산은 과거사건의 결과로서 기업이 통제하는 현재의 경제적 자원이다.

자산의 계정과목

계정	내용
현금	통화(지폐와 주화)나 현금과 동일하게 통용될 수 있는 통화대용증권 및 요구불예금(입출금이 자유로운 보통예금과 수표 발행을 목적으로 가입한 당좌예금)
현금 및 현금성자산	통화와 통화대용증권, 요구불예금(당좌예금과 보통예금) 그리고 현금성자산(취득 당시 만기가 3개월 이내에 도래하는 채무상품 및 단기금융상품)의 합계액
대여금	타인에게 현금을 대여하고 발생하는 채권(1년을 기준으로 단기와 장기로 구분)
상품	정상적인 영업활동에서 구입하여 판매를 목적으로 보유하는 물건
제품	정상적인 영업활동에서 제조하여 판매를 목적으로 보유하는 물건
외상매출금	상품, 제품을 외상으로 판매하고 발생하는 외상채권
받을어음	상품, 제품을 외상으로 판매하고 발생하는 어음상 채권
매출채권	상품을 외상으로 판매하고 발생한 채권으로 외상매출금과 받을어음의 합계액
선급금	상품 등을 매입하기 위하여 계약금조로 먼저 지급한 금액
미수금	일반적인 상거래 이외의 재화를 처분하여 발생하는 채권
비품	영업용으로 사용할 목적으로 구입한 물품 중 소모품이 아닌 것
건물	영업활동에 사용할 목적으로 보유하는 건축물

확인 및 기출예제

다음 중 자산과 관련된 내용으로 옳지 않은 것은?

① 자산은 소멸되지 않는 원가이다.
② 타인자본과 자기자본의 합계는 자산의 합계와 같다.
③ 자산은 기업이 소유·통제하고 있는 경제적 자원이다.
④ 자산 합계는 자본 합계에서 부채 합계를 차감한 금액이다.
⑤ 자산은 기업이 소유하는 재화나 채권으로서 미래에 현금유입이 기대되는 자원이다.

해설

자산 합계는 부채와 자본의 합계이다.   정답: ④

---

(2) 부채

기업이 상품을 외상으로 매입한 경우 발생하는 채무 등과 같이 미래에 제3자에게 갚아야 할 의무를 뜻한다. 따라서 부채란 과거사건의 결과로 기업이 경제적 자원을 이전하여야 하는 현재의무이다.

부채의 계정과목

계정	내용
외상매입금	상품, 원재료 등을 외상으로 매입하고 발생하는 채무
지급어음	상품, 원재료 등을 외상으로 매입하고 발생하는 어음상 채무
매입채무	상품, 원재료 등을 외상으로 매입하여 발생하는 채무로, 외상매입금과 지급어음의 합계액
선수금	상품을 판매하기 전에 미리 받은 금액
단기차입금	상환기일이 1년 이내에 도래하는 차입금
미지급금	일반적 상거래 이외의 재화를 외상으로 구입하여 발생하는 채무

채권 · 채무계정의 대응관계

구분		자산(채권)	관계	부채(채무)
계약금		선급금	↔	선수금
외상거래	상거래	외상매출금	↔	외상매입금
		받을어음	↔	지급어음
		매출채권	↔	매입채무
	상거래 이외	미수금	↔	미지급금
금전대차		대여금	↔	차입금

(3) 자본

기업의 자산에서 모든 부채를 차감한 후의 잔여지분을 말한다. 따라서 자본은 자산 중에서 소유주에게 귀속되는 몫이므로 소유주지분 또는 주주지분이라고도 한다.

자본 = 자산 - 부채

자본의 계정과목

계정	내용
자본금	주식의 액면금액에 발행주식 수를 곱한 금액(법정자본금이라 하며, 보통주와 우선주를 구분하여 표시함)
이익잉여금	기업의 당기순이익 누적액 중에서 주주에 대한 배당으로 사외유출된 부분을 제외하고 사내유보된 금액

재무제표의 구성요소 중 잔여지분에 해당하는 것은? 제22회

① 자산　　　　　　　　　② 부채

③ 자본　　　　　　　　　④ 수익

⑤ 비용

해설

자산에서 부채를 차감한 후의 잔여지분(순자산)을 자본이라고 한다.　　　　　정답: ③

(4) 재무상태표

재무상태표는 일정한 시점에서 기업의 재무상태를 나타내는 재무제표의 한 형식으로, 자산, 부채, 자본의 계정과목의 자세한 내역을 왼쪽(차변)과 오른쪽(대변)으로 나누어 알려주는 정태표이다. 재무상태표의 차변항목은 재무활동(대변항목)을 통해 조달한 자금을 활용하는 내역을 나타내고, 대변항목은 기업의 자산을 취득하기 위하여 조달한 자금의 원천인 타인자본과 자기자본으로 구성되어 있다.

> 자산 = 부채 + 자본
> 　　 = 타인자본 + 자기자본
> 　　 = 채권자지분(청구권) + 주주지분(청구권)
> 　　 = 지분(청구권)

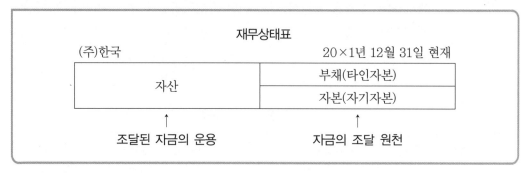

02 경영성과의 계산과 포괄손익계산서

경영성과란 일정 기간 동안 기업의 경영활동에 의하여 달성한 성과로 수익과 비용의 요소로 파악되는 유량정보이며 포괄손익계산서를 통해서 정보이용자에게 전달된다. 한국채택국제회계기준은 세부적인 수익항목을 제시하고 있지 않고, 최소한으로 표시하여야 할 항목을

제시하고 있다. 이에 용어와 항목의 배열은 수정할 수 있다. 경영성과를 나타내는 구성요소는 다음과 같다.

● 포괄손익계산서에는 수익과 비용 이외에 기타포괄손익이 있으나, 기초과정이므로 수익과 비용을 개괄적으로 파악하고 나머지는 차후에 학습한다.

(1) 수익

기업의 정상영업활동으로서 재화의 판매나 용역 제공의 대가로 발생하거나 그 밖의 활동에서 발생하는 자산의 증가 또는 부채의 감소로서 자본의 증가 요인이다. 단, 자본청구권 보유자의 출자와 관련된 것은 제외한다. 수익은 매출액, 이자수익, 임대료, 배당금수익, 수수료수익 등 다양한 계정으로 구분된다.

수익의 계정과목

계정		내용
매출액		상품, 제품 등을 판매하여 발생한 수익
기타 수익	이자수익	예금, 대여금, 채권 등으로부터 발생하는 이자
	임대료	부동산 대여로 받은 사용료
	배당금수익	타회사 주식 보유시 받은 배당금(주식배당 제외)
	수수료수익	고객에게 용역을 제공하고 발생한 수익

(2) 비용

기업의 정상영업활동으로서 재화의 판매나 용역의 제공에 따라 발생하거나 그 밖의 활동에서 발생하는 자산의 감소 또는 부채의 증가로서 자본의 감소 요인이다. 단, 자본청구권 보유자에 대한 분배와 관련된 것은 제외한다. 비용은 매출원가, 급여, 임차료, 이자비용, 수수료비용 등 다양한 계정으로 구분된다.

비용의 계정과목

계정	내용
매출원가	상품, 제품 등의 판매로 인하여 제공한 상품의 원가
급여	종업원에 대한 급여 및 상여금 등의 비용
임차료	타인의 부동산을 임차함으로써 발생한 비용
이자비용	타인으로부터 빌린 차입금 또는 채무로 인해 발생하는 이자
수수료비용	거래처로부터 용역을 제공받아 발생한 비용

수익 또는 비용에 영향을 주지 않는 것은?   제24회

① 용역제공계약을 체결하고 현금을 수취하였으나 회사는 기말 현재 거래상대방에게 아직까지 용역을 제공하지 않았다.
② 외상으로 제품을 판매하였다.
③ 홍수로 인해 재고자산이 침수되어 멸실되었다.
④ 거래처 직원을 접대하고 현금을 지출하였다.
⑤ 회사가 사용 중인 건물의 감가상각비를 인식하였으나 현금이 유출되지는 않았다.

해설

① 용역이 아직 제공되지 않은 상태에서 미리 현금을 수취한 것이므로, 수익이 발생하지 않고 자산이 증가하고 부채가 증가하는 거래이다.
② 매출(수익의 발생)
③ 재해손실(비용의 발생)
④ 접대비(비용의 발생)
⑤ 감가상각비(비용의 발생)   정답: ①

(3) 포괄손익계산서

일정 기간 동안의 수익과 비용으로 기업의 경영성과를 나타내는 표를 손익계산서라고 한다. 이를 통해서 당기순손익이 계산되며 이에 기타포괄손익항목을 가감하여 작성된 보고서로 정보이용자에게 전달되는 것이 포괄손익계산서이다. 관련 등식은 다음과 같고, 경영성과정보이므로 손익계산서 구조를 중심으로 확인하도록 한다.

> • 손익계산서 등식: 수익 − 비용 = 당기순이익
> • 포괄손익계산서 등식: (수익 − 비용) ± 기타포괄손익 = 총포괄손익

◉ 포괄이익이란 기업실체가 일정 기간 동안 주주와의 거래에 해당하는 자본거래를 제외한 모든 거래(손익거래)에서 인식한 자본의 변동을 의미한다.

① 당기순이익이 발생하는 경우의 손익계산서 등식과 양식

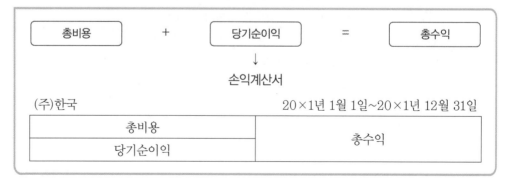

② 당기순손실이 발생하는 경우의 손익계산서 등식과 양식

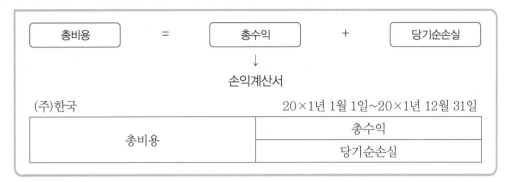

제3절 이익측정방법

기업의 당기순손익을 계산하는 방법에는 재무상태표를 중심으로 한 자본유지접근법(재산법) 과, 포괄손익계산서를 중심으로 한 거래접근법(손익법)이 있다. 자본유지접근법과 거래접근 법의 각 방법에 의하여 계산된 당기순손익은 일치하여야 한다.

01 자본유지접근법(재산법)

재무상태표를 통해서 기말자본과 기초자본을 비교하여 순손익을 계산하는 방법이다. 기초 자본보다 기말자본이 크면 차액이 당기순이익이고, 기말자본보다 기초자본이 크면 차액이 당기순손실이다.

(1) 자본거래가 없는 경우

- 당기순이익 = 기말자본 − 기초자본 ⇨ 기말자본 > 기초자본
- 당기순손실 = 기초자본 − 기말자본 ⇨ 기초자본 > 기말자본

(2) 자본거래가 있는 경우

당기순이익 = 기말자본 − 기초자본 − (유상증자 − 현금배당)
           = 기말자본 − 기초자본 − 유상증자 + 현금배당

◉ **기말자본** = 기말자산 − 기말부채 = 기초자본 + 당기순이익
◉ **기초자본** = 기초자산 − 기초부채 = 기말자본 + 당기순손실

(3) 기타포괄손익이 존재하는 경우

당기순이익 = 기말자본 − 기초자본 − 유상증자 + 현금배당 ± 기타포괄손익

자본유지접근법(재산법) − 간편법

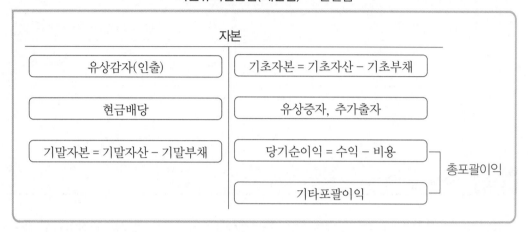

● 무상증자나 주식배당은 자본의 불변항목이므로 고려하지 않는다.

(주)한국의 재무제표 자료가 다음과 같을 때, 기말부채는?

제26회

• 기초자산	₩12,000	• 총수익	₩30,000
• 기초부채	₩7,000	• 총비용	₩26,500
• 기말자산	₩22,000	• 유상증자	₩1,000
• 기말부채	?	• 현금배당	₩500

① ₩12,500   ② ₩13,000
③ ₩13,500   ④ ₩14,500
⑤ ₩15,000

해설

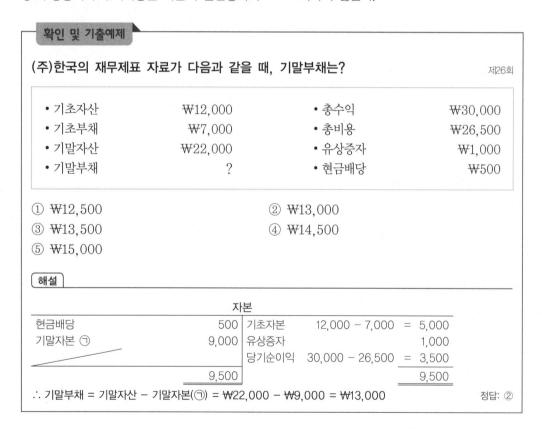

	자본			
현금배당	500	기초자본	12,000 − 7,000 =	5,000
기말자본 ㉠	9,000	유상증자		1,000
		당기순이익	30,000 − 26,500 =	3,500
	9,500			9,500

∴ 기말부채 = 기말자산 − 기말자본(㉠) = ₩22,000 − ₩9,000 = ₩13,000

정답: ②

02 거래접근법(손익법)

포괄손익계산서 항목인 총수익과 총비용을 통해 순손익을 계산하는 방법이다. 총수익이 총비용보다 크면 그 차액이 당기순이익이고, 총비용이 총수익보다 크면 그 차액이 당기순손실이다.

- 당기순이익 = 총수익 − 총비용 ⇨ 총수익 > 총비용
- 당기순손실 = 총비용 − 총수익 ⇨ 총비용 > 총수익

◉ **총수익** = 총비용 + 당기순이익
◉ **총비용** = 총수익 + 당기순손실

01 회계란 정보이용자가 합리적인 의사결정을 할 수 있도록 식별 · 측정 · 전달하는 과정으로, 유용한 정보를 제공하는 것을 목적으로 한다.   (   )

02 회계정보이용자는 회계정보의 수요자이기도 하고 주주, 채권자, 일반대중 등을 의미하며, 경영자는 정보이용자에서 제외된다.   (   )

03 수탁책임이란 회사의 경영을 맡게 된 경영자가 주주를 위하여 최선을 다해 성실하게 기업을 경영하여 기업가치를 극대화할 의무를 지게 되는 것을 말한다. 이 경우 그 결과를 주주에게 보고할 책임을 지는데 이를 수탁책임보고의무라고 한다.   (   )

04 외부정보이용자를 대상으로 하는 회계를 관리회계라 하고, 내부정보이용자를 대상으로 하는 회계를 재무회계라 한다.   (   )

---

01 ○

02 × 경영자도 내부정보이용자에 해당된다.

03 ○

04 × 외부정보이용자를 대상으로 하는 회계를 재무회계라 하고, 내부정보이용자를 대상으로 하는 회계를 관리회계라 한다.

05 감사범위 제한의 영향이 매우 중요하고 전반적이어서 충분하고 적합한 감사증거를 획득할 수 없었고, 따라서 재무제표 전체에 대한 감사의견을 표명할 수 없는 경우 한정의견을 표명한다.

( )

06 자산은 지분이며 청구권이다. 따라서 자본은 자산에 부채를 가산하여 계산한다. ( )

07 기말자본은 기초자본에서 당기순이익을 가산하여 계산한다. ( )

08 기중에 자본거래가 존재하는 경우 기말자본에서 기초자본을 차감한 후 배당은 차감, 증자(출자)는 가산하여 자본거래를 제거한 후 당기순이익을 계산한다. ( )

---

05 × 한정의견 ⇨ 의견거절

06 × 자본은 자산에서 부채를 차감하여 계산한다.
자산 = 부채 + 자본 = 타인자본 + 자기자본 = 채권자청구권 + 주주청구권
= 채권자지분 + 주주지분 = 지분(청구권)

07 ○

08 × 배당은 차감, 증자(출자)는 가산 ⇨ 배당은 가산, 증자(출자)는 차감

01 회계는 기업의 거래활동을 식별·측정·기록하고 이를 정보이용자에게 전달하는 기능을 수행한다. 이는 회계의 어떤 측면을 강조한 것인가?

① 기록 측면
② 측정 측면
③ 식별 측면
④ 전달 측면
⑤ 평가 측면

02 회계정보의 기능, 역할, 적용환경에 관한 설명으로 옳지 않은 것은? 　제17회

① 외부회계감사를 통해 회계정보의 신뢰성이 제고된다.
② 회계정보의 수요자는 기업의 외부이용자뿐만 아니라 기업의 내부이용자도 포함된다.
③ 회계정보는 한정된 경제적 자원이 효율적으로 배분되도록 도와주는 기능을 담당한다.
④ 회계감사는 재무제표가 일반적으로 인정된 회계기준에 따라 적정하게 작성되었는지에 대한 의견표명을 목적으로 한다.
⑤ 모든 기업은 한국채택국제회계기준을 적용하여야 한다.

03 다음 중 자산으로 회계처리할 수 없는 것은?

① 상품을 주문하고 미리 지급한 계약금
② 판매목적으로 보유하고 있는 제품
③ 기계장치를 처분하고 아직 회수하지 않은 금액
④ 업무용 컴퓨터를 구입하고 아직 지급하지 않은 금액
⑤ 거래처에 현금을 단기대여하고 아직 회수하지 않은 금액

04 각 기업에 대한 감사의견이 순서대로 올바르게 제시된 것은?

제27회

> ㉠ (갑회사) 회계감사를 받기 위해 제출한 재무제표에는 한국채택국제회계기준을 중요하게
> 위배한 내용이 있었지만, 회계감사 종료 전에 모두 수정되어 최종 재무제표에는 한국채
> 택국제회계기준을 중요하게 위배한 내용이 없었다.
> ㉡ (을회사) 회계감사 이후 최종 재무제표에 한국채택국제회계기준을 위배한 내용이 포함
> 되어 있으나, 위배 내용이 미미하며 중요하지는 않다.
> ㉢ (병회사) 감사범위가 중대하게 제한되어 적절한 회계감사를 수행할 수 없었다.

① 적정의견, 적정의견, 의견거절　　　② 적정의견, 적정의견, 부적정의견
③ 한정의견, 한정의견, 한정의견　　　④ 한정의견, 적정의견, 의견거절
⑤ 한정의견, 적정의견, 부적정의견

05 외부감사인이 감사보고서에 표명하는 감사의견으로 옳지 않은 것은?

제26회

① 적정의견　　　　　　　　　　　② 부적정의견
③ 조정의견　　　　　　　　　　　④ 한정의견
⑤ 의견거절

정답 | 해설

01 ④ 회계는 회계정보의 제공 관점에서 설명하고 있으므로 전달 측면을 강조한 것이다.

02 ⑤ 한국채택국제회계기준은 주로 상장기업들을 대상으로 적용되며, 한국채택국제회계기준에 따라 회계처리
하지 아니하는 대부분의 소기업은 일반기업회계기준을 적용한다.

03 ④ 미지급금(부채)
　① 선급금(자산)
　② 제품(자산)
　③ 미수금(자산)
　⑤ 단기대여금(자산)

04 ① 재무제표에 대한 감사의견은 한국채택국제회계기준의 준수 여부, 감사범위의 제한 여부에 따라 상이하다.
따라서 감사의견은 표명사유 및 중요성에 따라 적정의견, 한정의견, 부적정의견, 의견거절로 구분된다.
㉠㉡ 한국채택국제회계기준의 위배가 없거나 중요하지 않은 경우이므로 적정의견에 해당된다.
㉢ 감사범위가 중대하게 제한되었으므로 의견거절에 해당된다.

05 ③ 감사의견은 적정의견, 한정의견, 부적정의견 그리고 의견거절이 있다. 따라서 조정의견은 감사의견의 종류
에 해당되지 않는다.

06 외부회계감사에 관한 설명으로 옳지 않은 것은? 제25회

① 감사의 목적은 의도된 재무제표이용자의 신뢰수준을 향상시키는 데 있다.

② 감사인이 충분하고 적합한 감사증거를 입수한 결과, 왜곡표시가 재무제표에 중요하나 전반적이지는 않으면 한정의견이 표명된다.

③ 회계감사를 수행하는 감사인은 감사대상 재무제표를 작성하는 기업이나 경영자와 독립적이어야 한다.

④ 재무제표가 중요성 관점에서 일반적으로 인정된 회계기준에 따라 작성되었다고 판단되면 적정의견이 표명된다.

⑤ 감사대상 재무제표는 기업의 경영진이 감사인의 도움 없이 작성하는 것이 원칙이나, 주석 작성은 감사인의 도움을 받을 수 있다.

07 (주)한국의 자산과 부채가 다음과 같을 때 자본(순자산)은 얼마인가?

• 상품	₩1,000,000	• 대여금	₩100,000
• 매입채무	₩120,000	• 비품	₩200,000
• 미지급금	₩50,000		

① ₩730,000   ② ₩930,000

③ ₩1,130,000   ④ ₩1,170,000

⑤ ₩1,230,000

08 자본을 증가시키는 거래는?

① 비품을 외상으로 구입하였다.

② 상품 외상판매대금을 현금으로 회수하였다.

③ 1년 후에 상환하기로 하고 현금을 단기차입하였다.

④ 고객에게 용역을 제공하고 수익을 인식하였다.

⑤ 건물을 장부금액보다 낮은 금액으로 처분하였다.

09 다음은 (주)한국의 20×1년 말 재무상태표 자료이다. (주)한국의 20×1년 말 이익 잉여금은?

제21회

• 현금	₩70,000	• 자본금	₩50,000
• 매출채권	₩15,000	• 이익잉여금	?
• 매입채무	₩10,000	• 장기차입금	₩20,000
• 상품	₩30,000	• 주식발행초과금	₩5,000

① ₩20,000
② ₩25,000
③ ₩30,000
④ ₩35,000
⑤ ₩40,000

---

06 ⑤ 주석도 전체 재무제표에 해당되므로, 주석의 작성은 감사인의 도움을 받을 수 없다.

07 ③ 자본(순자산) = 자산 − 부채
= 상품 + 대여금 + 비품 − 매입채무 − 미지급금
= ₩1,000,000 + ₩100,000 + ₩200,000 − ₩120,000 − ₩50,000
= ₩1,130,000

08 ④ 수익의 발생(인식)은 자본의 증가요인이다.
① 자산(비품)의 증가와 부채(미지급금)의 증가 ⇨ 자본의 불변
② 자산(현금)의 증가와 자산(매출채권)의 감소 ⇨ 자산(자본)의 불변
③ 자산(현금)의 증가와 부채(단기차입금)의 증가 ⇨ 자본의 불변
⑤ 비용(유형자산처분손실)의 발생 ⇨ 자본의 감소

09 ③

재무상태표

현금	70,000	매입채무	10,000
매출채권	15,000	장기차입금	20,000
상품	30,000	자본금	50,000
		주식발행초과금	5,000
		이익잉여금	?
	115,000		115,000

∴ 기말 이익잉여금 = 자산 − 부채 − 자본금 − 자본잉여금
= (₩70,000 + ₩15,000 + ₩30,000) − (₩10,000 + ₩20,000) − ₩50,000 − ₩5,000
= ₩30,000

10 (주)한국의 20×1년도 회계자료의 일부이다. 주어진 자료에 의하여 계산한 20×1년도 당기순손익은?

• 기초자산	₩70,000	• 기초부채	₩40,000
• 기말자산	₩120,000	• 기말부채	₩50,000
• 기중유상증자	₩10,000	• 현금배당	₩22,000
• 총수익	₩130,000		

① 당기순손실 ₩40,000

② 당기순손실 ₩20,000

③ 당기순이익 ₩40,000

④ 당기순이익 ₩52,000

⑤ 당기순이익 ₩82,000

11 (주)한국의 20×1년 초 자산과 부채는 각각 ₩500,000과 ₩300,000이었다. (주)한국의 20×1년도 총포괄이익이 ₩300,000이라면, 20×1년 말 재무상태표의 자본은?

제23회

① ₩100,000

② ₩200,000

③ ₩300,000

④ ₩400,000

⑤ ₩500,000

12 (주)한국의 20×2년 기초자산총액은 ₩110,000이고, 기말자산총액과 기말부채총액은 각각 ₩150,000과 ₩60,000이다. 20×2년 중 현금배당 ₩10,000을 결의하고 지급하였으며, ₩25,000을 유상증자하였다. 20×2년도 당기순이익이 ₩30,000일 때, 기초부채총액은?

제21회

① ₩60,000　　　　　　　　　② ₩65,000

③ ₩70,000　　　　　　　　　④ ₩75,000

⑤ ₩80,000

정답 | 해설

10 ④

		자본	
현금배당	22,000	기초자본	30,000*²
기말자본	70,000*¹	유상증자	10,000
		당기순이익	x
	92,000		92,000

*¹ ₩120,000 − ₩50,000
*² ₩70,000 − ₩40,000
∴ 당기순이익(x) = ₩52,000

11 ⑤

		자본	
기말자본(x)	500,000	기초자본 = 기초자산 − 기초부채	
		500,000 − 300,000 =	200,000
		총포괄이익	300,000
	500,000		500,000

12 ②

		자본	
현금배당	10,000	기초자본 ㉠	45,000
기말자본	90,000	유상증자	25,000
		당기순이익	30,000
	100,000		100,000

∴ 기초부채 = 기초자산 − 기초자본(㉠) = ₩110,000 − ₩45,000 = ₩65,000

13 다음 자료를 이용하여 계산한 기초자산은?

• 기초부채	₩50,000	• 기말자산	₩100,000
• 기말부채	₩60,000	• 유상증자	₩10,000
• 현금배당	₩5,000	• 총포괄이익	₩20,000

① ₩55,000   ② ₩65,000

③ ₩70,000   ④ ₩75,000

⑤ ₩85,000

14 (주)한국의 당기수익과 비용총액은 각각 ₩5,000,000과 ₩4,500,000이며, 기중에 증자한 금액은 ₩1,000,000이다. 다음 자료를 이용하여 기말자산총액을 구하면 얼마인가?

• 기초자산총액	₩17,500,000
• 기초부채총액	₩7,500,000
• 기말부채총액	₩5,500,000

① ₩15,000,000   ② ₩17,000,000

③ ₩17,500,000   ④ ₩19,000,000

⑤ ₩19,500,000

15 다음은 (주)한국(회계기간: 1.1.~12.31.)의 자료이다.

〈20×1년 말〉					
• 자산	₩18,000	• 부채	₩4,000	• 자본	?
〈20×2년 말〉					
• 자산	₩12,000	• 부채	?	• 자본	₩2,000
〈20×2년도〉					
• 총수익	?	• 총비용	₩15,000		

20×2년 회계기간의 총수익은 얼마인가? (단, 20×2년 중 주주와의 거래는 없었으며, 자본조정과 기타포괄손익누계액은 고려하지 않음)   제11회

① ₩2,000
② ₩3,000
③ ₩12,000
④ ₩14,000
⑤ ₩15,000

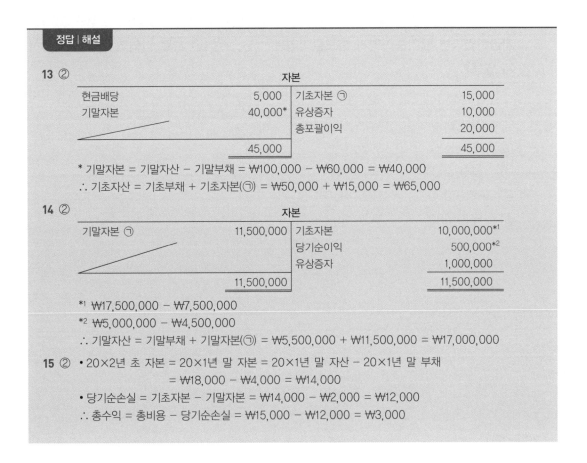

정답 | 해설

13 ②

자본			
현금배당	5,000	기초자본 ㉠	15,000
기말자본	40,000*	유상증자	10,000
		총포괄이익	20,000
	45,000		45,000

* 기말자본 = 기말자산 − 기말부채 = ₩100,000 − ₩60,000 = ₩40,000
∴ 기초자산 = 기초부채 + 기초자본(㉠) = ₩50,000 + ₩15,000 = ₩65,000

14 ②

자본			
기말자본 ㉠	11,500,000	기초자본	10,000,000*1
		당기순이익	500,000*2
		유상증자	1,000,000
	11,500,000		11,500,000

*1 ₩17,500,000 − ₩7,500,000
*2 ₩5,000,000 − ₩4,500,000
∴ 기말자산 = 기말부채 + 기말자본(㉠) = ₩5,500,000 + ₩11,500,000 = ₩17,000,000

15 ② • 20×2년 초 자본 = 20×1년 말 자본 = 20×1년 말 자산 − 20×1년 말 부채
　　　　　 = ₩18,000 − ₩4,000 = ₩14,000
• 당기순손실 = 기초자본 − 기말자본 = ₩14,000 − ₩2,000 = ₩12,000
∴ 총수익 = 총비용 − 당기순손실 = ₩15,000 − ₩12,000 = ₩3,000

16 다음 자료를 이용하여 계산한 당기의 비용총액은?

제16회

• 기초자산	₩22,000	• 기말자산	₩80,000
• 기초부채	₩3,000	• 기말부채	₩50,000
• 현금배당	₩1,000	• 유상증자	₩7,000
• 수익총액	₩35,000		

① ₩10,000　　　　　　　　② ₩20,000
③ ₩30,000　　　　　　　　④ ₩40,000
⑤ ₩50,000

17 (주)한국의 기초자산은 ₩30,000이고, 기말자산은 ₩67,500이다. 또한 기초부채는 ₩17,500이고, 기말부채는 기초부채보다 ₩10,000이 증가하였다. 당기 중 현금출자로 인해 납입자본은 ₩10,500 증가하였고, 재평가잉여금이 ₩15,000(법인세효과 차감 후 금액) 증가하였으며, 현금배당(당기에 선언한 것임)으로 ₩5,000을 지급하였다면 당기순이익과 총포괄이익은? (단, 주어진 자료 이외의 사항은 고려하지 않음)

	당기순이익	총포괄이익
①	₩7,000	₩22,000
②	₩7,500	₩20,000
③	₩9,500	₩15,000
④	₩10,000	₩25,000
⑤	₩10,500	₩20,500

18 (주)한국의 당기 포괄손익계산서에 보고할 당기순이익은?

> • 기초자본은 자본금과 이익잉여금으로만 구성되어 있다.
> • 기말자산은 기초자산에 비해 ₩250,000이 증가하였고, 기말부채는 기초부채에 비해 ₩100,000이 증가하였다.
> • 당기 중 유상증자 ₩50,000이 있었다.
> • 당기 중 기타포괄손익 – 공정가치측정 금융자산의 평가손실 ₩5,000을 인식하였다.
> • 당기 중 재평가모형을 적용하는 유형자산의 재평가이익 ₩10,000을 인식하였다. 단, 전기 재평가손실은 없다.

① ₩90,000   ② ₩95,000

③ ₩100,000   ④ ₩150,000

⑤ ₩210,000

정답 | 해설

16 ③

자본			
현금배당	1,000	기초자본	19,000*¹
기말자본	30,000*²	유상증자	7,000
		당기순이익 ⑤	5,000
	31,000		31,000

*¹ ₩22,000 – ₩3,000
*² ₩80,000 – ₩50,000
∴ 비용총액 = 수익총액 – 당기순이익(⑤) = ₩35,000 – ₩5,000 = ₩30,000

17 ①

자본			
현금배당	5,000	기초자본	12,500*¹
기말자본	40,000*²	현금출자	10,500
		재평가잉여금(기타포괄이익)	15,000
		당기순이익 ⑤	7,000
	45,000		45,000

*¹ ₩30,000 – ₩17,500
*² ₩67,500 – (₩17,500 + ₩10,000)
∴ 총포괄이익 = 당기순이익(⑤) + 기타포괄이익 = ₩7,000 + ₩15,000 = ₩22,000

18 ② 당기순이익 = 자산의 증가 – 부채의 증가 – 유상증자 + 기타포괄손익–공정가치측정 금융자산평가손실 – 재평가잉여금
∴ 당기순이익 = ₩250,000 – ₩100,000 – ₩50,000 + ₩5,000 – ₩10,000
= ₩95,000

제 2 장 회계의 순환과정

단원길라잡이

기록의 대상인 회계상 거래를 식별하고 거래의 결합관계와 계정의 이해 그리고 분개와 전기에 대한 이해와 연습이 필요하다. 또한 결산의 순서를 익히고 예비절차인 시산표의 등식, 시산표상의 오류 유형 등을 확인해야 한다. 그리고 기말정리사항과 관련된 회계처리와 이를 통해 당기순손익의 변화를 계산할 수 있어야 하며 결산 재무제표의 종류를 학습하여야 한다.

출제포인트

- 회계상의 거래
- 거래의 결합관계
- 계정의 이해
- 분개와 전기
- 시산표의 작성원리
- 잔액시산표 등식
- 시산표 오류의 유형
- 기말수정분개와 당기순이익
- 수정 후 당기순이익 계산, 총계정원장의 마감

제1절 거래의 식별과 기록

01 회계상 거래

(1) 의의

거래란 기업이 현금의 차입, 건물이나 비품의 구입, 상품의 매매 등과 같은 경영활동 등을 통해서 자산, 부채, 자본에 영향을 미치는 것을 말한다. 이 중에서 기업의 자산, 부채, 자본의 증감 변화를 일으키는 사건을 회계상 거래라고 한다. 즉, 회계적 거래는 장부에 기록해야 하는 경제적 사건으로서 재무상태의 변화를 가져오고 신뢰성 있게 측정이 가능해야 한다.

거래의 분류

회계상 거래		
• 건물 등의 화재 • 도난 및 파손 • 건물이나 기계장치 등 가치 하락 • 파산으로 인한 채권 회수불능	• 상품매매 거래 • 기계장치 구입	• 상품주문 • 매입계약 • 종업원 채용
	일반적 거래	

확인 및 기출예제

회계상 거래에 해당하지 않는 것은? 제22회

① 재고자산을 ₩300에 판매하였으나 그 대금을 아직 받지 않았다.
② 종업원의 급여 ₩500 중 ₩200을 지급하였으나, 나머지는 아직 지급하지 않았다.
③ 거래처와 원재료를 1kg당 ₩100에 장기간 공급받기로 계약하였다.
④ 비업무용 토지 ₩1,200을 타회사의 기계장치 ₩900과 교환하였다.
⑤ 거래처의 파산으로 매출채권 ₩1,000을 제거하였다.

[해설]

회계상 거래로 인식하기 위해서는 ㉠ 회사의 재무상태(자산, 부채, 자본)에 영향을 미쳐야 하고 ㉡ 그 영향을 금액으로 측정할 수 있어야 한다. 단순한 원재료를 공급받기 위한 계약은 회계상 거래에 해당되지 않는다.

정답: ③

---

(2) 거래의 결합관계

회계상 모든 거래는 자산의 증가와 감소, 부채의 증가와 감소, 자본의 증가와 감소, 비용의 발생과 수익의 발생이라는 8개의 요소로 구성되어 있다. 이를 거래의 8요소라고 하며, 이들 요소의 결합 및 조합을 이루는 관계를 '거래의 결합관계'라고 한다.

거래요소의 결합관계

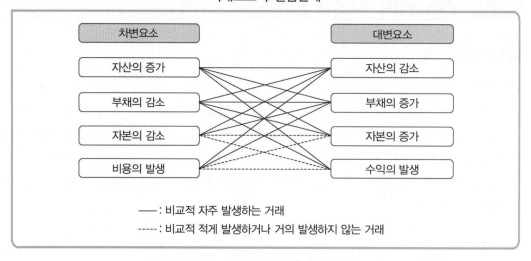

——	: 비교적 자주 발생하는 거래
-----	: 비교적 적게 발생하거나 거의 발생하지 않는 거래

더 알아보기 **차변과 대변**

차변과 대변은 장부기록 초기에 채권·채무의 개념이었으나, 거래의 다양화 등으로 현대의 회계학에서는 그러한 개념이 약해지면서 특정한 의미를 가지는 것이 아닌 단순히 왼편과 오른편을 지칭하는 관습적인 용어로 받아들여지고 있다. 따라서 거래요소의 결합관계에서 자산의 증가는 차변에, 부채와 자본의 증가는 대변에, 그리고 감소는 증가의 반대쪽에 기록하게 되었다.

자산의 증가와 결합되는 거래요소

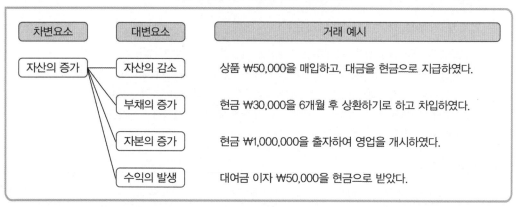

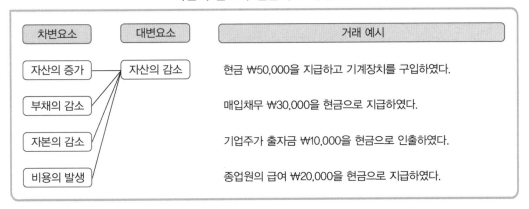

자산의 감소와 결합되는 거래요소

차변요소	대변요소	거래 예시
자산의 증가	자산의 감소	현금 ₩50,000을 지급하고 기계장치를 구입하였다.
부채의 감소		매입채무 ₩30,000을 현금으로 지급하였다.
자본의 감소		기업주가 출자금 ₩10,000을 현금으로 인출하였다.
비용의 발생		종업원의 급여 ₩20,000을 현금으로 지급하였다.

제1편 재무회계

2장

확인 및 기출예제

(주)한국의 회계상 거래 중 비용이 발생하고 부채가 증가하는 거래는? 제26회

① 전기에 토지를 처분하고 받지 못한 대금을 현금수취하였다.
② 화재로 인하여 자사 컴퓨터가 소실되었다.
③ 당해 연도 발생한 임차료를 지급하지 않았다.
④ 대여금에서 발생한 이자수익을 기말에 인식하였다.
⑤ 전기에 지급하지 못한 종업원급여에 대하여 당좌수표를 발행하여 지급하였다.

해설

[거래의 결합관계]
(차) 비용의 발생(임차료) ×××   (대) 부채의 증가(미지급임차료) ×××

정답: ③

(3) 거래의 이중성과 대차평균의 원리

거래의 이중성은 복식부기의 기본 원리로서, 대립되는 양쪽은 서로 원인이나 결과가 되며 어떤 거래가 발생하더라도 양쪽에 동일한 금액을 이중적으로 기입하는 것을 의미한다. 즉, 회계상 거래는 원인과 결과라는 두 개의 얼굴을 가지고 있는 이중성을 지니고 있다. 따라서 모든 거래를 이중성에 의하여 기입하면 차변합계와 대변합계가 반드시 일치하는데, 이를 '대차평균의 원리'라고 한다. 또한 거래의 이중성과 대차평균의 원리를 이용하여 전 계정의 차변합계와 대변합계를 비교하여 일치 여부를 확인함으로써 그 기록·계산의 정확성을 자동적으로 검증할 수 있는데, 이를 복식부기의 '자기검증기능'이라고 한다.

(4) 거래의 종류

① **현금수반 여부에 따른 구분**

㉠ **현금거래**: 현금을 수반하는 거래를 말하며, 입금거래와 출금거래로 구분된다.

㉡ **대체거래**: 현금이 전혀 수반되지 않는 전부 대체거래와 현금이 일부 수반되는 일부 대체거래를 말한다.

② **발생장소에 따른 구분**

㉠ **내부거래**: 기업 내부에서 발생하는 거래(예 본점과 지점거래, 결산정리)를 말한다.

㉡ **외부거래**: 기업 외부에서 발생하는 거래(예 구매 및 판매거래)를 말한다.

③ **손익발생 유무에 따른 구분**

㉠ **교환거래**: 자산, 부채, 자본간에 증감 변화를 가져오고 수익·비용이 발생하지 않는 거래(예 상품의 현금매입, 외상매입금 현금지급 등)를 말한다.

㉡ **손익거래**: 수익이나 비용이 발생 또는 감소되는 거래(예 이자수령, 급여지급 등)를 말한다.

㉢ **혼합거래**: 교환거래와 손익거래가 동시에 발생하는 거래(예 대여금 원금과 이자를 현금으로 받은 경우, 상품을 원가 이상으로 판매한 경우)를 말한다.

02 계정

(1) 의의

회계상 거래는 자산, 부채, 자본의 증감 변화를 초래하게 된다. 이를 기록·계산·정리할 수 있는 단위를 계정이라고 하며, 계정의 기입 장소를 계정계좌 또는 계좌라 하고, 각 계정의 명칭을 계정과목이라고 한다.

(2) 형식

계정의 형식에는 표준식, 잔액식, 약식 계정이 있으나, 수험 목적상 약식인 T계정을 많이 사용한다.

① **표준식 계정**

현금							
날짜	적요	분면	금액	날짜	적요	분면	금액

② **잔액식 계정**

현금						
날짜	적요	분면	차변	대변	차 또는 대	금액

③ 약식 계정(T계정)

현금	
(차변)	(대변)

(3) 계정의 분류

① 재무상태표계정과 포괄손익계산서계정

계정		계정과목 예시
재무상태표	자산계정	현금 및 현금성자산, 매출채권, 당기손익－공정가치측정 금융자산, 대여금, 상품, 제품, 건물, 산업재산권, 임차권리금 등
	부채계정	매입채무, 차입금, 미지급금, 선수금, 사채, 미지급법인세 등
	자본계정	자본금, 주식발행초과금, 감자차익, 자기주식처분이익 등
포괄손익계산서	수익계정	매출액, 임대료, 이자수익, 수수료수익 등
	비용계정	매출원가, 종업원급여, 보험료, 물류원가, 전력비, 이자비용, 임차료 등

● 포괄손익계산서의 기타포괄손익계정은 차후에 학습한다.

② 기타 특수계정

○ 실질계정과 명목계정

ⓐ **실질계정**: 실제로 존재하여 실물로 확인할 수 있고 실제 가치를 가지는 계정으로 물건·권리·의무 등을 나타내는 계정(예 자산, 부채, 자본계정)을 말한다. 결산시 기말잔액으로 남아 차기의 기초잔액으로 이월되기 때문에 영구계정이라고도 한다.

ⓑ **명목계정**: 실제로 존재하지 않는 가상적 계정으로 자본의 증감 변화를 일으키는 계정(예 수익·비용계정)을 말하고, 결산시에 마감되어 차기의 기초잔액으로 이월되지 않고 해당 회계기간에만 존재하기 때문에 임시계정이라고도 한다.

○ 인명계정과 통제계정

ⓐ **인명계정**: 거래처의 상호나 이름을 계정과목으로 하는 계정을 말한다.

ⓑ **통제계정**: 매출처원장과 매입처원장에 기록된 다수의 거래를 채권·채무계정으로 총계정원장에 하나로 기록하는 계정(예 외상매출금계정, 외상매입금계정)을 말한다.

© **평가계정**: 장부에 계상된 자산·부채의 금액을 감소시키는 계정(차감적 평가계정) 또는 증가시키는 계정(부가적 평가계정)을 말한다.

ⓐ **차감적 평가계정**: 감가상각누계액(유형자산 관련), 손실충당금(매출채권, 단기대여금 관련), 사채할인발행차금(사채 관련), 현재가치할인차금(장기성 채권·채무 관련)

ⓑ **부가적 평가계정**: 사채할증발행차금(사채 관련)

다음 회계연도로 잔액이 이월되지 않는 계정과목은?

제21회

① 이익잉여금
② 유형자산처분이익
③ 미지급비용
④ 감가상각누계액
⑤ 자본금

해설

유형자산처분이익은 수익계정으로서 잔액이 이월되지 않는 명목계정에 속한다.

정답: ②

(4) 계정기입의 법칙

모든 거래는 거래의 이중성이라는 복식부기의 기본 원리에 따라 증가와 감소, 발생과 감소라는 대립되는 두 가지의 측면을 갖고 있다. 따라서 자산, 부채, 자본, 수익, 비용계정의 증감 변화를 각 계정의 차변과 대변에 기입하는 원칙을 계정기입의 법칙이라고 한다.

- **자산계정**: 증가를 차변에, 감소를 대변에 기입한다.
- **부채계정**: 증가를 대변에, 감소를 차변에 기입한다.
- **자본계정**: 증가를 대변에, 감소를 차변에 기입한다.
- **수익계정**: 발생을 대변에, 감소를 차변에 기입한다.
- **비용계정**: 발생을 차변에, 감소를 대변에 기입한다.

◉ 거래의 8요소와 결합관계를 연상해 보면 동일함을 알 수 있다.

① 재무상태표계정(자산 · 부채 · 자본)

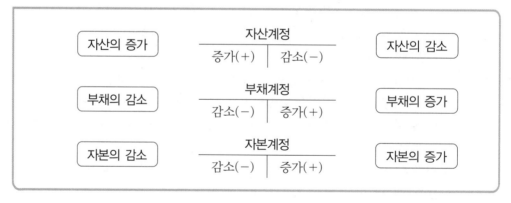

② 포괄손익계산서계정(수익·비용)

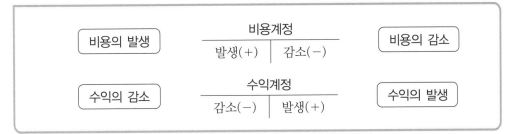

③ 각 계정과 재무제표와의 관계

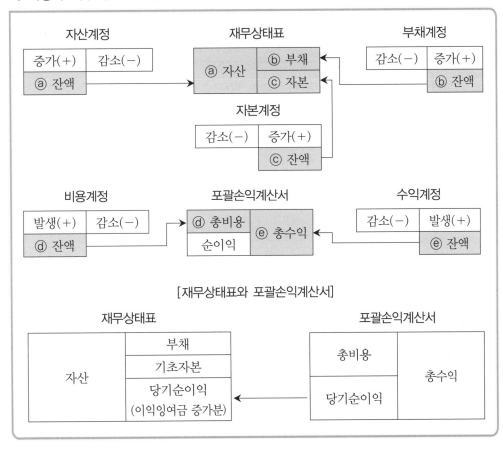

03 분개와 전기

(1) 분개

① 의의: 분개란 거래를 왼쪽(차변)과 오른쪽(대변)으로 나누어 거래의 발생순서별로 분개장에 기록하는 것이다. 분개는 원칙적으로 분개장에 기입하는 것이지만 최근 거래가 빈번해짐에 따라 전표, 증빙, 보조부 등을 분개장의 대용으로 사용한다.

② 절차

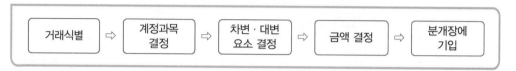

거래식별 ⇨ 계정과목 결정 ⇨ 차변·대변 요소 결정 ⇨ 금액 결정 ⇨ 분개장에 기입

③ 분개장: 회계상의 모든 거래를 발생순서대로 기입하는 장부로 주요부에 해당하며 총계 정원장에 전기하기 위하여 준비하는 장부이다.

　㉠ 병립식

날짜	적요	원면	차변	대변

　㉡ 분할식

차변	원면	날짜	적요	원면	대변

　　● 원면: 총계정원장의 면(번호)

확인 및 기출예제

다음의 거래에 대한 분개 중 옳은 것은?　　　　　　　　　　　제15회

① 비품 ₩70,000을 외상으로 구입하고 대금은 2개월 후에 지급하기로 하다.
　(차) 비품　　　　　　70,000　　　　　(대) 매입채무　　　70,000
② 임차료 ₩30,000을 당좌수표를 발행하여 지급하다.
　(차) 임차료　　　　　30,000　　　　　(대) 당좌예금　　　30,000
③ 상품 ₩40,000을 판매하고 판매대금은 1개월 후에 회수하기로 하였다.
　(차) 미수금　　　　　40,000　　　　　(대) 매출채권　　　40,000
④ 영업에 사용할 차량 ₩100,000을 외상으로 구입하다.
　(차) 상품　　　　　100,000　　　　　(대) 선급금　　　100,000

---

⑤ 은행으로부터 현금 ₩80,000을 단기차입하였다.

    (차) 단기차입금   80,000   (대) 현금   80,000

> **해설**
>
> ① (차) 비품   70,000   (대) 미지급금   70,000
> ③ (차) 매출채권   40,000   (대) 매출(상품) 40,000
> ④ (차) 차량운반구 100,000   (대) 미지급금 100,000
> ⑤ (차) 현금   80,000   (대) 단기차입금 80,000
>
> 정답: ②

(2) 전기

① 의의: 전기란 분개장에 기입된 분개를 총계정원장에 기입하여 각 계정과목별로 현재의 잔액과 일정 기간 동안 증가 및 감소한 내역을 기록하는 절차를 말한다. 즉, 전기란 각 계정의 잔액이나 변동내역을 파악하기 위하여 기록하는 것이다.

② 절차

  ㉠ 분개장에 기록된 분개의 해당 계정을 찾는다.

  ㉡ 분개된 차변계정의 금액을 총계정원장의 해당 계정의 차변에 기입한다.

  ㉢ 분개된 대변계정의 금액을 총계정원장의 해당 계정의 대변에 기입한다.

  ㉣ 총계정원장의 적요란에는 상대계정과목을 기입한다.

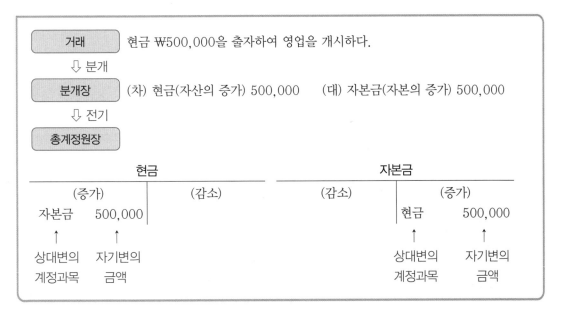

다음과 같은 현금원장의 내용에 기반하여 추정한 날짜별 거래로 옳지 않은 것은?

현금			
1/15 매출	35,000	1/2 기계장치	25,000
1/18 단기차입금	50,000	1/5 비품	37,500
		1/31 미지급급여	10,000

① 1월 2일 기계장치 구입을 위하여 현금 ₩25,000을 지급하였다.
② 1월 5일 비품을 구입하고 현금 ₩37,500을 지급하였다.
③ 1월 15일 상품을 판매하고 현금 ₩35,000을 수취하였다.
④ 1월 18일 단기차입금을 상환하기 위하여 현금 ₩50,000을 지급하였다.
⑤ 1월 31일 미지급급여 ₩10,000을 현금으로 지급하였다.

해설

현금계정은 자산계정이므로 원장의 차변에는 현금이 증가한 거래이고 대변에는 현금이 감소한 거래이다. 1/18 현금계정 차변 ₩50,000은 현금이 증가하고 상대계정이 단기차입금계정이므로 현금 ₩50,000을 단기차입한 거래에 해당한다.

(차) 현금   50,000   (대) 단기차입금   50,000   정답: ④

04 회계장부

(1) 의의

회계장부란 재무제표의 작성과 관련된 모든 문서·보고서로, 기업에서 발생하는 거래를 조직적·계속적으로 기록하기 위하여 지편을 합철한 것을 의미한다. 따라서 회계장부는 상호 관련성을 갖고 있으며 주요부와 보조부로 구분할 수 있다.

(2) 분류

주요부		① 분개장 ② 총계정원장
보조부	보조기입장	현금출납장, 당좌예금출납장, 소액현금출납장, 받을어음기입장, 지급어음기입장, 매입장, 매출장
	보조원장	매출처원장, 매입처원장, 상품재고장, 적송품원장, 수탁판매원장, 수탁매입원장, 유형자산대장, 판매관리비원장 등

① 주요부
  ㉠ 분개장: 거래가 발생한 시점에서 발생순서에 따라 원시적으로 기록하는 장부를 뜻하며, 총계정원장 전기의 기초가 된다.
  ㉡ 총계정원장: 발생순서별로 기록된 거래를 각 계정과목별로 기록하여 계정과목별 잔액과 발생액을 표시하며, 재무제표 각 항목의 기초자료가 된다.
② 보조부: 주요부를 보조하는 장부로서 거래가 발생한 순서별로 상세한 기록을 나타내는 보조기입장과 특정 계정과 관련하여 상세한 기록을 나타내는 보조원장이 있다.

제2절 결산

01 회계순환과정

기업의 모든 거래는 기록·분류·요약하여 일정한 절차에 따른 회계처리과정을 거쳐 재무제표의 형태로 정보이용자에게 정기적으로 보고된다. 거래의 발생에서 재무제표의 작성 및 보고에 이르기까지 일정한 절차에 따른 반복적인 회계처리과정을 회계순환과정이라고 한다.

```
              기업실체 내·외부의 경제적 사건
                         ⇩
           회계처리과정: 식별 ⇨ 측정 ⇨ 전달

            1. 식별: ① 거래의 정의
                    ② 거래의 종류
            2. 측정: ① 분개
                    ② 전기
                    ③ 수정전시산표 작성
                    ④ 결산수정분개
                    ⑤ 수정후시산표 작성
                    ⑥ 재무제표 작성
            3. 전달: 공시 및 주총 보고
                         ⇩
                 정보이용자의 정보이용
```

02 결산의 개요

(1) 의의

결산이란 회계기간 또는 사업연도가 종료된 후 일정한 시점의 기업의 재무상태나 일정한 기간의 기업의 경영성과, 그리고 재무상태의 변동을 명확히 하기 위하여 행하는 절차를 말한다.

(2) 절차

결산 예비절차
• 수정전시산표 작성: 회계기간 중 분개와 전기의 적정성 확인
• 재고조사표 작성: 원장상 가계정의 현재액을 조사하는 표 작성
• 결산정리사항의 분개: 장부기록의 수정기입
• 수정후시산표 작성: 기말수정분개의 적정성 확인
• 정산표 작성: 임의절차

결산 본절차
• 집합손익계정 설정
• 수익 · 비용계정 마감
• 집합손익계정 정리로 당기순손익 확정
• 자산 · 부채 · 자본계정 마감
• 계정 및 장부마감과 이월시산표 작성

결산보고서 작성
• 기말의 재무상태표: 이월시산표를 기초로 작성
• 기간 포괄손익계산서: 집합손익계정을 기초로 작성
• 기간 자본변동표
• 기간 현금흐름표
• 주석(유의적인 회계정책의 요약 및 그 밖의 설명으로 구성)

03 시산표

1. 의의

시산표란 기업의 회계처리가 올바르게 이루어졌는지 검증할 목적으로 대차평균원리에 의하여 작성하는 일람표를 말한다. 이는 총계정원장의 잔액이나 합계를 모두 집계하여 검증할 수 있다. 이와 같은 시산표는 회계장부의 일부도 아니고 외부에 공시되는 재무제표도 아니므로 반드시 작성하여야 하는 의무는 존재하지 않는다. 다만, 회계담당자들의 분개나 전기 과정이 잘못되었는지 확인하기 위해서 작성하는 검증표이다.

◉ 시산표는 분개와 전기의 정확성 검토, 재무상태와 경영성과 등을 개괄적으로 파악할 수 있다.

2. 분류

(1) 작성방법(형태)에 따른 분류

① **합계시산표**: 총계정원장상의 각 계정과목의 차변금액의 합계와 대변금액의 합계를 집계한 표를 말한다.

② **잔액시산표**: 총계정원장상의 각 계정과목의 차변잔액의 합계와 대변잔액의 합계를 집계한 표를 말한다.

③ **합계잔액시산표**: 합계시산표와 잔액시산표를 하나로 만든 표를 말한다.

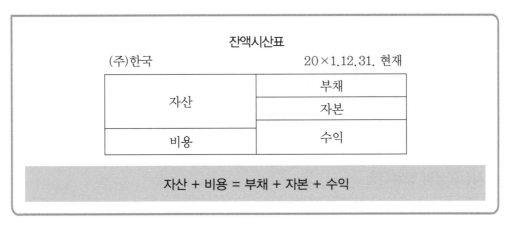

◉ 회계등식

자산 = 부채 + 자본
　　 = 부채 + [자본금 + 기초이익잉여금 + (수익 − 비용) − 배당금]

(2) 작성시점에 따른 분류

① **수정전시산표**: 결산정리사항을 반영하기 전에 기중 회계처리 과정의 오류를 검증하기 위한 시산표를 말한다.

② **수정후시산표**: 결산정리사항을 반영한 후에 기말 정리사항을 검증하기 위한 시산표를 말한다.

③ **마감후시산표(이월시산표)**: 마감절차의 오류를 검증하기 위한 시산표를 말한다.

3. 시산표상 오류발견순서

회계장부의 작성과 반대 방향으로 다음과 같이 검토한다.

시산표 ⇨ 원장 ⇨ 분개장

4. 시산표상의 오류유형

(1) 시산표에서 발견할 수 있는 오류

① 차변과 대변금액이 불일치하는 경우
② 차변과 대변 중 어느 한쪽의 전기를 누락한 경우
③ 차변과 대변 중 어느 한쪽의 이중전기 또는 전기금액의 오기, 계정집계상의 계산 오류가 발생한 경우

다음의 회계처리에서 차변만 전기되었으므로 시산표상 차변금액이 대변금액보다 큰 오류가 된다.

(차) 차입금 　　　　　　 ×××　　　　　 (대) 현금 　　　　　　 ×××　　 정답: ②

(2) 시산표에서 발견할 수 없는 오류

① 어떤 거래를 이중으로 분개하거나 대차 양변에 이중으로 전기한 경우

② 거래 전체의 분개가 누락되거나 전기가 되지 않은 경우

③ 차변과 대변에 모두 잘못된 금액으로 분개하거나 전기한 경우

④ 다른 계정과목의 같은 변에 분개하거나 전기한 경우

⑤ 둘 이상의 오류가 우연히 서로 상계(상쇄)된 경우

⑥ 회계거래가 아님에도 불구하고 회계거래로 판단하여 분개 및 전기를 수행한 경우

확인 및 기출예제

다음 오류 중에서 시산표의 작성을 통하여 발견할 수 없는 것은? 　　제14회

① ₩100,000의 상품을 현금매입하고 거래에 대한 회계처리를 누락하였다.

② ₩300,000의 매출채권 회수시 현금계정 차변과 매출채권계정 차변에 각각 ₩300,000을 기입하였다.

③ ₩1,000,000의 매출채권 회수액에 대한 분개를 하고, 매출채권계정에는 전기하였으나 현금계정에 대한 전기는 누락하였다.

④ ₩550,000의 매입채무 지급시 현금계정 대변에 ₩550,000을 기입하고 매입채무계정 차변에 ₩505,000을 기입하였다.

⑤ ₩2,000,000의 비품 외상구입에 대한 분개를 하고, 비품계정 대변과 미지급금계정 대변에 각각 전기하였다.

회계처리를 누락한 경우, 차변과 대변 금액이 차이가 발생하지 않으므로 시산표의 작성으로 발견할 수 없는 오류이다. 나머지는 차변과 대변이 불일치하므로 발견할 수 있는 오류에 해당한다. 　　정답: ①

04 결산정리와 기말수정분개

1. 의의

기중에 발생한 거래는 분개와 원장에 전기를 통하여 장부에 정확하게 기록한다고 할지라도 부분적으로 기중에 기록하지 못한 재산의 변동사항이 있을 수 있다. 예를 들어 상품수량의 부족으로 인하여 발생하는 감모손실이나 도난, 건물 가치가 감소하는 등의 이유로 결산을 할 때 장부상의 금액과 실제 금액이 일치하지 않은 경우에는 모두 조사하여 장부상의 금액을 실제의 금액으로 수정하는 절차가 필요하다. 이러한 절차를 '결산정리' 또는 '결산수정'이라고 하고, 결산정리를 위한 분개를 '기말수정분개', 이를 원장에 기입하는 것을 '수정기입'이라고 한다. 즉, 기업이 결산정리를 하여야 장부금액이 실제의 금액과 일치하고, 올바른 경영성과와 재무상태를 나타낼 수 있는 것이다.

2. 손익의 결산정리

(1) 의의

수익과 비용의 인식시점에는 발생기준과 현금기준이 있다. 회계기간 중에 기록된 수익계정과 비용계정 중 적정하게 기록되지 않은 금액들이 있는데, 이를 수정하지 않으면 올바른 경영성과 계산이 어려우므로 기말수정분개를 통하여 올바른 수익과 비용계정을 계상하도록 하는 것이다. 따라서 손익의 결산정리는 발생기준에 따른 수익과 비용을 회계처리하기 위해서 기중 거래가 현금기준에 따라 회계처리된 것을 발생기준으로 수정하는 절차라고 볼 수 있다. 손익의 결산정리사항으로는 이연항목인 선급비용, 선수수익, 소모품과 발생항목인 미지급비용, 미수수익이 있다.

> **더 알아보기** 이연항목에 대한 대체적 회계처리
>
> 현금을 수취하거나 지급할 때 명목계정(수익·비용계정)을 우선하여 회계처리하는 방법을 명목법이라고 하는데, 실무적으로 사용하기가 편하기 때문에 많이 사용되고 있는 방법이다. 이에 대한 대체적인 회계처리방법은 회계기간 중에 현금을 수취하거나 지급할 때 수익과 비용계정을 대신하여 자산·부채·자본계정을 먼저 회계처리하는 방법으로, 실질계정을 우선하여 회계처리한다고 실질법이라 부른다. 양자의 경우 회계기간 중에 회계처리가 상이하므로 기말수정분개 내용이 다르다는 점을 주의하여야 한다.

(2) 선급비용

회계기간 중 현금으로 지급한 비용항목 중에서 차기에 속한 금액이 일부 포함될 수 있다. 기중 회계처리를 모두 비용으로 계상한 경우 정확한 당기순손익을 계산하기 위하여 비록 당기에 현금이 지급되었다 할지라도 차기분은 기중에 과대계상된 비용을 취소하고 자산으로 기록하게 되는데 이를 '비용의 이연'이라고 한다.

예를 들면, 8월 1일에 1년분 보험료 ₩120,000을 지급하였을 때 비용계정인 보험료계정으로 회계처리한 경우를 생각해 보자.

- • 8/1 기중 회계처리

  (차) 보험료　　　　　　　　　120,000　　　(대) 현금　　　　　　　　　120,000

	수정전시산표	
보험료	120,000	

이와 같이 기중에 회계처리한 것을 그대로 두면 차기분인 ₩70,000$\left(₩120,000 \times \dfrac{7}{12}\right)$이 당기 보험료(비용)로 과대계상된다. 따라서 결산수정분개를 통하여 차기분을 선급보험료계정으로 계상하여 과대계상된 비용을 감소시키는 회계처리를 하여야 한다.

- • 12/31 기말수정분개

  (차) 선급보험료(자산의 증가)　　70,000　　(대) 보험료(비용의 감소)　　70,000

◉ 선급보험료는 미리 지급한 것이고 받을 권리가 있으므로 자산항목이다.

보험료(비용)		선급보험료(자산)	
8/1　현금　120,000	12/31　선급보험료　70,000	12/31　보험료　70,000	

◉ 결산수정분개를 통하여 각 계정에 전기하면 보험료계정은 당기 발생분인 ₩50,000으로 적정하게 기록된다.

	수정후시산표	
선급보험료	70,000	
보험료	50,000	

대체적 회계처리방법 － 기중 지급시 자산으로 인식한 경우

- • 8/1 기중 회계처리

  (차) 선급보험료　　　　　　　120,000　　　(대) 현금　　　　　　　　　120,000

	수정전시산표	
선급보험료	120,000	

- 12/31 기말수정분개

(차) 보험료(비용의 발생)   50,000   (대) 선급보험료(자산의 감소)   50,000

○ 기중에 비용계정이 아니라 자산계정을 계상하였으므로 수정분개를 통하여 당기 보험료 발생분 5개월분을 회계처리한다. 따라서 포괄손익계산서상 보험료계정에는 당기 발생분 ₩50,000(= ₩120,000 × 5/12)이 계상되며, 재무상태표상 선급보험료계정에는 미경과 보험료금액인 ₩70,000이 각각 적정하게 계상된다.

수정후시산표

선급보험료	70,000
보험료	50,000

핵심 콕! 콕! 회계처리방법과 기말수정분개

구분	비용처리법	자산처리법
수령시	(차) 비용항목 ××× (대) 현금 ×××	(차) 선급비용 ××× (대) 현금 ×××
수정분개	▶ 차기분 (차) 선급비용 ××× (대) 비용항목 ××× 결산수정분개: 당기순이익↑	▶ 당기분 (차) 비용항목 ××× (대) 선급비용 ××× 결산수정분개: 당기순이익↓

구분	비용처리법	자산처리법
지급시	비용	자산
수정분개	자산(차기분)	비용(당기분)

○ 차변 정렬

확인 및 기출예제

(주)한국은 20×1년 8월 1일 화재보험에 가입하고, 향후 1년간 보험료 ₩12,000을 전액 현금지급하면서 선급보험료로 회계처리하였다. 동 거래와 관련하여 (주)한국이 20×1년 말에 수정분개를 하지 않았을 경우, 20×1년 말 재무상태표에 미치는 영향은? (단, 보험료는 월할계산함)

제24회

	자산	부채	자본
①	₩5,000(과대)	영향 없음	₩5,000(과대)
②	₩5,000(과대)	₩5,000(과대)	영향 없음
③	₩7,000(과대)	영향 없음	₩7,000(과대)
④	₩7,000(과대)	₩7,000(과대)	영향 없음
⑤	영향 없음	₩7,000(과소)	₩7,000(과대)

해설

회계기간 중에 보험료를 지급시 자산계정으로 회계처리하였으므로 기말수정분개는 보험료 경과분에 대하여 다음과 같이 회계처리한다.

[기말수정분개]

(차) 보험료   5,000*   (대) 선급보험료   5,000

* ₩12,000 × 5/12 = ₩5,000

∴ 수정분개 누락시 효과: 비용과소, 자산과대 ⇨ 이익(자본)과대   정답: ①

(3) 선수수익

회계기간 중에 현금으로 수령한 수익항목 중에서 차기에 속한 금액이 일부 포함될 수 있다. 기중 회계처리를 모두 수익으로 계상한 경우 정확한 당기순손익을 계산하기 위하여 비록 현금을 수령하였다 할지라도 차기분에 대해서는 기중에 과대계상된 수익금액을 취소하고 부채로 기록하게 되는데 이를 '수익의 이연'이라고 한다.

예를 들면, 8월 1일에 1년분 임대료 ₩120,000을 현금으로 수취하였을 때 수익계정인 임대료계정으로 회계처리한 경우를 생각해 보자.

• 8/1 기중 회계처리

(차) 현금   120,000   (대) 임대료   120,000

	수정전시산표	
	임대료	120,000

이와 같이 기중에 회계처리한 것을 그대로 두면 차기분인 ₩70,000$\left(₩120,000 \times \dfrac{7}{12}\right)$이 당기 임대료(수익)로 과대계상된다. 따라서 결산수정분개를 통하여 차기분에 해당하는 것을 선수임대료계정으로 계상하여 과대계상된 수익을 감소시키는 회계처리를 하여야 한다.

• 12/31 기말수정분개

(차) 임대료(수익의 감소)   70,000   (대) 선수임대료(부채의 증가)   70,000

◉ 선수임대료는 미리 받은 것이고 제공할 의무가 있으므로 부채항목이다.

임대료(수익)			선수임대료(부채)	
12/31 선수임대료 70,000	8/1 현금 120,000			12/31 임대료 70,000

◉ 결산수정분개를 통하여 각 계정에 전기하면 임대료 당기 발생분은 ₩50,000으로 적정하게 기록된다.

	수정후시산표	
	선수임대료	70,000
	임대료	50,000

대체적 회계처리방법 - 기중 수령시 부채로 인식한 경우

• 8/1 기중 회계처리

(차) 현금   120,000   (대) 선수임대료   120,000

수정전시산표

	선수임대료	120,000

• 12/31 기말수정분개

(차) 선수임대료(부채의 감소)   50,000   (대) 임대료(수익의 발생)   50,000

○ 기중에 수익계정이 아니라 부채계정을 계상하였으므로 수정분개를 통하여 당기 임대료 발생분 5개월분을 회계처리한다. 따라서 포괄손익계산서상 임대료계정에는 당기 발생분 ₩50,000(= ₩120,000 × 5/12)이 계상되고, 재무상태표상 선수임대료계정에는 ₩70,000이 각각 적정하게 계상된다.

수정후시산표

	선수임대료	70,000
	임대료	50,000

핵심 콕! 콕! 회계처리방법과 기말수정분개

구분	수익처리법	부채처리법
수령시	(차) 현금 ××× (대) 수익항목 ×××	(차) 현금 ××× (대) 선수수익 ×××
수정분개	▶ 차기분 (차) 수익항목 ××× (대) 선수수익 ××× 결산수정분개: 당기순이익 ↓	▶ 당기분 (차) 선수수익 ××× (대) 수익항목 ××× 결산수정분개: 당기순이익 ↑

구분	수익처리법	부채처리법
수령시	수익	부채
수정분개	부채(차기분)	수익(당기분)

○ 대변 정렬

확인 및 기출예제

(주)한국은 20×1년 4월 1일 향후 1년간(20×1년 4월 1일~20×2년 3월 31일) (주)대한에게 창고를 임대하고 그 대가로 ₩1,200(1개월 ₩100)을 현금으로 받아 수익으로 회계처리하였다. 이 거래와 관련하여 (주)한국이 20×1년 말에 수정분개를 하지 않았을 경우, 기말재무제표에 미치는 영향으로 옳지 않은 것은?   제22회

① 부채가 ₩300 과대계상된다.   ② 자산에 미치는 영향은 없다.
③ 자본이 ₩300 과대계상된다.   ④ 비용에 미치는 영향은 없다.
⑤ 수익이 ₩300 과대계상된다.

4월 1일 임대료 1년분 ₩1,200을 모두 수익계정으로 회계처리하였으므로 차기귀속분(20×2.1.1.~ 3.31.) 3개월분이 미경과분에 속한다. 따라서 차기에 속하는 미경과분을 기말수정분개로 다음과 같이 회계처리해야 한다.

[기말수정분개]

(차) 임대료　　　　　　　　　　300*　　　　　(대) 선수임대료　　　　　　　　300

* ₩1,200 × 3/12

따라서 수정분개를 누락하는 경우 부채계정인 선수임대료계정은 과대가 아니라 과소계상된다.　　　정답: ①

(4) 소모품

소모품은 필기구, 복사용지 등 기업이 업무용으로 사무실이나 공장에서 사용하고 있는 소모성 자산을 말한다. 회계기간 동안 소모품을 얼마나 사용했는지 또는 기말에 미사용된 금액은 얼마인지를 파악하는 것이 중요하다. 따라서 회계기간 중 구입시 회계처리방법에 따라 기말수정분개가 상이해지므로 다음의 사례를 통해 구입시 자산으로 회계처리한 경우와 비용으로 처리한 경우를 구분하여 각각의 기말수정분개를 이해하도록 한다.

- 8/1 　소모품 ₩40,000을 현금으로 구입하다.
- 12/31 　결산시 미사용액은 ₩30,000이다.

① **자산처리법**: 소모품 구입시 자산으로 기록하는 경우 구입시점의 회계처리는 다음과 같다.

[기중 회계처리]

(차) 소모품(자산의 증가)　　　40,000　　(대) 현금(자산의 감소)　　　40,000

수정전시산표

소모품	40,000

결산시 기중 회계처리를 확인하면 소모품은 모두 미사용된 자산으로 ₩40,000이 기록되어 있다. 이 중 사용된 부분인 ₩10,000(₩40,000 – ₩30,000)을 소모품비(비용)계정으로 인식하는 결산수정분개가 필요하다.

[기말수정분개]

(차) 소모품비(비용의 발생)　　　10,000　　(대) 소모품(자산의 감소)　　　10,000

◉ 본 수정분개를 통하여 당기 사용분 ₩10,000은 소모품비계정으로 포괄손익계산서에 계상되고, 미사용분 ₩30,000은 재무상태표에 자산으로 계상된다.

수정후시산표

소모품	30,000
소모품비	10,000

② 비용처리법: 소모품 구입시 비용으로 기록하는 경우 구입시점의 회계처리는 다음과 같다.

[기중 회계처리]				
(차) 소모품비(비용의 발생)	40,000	(대) 현금(자산의 감소)	40,000

수정전시산표

소모품비	40,000	

결산시 기중 회계처리를 확인하면 소모품비 ₩40,000은 모두 사용된 비용으로 기록되어 있다. 이 중 사용된 부분이 ₩10,000(₩40,000 − ₩30,000)이므로 사용되지 않은 부분인 ₩30,000을 소모품(자산)계정으로 인식하는 결산수정분개가 필요하다.

[기말수정분개]				
(차) 소모품(자산의 증가)	30,000	(대) 소모품비(비용의 감소)	30,000

◉ 본 수정분개를 통하여 당기 사용분 ₩10,000은 소모품비계정으로 포괄손익계산서에 계상되고, 미사용분 ₩30,000은 재무상태표에 자산으로 계상된다.

수정후시산표

소모품	30,000	
소모품비	10,000	

정리하면, 소모품을 기중에 자산으로 처리하는 경우 기말에 사용분(비용)을 결산수정분개하고, 기중에 비용으로 처리하는 경우 기말에 미사용분(자산)을 결산수정분개로 하여야 올바른 소모품 잔액과 소모품비 잔액이 재무상태표와 포괄손익계산서에 각각 계상된다.

핵심 콕! 콕! 회계처리방법과 기말수정분개

구분	자산처리법	비용처리법
구입시	(차) 소모품 ××× (대) 현금 ×××	(차) 소모품비 ××× (대) 현금 ×××
수정분개	▶ 사용분 (차) 소모품비 ××× (대) 소모품 ××× 결산수정분개: 당기순이익↓	▶ 미사용분 (차) 소모품 ××× (대) 소모품비××× 결산수정분개: 당기순이익↑

구분	자산처리법	비용처리법
구입시	자산	비용
수정분개	비용(사용분)	자산(미사용분)

◉ 차변 정렬

확인 및 기출예제

20×1년 초에 설립한 (주)한국의 20×1년 말 수정전시산표상 소모품계정은 ₩50,000이었다. 기말 실사 결과, 미사용소모품이 ₩20,000일 때, 소모품에 대한 수정분개의 영향으로 옳은 것은? 제23회

① 비용이 ₩30,000 증가한다.
② 자본이 ₩30,000 증가한다.
③ 이익이 ₩20,000 감소한다.
④ 자산이 ₩30,000 증가한다.
⑤ 부채가 ₩20,000 감소한다.

해설

수정전시산표상 소모품계정인 자산계정이므로 회계 기중에 구입시 자산처리법으로 회계처리하였음을 알 수 있다. 따라서 기말수정분개는 다음과 같이 사용분에 대한 회계처리를 해야 한다.
[기말수정분개]
(차) 소모품비   30,000   (대) 소모품   30,000
∴ 사용분 = ₩50,000 − ₩20,000 = ₩30,000

② 자본이 ₩30,000 감소한다.
③ 이익이 ₩30,000 감소한다.
④ 자산이 ₩30,000 감소한다.
⑤ 부채는 불변이다.

정답: ①

---

(5) 미수수익

기업은 회계기간 중에 용역 등을 제공하고 해당 대가를 수령하지 않은 경우 결산시까지 해당 수익이 기록되지 않을 수 있다. 따라서 정확한 경영성과를 계산하기 위하여 비록 현금을 수령하지는 않았으나 당기에 발생된 수익은 인식하여야 하는데 이를 '수익의 발생'이라고 한다.

예를 들면, 당기 대여금 ₩5,000,000(연 이자율 3%)에 대한 이자 중 하반기 6개월분을 수령하지 못한 경우를 생각해 보자. 1년에 인식할 이자수익은 ₩150,000이고, 이 중 하반기 6개월분이 미수액이므로 다음과 같이 기중 회계처리한다.

[기중 회계처리]
(차) 현금   75,000   (대) 이자수익   75,000

기중에 수령한 것만 기록되었을 것이므로 미수액을 회계처리하지 않아 발생기준에 의한 수익이 과소계상된다. 따라서 기말수정분개를 통하여 하반기 6개월분의 이자수익을 미수이자계정으로 계상하여 자산으로 인식하여야 한다.

수정전시산표

	이자수익	75,000

[기말수정분개]

(차) 미수이자(자산의 증가)	75,000	(대) 이자수익(수익의 발생)	75,000

● 미수이자는 아직 받지 못한 이자이고 후에 받을 수 있는 권리를 나타내므로 자산계정이다.

<table>
<tr><td colspan="2" align="center">이자수익(수익)</td><td colspan="2" align="center">미수이자(자산)</td></tr>
<tr><td>현금</td><td>75,000</td><td>12/31 이자수익</td><td>75,000</td></tr>
<tr><td>12/31 이자수익</td><td>75,000</td><td></td><td></td></tr>
</table>

● 결산수정분개를 통하여 각 계정에 전기하면 이자는 당기 발생분인 ₩150,000으로 적정하게 기록된다.

수정후시산표

미수이자	75,000	이자수익	150,000

핵심 콕! 콕! 기중 회계처리와 기말수정분개

구분	회계처리		
기중 회계처리	미계상		
수정분개	(차) 미수수익 결산수정분개: 당기순이익 ↑	××× (대) 수익항목	×××

● 미계상은 장부에 기록되지 않은 것을 의미한다.

(6) 미지급비용

기업은 회계기간 중에 용역 등을 제공받고도 해당 대가를 지급하지 않은 경우 결산시까지 해당 비용이 기록되지 않을 수 있다. 따라서 정확한 경영성과를 계산하기 위하여 비록 현금을 지급하지는 않았으나 당기에 발생된 비용은 인식해야 한다. 이 경우 인식하는 것을 '비용의 발생'이라고 한다.

예를 들면, 매월 임차료 ₩20,000을 지급하는 경우 10월까지 지급하고, 당기에 2개월 (11월, 12월)을 미지급한 경우를 생각해 보자. 비록 지급하지는 않았지만 당기 임차료는 ₩20,000씩 12개월이므로 ₩240,000이 인식되어야 한다. 미지급분을 제외한 나머지 10개월분은 지급되었으므로 다음과 같이 회계처리한다.

[기중 회계처리]

(차) 임차료	200,000	(대) 현금	200,000

◉ ₩20,000/월×10개월 = ₩200,000

수정전시산표

임차료	200,000	

기중에 지급된 것만 기록되었을 것이므로 미지급된 부분은 회계처리하지 않아 발생기준에 의한 비용이 과소계상된다. 따라서 기말수정분개를 통해서 미지급된 2개월분의 임차료 발생분과 부채계정인 미지급임차료계정을 인식하여야 한다.

[기말수정분개]

(차) 임차료(비용의 발생)	40,000	(대) 미지급임차료(부채의 증가)	40,000

◉ 미지급임차료는 아직 지급하지 못한 임차료이고 후에 지급하여야 하는 의무를 나타내므로 부채계정이다.

임차료(비용)		미지급임차료(부채)	
현금 200,000			12/31 임차료 40,000
12/31 미지급임차료 40,000			

◉ 기말수정분개를 통하여 각 계정에 전기하면 임차료는 당기 발생분인 ₩240,000으로 기록되게 된다.

수정후시산표

임차료	240,000	미지급임차료	40,000

핵심 콕! 콕! 기중 회계처리와 기말수정분개

구분	회계처리		
기중 회계처리	미계상		
수정분개	(차) 비용항목 ××× (대) 미지급비용 ×××		
	결산수정분개: 당기순이익 ↓		

20×1년 12월분 관리직 종업원급여 ₩500이 발생하였으나 장부에 기록하지 않았고, 이 금액을 20×2년 1월에 지급하면서 전액 20×2년 비용으로 인식하였다. 이러한 회계처리의 영향으로 옳지 않은 것은? (단, 20×1년과 20×2년에 동 급여에 대한 별도의 수정분개는 하지 않은 것으로 가정함) 제25회

① 20×1년 비용 ₩500 과소계상
② 20×1년 말 자산에는 영향 없음
③ 20×1년 말 부채 ₩500 과소계상
④ 20×1년 말 자본 ₩500 과대계상
⑤ 20×2년 당기순이익에는 영향 없음

해설

[20×1년 누락된 회계처리]
(차) 급여(비용의 발생)   500   (대) 미지급급여(부채의 증가)   500
20×1년 회계처리 누락으로 비용과 부채가 ₩500 과소되어, 당기순이익과 자본은 ₩500이 과대계상되고, 20×2년에는 비용과대로 당기순이익이 ₩500 과소된다. 정답: ⑤

핵심 콕! 콕! 수정분개와 수정분개 누락이 당기순이익에 미치는 영향

구분	수정분개가 순이익에 미치는 영향	구분	수정분개 누락이 순이익에 미치는 영향
[자산↑] 선급비용 · 미수수익	당기순이익↑	[자산↓] 선급비용 · 미수수익 누락	당기순이익↓
[부채↑] 선수수익 · 미지급비용	당기순이익↓	[부채↓] 선수수익 · 미지급비용 누락	당기순이익↑

(주)한국의 20×1년 말 결산수정사항 반영 전 당기순이익은 ₩1,070,000이었다. 다음 결산수정사항을 반영한 후의 당기순이익은? (단, 이자와 보험료는 월할계산함) 제19회

• 20×1년 7월 1일 거래처에 현금 ₩200,000을 대여하면서 1년 후에 원금과 이자(연 9%)를 회수하기로 약정하였다.
• 20×1년 12월 1일에 향후 1년치 보험료 ₩24,000을 현금으로 지급하면서 선급보험료로 회계처리하였다.

① ₩1,055,000
② ₩1,061,500
③ ₩1,077,000
④ ₩1,078,500
⑤ ₩1,081,000

해설

수정 후 당기순이익 = ₩1,070,000 + (₩200,000 × 9% × 6/12) − (₩24,000 × 1/12)
                    = ₩1,077,000
정답: ③

3. 정산표

결산과정을 하나의 표에 나타낼 수 있도록 고안된 양식으로 시산표, 재무상태표, 포괄손익계산서를 집계하여 작성한다. 따라서 정산표는 결산 회계처리과정을 일목요연하게 나타내고, 회계처리과정상 오류를 쉽게 파악할 수 있어 수정할 수 있다는 장점이 있다. 정산표는 수정전시산표, 수정기입, 수정후시산표, 재무상태표, 포괄손익계산서로 구성된 10위식, 이 중에서 수정후시산표를 제외한 8위식, 수정기입, 수정후시산표를 제외한 6위식 정산표가 있다. 결산시 기말 정리사항을 기입하기 전인 수정전시산표를 기초로 정리분개가 행해지며 재무제표가 작성된다. 그러나 이는 선택사항이므로 실무적으로는 생략하는 경우가 많다.

정산표									
(주)한국			20×1.12.31.					(단위: 원)	
계정 과목	수정전시산표		수정분개		수정후시산표		포괄손익계산서		재무상태표	
	차변	대변	차변	대변	차변	대변	차변	대변	차변	대변

05 본절차 – 총계정원장의 마감

(1) 의의

본절차는 장부를 마감하는 결산절차이다. 장부 중 재무제표의 기초자료가 되는 총계정원장이 중요하므로 계정의 마감을 중심으로 장부마감을 학습하여야 한다. 총계정원장은 실질계정인 재무상태계정과 명목계정인 포괄손익계산서계정으로 구분된다. 실질계정은 잔액이 존재하는 자산·부채·자본계정을 뜻하며, 잔액을 차기로 이월하는 식으로 마감한다. 명목계정인 수익·비용계정은 잔액이 차기로 이월되지 않고 특정 기간에 일시적으로 존재한다. 따라서 총계정원장은 다음의 단계에 따라서 마감한다.

총계정원장 마감단계

포괄손익계산서계정의 마감 ⇨ 집합손익계정의 마감 ⇨ 재무상태표계정의 마감

(2) 포괄손익계산서계정의 마감

수익과 비용계정은 각 계정의 잔액을 다음 해로 이월하지 않는 명목계정이다. 이에 마감시 수익계정 대변 잔액을 차변에 기입하고, 비용계정 차변 잔액은 대변에 기입하여 집합손익계정에 대체하여 해당 계정의 잔액을 '₩0'으로 만든다.

① 수익계정의 마감

(차) 수익계정 *	×××	(대) 집합손익	×××

* 마감(소멸)계정

② 비용계정의 마감

(차) 집합손익 *	×××	(대) 비용계정	×××

* 대체계정

③ 집합손익계정의 마감: 집합손익계정으로 대체된 모든 수익계정(총수익)과 모든 비용계정(총비용)이 대응되어 당기순손익이 산출되면 그 산출된 금액이 자본계정으로 대체된다.

ㄱ 당기순이익인 경우

(차) 집합손익	×××	(대) 이익잉여금	×××

ㄴ 당기순손실인 경우

(차) 이익잉여금	×××	(대) 집합손익	×××

확인 및 기출예제

(주)한국은 20×1년 4월 1일 사무실을 임대하고, 1년분 임대료 ₩1,200(1개월 ₩100)을 현금 수취하여 이를 전액 수익으로 처리하였다. 20×1년 기말수정분개가 정상적으로 처리되었을 때, 동 사무실 임대와 관련하여 수익에 대한 마감분개로 옳은 것은?   제26회

	차변		대변	
①	임대료	900	집합손익	900
②	임대료	300	선수임대료	300
③	차기이월	300	선수임대료	300
④	집합손익	900	임대료	900
⑤	선수임대료	900	임대료	900

해설

• 임대료 당기 발생분 = ₩1,200 × 9/12 = ₩900
• 임대료 당기 발생분을 집합손익계정으로 대체

(차) 임대료	900	(대) 집합손익	900

정답: ①

(3) 재무상태표계정의 마감

재무상태표계정은 잔액을 차기로 이월하는 실질계정이므로 장부마감도 자산·부채·자본계정의 잔액을 이월하는 형식으로 마감한다. 즉, 각 계정의 차변과 대변을 비교하여 금액이 부족한 쪽에 부족한 금액을 기입하여 차변과 대변의 합계를 일치시키고 이를 붉은 글씨로 '차기이월'이라고 쓴다.

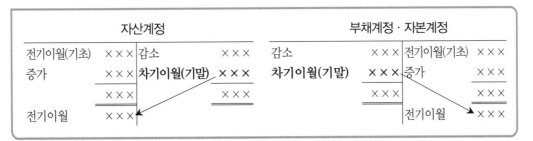

확인 및 기출예제

수정후시산표의 각 계정잔액이 존재한다고 가정할 경우, 장부 마감 후 다음 회계연도 차변으로 이월되는 계정과목은?

제24회

① 이자수익
② 자본금
③ 매출원가
④ 매입채무
⑤ 투자부동산

해설

⑤ 기말잔액이 차기로 이월되는 계정은 재무상태표(자산·부채·자본)계정이다. 이 중 차변에 잔액이 생기는 자산(투자부동산)계정은 기말에 대변에 차기이월로 마감하여 다음 회계연도 초에 전기이월로 차변으로 이월된다.
①③ 손익계산서계정이므로 잔액이 이월되지 않는다.
② 자본계정으로 잔액이 다음 연도 초에 대변으로 이월된다.
④ 부채계정으로 잔액이 다음 연도 초에 대변으로 이월된다.

정답: ⑤

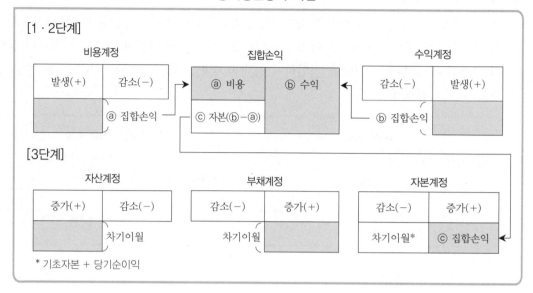

총계정원장의 마감

[1 · 2단계]

비용계정		집합손익		수익계정	
발생(+)	감소(−)	ⓐ 비용	ⓑ 수익	감소(−)	발생(+)
	ⓐ 집합손익	ⓒ 자본(ⓑ−ⓐ)		ⓑ 집합손익	

[3단계]

자산계정		부채계정		자본계정	
증가(+)	감소(−)	감소(−)	증가(+)	감소(−)	증가(+)
	차기이월		차기이월	차기이월*	ⓒ 집합손익

* 기초자본 + 당기순이익

(4) 재무상태표와 포괄손익계산서

결산 예비절차인 잔액시산표는 포괄손익계산서계정과 재무상태표계정으로 작성되므로 전자를 통하여 포괄손익계산서가, 후자를 통하여 재무상태표가 작성된다. 앞에서 살펴본 바와 같이 재무상태표상 당기순손익과 포괄손익계산서상 당기순손익은 반드시 일치하여야 한다.

06 재무제표 작성

(1) 기말 재무상태표

일정 시점에서의 재무상태(자산 · 부채 · 자본)를 나타내는 정태적 보고서로서 이월시산표를 기초로 작성된다.

(2) 기간 포괄손익계산서

일정 기간의 경영성과(수익 · 비용)를 나타내는 동태적 보고서로서 집합손익계정을 기초로 작성된다.

(3) 기간 현금흐름표

기업이 일정 기간의 현금흐름 변동을 파악하기 위하여 작성하는 동태적 보고서이다.

(4) 기간 자본변동표

자본의 크기와 자본을 구성하고 있는 모든 항목의 변동에 관한 정보를 제공하는 재무보고서이다.

(5) 주석

재무제표상 해당 과목 또는 금액에 기호를 붙이고 난외 또는 별지에 동일한 기호를 표시하여 그 내용을 간단명료하게 기재하는 것으로서, 유의적인 회계정책의 요약 및 그 밖의 설명으로 구성된다.

더 알아보기 | **주석의 중요성**

재무제표의 본문은 요약된 정보로 구성되며 대부분 추정, 판단, 모형에 근거하고 있다. 이들에 대한 설명을 주석에서 하고 있기 때문에 주석이 중요하다. 따라서 주석은 재무제표와 별도로 공시하지만 재무제표에 포함된다.

확인 및 기출예제

한국채택국제회계기준에서 정하는 전체 재무제표에 포함되지 않는 것은?   제22회

① 기말 세무조정계산서
② 기말 재무상태표
③ 기간 손익과 기타포괄손익계산서
④ 기간 현금흐름표
⑤ 주석(유의적인 회계정책 및 그 밖의 설명으로 구성)

해설

기말 세무조정계산서는 전체 재무제표에 해당되지 않으며, 나머지는 전체 재무제표에 포함된다.   정답: ①

01 거래란 부기의 출발점으로서 기업의 자산·부채·자본의 증가 또는 감소를 일으키는 모든 사건을 의미한다. ( )

02 관리용역에 대한 계약을 체결하고 계약금을 수령한 경우 회계상 거래이다. ( )

03 자산의 증가 및 감소, 부채의 증가 및 감소, 자본의 증가 및 감소, 비용 및 수익의 발생을 거래의 8요소라고 한다. ( )

04 거래의 요소들이 서로 결합하여 2개 이상의 대립된 형태로 나타나는 것을 대차평균의 원리라고 하고, 모든 계정의 차변합계 금액과 대변합계 금액이 반드시 일치하게 되는 것을 거래의 이중성 또는 양면성이라고 한다. ( )

05 명목계정은 일정 기간의 경영성과를 나타내고 종료되는 손익계산서계정을 의미하며 영구계정 이라고도 한다. ( )

06 잔액이란 차변합계 금액과 대변합계 금액의 차액을 말하며, 재무상태표계정들은 차변잔액을, 손익계산서 계정은 대변잔액을 갖는다. ( )

07 시산표는 차변과 대변의 합계를 검증하여 회계처리과정의 오류를 확인하는 일람표를 말하며, 필수적 절차로서 작성시점에 따라서 합계시산표, 잔액시산표, 합계잔액시산표로 구분된다. ( )

---

01 ○

02 ○

03 ○

04 × 대차평균의 원리 ⇨ 거래의 이중성 또는 양면성,
거래의 이중성 또는 양면성 ⇨ 대차평균의 원리

05 × 영구계정 ⇨ 임시계정(일시계정)

06 × 자산과 비용은 차변잔액을 갖고, 부채와 자본 및 수익은 대변잔액을 갖는다.

07 × 시산표 작성은 필수적 절차가 아니며, 작성시점이 아니라 작성방법에 따라서 합계시산표, 잔액시산표, 합계잔액시산표로 구분된다.

08 잔액시산표 등식은 '기말자산 + 총비용 = 기말부채 + 기말자본 + 총수익'이다. ( )

09 미지급비용, 미수수익, 선급비용, 선수수익 등에 관한 결산정리분개는 발생주의 기준을 적용하기 때문에 발생한다. ( )

10 화재보험에 가입한 후 선납입한 보험료를 자산으로 회계처리한 경우에는 결산일에 동 보험료 중 기간경과분은 보험료의 과목으로 비용처리하는 기말수정분개가 필요하다. ( )

11 선수수익과 미수수익은 부채계정이며, 선급비용과 미지급비용은 자산계정이다. ( )

12 수정전시산표상 소모품계정의 잔액이 있는 경우 기말 정리사항을 통하여 미사용분에 대한 회계처리를 하여야 한다. ( )

13 집합손익계정은 포괄손익계산서계정인 수익계정과 비용계정을 마감하기 위한 실질계정으로 잔액을 자본금 또는 이익잉여금으로 대체한다. ( )

14 기중에 발생한 수익계정은 집합손익계정 차변에, 비용계정의 발생액은 집합손익계정 대변에 각각 기록하여 손익을 계산한다. ( )

15 재무상태표계정 마감은 기말잔액을 차기로 이월하는 형식으로 기말잔액을 일치시켜 마감하며, 기말잔액에 대하여 수정분개가 불필요하다. ( )

---

08 × 기말자본 ⇨ 기초자본

09 ○

10 ○

11 × 미수수익과 선급비용은 자산계정이며, 선수수익과 미지급비용은 부채계정이다.

12 × 미사용분 ⇨ 사용분

13 × 실질계정 ⇨ 일시(임시)계정

14 × 차변 ⇨ 대변, 대변 ⇨ 차변

15 ○

01 회계상 거래가 아닌 것은?

제19회, 제9 · 16 · 18회 유사

① 거래처의 부도로 인하여 매출채권 회수가 불가능하게 되었다.
② 임대수익이 발생하였으나 현금으로 수취하지는 못하였다.
③ 기초에 매입한 당기손익 – 공정가치측정 금융자산의 공정가치가 기말에 상승하였다.
④ 재고자산 실사 결과, 기말 재고수량이 장부상 수량보다 부족한 것을 확인하였다.
⑤ 기존 차입금에 대하여 금융기관의 요구로 부동산을 담보로 제공하였다.

02 다음 사건에서 발생시점에 분개하여야 할 거래는?

① 제품 포장을 위해 계약직 직원을 일당 ₩200,000의 조건으로 매월 말 급여를 지급하기로 하고 채용하였다.
② 거래처로부터 신제품 200개를 개당 ₩2,000의 조건으로 월말까지 납품해 달라는 주문서를 받았다.
③ (주)한국은 제품 전시회를 통해 외국 바이어와 ₩300,000,000의 수출판매계약과 함께 현지 대리점 개설을 위한 양해각서(MOU)를 교환하였다.
④ 물류창고에서 화재가 발생하여 보유 중인 재고자산(장부금액 ₩1,000,000)이 전부 소실되었다.
⑤ 다음 달 사무실을 이전하기로 하고 매월 말 ₩2,000,000의 임차료를 지급하는 계약을 건물주와 체결하였다.

03 다음의 각 거래에 대한 회계처리로 옳지 않은 것은?

① 주당 액면 ₩1,000인 보통주 100주를 발행하고 현금 ₩100,000을 받았다.
    ➪ (차변) 자산의 증가   (대변) 자본의 증가

② 관리용역업체로부터 12월 관리비 발생분 ₩50,000을 청구받았으나 내년에 지급할 계획이다.
    ➪ (차변) 자본의 감소   (대변) 부채의 증가

③ 외상용역대금 ₩100,000을 현금으로 회수하였다.
    ➪ (차변) 자산의 증가   (대변) 부채의 감소

④ 은행으로부터 현금 ₩1,000,000을 차입하였다.
    ➪ (차변) 자산의 증가   (대변) 부채의 증가

⑤ 자기주식을 현금 ₩200,000을 지급하고 취득하였다.
    ➪ (차변) 자본의 감소   (대변) 자산의 감소

정답 | 해설

01 ⑤ 회계상 거래는 자산, 부채, 자본의 증감 변화를 일으키는 사건을 말하며, 금액으로 나타낼 수 있어야 한다. 따라서 단순한 주문, 계약, 채용, 담보제공 등은 회계상 거래에 해당되지 않는다.

02 ④ 회계상 거래는 자산, 부채, 자본의 변동이 있는 거래를 말하며, 회계상 거래에 대해서 회계처리를 한다. 따라서 단순한 채용, 주문, 계약체결 등은 회계상의 거래가 아니므로 회계처리대상이 아니다.

03 ③ (차) 현금(자산의 증가)   100,000   (대) 매출채권(자산의 감소)   100,000

04 자산과 비용에 모두 영향을 미치는 거래는?

① 당기 종업원급여를 현금으로 지급하였다.
② 비품을 외상으로 구입하였다.
③ 현금을 출자하여 회사를 설립하였다.
④ 매입채무를 당좌예금으로 지급하였다.
⑤ 기존 차입금에 대하여 추가 담보를 제공하였다.

05 다음 중 부채의 증가가 수반되지 않는 거래는?

① 사채를 액면 이하로 할인발행하다.
② 당기에 발생한 미지급급여를 회계처리하다.
③ 대여금에 대한 당기 발생분 이자를 회계처리하다.
④ 1년 후에 상환하기로 하고 자금을 차입하여 조달하다.
⑤ 기계장치를 구입하고 1년 만기 약속어음을 발행하여 지급하다.

06 다음 중 그 잔액이 시산표 대변에 나타나지 않는 항목은?

① 자본금
② 미수금
③ 선수이자
④ 미지급급여
⑤ 이익잉여금

07 차기 회계연도로 잔액이 이월되지 않는 계정과목은? 제18회

① 집합손익

② 이익잉여금

③ 선수임대료

④ 주식발행초과금

⑤ 기타포괄손익－공정가치측정 금융자산평가이익

정답 | 해설

04 ① ① (차) 비용의 발생(급여) ×××　(대) 자산의 감소(현금) ×××
　　　 ② (차) 자산의 증가(비품) ×××　(대) 부채의 증가(미지급금) ×××
　　　 ③ (차) 자산의 증가(현금) ×××　(대) 자본의 증가(자본금) ×××
　　　 ④ (차) 부채의 감소(매입채무) ×××　(대) 자산의 감소(당좌예금) ×××
　　　 ⑤ 단순한 담보제공은 회계상 거래가 아니다.

05 ③ (차) 자산의 증가 ×××　(대) 수익의 발생 ×××

06 ② 미수금은 자산계정으로 차변잔액을 갖는다.
　　　 ①⑤ 자본(대변잔액)
　　　 ③④ 부채(대변잔액)

07 ① 집합손익계정은 잔액이 이월되지 않는 임시(일시)계정에 해당한다.

08 당좌예금계정을 참조하여 각 거래일자별로 회계처리를 유추한 내용으로 옳지 않은 것은?

당좌예금				
7/1 매출채권	200,000	7/3 이자비용	90,000	
7/12 현금	150,000	7/12 기계장치	120,000	
7/20 수수료수익	320,000	7/28 수도광열비	70,000	

① 7/1 (차) 당좌예금 200,000 (대) 매출채권 200,000
② 7/3 (차) 이자비용 90,000 (대) 당좌예금 90,000
③ 7/12 (차) 당좌예금 150,000 (대) 현금 270,000
　　　　　　 기계장치 120,000
④ 7/20 (차) 당좌예금 320,000 (대) 수수료수익 320,000
⑤ 7/28 (차) 수도광열비 70,000 (대) 당좌예금 70,000

09 회계거래의 기록과 관련된 설명으로 옳지 않은 것은? 제19회

① 분개란 복식부기의 원리를 이용하여 발생한 거래를 분개장에 기록하는 절차이다.
② 분개장의 거래기록을 총계정원장의 각 계정에 옮겨 적는 것을 전기라고 한다.
③ 보조 회계장부로는 분개장과 현금출납장이 있다.
④ 시산표의 차변합계액과 대변합계액이 일치하는 경우에도 계정기록의 오류가 존재할 수 있다.
⑤ 시산표는 총계정원장의 차변과 대변의 합계액 또는 잔액을 집계한 것이다.

10 다음 중 결산 순서를 바르게 표시한 항목은?

> ㉠ 재무제표 작성　　　　　　　　　㉡ 시산표 작성
> ㉢ 포괄손익계산서계정 마감　　　　㉣ 재무상태표계정 마감
> ㉤ 이월시산표 작성

① ㉠ - ㉡ - ㉢ - ㉣ - ㉤　　　　② ㉠ - ㉡ - ㉣ - ㉢ - ㉤
③ ㉡ - ㉢ - ㉣ - ㉤ - ㉠　　　　④ ㉢ - ㉠ - ㉡ - ㉣ - ㉤
⑤ ㉤ - ㉣ - ㉢ - ㉡ - ㉠

11 시산표에 관한 설명으로 옳은 것은?　　　　　　　　　　　제15회

① 시산표는 재무상태표와 포괄손익계산서를 작성하기 위한 필수적인 장부이다.
② 시산표는 각 계정과목의 잔액을 사용하여 작성할 수 있다.
③ 수정전시산표에는 선급비용과 선수수익의 계정과목이 나타나지 않는다.
④ 발생된 거래를 분개하지 않은 경우 시산표의 차변합계와 대변합계는 일치하지 않는다.
⑤ 수정후시산표에는 수익과 비용계정과목이 나타날 수 없다.

정답 | 해설

08 ③　7/12 (차) 당좌예금　　　　　150,000　　　(대) 현금　　　　　　150,000
　　　　　　　　　기계장치　　　　　120,000　　　　　당좌예금　　　　120,000

09 ③　분개장은 보조장부가 아니라 주요부에 해당된다. 주요부에는 총계정원장과 분개장이 있다.

10 ③　결산은 '예비절차 ⇨ 본절차 ⇨ 결산보고서 작성' 순이다. 따라서 결산순서를 바르게 표시하면 '㉡ 시산표 작성 ⇨ ㉢ 포괄손익계산서계정 마감 ⇨ ㉣ 재무상태표계정 마감 ⇨ ㉤ 이월시산표 작성 ⇨ ㉠ 재무제표 작성'이다.

11 ②　각 계정의 잔액을 집계하여 기중 회계처리가 올바르게 이루어졌는지 검증하는 것은 잔액시산표이다.
　　　① 시산표는 필수적으로 작성하는 것이 아니라 <u>선택적으로 작성</u>하는 검증표이다.
　　　③ 비용이나 수익을 지급하거나 수취시 비용과 수익계정으로 회계처리하지 않고 각각 자산과 부채로 처리한 경우 수정전시산표에 선급비용이나 선수수익의 계정으로 <u>나타날 수 있다</u>.
　　　④ 발생된 거래를 분개하지 않은 경우 시산표의 차변합계와 대변합계는 <u>일치한다</u>.
　　　⑤ 수정후시산표가 아니라 <u>이월시산표(마감후시산표)</u>에 대한 설명이다.

12 (주)한국의 수정후시산표상 자산, 부채, 수익, 비용, 자본금 금액이 다음과 같을 때 기초이익잉여금은?

• 매출	₩60,000	• 현금	₩65,000
• 매출원가	₩50,000	• 재고자산	₩100,000
• 급여	₩25,000	• 매입채무	₩85,000
• 선급비용	₩35,000	• 미지급금	₩25,000
• 미지급비용	₩40,000	• 미수수익	₩25,000
• 자본금	₩20,000	• 기초이익잉여금	x

① ₩20,000 ② ₩55,000
③ ₩62,000 ④ ₩70,000
⑤ ₩85,000

13 잔액시산표의 차변합계와 대변합계를 일치하지 않게 하는 경우는?

① 미수금계정의 잔액을 잔액시산표의 영업권계정에 기입하였다.
② 개발비계정의 잔액을 잔액시산표의 연구비계정에 기입하였다.
③ 장기차입금계정의 잔액을 잔액시산표의 상각후원가측정 금융자산계정에 기입하였다.
④ 임대료계정의 잔액을 잔액시산표의 주식발행초과금계정에 기입하였다.
⑤ 매출채권계정의 잔액을 잔액시산표의 미수금계정에 기입하였다.

14 한국상사의 수정전잔액시산표 합계액은 ₩750,000이었다. 다음의 사항을 수정한 후의 잔액시산표 합계액은 얼마인가? (단, 수정시 회계처리는 한국채택국제회계기준에 따름)

• 소모품미사용액	₩2,000	• 보험료미경과액	₩5,000
• 감가상각비	₩10,000	• 이자수익미수액	₩2,000

① ₩758,000 ② ₩762,000
③ ₩765,000 ④ ₩767,000
⑤ ₩769,000

15 (주)한국은 20×1년 10월 1일부터 1년간 상가를 임대하면서 동 일자에 향후 1년분 임대료 ₩6,000을 현금 수령하고 전액 수익으로 회계처리하였다. 수정분개를 하지 않았을 경우, (주)한국의 20×1년 재무제표에 미치는 영향은? (단, 임대료는 월할계산함)

제25회

① 기말부채 ₩1,500 과대계상
② 기말부채 ₩4,500 과대계상
③ 당기순이익 ₩1,500 과대계상
④ 당기순이익 ₩4,500 과대계상
⑤ 당기순이익 ₩6,000 과대계상

정답 | 해설

12 ④

수정후시산표			
현금	65,000	매입채무	85,000
재고자산	100,000	미지급금	25,000
미수수익	25,000	미지급비용	40,000
선급비용	35,000	자본금	20,000
매출원가	50,000	기초이익잉여금(x)	70,000
급여	25,000	매출	60,000
	300,000		300,000

13 ③ 대변잔액계정을 차변에 기입하였으므로 차변과 대변이 차이가 발생한다. 즉, 발견할 수 있는 오류유형이다.

14 ②

시산표 합계의 변화				
	차변		대변	
자산	소모품	(+)2,000	자산차감항목 감가상각누계액	(+)10,000
	선급보험료	(+)5,000	부채	
	미수이자	(+)2,000	수익 이자수익	(+)2,000
비용	소모품비	(−)2,000		
	보험료	(−)5,000		
	감가상각비	(+)10,000		
합계		(+)12,000	합계	(+)12,000

∴ 수정후잔액시산표 합계액 = ₩750,000(수정 전) + ₩12,000 = ₩762,000

15 ④ [수정분개]

(차) 임대료	4,500*	(대) 선수임대료	4,500

* ₩6,000 × 9/12 = ₩4,500
수익(임대료)은 ₩4,500 과대되고, 부채(선수임대료)는 ₩4,500 과소되며, 당기순이익(자본)은 ₩4,500 과대된다.
①② 기말부채 ₩4,500 과소계상, ③⑤ 당기순이익 ₩4,500 과대계상

16 다음은 (주)한국과 관련된 거래이다. 기말수정분개가 재무제표에 미치는 영향으로 옳은 것은? (단, 기간은 월할계산함)

- 8월 1일 건물을 1년간 임대하기로 하고, 현금 ₩2,400을 수취하면서 임대수익으로 기록하였다.
- 10월 1일 거래처에 현금 ₩10,000을 대여하고, 1년 후 원금과 이자(연 이자율 4%)를 회수하기로 하였다.

① 자산이 ₩400만큼 증가한다.
② 비용이 ₩200만큼 증가한다.
③ 수익이 ₩100만큼 증가한다.
④ 부채는 ₩2,400만큼 감소한다.
⑤ 당기순이익이 ₩1,300만큼 감소한다.

17 기말 수정사항이 다음과 같을 때, 기말수정분개가 미치는 영향으로 옳지 않은 것은?

- 기중에 구입한 소모품 ₩1,000,000을 소모품비로 처리하였으나, 기말 현재 남아 있는 소모품은 ₩200,000이다. 단, 기초 소모품재고액은 없다.
- 당기에 발생한 미수이자수익 ₩1,000,000에 대한 회계처리가 이루어지지 않았다.

① 당기순이익이 ₩800,000 증가한다.
② 자산총액이 ₩1,200,000 증가한다.
③ 부채총액은 변동이 없다.
④ 수정 후 잔액시산표의 차변합계가 ₩1,000,000 증가한다.
⑤ 당기 소모품비의 발생액은 ₩800,000이다.

18 다음과 같은 누락사항을 반영하기 전 당기순이익이 ₩500,000인 경우, 수정 후 당기순이익은?

• 보험료 중 선급분	₩10,000
• 이자비용 중 미지급분	₩13,000
• 비용으로 처리한 소모품 중 미사용분	₩18,000
• 거래처 외상대금 회수분	₩20,000

① ₩485,000   ② ₩505,000

③ ₩515,000   ④ ₩535,000

⑤ ₩540,000

정답 | 해설

16 ⑤ • 8월 1일

    (차) 임대료   1,400*   (대) 선수임대료   1,400

    * 차기분(미경과분) ₩2,400 × 7/12 = ₩1,400

  • 10월 1일

    (차) 미수이자   100*   (대) 이자수익   100

    * 이자수익의 발생 ₩10,000 × 4% × 3/12 = ₩100

시산표 합계의 변화

차변			대변			
자산	미수이자	(+)100	부채	선수임대료	(+)1,400	
			자본	–		
비용	–		수익	임대료 감소	(−)1,400	⎤(−)1,300
				이자수익	(+)100	⎦

17 ① 당기순이익이 ₩1,200,000 증가한다.

  • 소모품 미사용액 ₩200,000 ⇨ 당기순이익 증가

    (차) 소모품(자산의 증가)   200,000   (대) 소모품비(비용의 감소)   200,000

  • 이자수익 ₩1,000,000 ⇨ 당기순이익 증가

    (차) 미수이자(자산의 증가)   1,000,000   (대) 이자수익(수익의 발생)   1,000,000

  ② 수정분개로 인해 기말 현재 남아 있는 소모품 ₩200,000과 미수이자수익 ₩1,000,000의 합만큼 자산총액이 증가한다.

  ③ 부채총액은 변동이 없다.

  ④ 수정분개 중 이연항목에 해당하는 소모품 회계처리는 수정후시산표의 합계에 영향을 주지 않으므로 수정 후 잔액시산표와의 합계가 ₩1,000,000 증가한다.

  ⑤ 당기 소모품비의 발생액은 기중 소모품 구입액 ₩1,000,000에서 기말 현재 남아 있는 소모품 ₩200,000을 차감한 금액이다.

18 ③ 수정 후 당기순이익 = ₩500,000(수정 전 당기순이익) + ₩10,000 − ₩13,000 + ₩18,000

                        = ₩515,000

19 포괄손익계산서의 보험료가 ₩500이고, 기말의 수정분개가 다음과 같을 경우 수정전시산표와 기말 재무상태표의 선급보험료 금액으로 가능한 것은? 제20회

| (차) 보험료 | 300 | (대) 선급보험료 | 300 |

	수정전시산표의 선급보험료	기말 재무상태표의 선급보험료
①	₩1,300	₩1,500
②	₩2,000	₩1,700
③	₩2,500	₩2,800
④	₩2,500	₩3,000
⑤	₩3,000	₩2,500

20 다음 계정에서 마감이 올바르게 된 것은?

①
미지급금	
집합손익 5,000	제좌 5,000

②
외상매출금	
집합손익 7,000	제좌 7,000

③
수수료수익	
집합손익 2,000	현금 2,000

④
임차료	
제좌 5,600	차기이월 5,600

⑤
단기차입금	
집합손익 9,200	현금 9,200

21 집합손익계정의 차변합계가 ₩250,000이고 대변합계가 ₩300,000일 경우, 마감분개로 옳은 것은? (단, 전기이월미처리결손금은 없음) 제17회

	차변		대변	
①	집합손익	₩50,000	자본잉여금	₩50,000
②	집합손익	₩50,000	이익잉여금	₩50,000
③	자본잉여금	₩50,000	집합손익	₩50,000
④	이익잉여금	₩50,000	집합손익	₩50,000
⑤	마감분개 필요 없음			

22 (주)한국의 다음 거래에 대한 기말수정분개로 옳지 않은 것은? (단, 모든 거래는 월할 계산함)

구분	거래
㉠	소모품 ₩5,000을 현금 구입하고 소모품으로 계상하였다. 기말 실사 결과 소모품 재고는 ₩2,000이었다.
㉡	12월 1일에 대여금의 향후 3개월분 이자수익 ₩9,000을 현금으로 수령하고 전액 선수수익으로 계상하였다.
㉢	12월 1일에 향후 3개월분 이자비용 ₩3,000을 현금으로 지급하고 이를 전액 이자 비용으로 계상하였다.
㉣	12월 1일에 비품 ₩6,000을 구입하였다. 비품의 내용연수는 5년, 잔존가치는 없으며 정액법으로 상각한다.
㉤	당기 급여 발생 미지급분 ₩10,000을 계상하다.

		차변		대변	
①	㉠	소모품비	₩3,000	소모품	₩3,000
②	㉡	이자수익	₩3,000	선수수익	₩3,000
③	㉢	선급비용	₩2,000	이자비용	₩2,000
④	㉣	감가상각비	₩100	감가상각누계액	₩100
⑤	㉤	급여	₩10,000	미지급급여	₩10,000

19 ② 수정분개를 통하여 수정전시산표상 선급보험료(자산)계정금액보다 수정후시산표 또는 재무상태표상의 선급보험료계정금액이 ₩300만큼 감소하게 된다.

20 ③ 포괄손익계산서계정(수익계정, 비용계정)은 집합손익계정으로, 재무상태표계정(자산계정, 부채계정, 자본계정)은 차기이월로 마감한다.

21 ② 집합손익계정의 대변합계는 수익계정의 합계를 말하며, 차변합계는 비용계정의 합계를 뜻한다. 따라서 당기순이익이 ₩50,000(= ₩300,000 − ₩250,000)이 발생하는 상황이며, 이를 이익잉여금으로 대체하는 마감분개에 대하여 묻는 문제이다.

　(차) 집합손익　　　　　　　50,000　　　　(대) 이익잉여금　　　　　　50,000

22 ② 경과분 = ₩9,000 × 1/3 = ₩3,000

　(차) 선수수익　　　　　　　3,000　　　　(대) 이자수익　　　　　　　3,000

제 3 장 금융자산(Ⅰ): 현금과 수취채권

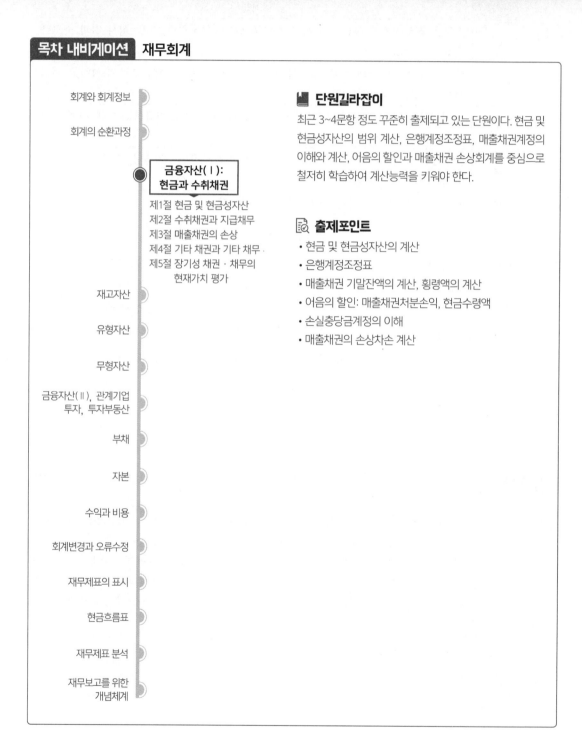

🔖 단원길라잡이

최근 3~4문항 정도 꾸준히 출제되고 있는 단원이다. 현금 및 현금성자산의 범위 계산, 은행계정조정표, 매출채권계정의 이해와 계산, 어음의 할인과 매출채권 손상회계를 중심으로 철저히 학습하여 계산능력을 키워야 한다.

📑 출제포인트

- 현금 및 현금성자산의 계산
- 은행계정조정표
- 매출채권 기말잔액의 계산, 횡령액의 계산
- 어음의 할인: 매출채권처분손익, 현금수령액
- 손실충당금계정의 이해
- 매출채권의 손상차손 계산

01 의의

회계상 현금은 수중에 있는 현금과 은행에 보관 중인 입출금이 자유로운 예금으로 구분하여 일상생활에서의 정의보다 좀 더 넓은 의미로 사용된다. 전자는 통화와 통화대용증권을 말하며, 후자는 보통예금이나 당좌예금과 같은 현금으로 전환하는 데 지장이 없는 예금을 말한다. 이 경우 현금계정으로 분류된다고 해서 '현금'이라는 하나의 계정만 사용하는 것이 아니라는 점을 유의해야 한다. '당좌예금'과 '보통예금'은 별도의 계정으로 처리하는 경우가 많다. 현금성자산은 유동성이 매우 높은 단기투자기간으로 현금과 함께 재무상태표상 현금 및 현금성자산으로 분류한다.

1. 현금

(1) 통화와 통화대용증권

통화는 유통되는 화폐를 말하며 유통수단 또는 지불수단인 지폐나 주화를 의미하며 통화대용증권은 중앙은행이 발행한 통화는 아니지만 유동성이 높아 별다른 제약 없이 현금과 동일하게 통용될 수 있는 것으로 타인발행당좌수표, 자기앞수표, 당좌수표 및 가계수표 등 타인이 발행한 수표와 송금수표, 우편환증서, 배당금지급통지표, 지급일이 도래한 공사채이자표, 만기도래한 어음, 지점전도금 등을 말한다.

> **더 알아보기** 용어 정리
>
> 1. **자기앞수표와 타인발행수표**
>   은행이 자기은행을 지급인으로 하여 발행한 수표를 말하며, 타인발행수표는 거래처 등에서 발행한 당좌수표, 가계수표를 뜻한다. 발행일이 지급일이므로 현금계정으로 분류한다.
>
> 2. **지급기일이 도래한 공채·사채의 이자표**
>   일정한 기간마다 받을 수 있는 이자표가 채권에 첨부된 공채나 사채에 투자한 경우 이자지급기일이 도래하면 통화로 교환이 가능하므로 현금계정으로 분류한다.
>
> 3. **송금수표, 우편환증서**
>   송금수표는 현금을 송금하는 사람이 수표를 발행하여 등기우편으로 보내면 상대방은 거래은행을 통하여 수표를 지급은행에 제시함으로써 현금을 지급받는 수표이다. 우편환증서란 우체국을 통해 통화를 송금할 때 우체국에서 발행하는 증서이다. 상대방은 우편환증서를 수령한 후 우체국에서 통화로 교환할 수 있다. 둘 다 통화로 교환이 가능하므로 현금계정으로 분류한다.
>
> 4. **우표, 수입인지**
>   우표와 수입인지는 현금으로 전환할 목적이 아니라 우편요금이나 수입인지대금을 선급한 것이므로 선급비용 또는 소모품으로 회계처리한다.

5. 선일자수표

수표 수령인이 수표 권면에 표시된 미래의 발행일자에 지급 제시를 하므로 경제적 실질은 어음과 동일하다. 따라서 상품매매로 수령한 경우, 수취한 시점에서 매출채권으로 기록한다.

6. 가불증

종업원에게 급여를 선급한 경우, 단기대여금으로 처리한 후 급여 지급시 정리한다.

7. 인출이 제한된 예금

차입금에 대한 담보목적 등으로 요구불예금 중에서 인출이 제한된 예금은 지급수단으로 자유롭게 사용할 수 없으므로 현금에 해당하지 않는다.

● 현금 및 현금성자산에 포함되지 않는 항목

우표와 수입인지, 선일자수표, 차용증서, 부도수표, 사용제한 예금, 당좌개설보증금 등

(2) 요구불예금

요구불예금은 예금자의 청구에 의해 언제든지 입출금이 자유로운 예금으로 통화와 다르게 은행에 예치한 현금이다. 보통예금과 당좌예금이 대표적인 요구불예금에 해당된다.

① **보통예금**: 보통예금은 기업이 요구할 때마다 언제든지 인출이 가능한 예금으로 은행이 보관하고 있다는 점을 제외하고는 현금과 차이가 없다. 따라서 재무상태표상 현금 및 현금성자산으로 분류한다.

② **당좌예금**: 당좌예금은 거래은행과 당좌계약을 체결하고 상거래를 통해 취득한 현금 등을 예입하고 해당 금액의 범위 내에서 당좌수표나 어음을 발행하여 대금의 지급을 은행에 위임하는 예금을 말한다. 따라서 거래 상대방은 수표를 가지고 은행에 지급요청을 하고 은행은 그 대금을 지급한다. 이 경우에 당좌예금의 인출은 당좌예금 잔액의 범위 내에서 행해지는 것이 원칙이나 은행과 미리 당좌차월계약을 체결한다면 예금 잔액을 초과하여도 일정한 한도 내에서 수표를 발행하여 은행으로부터 현금을 인출할 수 있다. 이것을 당좌차월이라고 한다. 결산시 초단기성 부채인 부(−)의 당좌예금인 당좌차월은 일반적으로 당좌예금과 상계하지 않고 회사의 은행에 대한 부채이므로 재무상태표상 단기차입금에 포함하여 보고한다. 다만, 해당 당좌차월이 금융회사의 요구에 따라 즉시 상환해야 한다면, 단기차입금이 아닌 현금 및 현금성자산의 금액에서 차감한다.

핵심 콕! 콕! 재무상태표상 당좌예금과 당좌차월

구분	재무상태표 표시
당좌예금	현금 및 현금성자산
당좌차월	단기차입금

2. 현금성자산

현금성자산이란 큰 거래비용 없이 현금으로 전환이 용이하고 이자율의 변동에 따른 가치변동의 위험이 중요하지 않은 금융상품으로서 취득 당시 만기 또는 상환일이 3개월 이내에 도래하는 것을 말한다. 현금성자산은 구체적으로 다음과 같은 증권을 들 수 있으나 주식 등 지분상품은 전환될 현금이 확정되지 않으므로 제외한다. 다만, 상환일이 정해져 있고 취득일로부터 상환일까지의 기간이 짧은 실질적으로 현금성자산(예 상환우선주)인 경우에는 예외로 한다.

핵심 콕! 콕! 현금성자산의 예

1. 취득일로부터 만기 3개월 이내에 도래하는 채권
2. 취득일로부터 만기 3개월 이내에 도래하는 상환우선주
3. 3개월 이내의 환매조건부로 취득한 환매채
4. 투자신탁의 기간이 3개월 이내로 계약한 초단기 수익증권 등

확인 및 기출예제

(주)한국의 20×1년 말 재무상태표에 표시된 현금 및 현금성자산은 ₩500이다. 다음 자료를 이용할 경우 보통예금은?

제27회

• 통화	₩50	• 송금수표	₩100
• 선일자수표	₩150	• 보통예금	?
• 당좌개설보증금	₩150	• 우편환증서	₩100
• 양도성 예금증서(취득일 20×1년 10월 1일, 만기일 20×2년 1월 10일)			₩150

① ₩200   ② ₩250
③ ₩300   ④ ₩350
⑤ ₩400

해설

현금 및 현금성자산 = 통화 + 송금수표 + 보통예금(x) + 우편환증서
$\qquad\qquad\qquad$ = ₩50 + ₩100 + x + ₩100 = ₩500
∴ 보통예금(x) = ₩250

정답: ②

02 현금관리 및 내부통제제도

1. 의의

현금 및 현금성자산은 어떤 자산으로도 쉽게 전환할 수 있는 유동성이 높은 자산이므로, 내부통제시스템을 구축하고 수시로 점검할 필요가 있다. 내부통제란 기업의 자산을 보호하고 재무자료의 정확성과 신뢰성을 보장하며, 영업활동을 원활히 하기 위하여 기업이 취하는 모든 절차 및 조직을 말한다.

> **더 알아보기** | **내부통제에 필요한 제도적 장치**
>
> 1. 현금보관자와 현금 관련 장부기록담당자의 구분: 담당업무의 분리
> 2. 최소한의 현금만 보유: 현금 수취한 금액은 모두 즉시 입금하고, 수표를 발행하여 사용함
> 3. 모든 현금거래를 파악할 수 있는 제도의 운영: 현금출납장 기록
> 4. 소액의 현금 관리: 소액현금제도
> 5. 당좌예금의 회사측 장부금액과 은행측 잔액의 조정: 은행계정의 조정
> 6. 보유하고 있는 현금에 대한 적절한 수익률 달성
> 7. 물리적인 현금의 통제: 금고 등의 설치

2. 현금과부족

회사의 현금 보유액과 현금의 장부잔액이 일치하지 않는 경우, 현금과부족계정을 설정하여 양자를 일치시킨 후 차이의 원인이 밝혀지면 해당 계정으로 대체하고 결산시까지 찾지 못하면 잡이익이나 잡손실로 대체한다. 따라서 어떠한 경우든 현금과부족계정은 장부에만 존재하는 임시계정이므로 결산일 현재 재무제표에는 표시할 수 없으며, 현금의 장부잔액과 실제잔액의 차이 조정을 위해 회계기간 중 일시적으로 사용한다는 점에 주의해야 한다.

현금과부족	
현금부족액	현금과잉액

(1) 현금과잉시 – 실제잔액(₩150) > 장부잔액(₩100)

구분	회계처리			
① 회계기간 중 발견시				
• 현금과잉 발견시	(차) 현금	50	(대) 현금과부족	50
• 원인 판명시(이자수익: ₩30)	(차) 현금과부족	30	(대) 이자수익	30
• 결산일까지 원인 불명시	(차) 현금과부족	20	(대) 잡이익	20
② 결산시점 발견시	(차) 현금	50	(대) 잡이익	50

(2) 현금부족시 - 실제잔액(₩50) < 장부잔액(₩100)

구분	회계처리					
① 회계기간 중 발견시						
• 현금부족 발견시	(차) 현금과부족	50		(대) 현금	50	
• 원인 판명시(보험료: ₩30)	(차) 보험료	30		(대) 현금과부족	30	
• 결산일까지 원인 불명시	(차) 잡손실	20		(대) 현금과부족	20	
② 결산시점 발견시	(차) 잡손실	50		(대) 현금	50	

3. 소액현금제도

소액현금제도는 소액현금계정을 이용하여 소액의 운영경비를 효율적으로 통제하는 것으로, 일정한 범위 내에서 소액현금을 먼저 지출한 다음 일정 기간 후에 지출된 금액을 보충해 주는 제도이다. 소액현금제도는 정액자금전도제와 부정액자금전도제가 있으나 주로 정액자금전도제도를 취하는 경우가 일반적이다. 정액자금전도제도는 소액현금계정의 잔액을 항상 일정하게 유지하기 위하여 각 부서의 일정 기간 동안 실제로 사용한 금액과 동일한 금액의 수표를 발행하여 보전해 주는 제도를 말한다.

○ • 정액자금전도제: 사용액 = 재보급액
  • 부정액자금전도제: 사용액 ≠ 재보급액

구분	회계처리			
설정시	(차) 소액현금	×××	(대) 당좌예금	×××
지출보고시	(차) 소모품비	×××	(대) 소액현금	×××
	여비교통비	×××		
재보급시	(차) 소액현금	×××	(대) 당좌예금	×××

지출보고와 재보급이 동시에 이루어지므로 두 개의 분개를 다음과 같이 통합하여 회계처리할 수 있다.

(차) 소모품비	×××	(대) 당좌예금	×××	
여비교통비	×××			

또한 소액현금 한도를 설정한 이후에 소액현금 지출결과를 보고받고 재보급시 현금시재가 일치하지 않는 경우에는 현금과부족계정으로 처리한 후 원인을 규명하여 해당 계정으로 처리하거나 잡손익계정으로 처리한다.

A아파트 관리사무소장은 7월 초 유지보수팀에 소액현금제도를 도입하였다. 소액현금한도는 ₩100,000이며, 매월 말에 지출증빙과 사용내역을 받아 소액현금을 보충한다. 7월 지출내역은 교통비 ₩25,000과 회식비 ₩59,000이었다. 7월 말 소액현금 실사잔액은 ₩10,000이었으며, 부족분에 대해서는 원인이 밝혀지지 않았다. 7월 말 소액현금의 보충시점에서 적절한 분개는?

제14회

	차변		대변	
①	현금	84,000	당좌예금	84,000
②	교통비	25,000	당좌예금	84,000
	복리후생비	59,000		
③	교통비	25,000	당좌예금	100,000
	복리후생비	59,000		
	잡손실	16,000		
④	교통비	25,000	당좌예금	90,000
	복리후생비	59,000		
	잡손실	6,000		
⑤	현금	84,000	당좌예금	90,000
	잡손실	6,000		

해설

(1) 지급시:	(차) 소액현금	100,000	(대) 당좌예금	100,000
(2) 지출보고시:	(차) 교통비	25,000	(대) 소액현금	84,000
	복리후생비	59,000		
(3) 재보급시:	(차) 잡손실	6,000	(대) 소액현금	6,000
	(차) 소액현금	90,000	(대) 당좌예금	90,000

● (2)와 (3)을 동시에 회계처리하면 다음과 같다.

(차) 교통비	25,000	(대) 당좌예금	90,000
복리후생비	59,000		
잡손실	6,000		

정답: ④

4. 은행계정조정

(1) 은행계정조정표의 의의

회사는 정기적으로 장부상 당좌예금계정 잔액과 은행측의 당좌예금 입출금내역이 기재된 예금잔액증명서상 잔액이 일치하는지를 대조해 보아야 한다. 이를 위해 사용되어 온 것이 은행계정조정표이다. 최근에는 온라인시스템의 발달로 역할이 작아졌으나 부정이나 오류, 은행과 회사간의 입출금 기록시점의 차이로 기말에 은행계정조정표를 작성하는 것이 중요하다.

(2) 잔액불일치의 원인과 조정

① 회사측 조정사항

ⓐ **미통지예금**: 거래처가 무통장입금 등의 방법으로 입금하여 은행에서는 입금처리되었으나 회사는 아직 통지받지 못한 입금을 말한다. 미통지입금은 회사가 미기록한 입금이므로 회사측 잔액에 가산한다.

ⓑ **부도수표**: 회사가 거래처로부터 받은 수표나 어음을 입금하였으나 은행이 이를 회수하는 과정에서 발행인의 예금잔액이 부족하여 부도처리된 금액을 말한다. 이 경우 회사가 미기록한 출금이므로 회사측에서 차감한다.

ⓒ **은행수수료, 이자비용**: 은행이 용역제공의 대가로 일정한 은행수수료를 출금하거나 당좌차월에 대한 이자비용을 출금하였으나 회사가 그 내역을 확인하지 못한 금액은 회사가 미기록한 출금이므로 회사측 잔액에서 차감한다.

ⓓ **예금이자수익**: 회사의 당좌예금에 대한 이자수익이 발생하여 은행은 이를 당좌예금 잔액에 가산하였으나 회사는 이를 회계처리하지 않은 경우로 동 금액을 회사측에 가산하여야 한다.

ⓔ **회사측 기장오류**: 회사측의 기장오류로 인해 회사측의 당좌예금출납장 잔액이 과대계상 또는 과소계상된 경우에 회사측 잔액의 오류원인에 따라 조정한다.

② 은행측 조정사항

ⓐ **미기입예금(마감후입금)**: 회사는 입금처리하였으나 은행에서는 정규업무시간이 지나서 입금처리하지 못한 예금을 말한다. 은행이 미기록한 입금이므로 은행측 잔액에 동 금액을 가산한다.

ⓑ **기발행미결제수표**: 회사가 거래대금을 위해 발행한 수표가 아직 은행에서 결제되지 않은 것으로 기발행미인출수표라고도 한다. 은행이 미기록한 출금이므로 은행측에서 차감한다.

ⓒ **은행측 기록 오류**: 은행측의 당좌예금 원장 잔액이 과대계상 또는 과소계상된 경우에는 이를 은행측 잔액에서 오류의 원인에 따라 조정한다.

구분	항목	회계처리		조정방법
		회사측	은행측	
은행측	미결제수표(미인출수표)	(−)	없음	은행측 (−)
	미기입예금(마감후입금)	(+)	없음	은행측 (+)
회사측	부도수표	없음	(−)	회사측 (−)
	이자비용, 은행수수료	없음	(−)	회사측 (−)
	미통지입금, 어음추심	없음	(+)	회사측 (+)
	이자수익	없음	(+)	회사측 (+)
	[회사측 오류기장]			
	• 예입액 과대(과소)기장	↑(↓)	없음	회사측 −(+)
	• 인출액 과대(과소)기장	↑(↓)	없음	회사측 +(−)

● 회사측 미기입사항에 대해서는 수정분개를 하여야 한다.

확인 및 기출예제

(주)한국이 은행으로부터 통지받은 은행 예금잔액증명서상 잔액은 ₩10,000이고, 장부상 당좌예금 잔액과 차이가 있다. 당좌예금계정 잔액의 불일치 원인이 다음과 같을 때, (주)한국의 조정 전 당좌예금계정 잔액은?　　제27회

• (주)한국이 거래처에 발행하였으나 은행에서 미인출된 수표	₩2,000
• (주)한국은 입금처리하였으나 은행에서 미기록한 예금	₩1,000
• (주)한국에서 회계처리하지 않은 은행수수료	₩300
• 타회사가 부담할 수수료를 (주)한국의 계정에서 차감한 은행의 오류	₩400
• (주)한국에서 회계처리하지 않은 이자비용	₩500

① ₩8,600　　　　② ₩9,400　　　　③ ₩9,800
④ ₩10,000　　　　⑤ ₩10,200

해설

회사측		은행측	
수정 전 잔액(x)	10,200	수정 전 잔액	10,000
은행수수료	(300)	기발행미인출수표	(2,000)
이자비용 기장 누락	(500)	미기입예금	1,000
		은행 착오 출금	400
	9,400		9,400

정답: ⑤

01 의의

수취채권이란 기업이 영업활동이나 투자활동을 수행하는 과정에서 재화나 용역을 신용으로 판매하고 그 대가로 미래에 현금을 수취할 권리를 말한다. 반면, 지급채무란 기업이 타 실체로부터 신용으로 상품이나 기타 자산을 매입하거나 용역을 제공받음으로써 또는 자금 등을 타 기업이나 개인으로부터 차입함으로써 지급할 의무가 있는 채무를 의미한다.

수취채권 중 주된 영업활동에서 발생하는 외상매출금과 받을어음 등을 매출채권이라 하고, 부수적 거래나 투자활동에서 발생하는 단기대여금, 미수금, 미수수익, 선급금, 선급비용 등을 기타 채권이라고 한다. 매출채권은 유동자산과 비유동자산으로 분류되는데, 유동자산으로 분류되는 경우 이자요소를 무시할 정도로 짧은 시간 안에 회수되므로 현재가치로 평가하지 아니한다. 그러나 비유동자산으로 분류되는 장기매출채권은 회수되기까지 기간이 길어 채권의 만기가치와 현재가치에 상당한 차이가 발생할 수 있고, 그 차이가 중요한 경우에는 현재가치로 평가한다.

거래유형과 관련 계정

거래유형	수취채권	지급채무
주된 영업거래	매출채권(예 외상매출금, 받을어음)	매입채무(예 외상매입금, 지급어음)
부수적 거래	기타 채권(예 미수금, 단기대여금)	기타 채무(예 미지급금, 단기차입금)

더 알아보기 | 영업활동

일반적인 상거래란 그 기업의 사업 목적을 위한 정상적인 영업활동에서 발생하는 거래를 말한다. 기업의 영업활동은 이윤을 획득하기 위해 수행되는 사업활동을 말하며, 대부분의 기업은 영리를 목적으로 하기 때문에 기업 대부분의 활동은 이윤추구와 연관성이 존재하는데 이 중 주된 활동이 영업활동이라고 할 수 있다. 예를 들면 가구업은 가구를 제조하여 판매하는 활동, 생선 장사는 생선을 구입하여 판매하는 활동이 영업활동이다. 주로 기업은 구입하여 판매하거나 제조하여 판매하게 되는데, 전자를 상품매매기업이라 하고 후자를 제조기업이라고 한다. 재무회계에서는 주로 상품매매기업을, 원가회계에서는 주로 제조기업을 학습하게 된다. 양자는 제조활동을 제외하고 대부분의 영업활동이 유사하다고 할 수 있다.

02 매출채권의 인식과 측정

매출채권은 매출수익이 인식되는 시점에서 보고하게 되므로 좀 더 자세한 내용은 수익인식에서 정리하기로 하고 본 장에서는 매출채권의 측정을 중심으로 설명하고자 한다. 매출채권의 측정금액은 거래 쌍방간의 공정한 거래의 결과로서 발생한 공정가치라고 할 수 있다.

(1) 매출에누리와 매출환입

매출에누리는 파손 · 결함 등의 이유로 값을 깎아주는 것으로, 일정 기간 단위로 거래 실적에 따라 매출액을 감액하는 것을 포함한다. 반면, 매출환입은 판매한 상품이 반품되는 것을 말한다. 매출에누리와 매출환입은 매출액의 차감계정으로서 총매출액에서 차감한 순매출액이 포괄손익계산서에 계상된다.

(차) 매출에누리 · 환입	×××	(대) 매출채권	×××

- 매출에누리 · 환입을 별도계정을 사용한 경우이며, 매출계정에서 직접 차감하는 경우 차변에 매출이 감소한다.

(2) 매출할인(현금할인)

구매자의 외상매입금 지급을 촉진하기 위하여 제공되는 할인이다. 예컨대, '2/10, n/30'의 조건으로 외상판매를 한 경우 이러한 조건은 외상기간이 30일이고 10일 이내에 외상대금을 회수하면 판매가격의 2%를 할인하여 주는 것을 의미한다. 매출할인이 발생하는 경우에 매출을 직접 또는 간접적으로 차감하고 매출채권을 감소시킨다.

(차) 매출할인	×××	(대) 매출채권	×××

- 매출할인을 별도계정을 사용한 경우이며, 매출계정에서 직접 차감하는 경우 차변에 매출이 감소한다.

순매출액(매출채권인식액) = 총매출액 − 매출에누리 − 매출환입 − 매출할인

03 매출채권과 매입채무

(1) 외상매출금과 외상매입금

거래처의 수가 많을 경우 거래처의 회사명을 계정과목으로 하는 인명계정을 사용하면 총계정원장이 복잡해지므로 외상매출금계정과 외상매입금계정을 설정하여 총괄 처리하고, 외상매출에 관한 명세는 매출처원장에, 외상매입에 관한 명세는 매입처원장에 기입한다.

여기서 매출처원장과 매입처원장에 포함된 인명계정을 총괄하고 통제하는 계정이 외상매출금계정과 외상매입금계정인데 이를 통제계정이라고 한다.

● 매출처원장 또는 매입처원장의 차변과 대변의 합계는 외상매출금계정 또는 외상매입금계정의 차변과 대변의 합계와 일치한다.

외상매출금				외상매입금			
전기이월	×××	매출환입·에누리	×××	매입환출·에누리	×××	전기이월	×××
외상매출액	×××	매출할인	×××	매입할인	×××	외상매입액	×××
		손상확정액	×××	지급액	×××		
		회수액	×××	차기이월	×××		
		차기이월	×××				

● 외상매출금은 매출채권계정으로, 외상매입금은 매입채무계정으로 각각 통합계정으로 공시된다.

확인 및 기출예제

다음의 자료를 사용하여 계산된 기말매출채권은? (단, 기초 및 기말손실충당금은 없음)

제15회 수정

• 기초재고자산	₩66,000	• 기말재고자산	₩72,000
• 매입액	₩120,000	• 기초매출채권	₩48,000
• 매출채권회수액	₩156,000	• 손상확정액	₩2,000
• 현금매출액	₩36,000	• 매출총이익	₩50,000

① ₩18,000
② ₩20,000
③ ₩114,000
④ ₩128,000
⑤ ₩164,000

해설

매출액 = 매출원가 + 매출총이익
     = (₩66,000 + ₩120,000 − ₩72,000) + ₩50,000 = ₩164,000

매출채권			
기초매출채권	48,000	회수액	156,000
외상매출액	128,000*	손상확정액	2,000
		기말매출채권	x
	176,000		176,000

* 매출액 − 현금매출액 = ₩164,000 − ₩36,000
∴ 기말매출채권(x) = ₩18,000

정답: ①

(2) 받을어음과 지급어음

① **의의**: 어음이란 채무자가 일정한 금액을 특정한 장소에서 특정한 날짜에 무조건 지급하겠다는 내용을 일정한 서식에 따라 기재한 문언적·요식적 증권이다. 어음거래는 자금 융통의 목적으로 발생하기도 하지만 주로 영업활동 관련 상품매매에서 발생한다.

② **종류**

  ㉠ 법률상 분류

    ⓐ **약속어음**: 어음발행인이 일정한 금액을 일정한 기일과 장소에서 수취인에게 무조건 지급하기로 약속한 증서를 말하고, 만기일에 어음대금의 지급과 더불어 이자를 지급하는지 여부에 따라 이자부어음과 무이자부어음으로 구분된다. 약속어음의 발행인은 어음상의 주채무자가 되고 수취인은 어음상의 채권자가 된다. 따라서 발행인은 어음상의 채무계정인 지급어음계정으로 계상하고, 수취인은 어음상의 채권계정인 받을어음계정으로 계상한다.

    ⓑ **환어음**: 어음발행인이 지명인(인수인)으로 하여금 일정한 금액을 일정 기일과 장소에서 수취인에게 지급하도록 위탁한 증서이다. 이 경우 발행인에게 어음상 채권·채무가 발생하지 않고, 수취인은 어음상 채권자, 인수인은 어음상의 채무자가 되어 각각 받을어음계정과 지급어음계정에 계상한다.

  ㉡ 발행 목적에 따른 분류

    ⓐ **상업어음**: 일반적인 상거래에서 발행하는 어음을 말한다.

    ⓑ **금융어음(융통어음)**: 일반적인 상거래 이외에 자금을 융통하기 위하여 발행되는 어음을 말한다.

핵심 콕! 콕! 어음 거래유형과 관련 계정

거래유형	어음상 채권	어음상 채무
일반적 상거래	받을어음(매출채권)	지급어음(매입채무)
일반적 상거래 이외	미수금	미지급금
자금의 대여 또는 차입으로 인한 거래	대여금	차입금

③ **받을어음계정과 지급어음계정**: 일반적인 상거래와 관련하여 발생하는 어음상 채권과 채무를 처리하는 계정이다. 어음상 채권은 받을어음계정에, 어음상 채무는 지급어음계정에 각각 기입한다. 따라서 약속어음과 환어음을 받은 경우는 어음상 채권이 증가하므로 받을어음계정 차변에 기입되고, 어음을 실질적으로 양도, 할인, 회수 등을 한 경우

는 어음상 채권이 감소하므로 대변에 기입한다. 또한 약속어음을 발행하거나 환어음을 인수한 경우는 어음상 채무가 증가하므로 지급어음계정 대변에 기입하고, 어음대금을 지급한 경우는 어음상 채무가 감소되므로 차변에 기입한다.

④ 추심과 회수: 어음대금을 만기에 회수하기 위해서 실무에서는 대부분 거래은행에 추심을 의뢰하고 어음의 소지인이 거래은행에 어음을 넘겨주게 되는데, 이를 추심위임배서라고 한다. 추심위임배서는 어음대금의 회수(추심)를 당좌거래은행에 의뢰하기 위하여 어음의 뒷면에 기명날인한 후, 만기일 이전에 당좌거래은행에 양도하는 것을 말한다. 이 경우 은행에 대금추심을 위하여 어음을 양도하더라도 만기일이 도래하기 전까지는 받을어음 상태에 변화가 이루어지지 않으므로, 추심위임배서가 이루어지는 시점에서 어음상 채권에 관한 회계처리는 필요 없다. 따라서 만기일이 도래하여 결제되는 시점에 어음상의 채권을 소멸시킴과 동시에 당좌예금으로 회계처리한다.

구분	회계처리			
추심 수수료 지급시	(차) 수수료비용	×××	(대) 당좌예금	×××
추심 완료시	(차) 당좌예금	×××	(대) 받을어음	×××

⑤ 배서양도: 수취한 어음을 만기가 되기 전에 상품 매입대금이나 외상매입금의 지급을 위하여 제3자에게 양도하는 것을 말한다. 이때 어음의 뒷면에 양도자의 인적사항을 기재하게 되는데 이를 배서라 한다. 매각거래의 경우에는 배서시점에서 매출채권을 감소시킨다.

⑥ 할인: 기업이 만기일 이전에 자금 조달을 목적으로 금융기관에 배서양도하고 만기일까지의 이자를 차감한 잔액을 미리 받는 것을 말한다. 즉, 어음할인은 만기에 수령할 액면금액과 표시이자에 대한 권리를 조기에 금융기관에 양도하고 현금을 조달하는 거래이다. 어음할인은 어음상의 권리가 실질적으로 이전되는(제거조건을 충족하는) 매각거래와 실질적으로 이전되지 않는(제거조건을 충족하지 못하는) 차입거래로 구분된다.

- **만기가치** = 액면금액 + 만기까지의 표시이자
- **할인액** = 만기가치 × 할인율 × 만기일까지의 미경과기간(할인기간)
- **현금수령액** = 만기가치 − 할인액
- **어음장부금액** = 액면금액 + 할인시점까지 기발생한 이자수익
- **매출채권처분손실(또는 이자비용)** = 어음장부금액 − 현금수령액

◉ 무이자부어음인 경우는 표시이자가 없으므로 액면금액이 만기가치가 된다.

⊙ 매각거래(제거조건을 충족하는 경우)

구분	회계처리			
어음할인시	(차) 당좌예금	×××	(대) **매출채권**	×××
	매출채권처분손실	×××	이자수익*	×××
만기결제시	분개 없음			

* 이자부어음인 경우

ⓒ 차입거래(제거조건을 충족하지 않는 경우)

구분	회계처리			
어음할인시	(차) 당좌예금	×××	(대) **단기차입금**	×××
	이자비용	×××	이자수익*	×××
만기결제시	(차) 단기차입금	×××	(대) 매출채권	×××

* 이자부어음인 경우

확인 및 기출예제

(주)한국은 20×1년 7월 1일 거래처에 상품을 판매하고 이자부약속어음(액면금액 ₩480,000, 연 5%, 만기 5개월)을 수령하였다. (주)한국은 동 어음을 2개월 동안 보유 후 거래은행에 연 8%의 이자율로 할인하였다. 어음할인시 인식해야 할 처분손실은? (단, 어음할인은 금융자산의 제거요건을 충족하며, 이자는 월할계산함)

제21회

① ₩3,800　　　　　　　　　　　② ₩6,000
③ ₩12,400　　　　　　　　　　 ④ ₩13,600
⑤ ₩19,600

해설

• 만기가치 = ₩480,000 + (₩480,000 × 5% × 5/12) = ₩490,000
• 할인료 = ₩490,000 × 8% × 3/12 = ₩9,800
• 현금수령액 = ₩490,000 − ₩9,800 = ₩480,200
• 어음장부금액 = ₩480,000 + (₩480,000 × 5% × 2/12) = ₩484,000
∴ 매출채권처분손실 = 어음장부금액 − 현금수령액
　　　　　　　　　　 = ₩484,000 − ₩480,200 = ₩3,800(손실)

● 간편법
　매출채권처분손실 = ₩9,800 − (₩480,000 × 5% × 3/12) = ₩3,800(손실)

정답: ①

01 의의

신용판매는 현금판매보다 매출의 증대를 가져올 수 있으므로 기업들은 신용거래를 통하여 이익증대를 도모하는데, 기업이 보유한 매출채권 중 일부는 거래처 파산 등의 사유로 회수불능의 위험이 존재한다. 매출채권의 손상이란 채무자의 신용위험이 증가함으로써 매출채권을 현금으로 회수하지 못할 가능성이 높아졌다는 것을 의미한다. 따라서 보고기간 말에 매출채권에 대한 채무자의 채무불이행의 발생 위험에 따른 기대신용손실을 추정하여 매출채권의 차감계정인 손실충당금으로 인식하고, 손실충당금의 증감액은 손상차손 또는 손상차손환입으로 회계처리하고 당기손익으로 인식한다.

> **더 알아보기** 손상차손과 대손상각비
>
> 국제회계기준에서는 금융자산의 회수가능성 하락에 대한 손실계정으로 '손상차손'을 사용하고 있다. 그러나 관행적으로 매출채권의 경우 '대손상각비'를 많이 사용하고 있다. 따라서 수험목적으로는 손상차손과 대손상각비는 동일한 계정이며 상대계정인 손실충당금과 대손충당금도 동일한 계정인 것으로 확인하도록 한다.

02 회계처리

(1) 보고기간 말

기대신용손실액과 장부상 손실충당금잔액을 비교하여 그에 맞는 회계처리를 한다. 기대신용손실액이 장부상 손실충당금잔액보다 큰 경우에 '손상차손(비용)'으로 인식하고 손실충당금을 증가시키고, 기대신용손실액이 장부상 손실충당금잔액보다 작은 경우에는 '손상차손환입(수익)'으로 인식하고 손실충당금을 감소시킨다.

구분	회계처리
기대신용손실 > 수정 전 손실충당금 장부잔액	차액만큼 손실충당금 인식 (차) 손상차손　　×××　(대) 손실충당금　　×××
동일한 금액이 있는 경우	분개 없음
기대신용손실 < 수정 전 손실충당금 장부잔액	차액만큼 손상차손환입 인식 (차) 손실충당금　　×××　(대) 손상차손환입　　×××

◉ 손상차손은 기존의 대손상각비와 동일하다.

(주)한국은 고객에게 60일을 신용기간으로 외상매출을 하고 있으며, 연령분석법을 사용하여 기대신용손실을 산정하고 있다. 20×1년 말 현재 (주)한국은 매출채권의 기대신용손실을 산정하기 위해 다음과 같은 충당금설정률표를 작성하였다. 20×1년 말 매출채권에 대한 손실충당금 대변잔액이 ₩10,000인 경우 결산시 인식할 손상차손은?

구분	매출채권금액	기대신용손실률
신용기간 이내	₩500,000	1%
1일~30일 연체	₩200,000	4%
31일~60일 연체	₩100,000	20%
60일 초과 연체	₩50,000	30%

① ₩33,000　　　　　　　② ₩38,000
③ ₩43,000　　　　　　　④ ₩48,000
⑤ ₩50,000

해설

기말 기대신용손실액
= (₩500,000 × 1%) + (₩200,000 × 4%) + (₩100,000 × 20%) + (₩50,000 × 30%)
= ₩48,000
∴ 결산시 인식할 손상차손(보충법) = 기말 기대신용손실액 − 장부상 손실충당금 잔액
　　　　　　　　　　　　　　　　　= ₩48,000 − ₩10,000
　　　　　　　　　　　　　　　　　= ₩38,000

정답: ②

(2) 매출채권의 손상확정시

매출채권의 회수가 불가능하다고 판단될 경우 손상차손의 금액을 손실충당금과 상계하고 손실충당금잔액이 부족한 경우 당기비용(손상차손)으로 인식한다.

(차) 손실충당금(손상차손)	×××	(대) 매출채권	×××

◉ 손실충당금 장부잔액을 초과하여 손상이 발생한 경우는 그 초과액만큼 손상차손으로 인식한다.

확인 및 기출예제

(주)한국(회계연도 20×1.1.1.~12.31.)의 20×1년 초 손실충당금잔액은 ₩100,000이었고 20×1년 4월 20일에 ₩150,000의 손상이 발생하였다. 올바른 분개는?

① (차) 현금   150,000   (대) 매출채권   150,000
② (차) 손상차손   150,000   (대) 매출채권   150,000
③ (차) 손실충당금   100,000   (대) 매출채권   150,000
       손상차손   50,000
④ (차) 현금   150,000   (대) 손실충당금   100,000
                                      손상차손   50,000
⑤ (차) 미수금   150,000   (대) 매출채권   150,000

해설

손상확정시: 확정액(₩150,000) > 장부상 손실충당금(₩100,000)
(차) 손실충당금   100,000   (대) 매출채권   150,000
    손상차손   50,000

정답: ③

(3) 손상회복시

손상이 확정되어 손실충당금과 상계한 매출채권이 추후에 회수된 경우에는 동 회수액을 손실충당금계정에 대기한다.

(차) 현금	×××	(대) 손실충당금	×××

손실충당금계정과 부분 재무제표의 상호관계

<table>
<tr><td colspan="4" align="center">손실충당금</td></tr>
<tr><td>손상확정</td><td>×××</td><td>기초손실충당금</td><td>×××</td></tr>
<tr><td>기말손실충당금</td><td>×××</td><td>회수액</td><td>×××</td></tr>
<tr><td></td><td></td><td>손상차손</td><td>×××</td></tr>
</table>

(부분) 재무상태표		(부분) 포괄손익계산서	
매출채권	×××	손상차손	×××
손실충당금	(×××)		

(주)한국의 20×1년 초 매출채권은 ₩800,000이며, 매출채권에 대한 손실충당금은 ₩15,000 이다. 20×1년도 포괄손익계산서에 인식할 손상차손은? (단, 매출채권에는 유의적 금융요 소를 포함하고 있지 않다고 가정함)

제26회

- 20×1년도 매출액은 ₩1,000,000이며, 이 중 외상매출액은 ₩700,000이다.
- 20×1년도에 감소된 매출채권은 총 ₩1,020,000으로, 이는 현금으로 회수된 ₩1,000,000 과 회수불능이 확정되어 제거된 ₩20,000이다.
- 20×1년 말 매출채권에 대한 기대신용손실은 매출채권 잔액의 2%이다.

① ₩9,600　　　　　② ₩10,600　　　　　③ ₩14,600
④ ₩15,600　　　　　⑤ ₩20,600

해설

매출채권

기초	800,000	손상확정	20,000
외상매출액	700,000	회수액	1,000,000
		기말 ㉠	480,000
	1,500,000		1,500,000

손실충당금

손상확정	20,000	기초	15,000
기말 ㉡	9,600	손상차손 ㉢	14,600
	29,600		29,600

㉡ 기대신용손실액 = ₩480,000(㉠) × 2% = ₩9,600

정답: ③

(4) 손실충당금 표시방법

손실충당금은 매출채권에 대한 차감적 평가계정으로 매출채권에서 차감하는 형식으로 표시함으로써 순매출채권을 나타낸다. 그러나 매출채권을 손실충당금을 차감한 순액으로 보고할 경우에는 손실충당금의 내역을 주석에 공시해야 한다. 이 경우 매출채권에 대한 포괄손익계산서상 표시되는 손상차손은 다음과 같이 구분 표시된다.

손상차손의 포괄손익계산서상 표시

구분	표시
매출채권의 손상차손	판매비와관리비
기타 채권의 손상차손	영업외손익

부분 재무상태표		20×1.12.31. 현재
매출채권	×××	
손실충당금	(×××)	××× 　순실현가능가치(순장부금액)

제4절 기타 채권과 기타 채무

01 미수금과 미지급금

일반적인 상거래에서 발생하는 채권과 채무는 매출채권(외상매출금, 받을어음)과 매입채무 (외상매입금, 지급어음)계정을 사용하지만 건물의 취득·처분과 같은 일반적인 상거래 이외 의 거래로 인한 채권과 채무는 미수금과 미지급금으로 처리한다. 미수금과 미지급금도 유동 자산과 유동부채의 구분기준에 따라 유동자산, 유동부채 또는 비유동자산, 비유동부채로 분류 된다.

02 미수수익과 미지급비용

미수수익은 재무상태표일에 수익이 실현되었으나 현금을 받지 않아서 기록되지 않은 수익을 말한다. 따라서 기말에 실현된 수익을 기록하려면 정리분개가 필요하며 이 경우 차변에 미 수수익인 자산이 증가하고 대변에 수익의 발생이 기록된다. 미지급비용은 재무상태표일에 비용이 발생했으나 현금이 지급되지 않아 기록되지 않은 비용이다. 따라서 기말에 발생된 비용을 기록하기 위해 차변에 비용이 발생하고 대변에 미지급비용인 부채가 증가한다.

03 대여금과 차입금

타인에게 차용증서나 어음 등을 받고 현금을 대여한 경우에는 대여금계정 차변에 기록하고 현금을 차입한 경우에는 차입금계정 대변에 기록한다. 재무상태표일로부터 대여 및 차입기 간이 1년 이내인 경우에는 단기대여금(유동자산)과 단기차입금(유동부채)으로 분류하고 1년 이상인 경우에는 장기대여금(비유동자산)과 장기차입금(비유동부채)으로 분류하여 보고한다.

04 선급금과 선수금

상품, 원재료 등의 매매계약을 확실히 하기 위하여 상품을 매입하기 전에 미리 대금을 지급 하는 경우에는 유동자산(당좌자산)인 선급금계정 차변에 기록하고, 상품 인수시에는 대변에 기입한다. 상품대금의 일부를 미리 수령한 경우에는 유동부채인 선수금계정 대변에 기입하 고, 인도시 차변에 기입한다.

05 선급비용과 선수수익

선급비용은 비용의 발생 전에 현금을 지급한 경우로 미경과된 부분을 자산계정으로 인식하 는 것을 말하며, 선수수익은 수익이 실현되기 전에 현금을 수령한 경우로 미경과된 부분을 부채계정으로 인식하는 것을 말한다.

06 종업원단기대여금(선대금)과 예수금

종업원단기대여금은 기업이 앞으로 지급할 종업원, 임원 등의 급여 중 일부나 전부를 미리 지급하는 경우에 처리하는 계정이다. 예수금은 일반적인 상거래 이외에서 발생한 일시적 현금수령액으로 일시적으로 보관했다가 제3자에게 다시 지급하는 것으로, 종업원 등이 지급해야 하는 소득세, 건강보험료, 국민연금 등과 같이 기업이 일시적으로 보관하고 있다가 제3자에게 지급하는 의무를 가진 부채계정이다.

07 가지급금과 가수금

가지급금은 현금이 이미 지출되었으나 거래가 완결되지 않아서 계정과목이 미확정적인 경우에 현금지급사실을 기록하면서 차변에 가지급금계정으로 기입한다. 가수금은 현금을 수령하였지만 계정과목이 미확정적인 경우 일시적으로 처리하는 계정으로, 현금의 수입을 기입하면서 대변에 가수금계정으로 기입한다. 한국채택국제회계기준에서 가지급금과 가수금계정은 일시적으로 처리하는 미확정계정이므로, 결산시에는 그 계정을 밝혀 확정계정과목으로 재무제표에 공시해야 한다.

08 상품권

기업이 고객으로부터 현금을 받고 상품권을 발행하면 상품권 소지자에게 유효기간 내에 액면금액에 해당하는 상품을 인도할 의무가 생긴다. 따라서 기업은 상품권을 발행하면 대변에 유동부채항목인 상품권을 계상하고, 상품권을 수취하고 상품을 인도하면 차변에 상품권을 기입하여 상품권계정을 소멸시킨다.

09 미결산

미결산계정은 거래가 완결되지 않고 현금의 수입과 지출을 수반하지 않은 경우 임시적으로 처리하는 계정으로 차변잔액은 채권적인 성격, 대변잔액은 채무적인 성격을 지닌다. 예를 들어, 화재로 건물이 소실되어 보험사에 청구하였으나 보상액이 확정되지 않은 경우, 소송제기 중이어서 판결이 나지 않은 경우 등에 사용되는 계정이다.

> **확인 및 기출예제**
>
> 기업이 종업원에게 급여를 지급하면서 소득세 등을 원천징수하여 일시적으로 보관하기 위한 계정과목은?
>
> 제27회
>
> ① 예수금   ② 선수금
> ③ 선급금   ④ 미수금
> ⑤ 미지급금

제5절 | 장기성 채권·채무의 현재가치 평가

01 화폐의 시간적 가치

(1) 의의

화폐의 시간가치란 동일한 화폐금액이라도 측정하는 시점에 따라 그 가치가 달리 평가되는 것을 말하는데, 이는 경제환경의 불확실 등으로 "오늘의 ₩1이 내일의 ₩1보다 크다."는 가정에서 출발한다. 예를 들어 현재 수중에 있는 ₩10,000과 1년 후에 받게 될 예금 ₩10,000의 현재가치는 다르다. 현재 수중에 있는 ₩10,000이 1년 후에 받게 될 예금 ₩10,000에 비해 가치가 높다는 것을 알 수 있다. 그렇다면 이 두 자산의 가치는 어느 정도 다른지에 대하여 살펴보도록 한다.

(2) 현재가치와 미래가치

현재이자율이 10%일 경우 현재시점의 ₩10,000의 1년 후 가치는 원금 ₩10,000에 이자 ₩1,000을 포함한 ₩11,000(₩10,000 × 1.1)이 될 것이다. 반대로 생각해 보면 1년 후 시점의 ₩11,000의 현재가치는 ₩10,000이 될 것이다. 즉, 현재시점의 ₩10,000과 1년 후 시점의 ₩11,000의 가치는 동일하다. 이와 같이 현재가치와 미래가치는 동전의 앞뒷면 관계에 있다.

화폐의 시간가치

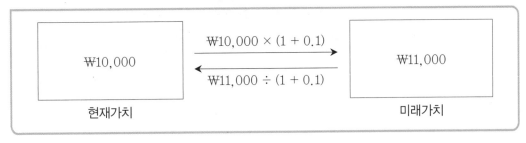

| ₩10,000 | ₩10,000 × (1 + 0.1) → ← ₩11,000 ÷ (1 + 0.1) | ₩11,000 |
| 현재가치 | | 미래가치 |

현재의 ₩10,000으로 1년 후의 미래가치를 계산할 때에는 이자율이라고 하지만, 미래가치 ₩11,000을 현재가치로 계산할 때에는 할인율이라고 한다.

○ 미래가치를 계산할 때 1.1은 1기의 미래가치계수라고 하고, 현재가치를 계산하는 경우 1 / 1.1을 미리 계산해 놓은 금액을 현재가치계수라고 한다. 따라서 수험 목적으로는 주어진 이자율과 기간을 고려하여 관련 계수를 찾아 계산하면 된다.

> **더 알아보기** **이자계산의 방법 – 단순이자율과 복리이자율**
>
> 현재가치와 미래가치 사이의 변환 계산을 위해서는 금액, 1년 단위의 이자율, 그리고 기간이 필요하다. 이 경우 이자율은 단순이자율과 복리이자율이 있다. 단순이자율은 이자에 이자가 붙지 않고 원금에 대해서만 계산되는 이자율을 말하며, 복리이자율은 원금뿐만 아니라 이자에 대해서도 이자가 붙는 이자율을 말한다. 현재가치의 계산에는 복리이자율을 사용하는 것이 일반적이다.

(3) 현재가치의 계산(단일금액과 연금의 현재가치)

미래현금흐름은 단일금액의 경우와 연금의 경우로 대별된다. 단일금액은 미래에 한 차례 발생할 현금흐름을 의미한다. 연금은 동일한 금액이 일정 기간 동안 계속하여 발생하는 현금흐름을 말한다.

예를 들면 기간이 3년인 경우 미래 ₩1은 3년 후 한 번 발생하는 ₩1을 의미하며, 연금 ₩1은 만기 3년 동안 매년 ₩1의 현금흐름이 발생한다는 것이다. 따라서 단일금액에 대한 현재가치를 계산할 경우에는 제시된 기간과 이자율을 고려하여 단일현가계수를 이용하여 계산하면 되고, 해당 기간 동안 반복적으로 발생하는 연금형태의 현금흐름은 제시된 기간과 이자율을 고려하여 연금현가계수를 활용하여 계산한다.

따라서 동일한 조건의 경우 매기의 단일현가계수를 계속 합하여 누적된 값이 연금현가계수가 된다. 예를 들어 3기 연금현가계수는 1기부터 3기까지 단일현가계수를 합한 값이다. 시장이자율이 10%인 경우 3년 동안의 단일금액의 현가와 연금의 현가를 서로 비교하고 간단한 예제를 통해 이해해 보자.

단일금액의 현재가치와 연금의 현재가치의 비교

기간	현금흐름액	단일금액의 현가	연금의 현가
1	₩1	0.9091	0.9091
2	₩1	0.8264	1.7355
3	₩1	0.7513	2.4868

① 미래 단일금액의 현재가치 계산

> 상품을 판매하고 그 대가로 3년 후에 회수되는 ₩1,000,000의 이자가 없는 약속어음을 받았다. 유효이자율(할인율)이 10%라고 가정하는 경우 현재가치는 얼마인가?

현재가치는 3년 후에 회수되는 단일금액 ₩1,000,000에 10%하에서 단일금액 현가계수를 곱하여 다음과 같이 계산하면 된다.

단일금액의 현재가치 = ₩1,000,000 × 0.7513(기간 3기, 이자율 10% 단일현가계수)
= ₩751,300

② 연금의 현재가치 계산

> 상품을 판매한 대가로 매년 ₩1,000,000씩 3년에 걸쳐 분할 회수하기로 하였다. 이자율이 10%인 경우 할부금의 현재가치는 얼마인가?

3년 동안 ₩1,000,000은 동일한 금액인 연금형태로 발생하므로 ₩1,000,000에 대하여 제시된 기간과 이자율을 고려하여 연금현가계수를 곱하여 다음과 같이 현재가치를 계산한다.

연금의 현재가치 = ₩1,000,000 × 2.4868(기간 3기, 이자율 10% 연금현가계수)
= ₩2,486,800

02 장기성 채권·채무의 현재가치 평가

(1) 적용 범위

장기연불조건의 매매거래, 장기금전대차 또는 이와 유사한 거래에서 발생하는 장기성 채권·채무는 원칙적으로 적절한 할인율로 평가하여 해당 채권·채무가 공정가치로 재무제표에 최초로 인식되도록 한다. 다만, 기업이 고객에게 약속한 재화나 용역을 이전하는 시점과 그에 대한 대가를 지급하는 시점간의 기간이 1년 이내일 것으로 예상되는 단기성 채권·채무 관련 현금흐름은 할인하여도 효과가 중요하지 않으므로 이와 관련된 현금흐름을 할인하지 않는다.

현재가치를 평가하기 위한 요소

> 기간(n), 미래현금흐름(CF), 이자율(할인율, r)

(2) 적용 이자율

현재가치 평가에 적용되는 이자율은 유효이자율을 의미한다. 유효이자율이란 채권·채무의 미래의 현금흐름과 현재가치를 일치시키는 이자율을 말한다. 이는 금융자산의 미래현금흐름의 현재가치와 공정가치를 일치시키는 할인율로서 재무회계에서는 내재이자율과 동일한 의미로 사용한다. 또한 일반적으로 시장에서 합리적인 판단력과 거래의사가 있는 독립된 당사자간에 적용할 수 있는 이자율(시장이자율)이 있다면 이는 유효이자율과 일치한다.

(3) 장기성 채권·채무의 현재가치 평가

① **분할회수의 경우 – 할부형**: 재고자산을 판매하고 분할하여 회수하는 경우를 말한다. 할부판매형의 경우 매기 일정액의 현금흐름에 대하여 연금현가계수를 적용하여 현재가치를 산정하고 후속적으로 유효이자율법에 의하여 이자수익(이자비용)을 인식한다. 이 경우 채권과 채무를 현재가치로 평가하면서 미래현금흐름 총액(명목금액)과 현재가치의 차액은 현재가치할인차금의 과목으로 해당 채권과 채무의 명목금액에서 차감하는 형식으로 재무상태표에 표시(간접법)하며 보고기간 말마다 유효이자율법을 적용하여 상각하고 해당 금액을 이자수익(채권자)과 이자비용(채무자)으로 각각 처리한다.

<table>
<tr><td colspan="3" align="center">부분 재무상태표</td></tr>
<tr><td>장기성 매출채권</td><td align="center">×××</td><td></td></tr>
<tr><td>현재가치할인차금</td><td align="center">(×××)</td><td align="center">×××</td></tr>
</table>

재고자산을 판매하고 그 대금을 분할하여 회수하는 경우의 회계처리를 사례를 통하여 살펴보도록 하겠다.

> (주)한국은 20×1년 초 3년간 매년 말 ₩10,000씩 3회에 걸쳐 분할하여 회수하는 조건으로 제품을 판매하였다. 동 제품의 원가는 ₩22,000이다. 해당 판매거래에 적용된 유효이자율은 10%이며, 10% 3기간 연금의 현가계수는 2.49이다(단, 유동성대체는 생략함).

    ⊙ **20×1년 1월 1일 – 재고자산의 판매시점**: 재고자산의 판매대금을 3년 동안 매년도 말마다 ₩10,000씩 회수하기로 하였으므로 차변에 장기매출채권계정을 사용하여 명목금액(₩30,000)을 기입한다. 또한 대변에는 미래현금흐름(명목금액 ₩30,000)을 유효이자율(10%)로 할인한 현재가치(₩24,900)에 의해 매출액(수익)을 인식하고 명목금액과 현재가치의 차이는 현재가치할인차금으로 회계처리한다.

```
[회계처리]
(차) 장기매출채권        30,000        (대) 매출               24,900*
                                           현재가치할인차금         5,100

* 할부금의 현재가치 = ₩10,000 × 2.49 = ₩24,900

(차) 매출원가           22,000        (대) 상품               22,000
```

	부분 재무상태표	
장기매출채권	30,000	
현재가치할인차금	(5,100)	24,900

◉ 판매자 입장에서 판매시점 기준으로 ₩24,900이고 3년 동안 받을 금액은 ₩30,000이다. 양자의 차이 ₩5,100은 이자요소 때문이므로 현재가치할인차금으로 인식하고 향후 3년에 걸쳐 유효이자율법을 적용하여 이자수익으로 인식한다.

ⓛ 20×1년 12월 31일 보고기간 말: 보고기간 말 현재시점에서는 1년이 경과하였으므로 경과한 부분에 대한 이자수익을 인식한다. 3년분 전체에 대한 이자요소(₩5,100 =₩30,000−₩24,900) 중 1년 경과분(₩2,490)만큼 현재가치할인차금을 상각하고 이자수익을 인식한다. 이 경우 판매대금 회수분도 동시에 회계처리한다.

```
(차) 현재가치할인차금     2,490        (대) 이자수익            2,490
(차) 현금              10,000        (대) 장기매출채권        10,000
```

	부분 재무상태표	
장기매출채권	20,000	
현재가치할인차금	(2,610)	17,390

[유효이자율법 상각표]

일자	① 유효이자 (10%)	② 원리금 회수	③ 원금회수액 = ②−①	④ 장부금액 = ④−③
×1.1.1.				₩24,900
×1.12.31.	₩2,490	₩10,000	₩7,510	₩17,390
×2.12.31.	₩1,739	₩10,000	₩8,261	₩9,129
×3.12.31.	₩871	₩10,000	₩9,129	₩0
	₩5,100	₩30,000	₩24,900	

ⓒ 20×2년 12월 31일

| (차) 현재가치할인차금 | 1,739 | (대) 이자수익 | 1,739 |
| (차) 현금 | 10,000 | (대) 장기매출채권 | 10,000 |

부분 재무상태표

| 장기매출채권 | 10,000 | |
| 현재가치할인차금 | (871) | 9,129 |

ⓓ 20×3년 12월 31일

| (차) 현재가치할인차금 | 871 | (대) 이자수익 | 871 |
| (차) 현금 | 10,000 | (대) 장기매출채권 | 10,000 |

② **장기성 어음의 현재가치 평가:** 약속어음이란 어음상 발행인이 어음상 수취인에게 일정한 기일에 일정한 금액을 지급할 것을 약속한 증권으로, 어음의 권면상 이자율이 표시되어 있는지 여부에 따라 이자부 약속어음과 무이자부 약속어음으로 구분된다. 수험목적상 중요한 이자부 약속어음의 경우 제8장 사채와 동일하므로 해당 단원에서 학습하도록 한다.

확인 및 기출예제

(주)한국은 20×1년 초 토지를 ₩4,000,000에 취득하면서 현금 ₩1,000,000을 즉시 지급하고 나머지 ₩3,000,000은 20×1년 말부터 매년 말에 각각 ₩1,000,000씩 3회 분할지급하기로 하였다. 이러한 대금지급은 일반적인 신용기간을 초과하는 것이다. 취득일 현재 토지의 현금가격상당액은 총지급액을 연 10% 이자율로 할인한 현재가치와 동일하다. 20×2년에 인식할 이자비용은? (단, 단수차이가 발생할 경우 가장 근사치를 선택함)

제25회

기간	연 이자율 10%	
	단일금액 ₩1의 현재가치	정상연금 ₩1의 현재가치
3	0.7513	2.4869

① ₩100,000　　　　　　　　　　② ₩173,559
③ ₩248,690　　　　　　　　　　④ ₩348,690
⑤ ₩513,100

해설

20×1년 말 = 20×2년 초 장기미지급금의 장부금액
　　　　= [(₩1,000,000 × 2.4869) × 1.1] − ₩1,000,000 = ₩1,735,590
∴ 20×2년 이자비용 = ₩1,735,590 × 10% = ₩173,559

정답: ②

---

01 현금에 속하는 통화대용증권에는 타인발행수표, 송금수표, 자기앞수표, 타인발행약속어음, 만기가 도래된 사채이자표, 우편환증서 등이 있다. ( )

02 현금성자산은 큰 거래비용 없이 현금전환이 용이하고, 이자율의 변동에 따른 가치변동의 위험이 중요하지 않은 금융상품으로서 재무상태표일로부터 만기 또는 상환일이 3개월 이내에 도래하는 것을 말한다. ( )

03 지분상품(주식)은 현금성자산에 포함되고, 상환일이 정해져 있고 취득일로부터 상환일까지의 기간이 짧은 우선주(상환우선주)와 같은 자산도 현금성자산에 포함된다. ( )

04 은행계정조정표를 작성한 후 당좌예금에 대한 회계처리를 해야 한다. 이때 기업은 은행계정조정표의 회사측 및 은행측에 기록된 사항들에 대하여 모두 수정분개를 해야 한다. ( )

05 다음의 은행측과 회사측의 차이 원인에 대한 조정사항이 올바른지 여부를 판단하시오.
(1) 은행측 ( )

원인	조정
미기입예금	은행측 가산
미결제수표	은행측 가산

(2) 회사측 ( )

원인	조정
미통지입금	회사측 가산
부도수표	회사측 차감

---

01 × 타인발행약속어음은 어음상 채권으로 현금이 아니다.

02 × 재무상태표일 ⇨ 취득일

03 × 지분상품(주식)은 현금성자산에 포함되지 않는다.

04 × 기업은 은행계정조정표의 회사측에 기록된 사항에 대해서만 수정분개를 한다.

05 (1) × 미결제수표는 은행측 차감항목이다.
　　(2) ○

06 기말 외상매출금(매출채권)잔액은 기초 미회수액에 당기 순외상매출액을 가산하고 이에 실제 손상이 확정된 금액과 외상매출금 회수액을 차감하여 계산한다. ( )

07 기계장치를 외상으로 구입한 경우 대변항목은 외상매입금계정으로 회계처리한다. ( )

08 상품이나 원재료 등을 매입하기 위하여 미리 선급한 금액은 선급비용계정으로 회계처리한다. ( )

09 종업원단기대여금과 예수금은 모두 자산계정에 속한다. ( )

10 현금의 지출이 있었으나 계정과목이 미확정일 경우 자산계정인 가수금계정으로 회계처리한다. ( )

11 보고기간 말 손실충당금의 잔액이 기대신용손실보다 작은 경우 차이 금액을 차변에 손상차손, 대변에 손실충당금으로 보충적인 회계처리를 행한다. ( )

12 회계기간 중 손상이 확정되는 경우 항상 손실충당금을 차변에 계상한다. ( )

13 이자부어음의 할인시 현금수령액은 만기가치에서 할인료를 차감한 금액이다. ( )

14 매출채권처분손실은 어음의 장부금액에서 현금수령액을 가산한 금액이다. ( )

15 어음을 금융기관에 할인한 경우 매출채권처분손실로 처리할 금액은 할인료가 된다. ( )

---

06 ○

07 × 외상매입금계정 ⇨ 미지급금계정

08 × 선급비용계정 ⇨ 선급금계정

09 × 예수금은 부채계정에 해당된다.

10 × 가수금계정 ⇨ 가지급금계정

11 ○

12 × 손실충당금 장부금액이 실제 손상확정액보다 작은 경우에는 손상차손계정이 차변에 추가로 발생할 수 있다.

13 ○

14 × 가산한 금액 ⇨ 차감한 금액

15 × 무이자부어음은 매출채권처분손실과 할인액이 일치하지만, 이자부어음은 일치하지 않는다.

마무리STEP 2 | 확인문제

2025 주택관리사(보) 회계원리

01 (주)한국이 20×1년 12월 31일 현재 보유하고 있는 아래의 항목을 참조하여 기말 현재의 재무상태표에 현금 및 현금성자산으로 보고해야 할 금액은?

• 지폐와 동전	₩30,000
• 지하철공채(취득일: 20×1.12.1, 만기일: 20×2.1.31.)	₩100,000
• 송금환	₩20,000
• (주)서울이 발행한 어음	₩35,000
• (주)서울이 발행한 수표	₩40,000
• 배당금지급통지표	₩15,000
• 수입인지	₩12,000
• 기일이 도래한 공채 이자표	₩10,000
• 환매채(취득일로부터 90일 환매조건)	₩200,000
• 정기적금(1년 이내 만기 도래)	₩250,000

① ₩115,000

② ₩415,000

③ ₩427,000

④ ₩450,000

⑤ ₩510,000

정답 | 해설

01 ② 현금 및 현금성자산 = 지폐와 동전 + 지하철공채 + 송금환 + 타인발행수표 + 배당금지급통지표 + 기일이 도래한 공채 이자표 + 환매채
= ₩30,000 + ₩100,000 + ₩20,000 + ₩40,000 + ₩15,000 + ₩10,000 + ₩200,000
= ₩415,000

02 (주)한국의 20×1년 말 재무상태표에 표시된 현금 및 현금성자산은 ₩4,000이다. 다음 자료를 이용할 경우 당좌예금은?

제23회

• 통화	₩200	• 보통예금	₩300
• 당좌예금	?	• 수입인지	₩400
• 우편환증서	₩500		

① ₩2,600
② ₩2,800
③ ₩3,000
④ ₩3,100
⑤ ₩3,500

03 (주)한국의 20×1년 말 재무상태표의 현금 및 현금성자산은 ₩60,000이다. 다음 자료를 이용할 때 20×1년 말 (주)한국의 외국환통화($)는? (단, 20×1년 말 기준 환율은 $1 = ₩1,200)

• 우편환	₩6,000	• 당좌예금	₩3,000
• 지점전도금	₩1,000	• 선일자수표	₩2,000
• 만기가 도래한 국채 이자표	₩3,200	• 외국환통화	?
• 차용증서	₩2,000	• 배당금지급통지표	₩6,200
• 양도성예금증서(취득: 20×1년 12월 1일, 만기: 20×2년 1월 31일)			₩1,000

① $15
② $20
③ $23
④ $27
⑤ $33

04 (주)한국은 12월 1일 상품매입 대금 ₩30,000에 대해 당좌수표를 발행하여 지급하였다. 당좌수표 발행 당시 당좌예금 잔액은 ₩18,000이었고, 동 당좌계좌의 당좌차월 한도액은 ₩20,000이었다. 12월 20일 거래처로부터 매출채권 ₩20,000이 당좌예금으로 입금되었을 때 회계처리로 옳은 것은?

제23회

① (차)	당좌예금	20,000	(대)	매출채권	20,000
② (차)	당좌차월	20,000	(대)	매출채권	20,000
③ (차)	당좌예금	12,000	(대)	매출채권	20,000
	당좌차월	8,000			
④ (차)	당좌예금	8,000	(대)	매출채권	20,000
	당좌차월	12,000			
⑤ (차)	당좌예금	18,000	(대)	매출채권	20,000
	당좌차월	2,000			

정답 | 해설

02 ③ 현금 및 현금성자산 = 통화 + 보통예금 + 당좌예금(x) + 우편환증서
　　　　　　　　　= ₩200 + ₩300 + x + ₩500 = ₩4,000
　∴ 당좌예금(x) = ₩3,000

03 ⑤ 현금 및 현금성자산 = ₩6,000 + ₩3,000 + ₩1,000 + ₩3,200 + x + ₩6,200 + ₩1,000
　　　　　　　　　= ₩60,000
　⇨ 원화표시 외국통화(x) = ₩39,600 = ? × ₩1,200
　∴ 외국환통화($) = $33

04 ④ • 12월 1일 인출시
　예금잔액 < 수표발행금액: ₩18,000 < ₩30,000 = 당좌차월(대변) ₩12,000 발생
　• 12월 20일 예입시
　매출채권 회수로 인한 ₩20,000을 당좌예입하는 경우 대변잔액인 당좌차월 ₩12,000을 먼저 감소시키고 나머지 ₩8,000이 당좌예금 차변잔액으로 회계처리한다.

05 (주)한국의 20×1년 말 현재 당좌예금잔액은 ₩1,000이고, 은행측 잔액증명서상 잔액은 ₩1,550이다. 기말 현재 그 차이 원인이 다음과 같을 때, 올바른 당좌예금잔액은?

제17회, 제12 · 15회 유사

- (주)한국이 발행한 수표 ₩100이 미인출 상태이다.
- (주)한국이 거래처 A로부터 받아 은행에 입금한 수표 ₩200이 부도처리되었으나, 은행으로부터 통지받지 못하였다.
- 거래처 B로부터 입금된 ₩300을 (주)한국은 ₩30으로 잘못 기록하였다.
- 거래처 C에 대한 외상판매대금 ₩400을 은행이 추심하였고, 추심수수료 ₩20이 인출되었다. 그러나 (주)한국은 추심 및 추심수수료를 인식하지 못하였다.

① ₩1,070 ② ₩1,350
③ ₩1,450 ④ ₩1,570
⑤ ₩1,650

06 (주)한국의 20×1년 말 현재 장부상 당좌예금계정 잔액은 ₩22,500으로 은행측 예금잔액증명서상 금액과 일치하지 않는 것으로 나타났다. 이들 잔액이 일치하지 않는 원인이 다음과 같을 때, 차이 조정 전 은행측 예금잔액증명서상 금액은? 제23회

• 은행 미기입예금	₩2,000
• 기발행 미인출수표	₩5,000
• 회사에 미통지된 입금액	₩3,000
• 은행으로부터 통보받지 못한 이자수익	₩300
• 은행으로부터 통보받지 못한 은행수수료	₩200

① ₩22,500 ② ₩23,600
③ ₩25,600 ④ ₩28,600
⑤ ₩30,600

07 (주)한국은 20×1년 말 은행계정 조정을 위하여 거래은행인 A은행에 당좌예금잔액을 조회한 결과, 회사측 잔액과 다른 ₩250,000이라는 회신을 받았다. (주)한국은 조사 결과 다음과 같은 사실들을 발견하였다.

> • 회사가 20×1년 12월 31일에 입금한 ₩20,000을 은행은 20×2년 1월 4일에 입금처리하였다.
> • 회사가 20×1년에 발행한 수표 중 12월 말 현재 은행에서 아직 인출되지 않은 금액은 ₩40,000이다.
> • 회사가 20×1년 중 은행에 입금한 수표 ₩50,000이 부도처리되었으나 12월 말 현재 회사에는 통보되지 않았다.

은행계정 조정 전 20×1년 말 (주)한국의 당좌예금 장부금액은? 제13회

① ₩200,000
② ₩220,000
③ ₩240,000
④ ₩260,000
⑤ ₩280,000

정답 | 해설

05 ③ 올바른 당좌예금잔액 = ₩1,550(은행측 잔액) − ₩100 = ₩1,450
  ◉ ₩1,000(회사측 수정 전 잔액) − ₩200 + (₩300 − ₩30) + (₩400 − ₩20) = ₩1,450

06 ④

은행계정조정표

회사측		은행측	
수정 전 잔액	22,500	수정 전 잔액(x)	28,600
미통지 입금	3,000	미기입예금	2,000
이자수익	300	기발행 미인출수표	(5,000)
은행수수료	(200)		
수정 후 잔액	25,600	수정 후 잔액	25,600

07 ⑤

회사측		은행측	
수정 전 잔액	x	수정 전 잔액	250,000
부도수표	(50,000)	미기입예금	20,000
		기발행 미지급수표	(40,000)
수정 후 잔액	230,000	수정 후 잔액	230,000

∴ 회사측 잔액(x) = ₩280,000

08 20×1년 말 현재 (주)한국의 장부상 당좌예금잔액은 ₩11,800이며, 은행측 잔액증명서상 잔액은 ₩12,800이다. 은행계정조정표 작성과 관련된 자료가 다음과 같다면, 은행측 미기입예금은? 제19회

- 거래처에서 송금한 ₩1,500이 은행에 입금처리되었으나 아직 은행으로부터 통보받지 못했다.
- 은행이 부과한 은행수수료 ₩200이 아직 회사 장부에 미정리된 상태이다.
- 발행한 수표 중 ₩1,100이 아직 은행에서 인출되지 않았다.
- 거래처로부터 받아 예입한 수표 ₩600이 부도처리되었으나 은행으로부터 통보받지 못했다.
- 나머지 잔액 차이는 모두 은행측 미기입예금에 의한 것으로 확인되었다.

① ₩300
② ₩400
③ ₩600
④ ₩800
⑤ ₩1,000

09 (주)한국의 기말 장부상 당좌예금계정 잔액은 ₩130,000이며, 은행으로부터 통지받은 잔액은 ₩10,000으로 불일치하였다. 불일치 원인이 다음과 같을 때, (주)한국이 장부에 잘못 기록한 매출채권 회수액(A)은? 제26회

- 매출처로부터 수취하여 은행에 예입한 수표 ₩60,000이 부도 처리되었으나, 기말 현재 은행으로부터 통보받지 못하였다.
- 은행 업무시간 이후에 ₩70,000을 입금하였으나, 기말 현재 은행측이 미기입하였다.
- 매입채무를 지급하기 위하여 ₩30,000의 수표를 발행하였으나, 기말 현재 아직 은행에서 결제되지 않았다.
- 은행수수료가 ₩500 발생하였으나, 기말 현재 회사측 장부에 반영되지 않았다.
- 매출처로부터 매출채권 회수액으로 받은 ₩50,000의 수표를 예입하면서, 회사 직원이 A금액으로 잘못 기록하였다.

① ₩30,500
② ₩69,500
③ ₩70,500
④ ₩88,500
⑤ ₩100,500

10 (주)한국은 20×1년 12월 31일 직원이 회사 자금을 횡령한 사실을 확인하였다. 12월 31일 현재 회사 장부상 당좌예금잔액은 ₩65,000이었으며, 거래은행으로부터 확인한 당좌예금잔액은 ₩56,000이다. 회사측 잔액과 은행측 잔액이 차이가 나는 이유가 다음과 같을 때, 직원이 회사에서 횡령한 것으로 추정되는 금액은? 제22회

• 은행 미기입예금	₩4,500
• 기발행 미인출수표	₩5,200
• 회사에 미통지된 입금액	₩2,200
• 은행으로부터 통보받지 못한 은행수수료	₩1,500
• 발행한 수표 ₩2,000을 회사 장부에 ₩2,500으로 기록하였음을 확인함	

① ₩9,000   ② ₩9,700   ③ ₩10,400

④ ₩10,900   ⑤ ₩31,700

제3장 금융자산(Ⅰ): 현금과 수취채권 **129**

11 (주)한국은 모든 상품을 전액 외상으로 매입하여 외상으로 판매한 다음 차후에 현금으로 결제한다. 다음 자료를 이용할 때 (주)한국의 매출총이익은?

항목	기초잔액	기말잔액	현금회수/지급액
매출채권	₩120,000	₩80,000	₩890,000(회수)
매입채무	₩60,000	₩130,000	₩570,000(지급)
상품(재고액)	₩70,000	₩90,000	

① ₩210,000
② ₩220,000
③ ₩230,000
④ ₩240,000
⑤ ₩250,000

12 다음은 20×1년 (주)한국의 재무제표와 거래자료 중 일부이다.

• 기초매입채무	₩8,000
• 기말매입채무	₩12,000
• 현금지급에 의한 매입채무 감소액	₩35,000
• 기초상품재고	₩12,000
• 기말상품재고	₩11,000
• 매출총이익	₩10,000

20×1년 포괄손익계산서상 당기매출액은?

① ₩45,000
② ₩48,000
③ ₩50,000
④ ₩54,000
⑤ ₩57,000

13 (주)한국의 20×1년 중 발생한 거래 및 20×1년 말 손상차손 추정과 관련된 자료는 다음과 같다. (주)한국의 20×1년도 포괄손익계산서상 매출채권에 대한 손상차손이 ₩35,000일 때, 20×1년 초 매출채권에 대한 손실충당금은?   제24회

> • 20×1년 6월 9일: 당기 외상매출한 매출채권 ₩8,900이 회수불능으로 확정되어 제거되었다.
> • 20×1년 7월 13일: 전기에 손실충당금으로 손상처리한 매출채권 ₩1,000이 회수되었다.
> • 20×1년 12월 31일: 기말매출채권 전체에 대한 기대신용손실액은 ₩30,000이다.

① ₩1,000
② ₩1,900
③ ₩2,900
④ ₩3,900
⑤ ₩5,000

정답 | 해설

11 ③

매출채권					매입채무			
기초	120,000	회수	890,000		지급	570,000	기초	60,000
매출 ㉠	850,000	기말	80,000		기말	130,000	매입 ㉡	640,000
	970,000		970,000			700,000		700,000

재고자산			
기초	70,000	매출원가 ㉢	620,000
매입 ㉡	640,000	기말	90,000
	710,000		710,000

∴ 매출총이익 = 매출 − 매출원가 = ₩850,000(㉠) − ₩620,000(㉢) = ₩230,000

12 ③

매입채무					재고자산			
지급액	35,000	기초매입채무	8,000		기초재고	12,000	매출원가 ㉡	40,000
기말매입채무	12,000	매입액 ㉠	39,000		매입액 ㉠	39,000	기말재고	11,000

∴ 매출액 = 매출원가 + 매출총이익 = ₩40,000(㉡) + ₩10,000 = ₩50,000

13 ③

손실충당금			
확정	8,900	기초	x
기말	30,000	회수	1,000
		손상차손	35,000
	38,900		38,900

∴ 기초손실충당금(x) = ₩2,900

14 (주)한국의 20×1년 말 매출채권 잔액은 ₩150,000이며, 매출채권에 대한 기대신용손실을 계산하기 위한 연령별 기대신용손실률은 다음과 같다.

연체기간	금액	기대신용손실률
연체되지 않음	₩120,000	0.4%
1일~60일	₩25,000	2.0%
61일 이상	₩5,000	8.0%
합계	₩150,000	

(주)한국의 20×1년 초 매출채권에 대한 손실충당금 잔액이 ₩2,500이고, 20×1년 중 매출채권 ₩1,000이 회수불능으로 확정되어 제거되었다. 20×1년 포괄손익계산서에 보고할 매출채권 손상차손(또는 손상차손 환입)은? 제25회

① 손상차손 환입 ₩120 ② 손상차손 환입 ₩380
③ 손상차손 ₩120 ④ 손상차손 ₩1,120
⑤ 손상차손 ₩1,380

15 (주)한국은 모든 매출거래를 매출채권 증가로 처리한다. 20×1년과 20×2년 중 회수불능이 확정되어 제거된 매출채권은 없으며, 회수불능으로 회계처리했던 매출채권을 현금으로 회수한 내역도 없을 때, 다음 중 옳지 않은 것은? 제27회

계정과목	20×1년	20×2년
기말 매출채권	₩95,000	₩100,000
기말 손실충당금	₩15,500	₩17,000
매출액	₩950,000	₩980,000
손상차손	₩15,500	?

① 20×2년 초 매출채권의 전기이월액은 ₩95,000이다.
② 20×1년 초 손실충당금의 전기이월액은 ₩0이다.
③ 20×2년 손상차손은 ₩1,500이다.
④ 20×2년 초 손상차손의 전기이월액은 ₩0이다.
⑤ 20×2년 현금회수된 매출채권은 ₩976,500이다.

16 (주)한국은 20×1년 1월 1일 거래처로부터 액면금액 ₩120,000인 6개월 만기 약속어음(이자율 연 6%)을 수취하였다. (주)한국이 20×1년 5월 1일 동 어음을 은행에 양도(할인율 연 9%)할 경우 수령할 현금은? (단, 동 어음양도는 금융자산 제거조건을 충족하며, 이자는 월할계산함)   제22회

① ₩104,701   ② ₩118,146
③ ₩119,892   ④ ₩121,746
⑤ ₩122,400

정답 | 해설

14 ① • 20×1년 말 기대신용손실 추정액
　　　= (₩120,000 × 0.4%) + (₩25,000 × 2%) + (₩5,000 × 8%) = ₩1,380
　　• 포괄손익계산서에 계상될 손상차손(또는 손상차손 환입)
　　　손상차손 환입: 기말 손실충당금 장부금액 > 기말 기대신용손실 추정액
　　　= (₩2,500 − ₩1,000) − ₩1,380 = ₩120

15 ⑤ 20×2년 현금회수된 매출채권 = 기초매출채권 + 외상매출액 − 기말매출채권

손실충당금

기초매출채권	95,000	회수액	975,000
외상매출액	980,000	기말매출채권	100,000
	1,075,000		1,075,000

① 20×2년 초 매출채권잔액은 20×1년 말 매출채권잔액 ₩95,000이다.
② 20×1년도에 손상확정과 회수금액이 없는 경우이므로 20×1년도 말 기말잔액과 손상차손금액이 동일하므로 전기이월액은 ₩0이다.
③ 20×2년 손상차손 = 기초손실충당금 + 손상차손 − 확정액 = 기말손실충당금
　　　　　　　　= ₩15,500 + x − ₩0 = ₩17,000
　∴ 손상차손(x) = ₩1,500
④ 손상차손은 비용계정으로 잔액이 이월되지 않는 계정이므로 전기이월액은 ₩0이다.

16 ④ • 만기가치 = 액면금액 + 표시(액면)이자
　　　　　　= ₩120,000 + (₩120,000 × 0.06 × 6/12) = ₩123,600
　　• 할인료 = 만기가치 × 0.09 × 2/12
　　　　　　= ₩123,600 × 0.09 × 2/12 = ₩1,854
　∴ 현금수령액 = 만기가치 − 할인료 = ₩123,600 − ₩1,854 = ₩121,746

※ (주)한국은 거래처로부터 20×1년 1월 1일에 만기 6개월, 액면금액 ₩10,000(이자율 연 6%, 만기지급)의 약속어음을 받았다. 3개월 후인 4월 1일에 은행에서 이 약속어음을 할인(이자율 연 12%)하였다. **[17~18]**

17 4월 1일 거래로 인하여 인식할 당기손익은? (단, 동 어음의 할인은 제거요건을 충족하며, 이자는 월할계산함)

제14회

① ₩109 손실　　　　　　　　　② ₩9 손실
③ ₩0　　　　　　　　　　　　④ ₩9 이익
⑤ ₩109 이익

18 받을어음의 할인이 금융자산 제거조건을 충족할 때, (주)한국이 행할 회계처리는? (단, 이자는 월할계산함)

제14회 수정

① (차) 현금	9,991	(대) 매출채권	10,000		
금융자산처분손실	159	이자수익	150		
② (차) 현금	9,900	(대) 매출채권	10,000		
금융자산처분손실	250	이자수익	150		
③ (차) 현금	9,950	(대) 매출채권	10,000		
금융자산처분손실	150	이자수익	100		
④ (차) 현금	9,100	(대) 매출채권	10,000		
금융자산처분손실	1,050	이자수익	150		
⑤ (차) 현금	9,990	(대) 매출채권	10,000		
금융자산처분손실	110	이자수익	100		

19 (주)한국은 20×1년 4월 1일에 만기가 20×1년 7월 31일인 액면금액 ₩1,200,000의 어음을 거래처로부터 수취하였다. (주)한국은 동 어음을 20×1년 6월 30일 은행에서 할인하였으며, 할인율은 연 12%이다. 동 어음이 무이자부어음일 경우(A)와 연 9%의 이자부어음일 경우(B) 각각에 대해 어음할인시 (주)한국이 금융상품(받을어음)처분손실로 인식할 금액은? (단, 어음할인은 금융상품의 제거요건을 충족시킨다고 가정하며, 이자는 월할계산함)

	(A)	(B)			(A)	(B)
①	₩0	₩3,360		②	₩0	₩12,000
③	₩12,000	₩3,360		④	₩12,000	₩9,000
⑤	₩12,000	₩12,000				

정답 | 해설

17 ② • 만기가치 = ₩10,000 + (₩10,000 × 6% × 6/12) = ₩10,300
　　　• 할인료 = ₩10,300 × 12% × 3/12 = ₩309
　　　• 현금수령액 = ₩10,300 − ₩309 = ₩9,991
　　　∴ 당기손익에 미치는 효과 = 현금수령액 − 액면금액 = ₩9,991 − ₩10,000 = (−)₩9(손실)

18 ① 금융자산 제거조건에 충족하는 거래의 경우 할인시 대변에 매출채권이 감소하고 어음의 할인으로 수령한 금액에서 할인 직전 어음의 장부금액을 차감하여 매출채권처분손익을 계산한다.
　　　∴ [회계처리]

(차) 현금	9,991	(대) 매출채권(받을어음)	10,000
매출채권처분손실	159	이자수익	150

19 ③ (A) 무이자부어음인 경우
　　　• 만기가치 = 액면금액 = ₩1,200,000
　　　• 매출채권처분손실 = 현금수령액 − (액면금액 + 보유기간 이자)
　　　　매출채권처분손실(간편법) = 할인액(선이자) − 남은 기간의 표시이자
　　　　　　　　　　　　　　　 = ₩1,200,000 × 0.12 × 1/12 = ₩12,000
　　　(B) 연 9% 이자부어음인 경우
　　　• 만기가치 = 액면금액 + 표시이자 = ₩1,200,000 + (₩1,200,000 × 0.09 × 4/12)
　　　　　　　　　 = ₩1,236,000
　　　• 매출채권처분손실 = 현금수령액 − (액면금액 + 보유기간 이자)
　　　　매출채권처분손실(간편법) = 할인액(선이자) − 남은 기간의 표시이자
　　　　　　　　　　　　　　　 = (₩1,236,000 × 0.12 × 1/12) − (₩1,200,000 × 0.09 × 1/12)
　　　　　　　　　　　　　　　 = ₩12,360 − ₩9,000 = ₩3,360

제3장 금융자산(Ⅰ): 현금과 수취채권 **135**

20 (주)한국은 고객에게 상품을 판매하고 약속어음(액면금액 ₩5,000,000, 만기 6개월, 표시이자율 연 6%)을 받았다. (주)한국은 동 어음을 3개월간 보유한 후 은행에 할인하면서 은행으로부터 ₩4,995,500을 받았다. 동 어음에 대한 은행의 연간 할인율은? (단, 이자는 월할계산함)

① 8% ② 10%

③ 12% ④ 14%

⑤ 16%

21 (주)한국은 20×1년 4월 1일 다음과 같은 받을어음을 은행에서 할인하고, 할인료를 제외한 금액을 현금으로 수취하였다. 동 어음할인으로 매출채권처분손실이 ₩159 발생한 경우, (주)한국이 수취한 현금은? (단, 금융자산의 양도는 제거조건을 충족하며, 이자는 월할계산함)

제24회

• 액면금액: ₩10,000	• 표시이자율: 연 6%(이자는 만기에 수취)
• 어음발행일: 20×1년 1월 1일	• 어음만기일: 20×1년 6월 30일

① ₩9,841 ② ₩9,991

③ ₩10,141 ④ ₩10,159

⑤ ₩10,459

22 계정과목에 대한 설명으로 옳지 않은 것은?

① 매출채권은 기업의 중심적 활동인 영업활동에서 발생하는 채권을 말한다.

② 선급비용은 아직 제공되지 않은 용역에 대해 미리 지급한 대가로서 자산에 속한다.

③ 미지급금은 유형자산을 외상으로 구입한 경우 발생하는 채무계정이다.

④ 선수수익은 장래에 상품 등을 제공하기 전에 미리 받은 현금으로서 부채에 속한다.

⑤ 미수수익은 용역의 제공 등에 의해 발생한 것으로서 자산에 속한다.

정답 | 해설

20 ③ • 만기가치 = ₩5,000,000 + (₩5,000,000 × 0.06 × 6/12) = ₩5,150,000
  • 현금수령액 = 만기가치 − 할인액
        = ₩5,150,000 − 할인액 = ₩4,995,500
  • 할인액 = ₩154,500 = ₩5,150,000 × 할인율 × 3/12
  ∴ 할인율 = 12%

21 ② 매출채권처분손실 = 현금수령액(x) − 어음의 장부금액
        = x − [₩10,000 + (₩10,000 × 0.06 × 3/12)] = (₩159)
        = x − ₩10,150 = (₩159)
  ∴ 현금수령액(x) = ₩9,991

22 ④ 선수금에 대한 설명이고, 선수수익은 차기수익을 미리 수령하여 계상하는 수익의 이연계정(부채)이다.

제 4 장 재고자산

📖 단원길라잡이

꾸준하게 비중 있는 출제경향을 보이고 있는 단원으로 깊이
있는 학습이 요구된다. 재고자산의 의의와 취득원가 결정,
기말재고자산에 포함되는 특수 항목의 유형을 정리해야
한다. 그리고 수량결정방법과 단가결정방법에 의한 매출원가
와 기말재고액, 매출총이익률법과 소매재고조사법을 통한
매출원가와 기말재고를 계산할 줄 알아야 한다. 마지막으로
감모손실과 평가손실을 이해하고 계산형 문제를 확인해야
한다.

🔍 출제포인트

- 상품매매업의 매출총손익 계산
- 취득원가의 측정
- 기말재고에 포함할 특수 항목 구분
- 매출원가, 기말재고의 계산
- 매출총이익률법: 화재손실액
- 소매재고법: 기말재고, 매출원가
- 감모손실과 평가손실 존재시 총비용, 당기순손익
- 제시된 단서에 의한 수정 후 매출원가
- 기말재고의 저가평가액

01 상품매매업과 상품계정

상품매매업은 이익획득을 위한 주된 영업활동으로 이미 완성된 재화를 구매하여 판매한다. 이 경우 상품은 판매를 목적으로 구입하는 것을 말한다. 재고자산으로서 상품계정은 매입의 경우 자산의 증가로 계상할 수 있는 반면, '매입'으로 처리했다가 매출원가(비용)로 대체되어 인식할 수 있다. 또한 매출의 경우도 상품이 출고되었으므로 자산의 감소로 파악할 수 있는 반면, 매출이라는 수익의 발생으로 인식할 수도 있다. 즉, 상품매매거래를 자산의 증가와 감소(교환거래) 또는 수익·비용의 발생(손익거래)으로 인식할 수 있는 것이다. 이와 같이 상품계정은 다른 계정과 달리 이중적 성격을 지니고 있다.

02 상품매매거래의 수정

(1) 매매부대비용

운반비, 보관료, 매매수수료, 하역비 등 상품매매과정에서 매매대금 외에 추가로 발생하는 비용이며, 부대비용을 누가 부담하느냐에 따라 회계처리가 다르다. 구매자가 부담하는 경우 매매부대비용을 상품원가에 가산하고, 판매자가 부담하는 경우에는 판매부대비용을 판매시점에 비용으로 인식한다. 이는 수익·비용대응원칙에 부합한 회계처리이다.

(2) 매입에누리·환출과 매출에누리·환입

① 매입에누리: 상품을 구입한 후 구입한 상품의 파손이나 결함을 발견하여 당초의 매입가격을 감액받는 것을 말한다.

② 매출에누리: 상품을 판매한 후 상품의 파손이나 결함이 발견되어 당초 판매가격에서 차감한 금액을 말한다.

③ 매입환출: 파손이나 결함으로 상품을 반품하는 것을 말한다.

④ 매출환입: 매입환출과 같은 이유로 상품을 반품받은 것을 말한다.

(3) 매입할인과 매출할인

매입할인이란 구매자가 매입대금을 일정 기간 이내에 조기 지급할 경우 총지급액 중에서 일정액을 할인받는 것을 말하고, 판매자 입장에서는 매출할인이라고 한다. 매입할인·매출할인은 상품상 파손이나 결함은 없으나 외상대금의 조기 결제 및 회수에 따른 할인이다.

> **더 알아보기** | **매입할인의 약정 표시**
>
> 신용조건(2/10, n/30)으로 상품을 매입한 경우, 대금지급은 30일 이내에 이루어져야 하며, 10일 이내 조기 결제시 대금의 2%를 할인받는다는 것을 의미한다.

(주)한국은 20×1년 12월 1일 ₩1,000,000의 상품을 신용조건(5/10, n/60)으로 매입하였다. (주)한국이 20×1년 12월 9일에 매입대금을 전액 현금 결제한 경우의 회계처리는? (단, 상품매입시 총액법을 적용하며, 실지재고조사법으로 기록함)

제21회

	차변		대변	
①	매입채무	900,000	현금	900,000
②	매입채무	950,000	현금	950,000
③	매입채무	1,000,000	현금	1,000,000
④	매입채무	1,000,000	현금	900,000
			매입(할인)	100,000
⑤	매입채무	1,000,000	현금	950,000
			매입(할인)	50,000

해설

본 문제의 경우 신용조건(5/10, n/60)은 60일까지 외상대금을 지급하기로 하고 10일 이내 조기 결제하면 5%를 할인받게 된다는 것이다. 12월 1일 매입하고 10일 이내인 12월 9일에 결제했으므로 현금지급액은 매입대금에서 할인액을 차감한 금액(₩1,000,000 × 0.95 = ₩950,000)이다.

정답: ⑤

제2절 상품매매업의 회계처리

상품매매를 주된 영업활동으로 하는 상품매매업의 경우 상품계정의 회계처리를 다음과 같이 단일상품계정과 분할상품계정을 중심으로 설명하도록 한다.

01 단일상품계정

(1) 분기법 – 순수계정

상품을 매입시 상품계정의 차변에 원가로 기록하고, 매출시 대변에 원가로 기입하여 매가와 원가와의 차액은 상품매출이익(상품매출손실)계정을 사용하여 대변(또는 차변)에 기록하는 방법이다. 상품계정은 원가로 계상된 순수한 자산이라는 의미에서 순수계정이고, 매출시마다 원가와 이익을 분리하여 기장하므로 분기법이라고 한다. 분기법은 상품계정의 증감을 원가로 표시한다는 장점이 있는 반면, 원가와 이익을 분리하기 때문에 실무상 매우 번거롭고 당기의 매출액, 매출원가, 당기매입액을 알 수 없다는 문제점이 있다.

① 회계처리

구분	회계처리			
구입시	(차) 상품	×××	(대) 매입채무	×××
판매시	(차) 매출채권	×××	(대) 상품	×××(원가)
			상품매출이익	×××(이익)

❍ 매입시 운임은 상품의 원가에 가산하고, 매출시 운임은 운반비계정(판매관리비)으로 처리한다.

② 계정전기

상품			상품매출이익	
전기이월(원가)	매출액(매출원가)		집합손익	이익발생액
당기매입액(원가)	차기이월(원가)			

(2) 총기법 - 혼합계정

상품을 매출할 때마다 상품의 원가를 확인할 필요가 없는 실무적인 방법이다. 즉, 상품을 매출시 매입원가와 매출손익을 합한 총액으로 상품계정에 기입한다. 총기법은 상품계정 차변에 원가로, 대변에 원가와 매출손익이 합해진 매가로 기입되어, 상품계정에 자산계정과 손익계정이 함께 기록된다.

① 회계처리

구분	회계처리			
구입시	(차) 상품	×××	(대) 매입채무	×××
매입환출 · 매입에누리	(차) 매입채무	×××	(대) 상품	×××
판매시	(차) 매출채권	×××	(대) 상품	×××(매가)
매출환입 · 매출에누리	(차) 상품	×××(매가)	(대) 매출채권	×××

② 계정전기

<table>
<tr><td colspan="2" align="center">상품</td></tr>
<tr>
<td>
전기이월(원가)
당기매입액(원가)
매출환입(매가)
매출에누리(매가)
매출할인(매가)
</td>
<td>
매입환출(원가)
매입에누리(원가)
매입할인(원가)
매출액(매가)
차기이월(원가)
</td>
</tr>
<tr>
<td align="center">상품매출이익</td>
<td></td>
</tr>
</table>

핵심 콕! 콕! **총기법에 의한 매출총이익 계산**

상품계정의 매가요소는 순매출액(= 총매출액 − 매출차감요소)을 나타내고, 원가요소는 매출원가(= 기초상품재고액 + 당기순매입액 − 기말상품재고액)를 의미한다. 따라서 기말에 매출총이익을 일괄적으로 계산할 수 있다.
1. 차변합계 < 대변합계: 매출총이익
2. 차변합계 > 대변합계: 매출총손실

확인 및 기출예제

다음 자료를 이용하여 계산한 총매출액은?   제23회

• 기초재고	₩50,000	• 매출할인	₩6,000
• 기말재고	₩30,000	• 매출운임	₩4,000
• 매입에누리	₩5,000	• 매출환입	₩7,000
• 매입할인	₩2,000	• 매출총이익	₩80,000
• 총매입액	₩400,000		

① ₩493,000   ② ₩500,000   ③ ₩506,000
④ ₩510,000   ⑤ ₩513,000

해설

매출운임은 판매시점에 비용(운반비)으로 인식되어 매출총손익의 계산에 고려하지 않는다.

(혼합)상품

기초재고	50,000	매입에누리	5,000
총매입액	400,000	매입할인	2,000
매출할인	6,000	기말재고	30,000
매출환입	7,000	총매출액(x)	506,000
매출총이익	80,000		
	543,000		543,000

정답: ③

02 분할상품계정

상품매매를 회계처리할 때 분기법은 매출시 상품의 원가와 이익을 구분해야 하는 문제점이 있고, 총기법은 상품계정에 원가요소와 매가요소가 혼재되어 있어 일정 기간 동안 포괄손익계산서에서 순매입액, 순매출액 및 매출원가에 관한 정보를 구분표시할 수 없게 된다. 이러한 문제점을 해소하기 위해 상품매매거래와 관련된 계정을 분할하여 상품매매에 관한 회계처리를 하는 것을 상품계정의 분할이라 한다. 계정을 분할하는 정도에 따라 다양한 방법이 있으나 본문에서는 상품계정, 매입계정, 매출계정 그리고 매출원가계정으로 분할하여 회계처리하는 방법을 학습하도록 한다.

기본자료

(주)한국의 상품매매와 관련된 자료가 다음과 같고, 기말수정분개시 매출원가계정을 설정한다. 단, 매입환출 및 에누리는 매입계정에서 차감하고, 매출환입 및 에누리는 매출계정에서 차감한다.
- 기초상품재고액 ₩100, 기말상품재고액 ₩200
- 5/20 (주)대한으로부터 상품 ₩1,700을 외상으로 매입하다.
- 6/10 (주)대한으로부터 매입한 상품 중 불량품이 있어 ₩100을 반품하다.
- 7/20 (주)민국에게 상품 ₩2,000을 외상으로 매출하다.
- 8/10 (주)민국에게 매출한 상품 중 물품상 하자로 ₩200을 에누리해 주다.

상기업의 경우 주된 영업활동은 매출과 매입활동이다. 따라서 손익계산을 위하여 매출과 매입활동에 대한 기록이 효율적으로 이루어져야 한다. 매출액은 상품을 판매한 금액으로 수익항목이며, 매출원가는 판매된 상품의 원가를 말한다. 매출액에서 매출원가를 차감하면 상품매매활동을 통하여 얻은 이익을 구할 수 있다. 따라서 수익항목인 매출액에 대응하여 이익을 계산하는 매출원가의 계산은 매우 중요하다. 실지재고조사법의 경우 기말수정분개를 통해 매출원가가 계산되는데 이와 관련된 수정분개를 이해하도록 한다.

1. 기중거래

(1) 5/20 당기 상품을 외상으로 매입

(차) 매입	1,700	(대) 매입채무	1,700

(2) 6/10 매입환출 발생

(차) 매입채무	100	(대) 매입	100

● 매입환출, 매입에누리, 매입할인은 모두 매입차감요소이다.

(3) 7/20 상품을 외상으로 매출

(차) 매출채권	2,000	(대) 매출	2,000

(4) 8/10 매출에누리 발생

(차) 매출	200	(대) 매출채권	200

◉ 매출환입, 매출에누리, 매출할인은 모두 매출차감요소이다.

상품		매입		매출	
기초 100		5/20 매입채무 1,700	6/10 매입채무 100	8/10 매출채권 200	7/20 매출채권 2,000
	기말 200				

수정전시산표		
100	상품(기초)	
1,600	매입	
	매출	1,800
·		·
·		·
·		·

◉ 매입액과 매출액에서 매입 및 매출 관련 차감요소를 각각 차감하면 순매입액과 순매출액이 계산된다.

2. 결산수정분개

기업에서 1년 동안 판매 가능한 상품원가는 전기에 팔지 못하고 당기로 이월된 상품의 원가와 당기에 매입한 상품원가의 합계이다. 이 중 판매된 원가는 매출원가로 계산되고 판매되지 않고 기말에 창고에 남아 있게 되는 금액이 기말재고액이 되는 것이다. 따라서 판매 가능액(= 기초상품재고액 + 당기순매입액)에서 판매되지 않고 창고에 남아 있는 기말재고액을 차감하면, 판매된 매출액에 대한 창고원가에 해당하는 매출원가가 산출된다.

회계는 분개와 계정을 통하여 계산이 이루어지므로 실지재고조사법의 경우 매출원가를 계산하기 위하여 기말에 수정분개가 필요하다. 매출원가 계산을 매출원가계정을 설정하여 계산하는 방법과 매입계정을 이용하여 계산하는 방법이 있다. 수험 목적상 수정후시산표에 매출원가계정으로 나타나는 방법을 중심으로 설명하고자 한다.

(1) 대체분개

매출원가를 계산하기 위해 기중에 계정에 기록된 금액을 다른 계정에 보내는 것을 대체라고 하며, 이 경우 행하는 분개를 대체분개라고 한다. 그 순서와 방법은 다음과 같다.

① 상품계정에 있는 기초상품재고액을 매출원가계정 차변으로 대체

(차) 매출원가	100	(대) 상품	100

상품				매출원가			
기초재고	100	① 매출원가	100	① 상품(기초)	100		

② 매입계정에서 계산된 순매입액 ₩1,600(= ₩1,700 − ₩100)을 매출원가계정에 대체

(차) 매출원가	1,600	(대) 매입	1,600

매입				매출원가			
5/20 매입채무	1,700	6/10 매입채무	100	① 상품(기초)	100		
		② 매출원가	1,600	② 매입	1,600		

③ 매출원가계정 차변에 계산된 판매가능액(= 기초상품재고액 + 당기순매입액)에서 미판매된 기말재고액을 차감하여 당기 매출원가 계산

(차) 상품	200	(대) 매출원가	200

상품				매출원가			
기초재고	100	① 매출원가	100	① 상품(기초)	100	③ 상품	200
③ 매출원가	200			② 매입	1,600		

이와 같이 계산하면, 매출원가계정 차변과 대변을 통하여 다음과 같은 계산식이 성립하여 매출액에 대한 상품의 원가인 매출원가가 계산된다.

> 매출원가 = 기초상품재고액 + 당기순매입액 − 기말상품재고액
> = ₩100 + ₩1,600 − ₩200 = ₩1,500

매출원가 계산을 위한 기말수정분개(①②③) 요약

① 기초상품 대체

(차) **매출원가**	100	(대) 상품	100

② 매입액 대체

(차) **매출원가**	1,600	(대) 매입	1,600

③ 기말상품 대체

(차) 상품	200	(대) **매출원가**	200

매출원가

① 기초상품	**매출원가**
② 당기매입	③ 기말상품

수정후시산표

200	상품(기말)	
1,500	매출원가	
·	매출	1,800
·		·
·		·
·		·

● 기말수정분개를 통해 상품계정은 기말재고액으로 표시되고, 매입계정 대신 매출원가계정이 계상된다.

(2) 계정의 마감

(차) 매출	1,800	(대) 집합손익	1,800
(차) 집합손익	1,500	(대) 매출원가	1,500

핵심 콕! 콕! 매출총손익의 계산

1. 순매출액

> **순매출액 = 총매출액 − 매출환입 · 매출에누리 · 매출할인**

- ○ 매출운임은 당기비용(운반비)으로 회계처리하므로 순매출액의 계산시 고려대상이 아니다.

2. 매출원가

> **매출원가 = 기초상품재고액 + 당기순매입액 − 기말상품재고액**

- ○ 당기순매입액 = 매입액 + 매입운임 − 매입환출 · 매입에누리 · 매입할인

3. 매출총이익

> **매출총이익 = 순매출액 − 매출원가**

4. 매출총이익률

> **매출총이익률 = 매출총이익 ÷ 순매출액**

확인 및 기출예제

(주)한국의 20×1년 초 상품재고는 ₩100,000이고 당기 상품매입액은 ₩400,000이다. (주)한국의 당기 상품매출은 ₩500,000이고 20×1년 말 상품재고가 ₩200,000일 때, 20×1년 상품매출원가는? (단, 재고자산감모손실과 재고자산평가손실 및 재고자산평가충당금은 없음)

제25회

① ₩100,000　　　　　　　　② ₩200,000
③ ₩300,000　　　　　　　　④ ₩400,000
⑤ ₩500,000

해설

재고자산			
기초재고	100,000	매출원가(x)	300,000
매입액	400,000	기말재고	200,000
	500,000		500,000

정답: ③

01 의의

재고자산이란 정상적인 영업활동과정에서 판매를 목적으로 보유하고 있는 상품과 제품, 판매를 위해 생산 중인 재공품과 반제품, 생산 또는 용역제공과정에 투입될 원재료나 소모품의 형태로 존재하는 자산을 말한다. 기업이 속한 업종이나 보유 목적에 따라서 분류되므로, 상품매매를 주된 영업으로 하는 기업의 재고자산은 대부분 상품으로 구성되고 제조기업의 재고자산은 제품, 재공품, 원재료 등으로 구성된다. 또한 재고자산은 일반적으로 1년 이내의 기간에 최종 소비자에게 판매될 것으로 보아 유동자산으로 분류한다.

다른 자산과 구분하여 볼 때 재고자산은 판매를 목적으로 보유하는 자산이라는 점에서 사용을 목적으로 보유하고 있는 유형자산과 구분되고, 투자 목적으로 보유하는 투자자산과 구분된다. 따라서 부동산 개발업자가 보유하는 부동산은 통상적인 영업과정에서 판매할 부동산이므로 임대 여부에 관계없이 재고자산으로 분류한다. 또한 예비부품, 대기성 장비 및 수선용구와 같은 항목이 유형자산의 정의를 충족하면 유형자산으로 인식하고 그렇지 않으면 재고자산으로 분류한다.

기업은 기말재고자산의 측정과 평가에 주의를 기울여야 한다. 왜냐하면 재고자산의 판매가액인 매출액에서 이에 대응되는 매출원가를 차감하면 매출총손익이 계산되는데, 이는 기업의 성과를 평가하는 중요한 지표 중 하나이기 때문이다. 대부분의 기업에서 재고자산이 총자산에서 차지하는 비중은 크다. 따라서 재고자산의 금액 결정은 당기의 경영성과를 나타내는 포괄손익계산서와 재무상태를 나타내는 재무상태표에 직접적으로 영향을 미친다.

재고자산의 분류

구분	내용
상품	정상적인 영업활동과정에서 판매를 목적으로 구입한 상품, 미착상품, 적송품 등(부동산매매업에 있어서 판매를 목적으로 소유하는 토지, 건물, 기타 이와 유사한 부동산은 상품에 포함)
제품	제조기업이 제조하여 판매를 목적으로 보유하고 있는 완성품
반제품	제조기업이 자가 제조한 중간제품과 부분품 등으로 완성품은 아니나 판매가 가능한 재공품
재공품	제품 또는 반제품의 제조를 위하여 공정 중에 있는 것을 말하며, 추가가공을 통해 판매 가능한 재고자산이 됨
원재료	완제품을 제조·가공할 목적으로 구입한 원료, 재료, 매입부분품, 미착원재료 등
저장품	공장 또는 사무실에서 사용할 목적으로 보유하고 있는 재고자산으로 소모품, 소모공구기구비품, 수선용 부분품 및 기타 저장품
기타	위에 속하지 않는 재고자산

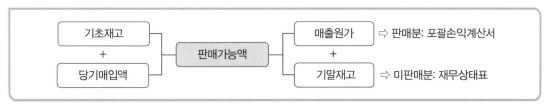

재고자산의 원가흐름

기초재고 + 당기매입액	→	판매가능액	→	매출원가 + 기말재고	⇨ 판매분: 포괄손익계산서 ⇨ 미판매분: 재무상태표

확인 및 기출예제

다음 중 재고자산에 해당하는 것을 모두 고른 것은? 제24회

㉠ 상품매매회사가 영업활동에 사용하고 있는 차량
㉡ 건설회사가 본사 사옥으로 사용하고 있는 건물
㉢ 컴퓨터제조회사가 공장 신축을 위해 보유하고 있는 토지
㉣ 가구제조회사가 판매를 위하여 보유하고 있는 가구
㉤ 자동차제조회사가 제조공정에 투입하기 위해 보유하고 있는 원재료

① ㉠, ㉡   ② ㉠, ㉣
③ ㉡, ㉢   ④ ㉢, ㉤
⑤ ㉣, ㉤

해설

재고자산은 판매를 목적으로 보유하는 자산(㉣, ㉤)이다. 따라서 영업활동에 사용할 목적으로 보유하는 자산은 재고자산에 해당되지 않는다. 정답: ⑤

02 취득원가의 측정

재고자산의 취득원가는 자산의 취득원가와 같이 매입가격에 부대비용을 가산한 금액이다. 따라서 재고자산의 취득원가는 매입원가, 전환원가, 재고자산을 현재의 장소에 현재 상태로 이르게 하는 데 발생한 기타 원가 모두를 포함한다. 또한 실제원가와 유사하다면 편의상 표준원가법이나 소매재고법 등의 원가측정방법도 사용 가능하다.

(1) 상품매매업

> **매입원가 = 매입가격 + 가산항목 − 차감항목**

상기업의 경우 외부로부터 구입하는 상품과 같은 재고자산의 취득원가는 매입원가로 한다. 매입원가는 매입가격에 가산항목과 차감항목을 고려한 금액이다. 가산항목은 수입관세와 제세금(과세당국으로부터 추후 받을 수 있는 금액 제외), 매입운임, 하역료 그리고 완제품, 원재료 및 용역의 취득과정에 직접 관련된 기타 원가를 말한다. 이 경우 운반비용

은 취득이나 생산과정에 수반되어 발생하는 경우만 매입원가에 포함시킨다. 차감항목은 매입할인, 리베이트 및 기타 유사항목을 말하며 매입원가를 결정할 때 차감한다.

핵심 콕! 콕! **가산항목과 차감항목**

1. **가산항목**: 재고자산의 취득과 관련한 관세 등 제세공과금(과세당국으로부터 환급받을 수 있는 금액 제외)과 매입운임, 하역료, 보관원가, 그리고 완제품, 원재료 및 용역의 취득과정에 직접 관련된 기타 원가
2. **차감항목**: 매입할인과 리베이트 및 기타 유사항목

더 알아보기 **보관원가**

보관원가는 추가 생산단계에 투입하기 전에 보관이 필요한 경우는 매입원가에 포함되지만, 생산단계에 투입하기 전에 보관이 필요한 경우를 제외하고는 판매비로 회계처리되며 매입원가에 포함시키지 않는다.

확인 및 기출예제

(주)한국의 다음 재고자산 관련 자료를 이용하여 구한 재고자산의 취득원가는? 제27회

• 매입가격	₩500,000	• 매입운임	₩2,500
• 매입할인	₩15,000	• 하역료	₩10,000
• 수입관세(과세당국으로부터 추후 환급받을 금액 ₩7,500 포함)			₩10,000
• 재료원가, 기타 제조원가 중 비정상적으로 낭비된 부분			₩4,000
• 후속 생산단계에 투입 전 보관이 필요한 경우 이외의 보관원가			₩1,000

① ₩500,000　　　　　　　　② ₩505,000
③ ₩514,000　　　　　　　　④ ₩522,500
⑤ ₩529,000

해설

재고자산의 취득원가에는 수입관세 중 환급받을 금액은 포함하지 않으며 재료원가, 기타 제조원가 중 비정상적으로 낭비된 부분과 후속 생산단계에 투입 전 보관이 필요한 경우 이외의 보관원가는 포함하지 않는다.
∴ 취득원가 = ₩500,000 + ₩2,500 − ₩15,000 + ₩10,000 + (₩10,000 − ₩7,500)
　　　　　　 = ₩500,000

정답: ①

(2) 제조기업

제조기업의 재고자산인 제품, 재공품 등의 취득원가는 원재료의 매입원가와 전환원가의 합계이다. 이 경우 전환원가는 제품으로 전환하는 데 소요되는 원가로 직접노무원가 등 생산량과 직접 관련된 원가와 원재료를 완제품으로 전환하는 데 발생하는 고정제조간접원가 및 변동제조간접원가의 체계적인 배분액을 포함한다. 고정제조간접원가의 경우, 생산설비의 정상조업도에 기초하여 전환원가를 배부하는데 실제조업도가 정상조업도와 유사한 경우에는 실제조업도를 사용할 수 있다.

> **더 알아보기** **원재료의 매입원가와 전환원가**
>
> 원재료의 매입원가는 원가회계에서 직접재료원가를 의미하며, 전환원가는 직접노무원가와 제조간접원가의 합계액인 가공원가를 의미한다.

(3) 용역제공기업

용역제공기업의 재고자산 관련 취득원가는 주로 감독자를 포함한 용역제공자의 직접 관련된 인력에 대한 노무원가 및 기타 원가와 관련된 직·간접원가로 구성된다. 따라서 판매 및 일반관리 인력과 관련된 노무원가 및 기타 원가, 가격 산정시 고려하는 이윤, 용역과 직접 관련 없는 간접원가는 재고자산의 취득원가에 포함되지 않는다.

(4) 차입원가

재고자산을 의도된 용도로 사용하거나 판매 가능 상태에 이르게 하는 데 상당한 기간을 필요로 하는 경우, 취득과 관련하여 자금을 차입하는 경우 차입금에서 발생한 차입원가 (이자)는 그 금액을 객관적으로 측정할 수 있는 경우에 해당 자산의 취득원가에 포함한다. 다만, 단기간 내에 생산되거나 제조되는 재고자산에 대한 차입원가는 취득원가에 산입하지 않고 금융비용으로 인식한다.

(5) 생물자산에서 수확한 농림어업 수확물의 취득원가

생물자산에서 수확한 농림어업 수확물로 구성된 재고자산은 공정가치에서 예상되는 판매비용을 차감한 금액인 순공정가치를 측정하여 수확시점에 최초로 해당 재고자산의 취득원가로 인식한다.

(6) 재고자산의 취득원가로 인식할 수 없는 원가

다음의 원가는 재고자산의 취득원가로 포함할 수 없으며, 발생기간의 비용으로 인식한다.
① 재료원가, 노무원가 및 기타 제조원가 중 비정상적으로 낭비된 부분
② 후속 생산단계에 투입하기 전에 보관이 필요한 경우 이외의 보관원가

③ 재고자산을 현재의 상태로 이르게 하는 데 기여하지 않은 관리간접원가

④ 판매원가

재고자산에 관한 설명으로 옳지 않은 것은? 제16회

① 재고자산이란 정상적인 영업활동과정에서 판매를 목적으로 소유하고 있거나 판매할 자산을 제조하는 과정에 있거나 제조과정에 사용될 자산을 말한다.

② 재고자산의 취득원가는 매입원가, 전환원가, 재고자산을 현재의 장소에 현재의 상태로 이르게 하는 데 발생한 기타 원가 모두를 포함한다.

③ 재고자산의 매입원가는 매입가격에 수입관세와 매입운임, 하역료, 매입할인, 리베이트 등을 가산한 금액이다.

④ 표준원가법이나 소매재고법 등의 원가측정방법은 그러한 방법으로 평가한 결과가 실제 원가와 유사한 경우에 사용할 수 있다.

⑤ 후입선출법은 재고자산의 원가결정방법으로 허용되지 않는다.

해설

재고자산의 매입원가는 매입가격에 취득과 관련된 수입관세와 매입운임 등을 가산하고 매입할인과 리베이트 등을 차감한 금액이다. 정답: ③

제4절 기말재고자산에 포함할 항목

해당 기업의 기말재고자산에 포함되는지의 여부는 먼저 자산의 인식요건이 충족되었는지 확인하고 소유에 따른 경제적 효익과 그 위험을 누가 부담하는가, 매출수익을 인식했는지의 여부 등의 기준에 따라 판단한다. 기말재고자산에 포함되는지 여부를 결정하는 것은 수익의 인식과 관련되어 있다. 즉, 해당 항목에 대하여 수익을 인식하였다면 기말재고자산에서 제외하고, 수익을 인식하지 않았다면 기말재고자산에 포함한다.

01 미착상품

상품의 매입은 상품에 대한 위험과 효익이 매입자에게 이전되는 시점에 인식한다. 정확한 매입시점을 파악하기 위해 상품의 거래조건을 파악해야 하는데 매매계약이 선적지인도조건인가, 도착지인도조건인가에 따라 다르다. 따라서 매입되어 현재 운송 중인 미착상품은 어느 시점에서 상품에 대한 위험과 효익이 구매자에게 이전되느냐에 따라 재고자산의 귀속 여부가 결정된다. 선적지인도조건은 선적지에서 상품에 대한 위험과 효익이 구매자에게 이전

되는 계약으로 선적한 이후의 미착상품은 구매자의 재고자산으로 분류되며 운임은 구매자가 부담한다. 반면, 도착지인도조건은 도착지에서 상품에 대한 위험과 효익이 구매자에게 이전되는 계약으로 도착지에 도달하기 전까지의 운송 중인 미착상품은 판매자의 재고자산으로 분류되며 운임은 판매자가 부담한다.

핵심 콕! 콕! 선적지인도조건과 도착지인도조건

1. 선적지인도조건: 선적시점부터 해당 상품이 구매자의 소유가 된다는 것
2. 도착지인도조건: 도착시점부터 해당 상품이 구매자의 소유가 된다는 것
3. 미착상품(운송 중인 상품)의 귀속 여부

인도조건	판매자	구매자
선적지인도조건	재고자산 ×	재고자산 ○
도착지인도조건	재고자산 ○	재고자산 ×

---

02 적송품

적송품은 위탁자가 수탁자에게 판매를 위탁하기 위하여 발송한 상품을 말한다. 수탁자가 보유하고 있는 미판매된 적송품에 대한 위험과 효익은 위탁자에게 귀속되므로 적송품은 위탁자의 재고자산이다. 한편 수탁자가 상품을 판매하고 이를 보고하면 위탁자는 수탁자가 판매한 시점에서 수익을 인식하고 해당 재고자산을 제외한다.

03 시송품

시송품은 매입자로 하여금 상품을 시험적으로 사용한 후 매입 여부를 결정하라는 조건으로 인도한 상품으로, 매입 의사표시를 받기 전의 재고자산을 말한다. 매입자가 매입 의사표시를 하기 전까지는 수익을 인식하지 않으므로 판매자의 재고자산에 포함된다.

04 할부판매상품

할부판매상품은 고객에게 재고자산을 인도하고 대금을 미래에 분할하여 회수하기로 한 경우이다. 할부판매는 대금이 모두 회수되지 않았더라도 상품의 인도시점에서 수익을 인식하고 판매자의 재고자산에서 제외한다.

05 담보제공상품

담보제공상품은 금융기관 등으로부터 자금을 차입하고 그 담보로 제공한 상품으로, 담보권이 실행되기 전까지 담보제공자가 소유권을 가지고 있다. 따라서 담보권이 실행되어 소유권이 이전되기 전까지는 담보제공자의 재고자산에 포함하고, 담보제공 사실만 주석 공시한다.

06 반품권이 있는 재고자산

반품권이 부여된 판매의 경우 반품가능성의 예측 여부에 따라서 매출로 하는 금액이 달라진다. 판매자가 수익으로 인식하지 않은 경우에도 반환제품회수권으로 표시하므로 수익인식 여부와 관계없이 판매자의 재고자산에서 제외한다.

핵심 콕! 콕! 기말재고자산에 포함할 항목

구분		재고자산 포함 여부
판매자 수익인식 여부	인식 ○	제외
	인식 ×	포함
반품권이 부여된 판매		제외

확인 및 기출예제

(주)한국이 20×1년 말 실지재고조사한 재고자산 원가는 ₩50,000으로 파악되었다. (주)한국이 재고자산과 관련하여 다음 추가사항을 고려할 경우 정확한 기말재고자산은? (단, 재고자산감모손실과 재고자산평가손실은 없음)

제27회

- 20×1년 12월 27일 (주)대한으로부터 FOB 선적지인도조건으로 매입하여 운송 중인 상품의 원가는 ₩15,000이며, 이 상품은 20×2년 초 (주)한국에 도착할 예정이다.
- (주)한국이 20×1년 중 구매자에게 시용판매의 목적으로 인도한 상품의 원가는 ₩20,000이며, 기말 현재 구매자는 이 상품에 대해 30%의 구매의사 표시를 하였다.
- (주)한국의 20×1년 말 실사한 재고자산 중 ₩20,000은 주거래은행의 차입금에 대한 담보로 제공 중이며, 저당권은 아직 실행되지 않았다.
- (주)한국이 20×1년 중 위탁판매를 위한 수탁자인 (주)민국에게 적송한 상품의 원가는 ₩15,000이며, 기말 현재 (주)민국은 60%의 판매 완료를 통보해 왔다.

① ₩70,000
② ₩77,000
③ ₩85,000
④ ₩91,000
⑤ ₩105,000

해설

본 문제는 담보제공 상품이 실사한 재고자산에 포함되어 있음을 주의해야 한다.
∴ 기말재고자산 = ₩50,000 + ₩15,000 + (₩20,000 × 70%) + (₩15,000 × 40%)
          = ₩85,000

정답: ③

제5절　재고자산의 원가배분

01　의의

판매를 목적으로 보유하고 있는 재고자산은 기초재고액과 당기매입액을 가산한 판매가능액을 판매분(매출원가)과 미판매분(기말재고액)으로 배분하여야 한다. 따라서 재고자산의 차변은 원가의 결정에, 대변은 원가배분에 주된 학습과제가 있다. 또한 기말재고자산은 '수량 × 단가'로 산정되므로 재고자산금액을 결정하는 수량과 단가요인을 결정하는 방법에 대하여 살펴보기로 한다.

재고자산

기초재고	×××	매출원가	×××	판매분 ⇨ 포괄손익계산서
당기매입액	×××	기말재고	×××	미판매분 ⇨ 재무상태표
판매가능액	×××	원가배분	×××	

- 기초재고 + 당기순매입액 = 매출원가 + 기말재고
- 기말재고자산 = 　수량　　　×　　　단가

　　　　　　　　　　↑　　　　　　　　　↑
　　　　　　　수량결정방법　　　　단가결정방법
　　　　　　　(계속기록법,　　　　(개별법, 선입선출법,
　　　　　　　실지재고조사법)　　총평균법, 이동평균법)

02　수량결정방법

1. 계속기록법

계속기록법이란 기중에 입고·출고기록을 하여 기말재고수량을 결정하는 방법이다. 따라서 계속기록법하에서는 언제든지 판매수량과 보유 재고수량을 파악할 수 있다. 회계처리는 상품이 입고 또는 출고될 때마다 상품계정의 증가와 감소로 기록하는 방법으로 상품 구입시 차변에 상품을 계상하고 판매시 대변에 매출을 기록함과 동시에 차변에 매출원가를, 대변에 상품을 기입한다. 따라서 기말에 남아 있는 상품이 기말상품재고액이 되고 매출원가는 판매시점에서 기록되므로 기말수정분개가 필요 없는 방법이다.

(기초재고수량 + 당기매입수량) − 당기판매수량(실제) = 기말재고수량(장부)

기초재고 + 당기매입액 − ① 판매된 재고자산의 취득원가(매출원가) = ② 기말재고

(1) 장점

① 기중 어느 시점에서나 매출원가와 재고자산금액을 알 수 있다.

② 고가의 상품을 소량으로 취급하는 경우에 적합하다.

(2) 단점

① 정확한 재고 파악이 불가능하다.

② 실무상 계속 기록하는 것이 번거롭고 비용이 많이 소요된다.

(3) 회계처리

구분	회계처리			
상품 매입시	(차) 상품	× × ×	(대) 현금	× × ×
상품 매출시	(차) 현금	× × ×	**(대) 매출**	**× × ×**
	매출원가	**× × ×**	상품	× × ×
기말수정분개	분개 없음			

◉ 매출시 계속 기록하므로 판매시점에서 매출원가가 계산되어 매출액에 대응된다. 따라서 매출원가와 관련된 기말수정분개는 없다.

2. 실지재고조사법

실지재고조사법 또는 재고실사법은 기중 판매시에는 매출만 기록할 뿐 관련된 매출원가는 기록하지 않고 있다가 기말에 재고실사를 실시하여 기말재고수량을 먼저 결정한 후 당기판매수량을 종속적으로 결정하는 방법이다. 즉, 상품을 구입할 때 차변에 매입을 계상하고 판매시 대변에 매출을 기록한다. 따라서 기말에 매출원가 계산과 상품계정의 수정을 위해 상품계정 관련 기말수정분개가 필요하다.

(기초재고수량 + 당기매입수량) − 기말재고수량(실제) = 당기판매수량(장부)

◉ 기말수정분개는 매출원가 계산을 위한 수정분개를 의미한다.

[실지재고조사법하에서의 매출원가 결정과정]

기초재고 + 당기매입액 − ① 기말재고 = ② 매출원가(판매된 재고자산의 취득원가)

(1) 장점

① 정확한 재고 파악이 가능하다.

② 판매시마다 매번 수량을 기록할 필요가 없어 실무상 편리하다.

③ 상대적으로 단위당 원가가 낮고, 입고 및 출고가 빈번한 상품에 적합하다.

(2) 단점

① 재고실사에 노력과 비용이 소요된다.

② 기말 실사에 포함되지 않는 도난 · 파손 · 분실 등에 의한 재고감모손실을 확인할 수 없어 매출원가에 포함된다.

(3) 회계처리

구분	회계처리			
상품 매입시	(차) 매입	×××	(대) 현금	×××
상품 매출시	(차) 현금	×××	(대) 매출	×××
기말수정분개	**(차) 매출원가**	×××	(대) 상품(기초)	××× ⇨ 기초재고
	(차) 매출원가	×××	(대) 매입	××× ⇨ 당기매입액
	(차) 상품(기말)	×××	**(대) 매출원가**	××× ⇨ 기말재고

◉ 상품 매출시 매출에 대응되는 매출원가에 대한 회계처리가 없으므로, 기말수정분개를 통해 매출원가를 계산한다.

3. 혼합법(수정계속기록법)

실지재고조사법과 계속기록법을 절충한 방법이다. 따라서 실사를 통해서 계산된 재고금액과 계속기록법에 의하여 기록된 장부상 재고금액이 차이가 발생하는 경우에는 재고자산감모손실 계상과 관련한 회계처리를 하여야 한다.

> 기초재고수량 + 당기매입수량 = 당기판매수량 + 기말재고수량(실제) + 감모수량

03 단가결정방법 – 원가흐름의 가정

1. 의의

재고자산의 단가결정방법이란 재고자산 매입시 단가가 변동하는 경우 원가배분과정인 매출원가와 기말재고자산의 배분시 적용될 단가를 결정하는 것을 의미한다. 따라서 재고자산 단가결정방법은 원가흐름의 가정이므로 재고자산의 물적 흐름과 반드시 일치할 필요는 없으나 선택한 방법을 계속적으로 적용해야 한다.

2. 재고자산의 단위원가 결정

회계기간 동안 기업의 재고자산 취득가격이 변동하는 상황에서는 동일한 재고자산이라도 서로 다른 가격으로 취득하게 되므로 원가흐름의 가정이 필요하다. 한국채택국제회계기준에 따르면 통상적으로 상호 교환될 수 없는 재고자산 항목의 원가와 특정 프로젝트별로 생산되고 분리되는 재화 또는 용역의 원가는 개별법을 적용하고, 개별법을 적용할 수 없는 경우 재고자산의 단위원가는 선입선출법이나 가중평균법을 적용하여 결정한다. 이 경우 성격이나 용도면에서 유사한 재고자산은 동일한 단위원가 결정방법을 적용해야 하며, 성격이나 용도면에서 차이가 있는 재고자산에는 서로 다른 단위원가 결정방법을 적용할 수 있다. 다만, 재고자산의 지역별 위치나 과세방식이 다르다는 이유만으로 동일한 재고자산에 다른 단위원가 결정방법을 적용하는 것은 정당화될 수 없다.

◉ 한국채택국제회계기준은 재고자산의 단위원가 결정방법에서 후입선출법을 인정하지 않는다.

| 핵심 콕! 콕! 수량결정방법과 단가결정방법 |

단가결정 \ 수량결정	실지재고조사법	계속기록법
개별법	○	○
선입선출법	○	○
평균법	총평균법	이동평균법

3. 개별법

개별법은 개별적으로 식별되는 재고자산 항목별 원가를 그 단위원가로 하는 방법으로, 판매된 상품의 실제 취득단가를 매출원가로 계상하여 원가흐름과 실물 물량의 흐름이 정확하게 일치한다. 상대적으로 거래량이 적고 단위당 원가가 고가인 상품에 적용되는 방법이고, 실지재고조사법과 계속기록법을 적용한 결과는 동일하다.

(1) 장점

① 원가흐름과 실물흐름이 일치한다.
② 실제수익에 실제원가가 대응되어 수익·비용이 이상적으로 대응된다.

(2) 단점

① 재고자산의 종류와 수량이 많을 경우 비용이 많이 소요된다.
② 매출단가를 자의적으로 결정할 수 있으므로 이익조작 가능성이 존재한다.
   ◉ 동일한 상품의 매입가격이 다를 경우 경영자가 낮은 가격의 상품을 선택하여 이익을 높이거나 높은 가격을 선택함으로써 이익을 낮출 수 있다.

4. 선입선출법

선입선출법은 매입순법이라고도 하며, 먼저 매입한 상품을 먼저 판매한다는 것으로 가정하여 먼저 구입한 상품의 단가를 매출원가에 적용하는 방법이다. 따라서 기말재고자산은 최근에 매입한 원가로 구성된다. 또한 재고자산감모손실이 없다면 기말재고자산은 계속기록법과 실지재고조사법이 동일하다.

(1) 장점

① 일반적으로 원가흐름이 실제 물량 흐름과 유사하다.

② 기말재고자산이 최근에 구입한 단가로 구성되어 현행원가의 근사치를 반영한다.

③ 디플레이션시 절세효과를 가질 수 있다.

(2) 단점

① 현행수익에 과거원가가 매출원가로 대응되어 수익·비용대응의 원칙에 충실하지 못하다.

② 물가 상승시 과거의 취득원가가 현행 매출수익에 대응되므로 당기순이익이 과대계상되어 법인세 부담액이 증가한다.

　◉ 재고가 증가하면서 물가가 상승하는 경우

　　기말재고 현행원가 과대계상 ⇨ 매출원가 과소계상 ⇨ 당기순이익 과대계상

5. 후입선출법

후입선출법은 나중에 매입한 상품을 먼저 매출한다는 것으로 가정하여 최근에 구입한 상품의 단가를 매출원가에 적용하는 방법으로, 기말재고자산은 과거원가로 기록된다. 따라서 실지재고조사법과 계속기록법을 적용한 결과는 다르게 된다. 현행기준은 후입선출법을 사용할 수 없도록 하고 있다.

(1) 장점

① 현행수익에 최근에 구입한 단가로 구성된 매출원가가 대응되어 수익·비용의 대응원칙에 충실하다.

② 물가 상승시 재고가 증가하는 경우 이익을 적게 계상함으로써 세금 납부를 이연할 수 있으므로 현금흐름이 개선된다.

　◉ 물가 상승시 보수주의에 입각한 방법이다.

(2) 단점

① 기말재고자산이 과거의 원가를 나타낸다.

② 대부분의 경우 원가흐름과 실물흐름이 일치하지 않는다.

③ 판매량이 급증하여 기말재고수량이 기초재고수량보다 감소하는 경우 비자발적인 청산 문제가 발생한다. 이 경우 비정상적인 구매활동을 이용한 경영자의 손익조작 가능성이 존재한다.

6. 총평균법

총평균법은 회계기간 동안의 판매 가능한 총원가를 판매 가능한 총수량으로 나누어 계산된 총평균단가를 적용하는 방법으로, 매출원가와 기말재고자산에 동일한 단가가 적용된다. 이 방법은 기말 시점에서 총평균단가 계산이 가능하므로, 기중 판매시 매출원가를 계상하는 계속기록법에는 적용될 수 없고 실지재고조사법에서만 적용된다.

① **장점**: 결산시에 단가를 한 번만 계산하기 때문에 간편하고, 객관적이며 이익조작 가능성이 없다

② **단점**: 기초재고의 원가가 평균단가에 합산되어 기말재고에 영향을 미칠 수 있다.

$$\text{총평균단가} = \frac{\text{기초재고자산} + \text{당기매입액}}{\text{기초재고수량} + \text{당기매입수량}}$$

7. 이동평균법

이동평균법은 판매될 때마다 동 가중평균단가로 매출원가를 계속 기록하는 방법이다. 따라서 계속기록법에서만 적용된다. 따라서 판매될 때마다 판매 가능한 재고자산금액을 확인해야 한다.

① **장점**: 물가의 변동을 단가에 신속하게 반영시킬 수 있다.

② **단점**: 구입시마다 단가를 계산해야 하므로 거래가 빈번할 경우 복잡하다.

$$\text{이동평균단가} = \frac{\text{직전 재고금액} + \text{추가 매입액}}{\text{직전 재고수량} + \text{추가 매입수량}}$$

다음 (주)한국의 20×1년 회계연도 재고자산 관련 자료를 통해서 각 단가결정방법에 따른 매출원가와 기말재고액을 계산하시오.

		수량	단위원가	매입원가
기초재고	1월 1일	150개	₩100	₩15,000
매입	3월 10일	450개	₩120	₩54,000
	8월 25일	300개	₩130	₩39,000
	11월 2일	300개	₩140	₩42,000
		1,200개		₩150,000
판매	5월 7일	300개		
	10월 15일	500개		
기말재고		400개		
		1,200개		

(1) 개별법

- 5월 7일 판매분: 기초재고 100개, 3월 10일 매입분 200개
- 10월 15일 판매분: 3월 10일 매입분 250개, 8월 25일 매입분 250개

(2) 선입선출법
  ① 계속기록법
  ② 실지재고조사법
(3) 가중평균법
  ① 계속기록법
  ② 실지재고조사법

해설

(1) 개별법

  ① 매출원가 = (100개 × ₩100) + (200개 × ₩120) + (250개 × ₩120) + (250개 × ₩130) = ₩96,500
  └─ 5월 7일 판매분 300개 ─┘ └─ 10월 15일 판매분 500개 ─┘

  ② 기말재고 = (50개 × ₩100) + (50개 × ₩130) + (300개 × ₩140) = ₩53,500
  └─ 기말재고 400개 ─┘

(2) 선입선출법
  ① 계속기록법

재고자산

기초재고	15,000	㉠ 매출원가	95,000
매입액	135,000	㉡ 기말재고	55,000
	150,000		150,000

  ㉠ 매출원가: (150개 × ₩100) + (150개 × ₩120) + (300개 × ₩120) + (200개 × ₩130) = ₩95,000
  ㉡ 기말재고[대차 차액] = (100개 × ₩130) + (300개 × ₩140) = ₩55,000

② 실지재고조사법

재고자산

기초재고	15,000	ⓒ 매출원가	95,000
매입액	135,000	⑤ 기말재고	55,000
	150,000		150,000

ⓐ 기말재고 = (100개 × ₩130) + (300개 × ₩140) = ₩55,000
ⓒ 매출원가[대차 차액] = ₩15,000 + ₩135,000 − ₩55,000 = ₩95,000

(3) 평균법
① 계속기록법하의 가중평균법: 이동평균법
ⓐ 매출원가 = ₩34,500 + ₩61,250 = ₩95,750
  • 5월 7일 이동평균단가 = (₩15,000 + ₩54,000) ÷ 600개 = ₩115

구분	계산
매출원가	300개 × ₩115 = ₩34,500
재고	300개 × ₩115 = ₩34,500 또는 (₩15,000 + ₩54,000) − ₩34,500 = ₩34,500

  • 10월 15일 이동평균단가 = (₩34,500 + ₩39,000) ÷ 600개 = ₩122.5

구분	계산
매출원가	500개 × ₩122.5 = ₩61,250
재고	100개 × ₩122.5 = ₩12,250 또는 (300개 × ₩115) + (300개 × ₩130) − ₩61,250 = ₩12,250

ⓒ 기말재고 = (100개 × ₩122.5) + (300개 × ₩140) = ₩54,250
② 실지재고조사법하의 가중평균법: 총평균법
ⓐ 총평균단가 = 판매가능액* ÷ 판매가능수량
        = ₩150,000 ÷ 1,200개 = ₩125
  * 기초재고 + 당기매입액
ⓒ 매출원가 = 판매수량 × 총평균단가 = (300개 + 500개) × ₩125 = ₩100,000
ⓒ 기말재고 = 기말재고수량 × 총평균단가 = 400개 × ₩125 = ₩50,000

핵심 콕! 콕! 물가 상승과 재고가 증가하는 상황에서 각 평가방법의 비교(물가 하락시는 반대)

구분	크기 비교
판매가능재고	선입선출법 = 이동평균법 = 총평균법 = 후입선출법
기말재고	선입선출법 > 이동평균법 > 총평균법 > 후입선출법
매출원가	선입선출법 < 이동평균법 < 총평균법 < 후입선출법
당기순이익	선입선출법 > 이동평균법 > 총평균법 > 후입선출법
법인세	선입선출법 > 이동평균법 > 총평균법 > 후입선출법
현금흐름	선입선출법 < 이동평균법 < 총평균법 < 후입선출법

◉ 재고자산 평가방법은 법인세가 있는 경우에만 현금흐름 크기에 영향을 미치게 된다.

04 상품재고장

상품의 매입활동과 매출활동은 기업에서 중요한 경영활동이므로 상품의 입고와 출고를 체계적이고 효율적으로 관리하는 것은 기말재고액의 평가와 매출원가 계산에 매우 중요하다. 상품재고장은 상품의 입고와 출고를 상세하게 기록하는 보조장부로 입고, 출고, 잔고에 대한 세부명세를 발생 순서에 따라 기록한다. 먼저 상품이 입고되는 경우에는 입고란에 매입한 상품의 수량, 단가, 금액을 모두 기록한다. 상품이 출고(판매)될 경우에는 판매된 상품의 수량과 남아 있는 상품의 수량을 각각 출고수량란과 잔고수량란에 기록한다.

상품재고장

날짜	적요	입고			출고			잔고		
		수량	단가	금액	수량	단가	금액	수량	단가	금액

○ 입고에는 수량, 단가, 금액 모두를 기록하고, 출고에는 판매량과 잔고량을 계속 기록한다. 단가의 경우는 원가흐름의 가정과 기록방법에 따라 기록한다.

앞에서 학습한 바와 같이 수량결정방법에는 계속기록법과 실지재고조사법 두 가지 방법이 있고, 원가흐름 가정에는 개별법, 선입선출법, 가중평균법(이동평균법, 총평균법)의 단가결정방법이 있으므로 각각 결합하여 기말재고자산 금액을 계산하게 된다.

확인 및 기출예제

(주)한국의 다음 재고자산 관련 거래내역을 계속기록법에 의한 이동평균법을 적용할 경우 기말재고액은? (단, 재고자산감모손실과 재고자산평가손실은 없으며, 재고자산 단가는 소수점 둘째 자리에서 반올림함) 제27회

일자	적요	수량(단위)	단위당 원가	단위당 판매가격
1월 1일	기초재고	500	₩75	
6월 1일	매출	250		₩100
8월 1일	매입	250	₩90	
12월 1일	매출	300		₩100

① ₩15,000   ② ₩16,000   ③ ₩16,500
④ ₩18,000   ⑤ ₩18,500

해설

이동평균단가 = [(250개 × ₩75) + (250개 × ₩90)] ÷ 500개 = ₩82.5
∴ 기말재고 = 기말재고수량 × 이동평균단가
　　　　　　= (500개 − 250개 + 250개 − 300개) × ₩82.5 = ₩16,500

정답: ③

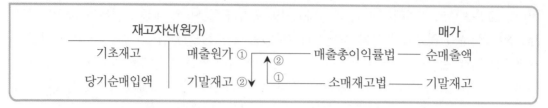

● 매출총이익률을 이용하여 매출원가를 먼저 추정하는 방법이 매출총이익률법이고, 원가율을 이용하여
기말재고액을 먼저 추정하는 방법이 소매재고법이다.

01 매출총이익률법

매출총이익률법은 과거의 평균이익률 등을 기초로 하여 먼저 당기의 매출원가를 추정한 후 매출
원가로부터 기말재고자산을 역산하는 방법이다. 매출총이익률법은 화재나 도난 등으로 인하여
기말재고에 대한 적절한 자료를 이용할 수 없는 경우나 재고실사를 하지 않고 내부 관리 목적으
로 결산을 실시하는 경우에 이용 가능한 방법이다. 한국채택국제회계기준에서는 매출총이익률법
이 과거의 경험치에 의하여 기말재고자산을 추정하는 방법이므로 이 방법을 인정하지 않고 있다.

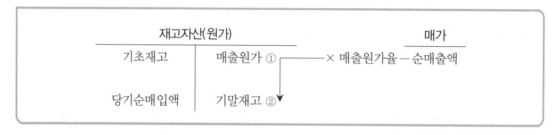

(1) 기말재고액 계산방법

> 기말재고액 = (기초재고 + 당기순매입액) − [순매출액 × (1 − 매출총이익률)]
> ↳ 매출원가율

● 원가에 대한 이익률로 주어지는 경우
   기말재고액 = (기초재고 + 당기순매입액) − [순매출액 ÷ (1 + 원가에 대한 이익률)]

① **순매입액**: 당기 순매입액은 매입액에 매입운임을 가산하고 매입에누리, 매입환출, 매
   입할인 등을 차감한다.

② **순매출액**: 당기 순매출액은 매출액에 매출에누리, 매출환입, 매출할인 등을 차감한다.

③ 매출원가: 매출원가는 제시되는 이익률에 따라 다음과 같다.

> • 매출원가 = 당기 매출액 × (1 − 매출총이익률)
> • 매출원가 = 당기 매출액 ÷ (1 + 매출원가에 대한 이익률)

(2) 화재손실액 계산방법

> 화재손실액 = 기말재고추정액 − 처분가치가 존재하는 재고자산

● 처분가치가 존재하는 재고자산
  • 손상되지 않은 재고자산의 취득원가
  • 운송 중인 재고(선적지인도조건 매입 + 도착지인도조건 판매)
  • 타처 보관 재고자산
  • 보험금수령액

확인 및 기출예제

(주)한국은 20×1년 7월 1일 홍수로 인해 창고에 있는 상품재고 중 30%가 소실된 것으로 추정하였다. 다음은 소실된 상품재고를 파악하기 위한 20×1년 1월 1일부터 7월 1일까지의 회계자료이다. (주)한국의 원가에 대한 이익률이 25%일 때 소실된 상품재고액은? 제23회

> • 20×1년 기초재고자산은 ₩60,000이다.
> • 1월 1일부터 7월 1일까지 발생한 매출액은 ₩1,340,000이고, 매입액은 ₩1,260,000이다.
> • 7월 1일 현재 FOB 선적지인도조건으로 매입하여 운송 중인 상품 ₩4,000이 있다.

① ₩73,200 ② ₩74,400
③ ₩93,300 ④ ₩94,500
⑤ ₩104,200

해설

재고자산			
기초재고	60,000	㉠ 매출원가	1,072,000*
매입액	1,260,000	㉡ 기말재고	248,000
	1,320,000		1,320,000

* ₩1,340,000 ÷ (1 + 0.25)
∴ 소실된 상품재고액 = (₩248,000 − ₩4,000) × 30% = ₩73,200

정답: ①

소매재고법

이익률이 유사하고 품종 변화가 심한 다품종 상품을 취급하는 유통업에서 사용되는 방법이다. 매가로 표시된 기말재고액에 원가율을 곱하여 기말재고액(원가)을 추정하는 방법으로, 현행기준에 따르면 표준원가법이나 소매재고법 등의 원가측정방법은 그러한 방법으로 평가한 결과가 실제원가와 유사한 경우 편의상 사용할 수 있다.

(1) 기본원리

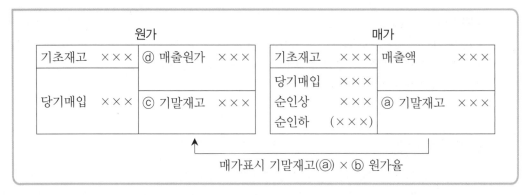

① 기말에 차변의 매가 합계액에서 매출액를 차감하여 매가로 표시된 기말재고자산(ⓐ)을 구한다.

> **기말재고자산** = 기초재고자산 + 당기매입상품 + 순인상액 − 순인하액 − 매출액
> └ 매가   └────── 최초매가 ──────┘   └ 매가의 변동 ┘

   ● **매가의 변동**
     • **순인상액** = 인상액 − 인상취소액
     • **순인하액** = 인하액 − 인하취소액

② 매가로 표시된 기말재고자산에 원가율(ⓑ)을 곱하여 기말재고자산의 원가(ⓒ)를 구하고 이를 차변의 원가합계액에서 차감하면 매출액에 대한 매출원가(ⓓ)가 계산된다.

(2) 원가율 산정

$$원가율 = \frac{원가요소}{매가요소}$$

① 원가기준

ㄱ 가중평균법

$$원가율 = \frac{기초재고(원가) + 당기순매입(원가)}{기초재고(매가) + 당기순매입(매가) + 순인상액 - 순인하액}$$

ㄴ 선입선출법

$$원가율 = \frac{당기순매입(원가)}{당기순매입(매가) + 순인상액 - 순인하액}$$

② 저가기준: 원가율 산정시 순인하액을 고려하지 않음으로써 매가 표시 기말재고액에 반영할 원가율이 감소하여 기말재고원가가 저가로 추정되고, 매출원가가 과대계상됨으로써 당기순이익이 적게 계산되는 보수적인 방법이다.

ㄱ 가중평균법

$$원가율 = \frac{기초재고(원가) + 당기순매입(원가)}{기초재고(매가) + 당기순매입액(매가) + 순인상액}$$

ㄴ 선입선출법

$$원가율 = \frac{당기순매입(원가)}{당기순매입액(매가) + 순인상액}$$

(3) 기말재고액(원가) 산정

$$기말재고(원가) = 기말재고(매가) \times 원가율$$

> **더 알아보기** 소매재고법 적용시 고려할 특수 항목

1. 정상파손 및 종업원할인
   정상파손이나 종업원할인 등은 정상적인 영업활동에서 회피할 수 없이 발생하는 항목으로, 발생시 매출액이 감소한다. 따라서 매가 표시 기말재고액 계산시 차감한다. 그러나 원가율 산정시에는 고려하지 않는다.

2. 비정상파손
   비정상적으로 발생한 감손, 도난, 소실 등을 말하며, 이는 정상적 판매활동과 관련이 없으므로 원가율 산정시 원가와 매가에서 비정상적인 부분을 각각 차감하여 원가율에 반영한다.

다음은 (주)대한의 당기 재고자산 관련 자료이다. 가중평균 소매재고법에 따른 당기 매출원가는?

제18회

	원가	매가
기초재고	₩1,800	₩2,000
매입	₩6,400	₩8,000
매출	?	₩6,000
기말재고	?	₩4,000

① ₩4,800
② ₩4,920
③ ₩5,100
④ ₩5,400
⑤ ₩6,000

해설

• 가중평균법에 의한 원가율 = 원가요소 / 매가요소
  = (₩1,800 + ₩6,400) / (₩2,000 + ₩8,000) = 82%
• 기말재고(원가) = 기말재고(매가) × 원가율
  = ₩4,000 × 82% = ₩3,280
∴ 매출원가 = 기초재고 + 당기매입액 − 기말재고
  = ₩1,800 + ₩6,400 − ₩3,280 = ₩4,920

정답: ②

제7절 | 재고자산의 감모손실과 평가손실

01 재고자산감모손실(수량 부족)

(1) 의의

재고자산의 분실, 도난, 파손, 증발 등으로 인하여 계속기록법에 산정된 기말재고수량과 창고에 보관되어 있는 실제수량에 차이가 발생할 수 있다. 실제수량이 장부수량보다 부족한 경우, 수량 부족에 대한 취득원가는 재고자산감모손실로 발생한 기간의 비용으로 인식하고 동 금액을 재고자산에서 직접 차감한다.

재고자산감모손실 = (장부수량 − 실제수량) × 장부상 취득단가
  = 장부상 수량에 대한 취득원가 − 실제수량에 대한 취득원가

(2) 회계처리

(차) 재고자산감모손실	×××	(대) 재고자산	×××

확인 및 기출예제

다음은 (주)한국의 재고자산 관련 자료로서 재고자산감모손실은 장부상 수량과 실지재고 수량과의 차이에 의해 발생한다. 기말상품의 실지재고 수량은?

• 기초상품재고액	₩60,000
• 당기매입액	₩450,000
• 장부상 기말상품재고액(단위당 원가 ₩500)	₩100,000
• 재고자산감모손실	₩15,000

① 98개   ② 120개

③ 170개   ④ 200개

⑤ 220개

해설

• 장부수량 = ₩100,000 ÷ ₩500 = 200개
• 감모수량 = ₩15,000 ÷ ₩500 = 30개
∴ 실제수량 = 장부수량 − 감모수량 = 200개 − 30개 = 170개
● 간편법
　(₩100,000 − ₩15,000) ÷ ₩500 = 170개

정답: ③

---

02 재고자산평가손실(저가평가)

(1) 저가법

재무상태표상의 재고자산은 저가법으로 평가한다. 저가법은 재고자산의 취득원가와 순실현가능가치를 비교하여 낮은 금액을 재고자산의 평가액으로 하는 방법이다.

저가 = Min[취득원가, 순실현가능가치]

저가평가에 따르면 순실현가능가치가 취득원가 이하로 하락한 경우에는 평가손실로 인식하고, 순실현가능가치가 취득원가 이상으로 상승한 경우에는 평가이익을 인식하지 않는다. 따라서 저가법은 보수주의가 적용된 예라고 할 수 있다. 다음의 경우 재고자산의 원가가 회수하기 어려워 저가평가에 따른 재고자산평가손실이 발생할 수 있다.
① 물리적으로 손상된 경우
② 완전히 또는 부분적으로 진부화된 경우

③ 판매가격이 하락한 경우

④ 완성하거나 판매하는 데 필요한 원가가 상승한 경우

(2) 순실현가능가치

순실현가능가치는 정상적인 영업과정에서 재고자산의 판매를 통해 실현할 것으로 기대되는 순매각금액을 말한다.

> 순실현가능가치 = 예상 판매금액 − 예상추가완성원가 − 예상판매비용

◉ 원재료의 현행대체원가는 순실현가능가치에 대한 최선의 측정치가 될 수 있다.

저가법 적용시 재고자산 종류별 순실현가능가치는 다음과 같다.

① 상품, 제품, 재공품: 순실현가능가치

② 원재료, 기타 소모품: 현행대체원가

    ㉠ 순실현가능가치 > 완성될 제품원가: 원재료에 대하여 저가법을 적용하지 않는다.

    ㉡ 순실현가능가치 < 완성될 제품원가: 원재료는 저가법을 적용하되, 이 경우 원재료의 현행대체원가는 순실현가능가치에 대한 최선의 이용 가능한 측정치가 될 수 있다.

③ 확정판매계약

    ㉠ 계약수량 이내 자산: 순실현가능가치는 계약가격에 기초하여 측정한다.

    ㉡ 계약수량 초과분: 그 초과 수량의 순실현가능가치는 일반 판매가격에 기초하여 측정한다.

더 알아보기 **공정가치와 순실현가능가치**

공정가치는 측정일에 재고자산이 주된(또는 가장 유리한) 시장에서 시장참여자 사이에 일어날 수 있는 그 재고자산을 판매하는 정상거래의 가격을 반영한다. 순실현가능가치는 기업 특유 가치이지만 공정가치는 그러하지 아니하다. 따라서 **재고자산의 순실현가능가치는 순공정가치와 일치하지 않을 수 있다.**

---

(3) 저가법의 적용

① 의의: 재고자산의 순실현가능가치가 장부금액 이하로 하락하여 발생한 평가손실은 발생한 기간에 비용으로 인식한다. 재고자산에 대한 저가평가는 개별 항목별(종목별)로 적용함을 원칙으로 한다. 그러나 경우에 따라서 서로 유사하거나 관련된 항목을 통합하여 조별로 적용할 수도 있으나, 전체 재고자산의 취득원가 합계와 순실현가능가치의 합계를 비교하는 총계기준은 한국채택국제회계기준하에서는 허용되지 않는다.

> 재고자산평가손실 = (장부상 취득단가 − 단위당 순실현가능가치) × 실제수량
>   = 실제수량에 의한 취득원가 − 실제수량에 의한 순실현가능가치

② 회계처리

　㉠ **평가손실의 인식**: 현행 일반기업회계기준에서는 재고자산평가손실을 매출원가에 포함시키도록 규정하고 있으나, 한국채택국제회계기준에서는 재고자산을 순실현가능가치로 감액한 평가손실이 발생한 기간에 비용으로 인식한다고 언급하며 구체적인 분류 표시에 대한 언급이 없다. 따라서 기업의 판단에 따라 분류되며 대부분 매출원가로 회계처리한다.

> (차) 재고자산평가손실(매출원가)　×××　　(대) 재고자산평가충당금*　×××

* 재고자산의 차감적 평가계정

　㉡ **평가손실의 환입**: 재고자산평가손실 인식 이후에 재고자산의 감액을 초래했던 상황이 해소되거나 경제상황의 호전으로 순실현가능가치가 상승한 명백한 증거가 있는 경우 최초의 장부금액을 초과하지 않는 범위 내에서 평가손실을 환입한다. 이 경우 재고자산평가손실 환입은 환입이 발생한 기간에 비용으로 인식된 재고자산금액(매출원가)의 차감액으로 인식한다.

> (차) 재고자산평가충당금　×××　　(대) 재고자산평가손실 환입(매출원가) ×××

재고자산 평가시점	회계처리
재고자산의 순실현가능가치 < 취득원가	재고자산평가손실
재고자산의 순실현가능가치 회복시점(최초 장부금액 한도)	재고자산평가손실 환입

핵심 콕! 콕! 감모손실과 평가손실이 존재하는 경우 원가흐름

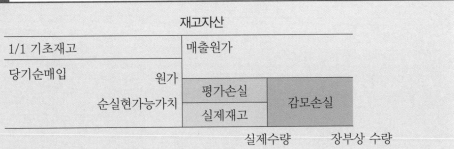

- **총비용** = 기초재고 + 당기순매입 − 기말재고(저가)
- **수정 후 매출원가**
  = 기초재고 + 당기순매입 − 기말재고(저가평가액) − 비정상감모손실*
  * 단서에 의해서 비정상감모손실만 매출원가에 포함되지 않는 경우

단일상품만을 매매하는 (주)한국의 기초재고자산은 ₩2,000이고, 당기순매입액은 ₩10,000 이다. 기말재고자산 관련 자료가 다음과 같을 때, 매출원가는? (단, 감모손실 중 60%는 비정상감모손실(기타 비용)로 처리하며, 정상감모손실과 평가손실은 매출원가에 포함함)

제24회

| • 장부수량 | 50개 | • 단위당 원가 | ₩50 |
| • 실제수량 | 45개 | • 단위당 순실현가능가치 | ₩40 |

① ₩9,750
② ₩9,950
③ ₩10,050
④ ₩10,100
⑤ ₩10,200

해설

• 재고자산감모손실 = (장부수량 − 실제수량) × 단위당 원가
　　　　　　　 = (50개 − 45개) × @₩50 = ₩250(비정상 60%: ₩150)
• 수정된 매출원가 = 기초재고 + 당기순매입액 − 실제재고(저가) − 비정상감모손실
　　　　　　　 = ₩2,000 + ₩10,000 − (45개 × ₩40) − ₩150 = ₩10,050

정답: ③

01 재고자산은 상품매매를 주된 영업활동으로 하는 상품매매업에 있어서 판매 목적으로 보유하고 있는 물건 또는 자산을 의미한다. 따라서 토지나 건물이 일반기업의 경우는 유형자산이지만 부동산매매업의 경우는 재고자산이 될 수 있다. ( )

02 상품매매의 운반비 등과 관련된 운임은 매입시와 매출시 모두 원가에 가산한다. ( )

03 재고자산은 정상적인 영업과정에서 판매를 위하여 보유하거나 생산과정에 있는 자산 및 생산 또는 서비스 제공과정에 투입될 원재료나 소모품의 형태로 존재하는 자산을 말한다. ( )

04 재고자산의 매입원가는 매입가격에 수입관세와 제세금, 매입운임, 하역료 그리고 완제품, 원재료 및 용역의 취득과정에 직접 관련된 기타 원가를 가산한 금액이다. 매입할인, 리베이트 및 기타 유사한 항목도 매입원가에 가산한다. ( )

05 재고자산의 전환원가는 직접노무원가 등 생산량과 직접 관련된 원가를 포함한다. 또한 원재료를 완제품으로 전환하는 데 발생하는 고정 및 변동제조간접원가의 체계적인 배부액을 포함한다. ( )

06 후속 생산단계에 투입하기 전 보관이 필요한 경우의 보관원가는 재고자산의 취득원가에 포함할 수 없으며 당기비용으로 회계처리한다. ( )

---

01 ○

02 × 매입시에는 원가에 가산하고, 매출시에는 기간비용(운반비계정)으로 처리한다.

03 ○

04 × 매입할인, 리베이트 및 기타 유사한 항목은 매입원가를 결정할 때 차감한다.

05 ○

06 × 후속 생산단계에 투입하기 전에 보관이 필요한 경우 이외의 보관원가가 취득원가에 포함되지 않으며, 생산 단계에 투입하기 전 보관이 필요한 경우는 취득원가에 포함한다.

07 표준원가법이나 소매재고법 등의 원가측정방법은 그러한 방법으로 평가한 결과가 실제원가와 유사하지 않은 경우에도 편의상 사용할 수 있다. ( )

08 미착상품의 경우 법적인 소유권 유무에 따라 결정한다. 즉, 선적지인도조건인 경우 매입자의 재고자산에 포함되고, 도착지인도조건의 경우 매입자의 재고자산이 아니다. ( )

09 시용품의 경우 매입의사 표시하기 전까지는 미판매로 보기 때문에 판매자의 재고자산이고, 적송품의 경우 수탁자가 판매하지 않은 재고는 수탁자의 재고자산이다. ( )

10 계속기록법에서는 상품 관련 계정의 결산정리분개가 요구된다. ( )

11 통상적으로 상호 교환될 수 없는 재고자산 항목의 원가와 특정 프로젝트별로 생산되고 분리되는 재화 또는 용역의 원가는 선입선출법이나 가중평균법을 사용하여 결정한다. ( )

12 재고자산의 지역별 위치 차이로 인해 동일한 재고자산에 다른 단위원가 결정방법을 적용하는 것이 정당화될 수 없다. ( )

13 소매재고법은 원칙적으로 모든 업종에 사용할 수 있다. ( )

---

07 ✕ 원가측정방법으로 평가한 결과가 실제원가와 유사한 경우에 편의상 사용할 수 있다.

08 ○

09 ✕ 수탁자가 판매하지 않은 재고는 위탁자의 재고자산이다.

10 ✕ 계속기록법에서는 기말에 남아 있는 상품이 기말상품재고액이 되고 매출원가는 판매시점에서 기록되었으므로 기말수정분개가 필요 없다. 반면, 실지재고조사법은 결산시에 매출원가에 대한 결산정리분개가 필요하다.

11 ✕ 선입선출법이나 가중평균법 ⇨ 개별법

12 ○

13 ✕ 원칙적으로 유통업종에만 사용할 수 있다. 타업종은 매출가격환원법을 사용할 정당한 사유와 합리적인 원가율 추정이 뒷받침되는 경우 사용할 수 있고, 이 경우 주석으로 공시한다.

14 매출총이익률법은 '순매출액 × (1 − 매출총이익률) = 매출원가'를 먼저 계산한 후에 기말재고 액을 추정하여 계산한다. ( )

15 매출가격환원법은 매가표시 기말재고액에 원가율을 적용하여 기말재고액(원가)을 먼저 계산한 다음에 매출원가를 계산하는 방법이다. 이 경우 기말재고액의 저가평가를 위하여 원가율 계산 시 순인상액을 고려하지 않는다. ( )

16 상품은 취득원가와 순실현가능가치 중 낮은 금액으로 측정하며, 재고자산평가손실은 발생한 기 간의 비용으로 인식한다. 이 경우 저가법은 항목별로 적용하지만 서로 유사하거나 관련 있는 항목들을 통합하여 적용하는 것과 총계기준에 의해 적절하게 평가할 수 있다. ( )

17 원재료의 경우 순실현가능가치에 대한 최선의 이용 가능한 측정치로 순공정가치를 사용한다. ( )

18 완성될 제품이 원가 이상으로 판매될 것으로 예상되는 경우에는 그 생산에 투입하기 위해 보유 하는 원재료 및 기타 소모품을 감액하지 아니한다. ( )

---

14 ○
15 × 순인상액 ⇨ 순인하액
16 × 총계기준은 사용할 수 없다.
17 × 순공정가치가 아니라 현행대체원가를 사용한다.
18 ○

01 다음 자료를 참조하여 포괄손익계산서에 표시될 매출액을 계산하면 얼마인가?

> • 단위당 정가가 ₩1,200인 상품 100개를 단위당 ₩1,000으로 할인하여 외상판매를 하였다.
> • 판매한 상품 중 10개에 하자가 있어서 반품되었다.
> • 판매한 상품 중 20개에 하자가 있어서 5%를 에누리해 주었다.
> • 나머지 상품 중 일부에 대하여 대금을 조기에 회수하고 ₩5,000을 할인해 주었다.

① ₩70,000   ② ₩84,000

③ ₩92,000   ④ ₩100,000

⑤ ₩110,000

02 (주)한국은 20×1년 1월 1일 영업을 개시하였다. 20×1년 12월 31일 회계자료가 다음과 같을 때 20×1년 매출총이익은?

• 매입총액	₩50,000	• 매입운임	₩5,000
• 매출총액	₩100,000	• 매입에누리	₩500
• 이자수익	₩5,000	• 매출운임	₩2,500
• 매출할인	₩2,500	• 기말재고	₩7,500
• 기계장치 처분손실	₩1,000	• 매입할인	₩500

① ₩48,000   ② ₩51,000

③ ₩56,000   ④ ₩61,000

⑤ ₩66,000

다음 자료를 이용하여 계산한 총매출액은?

• 기초상품재고	₩6,000	• 매출에누리	₩1,500
• 총매입액	₩14,000	• 매출할인	₩2,500
• 매입환출	₩1,000	• 매출운임	₩3,000
• 매입할인	₩2,000	• 매출총이익률	20%
• 기말상품재고	₩9,000		

① ₩12,500

② ₩12,750

③ ₩14,000

④ ₩15,250

⑤ ₩17,000

정답 | 해설

01 ② 순매출액 = 총매출액 − 매출환입 − 매출에누리 − 매출할인
- 총매출액 = 100개 × ₩1,000 = ₩100,000
- 매출환입 = 10개 × ₩1,000 = ₩10,000
- 매출에누리 = 20개 × ₩1,000 × 5% = ₩1,000
- 매출할인 = ₩5,000
∴ 순매출액 = ₩100,000 − ₩10,000 − ₩1,000 − ₩5,000 = ₩84,000

02 ② 매출운임, 이자수익, 기계장치 처분손실은 매출총손익의 계산에 고려할 항목이 아니다.

(혼합)상품계정

기초재고	0	매입에누리	500
매입액	50,000	매입할인	500
매입운임	5,000	기말재고	7,500
매출할인	2,500	매출액	100,000
매출총이익	**51,000**		
	108,500		108,500

03 ③ • 매출원가 = 기초재고 + 순매입액 − 기말재고
= ₩6,000 + (₩14,000 − ₩1,000 − ₩2,000) − ₩9,000 = ₩8,000
- 순매출액 = 매출원가 ÷ 매출원가율
= ₩8,000 ÷ (1 − 0.2) = ₩10,000
∴ 총매출액 = 순매출액 + 매출에누리 + 매출할인
= ₩10,000 + ₩1,500 + ₩2,500 = ₩14,000

04 다음 중 재고자산의 취득원가에 대한 설명으로 옳지 않은 것은?

① 재고자산의 취득과정에서 정상적으로 발생한 매입자 부담 운임은 재고자산의 취득원가에 포함된다.

② 제품의 생산과정에서 비정상적으로 낭비된 부분은 당기비용으로 인식된다.

③ 매입할인, 리베이트 및 기타 유사한 항목은 재고자산의 매입원가를 결정할 때 당기비용으로 인식한다.

④ 후속 생산단계에 투입하기 전에 보관이 필요한 경우 이외의 보관원가는 재고자산의 취득원가에 포함할 수 없으며 발생한 기간에 비용으로 인식한다.

⑤ 재고자산을 의도된 용도로 사용하거나 판매가능상태에 이르게 하는 데 상당한 기간을 필요로 하는 경우 이와 관련된 차입원가는 재고자산의 취득원가에 산입한다.

05 다음은 (주)한국의 20×1년 상품(원가) 관련 자료이다. (주)한국의 20×1년 기말 재고자산은?

제21회

• 20×1년 말 창고에 보관 중인 (주)한국의 상품(실사금액)	₩500,000
• (주)한국이 수탁자에게 적송한 상품 중 20×1년 말 판매되지 않은 적송품	₩20,000
• (주)한국이 시용판매를 위해 고객에게 발송한 상품 ₩130,000 중 20×1년 말 매입 의사표시가 없는 시송품	₩50,000
• 20×1년 말 선적지인도조건으로 (주)한국이 판매하여 운송 중인 상품	₩100,000
• 20×1년 말 선적지인도조건으로 (주)한국이 매입하여 운송 중인 상품	₩120,000

① ₩570,000

② ₩620,000

③ ₩690,000

④ ₩720,000

⑤ ₩770,000

06 (주)한국의 20×1년 기초재고자산은 ₩50,000, 당기매입액은 ₩100,000이다. (주)한국은 20×1년 12월 말 결산과정에서 재고자산 실사 결과 기말재고가 ₩55,000인 것으로 파악되었으며, 다음의 사항은 고려하지 못하였다. 이를 반영한 후 (주)한국의 20×1년 매출원가는?

- 도착지인도조건으로 매입한 상품 ₩10,000은 20×1년 12월 31일 현재 운송 중이며, 20×2년 1월 2일 도착 예정이다.
- 20×1년 12월 31일 현재 시용판매를 위하여 고객에게 보낸 상품 ₩20,000(원가) 가운데 50%에 대하여 고객이 구매의사를 표시하였다.
- 20×1년 12월 31일 현재 (주)민국에 담보로 제공한 상품 ₩25,000은 창고에 보관 중이며, 재고자산 실사시 이를 포함하였다.

---

① ₩72,000 　　　　　　② ₩85,000

③ ₩90,000 　　　　　　④ ₩110,000

⑤ ₩150,000

정답 | 해설

04 ③ 상품 취득과정에서 발생한 매입할인, 리베이트 및 기타 유사항목은 당기비용으로 인식하지 않고 재고자산의 취득원가에서 차감한다.

05 ③ 선적지인도조건의 경우 운송 중인 미착상품은 구매자의 재고자산이다.
∴ 기말재고액 = ₩500,000 + ₩20,000 + ₩50,000 + ₩120,000 = ₩690,000

06 ② 올바른 기말재고액 = ₩55,000(수정 전) + (₩20,000 × 50%) = ₩65,000
∴ 매출원가 = ₩50,000 + ₩100,000 − ₩65,000 = ₩85,000

07 (주)관리는 (주)한국에 TV를 위탁하여 판매하고 있다. 20×1년 초 (주)관리는 TV 10대(대당 판매가격 ₩500,000, 대당 원가 ₩400,000)를 (주)한국에 발송하였으며, 운송업체에 발송비 ₩50,000을 지급하였다. (주)한국은 (주)관리로부터 20×1년 초 수탁한 TV 10대 중 8대를 20×1년 중에 판매하였다. (주)관리의 위탁판매와 관련하여 (주)관리가 20×1년도에 인식할 매출원가는?

① ₩3,200,000
② ₩3,240,000
③ ₩3,250,000
④ ₩4,050,000
⑤ ₩4,200,000

08 다음은 계속기록법을 적용하고 있는 (주)한국의 20×1년 재고자산에 대한 거래내역이다. 선입선출법을 적용한 경우의 매출원가는?

제23회

일자	적요	수량(개)	단위당 원가
1월 1일	기초재고	100	₩11
5월 1일	판매	30	
7월 1일	매입	50	₩20
8월 1일	판매	90	
11월 1일	매입	150	₩30
12월 1일	판매	140	

① ₩1,200
② ₩2,860
③ ₩5,400
④ ₩5,800
⑤ ₩6,160

09 다음은 (주)한국의 상품 관련 자료이다. 선입선출법과 가중평균법에 의한 기말재고자산 금액은? (단, 실지재고조사법을 적용하며, 기초재고는 없음) 제22회, 제24회 유사

구분	수량(개)	단위당 원가
매입(1월 2일)	150	₩100
매출(5월 1일)	100	
매입(7월 1일)	350	₩200
매출(12월 1일)	200	
기말실제재고(12월 31일)	200	

	선입선출법	가중평균법		선입선출법	가중평균법
①	₩34,000	₩34,000	②	₩34,000	₩40,000
③	₩36,000	₩34,000	④	₩40,000	₩34,000
⑤	₩40,000	₩40,000			

정답 | 해설

07 ② • 판매위탁상품(적송품) = (₩400,000 × 10대) + ₩50,000 = ₩4,050,000
   • 매출원가 = ₩4,050,000 × 8/10 = ₩3,240,000
   선입선출법은 먼저 구입한 상품의 단가를 매출원가에 적용한다.

08 ③ 20×1년 매출원가 = 판매수량* × 단위당 원가(선입선출법)
              = (100개 × ₩11) + (50개 × ₩20) + (110개 × ₩30) = ₩5,400
   * 판매수량 = 30개(5/1) + 90개(8/1) + 140개(12/1) = 260개

09 ④ • 선입선출법에 의한 기말재고 = 현행원가 근사치 = 200개 × ₩200 = ₩40,000
   • 총평균법에 의한 기말재고 = 200개 × @₩170* = ₩34,000
    * [(150개 × ₩100) + (350개 × ₩200)] / 500개

10 (주)한국은 재고자산에 대해 가중평균법을 적용하고 있으며, 20×1년 상품거래내역은 다음과 같다. 상품거래와 관련하여 실지재고조사법과 계속기록법을 각각 적용할 경우, 20×1년도 매출원가는? (단, 상품과 관련된 감모손실과 평가손실은 발생하지 않음)

일자	적요	수량	단가	금액
1/1	기초재고	100개	₩4	₩400
3/4	매입	300개	₩4.5	₩1,350
6/20	매출	(200개)		
9/25	매입	100개	₩5	₩500
12/31	기말재고	300개		

	실지재고조사법	계속기록법
①	₩850	₩875
②	₩875	₩850
③	₩875	₩900
④	₩900	₩850
⑤	₩900	₩875

11 다음은 (주)한국의 재고자산 자료이다. 총평균법을 적용하여 계산된 매출원가가 ₩24,000일 경우, 7월 15일 매입분에 대한 단위당 매입원가는? (단, 재고자산감모손실과 재고자산평가손실은 없음)

제19회

구분	수량	단위당 매입원가	단위당 판매가격
기초재고	100개	₩100	
7월 15일 매입	200개	?	
10월 1일 매출	200개		₩150
기말재고	100개		

① ₩100   ② ₩110

③ ₩120   ④ ₩130

⑤ ₩140

12 재고자산 회계처리에 관한 설명으로 옳지 않은 것은? 제23회

① 재고자산의 취득원가는 매입원가, 전환원가 및 재고자산을 현재의 장소에 현재의 상태에 이르게 하는 데 발생한 기타 원가 모두를 포함한다.

② 재고자산을 순실현가능가치로 감액하는 저가법은 항목별로 적용한다.

③ 재고자산을 순실현가능가치로 감액한 평가손실과 모든 감모손실은 감액이나 감모가 발생한 기간에 비용으로 인식한다.

④ 도착지인도기준의 미착상품은 판매자의 재고자산으로 분류한다.

⑤ 기초재고수량과 기말재고수량이 같다면, 선입선출법과 가중평균법을 적용한 매출원가는 항상 같게 된다.

정답 | 해설

10 ⑤ (1) 실지재고조사법하의 가중평균법: 총평균법
- 총평균단가 = (₩400 + ₩1,350 + ₩500) ÷ 500개 = ₩4.5
- 매출원가 = 200개 × ₩4.5 = ₩900

(2) 계속기록법하의 가중평균법: 이동평균법
- 이동평균단가 = (₩400 + ₩1,350) ÷ 400개 = ₩4.375
- 매출원가 = 200개 × ₩4.375 = ₩875

11 ④ • 총평균단가(x)

매출원가 = 판매수량 × 총평균단가 = 200개 × x = ₩24,000

⇨ 총평균단가(x) = ₩24,000 ÷ 200개 = ₩120

• 매입분에 대한 단위당 원가(y)

총평균단가 = [(100개 × ₩100) + (200개 × y] ÷ (100개 + 200개) = ₩120

∴ 매입분 단위당 원가(y) = ₩130

12 ⑤ 선입선출법과 가중평균법은 원가흐름에 대한 가정, 즉 단가결정방법이므로 매입시 단가가 상이하게 구입하는 경우 매출원가에 적용하는 단가가 선입선출법과 가중평균법이 다르게 된다.

13 재고자산에 관한 설명으로 옳은 것은?

제27회

① 재고자산은 취득원가와 순실현가능가치 중 높은 금액으로 측정한다.

② 개별법이 적용되지 않는 재고자산의 단위원가는 선입선출법, 가중평균법 및 후입선출법을 사용하여 결정한다.

③ 재고자산의 수량결정방법 중 실지재고조사법만 적용시 파손이나 도난이 있는 경우 매출원가가 과소평가될 수 있는 문제점이 있다.

④ 부동산매매를 주된 영업활동으로 하는 부동산매매기업이 보유하고 있는 판매 목적의 건물과 토지는 재고자산으로 분류되어야 한다.

⑤ 물가가 지속적으로 상승하고 재고청산이 발생하지 않는 경우, 선입선출법의 매출원가가 다른 방법에 비해 가장 크게 나타난다.

14 재고자산의 원가결정방법에 대한 설명으로 옳지 않은 것은?

① 재고자산의 원가를 결정하는 방법으로 개별법을 사용하지 못할 경우 선입선출법, 평균법을 사용하여 결정한다.

② 물가가 상승하고 재고가 증가하는 경우 기말재고자산, 당기순이익 및 법인세의 경우 평균법보다 선입선출법이 크다.

③ 재고자산의 지역별 위치나 과세방식이 다르다는 이유만으로 동일한 재고자산에 대한 다른 단위원가 결정방법을 적용하는 것은 정당화될 수 없다.

④ 재고자산의 매입단가가 지속적으로 하락하는 경우, 선입선출법을 적용하였을 경우의 매출총이익이 평균법을 적용하였을 경우의 매출총이익보다 더 낮게 보고된다.

⑤ 연초 대비 인플레이션을 전제로 동일한 기업의 기말재고자산 평가액은 후입선출법이 선입선출법보다 큰 금액으로 표시된다.

15 다음의 자료를 이용하여 매출총이익법으로 추정한 기말재고액은?

• 기초재고액	₩2,200	• 당기매출액	₩6,000
• 당기매입액	₩4,300	• 원가에 대한 이익률	20%

① ₩500

② ₩1,200

③ ₩1,500

④ ₩1,700

⑤ ₩2,200

정답 | 해설

13 ④ ① 재고자산은 취득원가와 순실현가능가치 중 낮은 금액으로 측정한다.

② 개별법이 적용되지 않는 재고자산의 단위원가는 선입선출법, 가중평균법을 사용하여 결정한다.

③ 재고자산의 수량결정방법 중 실지재고조사법만 적용시 파손이나 도난이 있는 경우 기말재고가 과소평가되므로 매출원가가 과대평가될 수 있다.

⑤ 물가가 지속적으로 상승하고 재고청산이 발생하지 않는 경우, 선입선출법의 매출원가는 먼저 입고된 과거원가이므로 다른 방법에 비해 과소계상된다.

14 ⑤ 후입선출법이 선입선출법보다 큰 금액이 아니라 적은 금액으로 표시된다.

15 ③ 매출총이익률이 아니라 원가에 대한 이익률이 주어졌음을 주의해야 한다.

재고자산			
기초재고	2,200	매출원가	5,000*
당기매입액	4,300	기말재고	x
	6,500		6,500

* ₩6,000 ÷ (1 + 0.2)

∴ 기말재고(x) = ₩1,500

16 외상판매만을 수행하는 (주)한국은 20×1년 12월 31일 화재로 인해 창고에 있던 상품을 전부 소실하였다. (주)한국의 매출채권회전율은 500%이고, 매출총이익률은 30%로 매년 동일하다. 20×1년 (주)한국의 평균매출채권은 ₩600,000이고 판매가능상품(기초재고와 당기순매입액의 합계)이 ₩2,650,000인 경우, 20×1년 12월 31일 화재로 소실된 상품 추정액은?

제24회

① ₩350,000 ② ₩400,000

③ ₩450,000 ④ ₩500,000

⑤ ₩550,000

17 (주)한국은 실지재고조사법을 적용하고 있다. 20×1년 8월 2일 폭우로 창고가 침수되어 보관 중인 상품이 모두 소실되었다. 다음은 (주)한국의 총계정원장과 전년도 포괄손익계산서에서 얻은 자료이다. 전년도의 매출총이익률이 20×1년에도 유지된다고 가정할 때, 20×1년도 재해로 인해 소실된 추정 상품재고액은?

제26회

20×1년 8월 2일 현재 총계정원장 자료		전년도 포괄손익계산서 자료	
• 상품계정 차변잔액	₩30,000	• 매출액	₩900,000
• 매입계정 차변잔액	₩400,000	• 매출원가	₩630,000
• 매입환출계정 대변잔액	₩20,000		
• 매출계정 대변잔액	₩500,000		
• 매출환입계정 차변잔액	₩30,000		

① ₩51,000 ② ₩60,000

③ ₩80,000 ④ ₩81,000

⑤ ₩101,000

정답 | 해설

16 ⑤ 매출총이익률을 이용하여 화재손실액을 구하는 문제로, 매출액을 매출채권회전율을 통해 먼저 계산해야 한다.

(1) 매출액의 계산

매출채권회전율 = 매출액 ÷ 평균매출채권 = 매출액 ÷ ₩600,000 = 5

⇨ 매출액 = ₩3,000,000

(2) 화재손실액의 계산

- 기말재고추정액 = 판매가능상품(기초재고 + 당기순매입액) − 매출원가

= ₩2,650,000 − [₩3,000,000 × (1 − 0.3)] = ₩550,000

- 화재손실액 = 기말재고추정액 − 처분가치가 존재하는 재고자산

화재로 상품이 모두 소실되었으므로 처분가치가 존재하는 재고자산은 없고 기말재고추정액이 화재손실액이 된다.

∴ 화재손실액 = ₩550,000 − ₩0 = ₩550,000

17 ④ (1) 매출총이익률 = 매출총이익(매출액 − 매출원가) ÷ 매출액

= (₩900,000 − ₩630,000) ÷ ₩900,000 = 30%

(2) 상품이 모두 소실되었으므로 기말재고추정액이 재해로 인해 소실된 추정 상품금액이다.

기초재고	30,000	매출원가	329,000*²
순매입액	380,000*¹	기말재고	81,000
	410,000		410,000

*¹ ₩400,000 − ₩20,000 = ₩380,000

*² 순매출액 × (1 − 0.3) = (₩500,000 − ₩30,000) × 0.7 = ₩329,000

∴ 재해손실로 추정되는 금액 = 기말재고추정액 − 처분가치가 있는 재고자산

= ₩81,000 − ₩0 = ₩81,000

18 (주)한국이 창고에 보관하던 상품이 20×1년 중에 발생한 화재로 인하여 전부 소실되었다. 20×0년과 20×1년의 상품거래와 관련한 자료가 다음과 같을 때, 20×1년에 화재로 인해 소실된 것으로 추정되는 상품의 원가는? (단, (주)한국의 상품매출은 모두 신용매출이며, 상품 외의 재고자산은 없음) 제25회

- (주)한국의 20×0년 신용매출액과 평균매출채권을 이용하여 계산한 매출채권회전율은 5회이며, 매출원가와 평균재고자산을 이용하여 계산한 재고자산회전율은 4회였다.
- (주)한국의 20×0년 매출총이익률은 20%이다.
- (주)한국의 20×0년 초 매출채권과 상품의 잔액은 각각 ₩500과 ₩200이었으며, 20×0년 말 매출채권 잔액은 ₩700이다.
- 20×1년 초부터 화재발생 시점까지 (주)한국의 상품매입액과 매출액은 각각 ₩3,000과 ₩3,500이었으며, 매출총이익률은 20×0년과 동일하다.

① ₩600
② ₩1,000
③ ₩1,200
④ ₩1,800
⑤ ₩2,400

19 소매재고법(평균법)을 적용하여 매출원가와 기말재고원가를 계산하면?

구분	원가	매가
기초재고액	₩240,000	₩360,000
당기매입액	₩2,700,000	₩3,840,000
매출액	−	₩3,900,000

	매출원가	기말재고원가		매출원가	기말재고원가
①	₩2,600,000	₩300,000	②	₩2,640,000	₩210,000
③	₩2,640,000	₩300,000	④	₩2,730,000	₩210,000
⑤	₩2,730,000	₩300,000			

20 (주)한국은 재고자산 수량결정과 관련하여 계속기록법을 채택하고 있다. 다음은 계속기록법으로 작성한 (주)한국의 20×1년의 매출원가와 관련된 자료이다.

구분	수량	단가	합계
20×1년 초 재고자산	100개	₩300	₩30,000
20×1년 매입액	200개	₩300	₩60,000
20×1년 말 재고자산	150개	₩300	₩45,000

(주)한국이 20×1년 말 재고자산을 실사한 결과, 재고자산감모수량이 30개(재고자산감모손실 ₩9,000) 발생하였다. 또한 (주)한국은 20×1년 말 재고자산의 단위당 순실현가능가치가 ₩200으로 하락하여 재고자산평가손실을 인식해야 한다. (주)한국이 20×1년도에 인식할 재고자산평가손실은 얼마인가? (단, 재고자산감모손실을 먼저 인식한 후 재고자산평가손실을 산출함을 가정하고, 기초재고자산에 대한 평가충당금은 없음)

① ₩6,000   ② ₩9,000   ③ ₩12,000

④ ₩15,000   ⑤ ₩18,000

정답 | 해설

18 ③ (1) 20×0년도
- 매출채권회전율 = 매출액(㉠) ÷ 평균매출채권 = ㉠ ÷ (₩500 + ₩700)/2 = 5회
  ⇨ 매출액(㉠) = ₩3,000
- 재고자산회전율 = 매출원가 ÷ 평균재고자산(㉡) = (₩3,000 × 0.8)/㉡ = 4회
  ⇨ 평균재고자산(㉡) = ₩600
- 평균재고 = (기초재고 + 기말재고) ÷ 2 = (₩200 + ㉢) ÷ 2 = ₩600
  ⇨ 기말재고(㉢) = ₩1,000
(2) 20×1년도

재고자산

기초재고	㉢ 1,000	매출원가 ₩3,500 × 0.8 =	2,800
당기매입액	3,000	기말재고	1,200
	4,000		4,000

화재로 인해 전부 소실되었으므로 화재손실액은 기말재고추정액이 된다.
∴ 화재손실액 = 기말재고추정액 − 처분가치가 존재하는 재고자산 = ₩1,200 − ₩0 = ₩1,200

19 ④
- 매가 기준 기말재고액 = ₩360,000 + ₩3,840,000 − ₩3,900,000 = ₩300,000
- 원가율 = (₩240,000 + ₩2,700,000) ÷ (₩360,000 + ₩3,840,000) = 0.7
- 원가 기준 기말재고액 = ₩300,000 × 0.7 = ₩210,000
- 매출원가 = ₩240,000 + ₩2,700,000 − ₩210,000 = ₩2,730,000

20 ③ 재고자산평가손실 = (₩300 − ₩200) × 120개* = ₩12,000
*실제수량 = 장부수량 − 감모수량 = 150개 − 30개

21 다음은 (주)한국의 20×1년 말 재고자산(상품) 관련 자료이다. (주)한국의 재고자산 평가손실은? (단, 기초재고는 없으며, 단위원가계산은 총평균법을 따름) 제21회

장부상 자료		실사 자료	
수량	총장부금액	수량	순실현가능가치 총액
80개	₩2,400	75개	₩1,850

① ₩30
② ₩150
③ ₩400
④ ₩550
⑤ ₩600

※ (주)한국의 20×1년 재고자산 관련 자료는 다음과 같다. [22~23]

• 기초재고액	₩10,000	• 재고자산 당기순매입액	₩100,000
• 기말재고자산(장부수량)	100개	• 장부상 취득단가	₩500/개
• 기말재고자산(실사수량)	90개	• 순실현가능가치	₩400/개
• 매출액	₩82,000	• 임대료	₩8,000

22 총비용과 당기순이익을 계산하면 각각 얼마인가?

	총비용	당기순이익
①	₩50,000	₩8,000
②	₩71,000	₩19,000
③	₩74,000	₩16,000
④	₩79,000	₩11,000
⑤	₩80,000	₩10,000

23 (주)한국은 재고자산감모손실 중 40%를 정상적인 감모로 간주하며, 재고자산평가손실과 정상적 재고자산감모손실을 매출원가에 포함한다. (주)한국이 20×1년 포괄손익계산서에 보고할 매출원가는? (단, 재고자산은 계속기록법을 적용하며 기초재고자산의 재고자산평가충당금은 ₩0)

① ₩60,000   ② ₩71,000

③ ₩75,000   ④ ₩79,000

⑤ ₩80,000

제1편 재무회계

4장

정답 | 해설

21 ③ 재고자산평가손실은 실사 자료에 의한 재고금액보다 순실현가능가치 평가액이 하락한 경우 공정가치 하락으로 인한 손실액을 당기비용으로 인식하고 회계처리한다.
- 장부상 취득단가 = ₩2,400 ÷ 80개 = ₩30
- 재고자산평가손실 = (₩30 × 75개) − ₩1,850 = ₩400

22 ③ • 총비용 = ₩10,000 + ₩100,000 − ₩36,000* = ₩74,000
  * 재무상태표상 기말재고액 = 90개 × ₩400
- 당기순이익 = 수익 − 비용 = (₩82,000 + ₩8,000) − ₩74,000 = ₩16,000

23 ② • 재고자산감모손실 = (100개 − 90개) × ₩500/개 = ₩5,000(비정상 60%: ₩3,000)
- 수정 후 매출원가 = ₩10,000 + ₩100,000 − (90개 × ₩400) − ₩3,000 = ₩71,000
- ○ 간편법
  총비용 − 비정상감모손실 = ₩74,000 − ₩3,000 = ₩71,000

제4장 재고자산 **191**

24 (주)한국은 재고자산감모손실 중 40%는 비정상감모손실(기타비용)로 처리하며, 정상감모손실과 평가손실은 매출원가에 포함한다. (주)한국의 20×1년 재고자산 관련 자료가 다음과 같을 때, 매출원가는? 제25회

• 기초재고자산	₩10,000(재고자산평가충당금 ₩0)
• 당기매입액	₩80,000
• 기말장부수량	20개(단위당 원가 ₩1,000)
• 기말실제수량	10개(단위당 순실현가능가치 ₩1,100)

① ₩74,000   ② ₩74,400

③ ₩76,000   ④ ₩76,600

⑤ ₩88,000

25 재고자산의 회계처리에 관한 설명으로 옳은 것은? 제20회

① 완성될 제품이 원가 이상으로 판매될 것으로 예상하는 경우에는 그 생산에 투입하기 위해 보유하는 원재료 및 기타 소모품을 감액하지 아니한다.

② 선입선출법은 기말재고자산의 평가관점에서 현행원가를 적절히 반영하지 못한다.

③ 선입선출법은 먼저 매입 또는 생산된 재고자산이 기말에 재고로 남아 있고 가장 최근에 매입 또는 생산된 재고자산이 판매되는 것을 가정한다.

④ 통상적으로 상호 교환될 수 없는 재고자산 항목의 원가와 특정 프로젝트별로 생산되고 분리되는 재화 또는 용역의 원가는 총평균법을 사용하여 결정한다.

⑤ 총평균법은 계속기록법에 의하여 평균법을 적용하는 것으로 상품의 매입시마다 새로운 평균단가를 계산한다.

26 재고자산 회계처리에 관한 설명으로 옳지 않은 것은?

① 생물자산에서 수확한 농림어업 수확물은 수확시점에서 순공정가치로 인식한다.

② 합리적인 단위원가 결정방법으로 후입선출법을 인정하고 있지 않다.

③ 원재료 가격이 하락하고 제품의 원가가 순실현가능가치를 초과할 것으로 예상된다면 해당 원재료를 순실현가능가치로 감액한다. 이 경우 원재료의 현행대체원가는 순실현가능가치에 대한 최선의 이용 가능한 측정치가 될 수 있다.

④ 순실현가능가치의 상승으로 인한 재고자산평가손실의 환입은 환입이 발생한 기간에 수익으로 인식한다.

⑤ 표준원가법이나 소매재고법 등 원가측정방법은 그러한 방법으로 평가한 결과가 실제 원가와 유사한 경우에 편의상 사용할 수 있다.

정답 | 해설

24 ③ 재고자산감모손실 = (20개 − 10개) × ₩1,000 = ₩10,000(비정상 40% = ₩4,000)
∴ 수정된 매출원가 = 기초재고 + 당기순매입액 − 실제재고 − 비정상감모손실
= ₩10,000 + ₩80,000 − (10개 × ₩1,000) − ₩4,000 = ₩76,000

25 ① ② 선입선출법하에서 기말재고자산은 <u>현행원가의 근사치로</u> 표시된다.
③ 선입선출법은 먼저 매입 또는 생산된 재고자산이 <u>매출원가</u>를 구성하고, 가장 최근에 매입 또는 생산된 재고자산이 <u>기말재고자산</u>이다.
④ 통상적으로 상호 교환될 수 없는 재고자산 항목의 원가와 특정 프로젝트별로 생산되고 분리되는 재화 또는 용역의 원가는 <u>개별법</u>을 사용하여 결정한다.
⑤ 이동평균법은 계속기록법에 의하여 평균법을 적용하는 것으로 상품의 매입시마다 새로운 평균단가를 계산한다.

26 ④ 순실현가능가치로 감액한 평가손실과 감모손실은 감액이나 감모가 발생한 기간에 비용으로 인식한다. 순실현가능가치의 상승으로 인한 재고자산평가손실의 환입은 환입이 발생한 기간에 <u>비용으로 인식된 재고자산금액의 차감액</u>으로 인식한다.

제 5 장 유형자산

📖 단원길라잡이

최근 경향을 보면 출제비중이 매우 높은 단원이다. 취득원가 측정과 관련된 내용과 계산유형을 확인하고 사용 중에 발생하는 감가상각비, 손상차손, 후속측정과 관련된 문제유형을 숙지해야 한다. 끝으로 제거와 관련하여 유형자산처분손익을 계산하는 경우 주의해야 할 요소들을 명확히 정리해야 한다.

🔍 출제포인트

• 취득원가의 측정
　– 일반적인 취득원가
　– 토지와 건물
　– 거래유형별 취득원가
• 감가상각
• 다기간의 재평가모형
• 손상차손(환입)
• 유형자산처분손익
　– 기중처분시 월할상각

01 의의와 특징

(1) 의의

유형자산은 재화의 생산, 용역의 제공, 타인에 대한 임대 또는 자체적으로 사용할 목적으로 보유하는 물리적 형체가 있는 자산으로서, 한 회계기간을 초과하여 사용할 것이 예상되는 자산을 말한다. 따라서 재판매나 투자를 목적으로 보유하고 있는 것이 아니라 기업의 영업활동에 사용할 목적으로 보유한다는 점에서 재고자산이나 투자자산과는 다르며, 실물 형태를 갖추고 있다는 점에서 무형자산과 구별된다. 기업의 성격에 따라 동일한 자산이 다르게 분류된다. 예를 들면, 건물 신축을 목적으로 토지를 취득한 경우에는 유형자산이지만 부동산매매를 주된 영업으로 하는 회사가 취득한 토지라면 재고자산에 해당한다.

> **핵심 콕! 콕!** 자산의 분류(토지의 경우)
>
> 1. 개발하여 판매 목적으로 보유: 재고자산
> 2. 시세차익 목적으로 보유: 투자부동산
> 3. 공장 신축 목적으로 보유: 유형자산

(2) 특징

① 영업 또는 생산활동에서 사용할 목적으로 취득한 장기성 유형의 자산이다.
② 영업활동에 사용함으로써 수익의 획득 또는 비용의 감소에 공헌한다.
③ 장기간 영업활동에 사용할 목적으로 취득한 미래의 용역 잠재력이다.
④ 유형자산은 물리적 실체가 있으며 일정한 화폐금액으로 고정되지 않은 비화폐성 자산이다.

> **더 알아보기** 유형자산의 계정과목
>
> | 계정과목 | 내용 |
> |---|---|
> | 토지 | 대지, 임야 등 영업활동에 사용할 목적으로 취득한 토지 |
> | 건물 | 건물과 전기, 통신 및 기타의 건물부속설비 |
> | 구축물 | 교량, 궤도, 갱도 및 기타의 토목설비 또는 공작물 |
> | 기계장치 | 기계장치, 운송설비와 기타의 부속설비 |
> | 기타 자산 | 차량운반구, 항공기, 선박, 집기, 사무용비품, 공기구와 생산용 식물 등 |
> | 건설 중인 자산 | 진행 중인 유형자산의 건설을 위한 재료비, 노무비, 경비 등 지출금액 |
>
> ● 건설 중인 자산을 제외한 자산은 사용 중인 자산에 해당된다.

02 인식

(1) 인식기준

유형자산으로 인식되기 위해서는 유형자산의 정의를 충족해야 하며, 추가로 다음의 인식조건을 모두 충족해야 한다.

> ① 효익의 유입가능성: 자산으로부터 발생하는 미래 경제적 효익이 기업에 유입될 가능성이 높다.
> ② 측정가능성: 자산의 원가를 신뢰성 있게 측정할 수 있다.

유형자산의 인식기준에서 미래 경제적 효익의 유입가능성은 유형자산을 최초로 인식하는 시점에서 입수 가능한 증거에 근거하여 평가한다. 자산의 원가를 신뢰성 있게 측정한다는 것은 유형자산의 취득원가에 대한 측정기준이 있고 그에 따른 측정치가 회계정보로서 신뢰성을 가질 수 있어야 한다는 것이다.

(2) 유형자산의 인식과 분류에 대한 추가사항

① **예비부품, 대기성 장비와 수선용구**: 대부분의 경우 재고자산으로 분류하고, 사용되는 시점에서 당기비용으로 인식한다. 다만, 중요한 예비부품과 대기성 장비 및 수선용구는 한 회계기간 이상 사용할 것으로 예상되는 등 유형자산의 정의를 충족하면 유형자산으로 분류하고 그렇지 않은 경우에는 재고자산으로 분류한다(예 예비타이어, 발전기 등).

② **유형자산 항목을 구성하는 범위**: 유형자산을 구성하는 항목들을 세분하여 재무제표에 나타낼 것인지 아니면 하나로 보고 처리할 것인지에 대해서도 고려해야 한다. 항공기의 엔진이나 동체와 같이 주요 구성부품의 내용연수나 경제적 효익의 제공 형태가 다른 경우에는 취득과 관련된 총지출을 그 유형자산을 구성하고 있는 항목별로 배분하여 개별 유형자산으로 분류할 수 있다. 반면, 금형, 공구와 같은 개별적으로 경미한 항목은 통합하여 그 전체 가치에 대하여 유형자산을 인식하는 것이 적절하다.

(3) 최초원가

① **의의**: 최초원가는 지급한 현금이나 제공한 기타 대가의 공정가치로 측정한다.

② **안전 또는 환경상의 이유로 취득하는 유형자산**: 폐수처리 장비와 같은 안전 또는 환경상의 이유로 취득하는 유형자산의 경우 그 자체로는 직접적인 미래 경제적 효익을 얻을 수 없지만, 다른 자산에서 미래 경제적 효익을 얻기 위하여 필요할 수 있다. 이러한 유형자산은 해당 유형자산을 취득하지 않았을 경우보다 관련 자산으로부터 미래 경제적 효익을 더 많이 얻을 수 있게 해 주기 때문에 자산으로 인식할 수 있다.

01 원가의 구성요소

일반적으로 유형자산의 취득원가는 해당 자산을 현존하는 상태와 위치로 가져오기 위해 지출했거나 발생한 금액으로 결정하며 구입가격에 정상적으로 발생한 부대비용을 가산한 금액으로 측정된다. 취득일에 인식하는 유형자산의 원가는 다음과 같이 구성된다.

유형자산의 원가 = 구입가격 + 직접 관련 원가 + 추정복구원가

● 일정한 조건을 충족하는 자산의 취득, 건설, 생산 등을 위하여 직접 발생된 차입원가는 해당 자산의 취득원가에 가산한다.

(1) 구입가격

유형자산을 취득하기 위하여 자산의 취득시점이나 건설시점에서 지급한 현금 또는 현금성자산이나 제공한 대가의 공정가치로, 인식시점의 현금 가격 상당액을 말한다. 이때 관세 및 환급 불가능한 취득 관련 세금은 가산하고 매입할인과 리베이트 등은 차감한다.

(2) 직접 관련 원가

경영진이 의도하는 방식으로 자산을 가동하는 데 필요한 장소와 상태에 이르게 하는 데 직접 관련되는 원가로서 구체적인 예는 다음과 같다.

① 유형자산의 매입 또는 건설과 직접적으로 관련되어 발생한 종업원급여(인건비)

② 설치장소 준비원가

③ 최초의 운송 및 취급 관련 원가

④ 설치원가 및 조립원가

⑤ 시운전비: 유형자산이 정상적으로 작동되는지의 여부를 시험하는 과정에서 발생하는 원가[시험과정에서 생산된 재화(시제품)의 매각금액과 재화의 원가는 당기손익 인식]

⑥ 전문가에게 지급하는 수수료

● 취득 관련[①, ⑥], 설치 관련[②, ③, ④], 시험 관련[⑤]

기계장치 취득과 관련된 자료가 다음과 같을 때, 취득원가는? 제27회

- 구입가격 ₩1,050
- 최초의 운송 및 취급 관련 원가 ₩100
- 신제품 광고 및 판촉활동 관련 원가 ₩60
- 정상작동 여부를 시험하는 과정에서 발생하는 원가 ₩100
- 시험가동 과정에서 생산된 시제품의 순매각금액 ₩20
- 다른 기계장치의 재배치 과정에서 발생한 원가 ₩50

① ₩1,050 ② ₩1,150
③ ₩1,230 ④ ₩1,250
⑤ ₩1,340

해설

광고 및 판촉 관련 원가, 시험가동 과정에서 생산된 시제품의 순매각금액, 그리고 재배치 과정에서 발생한 원가는 유형자산의 원가에 포함하지 않는 항목이다.
∴ 기계장치의 취득원가 = ₩1,050 + ₩100 + ₩100 = ₩1,250 정답: ④

(3) 복구원가

유형자산의 원상복구를 위해서 자산을 해체, 제거하거나 부지를 복구하는 데 소요될 것으로 최초에 추정되는 원가는 취득원가에 포함한다. 복구원가는 복구충당부채로 인식하며 복구원가의 현재가치로 계산한다. 즉, 유형자산을 사용하기 위해 부담할 원가에는 최초 취득시점에서 부담해야 할 지출뿐만 아니라 경제적 사용이 종료된 후의 복구원가도 해당 자산을 사용하기 위한 필수불가결한 지출이므로 해당 유형자산의 원가에 가산해야 한다.

① 취득시 유형자산의 복구원가는 적정한 이자율로 할인한 현재가치금액을 복구충당부채의 과목으로 부채로 인식하고 동 금액을 해당 유형자산의 취득원가에 포함한다.

구분	회계처리			
취득시	(차) 유형자산	×××	(대) 현금 및 현금성자산	×××
			복구충당부채*	×××

* 복구비용의 현재가치

(주)한국은 20×1년 5월 4일에 해상구조물을 현금 ₩300,000에 구입하였다. 환경 관련 법률에서는 이 구조물의 내용연수가 종료된 후에는 훼손된 환경을 원상복구하도록 하고 있다. 이를 위하여 지출될 것으로 추정되는 금액은 ₩40,000이며 현재가치는 ₩30,000이다. 해상구조물의 취득시점에 (주)한국이 행할 회계처리로 적절한 것은?

① (차) 구축물   340,000   (대) 현금   300,000
                                        복구비용   40,000

② (차) 구축물   340,000   (대) 현금   300,000
                                        복구충당부채   40,000

③ (차) 구축물   310,000   (대) 현금   300,000
                                        복구충당부채   10,000

④ (차) 구축물   330,000   (대) 현금   300,000
                                        복구충당부채   30,000

⑤ (차) 구축물   300,000   (대) 현금   300,000

해설

유형자산의 경제적 사용이 종료된 후에 원상회복을 위하여 해당 자산을 해체하거나 복원에 소요될 것으로 추정되는 비용이 충당부채의 요건에 충족하는 경우에는 그 지출의 현재가치를 해당 자산의 취득시점에 유형자산의 취득원가에 포함시킨다(수익·비용대응의 원칙).   정답: ④

② 결산시에는 복구원가의 현재가치가 포함된 유형자산의 취득원가에 근거하여 감가상각을 하고 복구충당부채는 유효이자율을 적용한 이자상당액을 이자비용으로 하여 당기비용으로 인식하고 복구충당부채에 가산한다.

구분	회계처리			
결산시	(차) 감가상각비	×××	(대) 감가상각누계액	×××
	이자비용*	×××	복구충당부채	×××

* 복구충당부채전입액

③ 실제 복구비용이 지출되는 시점에서 이미 계상되어 있는 복구충당부채금액과 실제 발생된 복구공사비와의 차액은 실제 복구가 진행되는 회계기간의 손익으로 인식한다.

구분	회계처리			
실제 복구비용 발생시	(차) 복구충당부채	×××	(대) 현금 및 현금성자산	×××
	(복구공사손실)		(복구공사이익)	

● 복구공사손실은 장부상 복구충당부채보다 실제 복구비용이 초과 지출된 경우이다. 반대의 상황에서는 복구공사이익으로 당기손익에 반영된다.

1. 유형자산의 취득원가 = 유형자산의 매입금액 + 복구비용의 현재가치
2. 감가상각비(정액법) = (취득원가 − 잔존가치) ÷ 내용연수
3. 복구충당부채전입액(이자비용) = 기초의 복구충당부채 × 이자율

확인 및 기출예제

해운업을 영위하는 (주)한국은 20×1년 초 내용연수 4년, 잔존가치 ₩200,000의 해양구조물을 ₩1,400,000에 취득하였다. (주)한국은 해양구조물의 사용이 종료된 후 해체 및 원상복구를 해야 하는 의무를 부담하는데, 4년 후 복구비용으로 지출할 금액은 ₩200,000으로 추정된다. 미래 지출액의 현재가치 계산시 사용할 할인율은 연 5%이다. 감가상각방법으로 정액법을 사용할 경우 20×2년도의 감가상각비 금액은? (단, 할인율 연 5%, 4기간 단일금액 ₩1의 현재가치는 0.8227임)

제26회

① ₩300,000 ② ₩341,135
③ ₩349,362 ④ ₩349,773
⑤ ₩391,135

해설

취득원가 = ₩1,400,000 + (₩200,000 × 0.8227) = ₩1,564,540
∴ 감가상각비 = (₩1,564,540 − ₩200,000) × 1/4 = ₩341,135

정답: ②

(4) 유형자산의 원가에 포함하지 않는 예

① 새로운 시설을 개설하는 데 소요되는 원가(예 시설개시비용)
② 새로운 상품과 서비스를 소개하는 데 소요되는 원가(예 광고 및 판매촉진활동 관련 원가)
③ 새로운 지역에서 또는 새로운 고객층을 대상으로 영업하는 데 소요되는 원가(예 직원교육훈련비)
④ 관리비와 기타 일반간접원가(예 청소용역비용)
⑤ 유형자산이 경영진이 의도하는 방식으로 가동될 수 있으나 아직 실제로 사용되지 않고 있는 경우 또는 가동수준이 완전조업도 수준에 미치지 못하는 경우에 발생하는 원가
⑥ 유형자산과 관련된 산출물에 대한 수요가 형성되는 과정에서 발생하는 초기 가동손실
⑦ 기업의 영업 전부 또는 일부를 재배치하거나 재편성하는 과정에서 발생한 원가

(5) 기타의 원가

① 부수적인 영업에서 발생하는 수익과 비용은 당기손익으로 인식한다(예 건설 시작 전 건설용지를 주차장으로 사용하여 수익을 얻은 경우).
② 자산을 취득시 부담하는 취득세 및 등록세는 취득원가에 가산하지만, 보유나 사용과 관련된 재산세는 비용으로 회계처리한다.
③ 자산의 취득과정에서 파손이나 화재 등을 대비하여 보험에 가입하고 부담한 보험료는 취득원가에 가산하지만, 취득 이후 기간에 부담한 보험료는 비용처리한다.

확인 및 기출예제

유형자산의 취득원가에 포함되지 않는 것은?   제22회

① 관세 및 환급 불가능한 취득 관련 세금
② 유형자산을 해체, 제거하거나 부지를 복구하는 데 소요될 것으로 최초에 추정되는 원가
③ 새로운 상품과 서비스를 소개하는 데 소요되는 원가
④ 설치원가 및 조립원가
⑤ 유형자산의 매입 또는 건설과 직접적으로 관련되어 발생한 종업원급여

해설

새로운 상품과 서비스를 소개하는 데 소요되는 원가는 유형자산의 취득원가에 포함되지 않는다.   정답: ③

---

02 유형자산별 원가

(1) 토지

토지는 중개수수료, 취득세, 등록세, 법률비용 등 취득 부대원가를 가산한 금액을 취득원가로 한다. 납부할 세금의 경우 취득 관련 세금은 토지 원가에 가산하지만 재산세 등과 같이 보유 관련 세금은 당기비용으로 인식한다. 또한 토지를 구입한 후에는 진입로공사, 도로포장공사, 배수 및 하수공사, 울타리공사, 조경공사 등 추가적인 지출은 내용연수와 유지·보수책임에 따라 판단한다. 내용연수가 영구적이거나 기업에 유지·보수책임이 없으면 토지 원가에 가산하고, 내용연수가 한정되어 있거나 기업에 유지·보수책임이 있는 경우에는 구축물로 계상한 후 감가상각한다.

토지 관련 기타 지출의 인식

구분	토지 원가에 포함 여부
기업의 유지·보수책임이 없는 경우나 영구적인 지출	토지 원가에 가산
기업의 유지·보수책임이 있는 경우나 한정적 지출	구축물계정으로 인식한 후 감가상각

(2) 토지와 건물의 일괄구입

토지와 건물과 같이 두 종류 이상의 자산을 하나의 계약으로 구입하는 것을 일괄구입이라 한다. 이 경우 구입가격은 단일금액이지만 취득한 자산은 2개 이상이므로 각 자산별로 취득원가를 측정하여야 한다. 다음의 각 상황별로 상이하게 측정된다.

① 토지와 건물을 모두 사용할 목적인 경우: 일괄구입한 후에 기존 건물을 계속 사용할 경우 토지와 건물의 원가는 일괄구입대가와 부대비용의 합계액을 개별자산의 공정가치 비율로 안분한다.

② 토지만 사용할 목적인 경우: 일괄구입한 후에 취득한 기존 건물을 철거하는 경우 일괄구입과 관련된 모든 원가는 토지의 원가로 회계처리한다. 다만, 기존 건물을 철거하는 과정에서 발생한 건물의 철거비용은 토지의 원가에 가산하고 철거와 관련된 폐자재 처분 수입은 토지 원가에서 차감한다.

> ◉ 사용 중인 건물을 철거하고 건물을 신축하는 경우 기존 건물의 장부금액과 철거비용은 전액 당기비용으로 처리한다.

확인 및 기출예제

(주)한국은 20×1년 초 ₩10,000을 지급하고 토지와 건물을 일괄취득하였다. 취득과정에서 발생한 수수료는 ₩100이며, 취득일 현재 토지와 건물의 공정가치는 각각 ₩6,000으로 동일하다. (1) 취득한 건물을 계속 사용할 경우와 (2) 취득한 건물을 철거하고 새로운 건물을 신축하는 경우의 토지 취득원가는 각각 얼마인가? (단, (2)의 경우 철거비용이 ₩500이 발생했고, 철거시 발생한 폐기물의 처분수익은 ₩100임)   제17회, 제11회 유사

	(1)	(2)		(1)	(2)
①	₩5,000	₩10,400	②	₩5,000	₩10,500
③	₩5,050	₩10,400	④	₩5,050	₩10,500
⑤	₩6,000	₩6,000			

해설

(1) 취득한 건물을 계속 사용할 경우: 일괄취득 ⇨ 상대적 공정가치비율로 안분
　　토지 = (₩10,000 + ₩100) × ₩6,000 / (₩6,000 + ₩6,000) = ₩5,050
(2) 취득한 건물을 철거하고 건물을 신축하는 경우
　　토지 = ₩10,000 + ₩100 + (₩500 − ₩100) = ₩10,500

정답: ④

(3) 건물

① **일반 구입**: 외부에서 구입하는 건물의 취득원가는 구입가격과 제세공과금 등의 취득 관련 직접원가의 합계액으로 측정한다.

② **자가건설**: 자가건설의 경우 건물의 취득원가는 건설에 소요되는 재료원가, 노무원가, 제조간접원가의 합계액을 원가로 하며 고정제조간접원가 배부액을 포함한다. 다만, 자가건설에 따른 내부이익과 자가건설 과정에서 발생한 원재료, 인력 및 기타 자원의 낭비로 인한 비정상적인 원가는 자산의 원가에 포함하지 않는다.

(4) 기계장치

기계장치는 구입가격과 구입목적에 사용할 수 있을 때까지 발생한 설치장소 준비를 위한 지출, 설치비 및 정상적인 사용을 위한 시운전비 등을 포함한 합계액으로 측정한다.

03 거래유형별 원가

(1) 장기연불구입

유형자산의 원가는 현금가격상당액이다. 대금지급기간이 일반적인 신용기간보다 긴 경우 취득원가는 현금구입가격에 상당하는 총지급액의 현재가치를 취득원가로 인식한다. 현금가격상당액과 실제 총지급액과의 차액을 현재가치할인차금으로 계상하고 대금지급기간 동안에 걸쳐 유효이자율법을 적용하여 이자비용으로 인식한다.

구분	회계처리			
구입시	(차) 기계장치	×××	(대) 장기미지급금	×××
	현재가치할인차금	×××		
결산시	(차) 이자비용	×××	(대) 현재가치할인차금	×××
	장기미지급금	×××	현금	×××

◉ 현재가치할인차금은 유효이자율법에 따라 상각한다.

(주)한국은 20×1년 초 토지를 구입하고 다음과 같이 대금을 지급하기로 하였다.

구분	20×1년 초	20×1년 말	20×2년 말
현금	₩1,000	₩2,000	₩2,000

20×1년 말 재무상태표상 토지(원가모형 적용)와 미지급금(상각후원가로 측정, 유효이자율 10% 적용)의 장부금액은? (단, 정상연금의 10%, 2기간 현재가치계수는 1.7355이며, 단수차이가 발생할 경우 가장 근사치를 선택함) 제22회

	토지	미지급금		토지	미지급금
①	₩3,000	₩1,653	②	₩3,000	₩1,818
③	₩4,471	₩1,653	④	₩4,471	₩1,818
⑤	₩4,818	₩1,818			

해설

장기후불조건에 의한 취득이므로 토지는 현금가격상당액으로 한다.
- 토지 = ₩1,000 + (₩2,000 × 1.7355) = ₩4,471
- 미지급금 = [(₩4,471 − ₩1,000) × 1.1] − ₩2,000 = ₩1,818
◉ 미지급금의 장부금액은 차후에 장기성 채권·채무의 평가에서 심화학습한다.

정답: ④

(2) 일괄구입

여러 종류의 유형자산을 일괄하여 구입하는 경우를 말한다. 따라서 총취득원가와 부대비용을 개별자산의 공정가치비율로 배분한 금액을 각각 자산의 취득원가로 한다. 다만, 토지와 건물 중 하나의 공정가치만 신뢰성이 있는 경우에는 해당 자산의 원가는 공정가치로 하고 일괄구입대가 중 잔액은 다른 자산의 원가로 회계처리한다.

20×1년 초 (주)한국은 토지와 건물을 ₩1,200,000에 일괄구입하였다. 취득일 현재 토지와 건물을 처분한 회사의 장부금액은 다음과 같으며, 토지와 건물의 공정가치는 각각 ₩1,200,000과 ₩300,000이다. (주)한국이 인식할 토지와 건물의 취득원가는 각각 얼마인가? 제20회

구분	장부금액
토지	₩1,000,000
건물	₩500,000

	토지	건물		토지	건물
①	₩780,000	₩120,000	②	₩800,000	₩400,000
③	₩960,000	₩240,000	④	₩1,000,000	₩500,000
⑤	₩1,200,000	₩300,000			

(3) 국·공채의 고가취득

유형자산을 취득할 때 국·공채를 불가피하게 고가로 매입하는 경우에 국·공채의 매입금액과 공정가치(현재가치)의 차액은 해당 유형자산의 취득원가에 가산한다.

(4) 무상취득

취득원가는 취득시점에 해당 자산의 가치를 가장 잘 표현하고 객관적인 측정치가 된다. 그러나 증여 등 기타 무상으로 취득한 자산은 해당 자산의 취득을 위해 지출된 금액이 없으므로 취득원가로 계상할 금액이 없다. 따라서 증여 등 무상으로 취득한 자산은 해당 자산의 공정가치를 취득원가로 측정하고 자산수증이익(당기수익)으로 인식한다.

(차) 토지	×××	(대) 자산수증이익	×××

(5) 현물출자에 의한 취득

유형자산을 취득하면서 그 대가로 회사의 주식을 발행하여 대금을 지급하는 것을 현물출자라고 한다. 현물출자로 취득한 유형자산은 취득하는 자산의 공정가치를 취득원가로 측정한다. 그러나 취득한 자산의 공정가치가 명확하지 않으면 예외적으로 발행한 주식의 공정가치를 주식의 발행가액으로 하는 것이 타당하다.

(차) 토지	×××	(대) 자본금	×××
		주식발행초과금	×××

(6) 교환에 의한 취득

유형자산을 취득하는 경우 자금 부족이나 상대방의 요구 등으로 현금을 지급하는 대신 사용하던 유형자산을 제공하기도 한다. 이를 유형자산의 교환이라고 한다. 이 경우 유형자산의 취득원가는 제공한 자산의 공정가치로 측정한다. 다만, 취득한 자산의 공정가치가 더 명백한 경우에는 취득한 자산의 공정가치를 유형자산의 취득원가로 측정한다.

그러나 다음의 경우는 제공한 자산의 장부금액을 유형자산의 취득원가로 한다.

① 교환거래에 상업적 실질이 결여된 경우
② 취득한 자산과 제공한 자산 모두의 공정가치를 신뢰성 있게 측정할 수 없는 경우

상업적 실질

다음의 어느 하나에 해당하는 경우 상업적 실질이 있다고 판단한다.

1. 취득한 자산과 관련된 현금흐름의 구성(위험, 유출입시기, 금액)이 제공한 자산과 관련된 현금흐름의 구성과 다르며, 그 차이가 교환된 자산의 공정가치에 비하여 유의적이다.

2. 교환거래의 영향을 받는 영업부분의 기업특유가치가 교환거래의 결과로 변동하며, 그 차이가 교환된 자산의 공정가치에 비하여 유의적이다.

핵심 콕! 콕! **현금이 수반되는 교환거래의 요약**

구분		취득원가		처분손익
상업적 실질 존재	원칙	제공자산의 공정가치가 명백한 경우	제공자산의 공정가치 + 현금지급액 − 현금수령액	인식 ○
	예외	취득자산의 공정가치가 더 명백한 경우	취득자산의 공정가치(현금 고려 ×)	인식 ○
상업적 실질 결여		제공자산의 장부금액 + 현금지급액 − 현금수령액		인식 ×

● 처분손익: 제공자산의 공정가치 − 제공자산의 장부금액

확인 및 기출예제

(주)한국은 보유하던 기계장치 A(장부금액 ₩40,000, 공정가치 ₩30,000)를 (주)대한의 기계장치 B(장부금액 ₩60,000, 공정가치 ₩50,000)와 교환하였다. 동 교환거래가 (가) 상업적 실질이 결여된 경우와 (나) 상업적 실질이 있는 경우에 (주)한국이 교환으로 취득한 기계장치 B의 취득원가는? (단, 기계장치 B의 공정가치가 기계장치 A의 공정가치보다 더 명백함)

제22회

	(가)	(나)		(가)	(나)
①	₩30,000	₩40,000	②	₩40,000	₩30,000
③	₩40,000	₩50,000	④	₩60,000	₩30,000
⑤	₩60,000	₩50,000			

해설

(가) 장부금액법: 제공자산의 장부금액 = ₩40,000
(나) 공정가치법: 제공자산의 공정가치(예외: 취득자산의 공정가치) = ₩50,000

정답: ③

(7) 자가건설에 의한 취득

자가건설한 유형자산의 취득원가는 구입한 유형자산에 적용하는 것과 같은 기준을 적용하여 결정한다. 따라서 유형자산을 자체적으로 제작하거나 건설하는 경우에는 제작에 소요되는 모든 직접재료원가, 직접노무원가, 제조간접원가를 취득원가로 계상한다. 또한 정상적인 영업활동 과정에서 판매할 목적으로 자가건설한 경우의 취득원가는 원칙적으로 판매를 목적으로 제작한 자산의 제조원가와 동일해야 한다. 따라서 자가건설에 따른 내부이익과 자가건설 과정에서의 원재료, 인력 및 기타 자원의 낭비로 인한 비정상적인 원가는 취득원가에 포함하지 않는다. 건설 중에 발생한 비용은 '건설 중인 자산'계정에 집계하고, 완공시점에 해당 유형자산 과목으로 다음과 같이 대체한다.

구분	회계처리
공사비용 발생	(차) 건설 중인 자산 ×××　(대) 원가요소(현금 등) ×××
완공시점	(차) 건물 등 ×××　(대) 건설 중인 자산 ×××

- ◉ 건설 중인 자산은 비유동자산으로 분류한다.

(8) 자산 관련 보조금에 의한 취득

정부보조금은 기업의 영업활동과 관련하여 과거에 일정한 요건을 충족한 경우나 미래에 일정한 요건을 충족하는 경우 해당 기업에 자원을 이전하는 형식의 정부지원을 말하며, 보조금의 지원 목적에 따라 자산 관련 보조금과 수익 관련 보조금으로 구분할 수 있다. 정부보조금 회계처리방법은 자본접근법과 수익접근법이 있다. 한국채택국제회계기준은 수익접근법으로 회계처리하므로 체계적인 기준에 따라 정부보조금을 당기손익으로 인식한다. 회사가 수취한 자산 관련 보조금은 여러 회계기간에 걸쳐 수익으로 인식하되, 회계처리는 자산차감법과 이연수익법 중에서 선택할 수 있다.

① **자산차감법**: 관련 유형자산의 장부금액을 결정할 때 보조금을 차감하는 방법이다. 감가상각자산의 내용연수에 걸쳐 감가상각비와 상계하여 감소시키는 방법을 통해 당기손익으로 인식하며, 해당 유형자산을 처분하는 경우 그 잔액을 처분손익에 반영한다.

구분	회계처리
취득 및 수령시	(차) 유형자산 ×××　(대) 현금 ××× 현금 ×××　정부보조금(자산 차감) ×××
결산시	(차) 감가상각비 ×××　(대) 감가상각누계액 ××× 정부보조금(자산 차감) ×××　(대) 감가상각비 ×××

$$\text{정부보조금 상계액} = \text{정부보조금 수령액} \times \frac{\text{당기감가상각비}}{\text{감가상각대상 금액*}}$$

* 취득원가 − 잔존가치

② 이연수익법: 보조금을 국고보조금 또는 정부출연금이라는 이연수익(부채)으로 인식하여 자산의 내용연수에 걸쳐 체계적이고 합리적인 기준으로 수익을 인식한다. 유형자산을 처분하는 경우에는 그 잔액을 처분손익에 반영한다.

구분	회계처리			
취득 및 수령시	(차) 유형자산 　　　현금	××× ×××	(대) 현금 　　　정부보조금(부채)*	××× ×××
결산시	(차) 감가상각비 　　　정부보조금(부채)	××× ×××	(대) 감가상각누계액 (대) 정부보조금수익	××× ×××

* 이연정부보조금수익(부채)계정을 말한다.

> **더 알아보기** | **이연수익법과 자산차감법의 차이점**
>
> 자산차감법은 내용연수에 걸쳐 감가상각비(비용)를 차감하여 당기이익으로 인식하며, 이연수익법은 내용연수에 걸쳐 정부보조금(수익)으로 처리하여 당기이익으로 인식한다. 이 경우 이연수익법과 자산차감법 중 어떠한 방법을 선택하든지간에 재무상태표의 순자산에 미치는 영향은 동일하다. 다만, 이연수익법은 자산차감법의 경우에 비해 재무상태표상 부채가 크게 표시되므로 대부분의 기업들이 자산차감법을 선택하여 회계처리하고 있다.

> **더 알아보기** | **정부보조금 관련 회계처리**
>
> (주)한국은 20×1년 1월 1일 기계장치 ₩500,000(잔존가치 없이 10년간 정액법 상각)을 취득하였다. (주)한국의 보고기간 말은 매년 12월 31일이며 정액법으로 감가상각한다. (주)한국은 기계장치의 취득과 관련하여 20×1년 1월 1일에 정부보조금 ₩400,000을 수령하였다. 다음 각 방법에 의해서 20×1년 회계처리를 제시하시오.
>
> (1) 자산차감법　　　　　　　　　(2) 이연수익법

> **해설**
>
> (1) 자산차감법

구분	회계처리			
20×1.1.1. 취득 및 수령시	(차) 기계장치 　　　현금 및 현금성자산	500,000 400,000	(대) 현금 및 현금성자산 　　　정부보조금(자산 차감)	500,000 400,000
20×1.12.31. 결산시	(차) 감가상각비 　　　정부보조금 * ₩400,000 ÷ 10년	50,000 40,000*	(대) 감가상각누계액 　　　감가상각비	50,000 40,000
20×1.12.31. 공시	• 재무상태표 (자산) 기계장치 감가상각누계액 정부보조금 • 포괄손익계산서 (비용) 감가상각비	 500,000 (50,000) (360,000)　90,000 　→ [간편법] (500,000 − 400,000) × 9/10 10,000 → [간편법] (500,000 − 400,000) × 1/10		

(2) 이연수익법

구분	회계처리				
20×1.1.1. 취득 및 수령시	(차) 기계장치 현금 및 현금성자산	500,000 400,000	(대) 현금 및 현금성자산 정부보조금(부채)*	500,000 400,000	
20×1.12.31. 결산시	(차) 감가상각비 정부보조금(부채) * ₩400,000 ÷ 10년	50,000 40,000*	(대) 감가상각누계액 정부보조금수익	50,000 40,000	
20×1.12.31. 공시	• 재무상태표 　(자산) 　기계장치 　감가상각누계액 　(부채) 　정부보조금 • 포괄손익계산서 　(비용) 감가상각비 　(수익) 정부보조금수익	 500,000 (50,000) 360,000 50,000 40,000	 450,000		

* 이연정부보조금수익(부채)계정을 말한다.

(9) 차입원가의 자본화

자산의 취득과 관련하여 자금을 차입한 경우 차입금에 대하여 발생한 차입원가를 어떻게 처리할 것인가에 대해 오랫동안 논쟁이 있었다. 이에 한국채택국제회계기준 제1023호 차입원가에서는 의도된 용도로 사용하거나 판매 가능한 상태에 이르게 하는 데 상당한 기간을 필요로 하는 적격자산의 취득과 건설 또는 생산과 직접 관련된 차입원가는 당해 자산의 원가의 일부로 자본화 할 것을 규정하고 있다. 즉, 자산의 취득과 관련하여 실제로 발생한 차입원가만 자산의 취득원가로 기록하는 취득원가주의에 근거한 방법을 따르고 있다.

① **적격자산**: 의도된 용도로 사용하거나 판매 가능한 상태에 이르게 하는 데 상당한 기간을 필요로 하는 자산으로서 다음과 같은 자산이 포함된다.

> ㉠ 재고자산　　　　　　　㉡ 제조설비자산
> ㉢ 전력생산설비　　　　　㉣ 무형자산
> ㉤ 투자부동산　　　　　　㉥ 생산용 식물

◉ 생산용 식물은 생물자산이 아닌 유형자산을 의미한다.

단, 금융자산이나 생물자산과 같이 최초 인식시점에 공정가치나 순공정가치로 측정하는 자산은 적격자산에 해당하지 않으며, 단기간 내에 제조되거나 다른 방법으로 생산되는 재고자산도 적격자산에 해당하지 아니한다. 또한 취득시점에 의도된 용도로 사용할 수 있거나 판매 가능한 상태에 있는 자산인 경우에도 적격자산에 해당하지 아니한다.

취득과 직접 관련된 차입원가를 자본화하여야 하는 적격자산이 아닌 것은? 제18회

① 금융자산   ② 무형자산
③ 투자부동산   ④ 제조설비자산
⑤ 전력생산설비

해설

금융자산이나 생물자산과 같이 최초 인식시점에 공정가치나 순공정가치로 측정하는 자산은 적격자산에 해당하지 않는다.   정답: ①

② 자본화가능 차입원가

> ○ 적격자산의 취득과 관련하여 차입한 자금에 대한 이자
> ○ 금융리스 관련 금융비용
> ○ 외화차입금과 관련되는 외환차이 중 이자원가의 조정으로 볼 수 있는 부분

③ **자본화기간**: 차입원가의 자본화기간을 결정하기 위해서는 자본화 개시시점, 자본화 중단기간, 자본화 종료시점을 고려해야 한다.

○ **개시시점**: 자본화 개시일은 최초로 다음 조건을 모두 충족시키는 날이다. 차입원가는 자본화 개시일에 적격자산의 원가로 처리한다.

> ⓐ **취득활동 개시**: 적격자산에 대하여 지출하고 있다.
> ⓑ **이자의 발생**: 차입원가가 발생하고 있다.
> ⓒ **취득과정 수행**: 적격자산을 의도된 상태에 이르게 하는 데 필요한 활동을 수행하고 있다.

○ **중단기간**: 적격자산에 대한 적극적인 개발활동을 중단한 기간에는 차입원가의 자본화를 중단한다. 적극적인 개발활동이란 자산을 적극적으로 의도된 용도로 사용하거나 판매 가능한 상태에 이르게 하는 활동을 말한다. 이 경우 적극적인 개발활동이 중단된 기간에 발생한 차입원가는 비용으로 처리하여 당기손익에 포함시켜야 한다. 다만, 제조 등에 필요한 일시적인 중단이나 자산취득 과정상 본질적으로 불가피하게 일어난 중단의 경우에는 차입원가의 자본화를 중단하지 않는다.

○ **종료시점**: 자본화 종료시점은 적격자산을 의도된 상태에 이르게 하는 데 필요한 대부분의 활동이 완료된 시점이다.

④ 자본화할 차입원가의 산정

　㉠ **특정차입금**: 자본화기간 동안 특정차입금으로부터 발생한 차입원가에서 동 기간 동안 특정차입금의 일시적 운용에서 생긴 수익을 차감한 금액이다.

　㉡ **일반차입금**: 일반차입금은 다음과 같이 산정한다.

$$\text{일반차입금} = (\text{평균지출액}^{*1} - \text{특정차입금 평균지출액}) \times \text{자본화이자율}^{*2}$$

　*1 평균지출액: 차입원가가 발생되는 순지출액
　*2 자본화이자율: 당기 발생한 차입원가를 가중평균하여 산정

⑤ 자본화할 차입원가의 계산

　㉠ **1단계**: 연평균지출액의 계산

$$\text{연평균지출액} = \text{지출액} \times \frac{\text{지출일부터 자본화 종료시점까지의 기간}}{12}$$

　㉡ **2단계**: 특정차입금 관련 차입원가

$$\text{특정차입금 이자} = \text{자본화 기간 중 발생한 차입원가} - \text{일시투자수익}$$

　㉢ **3단계**: 일반차입금 관련 차입원가

$$\text{일반차입금 이자} = (\text{연평균지출액} - \text{평균특정차입금}) \times \text{자본화이자율}$$

$$\text{자본화이자율} = \frac{\text{일반차입금에 대한 회계기간 중 발생한 차입원가}}{\text{일반차입금 연평균 차입액}}$$

　　● 일반차입금에서 발생한 일시투자수익은 고려하지 않는다.

　㉣ **4단계**: 일반차입금의 실제발생이자(한도)

　㉤ **5단계**: 자본화할 차입원가

$$\text{자본화할 차입원가} = \text{특정차입금이자} + \text{한도 내 일반차입금 이자}$$

(주)한국은 본사 건물로 사용하기 위해 건물A의 소유주와 20×1년 초 매매계약체결과 함께 계약금액 ₩100,000을 지급하고 20×1년 말 취득하였다. (주)한국은 현행기준에 따라 자산취득 관련 금융비용을 자본화한다. 다음 자료를 이용하여 건물A의 취득원가를 계산하면?

• 건물주에 지급한 총매입대금	₩500,000
• 취득 및 등록세	₩50,000
• 건물A의 재산세	₩20,000
• (주)한국의 건물A 취득 관련 평균지출액	₩250,000
• (주)한국의 총차입금	₩500,000
• (주)한국의 건물A 취득 관련 특정차입금	₩100,000
(20×1년 초 차입, 이자율 15%, 20×3년 일시상환조건)	
• (주)한국의 일반차입금 자본화 이자율	10%
• (주)한국의 20×1년 발생한 일반차입금 이자비용	₩25,000

① ₩500,000 ② ₩555,000
③ ₩565,000 ④ ₩575,000
⑤ ₩580,000

해설

• 연평균지출액 = ₩250,000
• 특정차입금 차입원가 = ₩100,000 × 15% = ₩15,000
• 일반차입금 차입원가 = (₩250,000 − ₩100,000) × 10% = ₩15,000(한도: ₩25,000)
• 자본화대상 차입원가 = ₩15,000 + ₩15,000 = ₩30,000
∴ 건물 A의 취득원가 = ₩500,000 + ₩50,000 + (₩15,000 + ₩15,000) = ₩580,000
  재산세는 보유기간 중에 발생하는 후속원가에 해당되므로 당기비용으로 회계처리한다.

정답: ⑤

01 의의

유형자산을 취득하여 사용하고 있는 기간 중에 여러 가지 형태의 지출이 발생한다. 지출은 자본적 지출과 수익적 지출로 구분할 수 있다. **자본적 지출은 미래 경제적 효익의 제공기간에 비용화를 하기 위하여 지출연도에 해당 자산의 원가를 구성하는 지출이며, 수익적 지출은** 지출연도의 수익 획득에 공헌했으므로 **지출시에 비용화하는 지출이다.** 따라서 자본적 지출과 수익적 지출의 구분은 회계연도의 기간별 손익에 영향을 주는 요소이다. 한국채택국제회계기준에서는 명시적으로 자본적 지출과 수익적 지출이라는 용어를 사용하지 않으나 기업의 실무 회계처리과정에서 사용해도 무방하다.

구분	자본적 지출	수익적 지출
회계처리	(차) 유형자산 ××× (대) 현금 ×××	(차) 비용항목 ××× (대) 현금 ×××

02 한국채택국제회계기준의 입장

한국채택국제회계기준은 자본적 지출과 수익적 지출이라는 용어를 사용하지 않고 있으며 후속지출이 유형자산의 정의와 인식기준을 모두 충족하는 경우 유형자산으로 인식한다. 구체적인 예시는 다음과 같다.

(1) 일상적인 수선 · 유지와 관련하여 발생하는 원가

해당 유형자산의 장부금액에 포함하여 인식하지 않고 발생시점에서 당기비용으로 인식한다. 이러한 지출의 목적은 보통 유형자산의 수선과 유지를 위한 것이며 일반적으로 수익적 지출이라고 한다.

(2) 주요 부품이나 구성요소를 정기적으로 교체해 주는 경우

일부 유형자산의 경우 주요 부품이나 구성요소의 정기적 교체[예 용광로의 내화벽돌 교체, 항공기의 내부 설비(좌석 등) 교체]가 필요하다. 또한 유형자산이 취득된 후 반복적이지만 비교적 적은 빈도로 대체(예 건물 인테리어 벽 대체)되거나 비반복적으로 대체되는 경우도 있다.

유형자산 인식기준 충족시	해당 유형자산의 장부금액에 포함하고 교체된 부분의 장부금액은 제거
유형자산 인식기준 미충족시	발생시점에 비용으로 인식

유형자산의 인식요건

1. 자산으로부터 발생하는 미래 경제적 효익이 기업에 유입될 가능성이 높다.
2. 자산의 원가를 신뢰성 있게 측정할 수 있다.

(3) 정기적인 종합검사 과정에서 발생하는 원가

항공기와 같은 유형자산을 계속적으로 가동하기 위해서는 해당 유형자산의 일부가 대체되었는지 여부와 관계없이 결함에 대한 정기적인 종합검사가 필요할 수 있다. 정기적인 종합검사 과정에서 발생하는 원가는 다음과 같이 유형자산 인식기준 충족 여부에 따라 회계처리한다.

유형자산 인식기준 충족시	해당 유형자산의 장부금액에 포함하고 직전의 검사원가와 관련된 장부금액은 제거
유형자산 인식기준 미충족시	발생시점에 비용으로 인식

확인 및 기출예제

유형자산으로 분류되는 아파트 관리시설의 수선·유지·교체 등과 관련하여 발생하는 후속원가의 회계처리로 옳지 않은 것은?   제14회

① 일상적인 수선·유지를 위한 사소한 부품의 교체원가는 자산으로 인식될 수 없다.
② 시설 일부에 대한 교체로 인해 관리의 효율이 향상되고 교체원가가 자산 인식기준을 충족한다면 자산으로 인식한다.
③ 시설에 대한 정기적인 종합검사원가는 자산 인식기준을 충족하더라도 비용으로 처리한다.
④ 일상적인 수선·유지에서 발생하는 원가에는 시설수선·유지 인원의 노무비가 포함될 수 있다.
⑤ 설비에 대한 비반복적인 교체에서 발생하는 원가라도 자산 인식기준을 충족하면 자산으로 인식한다.

해설

시설에 대한 정기적인 종합검사과정에서 발생하는 원가는 자산 인식기준을 충족하면 자산으로 인식한다.

정답: ③

03 취득 이후 지출 분류의 오류가 미치는 영향

유형자산의 취득 이후에 지출을 자본적 지출로 처리하느냐 또는 수익적 지출로 처리하느냐에 따라 해당 자산의 내용연수에 해당되는 기간의 손익에 큰 영향을 준다.

(1) 자본적 지출을 수익적 지출로 잘못 분류한 경우

자산 과소계상, 비용 과대계상 ⇨ 순이익 과소계상 ⇨ 순자산 과소계상 ⇨ 비밀적립금현상

(2) 수익적 지출을 자본적 지출로 잘못 분류한 경우

비용 과소계상, 자산 과대계상 ⇨ 순이익 과대계상 ⇨ 순자산 과대계상 ⇨ 혼수자본현상

> **더 알아보기** | 비밀적립금과 혼수자본
>
> 1. 비밀적립금
>   자산의 과소평가, 부채의 과대평가로 회사의 실제가치가 장부에 표시되어 있는 자본가치보다 높은 경우에 존재하게 되는 비가시적인 적립금
> 2. 혼수자본
>   자산의 과대평가, 부채의 과소평가로 장부상의 자본가치가 회사의 실제가치보다 높게 평가되어 있는 경우에 존재하게 되는 순자산의 과대평가액

제4절 유형자산의 감가상각

01 의의

유형자산은 사용에 의해서 소모되거나 시간의 경과와 기술의 변화에 따른 진부화 등에 의해 경제적 효익이 감소하게 된다. 유형자산의 장부금액은 일반적으로 이러한 경제적 효익의 소멸을 반영할 수 있는 감가상각을 통하여 감소한다. 감가상각이란 유형자산의 감가상각대상금액을 그 자산의 내용연수에 걸쳐 합리적이고 체계적인 방법으로 각 회계기간에 배분하는 과정을 말한다. 즉, 감가상각은 자산의 평가과정이 아닌 **취득원가의 배분과정**이다.

(차) 감가상각비	×××	(대) 감가상각누계액	×××

● 감가상각누계액은 해당 자산에서 차감하는 형식으로 표시한다.

감가상각비는 다른 자산의 제조와 관련된 경우에는 관련 제조원가로, 그 밖의 경우에는 당기비용으로 인식한다.

02 감가상각 계산 요소

(1) 감가상각대상 금액

유형자산의 취득원가에서 잔존가치를 차감한 금액으로 유형자산의 내용연수 동안에 기간별로 배분될 총원가를 말한다.

> **감가상각대상 금액 = 취득원가 - 잔존가치**

● 미상각잔액(장부금액) = 취득원가 - 감가상각누계액

① **취득원가**: 자산을 취득하기 위하여 자산의 취득시점이나 건설시점에서 지급한 현금 또는 현금성자산이나 제공한 기타 대가의 공정가치를 말한다.

② **잔존가치**: 자산이 내용연수 종료시점에 도달하였다는 가정하에 해당 자산의 처분금액에서 추정 처분부대원가를 차감한 금액의 추정치를 말한다.

(2) 내용연수

자산의 예상 사용기간 또는 자산으로부터 획득할 수 있는 생산량이나 이와 유사한 단위를 말하며 감가상각의 대상기간이 된다. 즉, 내용연수는 얼마의 기간 동안 원가를 기간별로 배분할 것인가를 결정한다.

(3) 감가상각방법

유형자산의 경제적 효익이 소비되는 형태를 반영한 합리적인 방법이어야 하며 소멸형태가 변하지 않는 한 이를 계속 적용한다. 따라서 감가상각방법을 통하여 각 회계연도에 배분되는 원가가 얼마인가를 결정한다.

03 감가상각방법

감가상각방법은 해당 자산의 미래 경제적 효익이 소비되는 형태를 반영한 방법을 선택하여 소비형태가 변하지 않는 한 일관성 있게 적용한다. 감가상각방법은 적어도 매 회계연도 말 재검토한다. 재검토 결과 자산에 내재된 미래 경제적 효익의 예상되는 소비형태에 유의적 변동이 있다면 변동된 소비형태를 반영하기 위하여 감가상각방법을 변경한다. 이러한 변경은 회계추정의 변경으로 회계처리한다.

(1) 정액법

직선법이라고도 하며, 감가상각비가 시간과 비례관계에 있다고 보고 매기 동일한 금액을 감가상각비로 인식하는 방법이다. 이 방법은 해당 유형자산으로 인한 수익과 수선 및 유지비용이 동일하다는 가정하에서 타당성을 인정받을 수 있으나 현실적으로 맞지 않는다.

$$감가상각비 = 감가상각대상\ 금액\ (취득원가 - 잔존가치) \times \frac{1}{내용연수}$$

확인 및 기출예제

(주)한국은 20×1년 1월 1일 기계장치를 ₩100,000에 구입하였다. 이 기계장치의 추정 내용연수는 5년, 잔존가치는 취득원가의 10%이다. 정액법에 의하여 각 연도별 감가상각비, 감가상각누계액 그리고 장부금액을 계산하시오.

해설

매기 감가상각비 = (₩100,000 − ₩10,000) × 1년 / 5년 = ₩18,000

연도	연도별 감가상각비(계산식)	감가상각누계액	장부금액
20×1.12.31.	(₩100,000 − ₩10,000) × 1/5 = ₩18,000	₩18,000	₩82,000
20×2.12.31.	(₩100,000 − ₩10,000) × 1/5 = ₩18,000	₩36,000	₩64,000
20×3.12.31.	(₩100,000 − ₩10,000) × 1/5 = ₩18,000	₩54,000	₩46,000
20×4.12.31.	(₩100,000 − ₩10,000) × 1/5 = ₩18,000	₩72,000	₩28,000
20×5.12.31.	(₩100,000 − ₩10,000) × 1/5 = ₩18,000	₩90,000	₩10,000

(2) 체감상각법

내용연수 초기에는 감가상각비를 많이 계상하고 내용연수가 경과됨에 따라 점차 적게 계상하는 방법으로 정액법의 한계를 좀 더 극복한 방법이다. 즉, 초기에 감가상각비는 높고 수선유지비는 낮게 계상되며 후기로 갈수록 감가상각비는 낮고 수선유지비는 높아져서 내용연수 동안 유형자산 관련 총비용을 균등하게 발생하게 하는 것이다. 이론적 근거는 유형자산의 사용 초기에는 비교적 효율성이 높아 수익 획득 능력이 높은 반면, 시간이 경과함에 따라 진부화 등으로 인해 상대적으로 효율성과 수익 획득 능력이 떨어지기 때문이다. 즉, 수익·비용대응 관점에 따라 초기에 감가상각비를 많이 인식하여야 한다는 주장이다. 이러한 체감상각법에는 정률법, 이중체감법 그리고 연수합계법이 있다.

① 정률법

$$감가상각비 = 기초장부금액(취득원가 - 감가상각누계액) \times 상각률^*$$

* 정률법의 상각률을 정률이라고 한다.

(주)한국은 20×1년 1월 1일 기계장치를 ₩100,000에 구입하였다. 이 기계장치의 추정 내용연수는 5년, 잔존가치는 취득원가의 10%이다. 정률법에 의하여 각 연도별 감가상각비, 감가상각누계액 그리고 장부금액을 계산하시오. (단, 정률법 상각률은 0.369임)

해설

연도	연도별 감가상각비(계산식)	감가상각누계액	장부금액
20×1.12.31.	₩100,000 × 0.369 = ₩36,900	₩36,900	₩63,100
20×2.12.31.	(₩100,000 − ₩36,900) × 0.369 = ₩23,284	₩60,184	₩39,816
20×3.12.31.	(₩100,000 − ₩36,900 − ₩23,284) × 0.369 = ₩14,692	₩74,876	₩25,124
20×4.12.31.	(₩100,000 − ₩36,900 − ₩23,284 − ₩14,692) × 0.369 = ₩9,271	₩84,147	₩15,853
20×5.12.31.	₩100,000 − ₩10,000 − ₩84,147 = ₩5,853*	₩90,000	₩10,000

* 단수처리

② 이중체감법

$$감가상각비 = 기초장부금액(취득원가 - 감가상각누계액) \times 상각률^*$$

* 정액법 상각률의 2배: 이중체감률 $= \dfrac{1}{내용연수} \times 2$

(주)한국은 20×1년 1월 1일 기계장치를 ₩100,000에 구입하였다. 이 기계장치의 추정 내용연수는 5년, 잔존가치는 취득원가의 10%이다. 이중체감법에 의하여 각 연도별 감가상각비, 감가상각누계액 그리고 장부금액을 계산하시오.

해설

이중체감법에 의한 감가상각비 상각률 = 2/내용연수 = 2/5 = 40%

연도	연도별 감가상각비(계산식)	감가상각누계액	장부금액
20×1.12.31.	₩100,000 × 40% = ₩40,000	₩40,000	₩60,000
20×2.12.31.	(₩100,000 − ₩40,000) × 40% = ₩24,000	₩64,000	₩36,000
20×3.12.31.	(₩100,000 − ₩40,000 − ₩24,000) × 40% = ₩14,400	₩78,400	₩21,600
20×4.12.31.	(₩100,000 − ₩40,000 − ₩24,000 − ₩14,400) × 40% = ₩8,640	₩87,040	₩12,960
20×5.12.31.	₩100,000 − ₩10,000 − ₩87,040 = ₩2,960*	₩90,000	₩10,000

* 단수처리

정률법, 이중체감법의 감가상각비 간편법

정률법과 이중체감법은 다음과 같은 관계식을 통하여 감가상각비를 간편하게 계산할 수 있다.

> 당기 감가상각비 = 전기의 감가상각비 × (1 − 상각률*)

* 정률법의 상각률은 정률을 뜻하며, 이중체감법의 상각률은 $\dfrac{2}{\text{내용연수}}$ 이다.

정률법(또는 이중체감법)에서는 마지막 연도가 되기까지 감가상각비를 계산할 때 잔존가치를 고려할 필요가 없다

③ 연수합계법

> 감가상각비 = 감가상각대상 금액 (취득원가 − 잔존가치) × $\dfrac{\text{당해 연도 초의 잔여 내용연수}^{*1}}{\text{내용연수의 합계}^{*2}}$

*1 해당 연도 초를 기준으로 남아 있는 내용연수
*2 $1+2+3+\cdots+n$

확인 및 기출예제

(주)한국은 20×1년 1월 1일 기계장치를 ₩100,000에 구입하였다. 이 기계장치의 추정내용연수는 5년, 잔존가치는 취득원가의 10%이다. 연수합계법에 의하여 각 연도별 감가상각비, 감가상각누계액 그리고 장부금액을 계산하시오.

해설

연도	연도별 감가상각비(계산식)	감가상각누계액	장부금액
20×1.12.31.	(₩100,000 − ₩10,000) × 5/15년 = ₩30,000	₩30,000	₩70,000
20×2.12.31.	(₩100,000 − ₩10,000) × 4/15년 = ₩24,000	₩54,000	₩46,000
20×3.12.31.	(₩100,000 − ₩10,000) × 3/15년 = ₩18,000	₩72,000	₩28,000
20×4.12.31.	(₩100,000 − ₩10,000) × 2/15년 = ₩12,000	₩84,000	₩16,000
20×5.12.31.	(₩100,000 − ₩10,000) × 1/15년 = ₩6,000	₩90,000	₩10,000

감가상각 계산시 주의사항 − 계산상 출발점

1. (취득원가 − 잔존가치)에서 계산하는 방법
   정액법, 연수합계법, 생산량비례법 등

2. (취득원가 − 감가상각누계액)에서 계산하는 방법
   정률법, 이중체감법

(3) 생산량비례법

생산량비례법은 유형자산을 통해 생산 가능한 자산을 기준으로 해당 회계연도에 생산된 자산만큼만 감가상각비를 계상하는 방법이다. 따라서 유형자산의 용역잠재력 감소가 생산량과 관련이 있는 경우에 적합하다. 자산의 감가가 생산량과 비례해서 나타날 경우 수익·비용대응이 합리적이나 감가상각이 시간의 함수일 경우 적절하지 못하며 시간 경과에 따른 수선유지비를 고려하지 않고 있는 문제점이 있다.

$$감가상각비 = (취득원가 - 잔존가치) \times \frac{당기실제생산량}{추정총생산량}$$

확인 및 기출예제

(주)한국은 20×1년 1월 1일 기계장치를 ₩100,000에 구입하였다. 이 기계장치의 추정 내용연수는 5년, 잔존가치는 취득원가의 10%이다. 생산량비례법에 의하여 각 연도별 감가상각비, 감가상각누계액 그리고 장부금액을 계산하시오.

	20×1년	20×2년	20×3년	20×4년	20×5년
생산량	1,000단위	800단위	400단위	800단위	1,000단위

해설

총생산량 = 1,000단위 + 1,000단위 + 800단위 + 800단위 + 400단위 = 4,000단위

연도	연도별 감가상각비(계산식)	감가상각누계액	장부금액
20×1.12.31.	(₩100,000 − ₩10,000) × 1,000/4,000 = ₩22,500	₩22,500	₩77,500
20×2.12.31.	(₩100,000 − ₩10,000) × 800/4,000　 = ₩18,000	₩40,500	₩59,500
20×3.12.31.	(₩100,000 − ₩10,000) × 400/4,000　 = 　₩9,000	₩49,500	₩50,500
20×4.12.31.	(₩100,000 − ₩10,000) × 800/4,000　 = ₩18,000	₩67,500	₩32,500
20×5.12.31.	(₩100,000 − ₩10,000) × 1,000/4,000 = ₩22,500	₩90,000	₩10,000

04 감가상각과 관련된 기타의 문제

(1) 기중에 구입한 자산의 초년도 상각

기업이 유형자산을 구입하는 시점이 반드시 회계연도 기초나 기말이 될 수는 없다. 따라서 회계기간 중에 유형자산을 취득한 경우에는 초년도의 감가상각액을 결정하는 것이 문제가 된다. 이 경우 상각액을 결정하는 방법으로는 취득월부터 결산일까지 월할상각하는 방법을 가장 많이 사용한다.

> **확인 및 기출예제**
>
> 20×1년 7월 초 (주)한국은 토지와 건물을 ₩2,400,000에 일괄취득하였다. 취득 당시 토지의 공정가치는 ₩2,160,000이고, 건물의 공정가치는 ₩720,000이었으며, (주)한국은 건물을 본사 사옥으로 사용하기로 하였다. 건물에 대한 자료가 다음과 같을 때, 20×1년도에 인식할 감가상각비는? (단, 건물에 대해 원가모형을 적용하며 월할상각함) 제23회
>
> - 내용연수: 5년
> - 감가상각방법: 연수합계법
> - 잔존가치: ₩60,000
>
> ① ₩90,000 ② ₩110,000
> ③ ₩120,000 ④ ₩180,000
> ⑤ ₩220,000
>
> **해설**
>
> 건물의 취득원가 = ₩2,400,000 × [₩720,000/(₩2,160,000 + ₩720,000)] = ₩600,000
> ∴ 감가상각비 = (₩600,000 − ₩60,000) × 5/15 × 6/12 = ₩90,000   정답: ①

(2) 감가상각의 개시

유형자산의 감가상각은 자산이 사용 가능한 때부터 시작한다. 즉, 경영진이 의도하는 방식으로 자산을 가동하는 데 필요한 장소와 상태에 이른 때부터 감가상각을 시작한다.

(3) 감가상각의 중단과 기타

① 감가상각은 유형자산이 매각예정자산으로 분류되는(또는 매각예정으로 분류되는 처분자산집단에 포함되는) 날과 유형자산이 제거되는 날 중 이른 날에 중단한다.

> **더 알아보기** 매각예정 비유동자산
>
> 내용연수 도중에 사용을 중단하고 처분 또는 폐기할 예정이며 해당 유형자산의 장부금액이 계속 사용이 아닌 매각거래를 통해 회수될 것이라면 감가상각을 중지하고 이를 매각예정 비유동자산으로 별도로 분류하고 재무상태표에 공시한다.

따라서 유형자산이 가동되지 않거나 유휴상태가 되더라도 감가상각이 완전히 이루어지기 전까지는 감가상각을 중단하지 않는다. 그러나 유형자산의 사용 정도에 따라 감가상각을 하는 경우(예 생산량비례법)에는 생산활동이 이루어지지 않을 때 감가상각액을 인식하지 않을 수 있다.

② 유형자산의 공정가치가 장부금액을 초과하더라도 잔존가치가 장부금액을 초과하지 않는 한 감가상각은 계속 인식한다.

③ 유형자산의 잔존가치는 장부금액과 같거나 큰 금액으로 증가할 수 있다. 이 경우 유형자산의 잔존가치가 해당 자산의 장부금액 이상인 경우 잔존가치가 장부금액보다 작은 금액으로 감소될 때까지 감가상각은 영(₩0)이 된다.

(4) 자본적 지출과 감가상각

유형자산 취득 이후 해당 자산의 자본적 지출이 있을 때에는 유형자산의 장부금액이 증가한다. 자본적 지출에 의한 장부금액, 잔존가치 및 내용연수의 변화는 회계변경에 속하므로 전진법(미래처리법)에 의해 처리한다. 따라서 자본적 지출 후의 감가상각비는 변경된 장부금액, 잔존가치 및 내용연수에 입각하여 계산한다.

확인 및 기출예제

(주)한국은 20×1년 4월 초 기계장치(잔존가치 ₩0, 내용연수 5년, 연수합계법 상각)를 ₩12,000에 구입함과 동시에 사용하였다. (주)한국은 20×3년 초 동 기계장치에 대하여 ₩1,000을 지출하였는데, 이 중 ₩600은 현재의 성능을 유지하는 수선유지비에 해당하고, ₩400은 생산능력을 증가시키는 지출로 자산의 인식조건을 충족한다. 동 지출에 대한 회계처리 반영 후, 20×3년 초 기계장치 장부금액은? (단, 원가모형을 적용하며, 감가상각은 월할계산함)

제24회

① ₩5,600   ② ₩6,000
③ ₩6,200   ④ ₩6,600
⑤ ₩7,000

해설

20×3년 초 감가상각누계액 = (₩12,000 × 5/15) + (₩12,000 × 4/15 × 9/12) = ₩6,400
∴ 20×3년 초 장부금액 = (취득원가 − 감가상각누계액) + 자산인식요건 충족한 지출액
= (₩12,000 − ₩6,400) + ₩400 = ₩6,000

정답: ②

---

01 의의

유형자산은 역사적 원가로 기록하고 감가상각을 통하여 자산의 장부금액을 체계적으로 감소시키거나 보고기간 말 공정가치로 평가하여 유형자산의 장부금액을 표시한다. 그러나 해당 유형자산에 대하여 심각한 가치 하락이 발생하는 경우에는 이를 당기비용으로 반영하여 기업의 이해관계자에게 적절한 정보를 제공하는 것이 바람직하다. 따라서 매 보고기간 말마다 자산손상을 시사하는 징후가 있는지를 검토한 후, 만약 그러한 징후가 있다면 해당 자산의 회수가능액을 추정하여 손상차손을 인식한다.

02 회수가능액

회수가능액은 자산의 순공정가치와 사용가치 중 큰 금액을 말한다.

$$회수가능액 = Max[순공정가치, 사용가치]$$

순공정가치는 공정가치에서 처분부대원가를 차감한 금액이고, 사용가치는 해당 자산에서 창출될 것으로 기대되는 미래현금흐름의 현재가치를 말한다. 이 경우 순공정가치는 회사의 외부에서 형성된 가격이지만, 사용가치는 회사 내부의 자체 판단으로 추정한다는 점에서 주관적일 수 있다. 따라서 사용가치를 실제보다 큰 금액으로 추정한다면 손상차손을 회피하는 수단으로 이용할 수 있고 분식회계의 가능성이 있다.

03 손상차손 – 회수가능액의 하락

유형자산의 회수가능액이 장부금액에 미달하는 경우 자산의 장부금액을 회수가능액으로 감소시키고, 해당 감소액은 손상차손으로 인식한다.

• 손상차손 = 장부금액 − 회수가능액
[회계처리]
(차) 유형자산손상차손 　×××　　　(대) 손상차손누계액 　×××

구분	원가모형	재평가모형
손상차손 발생시	당기손익	① 재평가잉여금이 있으면 우선 상계 ② 나머지는 당기비용으로 인식

(주)한국은 20×1년 1월 1일 잔존가치 ₩0, 내용연수 5년인 기계장치를 ₩1,000,000에 구입하여 정액법으로 감가상각하기로 하였다. 20×1년 12월 31일 (주)한국은 해당 기계장치의 손상징후에 있어 손상검사를 실시하여 회수가능액을 추정한 결과 순공정가치가 ₩400,000, 사용가치가 ₩300,000이었다. 20×1년 12월 31일 인식할 손상차손은 얼마인가?

① ₩100,000
② ₩200,000
③ ₩300,000
④ ₩400,000
⑤ ₩500,000

해설

손상 직전의 장부금액 = ₩1,000,000 − (₩1,000,000 × 1/5) = ₩800,000
∴ 손상차손 = ₩800,000 − Max[₩400,000, ₩300,000] = ₩400,000

정답: ④

04 손상차손환입 – 회수가능액의 회복

과거에 인식한 손상차손이 더 이상 존재하지 않거나 감소된 것을 시사하는 징후가 있는지를 검토한다. 만약 그러한 징후가 있다면 해당 자산의 회수가능액을 측정하고 회수가능액이 장부금액보다 크다면 손상차손환입을 인식한다. 이 경우 처음부터 손상차손을 인식하지 않았다면 계상되었을 기말 장부금액을 한도로 손상차손을 환입한다.

- 손상차손환입액 = Min[회수가능액, 손상차손을 인식하지 않았다면 계상되었을 기말장부금액] − 환입 전 장부금액

[회계처리]
(차) 손상차손누계액 ×××   (대) 유형자산 손상차손환입 ×××

구분	원가모형	재평가모형
손상차손 환입시	당기손익	① 과거에 손상차손 인식액만큼 당기손익으로 인식 ② 초과하는 부분은 재평가잉여금(기타포괄손익)으로 인식

(주)한국은 20×1년 1월 1일 잔존가치 ₩0, 내용연수 5년인 기계장치를 ₩1,000,000에 구입하여 정액법으로 감가상각하기로 하였다. 20×1년 12월 31일 (주)한국은 해당 기계장치의 손상징후에 있어 손상검사를 실시하여 회수가능액을 추정한 결과 순공정가치가 ₩400,000, 사용가치가 ₩300,000이었고, 20×2년 12월 31일 기계장치의 회수가능액은 ₩800,000이다. 20×2년 말에 인식한 손상차손환입액은 얼마인가?

① ₩100,000   ② ₩200,000
③ ₩300,000   ④ ₩400,000
⑤ ₩500,000

해설

• 환입 직전의 장부금액 = ₩400,000 − (₩400,000 × 1/4) = ₩300,000
• 한도 = ₩1,000,000 − (₩1,000,000 × 2/5) = ₩600,000
기계장치의 회수가능액(₩800,000)이 한도(₩600,000)보다 크므로 환입액은 한도까지만 회복시킨다.
∴ 손상차손환입액 = ₩600,000 − ₩300,000 = ₩300,000

정답: ③

제6절 유형자산의 후속측정

01 의의

한국채택국제회계기준에서는 유형자산을 최초 인식한 후에 원가모형이나 재평가모형 중 하나의 회계정책을 유형자산의 분류별로 선택하여 적용하도록 하고 있다. 어느 모형을 선택하든 최초 인식시점의 측정은 원가로 이루어진다. 원가모형을 선택하는 경우 원가에서 감가상각누계액과 손상차손누계액을 차감한 금액으로 평가한다. 재평가모형을 선택하는 경우 유형자산은 재평가금액에서 재평가일 이후의 감가상각누계액과 손상차손누계액을 차감한 재평가금액을 장부금액으로 평가한다. 이 경우 최초로 재평가모형을 적용하는 것은 '회계변경'으로 보지 아니한다.

원가모형	당초 취득원가에서 감가상각누계액과 손상차손누계액을 차감한 금액을 유형자산의 장부금액으로 보고하는 방법
재평가모형	재무상태표 작성일의 공정가치에서 이후의 감가상각누계액과 손상차손누계액을 차감한 재평가금액을 유형자산의 장부금액으로 보고하는 방법

02 재평가모형

(1) 의의

재평가모형이란 취득일 이후 공정가치를 신뢰성 있게 측정할 수 있는 유형자산에 대하여 재평가일의 공정가치로 해당 자산금액을 수정하는 모형을 말한다. 따라서 재평가는 보고기간 말에 자산의 장부금액이 공정가치와 중요하게 차이가 나지 않도록 주기적으로 수행한다. 재평가의 빈도는 재평가되는 유형자산의 공정가치의 변동에 따라 달라진다. 따라서 중요하고 급격한 공정가치의 변동 때문에 매년 재평가가 필요한 유형자산이 있는 반면에, 공정가치의 변동이 중요하지 않아 빈번한 재평가가 필요하지 않는 유형자산도 있다.

(2) 적용

유형자산은 영업상 유사한 성격과 용도로 분류한다. 특정 유형자산을 재평가할 때 해당 자산이 포함되는 유형자산 분류 전체를 재평가한다. 예를 들어 토지만 재평가모형을 적용하고 나머지 건물이나 기계장치 등의 유형자산은 재평가모형을 적용하지 않을 수 있다. 그리고 토지에 대해서 재평가모형을 적용할 경우 일부 토지에 대해서만 재평가모형을 적용할 수 없고, 모든 토지에 대해서 재평가모형을 적용해야 한다.

또한 유형자산별로 선택적 재평가를 하거나 서로 다른 기준일의 평가금액이 혼재된 재무보고를 하는 것을 방지하기 위해 동일 분류 내의 유형자산은 동시에 재평가한다. 그러나 재평가가 단기간 수행되며 계속적으로 갱신된다면 동일한 분류에 속하는 자산을 순차적으로 재평가할 수 있다. 기업이 한번 특정의 평가모형을 선택한 경우에는 영업상 유사한 성격과 용도로 분류한 유형자산에 대하여 통일적으로 적용할 뿐만 아니라 계속적으로 적용하는 것을 원칙으로 한다.

(3) 재평가손익의 인식

재평가모형을 적용시 최초로 평가하는 경우와 이후의 평가로 구분하여 회계처리한다.

① 최초 평가시 평가증이 먼저 발생한 경우

   ㉠ 최초 평가시 장부금액보다 재평가금액이 증가한 경우 그 증가액은 기타포괄손익으로 인식한다. 동 금액은 재무상태표에 재평가잉여금(기타포괄손익누계액)으로 대체된다.

   ㉡ 최초 평가시 평가증 이후 평가감이 발생한 경우에는 그 자산에 대한 재평가잉여금의 잔액(자본잔액)을 한도로 재평가감소액을 기타포괄손익으로 인식한다. 그리고 동 금액의 자본(재평가잉여금)을 감소시킨다. 이 경우 재평가잉여금을 초과하면 당기손익(재평가손실)으로 인식한다.

② 최초 평가시 평가감이 먼저 발생한 경우

  ⊙ 최초 평가시 장부금액보다 재평가금액이 감소한 경우 평가감은 당기손익(재평가손실)으로 인식한다.

  ⓒ 최초 평가시 평가감 이후 재평가금액이 증가한 경우에는 전기에 인식한 재평가손실만큼 당기손익을 인식한다. 그리고 초과액은 기타포괄손익으로 인식하고 동 금액은 재무상태표에 재평가잉여금(기타포괄손익누계액)으로 대체된다.

최초적용	후속적용	
평가증(+) **공정가치 > 장부금액** ⇨ 기타포괄손익 [누적액] 재평가잉여금(자본항목)	상황 1	**평가증(+)** ⇨ 재평가잉여금으로 계상
	상황 2	**평가감(−)** ⇨ 먼저 재평가잉여금 감소, 초과액은 재평가손실(비용) 계상
평가감(−) **공정가치 < 장부금액** ⇨ 재평가손실(당기손익)	상황 1	**평가증(+)** ⇨ 먼저 전기에 비용처리한 재평가손실만큼 이익 계상, 초과액은 재평가 잉여금으로 계상
	상황 2	**평가감(−)** ⇨ 재평가손실(비용) 계상

핵심 콕! 콕! 다기간의 재평가모형 요약

1. 최초 평가시: 평가증인 경우

                최초적용   후속적용

                                       공정가치 1

                     (+) 기타포괄손익   (−) 기타포괄손익

  장부금액   (−) 당기손익

                                       공정가치 2

2. 최초 평가시: 평가감인 경우

                최초적용   후속적용   공정가치 2

                                         (+) 기타포괄손익

  장부금액   (−) 당기손익   (+) 당기손익

                              공정가치 1

(주)한국은 20×1년 초 토지(유형자산)를 ₩1,000에 취득하여 재평가모형을 적용하였다. 해당 토지의 공정가치가 다음과 같을 때, 토지와 관련하여 (주)한국이 20×2년 당기손익으로 인식할 금액은?

제24회

구분	20×1년 말	20×2년 말
공정가치	₩1,200	₩900

① 손실 ₩300
② 손실 ₩200
③ 손실 ₩100
④ 이익 ₩100
⑤ 이익 ₩200

해설

최초평가시 평가증(₩200)이고 후속측정시 평가감(₩300)인 상황이다. 따라서 20×2년 평가감 ₩300 중 최초평가시 인식한 재평가잉여금 ₩200을 먼저 감소시키고 나머지 하락분 ₩100은 재평가손실로 당기손익에 반영한다.

정답: ③

(4) 감가상각자산 재평가로 인한 장부금액의 변경

기계장치, 건물 등과 같은 감가상각자산은 취득원가와 감가상각누계액으로 구분되어 있으므로 재평가손익을 어느 계정에 반영해야 하는지 결정해야 한다. 따라서 재평가모형을 적용하는 경우 재평가시점의 감가상각누계액을 비례수정법 또는 감가상각누계액제거법으로 회계처리하도록 하고 있다.

> 20×3년 말 (주)한국의 기계장치 취득원가는 ₩20,000이며, 감가상각누계액은 ₩4,000이나 현재시점 기계의 공정가치는 ₩24,000이다.

① 비례수정법: 재평가 이후 자산의 장부금액이 재평가금액과 일치하도록 총장부금액을 비례적으로 수정하는 방법이다.

비례수정법에 의하여 장부금액을 조정하는 경우 20×3년 말 재평가금액을 ₩24,000으로 증가시키기 위해서는 장부금액 ₩16,000(= ₩20,000 − ₩4,000)을 ₩8,000 증가시켜야 한다. 이를 위해서 취득원가와 감가상각누계액을 각각 1.5배(= ₩24,000 / ₩16,000) 비례적으로 증가시켜야 한다. 따라서 취득원가는 ₩30,000(= ₩20,000 × 1.5), 감가상각누계액은 ₩6,000(= ₩4,000 × 1.5)이 되도록 그 차액을 증가시켜 주는 회계처리를 한다.

ⓒ 회계처리

| (차) 기계장치 | 10,000 | (대) 감가상각누계액 | 2,000 |
| | | 재평가잉여금 | 8,000 |

ⓛ 공시

<table>
<tr><td colspan="5" align="center">재무상태표</td></tr>
<tr><td>(주)한국</td><td></td><td></td><td colspan="2" align="right">20×1.12.31. 현재</td></tr>
<tr><td>[자산]</td><td></td><td></td><td>[부채]</td><td></td></tr>
<tr><td>기계장치</td><td>30,000</td><td></td><td></td><td></td></tr>
<tr><td>감가상각누계액</td><td>(6,000)</td><td>24,000</td><td>[자본]</td><td></td></tr>
<tr><td></td><td></td><td></td><td>기타포괄손익누계액</td><td></td></tr>
<tr><td></td><td></td><td></td><td>재평가잉여금</td><td>8,000</td></tr>
</table>

② 감가상각누계액제거법: 재평가시 총장부금액에서 기존의 감가상각누계액을 먼저 제거하고 유형자산의 순액을 재평가금액으로 수정하는 방법이다.

감가상각누계액제거법에 의하여 장부금액을 조정하는 경우, 현재 장부금액 ₩16,000(= ₩20,000 − ₩4,000)을 재평가금액 ₩24,000으로 증가시키기 위해 장부금액이 ₩8,000 증가되어야 한다. 이를 위해 먼저 감가상각누계액 ₩4,000을 차감시켜 장부금액이 ₩4,000 증가되도록 하고 부족한 금액 ₩4,000은 기계장치를 증가시키는 회계처리를 한다.

ⓒ 회계처리

| (차) 기계장치 | 4,000 | (대) 재평가잉여금 | 8,000 |
| 감가상각누계액 | 4,000 | | |

ⓛ 공시

<table>
<tr><td colspan="4" align="center">재무상태표</td></tr>
<tr><td>(주)한국</td><td></td><td colspan="2" align="right">20×1.12.31. 현재</td></tr>
<tr><td>[자산]</td><td></td><td>[부채]</td><td></td></tr>
<tr><td>기계장치</td><td>24,000</td><td></td><td></td></tr>
<tr><td></td><td></td><td>[자본]</td><td></td></tr>
<tr><td></td><td></td><td>기타포괄손익누계액</td><td></td></tr>
<tr><td></td><td></td><td>재평가잉여금</td><td>8,000</td></tr>
</table>

(주)한국은 20×1년 초 사무용 건물(내용연수 10년, 잔존가치 ₩0, 정액법 상각)을 ₩800,000에 취득하였다. 건물에 대해 재평가모형을 적용하고 매년 말 재평가한다. 20×1년 말 공정가치가 ₩750,000일 때, 건물과 관련하여 20×1년 말 인식할 재평가잉여금은? 제26회

① ₩30,000   ② ₩40,000   ③ ₩50,000
④ ₩75,000   ⑤ ₩80,000

해설

건물의 장부금액 = ₩800,000 − (₩800,000 × 1/10) = ₩720,000
∴ 재평가잉여금 = ₩750,000 − ₩720,000 = ₩30,000   정답: ①

(5) 재평가잉여금을 이익잉여금으로 대체

유형자산을 재평가하는 시점에서 발생하는 재평가이익은 포괄손익계산서상에 기타포괄손익으로 나타나고 해당 연도의 재무상태표상에는 기타포괄손익누계액의 재평가잉여금으로 반영된다. 재평가잉여금은 후속적으로 당기손익으로 대체(재분류)하지 않으며 다음 중 어느 하나의 방법을 선택하여 제거할 수 있다.

① **자산의 처분**: 해당 자산이 처분되거나 폐기될 때에는 더 이상 재평가잉여금으로 남아 있을 필요가 없기 때문에 이를 이익잉여금으로 대체할 수 있다.

② **자산의 사용**: 재평가대상 자산이 상각대상 자산인 경우에는 기업이 자산을 사용하는 기간 동안 자산재평가잉여금의 일부를 이익잉여금으로 대체할 수도 있다. 이 경우 재평가된 금액에 근거한 감가상각비와 최초원가에 근거한 감가상각비의 차이가 이익잉여금으로 대체되는 금액이 된다.

제7절   유형자산의 제거

유형자산은 사용이나 처분을 통하여 미래 경제적 효익이 기대되지 않을 때 제거한다. 이 경우 유형자산 관련 계정인 감가상각누계액, 손상차손누계액 등을 모두 제거해야 하며 해당 유형자산의 제거로 인하여 발생하는 손익은 순매각금액과 장부금액의 차이로 결정된다. 따라서 회계기간 중에 처분하는 경우에는 기초시점부터 매각시점까지 감가상각비를 월할계산하여 장부금액에 반영한 후 처분손익을 계산해야 함에 주의해야 한다.

유형자산처분손익 = 순매각금액 − 장부금액*

* 취득원가 − 감가상각누계액

순매각금액 관련 처분비용은 별도의 비용으로 인식하지 않고 매각금액에서 차감한 금액이며 해당 유형자산의 처분대가는 공정가치로 인식한다. 장기성채권인 경우에는 현금가격상당액으로 인식하고, 명목가치와 현금가격상당액의 차이는 현재가치할인차금으로 하여 기간별로 유효이자율법에 의하여 이자수익으로 인식한다. 유형자산의 제거로 인하여 발생하는 손익은 자산을 제거할 때 당기손익으로 인식한다.

(차) 감가상각누계액	×××	(대) 유형자산	×××
현금	×××	유형자산처분이익	×××

◉ 손상차손누계액과 정부보조금 미환입액이 있다면 처분시 함께 제거한다.

확인 및 기출예제

(주)한국은 20×1년 7월 1일 공장 내 기계장치를 ₩2,000,000에 취득하였다. 동 기계장치의 감가상각 및 처분과 관련한 내용은 다음과 같다. 유형자산처분손익은? (단, 기계장치는 원가모형을 적용하고, 감가상각비는 월할계산함)   제26회

- 감가상각: 내용연수 4년, 잔존가치 ₩200,000, 연수합계법 적용
- 처분일: 20×2년 12월 31일
- 처분금액: ₩1,000,000

① ₩10,000 손실   ② ₩80,000 손실
③ ₩100,000 이익   ④ ₩190,000 이익
⑤ ₩260,000 이익

해설

- 처분 직전 감가상각누계액
  = (₩2,000,000 − ₩200,000) × 4/10 + (₩2,000,000 − ₩200,000) × 3/10 × 6/12
  = ₩990,000
- 유형자산처분손익 = 순매각금액 − 처분 직전 장부금액
  = ₩1,000,000 − (₩2,000,000 − ₩990,000) = (₩10,000) 처분손실   정답: ①

01 경영진이 의도하는 방식으로 자산을 가동하기 위하여 필요한 장소와 상태에 이르게 하는 데 직접 관련되는 원가는 유형자산의 취득원가에 포함된다. 따라서 사업개시비용이나 관리비용도 취득원가에 포함된다. ( )

02 회사가 자산을 해체, 제거하거나 부지를 복구할 의무는 해당 의무의 발생시점에 비용으로 인식한다. ( )

03 유형자산이 정상적으로 작동되는지 여부를 시험하는 과정에서 발생하는 원가는 전액 비용으로 인식한다. ( )

04 새로운 상품과 서비스를 소개하는 데 소요되는 원가는 취득원가에 포함된다. ( )

05 기업의 영업 전부 또는 일부를 재배치하거나 재편성하는 과정에서 발생하는 원가는 유형자산의 장부금액에 포함하지 않는다. ( )

---

01 × 사업개시비용, 관리비용은 취득원가에 포함되지 않고 당기비용으로 회계처리한다.

02 × 회사가 자산을 해체, 제거하거나 부지를 복구하는 데 소요될 것으로 최초 추정되는 원가는 취득원가에 반영한다.

03 × 유형자산이 정상적으로 작동되는지 여부를 시험하는 과정에서 발생하는 원가는 직접관련원가의 예로 취득원가에 포함한다.

04 × 유형자산의 원가가 아닌 예시에 해당되므로 취득원가에 포함하지 않는다.

05 ○

06 새로운 건물을 신축할 목적으로 취득한 토지와 건물의 대가는 모두 토지의 취득원가로 처리한다. 또한 구건물 철거비용에서 부산물 매각대금을 차감한 금액은 건물의 취득원가로 처리한다.
( )

07 사용 중인 건물을 철거하고 새로운 건물을 신축하는 경우 기존 건물 장부금액은 처분손실로 철거비용은 토지의 원가로 처리한다. ( )

08 교환으로 유형자산을 취득하는 경우(공정가치법) 유형자산의 취득원가는 제공한 자산의 공정가치로 측정하고 수수되는 현금은 취득원가에 가감한다(처분손익 인식). 다만, 취득한 자산의 공정가치가 더 명백한 경우라 하더라도 취득한 자산의 공정가치로 할 수 없다. ( )

09 유형자산의 감가상각은 자산을 취득한 때부터 시작한다. 즉, 경영진이 의도하는 방식으로 자산을 가동하는 데 필요한 장소와 상태에 이른 때부터 시작한다. ( )

10 유형자산의 잔존가치를 재검토한 결과 그 금액이 유형자산의 장부금액보다 더 큰 금액으로 증가한다면, 자산의 잔존가치가 장부금액보다 작은 금액으로 감소될 때까지 유형자산의 감가상각을 계속한다. ( )

11 감가상각비 계산공식
(1) 정률법: (취득원가 − 잔존가치) × 정률 ( )
(2) 이중체감법: (취득원가 − 감가상각누계액) × 1/내용연수 ( )
(3) 연수합계법: (취득원가 − 감가상각누계액) × 당해 연도 초 잔여 내용연수/내용연수의 합계
( )

---

06 ✕ 건물의 취득원가 ⇨ 토지의 취득원가

07 ✕ 토지의 원가 ⇨ 당기비용

08 ✕ 취득한 자산의 공정가치가 더 명백한 경우에는 취득한 자산의 공정가치로 측정한다.

09 ✕ 유형자산의 감가상각은 자산이 사용 가능한 때부터 시작한다.

10 ✕ 감가상각을 계속한다. ⇨ 영(₩0)이 된다. 즉, 감가상각을 하지 않는다.

11 (1) ✕ 잔존가치 ⇨ 감가상각누계액
(2) ✕ 1/내용연수 ⇨ 2/내용연수
(3) ✕ 감가상각누계액 ⇨ 잔존가치

12 특정 유형자산을 재평가할 때, 해당 자산이 포함되는 유형자산 분류 전체를 재평가한다.

( )

13 유형자산의 손상을 인식하는 경우 회수가능액은 순공정가치와 사용가치 중 작은 금액을 말한다. 순공정가치란 공정가치에서 처분부대원가를 차감한 금액이며 사용가치는 기대되는 미래현금흐름의 현재가치를 말한다.

( )

14 유형자산의 재평가는 자산의 장부금액이 공정가치와 중요하게 차이가 나지 않도록 매 보고기간 말에 수행한다.

( )

15 최초로 재평가 적용시 자산의 장부금액이 재평가로 인하여 증가된 경우에 그 증가액은 기타포괄손익으로 인식하고 재평가잉여금의 과목으로 자본에 가산한다. 자산의 장부금액이 재평가로 인하여 감소된 경우에 그 감소액은 당기손익(재평가손실)으로 인식한다.

( )

16 자산의 장부금액이 재평가로 증가된 경우 동일한 자산에 대하여 이전에 당기손익으로 인식한 재평가감소액(재평가손실)이 있다면 그 금액을 한도로 재평가증가액만큼 기타포괄손익으로 인식한다.

( )

17 재평가잉여금은 그 자산이 제거될 때에만 해당 금액을 이익잉여금으로 대체한다. ( )

18 유형자산처분손익은 해당 자산의 순매각금액에서 처분 직전의 장부금액을 차감한 금액이다.

( )

---

12 ○

13 × 작은 금액 ⇨ 큰 금액

14 × 유형자산의 재평가는 보고기간 말에 자산의 장부금액이 공정가치와 중요하게 차이가 나지 않도록 주기적으로 수행한다.

15 ○

16 × 기타포괄손익 ⇨ 당기손익(재평가이익)

17 × 자산을 사용함에 따라 일부 대체하거나 제거될 때 전액을 대체할 수 있다.

18 ○

01 한국채택국제회계기준의 '유형자산'에 따를 경우 유형자산의 원가에 포함되는 항목은 모두 몇 개인가?

> ㉠ 유형자산의 매입 또는 건설과 직접적으로 관련되어 발생한 종업원급여
> ㉡ 설치원가 및 조립원가
> ㉢ 유형자산이 정상적으로 작동되는지 여부를 시험하는 과정에서 발생하는 원가
> ㉣ 자산을 해체, 제거하거나 부지를 복구하는 데 소요될 것으로 최초로 추정되는 원가
> ㉤ 새로운 시설을 개설하는 데 소요되는 원가
> ㉥ 기업의 영업 전부 또는 일부를 재배치하거나 재편성하는 과정에서 발생하는 원가

① 2개   ② 3개   ③ 4개
④ 5개   ⑤ 6개

02 (주)한국은 ₩1,000인 기계장치를 신용조건 2/10, n/60으로 외상취득하였다. 다음 자료를 이용하여 기계장치의 취득원가를 계산하면?

제20회, 제18회 유사

> 취득일로부터 5일 이내 구입대금을 현금지급하였다.
> • 취득시 지출된 기계장치의 운반 및 설치비   ₩80
> • 사용 이후 지출된 유지비   ₩50
> • 설치 이후 일부 재배치하는 과정에서 발생한 원가   ₩30

① ₩980   ② ₩1,000   ③ ₩1,010
④ ₩1,060   ⑤ ₩1,080

정답 | 해설

01 ③ 유형자산의 원가에 포함되는 항목은 ㉠㉡㉢㉣ 4개이다.

02 ④ 취득원가 = ₩1,000 − (₩1,000 × 0.02)* + ₩80 = ₩1,060
    * 조기지급으로 인한 할인액인 매입할인은 취득원가 차감항목이다.

03 (주)한국은 본사 신축을 위해 기존 건물이 있는 토지를 ₩500,000에 구입하였으며, 기타 발생한 원가는 다음과 같다. (주)한국의 토지와 건물의 취득원가는? 제22회

> • 구건물이 있는 토지를 취득하면서 중개수수료 ₩4,000을 지급하였다.
> • 구건물 철거비용으로 ₩5,000을 지급하였으며, 철거시 발생한 폐자재를 ₩1,000에 처분하였다.
> • 토지 측량비와 정지비용으로 ₩2,000과 ₩3,000이 각각 발생하였다.
> • 신축건물 설계비로 ₩50,000을 지급하였다.
> • 신축건물 공사비로 ₩1,000,000을 지급하였다.
> • 야외 주차장(내용연수 10년) 공사비로 ₩100,000을 지출하였다.

	토지	건물
①	₩509,000	₩1,000,000
②	₩509,000	₩1,050,000
③	₩513,000	₩1,050,000
④	₩513,000	₩1,150,000
⑤	₩514,000	₩1,150,000

04 (주)한국은 20×1년 초에 토지를 새로 구입한 후, 토지 위에 새로운 사옥을 건설하기로 하였다. 이를 위해 토지 취득 후 토지 위에 있는 창고건물을 철거하였다. 토지의 취득 후 바로 공사를 시작하였으며, 토지 취득 및 신축공사와 관련된 지출내역은 다음과 같다. 20×1년 12월 31일 현재 사옥 신축공사가 계속 진행 중이라면 건설 중인 자산으로 계상할 금액은?

• 토지의 구입가격	₩40,000
• 토지의 구입에 소요된 부대비용	₩2,600
• 토지 위의 창고 철거비용	₩1,800
• 새로운 사옥의 설계비	₩4,000
• 기초공사를 위한 땅 굴착비용	₩1,000
• 건설자재 구입비용	₩8,000
• 건설 근로자 인건비	₩3,400
• 건설자재 구입과 직접 관련된 차입금에서 발생한 이자	₩300

① ₩15,400　　　② ₩16,500　　　③ ₩16,700

④ ₩18,200　　　⑤ ₩18,500

05 (주)한국은 20×1년 초 내용연수 종료 후 원상복구 의무가 있는 구축물을 ₩500,000에 취득하였다. 내용연수 종료시점의 복구비용은 ₩100,000이 소요될 것으로 추정되며, 복구비용의 현재가치 계산에 적용될 할인율은 연 10%이다. 구축물에 대한 자료가 다음과 같을 때, 20×1년도 감가상각비와 복구충당부채전입액은? (단, 이자율 10%, 5기간에 대한 단일금액 ₩1의 현재가치는 0.6209임) 제23회

- 내용연수: 5년
- 잔존가치: ₩50,000
- 감가상각방법: 정액법

	감가상각비	복구충당부채전입액
①	₩90,000	₩6,209
②	₩90,000	₩20,000
③	₩110,000	₩6,209
④	₩102,418	₩6,209
⑤	₩102,418	₩20,000

정답 | 해설

03 ③ • 토지: ₩500,000 + ₩4,000 + (₩5,000 − ₩1,000) + ₩2,000 + ₩3,000 = ₩513,000
- 건물: ₩50,000 + ₩1,000,000 = ₩1,050,000
야외 주차장 공사비는 별도의 계정으로 회계처리해야 한다.

04 ③ 건설 중인 자산 = ₩4,000(새로운 사옥의 설계비) + ₩1,000(기초공사를 위한 땅 굴착비용)
　　　　　　　 + ₩8,000(건설자재 구입비용) + ₩3,400(건설 근로자 인건비) + ₩300(차입원가)
　　　　　　　 = ₩16,700

05 ④ • 복구비용의 현재가치 = ₩100,000 × 0.6209 = ₩62,090
- 구축물 취득원가 = ₩500,000 + ₩62,090 = ₩562,090
∴ 감가상각비 = (₩562,090 − ₩50,000) × 1/5 = ₩102,418
　 복구충당부채전입액(이자비용) = ₩62,090 × 10% = ₩6,209

06 (주)한국과 (주)대한은 사용 중인 유형자산을 상호 교환하여 취득하였다. 두 회사가 보유하고 있는 유형자산에 대한 자료는 다음과 같으며, 교환시 (주)한국이 (주)대한에 추가로 현금 ₩200,000을 지급하였다. 이들 자산간 교환취득을 상업적 실질이 있다고 가정할 경우, (주)한국이 인식할 유형자산취득원가(A)와 (주)대한이 인식할 유형자산처분이익(B)은? (단, 두 자산의 공정가치는 신뢰성 있게 측정할 수 있으며, 각 회사의 입장에서 취득한 자산의 공정가치가 더 명백하다는 증거가 없음)

구분	(주)한국	(주)대한
취득원가	₩2,250,000	₩1,500,000
감가상각누계액	₩1,250,000	₩600,000
공정가치	₩950,000	₩1,150,000

	(A)	(B)
①	₩950,000	₩250,000
②	₩950,000	₩450,000
③	₩1,050,000	₩450,000
④	₩1,150,000	₩250,000
⑤	₩1,150,000	₩450,000

07 (주)한국은 20×1년 1월 1일에 취득한 건물(내용연수 4년, 잔존가치 ₩300,000)에 대하여 연수합계법을 적용하여 감가상각비를 계상하고 있다. 이 건물에 대한 20×3년도 감가상각비가 ₩1,500,000이라고 할 때 취득원가는? 제12회, 제7회 유사

① ₩4,050,000   ② ₩5,300,000

③ ₩7,500,000   ④ ₩7,800,000

⑤ ₩15,300,000

08 (주)한국은 20×1년 1월 1일에 기계 1대를 구입하였다. 20×2년 인식해야 할 감가상각비는? (단, 결산일은 12월 31일임)

- 취득원가: ₩100,000
- 내용연수: 5년
- 정률법으로 상각
- 잔존가치: ₩16,810
- 정률: 30%

---

① ₩14,700
② ₩14,870
③ ₩19,000
④ ₩21,000
⑤ ₩30,000

정답 | 해설

06 ④ • (주)한국의 유형자산취득원가(A) = ₩950,000 + ₩200,000 = ₩1,150,000
  • (주)대한의 유형자산처분이익(B) = ₩1,150,000 − (₩1,500,000 − ₩600,000) = ₩250,000

07 ④ 20×3년 감가상각비 = (x − ₩300,000) × 2/10 = ₩1,500,000
  ∴ 취득원가(x) = ₩7,800,000

08 ④ 20×1년 감가상각비 = ₩100,000 × 30% = ₩30,000
  ∴ 20×2년 감가상각비 = (₩100,000 − ₩30,000) × 30% = ₩21,000
  ○ 간편법
    20×2년 감가상각비 = ₩100,000 × 30% × (1 − 30%) = ₩21,000

09 다음은 (주)한국의 20×2년 말 수정전시산표의 일부이다.

	차변	대변
비품	₩100,000	
감가상각누계액(비품)		₩40,000

비품은 20×1년 초에 구입한 것이며, 정률법을 이용하여 감가상각하고 있다. 기말수정분개 후 20×2년 말 비품의 장부금액은? 제14회

① ₩24,000　　　　　　　② ₩36,000

③ ₩60,000　　　　　　　④ ₩64,000

⑤ ₩100,000

10 (주)한국은 20×1년 7월 1일 차량운반구(내용연수 5년, 잔존가치 ₩1,000)를 ₩10,000에 취득하였다. 이 차량운반구에 대해 감가상각방법으로 이중체감법을 적용할 경우, 20×2년도 감가상각비는? (단, 감가상각은 월할상각함) 제17회

① ₩2,000　　　　　　　② ₩2,880

③ ₩3,200　　　　　　　④ ₩3,600

⑤ ₩4,000

11 (주)한국은 20×1년 4월 1일에 기계장치(취득원가 ₩1,200,000, 내용연수 5년, 잔존가치 ₩0)를 취득하여 연수합계법으로 감가상각하였다. 20×2년 말 기계장치의 감가상각누계액은? (단, 원가모형을 적용하며, 감가상각은 월할상각함) 제21회

① ₩100,000　　　　　　　② ₩240,000

③ ₩320,000　　　　　　　④ ₩640,000

⑤ ₩690,000

12 (주)한국은 20×1년 7월 1일 제품생산에 필요한 기계장치를 ₩600,000에 취득(내용연수 4년, 잔존가치 ₩100,000)하였다. 동 기계장치를 연수합계법을 적용하여 감가상각할 때, 20×4년 포괄손익계산서에 보고할 감가상각비는? (단, 원가모형을 적용하고 손상차손은 없으며, 감가상각은 월할계산함)

① ₩25,000   ② ₩75,000

③ ₩90,000   ④ ₩125,000

⑤ ₩150,000

정답 | 해설

09 ② 주어진 자료는 20×2년 수정전시산표상 잔액이므로 20×2년도 감가상각비가 계상되기 전의 금액임에 주의한다.
- 20×1년 감가상각비 = ₩100,000 × x = ₩40,000
  ⇨ 정률(x) = 40%
- 20×2년 감가상각비 = (₩100,000 − ₩40,000) × 40% = ₩24,000
  ∴ 20×2년 말 장부금액 = 취득원가 − 감가상각누계액
  = ₩100,000 − (₩40,000 + ₩24,000) = ₩36,000

10 ③ • 이중체감률 = 2/5 = 0.4
- 20×1.7.1. ~ 20×1.12.31. 인식할 감가상각비 = ₩10,000 × 0.4 × 6/12 = ₩2,000
  ∴ 20×2년 인식할 감가상각비 = (₩10,000 − ₩2,000) × 0.4 = ₩3,200

11 ④ 20×1.4.1.~20×2.12.31. 감가상각누계액
= (₩1,200,000 × 5/15) + (₩1,200,000 × 4/15 × 9/12)
= ₩640,000

12 ② 20×4년 감가상각비
= (₩600,000 − ₩100,000) × 2/10 × 6/12 + (₩600,000 − ₩100,000) × 1/10 × 6/12
= ₩75,000

13 (주)한국은 20×1년 10월 1일 자산 취득 관련 정부보조금 ₩100,000을 수령하여 취득원가 ₩800,000의 기계장치(내용연수 4년, 잔존가치 ₩0, 정액법 상각, 원가모형 적용)를 취득하였다. 정부보조금에 부수되는 조건은 이미 충족되어 상환의무는 없으며, 정부보조금은 자산의 장부금액에서 차감하는 방법으로 회계처리한다. 20×1년 포괄손익계산서에 인식할 감가상각비는? (단, 감가상각비는 월할계산하며, 자본화는 고려하지 않음)　제25회

① ₩43,750 　　　　　　　　② ₩45,000
③ ₩46,250 　　　　　　　　④ ₩47,500
⑤ ₩50,000

14 (주)한국은 20×1년 초에 상환의무가 없는 정부보조금 ₩100,000을 수령하여 기계장치를 ₩200,000에 취득하였으며, 기계장치에 대한 자료는 다음과 같다.

- 내용연수: 5년
- 잔존가치: ₩0
- 감가상각방법: 정액법

정부보조금을 자산의 장부금액에서 차감하는 방법으로 회계처리할 때, 20×1년 말 재무상태표에 표시될 기계장치의 장부금액은?　제23회

① ₩60,000 　　　　　　　　② ₩80,000
③ ₩100,000 　　　　　　　　④ ₩160,000
⑤ ₩200,000

15 (주)한국은 유형자산에 대하여 재평가모형을 사용하고 있으며, 토지를 20×1년 초 ₩500,000에 취득하였다. 20×1년 말 재평가 결과 토지의 공정가치는 ₩450,000 이었고, 20×2년 말 재평가 결과 토지의 공정가치가 ₩525,000인 경우, 20×2년 말 당기손익에 포함될 자산재평가이익과 자본항목에 표시될 재평가잉여금은?

	자산재평가이익	재평가잉여금
①	₩0	₩25,000
②	₩25,000	₩50,000
③	₩50,000	₩25,000
④	₩75,000	₩75,000
⑤	₩100,000	₩50,000

정답 | 해설

13 ① ● 간편법
20×1년 감가상각비 = (₩800,000 − ₩100,000) × 1/4 × 3/12 = ₩43,750

14 ② 20×1년 말 장부금액 = (₩200,000 − ₩100,000) × 4/5 = ₩80,000

15 ③ • 20×1년: ₩450,000 − ₩500,000 = (−)₩50,000 재평가손실
 • 20×2년: ₩525,000 − ₩450,000 = ₩75,000 중 전년도 재평가손실로 인식한 만큼 ₩50,000 당기이익으로 인식하고 나머지 ₩25,000이 기타포괄손익으로 인식하고 자본의 재평가잉여금으로 인식한다.

16 (주)한국은 20×1년 초에 ₩15,000을 지급하고 항공기를 구입하였다. 20×1년 말 항공기의 감가상각누계액은 ₩1,000이며, 공정가치는 ₩16,000이다. 감가상각누계액을 전액 제거하는 방법인 재평가모형을 적용하고 있으며 매년 말 재평가를 실시하고 있다. 20×2년 말 항공기의 감가상각누계액은 ₩2,000이며, 공정가치는 ₩11,000이다. 상기의 자료만을 근거로 도출된 설명으로 옳지 않은 것은? (단, 재평가잉여금을 해당 자산을 사용하면서 이익잉여금으로 대체하는 방법을 선택하고 있지 않음)

① 20×1년 말 재평가잉여금은 ₩2,000이다.
② 20×1년 말 항공기의 장부금액은 ₩16,000이다.
③ 20×2년에 인식하는 재평가손실은 ₩3,000이다.
④ 20×2년에 인식하는 재평가손실은 포괄손익계산서의 비용항목으로 당기순이익에 영향을 준다.
⑤ 재무상태표상의 재평가잉여금은 당기손익으로 분류하지 않는 항목이다.

17 다음은 유형자산 재평가에 대한 설명이다. 옳지 않은 것은?

① 유형자산에 대해서 원가모형과 재평가모형 중 선택이 가능하다.
② 재평가모형을 최초로 적용할 경우에 한하여 회계정책의 변경으로 보지 않고 유형자산의 장부금액을 공정가치로 수정한다.
③ 재평가의 빈도는 보고기간 말마다 평가하며 평가손익은 기타포괄손익으로 인식한다.
④ 특정 유형자산을 재평가할 때 해당 자산이 포함된 유형자산 분류 전체를 재평가한다.
⑤ 동일 분류 내의 유형자산은 동시에 재평가한다. 그러나 재평가가 단기간에 수행되며 계속적으로 갱신된다면 동일한 분류에 속하는 자산을 순차적으로 재평가할 수 있다.

18 (주)한국은 20×1년 1월 1일에 기계장치를 취득하고 원가모형을 적용하여 감가상각하고 있다. 기계장치와 관련된 자료는 다음과 같다.

- 취득원가: ₩2,000,000
- 내용연수: 6년
- 잔존가치: ₩200,000
- 감가상각방법: 정액법

20×3년 말 기계장치에 대해 손상이 발생하였으며 손상 시점의 순공정가치는 ₩600,000이고 사용가치는 ₩550,000이다. 20×3년 말 손상차손 인식 후 장부금액은?

① ₩550,000

② ₩600,000

③ ₩650,000

④ ₩700,000

⑤ ₩800,000

정답 | 해설

16 ③ 20×1년: ₩16,000 − (₩15,000 − ₩1,000) = ₩2,000 재평가잉여금
20×2년 말: ₩11,000 − (₩16,000 − ₩2,000) = (₩3,000)
평가감 ₩3,000 중 재평가잉여금 ₩2,000을 우선 감소시키고 나머지 ₩1,000은 재평가손실로 당기비용 처리한다.

17 ③ 재평가의 빈도는 유형자산의 공정가치 변동에 따라 달라지며, 경우에 따라 매년 재평가가 필요할 수도 있고 3년이나 5년마다 재평가하는 것도 가능하다. 또한 최초 평가시 평가증은 기타포괄손익으로, 평가감은 당기비용으로 각각 인식한다.

18 ② 손상차손 인식 후 장부금액은 회수가능금액(₩600,000)이 된다.
[보충]
- 손상 직전 장부금액 = ₩2,000,000 − [(₩2,000,000 − ₩200,000) × 3/6] = ₩1,100,000
- 손상차손 = ₩1,100,000 − Max[₩600,000, ₩550,000] = ₩500,000
- ∴ 손상 인식 후 장부금액 = ₩2,000,000 − ₩900,000 − ₩500,000 = ₩600,000

19 (주)한국은 20×1년 초 기계장치(취득원가 ₩180,000, 내용연수 3년, 잔존가치 없음, 연수합계법 적용)를 취득하였다. (주)한국은 기계장치에 대하여 원가모형을 적용하고 있다. 20×1년 말 기계장치의 순공정가치는 ₩74,000이고 사용가치는 ₩70,000이다. (주)한국이 20×1년 말 기계장치와 관련하여 인식해야 할 손상차손은? (단, 20×1년 말 기계장치에 대해 자산손상을 시사하는 징후가 있음)

제22회, 제21회 유사

① ₩4,000
② ₩16,000
③ ₩20,000
④ ₩46,000
⑤ ₩50,000

20 한국채택국제회계기준 '유형자산'에서 규정하고 있는 재평가모형과 관련된 설명으로 옳지 않은 것은?

① 최초 인식 후에 공정가치를 신뢰성 있게 측정할 수 있는 유형자산은 재평가일의 공정가치에서 이후의 감가상각누계액과 손상차손누계액을 차감한 재평가금액을 장부금액으로 한다.

② 자산의 장부금액이 재평가로 인하여 증가된 경우에 그 증가액은 기타포괄손익으로 인식하고 재평가잉여금의 과목으로 자본에 가산한다. 그러나 동일한 자산에 대하여 이전에 당기손익으로 인식한 재평가감소액이 있다면 그 금액을 한도로 재평가증가액만큼 당기손익으로 인식한다.

③ 자산의 장부금액이 재평가로 인하여 감소된 경우에 그 감소액은 당기손익으로 인식한다. 그러나 그 자산에 대하여 재평가잉여금의 잔액이 있다면 그 금액을 한도로 재평가감소액을 기타포괄손익으로 인식한다.

④ 재평가잉여금은 그 자산이 제거될 때 당기손익으로 인식한다.

⑤ 유형자산을 취득한 후의 평가방법은 원가모형과 재평가모형 중 선택할 수 있다.

21 유형자산의 회계처리에 관한 설명으로 옳은 것은?

제27회

① 자산을 해체, 제거하거나 부지를 복구하는 의무를 부담하게 되는 경우 의무이행에 소요될 것으로 최초에 추정되는 원가를 취득시 비용으로 처리한다.

② 정기적인 종합검사 과정에서 발생하는 원가가 인식기준을 충족하더라도 유형자산의 일부가 대체되는 것은 해당 유형자산의 장부금액에 포함하지 않는다.

③ 적격자산의 취득, 건설 또는 생산과 직접 관련된 차입원가는 발생기간에 비용으로 인식하여야 한다.

④ 재평가모형을 적용하는 유형자산의 손상차손은 해당 자산에서 생긴 재평가잉여금에 해당하는 금액까지는 기타포괄손익으로 인식한다.

⑤ 상업적 실질이 결여된 교환거래에서 취득한 자산의 취득원가는 제공한 자산의 공정가치로 측정한다.

정답 | 해설

19 ② • 손상 직전의 감가상각누계액 = ₩180,000 × 3/6 = ₩90,000
 • 손상 직전의 장부금액 = ₩180,000 − ₩90,000 = ₩90,000
 ∴ 손상차손 = ₩90,000 − Max[₩74,000, ₩70,000] = ₩16,000

20 ④ 재평가잉여금은 후속적으로 당기손익으로 분류되지 않고 그 자산이 제거될 때 또는 사용하는 중에 <u>이익잉여금으로 대체될 수 있다.</u>

21 ④ ① 복구원가는 원상복구를 위하여 유형자산으로 계상된 시설물을 제거, 해체하거나 또는 부지를 복원하는데 소요될 것으로 최초 추정되는 원가를 말한다. 이 경우 최초 인식시점에서 예상되는 자산의 복구원가는 충당부채 인식요건을 충족하면 <u>유형자산의 최초원가에 가산한다.</u>
 ② 유형자산의 일부를 대체할 때 발생하는 원가가 인식기준을 충족하는 경우에는 이를 해당 유형자산의 <u>장부금액에 포함하여 인식한다.</u>
 ③ 적격자산에 대한 차입원가는 자산의 취득과 관련된 원가이므로 <u>자산의 인식요건을 만족하는 경우에 자산 원가의 일부로 자본화해야 한다.</u>
 ⑤ 상업적 실질이 결여된 교환거래에서 취득한 자산의 취득원가는 제공한 자산의 <u>장부금액으로 측정한다.</u>

22 유형자산에 관한 설명으로 옳지 않은 것은? 제26회

① 새로운 시설을 개설하는 데 소요되는 원가는 유형자산의 취득원가에 포함되지 않는다.

② 기업의 영업 전부를 재배치하는 과정에서 발생하는 원가는 유형자산의 장부금액에 포함하지 않는다.

③ 유형자산의 감가상각액은 다른 자산의 장부금액에 포함될 수 있다.

④ 사용 중인 유형자산의 정기적인 종합검사에서 발생하는 원가는 모두 당기비용으로 처리한다.

⑤ 유형자산에 내재된 미래 경제적 효익의 예상 소비형태가 유의적으로 달라졌다면 감가상각법을 변경한다.

23 (주)대한은 20×1년 1월 1일 유형자산(취득원가 ₩10,000, 내용연수 4년, 잔존가치 ₩0)을 취득하고 이를 연수합계법으로 상각해왔다. 그 후 20×2년 12월 31일 동 자산을 ₩4,000에 처분하였다. 동 유형자산의 감가상각비와 처분손익이 20×2년 당기순이익에 미치는 영향의 합계는? 제18회

① ₩4,000 감소   ② ₩3,000 감소

③ ₩2,000 감소   ④ ₩1,000 감소

⑤ ₩1,000 증가

24 (주)한국은 20×1년 초 취득하고 즉시 사용한 기계장치(정액법 상각, 내용연수 4년, 잔존가치 ₩2,000, 원가모형 선택)를 20×4년 초 현금 ₩16,000에 처분하면서 유형자산처분이익 ₩1,500을 인식하였을 때, 기계장치의 취득원가는? (단, 손상 및 추가지출은 없음) 제27회

① ₩50,000   ② ₩52,000

③ ₩54,000   ④ ₩56,000

⑤ ₩58,000

25 (주)한국은 20×1년 5월 1일 기계장치를 ₩4,000,000에 취득하였다. 추정 잔존가치는 취득원가의 10%, 내용연수는 3년, 감가상각방법은 연수합계법이며 감가상각비는 월할로 계산한다. (주)한국이 이 기계장치를 20×2년 8월 31일 ₩2,000,000에 처분한 경우 처분시점의 감가상각누계액과 처분손익은? (단, 원가모형을 적용하며 손상차손은 없다고 가정함)

① 감가상각누계액 ₩1,000,000, 처분손실 ₩1,000,000
② 감가상각누계액 ₩1,800,000, 처분손실   ₩200,000
③ 감가상각누계액 ₩2,200,000, 처분이익   ₩200,000
④ 감가상각누계액 ₩2,600,000, 처분이익   ₩600,000
⑤ 감가상각누계액 ₩2,000,000, 처분손실   ₩300,000

정답 | 해설

22 ④ 인식기준을 충족하는 종합검사원가는 <u>유형자산의 장부금액에 포함하여 인식한다.</u>

23 ③ (1) 유형자산처분손익
　　　• 처분 직전의 감가상각누계액 = ₩10,000 × (4 + 3)/10 = ₩7,000
　　　• 처분손익 = 처분금액 − 처분 직전의 장부금액
　　　　　　= ₩4,000 − (₩10,000 − ₩7,000) = ₩1,000(수익)
　　(2) 20×2년도 감가상각비 = ₩10,000 × 3/10 = ₩3,000(비용)
　　∴ 당기순이익에 미치는 영향 = (1) + (2) = ₩2,000 감소

24 ② • 유형자산처분이익 = 처분금액 − 처분 직전 장부금액
　　　　　　　　= ₩16,000 − 처분 직전 장부금액 = ₩1,500
　　　⇨ 처분 직전 장부금액 = ₩14,500
　　• 처분 직전 장부금액 = 취득원가 − 감가상각누계액
　　　　　　　　= x − (x − ₩2,000) × 3/4 = ₩14,500
　　∴ 취득원가(x) = ₩52,000

25 ③ • 처분 직전의 감가상각누계액
　　　= [(₩4,000,000 × 0.9) × 3/6] + [(₩4,000,000 × 0.9) × 2/6 × 4/12]
　　　= ₩2,200,000
　　• 처분손익 = 처분금액 − 처분 직전 장부금액
　　　　　　= ₩2,000,000 − (₩4,000,000 − ₩2,200,000)
　　　　　　= ₩200,000(처분이익)

제 6 장 무형자산

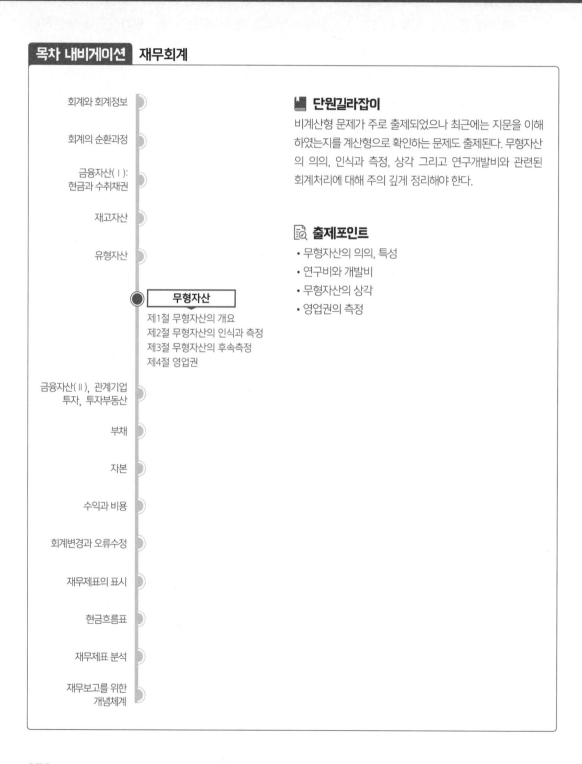
📖 단원길라잡이

비계산형 문제가 주로 출제되었으나 최근에는 지문을 이해하였는지를 계산형으로 확인하는 문제도 출제된다. 무형자산의 의의, 인식과 측정, 상각 그리고 연구개발비와 관련된 회계처리에 대해 주의 깊게 정리해야 한다.

🔎 출제포인트

- 무형자산의 의의, 특성
- 연구비와 개발비
- 무형자산의 상각
- 영업권의 측정

01 의의

무형자산은 재화의 생산이나 용역의 제공, 타인에 대한 임대 또는 관리에 사용할 목적으로 기업이 보유하고 있으며, 물리적 실체가 없지만 식별 가능하고 기업이 통제하고 있으며 미래 경제적 효익이 있는 비화폐성 자산을 말한다. 또한 물리적 실체가 없고 미래의 경제적 효익에 불확실성이 존재한다는 점을 제외하고는 유형자산과 동일한 기능을 갖고 있다. 현대 산업이 정보화·지식화되면서 무형자산과 지식자산의 중요성이 점차 증대되고 있다. 이와 같은 무형자산 항목이 재무상태표에 보고되기 위해서는 무형자산의 정의와 인식요건을 충족시켜야 한다.

02 무형자산으로 정의되기 위한 요건

기준서 제1038호 '무형자산'에서는 무형자산의 정의를 충족하기 위해 3가지 요건을 다음과 같이 제시하고 있다.

(1) 식별가능성

해당 자산이 기업실체나 다른 자산으로부터 분리될 수 있거나 법적 권리를 창출할 수 있는 경우 등을 의미한다. 다음 중 하나에 해당하는 경우에 식별 가능하다고 판단한다.

① 분리가능성: 기업과 분리되어 매각, 임대, 교환 등이 가능하다. 기업의 의도와는 무관하게 기업에서 분리하거나 분할할 수 있고, 개별적으로 또는 관련된 계약, 식별 가능한 자산이나 부채와 함께 매각, 이전, 라이선스, 임대, 교환할 수 있다.

② 계약상 또는 법적 권리의 존재: 자산이 계약상 권리 또는 기타 법적 권리로부터 발생한다. 이 경우 그러한 권리가 이전 가능한지 또는 기업이나 기타 권리와 의무에서 분리 가능한지 여부는 고려하지 아니한다. 사업결합에서 발생하는 영업권은 분리 가능하지 않으므로 기준서 제1038호 '무형자산'의 정의에 부합되지 않으나 기준서 제1103호 '사업결합'에서 무형자산으로 구분한다.

> **핵심 콕! 콕! 무형자산기준서에 의한 무형자산과 영업권**
>
> 영업권은 식별불능자산으로 개별적으로 식별할 수 없지만, 사업결합에서 획득한 그 밖의 자산에서 발생하는 미래 경제적 효익을 나타내는 자산을 말한다. 따라서 영업권은 식별불능자산이므로 기준서 제1038호 무형자산이 아닌 기준서 제1103호 '사업결합'의 규정에 따라 자산으로 인식한다.

(2) 자원에 대한 통제

특정 기업이 그 무형자산이 창출하는 미래 경제적 효익을 배타적으로 확보할 수 있다는 것을 말한다. 즉, 다른 기업(제3자)이 그 효익에 접근하는 것을 제한할 수 있다면 특정 실체가 자산을 통제하고 있는 것이다. 이러한 통제는 주로 법적인 권리로부터 나오며 법적인 권리가 없는 경우에는 통제를 입증하기 어렵다. 그러나 다른 방법으로도 미래 경제적 효익을 통제할 수 있기 때문에 권리의 법적 집행가능성이 반드시 있어야만 하는 것은 아니다. 숙련된 종업원이나 교육훈련을 통해 습득된 기술 향상 등은 무형자산을 인식하기에 충분한 통제를 가지고 있다고 볼 수 없으므로 무형자산의 정의를 충족할 수 없다. 또한 고객관계나 고객충성도의 경우도 법적 권리나 통제할 기타 방법이 없다면 일반적으로 해당 항목이 무형자산의 정의를 충족하기에 기업이 충분한 통제를 가지고 있지 않다.

(3) 미래 경제적 효익의 존재

무형자산의 미래 경제적 효익은 재화의 매출이나 용역수익, 원가절감 또는 자산의 사용에 따른 기타의 효익과 같은 형태로 발생할 수 있다(예 제조과정에서 지적재산을 사용하면 미래 제조원가를 감소시킬 수 있다).

03 종류

무형자산은 기업의 영업활동에서 유사한 성격과 용도를 가진 자산끼리 묶어서 다음과 같이 분류한다. 즉, 무형자산은 기업의 성격에 따라 다양하게 분류할 수 있다.

> **더 알아보기** 한국채택국제회계기준에서 제시하는 무형자산의 분류
>
> 1. 브랜드명
> 2. 제호와 출판표제
> 3. 컴퓨터소프트웨어
> 4. 라이선스와 프랜차이즈
> 5. 저작권, 특허권, 기타 산업재산권, 용역운영권
> 6. 기법, 방식, 모형, 설계, 시제품
> 7. 개발 중인 무형자산
> 8. 영업권

(1) 브랜드

브랜드는 특정한 판매자의 제품 및 서비스를 식별하는 데 사용되는 명칭, 기호, 디자인 등을 총칭하는 용어로, 이 중에서 말로 표현되는 것을 브랜드명이라 하며 기호, 디자인 등과 같이 말로 표현이 안 되는 것을 브랜드마크라고 한다. 이와 같은 브랜드명과 브랜드마크 중에서 그 배타적인 사용이 법적으로 보증되어 있는 것을 상표라고 한다. 이 경우

독창적인 상표를 얻을 경우에 소요된 비용을 자본화하여 상표법에 의한 법률상의 권리를 나타낸 것을 상표권이라고 한다.

(2) 컴퓨터소프트웨어

외부에서 소프트웨어를 구입하는 경우 지출한 비용 중 자산의 인식요건을 충족하는 금액을 말한다. 내부에서 개발된 소프트웨어의 경우에는 개발비의 자산인식요건을 모두 충족하는 경우에만 무형자산으로 계상할 수 있다.

(3) 라이선스 및 프랜차이즈

라이선스는 특정 기술이나 지식을 일정 기간 동안 이용하기로 한 것을 말하고, 프랜차이즈는 특정 상품이나 용역 등을 일정한 지리적 관할권 내에서 독점적으로 영업할 수 있는 권리를 말한다.

(4) 저작권 및 산업재산권

저작권은 문학·학술·예술의 범위에 속하는 창작물(예 영화, 음반, 서적 등)을 독점적·배타적으로 사용할 수 있는 권리를 말하고, 산업재산권은 법률에 의하여 일정 기간 독점적·배타적으로 이용할 수 있는 권리(예 특허권, 실용신안권, 디자인권, 상표권, 상호권 등)를 말한다.

(5) 개발비

제조 비법, 공식, 모델, 디자인 및 시작품 등의 개발과 관련하여 발생한 비용으로, 개별적으로 식별 가능하고 미래 경제적 효익을 확실히 기대할 수 있으며 사용하거나 판매할 의도가 있어서 자산인식요건을 충족하는 지출을 말한다. 만약 요건에 충족하지 못하면 발생시점에서 경상개발비(비용)로 회계처리한다.

(6) 영업권

인수, 합병, 영업양수 등 사업결합시 인수한 순자산의 공정가치에 비해 합병대가를 더 많이 지급한 경우 그 차액을 의미한다. 따라서 영업권은 다른 무형자산과 달리 기업과 분리하여 독립적으로 식별될 수 있는 자산이 아니다.

◉ 영업권은 식별 불능 무형자산에 해당된다.

(7) 임차권리금

임대인이 임차인으로부터 토지, 건물의 임대차에 부수하여 그 부동산이 가지는 특수한 장소적 이익의 대가로서 수취하는 것을 말한다.

◉ 임차보증금이 아님을 주의해야 한다.

다음은 (주)한국의 20×1년 12월 31일 수정후시산표의 잔액이다. 다음의 자료에 근거하여 20×1년 12월 31일 무형자산의 총액을 계산하면 얼마인가?

• 창업비	₩245,000	• 실용신안권	₩90,000
• 전세보증금	₩125,000	• 상품권	₩132,000
• 경상개발비	₩100,000	• 개발비	₩95,000
• 영업권	₩715,000	• 염가매수차익	₩7,000

① ₩893,000   ② ₩900,000

③ ₩1,138,000   ④ ₩1,145,000

⑤ ₩1,445,000

해설

무형자산 = 영업권 + 실용신안권 + 개발비
            = ₩715,000 + ₩90,000 + ₩95,000 = ₩900,000
염가매수차익은 당기손익에 반영되므로 무형자산에 포함되지 않는다.   정답: ②

제2절   무형자산의 인식과 측정

01 인식

무형자산으로 인식되기 위해서는 무형자산의 정의를 충족해야 하며, 추가로 다음의 인식조건을 모두 충족해야 한다.
① **효익의 유입가능성**: 자산으로부터 발생하는 미래 경제적 효익이 기업에 유입될 가능성이 높다.
② **측정가능성**: 자산의 원가를 신뢰성 있게 측정할 수 있다.

02 측정

기업이 무형자산을 최초로 인식할 때 원가로 측정한다. 그러나 무형자산에 대한 지출로서 과거 연도의 재무제표나 중간재무제표에서 비용으로 인식한 지출은 그 후의 기간에 무형자산의 취득원가로 소급하여 인식할 수 없다. 또한 사업개시원가, 조직개편비, 교육훈련비 및 광고선전비는 발생시점에 비용으로 인식한다.

(1) 개별취득

① **기본원칙:** 무형자산의 취득원가는 해당 자산의 구입원가와 자산을 사용할 수 있도록 준비하는 데 직접 관련되는 지출을 말하며 매입할인 등을 차감한 금액을 뜻한다.

> 취득원가 = 구입가격 + 의도한 목적에 사용할 수 있도록 준비하는 데 직접 관련된 원가

◎ 취득시점이나 생산시점에 지급한 현금 및 현금성자산 또는 제공하거나 부담할 기타 대가의 공정가치 + 취득과 관련한 관세 등 제세공과금 − 매입할인, 리베이트

> **더 알아보기** **자산을 의도한 목적에 사용할 수 있도록 준비하는 데 직접 관련된 원가**
>
> 1. 자산을 사용 가능한 상태로 만드는 데 직접적으로 발생하는 종업원급여
> 2. 자산을 사용 가능한 상태로 만드는 데 직접적으로 발생하는 전문가 수수료
> 3. 자산이 그 기능을 적절하게 발휘하는지 검사하는 데 발생하는 원가

② **원가가 아닌 항목**
  ㉠ 무형자산을 사용하거나 재배치하는 데 발생하는 원가
  ㉡ 경영자가 의도하는 방식으로 운용될 수 있으나 아직 사용하지 않고 있는 기간에 발생한 원가
  ㉢ 자산의 산출물에 대한 수요가 확립되기 전까지 발생한 손실과 같은 초기 영업손실
  ㉣ 새로운 제품이나 용역의 홍보원가(광고와 판매촉진활동원가 포함)
  ㉤ 새로운 지역에서 또는 새로운 계층의 고객을 대상으로 사업을 수행하는 데서 발생하는 원가(교육훈련비 포함)
  ㉥ 관리원가와 기타 일반경비원가

③ **취득원가 인식의 중지:** 무형자산이 경영자가 의도하는 방식으로 운용될 수 있는 상태에 이르면 중지한다. 부수적인 영업활동은 자산을 경영자가 의도하는 방식으로 운영될 수 있는 상태에 이르도록 하는 데 반드시 필요한 것은 아니기 때문에 부수적인 영업활동과 관련된 수익과 비용은 즉시 당기손익으로 인식하며, 각각의 해당 손익계정에 분류한다.

(2) 사업결합으로 인한 취득

사업결합으로 취득한 무형자산의 원가는 사업결합일의 공정가치로 한다. 무형자산의 공정가치는 취득일에 그 자산이 갖는 미래 경제적 효익이 기업에 유입될 확률에 대한 시장참여자의 기대를 반영한 것이다.

◎ 개별취득, 사업결합으로 인한 취득 이외에 정부보조에 의한 취득과 자산의 교환으로 인한 취득이 있는데 이는 제5장 유형자산의 취득원가결정에서 설명하고 있다.

(3) 내부적으로 창출한 무형자산

① 의의: 내부적으로 창출한 무형자산에는 개발비와 영업권 등이 있다. 이 중 내부적으로 창출한 영업권은 자산으로 인식하지 아니하며, 내부적으로 창출한 영업권을 제외한 무형자산은 인식기준을 충족시키기 위해 연구단계와 개발단계로 구분한다.

② 연구단계와 개발단계의 구분

    ⊙ 연구단계는 새로운 과학적·기술적 지식을 얻거나 연구결과를 탐색하여 신제품이나 신기술 개발가능성을 탐색하는 단계를 말한다.

    ⓒ 개발단계는 연구활동의 결과를 상업적으로 또는 영업활동 영역으로 발전시켜 나가기 위한 활동으로 생산계획 또는 생산을 위한 설계에 적용하는 활동을 말한다.

신제품 개발과정에서의 원가 구분

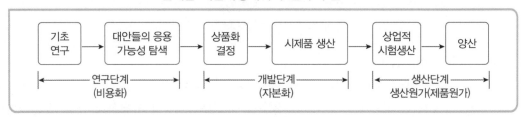

연구단계	개발단계
• 새로운 지식을 얻고자 하는 활동 • 연구결과 또는 기타 지식을 탐색, 평가, 최종 선택, 응용하는 활동 • 재료, 장치, 제품, 공정, 시스템이나 용역 등에 대한 여러 가지 대체안을 탐색하는 활동 • 새롭거나 개선된 재료, 장치, 제품, 공정, 시스템이나 용역 등에 대한 여러 가지 대체안을 제안, 설계, 평가, 최종 선택하는 활동	• 생산이나 사용 전에 시제품과 모형을 설계, 제작, 시험하는 활동 • 새로운 기술과 관련된 공구, 지그, 주형, 금형 등을 설계하는 활동 • 상업적 생산 목적으로 실현 가능한 경제적 규모가 아닌 시험공장을 설계, 건설, 가동하는 활동 • 신규 또는 개선된 재료, 장치, 제품, 공정, 시스템이나 용역에 대하여 최종적으로 선정된 안을 설계, 제작, 시험하는 활동

◉ 무형자산을 창출하기 위한 내부 프로젝트를 연구단계와 개발단계로 구분할 수 없는 경우에는 그 프로젝트에서 발생한 지출을 모두 연구단계에서 발생한 것으로 본다.

연구개발활동 중 개발활동에 해당하는 것은?

① 새로운 지식을 얻고자 하는 활동
② 생산이나 사용 전의 시제품과 모형을 설계, 제작, 시험하는 활동
③ 연구결과나 기타 지식을 탐색, 평가, 최종 선택, 응용하는 활동
④ 재료, 장치, 제품, 공정, 시스템이나 용역에 대한 여러 가지 대체안을 탐색하는 활동
⑤ 새롭거나 개선된 재료, 장치, 제품, 공정, 시스템이나 용역에 대한 여러 가지 대체안을
   제안, 설계, 평가, 최종 선택하는 활동

해설

생산이나 사용 전의 시제품과 모형을 설계, 제작, 시험하는 활동은 개발활동에 해당하며, 나머지는 연구활동에 해당한다.

정답: ②

연구단계와 개발단계의 지출별 회계처리

연구단계	연구비(비용)
개발단계	자산인식요건을 충족하는 경우: 개발비(무형자산) ―상각시→ 무형자산상각비(비용)
	자산인식요건을 충족하지 못한 경우: 경상개발비(비용)

더 알아보기 **자산인식요건**

1. 기술적 실현가능성
2. 사용 및 판매의도
3. 사용 및 판매능력
4. 미래 경제적 효익 창출능력
5. 개발 및 사용자원 확보
6. 측정가능성

③ 내부적으로 창출하였으나 자산으로 인식하지 않는 경우

　　㉠ 내부적으로 창출한 영업권: 내부적으로 창출한 영업권은 원가를 신뢰성 있게 측정할 수 없고 기업이 통제하고 있는 식별 가능한 자원이 아니기 때문에(분리가 가능하지 않고 계약상 또는 기타 법적 권리로부터 발생하지 않기 때문에) 자산으로 인식하지 않는다.

　　㉡ 내부적으로 창출한 브랜드, 제호, 출판표제, 고객목록과 이와 실질이 유사한 항목: 사업을 전체적으로 개발하는 데 발생한 원가와 구별할 수 없으므로 무형자산으로 인식하지 않는다.

(주)대한의 당기 신기술 개발프로젝트와 관련하여 발생한 지출은 다음과 같다.

구분	연구단계	개발단계	기타
원재료 사용액	₩100	₩200	
연구원 급여	₩200	₩400	
자문료			₩300

연구단계와 개발단계로 구분이 곤란한 항목은 기타로 구분하였으며, 개발단계에서 발생한 지출은 무형자산의 인식조건에 충족한다. 동 지출과 관련하여 당기에 비용으로 인식할 금액과 무형자산으로 인식할 금액은? (단, 무형자산의 상각은 고려하지 않음) 제18회

	비용	무형자산			비용	무형자산
①	₩300	₩600		②	₩400	₩800
③	₩450	₩750		④	₩600	₩600
⑤	₩1,200	₩0				

해설

- 당기비용(연구비) = ₩100 + ₩200 + ₩300* = ₩600
  * 연구단계와 개발단계의 구분이 곤란한 경우에는 연구단계로 분류한다.
- 무형자산(개발비) = ₩200 + ₩400 = ₩600   정답: ④

제3절 무형자산의 후속측정

01 개요

(1) 의의

무형자산을 인식한 이후 무형자산의 회계정책으로서 기업은 원가모형과 재평가모형 중 선택하여 적용할 수 있다. 기업이 특정의 모형을 선택한 경우에는 같은 분류의 기타 모든 자산도 그에 대한 활성시장이 없는 경우를 제외하고는 동일한 방법을 적용하여 회계처리한다. 재평가모형은 유형자산의 재평가모형을 참조하면 되지만 무형자산의 경우 활성시장이 존재하는 경우에만 재평가가 가능하다는 점에서 차이가 있다.

(2) 원가모형

무형자산의 당초 원가에서 상각누계액과 손상차손누계액을 차감한 금액을 장부금액으로 보고하는 방법이다. 최초로 인식한 이후 감가상각과 손상차손 이외의 장부금액의 증감은

나타나지 않으며, 회계처리가 단순하고 측정치가 신뢰성이 있다는 장점이 있다. 그러나 재무상태표에 무형자산을 공정가치로 나타낼 수 없고 서로 다른 취득시점의 서로 다른 취득원가가 혼재되어 있다는 한계가 있다.

(3) 재평가모형

① **일반기준**: 최초 인식 후에 무형자산은 재평가일의 공정가치에서 이후의 상각누계액과 손상차손누계액을 차감한 재평가금액을 장부금액으로 보고하는 방법이다. 재평가의 목적상 공정가치는 활성시장을 기초로 하여 결정한다. 보고기간 말에 자산의 장부금액이 공정가치와 중요하게 차이가 나지 않도록 주기적으로 재평가를 실시한다.

② **활성시장이 없어서 재평가할 수 없는 경우**: 재평가한 무형자산과 같은 분류 내의 무형자산을 그 자산에 대한 활성시장이 없어서 재평가할 수 없는 경우에는 취득원가에서 상각누계액과 손상차손누계액을 차감한 금액으로 표시한다.

02 상각

무형자산의 상각은 무형자산의 상각대상 금액을 그 자산의 내용연수 동안 체계적인 방법에 의하여 각 회계기간에 비용으로 배분하는 것을 말한다. 이 경우 상각대상 금액은 원가모형의 경우에는 무형자산의 원가에서 잔존가치를 차감한 금액으로 하고, 재평가모형의 경우에는 공정가치에 기초하여 계산한다. 또한 내용연수가 유한한 무형자산은 상각하는 반면, 내용연수가 비한정적인 무형자산은 상각하지 아니한다.

◉ '비한정'이라는 용어가 '무한'을 의미하는 것은 아님에 유의한다.

(1) 내용연수가 유한한 경우

① **내용연수의 평가**: 무형자산의 내용연수는 경제적 요인과 법적 요인의 영향을 받는다. 경제적 요인은 자산의 미래 경제적 효익이 획득되는 기간을 결정하고, 법적 요인은 기업이 그 효익에 대한 접근을 통제할 수 있는 기간을 제한한다. 내용연수는 이러한 요인에 의해 결정된 기간 중 짧은 기간으로 한다.

> 무형자산의 내용연수 = Min[경제적 내용연수, 법적 내용연수]

② **상각기간**

㉠ **상각 시작**: 자산이 사용 가능한 때부터 시작한다. 즉, 자산이 경영자가 의도하는 방식으로 운영할 수 있는 위치와 상태에 이르렀을 때부터 시작한다.

㉡ **상각 중지**: 자산이 매각예정으로 분류되는(또는 매각예정으로 분류되는 처분자산집단에 포함되는) 날과 자산이 재무상태표에서 제거되는 날 중 이른 날에 중지한다.

③ **상각방법**: '미래 경제적 효익이 소비될 것으로 예상되는 형태'를 반영하는 방법이어야 한다. 이 방법들로는 정액법, 생산량비례법, 체감잔액법 등이 사용될 수 있으며 소비되는 형태를 신뢰성 있게 결정할 수 없는 경우는 정액법을 사용한다.

④ **잔존가치**: 다음 중 어느 하나에 해당하는 경우를 제외하고는 ₩0으로 하는 것을 원칙으로 하되, 특정한 경우에는 처분으로 회수 가능한 금액으로 할 수 있다.
   ㉠ 내용연수 종료시점에 제3자가 자산을 구입하기로 한 약정이 있다.
   ㉡ 무형자산의 활성시장이 있고 다음을 모두 충족한다.
      ⓐ 잔존가치를 그 활성시장에 기초하여 결정할 수 있다.
      ⓑ 그러한 활성시장이 내용연수 종료시점에 존재할 가능성이 높다.

⑤ **상각기간과 상각방법의 검토**: 내용연수가 유한한 무형자산의 상각기간과 상각방법은 적어도 매 회계연도 말에 검토하여 필요에 따라 변경하되 회계추정의 변경으로 한다. 또한 무형자산의 상각액은 원칙적으로 당기손익으로 인식하고, 관련 회계처리는 일반적으로 직접법에 의해 상각 후 잔액만을 보고하는 방법을 주로 사용하고 있다.

(차) 무형자산상각비	×××	(대) 무형자산	×××

확인 및 기출예제

(주)한국은 20×1년 7월 1일 특허권을 ₩960,000(내용연수 4년, 잔존가치 ₩0)에 취득하여 사용하고 있다. 특허권의 경제적 효익이 소비될 것으로 예상되는 형태를 신뢰성 있게 결정할 수 없을 경우, 20×1년도에 특허권에 대한 상각비로 인식할 금액은? (단, 특허권은 월할상각함)

제23회

① ₩0
② ₩120,000
③ ₩125,000
④ ₩240,000
⑤ ₩250,000

해설

'특허권의 경제적 효익이 소비될 것으로 예상되는 형태를 신뢰성 있게 결정할 수 없을 경우'라는 단서가 있으므로 무형자산 상각방법은 정액법에 의해 계산한다.
∴ 특허권 상각비 = ₩960,000 × 1/4 × 6/12 = ₩120,000

정답: ②

---

(2) 내용연수가 비한정인 경우

내용연수가 비한정인 무형자산은 상각하지 아니한다. 다만, 상각하지 않는 대신 회수가능액과 장부금액을 비교하여 손상검사를 수행하여야 한다. 손상검사는 매년 또는 무형자산의 손상을 시사하는 징후가 있을 때마다 수행해야 한다. 또한 상각하지 않은 무형자산에 대한 사건과 상황이 내용연수가 비한정이라는 평가를 계속하여 정당한지를 매 회계기간에 검토하여 정당하지 않는다면 내용연수를 비한정에서 유한으로 변경해야 하고 이를 회계추정의 변경으로 보아 전진법으로 처리한다.

> **더 알아보기** 내용연수의 비한정
>
> 법적, 규정적, 계약적, 경제적 또는 기타 요소 등 모든 관련 요소를 분석한 결과, 특정 무형자산에 대해서는 순현금유입이 발생할 것으로 기대되는 기간에 대한 '예측 가능한 제한'이 없다는 결론에 도달하는 경우 무형자산의 내용연수가 비한정이라고 한다.

확인 및 기출예제

무형자산 회계처리에 관한 설명으로 옳지 않은 것은?   제19회, 제16·17회 유사

① 내용연수가 비한정인 무형자산은 상각하지 아니한다.
② 제조과정에서 사용된 무형자산의 상각액은 재고자산의 장부금액에 포함한다.
③ 내용연수가 유한한 경우 상각은 자산을 사용할 수 있는 때부터 시작한다.
④ 내용연수가 유한한 무형자산의 상각기간과 상각방법은 적어도 매 회계연도 말에 검토한다.
⑤ 내용연수가 비한정인 무형자산의 내용연수를 유한 내용연수로 변경하는 것은 회계정책의 변경에 해당한다.

해설

내용연수의 변경은 회계정책의 변경이 아니라 회계추정의 변경이다.   정답: ⑤

03 손상차손과 제거

(1) 손상차손과 손상차손환입

무형자산의 진부화 및 시장가치의 급격한 하락 등으로 인하여 자산의 회수가능액이 장부금액에 중요하게 미달하게 되는 경우에는 장부금액을 회수가능액으로 조정하고 그 차액을 손상차손으로 처리한다.

(차) 무형자산 손상차손	×××	(대) 무형자산 손상차손누계액	×××

손상차손누계액은 무형자산에 대한 차감적 평가계정이며, 회수가능액은 순공정가치와 사용가치 중 큰 금액을 말한다. 또한 차기 이후에 감액된 자산의 회수가능액이 장부금액을 초과하게 되는 경우에는 그 자산이 감액되기 전 장부금액의 상각 후 잔액을 한도로 하여 그 초과액을 손상차손환입으로 처리한다.

| (차) 손상차손누계액 | ××× | (대) 무형자산 손상차손환입 | ××× |

(2) 폐기와 처분

무형자산은 처분하는 때 또는 사용이나 처분으로 미래 경제적 효익이 기대되지 않은 때에 재무상태표에서 제거한다.

제4절 영업권

01 의의

영업권이란 우수한 경영진, 뛰어난 판매조직, 원만한 노사관계, 좋은 입지조건 등 동종 기업이 획득하는 정상이익 이상의 초과이익을 얻을 수 있는 능력을 의미하고, 기업과 분리되어 독립적으로 거래될 수 없는 특성을 지니고 있다. 영업권은 매수영업권과 내부창출영업권으로 구분할 수 있으며, 한국채택국제회계기준에서는 매수영업권만을 재무상태표상 무형자산으로 인식하도록 규정하고 있다.

(1) 매수영업권

매수영업권은 취득한 개별 순자산의 공정가치를 초과하여 지급한 대가를 말한다. 이는 초과수익능력에 대한 대가로 보아 자산으로 인식한다. 매수영업권은 기업간의 거래에 의하여 외부적으로 발생하므로 취득원가의 신뢰성 있는 측정이 가능하다.

| (차) 여러 자산 | ××× | (대) 여러 부채 | ××× |
| **영업권** | ××× | 현금(합병대가) | ××× |

- 합병대가 > 취득한 순자산의 공정가치 ⇨ 영업권
- 합병대가 < 취득한 순자산의 공정가치 ⇨ 염가매수차익

> **더 알아보기 염가매수차익**
>
> 피합병회사의 공정가치에 의한 순자산보다 합병대가를 적게 지급하는 경우 그 차액을 염가매수차익이라 하고 당기손익으로 인식한다.
>
> | (차) 여러 자산 | ××× | (대) 여러 부채 | ××× |
> | | | 현금(합병대가) | ××× |
> | | | **염가매수차익** | ××× |

(2) 내부창출영업권

내부적으로 창출한 영업권은 취득원가를 신뢰성 있게 측정할 수 없고 기업이 통제하고 있는 식별 가능한 자원이 아니기 때문에 자산으로 인식하지 않는다.

02 측정

(1) 종합평가계정법으로서의 영업권

피취득자로부터 취득한 식별 가능한 순자산의 공정가치를 초과하여 지급한 이전대가(합병대가)를 영업권으로 측정하는 방법이다.

> 영업권 = 합병대가 − 취득한 순자산의 공정가치
> = 합병대가 − (식별 가능한 순자산의 공정가치 × 취득회사의 지분율)

(2) 초과수익력 개념으로서의 영업권

특정 기업이 동종 산업 내의 다른 기업보다 초과수익력을 갖고 있을 때 그 초과수익력 또는 초과수익력을 자본화한 금액을 영업권으로 보는 것이다.

> 식별 가능한 순자산의 측정 ⇨ 정상이익률 결정 ⇨ 정상이익[*1] 계산 ⇨ 평균이익 계산 ⇨ 초과이익[*2]의 계산 ⇨ 초과이익의 현재가치 계산

[*1] 순자산의 공정가치 × 정상이익률
[*2] 평균이익 − 정상이익

① 초과이익이 무한히 지속된다고 가정하는 경우

> $$영업권 = \frac{초과이익}{할인율} = \frac{평균이익 - (순자산의 공정가치 \times 정상이익률)}{할인율}$$

◉ 할인율은 초과이익률을 말한다.

② 초과이익이 일정기간만 존재한다고 가정하는 경우

> 영업권 = 초과이익 × 연금현가계수
> = [평균이익 − (순자산의 공정가치 × 정상이익률)] × 연금현가계수

(3) 기타의 방법 − 순이익환원법

> $$영업권 = \frac{평균이익}{정상이익률} - 순자산의 공정가치$$

20×1년 초 (주)한국은 현금 ₩12,000을 이전대가로 지급하고 (주)대한을 합병하였다. 합병일 현재 (주)대한의 식별 가능한 자산과 부채의 공정가치가 다음과 같을 때, (주)한국이 인식할 영업권은?

제27회

• 매출채권	₩4,000	• 비유동부채	₩7,000
• 재고자산	₩7,000	• 매입채무	₩5,000
• 유형자산	₩9,000		

① ₩3,000   ② ₩4,000
③ ₩5,000   ④ ₩7,000
⑤ ₩8,000

해설

영업권 = 합병대가 - 피합병회사의 순자산 공정가치
　　　 = ₩12,000 - (₩4,000 + ₩7,000 + ₩9,000 - ₩7,000 - ₩5,000)
　　　 = ₩4,000

정답: ②

03 상각과 손상

사업결합으로 취득한 영업권은 체계적인 방법으로 상각하지 않는다. 다만, 자산 손상징후와 관계없이 매 보고기간 말마다 회수가능액을 추정하고 장부금액과 비교하여 손상검사를 한다. 만일 회수가능액이 장부금액에 미달하는 경우에는 손상차손으로 인식한다. 그러나 손상된 영업권이 이후에 회복되더라도 환입할 수 없는데, 영업권의 손상차손환입을 인정하면 내부적으로 창출한 영업권을 인정하는 결과가 되기 때문이다.

01 무형자산은 물리적 실체는 없지만 식별 가능하고, 기업이 통제하고 있으며, 미래 경제적 효익이 유입될 것으로 기대되는 비화폐성 자산이다. ( )

02 무형자산을 창출하기 위한 내부 프로젝트를 연구단계와 개발단계로 구분할 수 없는 경우에는 그 프로젝트에서 발생한 지출은 모두 개발단계에서 발생한 것으로 본다. ( )

03 내부 프로젝트의 연구단계에서는 미래 경제적 효익을 창출할 무형자산이 존재한다는 것을 제시할 수 없기 때문에, 내부 프로젝트의 연구단계에서 발생한 지출은 발생시점에 자산으로 인식하며 개발단계에서 발생한 지출은 어떠한 경우에도 개발비라는 무형자산으로 인식한다. ( )

04 내부적으로 창출한 브랜드, 제호, 출판표제, 고객목록과 이와 실질이 유사한 항목은 무형자산으로 인식할 수 있다. 또한 내부적으로 창출한 영업권은 신뢰성 있게 측정할 수 없고 기업이 통제하고 있는 식별 가능한 자원이 아니기 때문에 자산으로 인식하지 아니한다. ( )

05 내용연수가 유한한 무형자산은 상각하고, 내용연수가 비한정인 무형자산은 상각하지 않는다. 이 경우 무형자산의 잔존가치는 항상 ₩0이다. ( )

06 사업결합의 경우 취득기업의 이전대가가 피취득기업의 식별 가능한 취득자산의 장부금액 합계액에서 식별 가능한 인수부채의 장부금액을 차감한 순자산의 장부금액보다 큰 경우 영업권이 발생한다. ( )

---

01 ○

02 ✕ 개발단계에서 발생한 것으로 본다. ⇨ 연구단계에서 발생한 것으로 본다.

03 ✕ 자산으로 인식하며 ⇨ 비용으로 인식하며
개발단계의 지출은 자산인식요건에 충족하는 경우에는 개발비라는 무형자산으로 인식하고, 그 이외에는 발생한 기간의 비용으로 인식한다.

04 ✕ 인식할 수 있다. ⇨ 인식하지 아니한다.

05 ✕ 잔존가치의 원칙은 ₩0이지만 예외가 존재하므로 항상 ₩0은 아니다.

06 ✕ 장부금액 ⇨ 공정가치

01 무형자산에 관한 설명으로 옳지 않은 것은?   제22회

① 무형자산은 물리적 실체는 없지만 식별 가능한 화폐성 자산이다.

② 내부적으로 창출된 영업권은 자산으로 인식하지 아니한다.

③ 무형자산의 회계정책으로 원가모형이나 재평가모형을 선택할 수 있다.

④ 최초에 비용으로 인식한 무형항목에 대한 지출은 그 이후에 무형자산의 취득원가로 인식할 수 없다.

⑤ 내용연수가 유한한 무형자산은 상각하고, 내용연수가 비한정인 무형자산은 상각하지 아니한다.

02 다음 중 한국채택국제회계기준서상 무형자산의 취득원가에 포함되지 않는 것은?

① 법적 권리를 등록하기 위한 수수료

② 무형자산의 창출을 위하여 발생한 종업원급여

③ 자산을 운용하는 직원의 교육훈련과 관련된 지출

④ 무형자산의 창출에 사용된 특허권과 라이선스의 상각비

⑤ 무형자산의 정상가동 여부를 검사하는 비용

03 한국채택국제회계기준서상의 무형자산에 관한 내용으로 옳지 않은 것은?

① 무형자산은 비화폐성 자산이다.

② 무형자산의 상각시 합리적인 상각방법을 정할 수 없는 경우에는 정률법을 사용한다.

③ 내용연수가 유한한 무형자산은 상각대상 금액을 내용연수 동안 체계적인 방법으로 배부해야 한다. 그러나 내용연수가 비한정인 무형자산은 상각하지 아니한다.

④ 무형자산을 개별적으로 취득하는 경우 취득원가는 구입원가와 자산을 사용할 수 있도록 준비하는 데 직접 관련되는 지출로 구성된다.

⑤ 내용연수가 유한한 무형자산의 잔존가치는 일정한 경우를 제외하고는 원칙적으로 영(₩0)으로 본다.

04 무형자산의 회계처리에 관한 설명으로 옳지 않은 것은? 제15회

① 무형자산을 최초로 인식할 때에는 원가로 측정한다.

② 내용연수가 비한정인 무형자산에 대해서는 상각을 하지 않는다.

③ 최초에 비용으로 인식한 무형항목에 대한 지출은 그 이후에 무형자산의 원가로 인식할 수 없다.

④ 내부적으로 창출한 브랜드와 고객목록은 무형자산으로 인식한다.

⑤ 무형자산의 상각방법은 자산의 경제적 효익이 소비되는 형태를 반영한 방법이어야 한다.

05 연구 또는 개발활동과 관련된 한국채택국제회계기준서의 설명으로 옳지 않은 것은?

① 연구결과 또는 기타 지식을 탐색, 평가, 최종 선택 및 응용하는 활동은 연구단계에 해당된다.

② 상업적 생산 목적이 아닌 소규모의 시험공장을 설계, 건설, 가동하는 활동은 개발단계에 해당된다.

③ 무형자산을 창출하기 위한 내부 프로젝트를 연구단계와 개발단계로 구분할 수 없는 경우에는 발생지출을 모두 개발단계에서 발생한 것으로 본다.

④ 연구단계에서 발생한 지출은 모두 발생된 기간의 비용으로 처리한다.

⑤ 내부적으로 창출된 브랜드, 고객목록 및 이와 유사한 항목에 대한 지출은 개발비로 계상하지 않는다.

정답 | 해설

01 ① 무형자산은 화폐성 자산이 아니라 <u>비화폐성 자산</u>이다.

02 ③ 자산을 운용하는 직원의 교육훈련과 관련된 지출은 무형자산의 취득원가에 포함되지 않고 <u>비용으로 처리</u>한다.

03 ② 무형자산의 상각시 합리적인 상각방법을 정할 수 없는 경우에는 <u>정액법</u>을 사용한다.

04 ④ 내부적으로 창출한 브랜드와 고객목록은 무형자산으로 <u>인식하지 않는다</u>.

05 ③ 무형자산을 창출하기 위한 내부 프로젝트를 연구단계와 개발단계로 구분할 수 없는 경우에는 발생지출을 모두 <u>연구단계</u>에서 발생한 것으로 본다.

06 다음은 (주)한국의 20×1년도 연구 및 개발활동 지출내역이다. (주)한국의 20×1년 말 재무제표에서 당기비용으로 인식될 금액은 얼마인가? (단, 개발활동으로 분류되는 항목에 대해서는 지출금액의 50%가 자산인식요건을 충족했다고 가정함)

• 새로운 과학적 · 기술적 지식을 얻고자 탐구하는 활동	₩250,000
• 생산이나 사용 전의 시제품과 모형을 제작하는 활동	₩100,000
• 연구결과나 기타 지식을 이용하여 신기술 개발가능성을 연구하는 활동	₩225,000
• 상업적 생산 목적으로 실현 가능한 경제적 규모가 아닌 시험공장을 설계하는 활동	₩200,000

① ₩475,000
② ₩525,000
③ ₩575,000
④ ₩550,000
⑤ ₩625,000

07 (주)한국은 내용연수가 유한한 무형자산에 대하여 정액법(내용연수 5년, 잔존가치 ₩0)으로 상각하여 비용처리한다. (주)한국의 20×1년 무형자산 관련 자료가 다음과 같을 때, 20×1년에 인식할 무형자산 상각비는? (단, 20×1년 이전에 인식한 무형자산은 없고, 무형자산 상각비는 월할상각함)

- 1월 1일: 새로운 제품의 홍보를 위해 ₩10,000을 지출하였다.
- 4월 1일: 회계법인에 의뢰하여 평가한 '내부적으로 창출한 영업권'의 가치는 ₩200,000이었다.
- 7월 1일: 라이선스를 취득하기 위하여 ₩5,000을 지출하였다.

① ₩500
② ₩2,500
③ ₩30,500
④ ₩32,000
⑤ ₩40,000

08 (주)한국은 신약개발을 위해 20×1년 중에 연구활동 ₩250,000, 개발활동 관련 ₩400,000을 지출하였다. 개발활동에 소요된 ₩400,000 중 ₩150,000은 20×1년 4월 1일부터 동년 8월 31일까지 지출되었으며 나머지 금액은 9월 1일 이후에 지출되었다. (주)한국의 개발활동이 무형자산 인식기준을 충족한 것은 20×1년 9월 1일부터이며, (주)한국은 20×2년 초부터 20×2년 말까지 ₩200,000을 추가지출하고 신약개발을 완료하였다. 무형자산으로 인식한 개발비는 20×3년 1월 1일부터 사용이 가능하며, 내용연수 4년, 잔존가치 ₩0, 정액법으로 상각하고 원가모형을 적용한다. (주)한국의 20×3년 개발비 상각액은?

① ₩112,500   ② ₩125,000

③ ₩150,000   ④ ₩162,500

⑤ ₩175,000

09 무형자산에 대한 설명으로 옳은 것은?

① 내용연수가 비한정인 무형자산은 손상검사를 수행하지 않는다.
② 영업권은 내용연수가 비한정이므로 상각하지 않는다.
③ 무형자산은 유형자산과 달리 재평가모형을 사용할 수 없다.
④ 연구(또는 내부 프로젝트의 연구단계)에 대한 지출은 무형자산으로 인식한다.
⑤ 내부적으로 창출한 상호, 상표와 같은 브랜드네임은 그 경제적 가치를 측정하여 재무제표에 자산으로 기록하여 상각한다.

정답 | 해설

06 ⑤ 당기비용으로 인식할 금액은 연구단계 지출과 자산요건을 충족하지 못하는 개발단계 지출을 말한다.
∴ 당기비용 = ₩250,000 + ₩225,000 + (₩100,000 + ₩200,000) × 50% = ₩625,000

07 ① 제품 홍보 관련 지출액과 내부적으로 창출한 영업권은 무형자산으로 계상되지 않는다.
∴ 무형자산 상각비 = ₩5,000/5년 × 6/12 = ₩500

08 ① 자산인식요건을 충족한 개발비 = (₩400,000 − ₩150,000) + ₩200,000 = ₩450,000
∴ 20×3년 개발비 상각액 = (₩450,000 − ₩0) ÷ 4년 = ₩112,500

09 ② ① 내용연수가 비한정인 무형자산은 <u>매년 손상검사를 수행한다</u>.
③ 무형자산도 유형자산의 경우와 마찬가지로 달리 재평가모형을 <u>사용할 수 있다</u>.
④ 연구(또는 내부 프로젝트의 연구단계)에 대한 지출은 무형자산으로 인식하지 않고 <u>비용으로 처리한다</u>.
⑤ 내부적으로 창출한 상호, 상표와 같은 브랜드네임 등은 <u>자산으로 인식하지 않는다</u>.

10 무형자산의 회계처리에 관한 설명으로 옳지 않은 것은?

① 무형자산을 창출하기 위한 내부 프로젝트를 연구단계와 개발단계로 구분할 수 없는 경우에는 그 프로젝트에서 발생한 지출은 모두 연구단계에서 발생한 것으로 본다.

② 내용연수가 유한한 무형자산의 잔존가치는 적어도 매 회계연도 말에는 검토하고, 잔존가치의 변경은 회계추정의 변경으로 처리한다.

③ 무형자산은 처분하는 때 또는 사용이나 처분으로부터 미래 경제적 효익이 기대되지 않을 때 재무상태표에서 제거한다.

④ 이미 비용으로 인식한 지출은 그 이후에 무형자산의 원가로 인식할 수 없다.

⑤ 브랜드, 제호, 출판표제, 고객목록 및 이와 실질이 유사한 항목은 그것을 외부에서 취득하였는지 또는 내부적으로 창출했는지에 관계없이 취득이나 완성 후의 지출을 발생시점에 무형자산의 원가로 인식한다.

11 (주)한국은 20×1년 12월 31일에 현금 ₩240,000을 지불하고 (주)대한을 합병하였다. 취득일 현재 (주)대한의 식별 가능한 순자산의 장부금액과 공정가치가 다음과 같은 경우 취득일에 합병과 관련하여 (주)한국이 인식할 영업권은?

구분	장부금액	공정가치
기타자산	₩40,000	₩48,000
유형자산	₩120,000	₩216,000
부채	₩80,000	₩80,000
자본	₩80,000	

① ₩52,000   ② ₩56,000

③ ₩65,000   ④ ₩72,000

⑤ ₩80,000

12 (주)대한은 다음과 같은 재무상태를 가진 (주)민국을 인수하고자 한다.

	장부금액	공정가치
자산	₩35,000,000	₩40,000,000
부채	₩8,000,000	₩10,000,000

- (주)민국의 연평균 순이익: ₩4,000,000
- 정상이익률: 10%

초과수익이 향후 5년간 존재한다고 가정할 때, 초과이익환원법에 의하여 영업권을 평가하면 얼마인가? (단, 할인율은 15%이고 5기의 연금현가계수는 3.352임)

① ₩3,000,000
② ₩3,352,000
③ ₩3,520,000
④ ₩3,620,000
⑤ ₩3,850,000

정답 | 해설

10 ⑤ 브랜드, 제호, 출판표제, 고객목록 및 이와 실질이 유사한 항목은 그것을 외부에서 취득하였는지 또는 내부적으로 창출했는지에 관계없이 취득이나 완성 후의 지출을 발생시점에 <u>당기손익</u>으로 인식한다.

11 ② 영업권 = 합병대가 − 피합병사의 순자산 공정가치
= ₩240,000 − (₩48,000 + ₩216,000 − ₩80,000) = ₩56,000

12 ② 초과이익 = ₩4,000,000 − (₩30,000,000 × 10%) = ₩1,000,000
∴ 영업권 = ₩1,000,000 × 3.352 = ₩3,352,000

제 7 장 금융자산(Ⅱ), 관계기업투자, 투자부동산

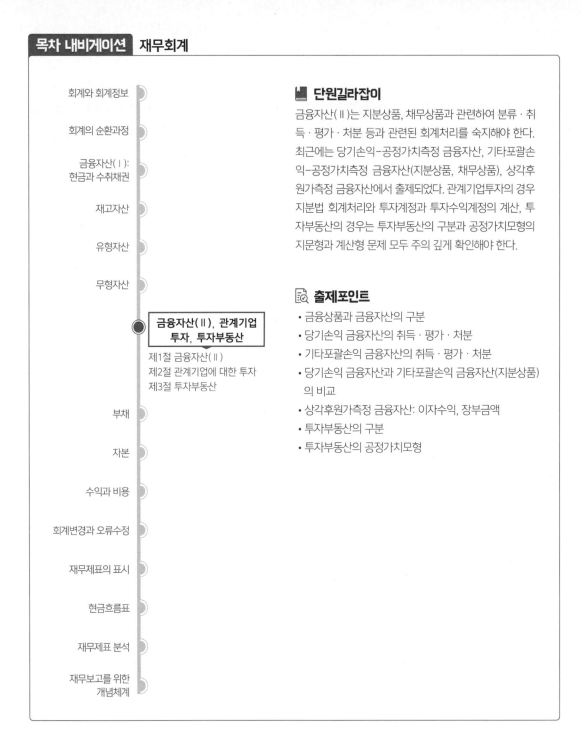

📖 **단원길라잡이**

금융자산(Ⅱ)는 지분상품, 채무상품과 관련하여 분류·취득·평가·처분 등과 관련된 회계처리를 숙지해야 한다. 최근에는 당기손익−공정가치측정 금융자산, 기타포괄손익−공정가치측정 금융자산(지분상품, 채무상품), 상각후원가측정 금융자산에서 출제되었다. 관계기업투자의 경우 지분법 회계처리와 투자계정과 투자수익계정의 계산, 투자부동산의 경우는 투자부동산의 구분과 공정가치모형의 지문형과 계산형 문제 모두 주의 깊게 확인해야 한다.

🔍 **출제포인트**

• 금융상품과 금융자산의 구분
• 당기손익 금융자산의 취득·평가·처분
• 기타포괄손익 금융자산의 취득·평가·처분
• 당기손익 금융자산과 기타포괄손익 금융자산(지분상품)의 비교
• 상각후원가측정 금융자산: 이자수익, 장부금액
• 투자부동산의 구분
• 투자부동산의 공정가치모형

01 의의

금융상품은 거래 당사자가 어느 한쪽에게는 금융자산이 생기게 하고 거래 상대방에게는 금융부채나 지분상품이 생기게 하는 모든 계약상의 권리와 의무를 의미한다. 따라서 재고자산, 생물자산, 유형자산 등과 같은 실물자산과 무형자산 및 리스자산은 현금 등 금융자산을 수취할 권리를 발생시키지 않으므로 금융자산이 될 수 없다. 또한 선급금, 선급비용의 자산이나 선수금, 선수수익 등의 부채인 경우는 반대급부로 현금 등 금융자산을 수취하거나 인도할 계약상의 의무가 아니라 재화나 용역을 수취하거나 인도해야 하므로 금융자산이나 금융부채가 아니다. 그리고 법인세부채와 같이 법령의 규정에 따라 발생하는 의무 등은 금융부채가 아니다.

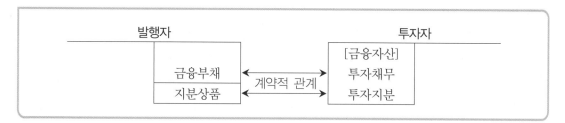

02 정의

금융자산은 다음의 자산을 의미한다.

(1) 현금(예 현금 및 현금성자산)

(2) 다른 기업의 지분상품(다른 기업이 발행한 주식 등)

(3) 다음 중 하나에 해당하는 계약상 권리

　① 거래 상대방에게서 현금 등 금융자산을 수취할 계약상 권리(예 매출채권, 투자사채 등)
　② 잠재적으로 유리한 조건으로 거래 상대방과 금융자산이나 금융부채를 교환하기로 한계약상 권리

(4) 자기회사주식(지분상품)으로 결제하는 다음 중 하나의 계약

　① 수취할 자기회사주식(지분상품)의 수량이 변동 가능한 비파생상품
　② 확정수량의 자기회사주식(지분상품)과 확정금액의 현금 등 금융자산을 교환하여 결제하는 방법이 아닌 방법으로 결제되거나 결제될 수 있는 파생상품

금융자산에 해당하지 않는 것은? 제27회

① 매출채권
② 투자사채
③ 다른 기업의 지분상품
④ 당기법인세자산
⑤ 거래상대방에게서 국채를 수취할 계약상의 권리

해설

금융자산은 계약에 의해 현금이나 다른 금융자산을 수취할 권리를 말한다. 따라서 선급금, 재고자산 등과 같은 실물자산, 법인세 관련 자산 등은 금융자산에 해당되지 않는다. 정답: ④

03 분류

기업이 보유하고 있는 금융자산의 성격에 따라 투자지분상품과 투자채무상품으로 분류할 수 있다. 투자지분상품은 다른 회사의 순자산에 대한 소유권을 나타내는 지분상품인 주식에 대한 투자이며, 투자채무상품은 다른 회사에 대해 금전을 청구할 수 있는 권리를 나타내는 상품에 대한 투자를 말한다. 현행 기준은 다음과 같이 금융자산의 분류를 위한 판단기준을 제시하고 있다.

(1) 금융자산 관리를 위한 사업모형 - 금융자산의 보유목적

사업모형은 현금흐름을 창출하기 위해 금융자산을 관리하는 방식을 의미한다. 따라서 다음과 같이 세 가지 사업모형으로 구분한다.

① 수취목적 사업모형: 금융자산을 계약상 현금흐름을 수취하기 위해 보유하는 것이 목적인 사업모형
② 수취와 매도목적 사업모형: 금융자산을 계약상 현금흐름의 수취와 금융자산의 매도 둘 다를 통해 목적을 이루는 사업모형
③ 그 밖의 사업모형: 금융자산을 매도 등 기타 목적을 위해 보유하는 사업모형

(2) 금융자산의 계약상 현금흐름의 특성 - 금융자산 자체의 특성

금융자산의 계약상 현금흐름은 해당 금융자산으로부터 발생하는 현금흐름의 특성을 의미하며 다음의 두 가지 특성으로 구분한다.

① 원리금만으로 구성: 원금과 이자의 지급만으로 구성된 계약상 현금흐름
② 원리금 이외로 구성: 원리금 지급만으로 구성되지 않은 기타의 계약상 현금흐름

(3) 금융자산의 분류

금융자산은 사업모형과 계약상 현금흐름의 특성에 따라 세 가지 범주로 구분하여 최초 인식 및 후속측정을 수행한다.

① 상각후원가측정 금융자산: 금융자산을 보유하는 기간 동안 원금과 이자 지급만의 현금 흐름이 발생하며, 계약상 현금흐름을 수취하는 것을 목적으로 하는 사업모형하에서 해당 금융자산을 보유하는 경우 상각후원가측정 금융자산으로 분류한다.

② 기타포괄손익-공정가치측정 금융자산: 금융자산을 보유하는 기간 동안 원금과 이자 지급만의 현금흐름이 발생하며, 계약상 현금흐름을 수취하면서, 동시에 매도하는 것을 목적으로 하는 사업모형하에서 해당 금융자산을 보유하는 경우 기타포괄손익-공정가 치측정 금융자산으로 분류한다.

③ 당기손익-공정가치측정 금융자산: 금융자산을 상각후원가로 측정하거나 기타포괄손 익-공정가치로 측정하는 경우가 아니라면, 당기손익-공정가치측정 금융자산으로 분류한다.

원리금을 수취하는 금융자산인 채무상품은 상각후원가측정 금융자산, 기타포괄손익-공 정가치측정 금융자산이나 당기손익-공정가치측정 금융자산으로 분류하며, 예외적으로 채무상품 중 상각후원가측정 금융자산, 기타포괄손익-공정가치측정 금융자산은 당기손 익인식을 지정할 수 있다. 또한 원리금을 수취하지 않는 금융자산인 지분상품의 경우는 당기손익-공정가치측정 금융자산으로 분류하는 것이 원칙이다. 다만, 지분상품 중 단기 매매항목이 아닌 금융자산은 기타포괄손익 인식을 선택할 수 있다.

핵심 콕! 콕! 금융자산의 분류

원칙	상각후원가측정 금융자산 [채무상품]	• 사업모형: 계약상 현금흐름수취 • 현금흐름 특성: 원리금 지급
	기타포괄손익-공정가치측정 금융자산 [채무상품]	• 사업모형: 계약상 현금수취 + 매도 • 현금흐름 특성: 원리금 지급
	당기손익-공정가치측정 금융자산 [채무상품, 지분상품]	나머지 모든 금융자산
최초 인식시점의 선택권	기타포괄손익-공정가치측정 금융자산 [지분상품]	• 단기매매항목 아님 • 사업결합의 조건부 대가 아님
	당기손익-공정가치측정 금융자산	회계불일치 제거 등 목적으로 지정

04 지분상품

(1) 분류

투자지분상품은 계약상 현금흐름의 특성이 없으므로(원리금으로 구성되어 있지 않음) 금융자산의 보유목적만 고려하면 된다. 따라서 지분상품은 매도의 목적으로 분류되어 당기손익-공정가치측정 금융자산으로 분류하는 것이 원칙이다. 다만, 단기매매항목이 아니고 일정한 요건이 충족되는 경우 후속적인 공정가치 변동을 기타포괄손익으로 표시하도록 최초 인식시점에 선택할 수도 있다. 이러한 경우 기타포괄손익-공정가치측정 금융자산으로 분류한다. 다만, 한번 선택하면 이를 취소할 수 없다.

(2) 최초 인식

금융자산은 금융상품의 계약 당사자가 되는 때에만 재무상태표에 인식한다. 금융자산이나 금융부채는 최초 인식시 공정가치로 측정한다. 다만, 정형화된 매입의 경우에는 매매일 또는 결제일에 인식한다.

취득원가는 원칙적으로 최초 인식시점의 공정가치로 측정하고 금융자산의 취득과 직접 관련하여 발생하는 거래원가는 최초 인식하는 공정가치에 가산한다. 다만, 당기손익-공정가치측정 금융자산의 취득과 직접 관련된 거래원가는 발생 즉시 당기비용으로 인식한다.

구분	취득원가
당기손익-공정가치측정 금융자산	공정가치(거래원가: 당기손익)
기타포괄손익-공정가치측정 금융자산	공정가치 + 거래원가

(3) 후속측정 및 제거(처분)

① 후속측정: 금융자산의 후속측정은 금융자산의 분류에 따라 상이하다. 최초 인식 후 당기손익-공정가치측정 금융자산과 기타포괄손익-공정가치측정 금융자산은 공정가치로 측정하고, 또한 보유기간 중에 금융상품으로부터 배당을 받게 되는 경우, 이는 공정가치 평가와 상관없기 때문에 금융자산의 분류와 상관없이 전부 당기손익으로 인식한다.

과목	후속측정금액	공정가치 평가손익	배당금수익
당기손익-공정가치측정 금융자산	공정가치	당기손익	당기손익
기타포괄손익-공정가치측정 금융자산	공정가치	기타포괄손익	당기손익

② 제거(처분): 다음 중 하나에 해당하는 경우에만 금융자산을 제거한다.

   ㉠ 금융자산의 현금흐름에 대한 계약상 권리가 소멸되는 경우

   ㉡ 금융자산을 양도하면서 그 양도가 제거조건을 충족하는 경우

과목	처분손익
당기손익 – 공정가치측정 금융자산	처분금액 – 처분 직전 장부금액
기타포괄손익 – 공정가치측정 금융자산	수취한 대가와 해당 금융자산의 차이를 기타포괄손익으로 인식 ⇨ 이 경우 기타포괄손익누계액은 해당 금융자산 제거시점에 이익잉여금을 대체할 수 있으며 당기손익에 영향을 주지 못함

> **더 알아보기** **지분상품의 회계처리**
>
> (주)한국이 (주)대한의 주식을 다음과 같이 취득 및 처분하였다. (주)한국이 지분상품을 당기손익 금융자산과 기타포괄손익 금융자산으로 분류한 각각의 회계처리는 다음과 같다. 단, (주)한국은 처분시 기타포괄손익으로 인식된 기타포괄손익누계액을 이익잉여금으로 대체하고 있다.
>
> | | |
> |---|---:|
> | • 20×1년 중 취득 | ₩50,000 |
> | • 20×1년 말 공정가치 | ₩48,000 |
> | • 20×2년 말 공정가치 | ₩60,000 |
> | • 20×3년 중 처분 | ₩70,000 |
>
> | 구분 | 당기손익 금융자산 | | 기타포괄손익 금융자산 | |
> |---|---|---:|---|---:|
> | 20×1년 취득 | (차) 당기손익 금융자산 | 50,000 | (차) 기타포괄손익 금융자산 | 50,000 |
> | | (대) 현금 | 50,000 | (대) 현금 | 50,000 |
> | 20×1년 말 | (차) 평가손실(당기손익) | 2,000 | (차) 평가손실(기타포괄손익) | 2,000 |
> | | (대) 당기손익 금융자산 | 2,000 | (대) 기타포괄손익 금융자산 | 2,000 |
> | 20×2년 말 | (차) 당기손익 금융자산 | 12,000 | (차) 기타포괄손익 금융자산 | 12,000 |
> | | (대) 평가이익(당기손익) | 12,000 | (대) 평가손실(기타포괄손익) | 2,000 |
> | | | | 평가이익(기타포괄손익) | 10,000 |
> | 20×3년 중 처분 | (차) 현금 | 70,000 | (차) 현금 | 70,000 |
> | | (대) 당기손익 금융자산 | 60,000 | (대) 기타포괄손익 금융자산 | 60,000 |
> | | 처분이익(당기손익) | 10,000 | 평가이익(기타포괄손익) | 10,000 |
> | | | | [직접대체]* | |
> | | | | (차) 평가이익(기타포괄손익누계액) | 20,000 |
> | | | | (대) 미처분이익잉여금 | 20,000 |
>
> * 처분손익을 당기손익으로 인식하였다가 이익잉여금으로 재분류되는 재분류조정방식을 사용하지 않고 바로 이익잉여금으로 직접 대체하는 방식을 사용한다.

01 (주)한국은 20×1년 7월 1일 (주)대한의 주식 200주를 취득일의 공정가치인 주당 ₩1,000에 취득하였다. 취득시 추가로 ₩5,000의 거래원가가 발생하였으며, (주)한국은 해당 주식을 당기손익−공정가치측정 금융자산으로 분류하였다. 20×1년 9월 1일 (주)한국은 취득한 주식의 50%를 처분일의 공정가치인 주당 ₩800에 처분하였다. 20×1년 말 (주)대한 주식의 주당 공정가치가 ₩1,300일 때, 동 주식과 관련하여 (주)한국의 20×1년 포괄손익계산서의 당기순이익 증가액은?   제26회

① ₩1,000   ② ₩2,000
③ ₩3,000   ④ ₩4,000
⑤ ₩5,000

[해설]

(1) 거래원가 = ₩5,000(당기비용 ⇨ 당기순이익 감소)
(2) 처분손익 = (₩800 − ₩1,000) × 100주 = (₩20,000) 처분손실(당기비용 ⇨ 당기순이익 감소)
(3) 평가손익 = (₩1,300 − ₩1,000) × 100주 = ₩30,000 평가이익(당기수익 ⇨ 당기순이익 증가)
∴ 당기순이익의 증가: (1) + (2) + (3) = ₩5,000 증가   정답: ⑤

02 (주)한국은 A주식을 20×1년 초 ₩1,000에 구입하고 취득 수수료 ₩20을 별도로 지급하였으며, 기타포괄손익−공정가치측정 금융자산으로 선택하여 분류하였다. A주식의 20×1년 말 공정가치는 ₩900, 20×2년 말 공정가치는 ₩1,200이고, 20×3년 2월 1일 A주식 모두를 공정가치 ₩1,100에 처분하였다. A주식에 관한 회계처리 결과로 옳지 않은 것은?   제22회

① A주식 취득원가는 ₩1,020이다.
② 20×1년 총포괄이익이 ₩120 감소한다.
③ 20×2년 총포괄이익이 ₩300 증가한다.
④ 20×2년 말 재무상태표상 금융자산평가이익(기타포괄손익누계액)은 ₩180이다.
⑤ 20×3년 당기순이익이 ₩100 감소한다.

[해설]

⑤ 기타포괄손익−공정가치측정 금융자산(지분상품)은 처분시 당기순이익에 영향을 미치지 않는다.
① A주식 취득원가 = ₩1,000 + ₩20 = ₩1,020
② 20×1년 평가손실 = ₩900 − ₩1,020 = (₩120) ⇨ 총포괄이익이 ₩120 감소
③ 20×2년 평가이익 = ₩1,200 − ₩900 = ₩300 ⇨ 총포괄이익이 ₩300 증가
④ 20×2년 말 재무상태표상 금융자산평가이익(기타포괄손익누계액)
     = 기말공정가치 − 취득원가 = ₩1,200 − ₩1,020 = ₩180   정답: ⑤

05 채무상품

(1) 분류

채무상품의 경우 금융자산의 계약상 현금흐름 특성(원금과 이자로 구성되어)이 있고, 금융자산의 관리를 위한 사업모형(금융자산 보유목적)에 따라 분류한다. 따라서 계약상 현금을 수취하기 위한 목적(원리금 회수목적)이면 상각후원가측정 금융자산으로 분류하고, 원리금 회수목적과 매도목적이면 기타포괄손익－공정가치측정 금융자산으로 분류한다. 위의 두 가지를 제외한 채무상품은 모두 당기손익－공정가치측정 금융자산으로 분류한다.

(2) 최초 인식

금융자산은 금융상품의 계약 당사자가 되는 때에만 재무상태표에 인식한다. 다만, 정형화된 매입의 경우에는 매매일 또는 결제일에 인식한다. 취득원가는 원칙적으로 최초 인식시점의 공정가치로 측정하고 금융자산의 취득과 직접 관련하여 발생하는 거래원가는 최초 인식하는 공정가치에 가산한다. 다만, 당기손익－공정가치측정 금융자산의 취득과 직접 관련된 거래원가는 발생 즉시 당기비용으로 인식한다. 또한 채무상품의 경우 경과이자는 채권을 매도한 자의 이자수익으로, 채권을 매수한 자의 취득원가를 구성하지 아니한다.

과목	취득시 인식금액
당기손익－공정가치측정 금융자산	공정가치(거래원가: 당기비용)
상각후원가측정 금융자산	공정가치＋거래원가
기타포괄손익－공정가치측정 금융자산	공정가치＋거래원가

(3) 후속측정 및 제거(처분)

① 후속측정: 금융자산의 후속측정은 금융자산의 분류에 따라 상이하다. 최초 인식 후 당기손익－공정가치측정 금융자산과 기타포괄손익－공정가치측정 금융자산은 공정가치로 측정하고, 상각후원가측정 금융자산은 유효이자율법에 의해 상각후원가로 재무상태표에 표시한다. 또한 보유기간 중에 금융상품으로부터 이자를 받게 되는 경우, 이는 공정가치 평가와 상관없기 때문에 금융자산의 분류에 상관없이 전부 당기손익으로 인식한다.

과목	후속측정금액	공정가치 평가손익	이자수익
당기손익－공정가치측정 금융자산	공정가치	당기손익	표시이자(당기손익)
상각후원가측정 금융자산	상각후원가	해당 사항 없음	유효이자(당기손익)
기타포괄손익－공정가치측정 금융자산	공정가치	기타포괄손익	유효이자(당기손익)

◉ 당기손익－공정가치측정 금융자산의 취득시 거래원가는 당기비용으로 회계처리한다.

② 제거(처분): 다음 중 하나에 해당하는 경우에만 금융자산을 제거한다.
  ㉠ 금융자산의 현금흐름에 대한 계약상 권리가 소멸되는 경우
  ㉡ 금융자산을 양도하면서 그 양도가 제거조건을 충족하는 경우

과목	처분손익
당기손익-공정가치측정 금융자산 (채무상품)	처분금액 − 처분 직전 장부금액
상각후원가측정 금융자산 (채무상품)	처분금액 − 처분 직전 상각후원가
기타포괄손익-공정가치측정 금융자산 (채무상품)	처분금액 − 처분 직전 상각후원가 ⇨ 이 경우 기타포괄손익누계액의 누적된 평가손익을 　　처분손익(당기손익)으로 재분류조정함*

* 재분류조정은 누적된 미실현손익(기타포괄손익누계액)을 실현손익(당기손익)으로 조정하는 것을 의미한다. 이 경우 기타포괄손익-공정가치측정 금융자산(지분상품) 제거시 재분류조정이 허용되지 않음을 주의한다.

> **더 알아보기** 채무상품의 회계처리

(주)한국은 20×1년 1월 1일에 (주)대한 발행 액면 ₩100,000의 사채(표시이자율 연 10%, 유효이자율 연 12%, 3년)를 ₩95,198에 취득하였다. (주)한국이 채무상품을 상각후원가 금융자산과 기타포괄손익 금융자산으로 분류한 각각의 회계처리는 다음과 같다.

- 20×1년 말 공정가치 　　　　　　　　　　　　　　　　　　₩97,000
- 20×2년 초 처분 　　　　　　　　　　　　　　　　　　　　₩98,000

(1) 상각후원가 금융자산의 경우
  ① 20×1.1.1. 취득시

(차) 상각후원가 금융자산	95,198	(대) 현금	95,198

  ② 20×1.12.31. 이자 수령시

(차) 현금	10,000	(대) 이자수익	11,424
상각후원가 금융자산	1,424		

  ③ 공시

부분 재무상태표

20×1.12.31.

상각후원가 금융자산	96,622	

  ④ 20×2년 초 처분시

(차) 현금	98,000	(대) 상각후원가 금융자산	96,622
		처분이익(당기손익)	1,378

(2) 기타포괄손익 금융자산의 경우

   ① 20×1.1.1. 취득시

     (차) 기타포괄손익 금융자산   95,198   (대) 현금   95,198

   ② 20×1.12.31. 이자 수령시

     • 상각후원가의 결정

       (차) 현금   10,000   (대) 이자수익   11,424

             기타포괄손익 금융자산   1,424

     • 기말공정가치 평가

       (차) 기타포괄손익 금융자산   378 *   (대) 평가이익(기타포괄손익)   378

     * ₩97,000(공정가치) − (₩95,198 + ₩1,424)

   ③ 공시

부분 재무상태표

20×1.12.31.

기타포괄손익 금융자산	97,000	기타포괄손익 금융자산평가이익	378

   ④ 20×2년 초 공정가치측정

     (차) 기타포괄손익 금융자산   1,000   (대) 평가이익(기타포괄손익)   1,000

     • 20×2년 초 처분

       (차) 현금   98,000   (대) 기타포괄손익 금융자산   98,000

     • 20×2년 초 재분류조정

       (차) 평가이익(기타포괄손익누계액)   1,378   (대) 처분이익(당기손익)   1,378

확인 및 기출예제

(주)대한은 20×1년에 (주)한국이 발행한 사채를 ₩180,000에 취득하였다. 취득한 사채는 당기손익-공정가치측정 금융자산으로 분류하였다. 취득시 발생한 거래수수료는 ₩4,000이다. 20×1년 말에 (주)대한은 액면이자 ₩10,000을 현금 수취하였으며, 20×1년 말 사채의 공정가치는 ₩188,000이다. (주)대한의 20×1년 당기순이익에 미치는 영향은?

제18회 수정

① ₩4,000 증가   ② ₩6,000 증가
③ ₩10,000 증가   ④ ₩14,000 증가
⑤ ₩18,000 증가

해설

(1) 취득시 발생한 지급수수료 = 당기비용 ₩4,000(−)
(2) 이자수익 = ₩10,000(+)
(3) 공정가치평가 = 당기손익-공정가치측정 금융자산평가이익 = ₩8,000(+)
∴ 당기순이익에 미치는 영향 = (1)+(2)+(3) = ₩14,000(+)

정답: ④

(주)한국은 20×1년 1월 1일에 (주)대한이 발행한 사채(액면금액 ₩10,000, 표시이자율 연 10%, 이자는 매년 12월 31일 지급, 만기 3년)를 공정가치로 취득하고 상각후원가측정 금융자산으로 분류하였다. 취득 당시 유효이자율은 연 12%이다. 동 금융자산과 관련하여 (주)한국이 20×2년 12월 31일에 인식할 이자수익과 20×2년 12월 31일 금융자산 장부금액은? (단, 사채발행일과 취득일은 동일하며, 단수차이가 발생할 경우 가장 근사치를 선택함)

제25회

기간	단일금액 ₩1의 현재가치		정상연금 ₩1의 현재가치	
	10%	12%	10%	12%
3	0.7513	0.7118	2.4869	2.4019

	이자수익	장부금액		이자수익	장부금액
①	₩952	₩9,520	②	₩1,000	₩9,620
③	₩1,142	₩9,662	④	₩1,159	₩9,821
⑤	₩1,178	₩10,000			

해설

- 상각후원가측정 금융자산의 취득원가 = (₩10,000 × 0.7118) + (₩10,000 × 10% × 2.4019) = ₩9,520
- 20×1년 말 상각후원가 = (₩9,520 × 1.12) − ₩1,000 = ₩9,662
- ∴ 이자수익 = ₩9,662 × 12% = ₩1,159
  장부금액(상각후원가) = (₩9,662 × 1.12) − ₩1,000 = ₩9,821

정답: ④

06 손상

(1) 손상차손의 인식

종전 기준서(제1039호)는 손상 사건이 발생한 결과 금융자산이 손상되었다는 객관적 증거가 있는 경우에만 손상차손을 인식하도록 하는 발생손실모형을 적용하였다. 즉, 금융자산에서 미래에 손상이 발생할 것으로 예상되더라도 보고기간 말 현재 금융자산이 손상되었다는 객관적인 증거가 없다면 손상차손을 인식하지 못하였다. 반면, 기준서 제1109호는 기대손실모형을 도입하여 보고기간 말에 신용위험이 유의적으로 증가하였다고 판단되면 기대신용손실을 추정하여 이를 손상차손으로 인식하도록 규정하고 있다. 이 경우 금융자산은 상각후원가 금융자산과 기타포괄손익 금융자산(기타포괄손익 지분상품 제외)의 경우만 손상차손을 인식한다. 당기손익 금융자산의 경우 손상의 효과가 이미 해당 금융자산의 평가손실로 당기손익에 반영되어 있으므로 손상차손의 회계처리대상이 아니고, 금융자산 중 지분상품의 경우에는 신용손실위험이 없으므로 손상차손 회계처리대상이 아니다.

구분		손상차손 인식 여부
채무상품	상각후원가측정 금융자산	신용손실위험을 손상차손(당기손익)으로 인식
	기타포괄손익－공정가치측정 금융자산	
	당기손익－공정가치측정 금융자산	인식하지 않음(평가손실을 통해 당기손익 반영)
지분상품	기타포괄손익－공정가치측정 금융자산	인식하지 않음(신용손실위험 없음)
	당기손익－공정가치측정 금융자산	

(2) 기대손실모형

기준서 제1109호 '금융상품에서는 신용이 손상되지 않은 경우에도 기대신용손실을 추정하여 당기손익으로 인식'하도록 하고 있는데, 이를 기대손실모형이라고 한다.

① **신용손실**: 현금부족액(= 계약상 받기로 한 금액 － 받을 것으로 예상하는 금액)을 최초 유효이자율로 할인한 현재가치를 말한다.

② **기대신용손실**: 해당 신용손실을 개별채무불이행 발생위험을 가중평균한 금액을 말하며, 이는 금융자산의 기대 존속기간에 걸친 신용손실의 확률가중 추정치를 말한다. 기대신용손실은 지급액과 지급시기를 고려하여 추정하고, 손상차손 인식대상 금융자산에 대해서 추정한 기대손실은 손실충당금으로 인식하여야 한다.

기대신용손실의 추정기간

구분		기대신용손실 추정기간
정상자산	최초 인식 후 금융자산의 신용위험이 유의적으로 증가하지 않는 경우	**12개월** 기대신용손실을 손실충당금으로 인식
부실자산	신용위험이 유의적으로 증가	**전체기간** 기대신용손실을 손실충당금으로 인식
	신용이 손상된 경우	

◉ 간편법을 적용하는 매출채권, 계약자산, 리스채권은 전체기간 기대신용손실을 손실충당금으로 인식한다.

구분	회계처리
기대신용손실추정액 > 장부상 손실충당금 잔액 ⇨ 손상차손 인식	(차) 금융자산 손상차손 ××× (대) 손실충당금 ×××
기대신용손실추정액 < 장부상 손실충당금 잔액 ⇨ 손상차손환입 인식	(차) 손실충당금 ××× (대) 금융자산 손상차손환입 ×××

07 재분류

(1) 요건

기준서 제1109호에서는 금융자산을 관리하는 사업모형을 변경하는 경우에만 금융자산의 재분류를 허용하므로 사업모형이 없는 지분상품이나 파생상품은 재분류할 수 없고 채무상품만 재분류대상이 된다. 사업모형의 변경은 사업계열의 취득·처분·종결과 같이 영업에 유의적인 활동을 시작하거나 중단하는 경우에만 발생하고, 특정 금융자산과 관련된 의도의 변경(시장 상황이 유의적으로 변경되는 것 포함), 금융자산에 대한 특정 시장의 일시적 소멸, 서로 다른 사업모형을 갖고 있는 기업에서 부문간 금융자산의 이전 등은 사업모형의 변경에 해당되지 않는다. 금융자산을 재분류하는 경우에는 재분류일부터 전진적으로 적용한다. 이 경우 재분류일이란 금융자산의 재분류를 초래하는 사업모형의 변경 후 첫 번째 보고기간의 첫 번째 날이다.

(2) 금융자산의 재분류

재분류 전	재분류 후	회계처리
당기손익 금융자산	상각후원가 금융자산	재분류일의 공정가치가 새로운 총장부금액이 되며 이를 기초로 유효이자율을 계산한다.
	기타포괄손익 금융자산	계속 공정가치로 측정하고, 재분류일의 공정가치에 기초하여 유효이자율을 계산한다.
기타포괄손익 금융자산	당기손익 금융자산	계속 공정가치로 측정하고 재분류 전에 인식한 기타포괄손익누계액은 재분류일에 재분류조정으로 자본에서 당기손익으로 재분류한다.
	상각후원가 금융자산	재분류일의 공정가치로 측정하고, 재분류 전에 인식한 기타포괄손익누계액은 자본에서 제거하고 재분류일의 금융자산의 공정가치에서 조정한다.
상각후원가 금융자산	당기손익 금융자산	재분류일의 공정가치로 측정하고, 재분류 전 상각후원가와 공정가치의 차이를 당기손익으로 인식한다.
	기타포괄손익 금융자산	재분류일의 공정가치로 측정하고, 재분류 전 상각후원가와 공정가치의 차이로 기타포괄손익으로 인식한다.

◉ 상각후원가측정 금융자산을 상각후원가 금융자산으로, 기타포괄손익 – 공정가치측정 금융자산을 기타포괄손익 금융자산으로, 당기손익 – 공정가치측정 금융자산을 당기손익 금융자산으로 표시하였다.

01 개요

(1) 관계기업

관계기업은 투자자가 해당 기업에 대하여 유의적인 영향력이 있는 기업을 말한다. 관계기업은 법적 형태에 제한이 없고(예 주식회사, 합명회사, 합자회사, 유한회사, 조합 등), 파트너십과 같은 법인격이 없는 실체를 포함한다. 다만, 종속기업이나 조인트벤처 투자지분은 관계기업이 아니다.

(2) 유의적인 영향력

① 의의: 유의적인 영향력이란 피투자자의 재무정책과 영업정책에 관한 의사결정에 참여할 수 있는 능력을 말한다. 유의적인 영향력은 지분율기준과 실질기준으로 판단한다. 이와 같은 유의적인 영향력을 행사할 수 있는 피투자회사를 관계기업이라고 한다.

② 판단기준: 지분율기준과 실질영향력기준이 있으며, 전자의 경우는 투자자가 직접적 또는 간접적(종속사를 통하여)으로 피투자자에 대한 의결권의 20% 이상을 소유하고 있으면, 반증이 없는 한 유의적인 영향력이 있는 것으로 본다. 후자의 경우는 일정한 요건 중 하나에 해당하는 경우 지분율이 20% 미만일지라도 유의적인 영향력이 있다고 본다.

02 지분법

(1) 의의

투자사가 피투자회사의 유의적인 영향력을 행사할 수 있는 경우에 배당금 지급 의사결정에 영향을 미칠 수 있다. 이 경우 배당금의 수취보다 관계기업의 순자산의 변동에 따라 투자수익을 인식하고 투자자산금액을 조정해주는 방법이 보다 적절하다. 이와 같이 취득시점 이후 발생한 피투자자의 순자산변동액 중 투자자의 지분을 해당 투자주식에 가감하여 보고하는 방법을 지분법이라고 한다. 이 경우 지분법을 적용한 투자주식을 관계기업 투자주식이라고 하며 비유동자산으로 분류한다.

(2) 특징

① 투자회사와 관계기업의 경제적 일체성을 강조한다.
② 투자회사가 피투자회사(관계기업)의 여러 활동에 유의적인 영향력을 지니는 경우 관계기업의 배당정책을 통한 이익조작의 가능성을 방지한다.
③ 배당을 받기 전이라도 관계기업에 이익이 발생한 경우 투자수익을 인식하므로 발생주의 회계에 해당하는 방법이다.

④ 관계기업의 순자산가치 변화를 투자자산에 반영하므로 투자자산의 금액은 실제가치에 가깝게 표시된다.

(3) 회계처리

구분		회계처리
취득시		(차) 관계기업투자주식 ××× (대) 현금 ×××
관계기업 순자산 변동	당기순이익	(차) 관계기업투자주식 ××× (대) 지분법이익*1 ×××
	당기순손실	(차) 지분법손실*2 ××× (대) 관계기업투자주식 ×××
	현금배당 수령	(차) 현금*3 ××× (대) 관계기업투자주식 ×××
	기타포괄손익 변동	(차) 관계기업투자주식 ××× (대) 관계기업 기타포괄이익*4 ×××

*1 관계기업 당기순이익 × 투자지분율 *2 관계기업 당기순손실 × 투자지분율
*3 관계기업 현금배당액 × 투자지분율 *4 관계기업 기타포괄손익 × 투자지분율

> **더 알아보기** 지분법 회계처리 – 관계기업 투자계정과 지분법 이익의 계산
>
> 20×1년 초 (주)대한은 (주)한국의 보통주 30%를 ₩500,000에 취득한 결과, (주)한국의 경영 의사결정에 유의적인 영향력을 행사할 수 있게 되었다. (주)한국은 20×1년의 당기순이익으로 ₩600,000을 보고하였다. 또한 (주)한국은 20×1년 중 현금배당 ₩240,000을 결의하여 이를 모두 현금으로 지급하였다. 주식 취득일 현재 (주)한국의 순자산 장부금액과 공정가치는 동일하였다. 각 단계에 해당하는 회계처리를 하시오.
>
> (1) 취득시
> (2) 피투자자의 당기순이익 보고
> (3) 현금배당 수취시
>
> 해설
>
> (1) (차) 관계기업투자주식   500,000   (대) 현금   500,000
> (2) (차) 관계기업투자주식   180,000   (대) 지분법이익   180,000*
>   * ₩600,000 × 30%
> (3) (차) 현금   72,000*   (대) 관계기업투자주식   72,000
>   * ₩240,000 × 30%
>
> ○ 공시
>
> | 재무상태표 | | 포괄손익계산서 | |
> |---|---|---|---|
> | 관계기업투자주식 | 608,000 | 지분법이익 | 180,000 |

01 의의

투자부동산은 임대수익이나 시세차익 또는 두 가지 모두를 얻기 위하여 소유자가 보유하거나 리스이용자가 사용권자산으로 보유하고 있는 부동산으로, 비유동자산으로 분류된다.

● 재화의 생산이나 용역의 제공 또는 관리 목적에 사용하거나 정상적인 영업과정에서의 판매를 목적으로 보유하는 부동산은 제외한다.

02 구분

투자부동산	투자부동산이 아닌 것
① 장기 시세차익을 얻기 위하여 보유하고 있는 토지(통상적인 영업과정에서 단기간에 판매하기 위하여 보유하고 있는 토지 제외) ② 장래 사용 목적을 결정하지 못한 채로 보유하고 있는 토지(자가사용할지 통상적 영업과정에서 단기간에 판매할지를 결정하지 못한 경우 해당 토지는 시세차익을 얻기 위하여 보유한다고 봄) ③ 직접 소유하고 운용리스로 제공하는 건물 또는 보유하는 건물에 관련되고 운용리스로 제공하는 사용권자산 ④ 운용리스로 제공하기 위하여 보유하고 있는 미사용 건물 ⑤ 미래에 투자부동산으로 사용하기 위하여 건설 또는 개발 중인 부동산	① 통상적인 영업과정에서 판매하기 위한 부동산이나 이를 위하여 건설 또는 개발 중인 부동산 ㉾ 가까운 장래에 판매하거나 개발하여 판매하기 위한 목적으로만 취득한 부동산 ② 자가사용부동산 ㉾ • 미래에 자가사용하기 위한 부동산 　• 미래에 개발 후 자가사용할 부동산 　• 종업원이 사용하고 있는 부동산(종업원이 시장요율로 임차료를 지급하고 있는지는 관계없음) 　• 처분예정인 자가사용부동산 ③ 금융리스로 제공한 부동산

● **투자부동산**: ① 시세차익용, ② 업무미사용, ③ 임대용, ④ 임대준비용, ⑤ 건설 또는 개발 중

(1) 일부만 투자부동산인 경우

부동산 중 일부분은 임대수익이나 시세차익을 얻기 위하여 보유하고, 일부분은 재화의 생산이나 용역의 제공 또는 관리 목적으로 사용하기 위하여 보유하는 경우에는 다음과 같이 분류한다.

① 분리매각이 가능한 경우

자가사용 부분	유형자산
임대제공 부분	투자부동산

② 분리매각이 불가능한 경우: 자가사용 부분이 경미한 경우만 해당 부동산을 투자부동산으로 분류한다.

(2) 부수용역이 제공되는 경우

부수용역이 경미한 경우	투자부동산
부수용역이 유의적인 경우	자가사용부동산

확인 및 기출예제

투자부동산에 해당하는 것을 모두 고른 것은?

제26회

> ㉠ 통상적인 영업과정에서 판매목적이 아닌, 장기 시세차익을 얻기 위하여 보유하고 있는 토지
> ㉡ 미래에 자가사용하기 위한 토지
> ㉢ 장래 용도를 결정하지 못한 채로 보유하고 있는 토지
> ㉣ 금융리스로 제공한 토지

① ㉠, ㉡   ② ㉠, ㉢
③ ㉡, ㉣   ④ ㉠, ㉢, ㉣
⑤ ㉡, ㉢, ㉣

해설

자가사용부동산과 금융리스로 제공한 부동산은 투자부동산에 해당하지 않는다.

정답: ②

---

03 취득

(1) 인식기준

투자부동산은 다음의 조건을 모두 충족할 때 자산으로 인식하며, 인식요건을 충족시키지 못하는 경우 관련 지출은 발생시 비용으로 처리한다.

① 투자부동산에서 발생하는 미래 경제적 효익의 유입가능성이 높다.
② 투자부동산의 원가를 신뢰성 있게 측정할 수 있다.

(2) 취득원가

투자부동산은 최초 인식시점의 원가로 측정하며, 원가는 자산을 취득하기 위하여 자산의 취득시점이나 건설시점에 지급한 현금 또는 현금성자산이나 제공한 기타 대가의 공정가치를 말한다.

> **투자부동산의 취득원가** = 구입금액 + 구입과 직접 관련이 있는 지출*

* 법률용역의 대가로 전문가에게 지급하는 수수료, 부동산 구입과 관련된 세금 및 그 밖의 거래원가 등을 들 수 있다.

> **더 알아보기** 원가에 포함되지 않는 항목
>
> 1. 경영진이 의도하는 방식으로 부동산을 운영하기 위하여 필요한 상태에 이르게 하는 데 직접 관련이 없는 초기원가
> 2. 계획된 사용수준에 도달하기 전에 발생하는 부동산의 운영손실
> 3. 건설이나 개발과정에서 발생한 비정상적인 원재료, 인력 및 기타 자원의 낭비금액

04 후속측정

원가모형과 공정가치모형 중에서 선택하고 모든 투자부동산에 동일하게 적용한다.

(1) 원가모형

최초 인식 이후 투자부동산의 평가방법을 원가모형으로 선택한 경우에는 투자부동산을 당초 취득원가에서 감가상각누계액과 손상차손누계액을 차감한 금액을 장부금액으로 보고하는 방법으로 공정가치는 주석으로 공시한다.

(2) 공정가치모형

① 투자부동산에 대하여 공정가치모형을 선택한 경우에는 최초 인식 후 모든 투자부동산을 공정가치로 측정한다. 투자부동산의 공정가치 변동으로 발생하는 손익은 재평가잉여금으로 처리하지 않고 발생한 기간의 당기손익에 반영하고, 감가상각에 관하여 회계처리하지 아니한다.

구분	회계처리
공정가치 > 장부금액	(차) 투자부동산 　　　×××　(대) 투자부동산 평가이익* ×××
공정가치 < 장부금액	(차) 투자부동산 평가손실*××× (대) 투자부동산 　　　×××

* 당기손익항목

② 예외적인 경우

　㉠ 공정가치를 계속 신뢰성 있게 측정할 수 없는 경우: 잔존가치를 ₩0으로 가정하고 해당 투자부동산을 처분할 때까지 원가모형을 계속 적용한다. 다만, 투자부동산을 공정가치로 측정해 온 경우라면 공정가치를 계속하여 신뢰성 있게 측정할 수 있다고 추정하여 계속 공정가치로 측정한다.

　㉡ **건설 중인 투자부동산의 경우**: 공정가치를 신뢰성 있게 측정할 수 없지만 건설이 완료된 시점에는 공정가치를 신뢰성 있게 측정할 수 있다고 예상하는 경우 공정가치를 신뢰성 있게 측정할 수 있는 시점과 건설이 완료되는 시점 중 이른 시점까지는 원가로 측정하며 공정가치와 장부금액의 차액은 당기손익으로 인식한다.

구분	원가모형	공정가치모형
감가상각	○	×
손상차손	○	×
평가손익	×	○ 투자부동산 평가손익(당기손익)

더 알아보기 투자부동산의 회계처리 비교

각 경우에 적합한 회계처리를 제시하시오.

- 20×1.1.1. 임대용 건물을 ₩2,000,000에 취득하였다. 감가상각방법은 정액법, 내용연수 10년, 잔존가치는 없다.
- 20×1.12.31. 임대용 건물의 공정가치는 ₩2,500,000이다.
- 20×2.12.31. 임대용 건물의 공정가치는 ₩2,400,000이다.

(1) 원가모형
(2) 공정가치모형

해설

일자	원가모형		공정가치모형	
20×1.1.1.	(차) 투자부동산 (대) 현금 및 현금성자산	2,000,000 2,000,000	(차) 투자부동산 (대) 현금 및 현금성자산	2,000,000 2,000,000
20×1.12.31.	(차) 감가상각비 (대) 감가상각누계액	200,000* 200,000	(차) 투자부동산 (대) 투자부동산 평가이익	500,000 500,000
20×2.12.31.	(차) 감가상각비 (대) 감가상각누계액	200,000 200,000	(차) 투자부동산 평가손실 (대) 투자부동산	100,000 100,000

* ₩2,000,000 ÷ 10년

05 제거

투자부동산을 처분하거나 투자부동산의 사용을 영구히 중지하고 처분으로도 더 이상의 경제적 효익을 기대할 수 없는 경우에는 재무상태표에서 제거한다. 폐기나 처분으로 발생하는 손익은 순처분금액과 장부금액의 차액이 되며, 폐기나 처분이 발생한 기간에 당기손익으로 인식한다.

06 대체

투자부동산의 정의를 충족하게 되거나 충족하지 못하게 되고, 용도변경의 증거가 있는 경우에 대체가 발생한다.

◉ 경영진의 의도변경만으로는 용도변경의 증거가 되지 못한다.

구분	회계처리
자가사용의 개시나 자가사용 목적 개발의 시작	투자부동산 ⇨ 자가사용부동산(유형자산)
통상적인 영업과정에서 판매하기 위한 개발의 시작	투자부동산 ⇨ 재고자산
자가사용의 종료	자가사용부동산 ⇨ 투자부동산
판매목적 자산을 제3자에게 운용리스 제공	재고자산 ⇨ 투자부동산

확인 및 기출예제

(주)한국은 20×1년 초 건물을 ₩50,000에 취득하고 투자부동산(공정가치모형 선택)으로 분류하였다. 동 건물의 20×1년 말 공정가치는 ₩38,000, 20×2년 말 공정가치는 ₩42,000일 때, 20×2년도 당기순이익에 미치는 영향은? (단, (주)한국은 건물을 내용연수 10년, 잔존가치 ₩0, 정액법 상각함)

제27회

① ₩2,000 증가 ② ₩3,000 증가
③ ₩4,000 증가 ④ ₩5,500 증가
⑤ ₩9,500 증가

해설

투자부동산을 공정가치모형으로 선택한 경우 발생하는 투자부동산 평가손익은 모두 당기손익에 영향을 미친다. 따라서 20×2년도 발생한 투자부동산 평가이익(₩42,000 − ₩38,000 = ₩4,000)은 수익계정으로 당기순이익을 증가시킨다.

정답: ③

01 당기손익 – 공정가치측정 금융자산은 공정가치로 측정하고 공정가치 변동은 기타포괄손익으로 인식한다. ( )

02 당기손익 – 공정가치측정 금융자산은 최초 인식시 공정가치로 측정하며 취득과 직접 관련하여 발생하는 거래원가는 최초 인식하는 공정가치에 가산한다. ( )

03 기타포괄손익 – 공정가치측정 금융자산의 경우 공정가치법에 의하여 기말평가를 할 때 발생한 기타포괄손익 – 공정가치측정 금융자산평가손익은 당기손익에 반영한다. ( )

04 기타포괄손익 – 공정가치측정 금융자산의 경우 최초 인식시 공정가치로 측정하며 취득과정에서 발생하는 거래원가는 당기비용으로 회계처리한다. ( )

05 기타포괄손익 – 공정가치측정 금융자산으로 선택한 금융자산(지분상품)의 경우 처분시 당기손익으로 인식할 처분손익이 발생하지 않는다. ( )

06 기타포괄손익 – 공정가치측정 금융자산(지분상품)의 경우 재무상태표상 기타포괄손익누계액인 금융자산평가손익은 보고기간 말 공정가치와 취득원가의 차이이다. ( )

---

01 × 기타포괄손익으로 인식한다. ⇨ 당기손익으로 인식한다.

02 × 공정가치에 가산한다. ⇨ 당기비용으로 인식한다.

03 × 당기손익에 반영한다. ⇨ 기타포괄손익에 반영한다.

04 × 당기비용으로 회계처리한다. ⇨ 취득원가에 포함된다.

05 ○

06 ○

07 상각후원가측정 금융자산은 최초 인식 후 공정가치로 재측정하며, 금융자산평가손익은 기타포괄손익으로 인식한다. ( )

08 상각후원가측정은 취득시 유효이자율을 이용하여 보유기간 동안 수행한다. ( )

09 지분상품과 채무상품은 모두 손상회계처리대상이다. ( )

10 금융자산을 관리하는 사업모형을 변경하는 경우 이로 인해 영향을 받는 모든 금융자산을 재분류해야 하며 지분상품도 재분류가 가능하다. ( )

11 투자부동산에 대한 공정가치모형을 적용함에 있어서 비용배분하는 절차인 감가상각절차를 적용한다. ( )

12 투자부동산의 공정가치 변동으로 인한 손익은 발생기간의 기타포괄손익으로 처리한다.
( )

---

07 × 상각후원가측정 금융자산은 공정가치로 평가하지 않고 유효이자율법을 사용하여 상각후원가로 측정한다.

08 ○

09 × 지분상품은 신용손실위험이 없으므로 손상회계처리대상이 아니다.

10 × 지분상품의 경우 현금흐름이 원금과 이자만으로 구성되어 있지 않기 때문에 사업모형을 선택할 수 없으므로 재분류가 불가능하다.

11 × 적용한다. ⇨ 적용하지 아니한다.

12 × 기타포괄손익으로 처리한다. ⇨ 당기손익으로 처리한다.

01 금융자산에 해당하지 않는 것은? 제22회

① 미수이자
② 다른 기업의 지분상품
③ 만기까지 인출이 제한된 정기적금
④ 거래상대방에게서 국채를 수취할 계약상의 권리
⑤ 선급금

02 금융자산의 최초 인식에 대한 설명으로 옳지 않은 것은?

① 금융자산은 금융상품의 계약 당사자가 되는 때에만 재무상태표에 인식한다.
② 금융자산은 최초 인식시 공정가치로 측정한다.
③ 당기손익－공정가치측정 금융자산의 취득 관련 거래원가는 당기비용으로 처리한다.
④ 기타포괄손익－공정가치측정 금융자산의 취득 관련 거래원가는 최초 인식 공정가치에 가산한다.
⑤ 상각후원가측정 금융자산의 취득과 관련된 거래원가는 당기비용으로 처리한다.

03 (주)한국은 20×1년 4월 1일 (주)대한의 보통주 100주를 1주당 ₩10,000에 취득하고 취득수수료 ₩20,000을 현금으로 지급하였다. (주)한국은 취득한 보통주를 당기손익－공정가치측정 금융자산으로 분류하였으며, 20×1년 8월 1일 1주당 ₩1,000의 중간배당금을 현금으로 수령하였다. 20×1년 말 (주)대한의 보통주 공정가치는 1주당 ₩10,500이었다. 동 주식과 관련하여 (주)한국이 20×1년 인식할 금융자산 평가손익은? 제24회

① 손실 ₩70,000 ② 손실 ₩50,000 ③ 손실 ₩30,000
④ 이익 ₩30,000 ⑤ 이익 ₩50,000

04 (주)한국은 20×1년 5월 1일 주식A 100주를 취득일의 공정가치인 주당 ₩100에 취득하고 당기손익－공정가치측정 금융자산으로 분류하였다. 20×1년 말과 20×2년 말의 주식A의 공정가치는 다음과 같다.

구분	20×1년 말	20×2년 말
주식A 공정가치	₩120	₩140

(주)한국은 20×2년 5월 1일 주식A 50주를 처분일의 공정가치인 주당 ₩110에 처분하고, 나머지 50주는 계속 보유하고 있다. 20×2년 당기순이익에 미치는 영향은?

제27회

① 영향 없음
② ₩500 감소
③ ₩500 증가
④ ₩1,000 감소
⑤ ₩1,000 증가

정답 | 해설

01 ⑤ 금융자산에는 실물자산(예 재고자산, 생물자산, 유형자산 등), 현금 등 금융자산을 수취할 권리가 아닌 항목(예 선급금 등), 계약에 의하지 않은 항목 등이 해당되지 않는다.

02 ⑤ 상각후원가측정 금융자산의 취득과 관련된 거래원가는 <u>최초 인식 공정가치에 가산한다</u>.

03 ⑤ 당기손익－공정가치측정 금융자산의 경우, 취득시 거래원가는 취득원가에 포함되지 않으므로 평가 직전 장부금액은 주당 ₩10,000이다.

∴ 당기손익－공정가치측정 금융자산 평가이익 = (₩10,500 － ₩10,000) × 100주 = ₩50,000

04 ③ (1) 처분손익 = (₩110 － ₩120) × 50주 = (₩500) 처분손실 ⇨ 당기순이익 감소
(2) 평가손익 = (₩140 － ₩120) × 50주 = ₩1,000 평가이익 ⇨ 당기순이익 증가

∴ 20×2년 당기순이익에 미치는 영향: (1) + (2) = ₩500 증가

05 (주)한국은 20×1년 중 금융자산을 취득하고 주식A는 당기손익−공정가치측정 금융자산으로, 주식B는 기타포괄손익−공정가치측정 금융자산으로 분류하였다. 20×1년 중 주식A는 전부 매각하였고, 주식B는 20×1년 말 현재 보유하고 있다. 주식A의 매각금액과 20×1년 말 주식B의 공정가치가 다음과 같을 때, 20×1년 당기순이익에 미치는 영향은?

제25회

구분	20×1년 중 취득원가	비고
주식A	₩250	매각금액 ₩230
주식B	₩340	20×1년 말 공정가치 ₩380

① ₩20 증가   ② ₩40 증가

③ ₩60 증가   ④ ₩20 감소

⑤ ₩40 감소

06 금융자산에 대한 설명으로 옳지 않은 것은?

① 취득한 금융자산은 사업모형과 계약상 현금흐름 특성에 따라 상각후원가측정 금융자산, 기타포괄손익−공정가치측정 금융자산, 당기손익−공정가치측정 금융자산으로 분류한다.

② 투자를 목적으로 취득한 지분상품은 당기손익−공정가치측정 금융자산으로 분류하는 것이 원칙이다.

③ 투자지분상품을 기타포괄손익−공정가치측정 금융자산으로 분류할 것을 선택한 경우 추후 취소할 수 있다.

④ 단기매매 목적으로 취득한 지분상품은 당기손익−공정가치측정 금융자산으로만 분류 가능하다.

⑤ 당기손익−공정가치측정 금융자산에 대한 미실현보유손익은 당기손익 항목으로 처리한다.

07 (주)한국은 20×1년 6월 말에 주식A와 B를 각각 ₩500, ₩600에 취득하였다. 주식A는 당기손익-공정가치측정 금융자산으로, 주식B는 기타포괄손익-공정가치측정 금융자산으로 분류하였으며, 보유기간 중 해당 주식의 손상은 발생하지 않았다. 다음 자료를 이용할 경우, 해당 주식보유에 따른 기말평가 및 처분에 관한 설명으로 옳은 것은?

제17회 수정, 제15회 유사

구분	20×1년 말 공정가치	20×2년 말 공정가치	20×3년 매각금액
주식A	₩550	₩480	₩520
주식B	₩580	₩630	₩610

① 20×1년 당기순이익은 ₩30 증가한다.
② 20×1년 기타포괄손익은 ₩50 증가한다.
③ 20×2년 말 기타포괄손익누계액에 표시된 기타포괄손익 금융자산 평가이익은 ₩10이다.
④ 20×2년 당기순이익은 ₩10 증가한다.
⑤ 20×3년 당기손익으로 인식할 금융자산 처분이익은 ₩40이다.

---

05 ④ (1) 당기손익-공정가치측정 금융자산
당기손익-공정가치측정 금융자산 처분손익 = ₩230 − ₩250 = (₩20) 당기순이익의 감소
(2) 기타포괄손익-공정가치측정 금융자산
기타포괄손익-공정가치측정 금융자산 평가손익 = ₩380 − ₩340 = ₩40 기타포괄이익의 증가
따라서 20×1년 당기순이익에 미치는 영향은 (1)의 ₩20이 감소된다.

06 ③ 투자지분상품을 기타포괄손익-공정가치측정 금융자산으로 분류할 것을 선택한 경우 추후 취소할 수 없다.

07 ⑤ 당기손익 금융자산 처분이익 = 처분금액 − 처분 직전 장부금액 = ₩520 − ₩480 = ₩40(이익)
❶ 기타포괄손익 금융자산(지분상품)은 처분시 당기순손익에 영향이 없다.
① 20×1년 당기순이익은 ₩50 증가한다.
② 20×1년 기타포괄손익은 ₩20 감소한다.
③ 20×2년 말 기타포괄손익누계액 = 기말공정가치 − 취득원가 = ₩630 − ₩600 = ₩30
④ 20×2년 당기순이익은 ₩70 감소한다.

08 12월 결산법인인 (주)대한은 20×1년 4월 1일 (주)대한의 주식 20주를 주당 ₩10,000에 취득하였다. 20×1년 12월 31일 (주)한국 주식 1주당 공정가치는 ₩12,000이다. 20×2년 1월 1일 (주)대한은 보유 중인 (주)한국 주식의 절반인 10주를 1주당 ₩14,000에 처분하였다. 20×2년 (주)한국 주식의 처분에 따른 금융자산 처분손익에 대하여 (주)대한이 (주)한국 주식을 당기손익-공정가치측정 금융자산으로 분류한 경우와 기타포괄손익-공정가치측정 금융자산으로 분류한 경우 각각의 처분손익(당기손익)으로 옳은 것은?

	당기손익-공정가치측정 금융자산	기타포괄손익-공정가치측정 금융자산
①	₩0	₩20,000
②	₩20,000	₩0
③	₩20,000	₩40,000
④	₩40,000	₩20,000
⑤	₩40,000	₩40,000

09 (주)한국은 20×1년 중 (주)민국의 주식을 매매수수료 ₩1,000을 포함하여 총 ₩11,000을 지급하고 취득하였으며, 기타포괄손익-공정가치측정 금융자산으로 분류하였다. 동 주식의 20×1년 말 공정가치는 ₩12,000이었으며, 20×2년 중에 동 주식을 ₩11,500에 모두 처분하였을 경우, 동 금융자산과 관련한 설명 중 옳은 것은?

① 취득금액은 ₩10,000이다.
② 20×1년 취득시 거래원가는 당기비용으로 회계처리한다.
③ 20×1년 당기순이익을 증가시키는 평가이익은 ₩1,000이다.
④ 20×2년 당기순이익을 감소시키는 처분손실은 ₩500이다.
⑤ 20×2년 처분손익은 ₩0이다.

10 2월 말 결산법인인 (주)한국은 20×3년 1월 1일 액면금액 ₩1,000,000, 만기 3년, 표시이자율 10%, 사채 발행시 유효이자율 8%, 이자지급일이 매년 12월 31일인 사채를 발행하였다. (주)대한은 동 사채를 취득하고 상각후원가로 후속측정하는 금융자산으로 분류하였다. 한국채택국제회계기준에 따라 발행일 현재 발행자와 투자자 각각의 회계처리로 옳은 것은? (단, 발행자의 회계처리는 A이고, 투자자의 회계처리는 B임)

> 연금현가계수(3기간, 8%): 2.5771, 단일금액현가계수(3기간, 8%): 0.7938

① A-(차) 현금 　　　　　　　　1,000,000　　(대) 사채 　　　　　　　　1,051,510
　　　　사채할인발행차금 　　　　51,510
　　B-(차) 상각후원가 금융자산 1,000,000　　(대) 현금 　　　　　　　　1,000,000
② A-(차) 현금 　　　　　　　　1,051,510　　(대) 사채 　　　　　　　　1,000,000
　　　　　　　　　　　　　　　　　　　　　　　사채할증발행차금 　　　　51,510
　　B-(차) 상각후원가 금융자산 1,051,510　　(대) 현금 　　　　　　　　1,051,510
③ A-(차) 현금 　　　　　　　　1,000,000　　(대) 사채 　　　　　　　　1,000,000
　　B-(차) 상각후원가 금융자산 1,000,000　　(대) 현금 　　　　　　　　1,000,000
④ A-(차) 현금 　　　　　　　　1,051,510　　(대) 사채 　　　　　　　　1,051,510
　　B-(차) 상각후원가 금융자산 1,051,510　　(대) 현금 　　　　　　　　1,051,510
⑤ A-(차) 사채 　　　　　　　　1,051,510　　(대) 현금 　　　　　　　　1,051,510
　　B-(차) 상각후원가 금융자산 1,051,510　　(대) 현금 　　　　　　　　1,051,510

정답 | 해설

08 ② • 당기손익-공정가치측정 금융자산 처분손익(당기손익)
　　　 = 처분대가 - 처분 직전 장부금액 = (₩14,000 - ₩12,000) × 10주 = ₩20,000
　　• 기타포괄손익-공정가치측정 금융자산 처분손익(지분상품) = ₩0

09 ⑤ ① 취득금액은 ₩11,000이다.
　　② 기타포괄손익-공정가치측정 금융자산의 경우 취득시 거래원가는 취득원가에 가산한다.
　　③④ 기타포괄손익-공정가치측정 금융자산 평가손익과 처분손익은 모두 당기손익에 영향을 주지 않는다.

10 ② • 사채의 발행금액 = 액면금액의 현재가치 + 표시(액면)이자의 현재가치
　　　　　　　　　　　 = (₩1,000,000 × 0.7938) + (₩1,000,000 × 10% × 2.5771)
　　　　　　　　　　　 = ₩1,051,510(할증발행)
　　• A(발행자의 회계처리)
　　(차) 현금 　　　　　　　　1,051,510　　(대) 사채 　　　　　　　　1,000,000
　　　　　　　　　　　　　　　　　　　　　　사채할증발행차금 　　　　51,510
　　• B(투자자의 회계처리): 채무상품의 취득이므로 취득원가는 발행사가 발행한 금액이다.
　　(차) 상각후원가 금융자산 1,051,510　　(대) 현금 　　　　　　　　1,051,510

11 (주)한국은 20×2년 1월 1일 액면금액 ₩100,000인 (주)대한의 사채를 ₩90,052에 취득하여 상각후원가측정 금융자산으로 분류하였다. 취득일 현재 동 사채의 유효이자율은 연 10%, 표시이자율은 연 6%, 이자지급일은 매년 12월 31일, 만기일은 20×4년 12월 31일이다. 20×2년 말 동 사채의 공정가치가 ₩95,000일 때, (주)한국이 20×2년 인식할 이자수익은? (단, 소수점 이하는 반올림함)

① ₩5,403
② ₩6,000
③ ₩9,005
④ ₩9,500
⑤ ₩10,000

12 (주)한국은 20×1년 초 회사채(액면금액 ₩100,000, 표시이자율 5%, 이자는 매년 말 후급, 만기 20×3년 말)를 ₩87,566에 구입하고, 상각후원가측정 금융자산으로 분류하였다. 20×1년 이자수익이 ₩8,757일 때, 20×2년과 20×3년에 인식할 이자수익의 합은? (단, 단수 차이가 발생할 경우 가장 근사치를 선택함) 제22회

① ₩10,000
② ₩17,514
③ ₩17,677
④ ₩18,514
⑤ ₩18,677

13 (주)한국은 20×1년 초 (주)대한이 발행한 사채를 ₩1,049,732에 구입하여 상각후원가측정 금융자산으로 측정한다. 발행조건이 다음과 같을 때, 20×2년 초 동 금융자산의 장부금액은? (단, 계산된 금액은 소수점 이하의 단수 차이가 발생할 경우 근사치를 선택함) 제20회

• 액면금액: ₩1,000,000	• 표시이자율: 연 12%(매년 말 지급)
• 유효이자율: 연 10%	• 만기: 3년(만기 일시상환)

① ₩1,034,705
② ₩1,043,764
③ ₩1,055,699
④ ₩1,064,759
⑤ ₩1,154,705

14 (주)한국은 20×1년 초 채무상품 A를 ₩950,000에 취득하고, 상각후원가측정 금융자산으로 분류하였다. 채무상품 A로부터 매년 말 ₩80,000의 현금이자를 수령하며, 취득일 현재 유효이자율은 10%이다. 채무상품 A의 20×1년 말 공정가치는 ₩980,000이며, 20×2년 초 해당 채무상품 A의 50%를 ₩490,000에 처분하였을 때 (주)한국이 인식할 처분손익은?

① 처분손실 ₩10,000   ② 처분손실 ₩7,500

③ ₩0   ④ 처분이익 ₩7,500

⑤ 처분이익 ₩15,000

정답 | 해설

11 ③ 이자수익(유효이자) = ₩90,052 × 10% = ₩9,005

12 ⑤ 총이자수익 = (₩100,000 × 5% × 3년) + (₩100,000 - ₩87,566) = ₩27,434

∴ 20×2년과 20×3년 이자수익 = ₩27,434 - ₩8,757(기인식분) = ₩18,677

13 ① 20×2년 초는 20×1년 말과 동일하므로 20×1년 말 상각후원가를 간편법으로 계산한다.

∴ 20×2년 초 상각후원가 = (₩1,049,732 × 1.1) - (₩1,000,000 × 12%) = ₩1,034,705

14 ④ 처분 직전의 상각후원가 = (₩950,000 × 1.1) - ₩80,000 = ₩965,000

∴ 처분손익 = ₩490,000 - (₩965,000 × 50%) = ₩7,500(이익)

15 20×1년 초 (주)한국은 4년 만기의 사채(표시이자율 연 12%, 액면금액 ₩1,000,000)를 원리금 수취를 목적으로 ₩1,063,388(유효이자율 연 10%)에 취득하였다. (주)한국은 이 사채를 기타포괄손익-공정가치측정 금융자산으로 구분하였다. 20×1년 말 이 사채의 공정가치는 ₩1,040,000이었다. 위 사채와 관련하여 (주)한국의 20×1년도 총포괄손익에 미치는 영향은? (단, 해당 사채의 신용위험이나 손상은 발생하지 않았으며 계산금액은 소수점 첫째 자리에서 반올림하며, 단수 차이로 인한 오차가 있으면 가장 근사치를 선택함)

① ₩13,662 증가
② ₩96,612 증가
③ ₩106,338 증가
④ ₩96,612 감소
⑤ ₩106,338 감소

16 금융자산과 관련된 회계처리로 옳지 않은 것은?

① 당기손익-공정가치측정 금융자산의 취득수수료는 당기비용으로 인식한다.
② 당기손익-공정가치측정 금융자산은 손상의 객관적인 사유가 인식되면 손상회계처리한다.
③ 단기매매목적 지분상품은 당기손익-공정가치측정 금융자산으로만 분류된다. 단, 단기매매목적 외의 지분상품의 경우는 후속적인 공정가치 변동을 기타포괄손익으로 인식하기로 선택한 경우 기타포괄손익-공정가치측정 금융자산으로 분류할 수 있다.
④ 지분상품의 배당수익은 배당금을 받을 권리와 금액이 확정되는 시점에 인식한다.
⑤ 상각후원가측정 금융자산은 공정가치로 측정하지 않고 유효이자율법을 사용하여 상각후원가로 측정한다.

17 취득한 사채(채무상품)를 기타포괄손익 – 공정가치측정 금융자산으로 분류한 경우의 회계처리로 옳지 않은 것은? (단, 손상은 고려하지 않음) 제26회

① 취득과 관련되는 거래원가는 최초 인식시점의 공정가치에 가산한다.

② 처분할 경우 기타포괄손익누계액에 누적된 평가손익을 당기손익으로 재분류한다.

③ 당기손익으로 인식하는 금액은 상각후원가측정 금융자산으로 분류하였을 경우 당기손익으로 인식하는 금액과 차이가 없다.

④ 액면금액 미만으로 취득(할인취득)한 경우 이자수익 인식금액이 현금으로 수취하는 이자금액보다 크다.

⑤ 이자수익은 매 보고기간 말의 현행 시장이자율을 이용하여 인식한다.

정답 | 해설

15 ② • 상각후원가결정

(차) 현금	120,000	(대) 이자수익	106,339
		기타포괄손익–공정가치 금융자산	13,661

    ❶ 이자수익(유효이자) = ₩1,063,388 × 10% = ₩106,339

      상각후원가 = (₩1,063,388 × 1.1) − ₩120,000 = ₩1,049,727

   • 공정가치평가

    평가손실 = ₩1,040,000 − (₩1,063,388 − ₩13,661) = (₩9,727)

   ∴ 총포괄손익 = 당기순손익 ± 기타포괄손익 = ₩106,339 − ₩9,727 = ₩96,612(증가)

16 ② 당기손익 – 공정가치측정 금융자산의 경우 금융자산평가손실을 통해 손상효과가 당기손익에 반영되기 때문에 <u>손상회계처리대상이 아니다</u>.

17 ⑤ 현행 시장이자율이 아니라 <u>발행 당시 시장이자율</u>을 이용하여 인식한다.

18 (주)한국은 투자부동산에 해당하는 건물에 대하여 공정가치모형을 채택하고 있다. 다음의 자료를 참고하여 20×4년 후속측정과 관련하여 당기손익과 기타포괄손익으로 계상할 금액을 구하면 얼마인가?

구분	20×3년 초 취득원가	20×3년 말 공정가치	20×4년 말 공정가치
건물	₩1,000,000	₩1,200,000	₩1,100,000

	당기손익	기타포괄손익
①	₩100,000 손실	₩0
②	₩100,000 손실	₩200,000 이익
③	₩0	₩100,000 손실
④	₩150,000 이익	₩300,000 이익
⑤	₩200,000 이익	₩100,000 손실

19 (주)관악은 20×3년 1월 1일 (주)남산 발행 주식의 40%인 400주를 주당 ₩10,000에 매입하였다. 20×3년 (주)남산의 당기순이익은 ₩4,000,000이고, 주주에게 배당금으로 ₩3,000,000을 현금으로 지급하였다. 20×3년 12월 31일 (주)관악은 (주)남산 발행 주식 400주의 장부금액으로 얼마를 계상하고 있어야 하는가? (단, 주식 취득일 현재 (주)남산의 순자산 장부금액과 공정가치는 동일함)

① ₩3,600,000   ② ₩4,000,000
③ ₩4,400,000   ④ ₩5,200,000
⑤ ₩5,600,000

20 (주)한국이 20×1년 1월 초 건물을 취득하여 투자부동산으로 분류하였을 때, 다음 자료의 거래가 (주)한국의 20×1년 당기순이익에 미치는 영향은? (단, 투자부동산에 대하여 공정가치모형을 적용하며, 감가상각비는 정액법으로 월할계산함)

- 건물(내용연수 5년, 잔존가치 ₩0) 취득금액은 ₩1,000,000이며, 이와 별도로 취득세 ₩50,000을 납부하였다.
- 20×1년 6월 말 건물의 리모델링을 위해 ₩500,000을 지출하였으며, 이로 인해 건물의 내용연수가 2년 증가하였다.
- 20×1년 12월 말 건물의 공정가치는 ₩2,000,000이다.

---

① ₩450,000 증가   ② ₩500,000 증가

③ ₩950,000 감소   ④ ₩1,000,000 감소

⑤ ₩1,550,000 증가

정답 | 해설

18 ① 투자부동산은 공정가치평가로 인한 평가손익을 당기손익에 반영한다. 유형자산의 재평가모형과 구분하여 정리해야 한다.
∴ 투자부동산 평가손익 = ₩1,100,000 − ₩1,200,000 = −₩100,000(손실)

19 ③ 관계기업 투자주식의 장부금액
= ₩4,000,000(취득원가) + (₩4,000,000 − ₩3,000,000) × 40% = ₩4,400,000

20 ① 투자부동산 평가이익 = ₩2,000,000 − (₩1,000,000 + ₩50,000 + ₩500,000)
= ₩450,000 당기순이익 증가

21 (주)한국은 20×1년 초 임대수익을 얻고자 건물(취득원가 ₩500,000, 내용연수 5년, 잔존가치 ₩50,000, 정액법 상각)을 취득하고, 이를 투자부동산으로 분류하였다. 한편, 부동산경기의 불황으로 20×1년 말 동 건물의 공정가치는 ₩400,000으로 하락하였다. 동 건물에 대하여 공정가치모형을 적용할 경우에 비해 원가모형을 적용할 경우 (주)한국의 20×1년도 당기순이익은 얼마나 증가 혹은 감소하는가? (단, 동 건물은 투자부동산의 분류요건을 충족하며, (주)한국은 동 건물을 향후 5년 이내에 매각할 생각이 없음)

① ₩10,000 증가   ② ₩10,000 감소
③ ₩90,000 증가   ④ ₩90,000 감소
⑤ ₩0

22 (주)한국은 20×1년 초 건물(내용연수 10년, 잔존가치 ₩0, 정액법으로 감가상각)을 ₩200,000에 구입하여 투자부동산으로 분류(공정가치모형 선택)하였다. 20×3년 초 이 건물을 외부에 ₩195,000에 처분하였을 때 인식할 손익은? 제20회

구분	20×1년 말	20×2년 말
건물의 공정가치	₩210,000	₩170,000

① 손실 ₩15,000   ② 손실 ₩5,000
③ ₩0   ④ 이익 ₩25,000
⑤ 이익 ₩35,000

정답 | 해설

21 ① • 원가모형
　　　감가상각비 = (₩500,000 − ₩50,000) ÷ 5년 = ₩90,000
　　• 공정가치모형
　　　평가손익 = ₩400,000 − ₩500,000 = (₩100,000) 투자부동산 평가손실
　　공정가치모형은 비용(투자부동산 평가손실)이 ₩100,000 발생하고, 원가모형의 경우 비용(감가상각비) ₩90,000이 발생하므로, 원가모형을 적용할 경우 공정가치모형보다 비용이 ₩10,000 감소하므로 당기순이익은 ₩10,000 증가한다.

22 ④ 투자부동산 처분손익 = 순처분금액 − 처분 직전 장부금액
　　　　　　　　　　　　= ₩195,000 − ₩170,000 = ₩25,000(이익)

house.Hackers.com

제 8 장 부채

📖 단원길라잡이

연도별로 문항수의 차이는 있지만 꾸준하게 출제되고 있다. 크게 부채 일반, 충당부채와 우발부채 그리고 사채로 구분하여 정리해야 한다. 부채 일반은 의의와 분류 그리고 인식과 측정 관련 내용의 비계산형 문제를 정리해야 하고, 충당부채와 우발부채는 주요 지문의 정리와 반복적으로 출제되는 계산형 문제유형을 숙지해야 한다. 끝으로 사채는 발행, 이자지급 그리고 상환시점별로 계산형과 지문형 문제를 유형별로 정리해야 한다.

📑 출제포인트

- 금융부채의 구분
- 충당부채와 우발부채 일반
- 제품보증(경품) 비용
- 제품보증(경품) 충당부채의 기말잔액
- 사채의 발행금액, 사채이자비용: 유효이자
- 기말사채장부금액, 사채상환손익

01 의의

기업은 신용으로 재화를 구입하였거나 용역을 제공받은 경우 매입채무가 발생하며, 은행 대출을 받은 경우에는 상환의무가 발생한다. 부채란 과거의 거래나 사건의 결과로 현재 기업 실체가 부담하고 있고 미래에 자원의 유출 또는 사용이 예상되는 현재의무이다. 따라서 미래에 발생이 예상되는 대규모 수선비의 경우와 같이 장래에 자원의 유출 또는 사용이 기대된다 하더라도 과거의 거래나 사건으로부터 기인되지 않은 의무는 부채의 정의를 충족하지 못한다.

(1) 과거거래의 결과

외상으로 구입한 경우 매입채무가 발생하고, 대출을 받은 경우 상환의무가 발생하는 것처럼 부채를 발생시키는 거래 혹은 사건이 과거에 발생하여야 한다.

(2) 현재의 의무

미래에 현금 등을 양도하거나 사용하여야 하는 현재의 의무이어야 한다. 여기서 의무는 일정한 방법으로 실행해야 할 책무 또는 책임을 말하는 것으로 법적 의무와 의제의무가 있다.

① 법적 의무: 명시적 또는 묵시적 계약, 법률, 기타 법적 효력 등에 의하여 발생한 의무
② 의제의무: 실무관행, 발표된 경영방침 등으로 인하여 기업이 당해 책임을 이행할 것이라는 정당한 기대를 상대방이 가지게 되는 경우 발생하는 의무

(3) 미래 경제적 자원의 이전

현재의 의무는 주로 현금 또는 기타 자산의 이전, 용역의 제공, 다른 의무로의 대체 또는 자본으로의 전환 등의 방법으로 이행되나, 채권의 포기 또는 권리의 상실 등 기타 방법에 의하여 소멸되기도 한다.

02 인식과 측정

(1) 인식

부채의 정의를 충족시켜야 하며 의무의 이행을 위해 미래 경제적 효익이 기업으로부터 유출될 가능성이 높고 결제될 금액에 대해 신뢰성 있게 측정할 수 있을 때 재무상태표에 인식한다. 따라서 일반적으로 미이행계약은 재무제표상 부채로 인식되지 않으며, 잠재적 의무인 우발부채는 인식요건을 충족하지 못하므로 부채로 인식하지 아니한다.

(2) 측정

측정이란 재무제표의 기본요소에 대해 그 화폐금액을 결정하는 것으로, 측정을 위해서는 그 측정대상이 되는 일정한 속성을 선택하여야 한다. 부채의 최초 측정은 거래 발생 당시의 공정가치(예 시장가격, 현재가치 등)로 평가한다. 다만, 후속측정을 위하여 여러 가지 측정기준 중 하나(예 역사적 원가, 현행원가, 상각후원가 등)를 선택할 수 있다.

03 분류

1. 의무의 이행시기에 따른 분류 - 유동부채와 비유동부채

재무상태표에 구분표시하기 위해서 유동부채의 분류기준 중 어느 하나라도 충족되면 유동부채로 분류한다. 다만, 정상적인 영업주기 내에 소멸할 것으로 예상되는 매입채무와 미지급비용 등은 재무상태표일로부터 1년 이내에 결제되지 않더라도 유동부채로 분류한다.

> **핵심 콕! 콕!** 유동부채의 분류기준
>
> 1. 정상영업주기 내에 결제될 것으로 예상하고 있다.
> 2. 주로 단기매매목적으로 보유하고 있다.
> 3. 보고기간 후 12개월 이내에 결제하기로 되어 있다.
> 4. 보고기간 후 12개월 이상 부채의 결제를 연기할 수 있는 무조건의 권리를 가지고 있지 않다.

(1) 유동부채

① 단기차입금: 금융기관으로부터의 당좌차월과 1년 내에 상환될 차입금 등을 말한다.

② 매입채무 및 기타 채무: 일반적 상거래에서 발생한 외상매입금과 지급어음을 매입채무라 하고, 미지급금, 미지급비용, 예수금 등을 기타 채무라 한다.

　㉠ 미지급금: 일반적 상거래 이외에서 발생한 채무(미지급비용 제외)를 말한다.

　㉡ 예수금: 일반적 상거래 이외에서 발생한 일시적인 제예수액을 말한다. 영업상 또는 영업 외의 모든 일시적인 예치보관현금으로 일정 시기가 지나면 반환하여야 할 의무이다(예 소득세예수금, 부가가치세예수금 등).

　㉢ 미지급비용: 발생된 비용으로서 지급되지 아니한 것을 말한다(예 미지급급여, 미지급임차료, 미지급이자, 미지급법인세 등).

③ 미지급법인세: 회사가 납부하여야 할 법인세부담액 중 아직 납부하지 않은 금액을 말하고, 미수법인세 환급액과 상계한 후의 금액으로 한다.

④ 기타 부채

　㉠ 선수금: 수주공사, 수주품 및 기타 일반적인 상거래에서 발생한 선수액을 말한다.

　㉡ 선수수익: 받은 수익 중 차기 이후에 속하는 금액을 말하며, 장래의 수익항목이다.

⑤ 유동성 장기부채: 비유동부채 중 1년 내에 상환될 것 등을 말한다.

(2) 비유동부채

① 장기금융부채

㉠ 사채: 재무상태표일로부터 1년 후에 상환되는 사채의 금액을 말한다.

㉡ 신주인수권부사채: 일정한 조건하에 신주인수권을 행사할 수 있는 권리가 부여된 사채를 말하며, 재무상태표일로부터 1년 후에 상환되는 사채의 금액으로 한다.

㉢ 전환사채: 일정한 조건하에 전환권을 행사할 수 있는 사채로서 권리를 행사하면 보통주로서 전환되는 사채를 말하며, 재무상태표일로부터 1년 후에 상환되는 사채의 금액으로 한다.

㉣ 장기차입금: 재무상태표일로부터 1년 후에 상환되는 차입금을 말한다.

② 확정급여부채: 회사가 회계연도 말 현재 퇴직급여제도 및 확정급여형 퇴직연금제도에 의해 퇴직급여를 지급해야 하는 종업원에 대한 확정급여채무에서 사외적립자산을 차감한 금액을 말한다.

③ 장기제품보증충당부채: 판매 후 품질 등을 보증하는 경우 그 의무를 이행하기 위해 발생하게 될 것으로 추정되는 충당부채 금액을 말한다.

④ 이연법인세부채: 가산할 일시적 차이로 인하여 미래에 부담하게 될 법인세부담액을 말하며, 비유동자산으로 분류된 이연법인세자산과 상계한 후의 금액으로 한다.

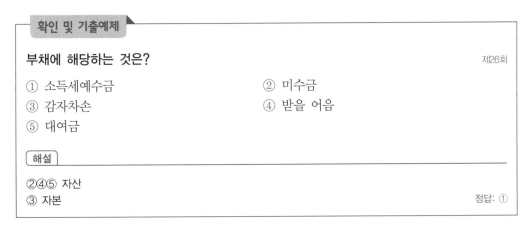

확인 및 기출예제

부채에 해당하는 것은?   제26회

① 소득세예수금   ② 미수금
③ 감자차손   ④ 받을 어음
⑤ 대여금

해설
②④⑤ 자산
③ 자본   정답: ①

2. 의무의 이행방법에 따른 분류 – 금융부채와 비금융부채

(1) 의의

부채는 성격에 따라 금융부채와 비금융부채로 분류할 수 있다. 금융부채란 매입채무, 차입금, 사채, 미지급금 등 거래상대방에게 현금 등 금융자산을 인도하기로 한 쌍방의 계약상 의무를 말한다.

금융부채와 비금융부채의 구분

금융부채	비금융부채
매입채무(외상매입금, 지급어음), 단기차입금, 유동성장기차입금, 미지급금, 미지급비용, 사채, 전환사채, 장기차입금 등	충당부채(계약상 의무가 아니라 법률상 또는 의제의무), 미지급법인세(계약상 의무가 아니라 법률상 의무), 선수금(금융자산이 아닌 재화나 용역의 인도의무), 선수수익(금융자산이 아닌 재화나 용역의 인도의무) 등

(2) 금융부채의 분류

금융부채는 회계처리 목적상 당기손익-공정가치측정 금융부채(단기매매 금융부채와 당기손익인식지정 금융부채)와 상각후원가측정 금융부채로 구분한다.

핵심 콕! 콕! 거래원가의 회계처리

구분	회계처리
당기손익-공정가치측정 금융부채	당기비용으로 인식
상각후원가측정 금융부채	최초 인식하는 공정가치에서 차감

① 당기손익-공정가치측정 금융부채: 단기매매 항목으로 분류되는 금융부채(단기매매 금융부채)와 최초 인식시점에 당기손익 항목으로 지정되어 공정가치의 변동을 당기손익으로 인식하는 금융부채(당기손익인식지정 금융부채)를 말한다.

② 상각후원가측정 금융부채: 당기손익-공정가치측정 금융부채로 분류되지 않은 금융부채로, 후속측정은 유효이자율법을 적용하여 상각후원가로 측정한다.

확인 및 기출예제

(주)한국의 20×1년 말 부채와 관련된 자료가 다음과 같을 때, 20×1년 말 금융부채는?

제26회

• 충당부채	₩50,000	• 장기차입금	₩10,000
• 선수금	₩30,000	• 사채	₩40,000
• 매입채무	₩60,000	• 미지급법인세	₩15,000
• 미지급금	₩35,000		

① ₩95,000
② ₩110,000
③ ₩120,000
④ ₩145,000
⑤ ₩160,000

금융부채는 거래상대방에게 현금 등 금융자산을 인도하기로 한 계약상 의무를 말한다.

∴ 금융부채 = 장기차입금 + 사채 + 매입채무 + 미지급금

              = ₩10,000 + ₩40,000 + ₩60,000 + ₩35,000 = ₩145,000

정답: ④

3. 의무의 이행금액에 따른 분류 - 확정부채, 추정부채

(1) 확정부채

확정부채는 계약이나 법률에 의해 측정일 현재 부채의 존재가 확실하며, 지급할 금액과 시기도 확정되어 있는 부채(예 매입채무, 차입금, 미지급비용, 미지급배당금 등)를 말한다.

(2) 추정부채

보고기간 말 현재 지출의 시기 또는 금액이 불확실한 부채이지만 재무제표 본문에 인식되는 부채(예 복구충당부채 등)를 말한다.

제2절   충당부채와 우발부채 및 우발자산

01 충당부채

(1) 개요

충당부채는 지출의 시기 또는 금액이 불확실한 부채로 재무상태표상 부채로 공시한다. 다음의 요건을 모두 충족하는 경우에 충당부채로 인식한다.

◉ 요건을 충족하지 못한 경우에는 충당부채로 인식할 수 없다.

① 과거사건의 결과로 현재의무(법적 의무 또는 의제의무)가 존재한다.

현재의무는 법적 의무와 의제의무를 의미하며 충당부채로 인식하기 위해서는 과거사건으로 인한 의무가 기업의 미래와 독립적이어야 한다. 또한 재무제표는 보고기말의 재무상태를 표시하므로 미래영업을 위하여 발생하게 될 비용에 대해서는 충당부채를 인식하지 않는다.

> **더 알아보기** 의제의무
>
> 의제의무는 과거의 실무관행, 발표된 경영방침 또는 구체적이고 유효한 약속 등을 통하여 기업이 특정 책임을 부담하겠다는 것을 상대방에게 표명한 결과, 기업이 해당 책임을 이행할 것이라는 정당한 기대를 상대방이 가지게 되는 경우에 발생하는 의무를 말한다.

② 해당 의무를 이행하기 위하여 경제적 효익을 갖는 자원이 유출될 가능성이 높다.

　자원의 유출가능성이 높다는 것은 확률적으로 50%를 초과하는 것으로 다수의 유사한 의무가 있는 경우 의무이행에 필요한 자원의 유출가능성을 당해 유사의무 전체를 고려하여 결정한다.

③ 해당 의무의 이행에 소요되는 금액을 신뢰성 있게 추정할 수 있다.

　재무제표에 추정치를 이용하는 것은 재무제표의 신뢰성을 손상시키지 않으므로 충당부채를 재무제표에 인식하기 위해서는 신뢰성 있는 추정이 필요하다.

● 충당부채의 요건

① 부채의 정의 충족, ② 유출가능성, ③ 측정가능성

더 알아보기 | 충당부채 인식 여부 사례

1. 불법적 환경오염으로 인한 범칙금이나 환경정화비용

　기업의 미래행위와 관계없이 당해 의무를 이행하기 위하여 경제적 효익이 내재된 자원의 유출이 수반되므로 충당부채 인식대상이다.

2. 환경기준을 충족하기 위한 환경오염 방지장치 설치 등

　공장운영방식을 바꾸는 경우에는 지출을 회피할 수 있으므로 충당부채 인식대상이 아니다.

확인 및 기출예제

다음 중 충당부채를 인식하기 위해 충족해야 하는 요건을 모두 고른 것은?　제24회

　㉠ 과거사건의 결과로 현재 법적 의무나 의제의무가 존재한다.
　㉡ 해당 의무를 이행하기 위하여 경제적 효익이 있는 자원을 유출할 가능성이 높다.
　㉢ 미래에 전혀 실현되지 않을 수도 있는 수익을 인식하는 결과를 가져온다.
　㉣ 해당 의무를 이행하기 위하여 필요한 금액을 신뢰성 있게 추정할 수 있다.

① ㉠, ㉡　　　　　　　　　　　② ㉠, ㉢
③ ㉡, ㉣　　　　　　　　　　　④ ㉠, ㉡, ㉣
⑤ ㉡, ㉢, ㉣

해설

충당부채로 인식하기 위해서는 과거사건의 결과 현재의무가 존재하고(㉠), 자원의 유출가능성이 높으며(㉡), 금액의 신뢰성 있는 추정이 가능해야 한다(㉣).

정답: ④

(2) 측정

① **최선의 추정치:** 충당부채로 인식하는 금액은 현재의무를 보고기간 말에 이행하기 위하여 소요되는 지출에 대한 최선의 추정치이어야 한다. 이와 관련된 불확실성은 상황에 따라 판단하는 데 측정하고자 하는 충당부채가 다수의 항목과 관련되는 경우 해당 의무는 모든 가능한 결과와 그와 관련된 확률을 가중평균하여 추정한다. 이러한 통계적 추정방법을 '기대가치'라고 한다.

② **위험과 불확실성:** 충당부채에 대한 최선의 추정치를 구할 때에는 관련 사건과 상황에 대한 불가피한 위험과 불확실성을 고려한다. 그러나 불확실성을 이유로 과도한 충당부채를 계상하거나 고의적으로 과대표시하는 것은 정당화되지 아니한다.

③ **현재가치:** 명목금액과 현재가치의 차이가 중요한 경우 충당부채는 의무를 이행하기 위하여 예상되는 지출액의 현재가치로 평가한다. 할인율은 부채 특유의 위험과 화폐의 시간가치에 대한 현행시장의 평가를 반영한 세전이율이다. 이 할인율에는 미래현금흐름을 추정할 때 고려된 위험은 반영하지 아니한다.

④ **미래사건:** 현재의무를 이행하기 위하여 소요되는 지출금액에 영향을 미치는 미래사건이 발생할 것이라는 충분하고 객관적인 증거가 있는 경우에는 그러한 미래사건을 감안하여 충당부채금액을 측정한다. 또한 충분하고 객관적인 증거로 볼 때 새로운 법규가 제정될 것이 거의 확실시 된다면 해당 법규의 효과를 고려하여 충당부채를 측정한다.

⑤ **자산의 예상처분이익:** 예상되는 자산의 처분이 충당부채를 발생시킨 사건과 밀접하게 관련되었더라도 해당 자산의 예상처분이익은 충당부채를 측정하는 데 고려하지 아니한다.

(3) 변동 및 사용

매 보고기간 말마다 충당부채의 잔액을 검토하고 보고기간 말 현재 최선의 추정치를 반영하여 조정한다. 또한 충당부채는 최초 인식과 관련 있는 지출에만 사용된다. 다른 목적으로 인식된 충당부채를 어떤 지출에 대하여 사용하게 되면 다른 두 사건의 영향이 적절하게 표시되지 못하기 때문이다.

(4) 변제

기업의 의무이행을 위해 지급한 금액을 제3자가 보전해 주거나 지급하는 경우가 있다. 이 경우 전체 의무금액을 충당부채로 인식하고 기업이 의무를 이행한다면 변제를 받을 것이 거의 확실시되는 때에 해당 예상변제금액을 별도의 자산으로 인식한다. 다만, 자산으로 인식하는 금액은 관련 충당부채금액을 초과할 수 없다. 이 경우 충당부채와 관련된 포괄손익계산서에 인식된 비용은 제3자와 관련하여 인식한 금액과 상계하여 표시할 수 있다.

(5) 인식과 측정기준의 적용

① **미래의 예상영업손실**: 미래의 예상영업손실은 과거사건의 결과가 아니기 때문에 부채의 정의에 부합하지 않고 인식기준을 충족하지 않으므로 충당부채로 인식하지 아니한다. 다만, 이 경우 영업과 관련된 자산에 손상이 발생하였을 가능성이 높기 때문에 해당 자산의 손상 여부를 추가적으로 검토해야 한다.

② **손실부담계약**: 계약상 의무이행에서 발생하는 회피 불가능한 원가가 그 계약에 의하여 받을 것으로 기대되는 경제적 효익을 초과하는 계약을 말한다. 손실부담계약을 체결하고 있는 경우 관련된 현재의무를 충당부채로 인식한다. 미이행계약은 계약당사자 모두가 계약상의 의무를 전혀 이행하지 않았거나 의무의 일부만을 동일한 정도로 이행한 계약을 말한다. 한국채택국제회계기준에서는 손실부담계약인 경우를 제외하고 미이행계약을 적용하지 않는다.

③ **구조조정**: 구조조정에 대한 의제의무는 구조조정에 대한 공식적이며 구체적인 계획에 의해 그 내용을 확인할 수 있어야 하고, 구조조정계획의 이행에 착수하였거나 기업이 구조조정을 이행할 것이라는 정당한 기대를 가져야 한다. 이러한 의제의무가 부채의 인식요건을 충족한 경우 충당부채를 인식한다.

확인 및 기출예제

충당부채, 우발부채, 우발자산에 관한 설명으로 옳은 것은?　　　제25회

① 경제적 효익의 유입가능성이 높지 않은 우발자산은 그 특성과 추정금액을 주석으로 공시한다.
② 과거에 우발부채로 처리한 경우에는 그 이후 기간에 미래 경제적 효익의 유출가능성이 높아졌다고 하더라도 이를 충당부채로 인식할 수 없다.
③ 미래에 영업손실이 발생할 가능성이 높은 경우에는 그러한 영업손실의 예상금액을 신뢰성 있게 추정하여 충당부채로 인식한다.
④ 충당부채는 화폐의 시간가치 영향이 중요하다고 하더라도 의무이행시 예상되는 지출액을 할인하지 않은 금액으로 평가한다.
⑤ 충당부채는 최초 인식과 관련 있는 지출에만 사용한다.

해설

① 우발자산은 미래에 전혀 실현되지 않을 수 있으므로 재무상태표에 인식하지 않는다. 그러나 수익의 실현이 거의 확실하다면 이는 더 이상 우발자산이 아니며, 일반적인 자산인식의 회계처리를 하는 것이 타당하다. 또한 경제적 효익의 유입가능성이 높은 경우 주석으로 공시한다.
② 과거에 우발부채로 처리하였더라도 이후 충당부채의 인식조건을 충족하였다면 재무상태표에 충당부채로 인식한다.
③ 미래예상 영업손실은 부채의 정의에 부합하지 못할 뿐만 아니라 충당부채의 인식기준을 충족하지 못하므로 충당부채로 인식하지 않는다.
④ 화폐의 시간가치 영향이 중요한 경우에는 충당부채를 예상되는 지출액의 현재가치로 평가한다.　　　정답: ⑤

(6) 유형별 회계처리

① **제품보증충당부채**: 제품 판매와 관련하여 구매자가 일정 기간 동안 제품의 품질 등의 결함이 있는 경우 그것을 보증하여 수선이나 교환을 해주겠다는 약속을 판매보증이라 한다. 이와 같은 보증조건부로 제품을 판매시 미래에 보증비용의 발생가능성이 높고 미래에 발생할 보증비용의 금액을 합리적으로 추정할 수 있는 경우에는 충당부채를 인식해야 한다.

구분	회계처리			
판매시점	(차) 매출채권	×××	(대) 매출	×××
보증비 지출	(차) 제품보증비	×××	(대) 현금	×××
결산시점	(차) 제품보증비	×××	(대) 제품보증충당부채*	×××

* 차기 이후의 보증비용 지출예상액 = (당기매출액 × 보증추정률) − 기중 비용처리액

② **경품충당부채**: 기업이 판매촉진의 일환으로 경품조건부로 상품을 판매하는 경우가 있다. 경품조건부 판매에서 고객이 경품을 청구할 가능성이 높고 그 금액을 신뢰성 있게 추정할 수 있는 경우에는 매출이 이루어진 회계연도에 경품비용예상액만큼 비용으로 인식하고 비용인식액 중 기중 지출액을 차감한 기말 현재 추가지출예상액만큼을 경품충당부채로 인식한다.

구분	회계처리			
판매시	(차) 매출채권	×××	(대) 매출	×××
경품 구입	(차) 경품재고	×××	(대) 현금	×××
경품 제공	(차) 경품비	×××	(대) 경품재고	×××
결산시	(차) 경품비	×××	(대) 경품충당부채	×××

> **더 알아보기** 충당부채와 수익 · 비용대응 원칙의 관계
>
> 충당부채를 설정하면서 차변에 계상되는 비용은 장래에 지출될 것으로 예상되지만 당기의 수익과 관련성을 가짐으로써 적절한 수익 · 비용의 대응을 이루기 위해 당기의 비용으로 인식한다. 이와 같은 충당부채에는 제품보증충당부채, 경품충당부채 등이 있다.

(주)한국은 20×3년 1월 1일에 신상품의 판촉캠페인을 시작하였다. 각 신상품의 상자 안에는 쿠폰 1매가 동봉되어 있으며 쿠폰 4매를 가져오면 ₩100의 경품을 제공한다. (주)한국은 발행된 쿠폰의 50%가 회수될 것으로 예상하고 있으며, 20×3년 중의 판촉활동과 관련된 자료는 다음과 같다.

- 판매된 신상품의 상자 수 ⋯⋯⋯⋯⋯⋯⋯⋯⋯⋯⋯⋯⋯⋯⋯ 600개
- 교환 청구된 쿠폰 수 ⋯⋯⋯⋯⋯⋯⋯⋯⋯⋯⋯⋯⋯⋯⋯⋯ 240매

20×3년의 포괄손익계산서상의 경품비용과 재무상태표상의 경품충당부채잔액은 얼마인가?

	경품비용	경품충당부채
①	₩6,000	₩1,500
②	₩6,000	₩7,500
③	₩7,500	₩1,500
④	₩7,500	₩7,500
⑤	₩8,000	₩6,500

해설

- 경품비용 = [(600매 × 50%) ÷ 4매] × ₩100 = ₩7,500
- 재무상태표상 경품충당부채 = (300매 − 240매) ÷ 4매 × ₩100 = ₩1,500

정답: ③

02 우발부채와 우발자산

(1) 우발부채

① 의의: 우발부채란 현재시점에 확정적으로 존재하는 부채는 아니지만 미래에 우발상황이 확정되면 감소가 예상되는 순자산의 추정치로 다음에 해당하는 잠재적 부채이다.

　●　우발상황이란 의무의 존재 여부, 그 금액, 지급시기 등이 미래에 나타날 사건의 결과에 따라 결정되는 상황을 말한다. 즉, 미래에 어떤 사건이 발생하거나 발생하지 않음으로써 궁극적으로 손실이나 이득의 발생이 확정되는 불확실한 현재의 상황을 말한다.

　㉠　과거사건은 발생하였으나 기업이 전적으로 통제할 수 없는 하나 또는 그 이상의 불확실한 사건의 발생 여부에 의해서만 그 존재 여부가 확인되는 잠재적인 의무

　㉡　과거사건이나 거래의 결과로 발생한 현재의무이지만 그 의무를 이행하기 위하여 자원이 유출될 가능성이 높지 않거나 또는 가능성은 높으나 해당 의무를 이행하여야 할 금액을 신뢰성 있게 측정할 수 없는 경우

② 회계처리: 우발부채는 인식기준을 충족하지 못하므로 부채로 인식하지 아니한다.

미래 경제적 효익이 있는 자원의 유출가능성	금액의 추정	
	신뢰성 있는 추정 가능	신뢰성 있는 추정 불가능
높음*	충당부채(재무상태표에 인식)	우발부채(주석 공시)
높지 않음	우발부채(주석 공시)	
아주 낮음	공시하지 않음	공시하지 않음

* 일반적으로 발생확률이 50%를 초과함을 의미한다.

③ 제3자와 연대한 의무와 미래 경제적 효익의 유출가능성 변동
　㉠ 제3자와 연대하여 의무를 부담하는 경우: 회사가 이행할 부분은 충당부채로 인식하고 제3자가 이행되는 부분은 우발부채로 처리한다.
　㉡ 미래 경제적 효익의 유출가능성 변동: 우발부채로 처리한 이후 미래 경제적 효익의 유출가능성이 높아진 경우 변화가 생긴 기간의 재무제표에 충당부채로 인식한다.

(2) 우발자산

① 의의: 우발자산은 과거사건이나 거래의 결과로 발생할 가능성이 있는 잠재적인 자산으로서 기업이 전적으로 통제할 수 없는 하나 또는 그 이상의 불확실한 미래사건의 발생 여부에 의해서만 그 존재 여부가 확인된다.
② 회계처리: 우발자산은 미래에 확정될 때까지 자산으로 인식하지 아니한다. 다만, 경제적 효익의 유입가능성이 높은 경우에만 그 내용 및 금액을 주석으로 기재하며 관련 상황 변화가 적절하게 재무제표에 반영될 수 있도록 지속적으로 검토한다.

확인 및 기출예제

다음 20×1년 말 (주)대한과 관련된 자료를 통해 계산한 충당부채와 우발부채 금액은?

- 20×1년 초 제품보증충당부채는 없었으며, 20×1년 말 현재 향후 보증청구가 이루어질 것으로 판단되는 최선의 추정치는 ₩20,000이다.
- (주)대한은 특허권 침해소송에 피고로 계류되었으며, 패소시 부담하게 될 손해배상액은 ₩30,000이다. 패소가능성은 높지 않다.
- 기말 현재 매출채권에 대한 손실충당금으로 계상되어야 할 금액은 ₩20,000이다.
- 유형자산의 내용연수가 종료된 후 복구공사비용으로 추정되는 지출액의 현재가치 금액은 ₩50,000이다.

	충당부채	우발부채		충당부채	우발부채
①	₩30,000	₩30,000	②	₩50,000	₩50,000
③	₩70,000	₩30,000	④	₩70,000	₩50,000
⑤	₩100,000	₩30,000			

제3절 보고기간 후 사건

(1) 의의

보고기간 후 사건이란 보고기간 말과 재무제표 발행승인일 사이에 발생한 유리하거나 불리한 사건으로서 기업의 재무제표에 영향을 미치는 사건을 말한다. 보고기간 후 사건은 재무상태표일 현재 존재하던 불확실성을 제거하거나 감소시켜 줄 수 있으며, 이러한 경우 해당 내용을 재무제표를 작성하는 과정에서 적절히 반영해야 한다. 보고기간 후 사건은 다음과 같이 두 가지 유형으로 구분된다.

> ① 수정을 요하는 보고기간 후 사건: 보고기간 말 존재했던 상황에 대해 증거를 제공하는 사건
> ② 수정을 요하지 않는 보고기간 후 사건: 보고기간 후에 발생하는 상황을 나타내는 사건

> **더 알아보기** **용어 정리**
>
> 1. 보고기간 말
>   재무제표의 작성기준일
>
> 2. 재무제표 발행승인일
>   - 재무제표를 발행한 이후에 주주에게 승인을 받기 위해 제출하는 경우: 재무제표를 발행한 날
>   - 경영진이 별도의 감독이사회의 승인을 얻기 위해 재무제표를 발행하는 경우: 경영진이 감독이사회에 재무제표를 제출하기 위해 승인한 날

(2) 수정을 요하는 보고기간 후 사건

보고기간 말에 존재하였던 상황에 대해 증거를 제공하는 사건을 말한다.

> **더 알아보기** 수정을 요하는 보고기간 후 사건의 예
>
> 1. 보고기간 말에 존재하였던 현재의 의무가 보고기간 후에 소송사건의 확정에 의해 확인되는 경우
>
> 2. 보고기간 말에 이미 자산손상이 발생되었음을 나타내는 정보를 보고기간 후에 입수하는 경우나 이미 손상차손을 인식한 자산에 대하여 손상차손 금액의 수정이 필요한 정보를 보고기간 후에 입수하는 경우(예 보고기간 후 매출채권 파산, 보고기간 후 재고자산 판매)
>
> 3. 보고기간 말 이전에 구입한 자산의 취득원가나 매각한 자산의 대가를 보고기간 후에 결정하는 경우
>
> 4. 보고기간 말 이전 사건의 결과로서 보고기간 말에 종업원에게 지급하여야 할 법적 의무나 의제의무가 있는 이익분배나 상여금 지급금액을 보고기간 후에 확정하는 경우
>
> 5. 재무제표가 부정확하다는 것을 보여주는 부정이나 오류를 발견한 경우

(3) 수정을 요하지 않는 보고기간 후 사건

수정을 요하지 않는 보고기간 후 사건이란 보고기간 후에 발생한 상황을 나타내는 사건을 말한다. 이는 보고기간 말에 존재하였던 상황이 아니므로 재무제표에 인식된 금액을 수정하지 아니한다. 수정을 요하지 않는 보고기간 후 사건의 예는 다음과 같다.

① 투자자산의 공정가치 하락: 보고기간 말과 재무제표 발행승인일 사이에 투자자산의 공정가치가 하락하는 경우를 들 수 있다. 공정가치의 하락은 일반적으로 보고기간 말의 상황과 관련된 것이 아니라 보고기간 후에 발생한 상황이 반영된 것이다. 따라서 해당 투자자산에 대해서 재무제표에 인식된 금액을 수정하지 아니한다.

② 배당을 선언하는 경우: 기업이 보고기간 후부터 재무제표 발행승인일 전 사이에 배당을 선언한 경우, 배당금은 부채의 인식기준인 현재의무 기준을 충족하지 못하므로 보고기간 말에 부채로 인식하지 아니한다.

(4) 계속기업

경영진이 보고기간 후 기업을 청산하거나, 경영활동을 중단할 의도를 가지고 있거나, 청산 또는 경영활동을 중단 외에 다른 현실적 대안이 없다고 판단되는 경우에는 계속기업의 기준에 따라 재무제표를 작성해서는 안 된다.

01 의의

장기적으로 거액의 자금을 조달하기 위하여 기업은 사채나 주식을 발행한다. 사채는 회사가 일반대중으로부터 자금을 조달하기 위해 지정된 기일(만기일)에 정해진 원금과 이자를 지급하기로 약속한 사채증서를 발행하여 집단적이고 대규모로 부담한 채무를 말한다. 즉, 권면에 표시된 사채의 상환일 또는 만기일에 사채권면에 표시된 액면금액을 지급하고, 동시에 정기적으로 권면에 표시된 이자율(표시이자율)에 따라 일정액의 이자를 지급할 것을 약정한 증서를 말한다. 따라서 사채는 미래현금흐름이 확정되어 있으며 발행회사의 입장에서 보면 부채회계에 해당되지만, 매입회사의 입장에서 보면 유가증권회계가 된다.

사채와 주식의 비교

구분	사채	주식
자본조달 형태	타인자본(부채)	자기자본(출자)
경영권 참여 여부	경영권 없음	경영권 있음
만기 개념	있음	없음
투자수익	이자수익	배당수익

> **더 알아보기** 용어 정리
>
> 1. 만기
>   사채발행자가 원금을 상환하기로 약속한 날을 의미한다.
>
> 2. 액면금액(원금)
>   사채발행자가 만기에 상환하기로 약속한 금액을 의미한다.
>
> 3. 표시(액면)이자율
>   사채발행자가 일정 기간마다 지급하기로 한 이자율로, 액면금액에 표시(액면)이자율을 곱하여 약정된 채권자에게 지급하게 된다. 이 경우 표시이자율과 액면이자율은 동일한 의미이다.
>
> 4. 발행금액
>   사채를 발행하여 조달한 순현금유입액을 말한다. 따라서 사채를 발행할 때 발생한 사채발행수수료, 사채권 인쇄비, 사채모집에 따른 광고비 등의 사채발행비를 제외한 금액을 의미한다.
>
> 5. 시장이자율
>   사채의 구매자가 일반적으로 다른 곳에 투자할 경우 받을 수 있는 이자율을 의미한다. 따라서 시장이자율과 표시(액면)이자율의 관계에 따라 사채발행금액이 계산된다.

(1) 발행금액의 계산

사채와 관련된 미래현금흐름은 만기에 지급될 액면금액과 이자지급시기의 이자로 구성된다. 따라서 사채의 발행금액인 공정가치는 발행 당시 시장이자율로 사채와 관련된 현금흐름인 액면금액과 매기 표시이자의 현금흐름을 할인한 현재가치로 결정된다.

> **사채의 발행금액**
> = 사채 발행시 순현금유입액
> = 액면금액의 현재가치 + 표시(액면)이자의 연금현재가치
> = [액면금액 × 미래 ₩1의 현재가치(상환기간, 시장이자율)] + [표시(액면)이자 × 연금 ₩1의 현재가치(상환기간, 시장이자율)]

◎ 사채 발행시 사채발행비가 발생하면 발행금액에서 차감한다. 이 경우 시장이자율과 유효이자율이 일치하지 않으며 유효이자율은 상승한다.

> **더 알아보기** | **미래 ₩1의 현재가치와 연금 ₩1의 현재가치의 차이점**
>
> 만기가 3년인 사채의 경우 미래 ₩1은 3년 후 한 번 발생하는 ₩1, 연금 ₩1은 만기 3년 동안 매년 ₩1의 현금흐름이 발생하는 것을 의미한다. 따라서 사채의 액면금액은 만기에 한 번 발생하는 현금흐름이므로 단일현가계수를 적용하는 것이고 매기마다 지급되는 표시(액면)이자는 3년 동안 반복해서 발생하는 현금흐름이므로 연금현가계수를 곱한다. 매기의 단일현가계수를 계속 합하여 누적된 금액이 연금현가계수이므로 3기 연금현가계수는 1기부터 3기까지 단일현가계수를 합한 금액을 의미한다.

사채발행회사가 지급하고자 하는 이자율(표시이자율)과 사채권자가 사채를 구입함으로써 얻고자 하는 투자수익률(시장이자율, 유효이자율, 실질이자율)과의 관계에 의해서 세 가지 형태로 발행된다.

구분	이자율간의 관계	액면금액과 발행금액의 관계
액면발행	시장이자율 = 표시이자율	액면금액 = 발행금액
할인발행	시장이자율 > 표시이자율	액면금액 > 발행금액
할증발행	시장이자율 < 표시이자율	액면금액 < 발행금액

(2) 액면발행

사채의 표시이자율과 시장이자율이 같은 경우에는 사채는 액면발행된다. 액면금액과 발행금액이 동일하다. 이러한 경우에는 이자지급에 관한 회계처리를 제외한 부가적인 회계처리가 필요 없다.

구분	회계처리			
발행시	(차) 현금	×××	(대) 사채	×××
이자지급시	(차) 이자비용	×××	(대) 현금	×××
상환시	(차) 사채	×××	(대) 현금	×××

> **더 알아보기** 사채의 회계처리 − 액면발행

(주)한국은 20×1년 1월 1일 액면 ₩1,000,000의 사채를 발행하였다. 사채의 표시이자율은 10%로 매년 12월 31일에 지급하며 사채의 만기일은 20×3년 12월 31일이다. 시장이자율이 10%인 경우 다음의 현가계수표를 참조하여 다음 물음에 답하시오.

	10%	
기간	단일현가계수	연금현가계수
1	0.9091	0.9091
2	0.8265	1.7356
3	0.7513	2.4870

(1) 사채의 발행금액
(2) 회계처리

- 20×1.1.1. 발행시
- 20×1.12.31. 이자지급시
- 20×2.12.31. 이자지급시
- 20×3.12.31. 이자지급 및 상환

> **해설**

(1) 사채의 발행금액
  - 액면금액의 현재가치 = ₩1,000,000 × 0.7513(10%, 3년, 현가계수) = ₩751,300
  - 이자의 현재가치 = ₩100,000 × 2.4870(10%, 3년, 연금현가계수) = ₩248,700
  ∴ 사채의 발행금액 = ₩751,300 + ₩248,700 = ₩1,000,000
(2) 회계처리
  - 20×1.1.1. 발행시
    (차) 현금   1,000,000   (대) 사채   1,000,000
  - 20×1.12.31. 이자지급시
    (차) 이자비용   100,000   (대) 현금   100,000
  - 20×2.12.31. 이자지급시
    (차) 이자비용   100,000   (대) 현금   100,000
  - 20×3.12.31. 이자지급 및 상환
    (차) 이자비용   100,000   (대) 현금   1,100,000
        사채   1,000,000

(3) 할인발행

사채의 표시이자율이 시장이자율보다 낮은 경우에는 사채는 할인발행된다. 표시이자율이 시장이자율보다 낮다는 것은 시장이 요구하는 이자보다 사채발행사가 이자를 과소지급하는 것이므로 사채는 시장에서 액면금액 이하로 발행된다. 이 경우 사채의 발행금액과 액면금액의 차액은 사채할인발행차금의 과목으로 하여 해당 사채의 액면금액에서 차감하는 형식으로 표시하고, 사채할인발행차금은 사채발행시점부터 최종 상환시점까지의 기간 동안 유효이자율법으로 상각하여 이자비용에 가산한다. 현행기준은 사채할인발행차금 상각방법으로 유효이자율법만을 인정하고 있다.

① 회계처리

구분	회계처리			
발행시	(차) 현금 　　　사채할인발행차금	××× ×××	(대) 사채	×××
이자지급시	(차) 이자비용	×××	(대) 현금 　　　사채할인발행차금	××× ×××
상환시	(차) 사채	×××	(대) 현금	×××

② **상각방법** – 유효이자율법: 유효이자율법이란 유효이자율을 이용하여 이자비용을 계상하고 동 이자비용에서 사채의 표시(액면)이자를 차감한 잔액을 사채할인발행차금상각액으로 계산하는 방법이다. 유효이자율법에 따르면 사채할인발행차금이 상각됨에 따라 사채의 장부금액은 계속 증가하게 된다. 왜냐하면 사채의 장부금액은 사채의 액면금액에서 미상각사채할인발행차금을 차감한 것이기 때문이다. 사채의 장부금액이 계속 증가함에 따라 유효이자 또한 증가하고, 표시(액면)이자가 일정하므로 사채할인발행차금상각액도 증가한다.

- 유효(실질)이자 = 직전 이자지급일의 사채장부금액 × 유효이자율
- 표시(액면)이자 = 사채의 액면금액 × 표시(액면)이자율
- 사채할인발행차금상각액 = 유효이자 − 표시이자
- 각 연도 이자비용 = 표시(액면)이자 + 사채할인발행차금상각액
  - └증가　　　　　└일정　　　　　└증가

[더 알아보기] **유효이자율**

현금유입의 현재가치와 현금유출의 현재가치를 일치시키는 할인율로서 주로 사채를 발행할 당시의 시장이자율을 의미한다. 다만, 사채발행비가 존재한다면 발행금액에서 차감하게 되므로 시장이자율과 유효이자율은 달라진다.

(주)한국은 20×1년 1월 1일 액면 ₩1,000,000의 사채를 발행하였다. 사채의 표시이자율은 10%로 매년 12월 31일에 지급하며 사채의 만기일은 20×3년 12월 31일이다. 시장이자율이 12%인 경우 다음의 현가계수표를 참조하여 다음 물음에 답하시오.

기간	12%	
	단일현가계수	연금현가계수
1	0.8929	0.8929
2	0.7972	1.6901
3	0.7118	2.4018

(1) 사채의 발행금액
(2) 회계처리

- 20×1.1.1. 발행시
- 20×1.12.31. 이자지급시
- 20×2.12.31. 이자지급시
- 20×3.12.31. 이자지급 및 상환

해설

(1) 사채의 발행금액
- 액면금액의 현재가치 = ₩1,000,000 × 0.7118(12%, 3년, 현가계수) = ₩711,800
- 이자의 현재가치 = ₩100,000 × 2.4018(12%, 3년, 연금현가계수) = ₩240,180
  ∴ 사채의 발행금액 = ₩711,800 + ₩240,180 = ₩951,980

(2) 회계처리
- 20×1.1.1. 발행시

(차) 현금	951,980	(대) 사채	1,000,000
사채할인발행차금	48,020		

- 20×1.12.31. 이자지급시

(차) 이자비용	114,238	(대) 현금	100,000
		사채할인발행차금	14,238

- 20×2.12.31. 이자지급시

(차) 이자비용	115,946	(대) 현금	100,000
		사채할인발행차금	15,946

- 20×3.12.31. 이자지급 및 상환

(차) 이자비용	117,836	(대) 현금	100,000
		사채할인발행차금	17,836
(차) 사채	1,000,000	(대) 현금	1,000,000

● 유효이자율법에 의한 상각표

일자	유효이자(12%)	표시이자(10%)	상각액	장부금액
20×1.1.1.				₩951,980
20×1.12.31.	₩114,238[*1]	₩100,000	₩14,238[*2]	₩966,218[*3]
20×2.12.31.	₩115,946	₩100,000	₩15,946	₩982,164
20×3.12.31.	₩117,836	₩100,000	₩17,836	₩1,000,000
	₩348,020	₩300,000	₩48,020	

[*1] ₩951,980 × 12%
[*2] ₩114,238 − ₩100,000
[*3] ₩951,980 + ₩14,238

확인 및 기출예제

(주)한국은 액면금액이 ₩1,000,000인 사채를 발행하여 매년 말 이자를 지급하고 상각후원가로 측정하고 있다. 사채와 관련된 자료가 다음과 같을 때 표시이자율은? 제23회

• 사채 발행금액	₩875,650
• 유효이자율	연 10%
• 1차년도 사채할인발행차금상각액	₩37,565

① 4% ② 5%
③ 6% ④ 7%
⑤ 8%

해설

• 사채할인발행차금상각액 = 유효이자 − 표시(액면)이자
  = (₩875,650 × 10%) − 표시이자 = ₩37,565
  ⇨ 표시이자 = ₩50,000
∴ 표시이자율 = 표시이자 ÷ 액면금액 = ₩50,000 ÷ ₩1,000,000 = 5%

정답: ②

더 알아보기 정액법 적용의 문제점

정액법에 의한 사채의 장부금액은 매년 사채할인발행차금이 상각됨에 따라 계속 증가하게 된다. 그러나 표시(액면)이자와 사채할인발행차금상각액이 일정하므로 각 연도의 이자비용도 일정하다. 따라서 각 연도의 실질이자율이 점점 낮아지게 되는 모순이 생긴다. 이런 단점으로 인하여 현행기준은 정액법을 인정하지 않는다.

(4) 할증발행

사채의 표시이자율이 시장이자율보다 높은 경우에 사채는 할증발행된다. 표시이자율이 시장이자율보다 높다는 것은 시장에서 요구하는 이자율보다 사채 발행사가 이자를 과다 지급한다는 의미이므로 사채가 액면금액 이상으로 발행된다. 이 경우 사채의 발행금액과 액면금액의 차액은 사채할증발행차금의 과목으로 하여 해당 사채의 액면금액에서 가산하는 형식으로 표시한다. 사채할증발행차금은 사채 발행시점부터 최종 상환시점까지의 기간 동안 유효이자율법으로 상각하여 사채이자비용에서 차감한다.

① 회계처리

구분	회계처리			
발행시	(차) 현금	×××	(대) 사채	×××
			사채할증발행차금	×××
이자지급시	(차) 이자비용	×××	(대) 현금	×××
	사채할증발행차금	×××		
상환시	(차) 사채	×××	(대) 현금	×××

② **상각방법** – 유효이자율법: 할증발행의 경우에는 유효이자율보다 표시(액면)이자율이 큰 상황이므로 표시(액면)이자에서 유효이자를 차감하여 사채할증발행차금상각액을 계상한다. 유효이자율법에 따르면 사채할증발행차금이 상각됨에 따라 사채의 장부금액은 계속 감소하게 된다. 왜냐하면 사채의 장부금액은 사채의 액면금액에서 미상각사채할증발행차금을 가산한 것이기 때문이다. 또한 사채의 장부금액이 계속 감소함에 따라 유효이자는 감소하고 표시(액면)이자는 일정하므로 사채할증발행차금상각액은 증가한다.

- 유효(실질)이자 = 직전 이자지급일의 사채장부금액 × 유효이자율
- 표시(액면)이자 = 사채의 액면금액 × 표시이자율
- 사채할증발행차금상각액 = 표시이자 – 유효이자
- <u>각 연도 이자비용</u> = <u>표시(액면)이자</u> – <u>사채할증발행차금상각액</u>
  └감소   └일정   └증가

(주)한국은 20×1년 1월 1일 액면 ₩1,000,000의 사채를 발행하였다. 사채의 표시이자율은 10%로 매년 12월 31일에 지급하며 사채의 만기일은 20×3년 12월 31일이다. 시장이자율이 8%인 경우 다음의 현가계수표를 참조하여 다음 물음에 답하시오.

	8%	
기간	단일현가계수	연금현가계수
1	0.9259	0.9259
2	0.8573	1.7833
3	0.7938	2.5771

(1) 사채의 발행금액
(2) 회계처리

- 20×1.1.1. 발행시
- 20×1.12.31. 이자지급시
- 20×2.12.31. 이자지급시
- 20×3.12.31. 이자지급 및 상환

해설

(1) 사채의 발행금액
- 액면금액의 현재가치 = ₩1,000,000 × 0.7938(8%, 3년, 현가계수) = ₩793,800
- 이자의 현재가치 = ₩100,000 × 2.5771(8%, 3년, 연금현가계수) = ₩257,710
∴ 사채의 발행금액 = ₩793,800 + ₩257,710 = ₩1,051,510
(2) 회계처리
- 20×1.1.1. 발행시

(차) 현금	1,051,510	(대) 사채	1,000,000
		사채할증발행차금	51,510

- 20×1.12.31. 이자지급시

(차) 이자비용	84,121	(대) 현금	100,000
사채할증발행차금	15,879		

- 20×2.12.31. 이자지급시

(차) 이자비용	82,850	(대) 현금	100,000
사채할증발행차금	17,150		

- 20×3.12.31. 이자지급 및 상환

(차) 이자비용	81,519	(대) 현금	100,000
사채할증발행차금	18,481		
(차) 사채	1,000,000	(대) 현금	1,000,000

● 유효이자율법에 의한 상각표

일자	유효이자(8%)	표시이자(10%)	상각액	장부금액
20×1.1.1.				₩1,051,510
20×1.12.31.	₩84,121[*1]	₩100,000	₩15,879[*2]	₩1,035,631[*3]
20×2.12.31.	₩82,850	₩100,000	₩17,150	₩1,018,481
20×3.12.31.	₩81,519	₩100,000	₩18,481	₩1,000,000
	₩248,490	₩300,000	₩51,510	

[*1] ₩1,051,510 × 8%
[*2] ₩100,000 − ₩84,121
[*3] ₩1,051,510 − ₩15,879

핵심 콕! 콕! 유효이자율법과 정액법의 비교

구분	할인발행시		할증발행시	
	정액법	유효이자율법	정액법	유효이자율법
이자비용	일정	증가	일정	감소
사채발행차금상각액	일정	증가	일정	증가
현금지급액	일정	일정	일정	일정
사채장부금액	증가	증가	감소	감소

● 정액법은 현행기준에서 인정하지 않는다.

더 알아보기 사채발행비

1. 사채발행수수료, 사채권 인쇄비용 등 사채발행과 관련하여 직접적으로 발생하는 비용을 말하며 발행금액에서 차감하여 회계처리한다.

발행 유형	회계처리
액면발행 · 할인발행	(차) 사채할인발행차금(↑) ××× (대) 현금 ×××
할증발행	(차) 사채할증발행차금(↓) ××× (대) 현금 ×××

2. 사채발행비를 사채발행금액에서 직접 차감하여 새로운 발행금액과 미래현금흐름을 일치시키는 새로운 유효이자율을 계산해야 한다. 따라서 사채발행비가 있는 경우에는 사채발행비가 없는 경우에 비하여 사채의 발행금액이 감소하므로 유효이자율은 상승한다.

---

03 상환

(1) 만기상환

만기상환의 경우에는 사채할인(할증)발행차금이 모두 상각되었을 것이므로 해당 사채의 장부금액이 이미 액면금액으로 조정되어 있을 것이다. 따라서 사채상환손익은 발생하지 않는다.

(2) 조기상환

조기상환시에는 상환금액과 사채의 장부금액이 다르기 때문에 상환손익이 발생한다. 이자지급기간 중 사채를 상환하는 경우에는 기간경과분 표시이자를 포함하여 상환하기 때문에 상환손익을 계산할 때 주의해야 한다. 이 경우 직전 이자지급일로부터 상환일까지의 이자를 인식하는 분개를 행하고 그 다음에 상환분개를 행하면 회계처리가 수월해진다.

사채상환손익 = 상환 전 장부금액 − 사채상환금액 ⇨ (+) 상환이익, (−) 상환손실

조기상환시점에서 사채는 발행 당시 시장이자율을 적용하여 발행금액을 결정하고 해당 이자율에 의하여 매기 상각한 장부금액을 나타낸다. 그러나 상환금액은 현재시점에서 미래현금흐름을 현재의 시장이자율로 할인한 금액이 된다. 따라서 사채를 발행할 당시의 시장이자율과 사채 상환 당시의 시장이자율과의 차이로 상환손익이 발생한다.

시장이자율의 관계	상환금액과 장부금액의 관계	상환손익
발행시 = 상환시	상환 전 장부금액 = 상환금액	상환손익 없음
발행시 < 상환시	상환 전 장부금액 > 상환금액	사채상환 이익
발행시 > 상환시	상환 전 장부금액 < 상환금액	사채상환 손실

◉ 시장이자율이 상승하면 사채상환이익이 발생한다.

확인 및 기출예제

(주)한국은 20×1년 1월 1일에 상각후원가로 측정하는 액면금액 ₩10,000의 사채(표시이자율 연 5%, 이자는 매년 말 후급, 유효이자율 연 10%, 만기 20×3년 말)를 ₩8,757에 발행하였다. (주)한국이 동 사채의 90%를 20×3년 1월 1일에 ₩9,546을 지급하고 조기상환했을 때, 사채상환손익은? (단, 단수 차이가 발생할 경우 가장 근사치를 선택함)

제27회

① 손익 ₩0   ② 손실 ₩541
③ 이익 ₩541   ④ 손실 ₩955
⑤ 이익 ₩955

[해설]

• 20×1.12.31. 상각후원가 = (₩8,757 × 1.1) − ₩500 = ₩9,133
• 20×2.12.31. 상각후원가 = (₩9,133 × 1.1) − ₩500 = ₩9,546
∴ 20×3.1.1. 상환손익 = (₩9,546 × 90%) − ₩9,546 = (₩955) 손실

정답: ④

01 현재의무가 존재할 가능성과 자원의 유출가능성이 높고, 금액을 신뢰성 있게 추정할 수 있는 경우 충당부채를 인식한다. ( )

02 충당부채는 당기수익에 대응되는 비용으로서 미래시점에 지출이 불확실한 비용을 합리적으로 추정하여 부채로 계상하는 것이다. 즉, 충당부채는 보수주의 관점에서 인식하는 부채로 제품보증충당부채와 경품충당부채가 이에 해당한다. ( )

03 충당부채의 인식요건 중 현재의 의무는 법적 의무만을 의미한다. ( )

04 충당부채로 인식되기 위해서는 과거사건으로 인한 의무가 기업의 미래행위와 관련되어야 한다. ( )

05 충당부채를 발생시킨 사건과 밀접하게 관련된 자산처분이익이 예상되는 경우 당해 처분이익은 충당부채를 측정하는 데 고려한다. ( )

06 충당부채를 현재가치로 평가할 때 할인율은 부채의 특유한 위험과 화폐의 시간가치에 대한 현행시장의 평가를 반영한 세후이율을 적용한다. ( )

07 사채의 발행금액은 이자 및 원금에 해당하는 미래현금흐름을 결산일의 시장이자율로 할인한 금액이다. ( )

---

01 ○
02 ✕ 보수주의 관점 ⇨ 수익·비용대응 관점
03 ✕ 현재의무는 법적 의무 또는 의제의무를 의미한다.
04 ✕ 기업의 미래행위와 독립적이어야 한다.
05 ✕ 자산처분이익은 충당부채를 측정하는 데 고려하지 않는다.
06 ✕ 세후이율 ⇨ 세전이율
07 ✕ 결산일의 시장이자율 ⇨ 사채발행일의 시장이자율

08 회사가 채권자에게 지급하는 현금이자는 액면금액에 시장이자율을 곱하여 계산한다. (   )

09 회사가 사채를 발행하는 경우 발생한 사채발행비는 발행금액에서 차감한다. 만약 사채에 대한 평가계정이 있다면 사채할인발행차금이 감소하거나 사채할증발행차금이 증가한다.   (   )

10 사채할인발행차금은 사채의 발행금액에서 차감하는 형식으로 재무상태표에 기재한다. (   )

11 현행 한국채택국제회계기준은 원칙적으로 유효이자율법을 적용하고 있으므로 할증발행차금상각액은 매기 감소한다.   (   )

12 사채발행차금을 유효이자율법으로 매년 상각하는 경우 할인발행되면 이자비용이 매년 감소하고 할증발행되면 매년 증가한다.   (   )

13 사채발행차금을 정액법으로 상각하는 경우 장부금액에 대한 이자비용의 비율은 매년 일정하다.
                                                                                (   )

---

08 × 시장이자율 ⇨ 표시(액면)이자율

09 × 사채할인발행차금이 증가하거나 사채할증발행차금이 감소한다.

10 × 발행금액 ⇨ 액면금액

11 × 할증발행차금상각액은 매기 증가한다.

구분	이자비용	상각액
사채할인발행	매기 증가	매기 증가
사채할증발행	매기 감소	매기 증가

12 × 사채발행차금을 유효이자율법으로 매년 상각하는 경우, 할인발행되면 이자비용이 매기 증가하고 할증발행되면 이자비용이 매기 감소한다.

13 × 장부금액에 대한 이자비용의 비율이 매년 동일한 방법은 유효이자율법이다.

01 금융부채에 해당하지 않는 것은?   제25회

① 사채   ② 단기차입금
③ 미지급금   ④ 매입채무
⑤ 당기법인세부채

02 (주)한국의 20×1년 말 재무상태표의 금융자산은 ₩6,000, 금융부채는 ₩1,000이다. 다음 자료를 이용할 때 20×1년 말 (주)한국의 매출채권과 매입채무는?

자산		부채	
매출채권	?	매입채무	?
대여금	₩1,000	선수수익	₩200
선급비용	₩1,000	차입금	₩200
투자사채	₩2,000	사채	₩400

	매출채권	매입채무		매출채권	매입채무
①	₩2,000	₩200	②	₩2,000	₩400
③	₩2,000	₩600	④	₩3,000	₩200
⑤	₩3,000	₩400			

03 다음은 20×1년 초에 설립된 (주)한국의 당기 중 발생한 거래의 기말 상황이다.

- 3월 1일: 은행으로부터 현금 ₩100 차입(만기 3년)
- 4월 1일: 거래처 A에게 내년 초 신제품을 공급하는 대가로 미리 현금 ₩50 수령
- 7월 1일: 거래처 B에게 재고자산 매입대금으로 어음(만기 1년) ₩200 발행
- 11월 1일: 거래처 C로부터 자금을 차입하면서 어음(만기 3개월) ₩300 발행
- 12월 1일: 사무용비품 구입대금 ₩500 중 ₩100은 어음(만기 3개월) 발행, 나머지는 5개월 후에 지급약정

(주)한국의 20×1년 말 금융부채는?   제17회

① ₩550   ② ₩600
③ ₩850   ④ ₩1,100
⑤ ₩1,150

정답 | 해설

01 ⑤ 금융부채는 계약에 기초하며 미래 거래상대방에게 현금 등 금융자산을 인도할 의무를 말한다. 따라서 당기법인세부채는 비금융부채에 해당한다.

02 ⑤ • 금융자산: 매출채권 + ₩1,000 + ₩2,000 = ₩6,000 ⇨ 매출채권 = ₩3,000
       • 금융부채: 매입채무 + ₩200 + ₩400 = ₩1,000 ⇨ 매입채무 = ₩400

03 ④ 금융부채 = 차입금 + 매입채무 + 차입금 + 미지급금
             = ₩100 + ₩200 + ₩300 + ₩500
             = ₩1,100
       ● 선수금은 금융부채에 해당되지 않는다.

04 20×1년 12월 31일에 (주)한국에서 발생한 거래가 다음과 같을 때, 20×1년 말 재무상태표상 부채에 포함할 금액은?

> • 제품보증에 대한 충당부채 ₩1,000을 설정하였다.
> • 사무실을 임대하고 12개월분 임대료 ₩2,000을 미리 받았다.
> • 거래처로부터 원재료 ₩1,000을 외상으로 구입하였다.
> • 공장 확장 자금을 조달하기 위해 보통주 10주(주당 액면가 ₩100, 주당 발행가 ₩200)를 발행하였다.

① ₩2,000   ② ₩3,000   ③ ₩4,000

④ ₩5,000   ⑤ ₩7,000

05 과거사건의 결과로 현재의무가 존재하는 부채로서 충당부채의 인식요건에 해당하는 것은?

제21회

금액 추정가능성 경제적 효익이 있는 자원 유출가능성	신뢰성 있게 추정 가능	신뢰성 있게 추정 불가능
가능성이 높음	㉠	㉡
가능성이 어느 정도 있음	㉢	㉣
가능성이 희박함	㉤	

① ㉠   ② ㉡   ③ ㉢

④ ㉣   ⑤ ㉤

06 충당부채의 측정에 관한 설명으로 옳지 않은 것은?

제23회

① 충당부채로 인식하는 금액은 현재의무를 보고기간 말에 이행하기 위하여 필요한 지출에 대한 최선의 추정치이어야 한다.
② 충당부채로 인식하여야 하는 금액과 관련된 불확실성은 상황에 따라 판단한다.
③ 화폐의 시간가치 영향이 중요한 경우에 충당부채는 의무를 이행하기 위하여 예상되는 지출액의 현재가치로 평가한다.
④ 할인율은 부채의 특유한 위험과 화폐의 시간가치에 대한 현행시장의 평가를 반영한 세전이율이다.
⑤ 예상되는 자산처분이익은 충당부채를 객관적으로 측정하기 위하여 고려하여야 한다.

07 (주)한국은 제품매출액의 3%에 해당하는 금액을 제품보증비용(보증기간 2년)으로 추정하고 있다. 20×1년의 매출액과 실제 보증청구로 인한 보증비용 지출액은 다음과 같다.

제품매출액 (20×1년)	실제 보증비용 지출액	
	20×1년	20×2년
₩600,000	₩14,000	₩6,000

20×2년 포괄손익계산서의 보증활동으로 인한 비용과 20×2년 말 재무상태표의 충당부채 잔액은? (단, (주)한국은 20×1년 초에 설립되었으며, 20×2년의 매출은 없다고 가정함)

제17회

	제품보증비	충당부채			제품보증비	충당부채
①	₩2,000	₩0		②	₩3,000	₩0
③	₩4,000	₩0		④	₩5,500	₩4,000
⑤	₩6,000	₩4,000				

정답 | 해설

04 ③ 부채 = 제품보증충당부채 + 선수임대료 + 매입채무
= ₩1,000 + ₩2,000 + ₩1,000 = ₩4,000

05 ① 과거사건의 결과로 현재의무가 존재하고, 자원의 유출가능성이 높고 금액의 신뢰성 있는 추정이 가능할 때 충당부채를 인식한다.

06 ⑤ 충당부채를 생기게 한 사건과 밀접하게 관련되었더라도 예상되는 자산처분이익은 고려하지 아니한다.

07 ① • 20×1년 제품보증비 = ₩600,000 × 3% = ₩18,000
• 20×2년 제품보증충당부채 = ₩18,000 - ₩14,000 - ₩4,000 = ₩0
• 20×2년 제품보증비 = ₩2,000
• 20×2년 회계처리

(차) 제품보증충당부채	4,000	(대) 현금	6,000
제품보증비	2,000		

20×1년 제품보증충당부채 설정액 중 ₩14,000은 20×1년에 감소하였으므로 잔액은 ₩4,000이다. 따라서 20×2년 제품보증비 지출시 잔액이 먼저 감소하고 나머지 부족분은 비용으로 인식한다.

08 (주)대한은 20×1년부터 전자제품을 판매하면서 3년간 보증수리를 무상으로 해주는 데 20×1년도에 ₩250,000, 20×2년도에 ₩500,000을 보증수리비로 인식하였다. 실제 지출한 보증수리비는 20×1년도에 ₩150,000, 20×2년도에 ₩320,000 이었다. 20×2년도 말 제품보증충당부채 잔액은? 제14회

① ₩180,000   ② ₩220,000   ③ ₩250,000
④ ₩260,000   ⑤ ₩280,000

09 (주)한국은 제품 판매를 촉진하기 위하여 제품을 구입하는 고객에게 판매액의 ₩2,000마다 1장의 경품권을 교부하고 있으며 경품권 2장을 가져오는 고객에게 경품용 제품 1개를 제공하고 있다. (주)한국은 경품용 제품을 개당 ₩400에 구입 하였으며, 교부한 경품권 중 70%가 회수될 것으로 추정하고 있다. 20×1년 말 경품충당부채가 ₩20,000인 경우 20×2년 경품과 관련된 다음 자료를 이용하여 계산한 20×2년 말 경품부채 잔액은?

• 20×2년 제품 매출액	₩4,800,000
• 20×2년 중 회수된 경품권	1,200장

① ₩63,500   ② ₩70,000   ③ ₩82,500
④ ₩98,000   ⑤ ₩116,000

10 (주)태백은 20×1년 1월 1일 4년 만기의 액면금액 ₩100,000인 사채를 표시(액면) 이자율 10%로 발행하였다. 이자는 매년 말에 지급하고 유효이자율이 8%인 경우 20×1년 1월 1일의 사채의 발행금액은?

	8%	10%
4년 후 ₩1의 현재가치	0.7350	0.6830
4년간 ₩1의 정상연금의 현재가치	3.3121	3.1699

① ₩98,780   ② ₩100,000   ③ ₩101,421
④ ₩105,199   ⑤ ₩106,621

11 (주)한국은 20×3년 1월 1일에 3년 만기, 액면가 ₩500,000, 표시이자율 연 8%, 이자 매년 말 후급 조건의 사채를 발행하였다. 이 사채의 발행금액은 ₩482,642로 발행시점의 시장이자율은 10%이었다. 현행 한국채택국제회계기준에 의거하여 결산기 말인 20×3년 12월 31일 시장이자율이 12%로 상승하였을 경우 이자지급시에 행할 분개로 가장 적절한 것은? (단, 사채발행비는 고려하지 않음)

① (차) 이자비용   40,000   (대) 현금   40,000

② (차) 이자비용   48,264   (대) 현금   40,000
                                           사채할인발행차금   8,264

③ (차) 이자비용   49,091   (대) 현금   40,000
                                           사채할인발행차금   9,091

④ (차) 이자비용   57,917   (대) 현금   40,000
                                           사채할증발행차금   17,917

⑤ (차) 이자비용   60,000   (대) 현금   60,000

정답 | 해설

08 ⑤   20×2년도 말 제품보증충당부채 잔액
        = 20×2년까지 누적 보증수리비 인식액 − 실제 발생한 보증수리비(20×1년, 20×2년)
        = (₩250,000 + ₩500,000) − (₩150,000 + ₩320,000) = ₩280,000

09 ⑤   경품권 = ₩4,800,000 / ₩2,000 = 2,400장
        ∴ 경품충당부채 = ₩20,000 + [(2,400장 × 0.7) − 1,200장] / 2 × ₩400 = ₩116,000

10 ⑤   사채발행금액 = 액면금액의 현재가치 + 표시(액면)이자의 현재가치
                      = (₩100,000 × 0.7350) + (₩100,000 × 0.1 × 3.3121) = ₩106,621

11 ②   20×3년 말 이자비용 = 직전 사채의 장부금액 × 10% = ₩482,642 × 10% = ₩48,264
        ∴ [회계처리]
        (차) 이자비용   48,264   (대) 현금   40,000
                                               사채할인발행차금   8,264

12 (주)한국은 20×1년 1월 1일에 액면금액 ₩8,000,000(이자는 매년 말에 후불로 지급)의 사채를 ₩7,400,000에 발행하였다. (주)한국은 20×1년 12월 31일에 사채와 관련하여 유효이자율법에 따라 다음과 같이 분개하였다.

(차) 이자비용	962,000	(대) 현금	800,000
		사채할인발행차금	162,000

이 사채의 연간 유효이자율과 표시이자율은 각각 몇 %인가? 제14회

① 12%, 10% ② 13%, 10%

③ 13%, 11% ④ 14%, 10%

⑤ 14%, 11%

13 (주)한국은 20×1년 초 3년 만기 사채를 할인발행하여 매년 말 표시이자를 지급하고 상각후원가로 측정하였다. 20×2년 말 사채장부금액이 ₩98,148이고, 20×2년 사채이자 관련 분개는 다음과 같다. 20×1년 말 사채의 장부금액은? 제22회

(차) 이자비용	7,715	(대) 현금	6,000
		사채할인발행차금	1,715

① ₩90,433 ② ₩92,148

③ ₩94,863 ④ ₩96,433

⑤ ₩99,863

14 사채할인발행차금의 상각은 당기순이익과 사채장부금액에 어떠한 영향을 미치는가?

	당기순이익	사채장부금액		당기순이익	사채장부금액
①	증가	증가	②	증가	감소
③	감소	증가	④	감소	감소
⑤	불변	불변			

15 (주)한국은 20×1년 1월 1일 사채(액면금액 ₩500,000, 3년 만기, 표시이자율 9%, 이자지급일 12월 31일)를 발행하였고 사채할인발행차금은 유효이자율법에 의하여 상각한다. 20×1년 이자 지급 전 사채의 장부금액은 ₩487,568이며 20×1년 사채할인발행차금의 상각액은 ₩3,757이다. 이 사채의 유효이자율은 얼마인가?

① 8%   ② 9.75%
③ 10%   ④ 11%
⑤ 12%

정답 | 해설

12 ② • 유효이자율
　　　이자비용 = 직전 사채의 장부금액 × 유효이자율 = ₩7,400,000 × 유효이자율 = ₩962,000
　　　⇨ 유효이자율 = 13%
　　• 표시이자율
　　　표시이자 = 액면금액 × 표시이자율 = ₩8,000,000 × 표시이자율 = ₩800,000
　　　⇨ 표시이자율 = 10%

13 ④ 20×1년 말 사채의 장부금액 = ₩98,148 − ₩1,715 = ₩96,433

14 ③ (차) 이자비용　　　　　　　×××　　　(대) 현금(일정)　　　　　×××
　　　　　　　　　　　　　　　　　　　　　　　　사채할인발행차금　　×××

　　• 이자비용 증가 ⇨ 당기순이익 감소
　　• 사채할인발행차금 상각 ⇨ 사채장부금액 증가

15 ③ (차) 이자비용　　　　　48,757　　　(대) 현금　　　　　　　45,000
　　　　　　　　　　　　　　　　　　　　　　　　사채할인발행차금　　3,757

　　∴ 유효이자율 = (₩3,757 + ₩45,000) ÷ ₩487,568 = 10%

16 20×1년 1월 1일 (주)한국은 액면금액 ₩1,000,000의 사채를 ₩918,000에 할인발행하였다. 이 사채의 발행에 적용된 유효이자율은 7%, 표시이자율은 5%이다 (단, 이자 지급은 매년 말임). 이와 관련된 설명 중 옳지 않은 것은? 제16회

① 20×1년도 사채의 유효이자는 ₩64,260이다.
② 20×1년도 사채할인발행차금의 상각액은 ₩14,260이다.
③ 20×1년도 말 사채의 장부금액은 ₩932,260이다.
④ 20×2년 1월 1일 이 사채를 ₩935,000에 상환한다면 ₩2,740의 상환이익이 발생한다.
⑤ 20×2년도 사채의 표시이자는 ₩50,000이다.

17 다음은 (주)한국이 20×1년 1월 1일 발행한 사채의 회계처리를 위한 자료의 일부이다. 이를 통하여 알 수 있는 내용으로 옳은 것은? (단, 계산된 금액은 소수점 이하 첫째 자리에서 반올림함) 제20회, 제18회 유사

• 사채권면에 표시된 발행일은 20×1년 1월 1일, 액면금액은 ₩1,000,000이며 이자지급일은 매년 12월 31일이고 만기는 3년이다.

〈유효이자율법에 의한 상각표〉

일자	유효이자	표시이자	상각액	장부금액
20×1년 1월 1일	–	–	–	₩951,963
20×1년 12월 31일	?	₩100,000	₩14,236	?

① 사채 발행시 적용된 유효이자율은 연 10%이다.
② 사채 발행시 인식할 사채할인발행차금은 ₩33,801이다.
③ 20×1년 말 상각 후 사채의 장부금액은 ₩937,727이다.
④ 20×2년 말 사채와 관련하여 손익계정에 대체되는 이자비용은 ₩117,857이다.
⑤ 20×3년 1월 1일 사채 전부를 ₩980,000에 상환한 경우 사채상환이익은 ₩2,143이다.

18 (주)한국은 20×1년 1월 1일 액면금액 ₩1,000,000, 만기 3년의 사채를 유효이자율 연 10%를 적용하여 ₩925,390에 발행하였다. 20×1년 12월 31일 장부금액이 ₩947,929이라면 이 사채의 표시이자율은?

① 7% ② 8%

③ 9% ④ 10%

⑤ 12%

정답 | 해설

16 ④ 상환손익 = 상환 직전 장부금액 − 상환금액
= [(₩918,000 × 1.07) − ₩50,000] − ₩935,000
= ₩2,740(손실)
① 20×1년도 사채의 유효이자 = ₩918,000 × 7% = ₩64,260
② 20×1년도 사채할인발행차금의 상각액 = 유효이자 − 표시이자
= ₩64,260 − (₩1,000,000 × 5%) = ₩14,260
③ 20×1년도 말 사채의 장부금액 = (₩918,000 × 1.07) − ₩50,000 = ₩932,260
⑤ 20×2년도 사채의 표시이자 = ₩1,000,000 × 5% = ₩50,000

17 ⑤ 상환손익 = 상환 직전 장부금액 − 상환금액
= [(₩966,199 × 1.12) − ₩100,000] − ₩980,000 = ₩2,143
① 유효이자 = 표시이자 + 사채할인발행차금상각액 = 직전 사채의 장부금액 × 유효이자율
= ₩100,000 + ₩14,236 = ₩951,963 × 유효이자율
⇨ 유효이자율 = ₩114,236 ÷ ₩951,963 = 12%
② 사채할인발행차금 = 액면금액 − 발행금액 = ₩1,000,000 − ₩951,963 = ₩48,037
③ 20×1년 말 상각 후 사채의 장부금액 = ₩951,963 + ₩14,236 = ₩966,199
④ 20×2년 이자비용(유효이자) = 직전 사채의 장부금액 × 유효이자율
= ₩966,199 × 0.12 = ₩115,944

18 ① 20×1년 12월 31일 장부금액 = (₩925,390 × 1.1) − 표시이자(x) = ₩947,929
⇨ 표시이자(x) = ₩70,000
∴ 표시이자율 = ₩70,000 ÷ ₩1,000,000 = 7%

19 (주)한국은 20×1년 초 액면금액 ₩100,000의 사채(표시이자율 연 8%, 이자는 매년 말 후급, 유효이자율 연 10%, 만기 20×3년 말)를 ₩95,026에 발행하고 상각후원가로 측정하였다. 동 사채와 관련하여 20×3년 인식할 이자비용은? (단, 이자는 월할계산하며, 단수 차이가 발생할 경우 가장 근사치를 선택함) 제22회

① ₩9,503 ② ₩9,553 ③ ₩9,653
④ ₩9,818 ⑤ ₩9,918

20 (주)한국은 20×1년 1월 1일 사채(액면금액 ₩100,000, 3년 만기 일시상환)를 발행하고, 상각후원가로 측정하였다. 표시이자는 연 5%로 매년 말 지급조건이며, 발행 당시 유효이자율은 연 8%이다. 20×3년 1월 1일 사채를 액면금액으로 조기상환하였을 경우, 사채상환손익은? (단, 금액은 소수점 첫째 자리에서 반올림하며, 단수 차이가 있으면 가장 근사치를 선택함) 제21회

기간 \ 할인율	단일금액 ₩1의 현재가치		정상연금 ₩1의 현재가치	
	5%	8%	5%	8%
3	0.8638	0.7938	2.7232	2.5771

① ₩2,219 이익 ② ₩2,781 손실 ③ ₩2,781 이익
④ ₩7,734 손실 ⑤ ₩7,734 이익

21 (주)한국은 20×1년 초 액면금액 ₩2,000,000(표시이자율 연 5%, 매년 말 이자 지급, 10년 만기)의 사채를 발행하였으며, 발행시점의 유효이자율은 연 10%이다. 동 사채의 발행으로 (주)한국이 10년간 포괄손익계산서상 이자비용으로 인식할 총액은? (단, 계산금액은 소수점 첫째 자리에서 반올림함)

할인율	10기간 단일금액 ₩1의 현재가치	10기간 정상연금 ₩1의 현재가치
5%	0.6139	7.7217
10%	0.3855	6.1445

① ₩614,550 ② ₩1,385,550 ③ ₩1,614,550
④ ₩1,771,000 ⑤ ₩1,800,000

22 상각후원가로 후속측정하는 일반사채에 관한 설명으로 옳지 않은 것은?

① 사채를 할인발행하고 중도상환 없이 만기까지 보유한 경우, 발행자가 사채 발행시점부터 사채만기까지 포괄손익계산서에 인식한 이자비용의 총합은 발행시점의 사채할인발행차금과 연간 표시이자 합계를 모두 더한 값과 일치한다.

② 사채발행비가 존재하는 경우, 발행시점의 발행자의 유효이자율은 발행시점의 시장이자율보다 낮다.

③ 사채를 할증발행한 경우, 중도상환이 없다면 발행자가 포괄손익계산서에 인식하는 사채 관련 이자비용은 매년 감소한다.

④ 사채를 할인발행한 경우, 중도상환이 없다면 발행자가 재무상태표에 인식하는 사채의 장부금액은 매년 체증적으로 증가한다.

⑤ 사채를 중도상환할 때 거래비용이 없고 시장가격이 사채의 내재가치를 반영하는 경우, 중도상환시점의 시장이자율이 사채 발행시점의 유효이자율보다 크다면 사채발행자 입장에서 사채상환이익이 발생한다.

19 ④ • 20×1.12.31. 장부금액 = (₩95,026 × 1.1) − ₩8,000 = ₩96,529
　　　　 • 20×2.12.31. 장부금액 = (₩96,529 × 1.1) − ₩8,000 = ₩98,182
　　　　 ∴ 20×3년 이자비용 = ₩98,182 × 0.1 = ₩9,818

20 ② • 사채의 발행금액 = 액면금액의 현재가치 + 표시(액면)이자의 현재가치
　　　　　　　　　　 = (₩100,000 × 0.7938) + (₩100,000 × 5% × 2.5771) = ₩92,266
　　　　 • 20×1.12.31. 장부금액 = (₩92,266 × 1.08) − ₩5,000 = ₩94,647
　　　　 • 20×2.12.31. 장부금액 = (₩94,647 × 1.08) − ₩5,000 = ₩97,219
　　　　 ∴ 상환손익 = 상환금액 − 상환 직전 장부금액 = ₩100,000 − ₩97,219 = ₩2,781(손실)

21 ③ 사채의 발행금액 = 액면금액의 현재가치 + 표시(액면)이자의 현재가치
　　　　　　　　　 = (₩2,000,000 × 0.3855) + (₩2,000,000 × 5% × 6.1445)
　　　　　　　　　 = ₩771,000 + ₩614,450 = ₩1,385,450
　　　　 ∴ 만기까지 총이자비용 = 표시(액면)이자의 합계 + 사채할인발행차금
　　　　　　　　　　　　　 = (₩2,000,000 × 5% × 10년) + (₩2,000,000 − ₩1,385,450)
　　　　　　　　　　　　　 = ₩1,614,550

22 ② 사채발행비가 존재하는 경우, 발행시점의 발행자의 유효이자율은 <u>발행시점의 시장이자율보다 높다</u>.

23 (주)대한은 20×1년 1월 1일 액면금액 ₩5,000,000(표시이자율 연 10%, 이자 매년 말 후급, 만기일 20×3년 12월 31일)의 사채를 발행했으며, 발행 당시 유효이자율은 12%였다. (주)대한은 이 사채를 20×2년 1월 1일에 ₩5,000,000에 상환하였다. 상환 당시의 분개로 올바른 것은?

① (차) 사채 ××× (대) 현금 ×××
사채할인발행차금 ××× 사채상환이익 ×××

② (차) 사채 ××× (대) 현금 ×××
사채상환손실 ××× 사채할인발행차금 ×××

③ (차) 사채 ××× (대) 현금 ×××
사채할증발행차금 ××× 사채상환이익 ×××

④ (차) 사채 ××× (대) 현금 ×××
사채상환손실 ××× 사채할증발행차금 ×××

⑤ (차) 사채 ××× (대) 현금 ×××

23 ② 유효이자율(12%)이 표시이자율(10%)보다 크므로 할인발행이다.
따라서 조기상환시 미상각잔액인 사채할인발행차금을 감소시키면서 상환손익을 회계처리해야 한다.

• 발행시 (차) 현금 ××× (대) 사채 ×××
사채할인발행차금 ×××

• 상환시 (차) 사채 ××× (대) 현금 ×××
사채상환손실 ××× 사채할인발행차금 ×××

house.Hackers.com

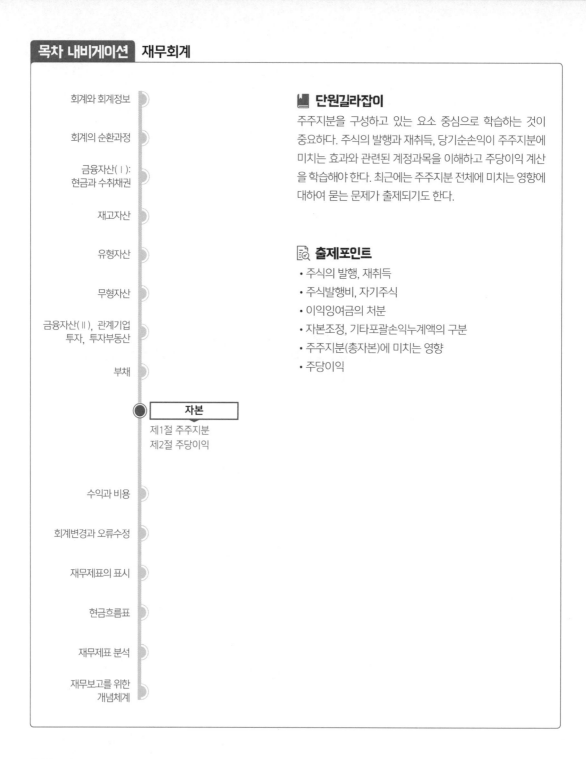

제 9 장 자본

📖 단원길라잡이
주주지분을 구성하고 있는 요소 중심으로 학습하는 것이 중요하다. 주식의 발행과 재취득, 당기순손익이 주주지분에 미치는 효과와 관련된 계정과목을 이해하고 주당이익 계산을 학습해야 한다. 최근에는 주주지분 전체에 미치는 영향에 대하여 묻는 문제가 출제되기도 한다.

🔍 출제포인트
- 주식의 발행, 재취득
- 주식발행비, 자기주식
- 이익잉여금의 처분
- 자본조정, 기타포괄손익누계액의 구분
- 주주지분(총자본)에 미치는 영향
- 주당이익

01 의의와 분류

(1) 의의

자본은 기업의 자산에서 모든 부채를 차감한 후의 잔여지분 또는 순자산으로서 기업 실체의 자산에 대한 소유주의 청구권을 말한다. 또한 한국채택국제회계기준에 의하면 지분상품은 기업의 자산에서 모든 부채를 차감한 후의 잔여지분을 나타내는 모든 계약을 말한다. 따라서 금융상품과 구분하여 자본항목을 지분상품이라고 표시하기도 한다.

(2) 자본항목의 분류

한국채택 국제회계기준	일반기업 회계기준	구성요소
납입자본	자본금	① 보통주자본금(보통주 발행주식수 × 주당 액면금액) ② 우선주자본금(우선주 발행주식수 × 주당 액면금액)
	자본잉여금	자본거래에서 발생한 잉여금 ① 주식발행초과금 ② 기타 자본잉여금(자기주식처분이익, 감자차익 등)
기타 자본요소	자본조정	① 자본에 차감할 항목: 자기주식, 주식할인발행차금, 감자차손, 자기주식처분손실 ② 자본에 가산할 항목: 미교부주식배당금, 신주청약증거금, 주식선택권
	기타포괄손익 누계액	① 기타포괄손익－공정가치측정 금융자산평가손익 ② 해외사업장환산외환차이 ③ 현금흐름위험회피 파생상품평가손익 ④ 재평가잉여금 ⑤ 관계기업 기타포괄손익
이익잉여금		손익거래에서 발생한 이익 중 사내유보된 금액 ① 법정적립금: 이익준비금, 기타 법정적립금 ② 임의적립금 • 적극적 적립금: 신축적립금, 사업확장적립금, 감채적립금 등 • 소극적 적립금: 배당평균적립금, 결손보전적립금 등 ③ 미처분이익잉여금(또는 미처리결손금)

(자본금·자본잉여금·자본조정 구간: 자본거래 / 기타포괄손익누계액·이익잉여금 구간: 손익거래)

한국국제회계기준에서는 자본을 크게 납입자본과 이익잉여금, 기타 자본구성요소의 세 가지로 대분류하고 있으나 납입자본과 기타 자본구성요소의 분류 안에 어떤 항목이 포함되는지에 대한 명확한 규정이 없다. 반면에, 일반기업회계기준에서는 자본을 다섯 가지로 분류표시하고 있다. 따라서 수험목적으로 한국채택국제회계기준에 구체적인 규정이 없는 자본의 분류와 관련거래 회계처리에 대하여는 일반기업회계기준과 상법의 규정에 따르도록 한다.

(3) 자본의 측정

자본의 장부금액은 자산의 장부금액에서 부채의 장부금액을 차감하여 측정한다. 따라서 자본의 공정가치는 자산의 공정가치에서 부채의 공정가치를 차감하여 측정하게 되는데, 이 경우 자본의 총액은 일반적으로 해당 기업이 발행한 주식의 시가총액과 일치하지 않는다.

02 자본금

1. 의의

자본금은 주주가 불입한 자본 중 주식의 액면금액에 해당하는 금액을 말하며, 유상증자(감자), 무상증자(감자), 주식배당 등에 의해서 발생한다. 자본금은 보통주자본금과 우선주자본금으로 구분하여 표시한다.

2. 주식의 종류

(1) 보통주

보통주는 이익배당이나 청산시 잔여재산 분배에 있어서 다른 주식에 대하여 표준이 되는 주식으로 어떠한 제한이나 우선권도 부여되지 아니한 주식을 의미한다. 즉, 보통주는 상대적으로 표준이 되는 주식을 말하는데 보통주보다 권리가 후순위인 주식을 후배주, 보통주보다 권리가 우선인 주식을 우선주라 한다.

(2) 우선주

우선주는 이익배당이나 청산시 잔여재산 분배에 있어서 보통주보다 우선하여 배당 또는 분배를 받을 수 있는 주식을 의미한다. 그러나 우선주는 의결권이 인정되지 않거나, 약정배당률을 초과한 잔여이익에 대해 분배권이 인정되지 않는 등 불리한 조건이 부여되기도 한다. 우선주는 배당의 약정된 권리에 따라 누적적 우선주, 참가적 우선주, 전환우선주 등으로 구분될 수 있다.
① 이익배당우선주: 이익배당우선주는 의결권이 없는 대신 이익의 배당이나 잔여재산의 분배에 있어 보통주보다 우선적인 권리를 가진 주식을 말한다. 이익배당우선주는 다음과 같이 구분한다.

ⓐ **누적적 우선주와 비누적적 우선주**: 누적적 우선주는 특정 연도에 배당을 받지 못하거나 미달되었을 때(연체배당금)에 이후 연도의 배당가능이익에서 동 금액을 추가적으로 받을 수 있는 우선주를 말한다. 반면에, 비누적적 우선주는 연체배당금을 받을 권리가 없는 주식을 말한다.

ⓑ **참가적 우선주와 비참가적 우선주**: 참가적 우선주는 회사가 배당의 재원으로 우선주, 보통주 순으로 배당을 하고 추가적인 배당재원이 있는 경우 보통주와 같이 추가적 배당에 참여할 수 있는 권한이 주어진 우선주를 말한다. 반면에, 비참가적 우선주는 추가 이익배당에 참여할 수 없는 우선주를 말한다.

② **상환우선주**: 상환우선주는 의결권이 없는 대신 기업이 일정기간 후에 약정된 가격으로 재매입할 것을 전제로 발행하는 우선주식이다.

③ **전환우선주**: 전환우선주는 의결권이 없는 대신 우선주주의 청구에 따라 보통주로 전환할 수 있는 권리가 부여된 우선주를 말한다.

3. 주식의 발행

주식회사의 주식발행은 주식회사를 설립할 때와 설립 이후 이사회의 결의에 의하여 유상증자 및 무상증자 그리고 주주총회의 결의로 주식배당을 하는 경우로 구분할 수 있다. 주식회사가 주식을 발행하는 경우 발행대가를 현금으로 납입받는 것이 원칙이다. 증자의 경우 자산의 증가를 수반하는 경우를 실질적 증자라 하고, 자산의 증가를 수반하지 아니하는 경우를 형식적 증자라 한다.

$$자본금 = 액면금액 \times 발행주식수$$

(1) 청약에 의한 주식발행

주식을 발행하기 전에 일반적으로 투자자들은 일정액의 현금을 선납하고 주식대금잔액은 차후 약정일까지 납입시키겠다는 계약서에 서명을 하게 되는데 이를 주식의 청약이라고 한다. 청약시점에서 회사가 수취한 현금(청약증거금)을 신주청약증거금으로 계상한다. 이후 주식의 발행시점에서 주식발행에 대한 회계처리와 더불어 신주청약증거금을 주식의 발행금액에 대체한다.

구분	회계처리			
수취시	(차) 현금 및 현금성자산	×××	(대) 신주청약증거금(자본조정)	×××
발행시	(차) 현금 및 현금성자산 　　　신주청약증거금	××× ×××	(대) 자본금 　　　주식발행초과금	××× ×××

(2) 유상증자 – 실질적 증자

유상증자란 회사가 주식을 발행하여 교부하는 대가로, 자산의 유입이 발생하는 거래를 말하며 실질적인 증자라고 한다. 주식의 발행대가로 유입되는 자산은 현금과 현물자산으로 구분될 수 있다.

◉ 어떠한 경우의 발행 형태라도 자본은 항상 발행금액만큼 증가된다.

① 현금출자

　　㉠ 액면발행(발행금액 = 액면금액): 발행금액이 액면금액과 동일하게 발행하는 방법을 말한다.

　　㉡ 할증발행(발행금액 > 액면금액): 발행금액이 액면금액을 초과하여 발행하는 방법으로, 그 초과액을 자본잉여금항목인 주식발행초과금으로 처리한다.

확인 및 기출예제

(주)한국은 20×1년 초 주당 액면금액 ₩5,000인 보통주 100주를 주당 ₩6,000에 현금으로 납입받아 회사를 설립하였다. 이에 대한 분개로 옳은 것은?

제22회

①	(차) 현금	600,000	(대) 보통주자본금		500,000
			주식발행초과금		100,000
②	(차) 현금	600,000	(대) 보통주자본금		600,000
③	(차) 현금	500,000	(대) 보통주자본금		500,000
④	(차) 현금	500,000	(대) 보통주자본금		600,000
	주식할인발행차금	100,000			
⑤	(차) 현금	600,000	(대) 보통주자본금		500,000
			자본조정		100,000

해설

주식을 발행하면 발행금액만큼 자본이 증가하며 이 중 액면금액 ₩500,000은 자본금계정으로, 액면금액초과분 ₩100,000은 자본잉여금의 주식발행초과금계정으로 회계처리한다.

정답: ①

　　㉢ 할인발행(발행금액 < 액면금액): 액면금액보다 낮은 금액으로 주식을 발행하는 방법으로, 그 미달액을 주식할인발행차금으로 처리한다. 주식할인발행차금은 재무상태표의 자본조정 차감항목으로 분류되며 발행순서에 관계없이 주식발행초과금과 상계하고 잔액이 남을 경우 이익잉여금 처분으로 상각하는 것이 타당하다. 현행기준과 상법에는 주식할인발행차금 상각에 대한 규정이 없다.

구분	회계처리			
액면발행	(차) 현금	×××	(대) 자본금	×××
할증발행	(차) 현금	×××	(대) 자본금 주식발행초과금	××× ×××
할인발행	(차) 현금 주식할인발행차금	××× ×××	(대) 자본금	×××

● 주식발행초과금: 자본잉여금, 주식할인발행차금: 자본조정(차감항목)

확인 및 기출예제

주당 액면금액이 ₩5,000인 보통주 100주를 주당 ₩8,000에 현금발행한 경우 재무제표에 미치는 영향으로 옳지 않은 것은?

제19회

① 자산 증가　　　　　　　　② 자본 증가
③ 수익 불변　　　　　　　　④ 부채 불변
⑤ 이익잉여금 증가

해설

(차) 현금	800,000	(대) 자본금	500,000
		주식발행초과금	300,000

주식의 현금발행은 자산의 증가(현금)와 자본금과 자본잉여금(주식발행초과금)이 증가하여 자본 전체가 증가하는 자본거래이다. 따라서 이익잉여금은 증가하지 않는다.

정답: ⑤

---

② **현물출자**: 주식을 발행하면서 현금 이외의 자산을 수취하는 경우를 말하며, 현물출자로 취득한 유형자산은 동 자산의 공정가치를 먼저 측정한다. 그러나 해당 자산의 공정가치를 신뢰성 있게 측정할 수 없는 경우에는 제공대가인 발행주식의 공정가치를 해당 자산의 원가로 한다.

(차) 자산(공정가치)	×××	(대) 자본금(액면금액) 주식발행초과금	××× ×××

(3) 무상증자 – 형식적 증자

현금납입이나 현물출자 등이 아니더라도 자본금이 증가하는 경우를 무상증자라고 한다. 무상증자는 준비금에 의한 자본전입이라고 할 수 있고 일반적으로 이사회나 주주총회의 결의에 의하여 이익잉여금(이익준비금 등 법정적립금에 한함)이나 자본잉여금을 재원으로 주식을 발행하는 것으로, 발행주식수가 증가하여 자본금은 증가하지만 잉여금은 감소하여 순자산이 증가하지 않으므로 형식적 증자라고도 한다.

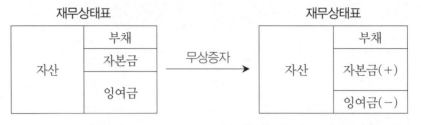

		재무상태표		재무상태표	

재무상태표 → 무상증자 → 재무상태표

자산	부채
	자본금
	잉여금

자산	부채
	자본금(+)
	잉여금(−)

(차) 자본잉여금(자본 감소)　　×××　　　　(대) 자본금(자본 증가)　　×××
　　이익준비금(자본 감소)　　×××

(4) 주식발행비용의 회계처리

신주발행비는 주식의 발행과 관련하여 직접적으로 발생하는 비용으로서, 법률비용, 증권회사수수료, 주권인쇄비, 등록비, 광고비 등이 있다. 신주발행비는 발행금액에서 직접 차감한다. 따라서 액면발행, 할인발행은 주식할인발행차금계정을 가산하고, 할증발행은 주식발행초과금계정을 차감하여 회계처리한다.

주식의 발행금액 = 주금납입액 − 주식발행비

구분	회계처리
액면발행, 할인발행	(차) 주식할인발행차금(↑)　×××　(대) 현금　　×××
할증발행	(차) 주식발행초과금(↓)　×××　(대) 현금　　×××

> **더 알아보기** 주식발행비의 회계처리

각 상황별로 회계처리를 제시하시오. (단, 각 상황은 독립적임)

(주)한국은 액면금액 ₩5,000,000(@₩5,000)의 주식을 다음과 같은 발행금액으로 발행하고 주식발행 관련 비용 ₩100,000을 차감한 잔액을 전액 당좌예입하다.

(1) 발행금액이 ₩5,000인 경우
(2) 발행금액이 ₩4,500인 경우
(3) 발행금액이 ₩6,000인 경우

> 해설

(1) 액면발행

(차) 당좌예금	4,900,000	(대) 자본금	5,000,000
주식할인발행차금	100,000		

(2) 할인발행

(차) 당좌예금	4,400,000	(대) 자본금	5,000,000
주식할인발행차금	600,000		

(3) 할증발행

(차) 당좌예금	5,900,000	(대) 자본금	5,000,000
		주식발행초과금	900,000

4. 주식의 재취득

(1) 유상감자 – 실질적 감자

주주에게서 주식을 반환받아 소각하고 이에 대한 대가를 지급하는 것으로, 자본금이 감소하면서 지급한 대가만큼 자산이 감소하고 순자산이 감소한다. 이 경우 주식의 액면금액과 반환금액(감자대가)의 차이를 감자차익(자본잉여금)과 감자차손(자본조정)으로 회계처리한다.

구분	회계처리			
반환금액(감자대가) < 액면금액	(차) 자본금	×××	(대) 당좌예금 감자차익	××× ×××
반환금액(감자대가) > 액면금액	(차) 자본금 감자차손	××× ×××	(대) 당좌예금	×××

◉ 감자차익: 자본잉여금, 감자차손: 자본조정(차감)

> **더 알아보기** 유상감자의 회계처리
>
> (주)한국은 액면금액 ₩5,000인 보통주 10주를 다음의 각 상황하에서 재취득하여 각 상황별로 소각하였을 경우 회계처리를 제시하시오. (단, 각 상황은 독립적임)
>
> (1) 주당 ₩4,000에 재취득한 경우
> (2) 주당 ₩6,500에 재취득한 경우
>
> **해설**
>
> | | | | |
> |---|---|---|---|
> | (1) (차) 자본금 | 50,000 | (대) 현금 | 40,000 |
> | | | 감자차익 | 10,000 |
>
> ◉ 액면금액 > 재취득금액(반환대가)
>
> | | | | |
> |---|---|---|---|
> | (2) (차) 자본금 | 50,000 | (대) 현금 | 65,000 |
> | 감자차손 | 15,000 | | |
>
> ◉ 액면금액 < 재취득금액(반환대가)

(2) 무상감자 - 형식적 감자

누적된 기업의 이월결손금을 보전하기 위하여 자본금을 감소시키는 것을 말한다. 기업의 당기순이익이 누적되어 발생하는 이월이익잉여금은 대변잔액이지만, 결손이 누적되어 발생하는 결손금은 차변잔액이 된다. 따라서 결손금이 누적되어 있는 경우 자본금과 이월결손금을 상계하여 자본금을 감소시키면서 결손금을 보전하는 회계처리를 할 수 있다. 무상감자는 다음과 같은 방법이 있으며, 유상감자와 달리 기업의 순자산이 변화하지 않는다.
① 발행주식수를 감소시키는 방법(주식병합)
② 주당 액면금액을 감소시키는 방법(주금액의 감소)
③ 발행주식수와 주당 액면금액을 감소시키는 방법

(차) 자본금	×××	(대) 미처리결손금	×××
		감자차익	×××

(3) 자기주식

① 의의: 자기주식이란 기업이 이미 발행한 주식을 소각하기 위해서 혹은 일시적으로 보유하기 위해 취득한 주식을 말한다. 따라서 자기주식을 취득했다는 것은 실질적으로 자본을 환급한 것과 동일한 효과를 가져오므로 자기주식을 미발행주식으로 보아 자기주식의 취득원가를 자본조정으로 분류하여 차감항목으로 표시하도록 규정하고 있다.

② 회계처리

구분	회계처리			
취득시	(차) 자기주식	×××	(대) 현금	×××
	● 취득원가로 기재한다.			
재발행시 (= 매각 = 처분)	⊙ 처분금액 > 취득원가			
	(차) 현금	×××	(대) 자기주식	×××
			자기주식처분이익	×××
	ⓛ 처분금액 < 취득원가			
	(차) 현금	×××	(대) 자기주식	×××
	자기주식처분이익	×××		
	자기주식처분손실	×××		
	● 자기주식처분손실은 자기주식처분이익이 있는 경우 우선적으로 상계한다.			

소각시	⊙ 액면금액 > 취득원가				
	(차) 자본금	×××	(대) 자기주식	×××	
			감자차익	×××	
	ⓛ 액면금액 < 취득원가				
	(차) 자본금	×××	(대) 자기주식	×××	
	감자차익	×××			
	감자차손	×××			

● 감자차손은 감자차익이 있는 경우 우선적으로 상계한다.

발행주식수 100주(주당 액면금액 ₩5,000)인 다음의 사례를 통하여 자기주식의 회계처리와 주주지분에 미치는 효과에 대하여 학습하도록 한다.

㉠ 3월 3일: 자기주식 10주를 주당 ₩5,600에 취득하였다.

(차) 자기주식	56,000	(대) 현금	56,000

㉡ 4월 10일: 자기주식 10주를 주당 ₩6,200에 취득하였다.

(차) 자기주식	62,000	(대) 현금	62,000

㉢ 6월 28일: 자기주식 5주를 주당 ₩6,000에 재발행하였다.

(차) 현금	30,000	(대) 자기주식	28,000 *
		자기주식처분이익	2,000

* 5주 × @₩5,600

㉣ 7월 7일: 자기주식 5주를 주당 ₩4,000에 재발행하였다.

(차) 현금	20,000	(대) 자기주식	28,000
자기주식처분이익	2,000		
자기주식처분손실	6,000		

㉤ 10월 15일: 자기주식 5주를 소각하였다.

(차) 자본금	25,000	(대) 자기주식	31,000 *
감자차손	6,000		

* 5주 × @₩6,200

ⓗ 주주지분의 공시

<table>
<tr><td colspan="3" style="text-align:center">부분 재무상태표</td></tr>
<tr><td>Ⅰ. 자본금(95주, @₩5,000)</td><td></td><td>₩475,000</td></tr>
<tr><td>Ⅱ. 자본잉여금</td><td></td><td>–</td></tr>
<tr><td>Ⅲ. 자본조정</td><td></td><td></td></tr>
<tr><td>　　자기주식처분손실</td><td>(₩6,000)</td><td></td></tr>
<tr><td>　　감자차손</td><td>(₩6,000)</td><td></td></tr>
<tr><td>　　자기주식</td><td>(₩31,000)</td><td>(₩43,000)</td></tr>
<tr><td>Ⅳ. 이익잉여금</td><td></td><td>–</td></tr>
<tr><td>Ⅴ. 자본총계</td><td></td><td>₩432,000</td></tr>
</table>

확인 및 기출예제

(주)한국은 다음과 같이 액면가 ₩1,000인 자기주식을 취득하여 매각하였다. 11월 10일 매각시점의 분개로 옳은 것은?

제23회

날짜	적요	금액	주식수
11월 1일	취득	₩950	50주
11월 5일	매각	₩970	20주
11월 10일	매각	₩930	30주

① (차) 현금　　　　　　27,900　　(대) 자기주식　　　　　27,900

② (차) 현금　　　　　　27,900　　(대) 자기주식　　　　　28,500
　　　자기주식처분손실　　600

③ (차) 현금　　　　　　27,900　　(대) 자기주식　　　　　28,500
　　　자기주식처분이익　　400
　　　자기주식처분손실　　200

④ (차) 현금　　　　　　30,000　　(대) 자기주식　　　　　28,500
　　　　　　　　　　　　　　　　　　　자기주식처분손실　　600
　　　　　　　　　　　　　　　　　　　자기주식처분이익　　900

⑤ (차) 현금　　　　　　30,000　　(대) 자기주식　　　　　28,500
　　　　　　　　　　　　　　　　　　　자기주식처분이익　1,500

해설

- 11. 5. 매각시: 처분금액 > 취득원가
  자기주식처분이익(자본잉여금) = (₩970 − ₩950) × 20주 = ₩400
- 11. 10. 매각시: 처분금액 < 취득원가
  처분시 처분손실이 (₩950 − ₩930) × 30주 = ₩600 발생하지만 자기주식처분이익 ₩400을 우선상계
  한 후 나머지 ₩200을 자기주식처분손실(자본조정)로 회계처리한다.

정답: ③

(4) 주식의 분할과 병합

주식의 분할이란 액면금액을 감소시켜 여러 개의 주식으로 세분하는 자본거래를 말하고, 주식의 병합이란 여러 개의 주식을 통합하여 액면금액을 증가시키는 자본거래를 말한다.

03 자본잉여금

(1) 의의

자본잉여금은 증자나 감자 등 주주와의 자본거래에서 발생한 이익금액을 말한다. 이러한 자본잉여금은 자본에의 전입이나 이월결손금의 보전 이외에는 사용할 수 없으며 배당의 재원으로 사용할 수 없다.

> **핵심 콕! 콕!** 자본잉여금의 종류
>
> 1. 주식발행초과금
> 2. 기타 자본잉여금(감자차익, 자기주식처분이익 등)

(2) 주식발행초과금

주식의 발행금액이 액면금액을 초과한 경우 그 초과액을 주식발행초과금으로 계상한다. 주식발행초과금(또는 주식할인발행차금)은 자본금의 경우와 달리 보통주와 우선주를 구분하여 표시하지 않는다.

발행금액 > 액면금액	주식발행초과금(자본잉여금)
발행금액 < 액면금액	주식할인발행차금(자본조정)

(3) 감자차익

자본 감소시 지급한 대가가 액면금액에 미달하는 경우 감자와 관련된 이익으로 보아 감자차익으로 계상한다. 자본 감소시 감소액이 주식소각, 주금반환에 요하는 금액과 결손보전에 충당한 금액을 초과하는 경우 그 초과액을 말한다.

감자대가 < 액면금액	감자차익(자본잉여금)
감자대가 > 액면금액	감자차손(자본조정)

(4) 자기주식처분이익

자본조정의 차감항목인 자기주식을 재매각한 처분금액이 취득원가를 초과하는 경우 자기주식 거래로 인한 이익으로 보아 자기주식처분이익으로 하여 자본잉여금으로 계상한다.

처분금액 > 취득원가	자기주식처분이익(자본잉여금)
처분금액 < 취득원가	자기주식처분손실(자본조정)

04 이익잉여금

(1) 의의

기업이 창출한 이익은 주주에게 배당 등을 통해 사외유출되거나 사내유보시키게 되는데 이를 이익잉여금 처분이라 하고, 이 중 사내에 유보된 것을 이익잉여금이라 한다.

> **핵심 콕! 콕!** **이익잉여금의 종류**
>
> 1. 기처분이익잉여금(이익준비금, 임의적립금)
> 2. 미처분이익잉여금(또는 미처리결손금)

◉ 이익잉여금이 차변잔액으로 생기는 경우는 결손금이다.

(2) 법정적립금

① **이익준비금**: 상법에 의하여 매 결산기 이익배당액의 10분의 1 이상의 금액을 자본금의 2분의 1에 달할 때까지 적립하도록 규정되어 있고, 이 경우 이익배당액은 금전배당액과 현물배당을 말하며 주식배당은 제외한다. 이익준비금은 이월결손금보전 또는 자본전입 목적(무상증자) 이외에는 사용할 수 없도록 하고 있다.

② **기타 법정적립금**: 상법 이외의 기타 법률 규정에 의하여 요건이 충족되면 적립이 강제되어 있는 성격의 적립금(예 재무구조개선적립금 등)을 말한다.

(3) 임의적립금

법정적립금처럼 법률에 의하여 의무적으로 적립하는 것이 아니라 정관이나 주주총회의 결의에 따라 사내유보한 적립금을 말한다. 이는 과다한 현금배당으로 재무상태가 악화되는 것을 방지하기 위한 목적 등으로 주주들의 동의에 의하여 자율적으로 적립되며 일시적으로 현금배당이 제한되는 효과를 가지게 된다. 임의적립금은 주주총회 승인을 통해 언제든지 미처분이익잉여금으로 다시 이입하여 배당의 재원 등으로 사용할 수 있다. 이 경우 임의적립금이입액이란 임의적립금 중 사용목적이 종료된 금액이나 처분가능이익잉여금이 모자라는 경우 미처분이익잉여금을 늘려주기 위하여 이전에 처분하였던 임의적립금을 미처분이익잉여금으로 대체하는 것을 말한다. 임의적립금이입액은 주주총회의 승인을 거쳐야 하므로 주주총회 승인이 있는 시점에서 이루어진다.

(4) 회계처리

① **보고기간 말**: 차기로 이월된 전기이월이익잉여금에 당기순손익을 가감조정하고, 중간배당액 등을 수정하여 미처분이익잉여금 또는 미처리결손금을 계상한다.

> **보고기간 말 미처분이익잉여금**
> = 전기이월이익잉여금 + 재평가잉여금 중 대체액 − 중간배당액 ± 당기순손익

② 정기 주주총회일
　　㉠ 임의적립금의 이입: 임의적립금은 적립목적을 달성하는 경우 처분 이전 상태로 환원(임의적립금이입액)하며 배당 등으로 다시 처분할 수 있다. 이와 같은 임의적립금이입액에 관한 회계처리는 주주총회 때 한다.

(차) 임의적립금	×××	(대) 미처분이익잉여금	×××

　　보고기간 말 미처분이익잉여금과 임의적립금이입액의 합계액은 처분가능이익잉여금이 되어 이익잉여금 관련 법령 및 정관에서 정한 순서에 따라 적절한 방법으로 처분한다.
　　㉡ 이익잉여금의 처분: 결산이 완료된 후 미처분잉여금에 대하여 그 용도를 결정하는 것으로, 임의적립금이입액을 가산하여 처분 가능한 잉여금이 되어 다음과 같이 적립금 등으로 사내유보되거나 배당 등으로 사외유출된다.
　　　ⓐ 이익준비금 등 법정적립금 적립액
　　　ⓑ 이익잉여금 처분에 의한 자본차감항목의 상각액
　　　ⓒ 배당금(현금배당, 주식배당)
　　　ⓓ 임의적립금 적립액

(5) 이익잉여금 처분의 유형

① **사내유보(적립)**: 이익잉여금 처분을 통하여 법정적립금인 이익준비금, 기타 법정적립금과 임의적립금으로 사내유보하여 적립한다. 이익준비금 적립의 경우 미처분이익잉여금이 감소하면서 이익준비금이 증가하므로 이익잉여금(자본)이 불변인 거래에 해당된다.

(차) 미처분이익잉여금	×××	(대) 이익준비금	×××

② **자본조정 상각**: 자본조정 중 다음 항목은 이익잉여금 처분을 통해 상각할 수 있다.
　　㉠ 주식할인발행차금 상각
　　㉡ 감자차손과 자기주식처분손실의 상각

(차) 미처분이익잉여금	×××	(대) 주식할인발행차금	×××

③ **배당(주주총회 결의일)**: 기업활동을 통한 이익 중 일부를 주주에게 배분하는 것으로, 지급 형태별로 주식배당과 현금배당으로 구분할 수 있다. 현행기준은 배당금 지급의무가 주주총회의 결의일에 발생하므로 결산일이 아닌 주주총회 처분일에 회계처리해야 함을 주의해야 한다.

③ 현금배당

구분	회계처리			
배당결의일	(차) 미처분이익잉여금	×××	(대) 미지급배당금(부채)	×××
배당지급일	(차) 미지급배당금(부채)	×××	(대) 현금	×××

© 주식배당

구분	회계처리			
배당결의일	(차) 미처분이익잉여금	×××	(대) 미교부주식배당금	×××
주식 교부일	(차) 미교부주식배당금	×××	(대) 자본금	×××

확인 및 기출예제

(주)한국은 20×2년 3월 27일 정기 주주총회에서 20×1년 재무제표를 승인하면서 현금배당을 선언하고 즉시 지급하였다. 주주총회의 배당금 선언 및 지급이 (주)한국의 재무제표에 미치는 영향으로 옳은 것은?
제25회

① 20×1년 말 현금을 감소시킨다.
② 20×1년 당기순이익을 감소시킨다.
③ 20×1년 말 자본을 감소시킨다.
④ 20×2년 당기순이익을 감소시킨다.
⑤ 20×2년 말 자본을 감소시킨다.

해설

20×1년도 이익잉여금의 처분은 20×1년도가 아닌 20×2년도 주주총회에서 이루어지므로, 배당의 선언과 지급은 20×1년도에는 영향이 없고, 20×2년 미처분이익잉여금의 감소를 통해 자본이 감소한다. 정답: ⑤

핵심 콕! 콕! 주식배당, 무상증자, 주식분할, 주식병합의 상호비교

1. **주식배당**

배당가능이익을 현금배당 대신 자본전입하여 신주를 발행해 주는 제도로, 이익잉여금을 재원으로 하여 자본금을 증가시킨다. 주식을 배당하면 이익잉여금은 감소하고 자본금이 증가하므로 회사의 실질적인 순자산이 변동되지 않는다는 점이 무상증자와 같다.

> (차) 미처분이익잉여금　　　　×××　　　　(대) 자본금　　　　×××

2. **무상증자**

자본잉여금과 법정적립금(이익준비금)을 재원으로 자본금을 증가시키는 것이다.

3. 주식분할

    자본금의 증가 없이 발행주식수를 증가시키는 것으로, 주당 액면금액은 발행된 주식수에 비례하여 낮아진다. 따라서 회사의 순자산은 변동되지 않아 주식수와 1주당 액면금액을 수정하는 비망기록만 하면 된다. 주로 주식의 시장가치가 너무 높아 주식시장에서 유통이 잘 되지 않을 경우 이루어진다.

4. 주식병합

    주식분할과 정반대로 여러 주식을 하나의 주식으로 통합하는 경우가 있는데, 이를 주식병합이라고 한다. 주식병합의 경우 주식수는 감소하지만 주당 액면금액이 반대로 증가하므로 자본금은 주식병합 전이나 후나 모두 동일하다. 주식병합도 주식분할과 마찬가지로 분개할 필요가 없다.

구분	주식배당	무상증자	주식분할	주식병합
재원	미처분이익잉여금	자본잉여금, 이익준비금	없음	없음
자본금	증가	증가	불변	불변
자본잉여금	불변	감소 가능	불변	불변
이익잉여금	감소	감소 가능	불변	불변
발행주식수	증가	증가	증가	감소
순자산금액	불변	불변	불변	불변
주당 순자산	감소	감소	감소	증가
주당 액면금액	불변	불변	감소	증가

확인 및 기출예제

주식배당에 대한 설명으로 옳은 것은?

① 주식배당은 기업의 현금잔액을 감소시킨다.
② 주식배당은 기업의 총자본에 영향이 없다.
③ 주식배당은 기업의 총자본을 감소시킨다.
④ 주식배당은 기업의 부채를 증가시킨다.
⑤ 주식배당은 기업의 자본금을 감소시킨다.

해설

주식배당: 이익잉여금 감소(자본 감소), 자본금 증가(자본 증가) ⇨ 총자본(주주자본) 불변   정답: ②

05 자본조정

(1) 의의

자본조정은 해당 항목의 성격으로 보아 자본거래에 해당하나 최종 납입된 자본으로 볼 수 없거나 자본의 가감 성격으로 자본금이나 자본잉여금으로 분류될 수 없는 항목이다.

(2) 자기주식

회사가 발행한 주식 중 일부를 특정 목적을 위하여 재취득한 경우로서 취득원가로 자본조정에 계상하였다가 처분 또는 소각을 통하여 자본조정에서 제거한다.

(3) 주식할인발행차금

주식할인발행차금은 회사가 주식을 액면 이하로 발행한 경우 액면금액에 미달하는 금액을 말한다. 현행 상법에서는 원칙적으로 허용을 제한하고 있으나, 예외적으로 회사 설립 후 2년이 경과한 후 일정한 요건하에서 허용하고 있다. 한국채택국제회계기준에는 언급이 없으나, 주식할인발행차금은 기중에 주식발행초과금이 있는 경우에는 우선 상계처리하고 잔액이 남으면 자본에서 차감하는 형식으로 기재하고 이익처분으로 상각하는 것이 타당할 것이다.

(4) 감자차손

자본금의 감소액이 주식의 소각이나 주금의 반환에 필요한 금액에 미달하는 금액으로, 감자차손은 먼저 감자차익과 상계하고 잔액은 자본조정 차감항목으로 기재하였다가 주주총회의 승인에 의하여 상각하고 이익잉여금 처분항목으로 처리한다. 상각시 처분 가능한 이익잉여금이 부족하다면 이월하여 상각할 수 있다.

(5) 자기주식처분손실

자기주식처분(재발행)시 자기주식의 취득원가가 처분금액을 초과하는 경우, 그 차액을 말한다. 자기주식처분이익이 존재하면 우선 상계하고 그 잔액은 자본조정 차감항목으로 기재하였다가 주주총회의 승인에 의하여 상각하고 이익잉여금 처분항목으로 처리한다. 이 경우 처분 가능한 잉여금이 부족하다면 이월하여 상각할 수 있다.

(6) 미교부주식배당금

이익잉여금처분계산서상 주식배당액을 말하고, 주식 교부시 자본금으로 대체되므로 자본에 가산하는 형식으로 기재한다.

구분	회계처리			
주주총회 결의시	(차) 미처분이익잉여금	×××	(대) 미교부주식배당금	×××
교부시	(차) 미교부주식배당금	×××	(대) 자본금	×××

(7) 신주청약증거금

청약에 의하여 주식을 발행할 때 청약시점에 계약금을 받아놓은 금액을 말한다. 수령하는 시점에서는 자본조정의 가산항목으로 처리하였다가 향후 나머지 주식대금을 모두 수령하여 주식을 발행 및 교부하는 시점에서는 자본금 및 주식발행초과금으로 대체한다.

(8) 주식선택권

주식기준보상거래 중 주식결제형 주식선택권과 관련하여 보상원가를 비용처리할 때 상대계정으로 처리하는 항목이다. 따라서 근로용역을 제공받는 시점에서는 용역의 원가를 비용으로 인식하면서 자본조정으로 처리하였다가 향후에 권리를 행사하여 주식을 발행하는 시점에 자본금 및 주식발행초과금으로 대체하는 것이다.

(9) 출자전환채무

합의에 의하여 채무조정을 할 때 특정 수량의 미발행주식을 발행하여 교부하기로 출자전환에 합의하였으나 주식의 발행시점이 합의시점보다 늦어지는 경우, 합의시점의 교부주식 공정가치를 일시적으로 처리하는 계정이다. 신주청약증거금과 그 성격이 유사하므로 합의시점의 주식의 공정가치만큼 자본조정 가산항목으로 처리하였다가 실제로 주식을 발행하여 교부하는 시점에 자본금 및 주식발행초과금으로 대체한다.

확인 및 기출예제

한국채택국제회계기준서에 의할 때 재무상태표의 자본조정 항목이 아닌 것은?

① 해외사업장환산손익 ② 주식할인발행차금
③ 감자차손 ④ 자기주식
⑤ 자기주식처분손실

해설

해외사업장환산손익은 재무상태표상 기타포괄손익누계액 항목이다. 정답: ①

---

06 기타포괄손익누계액

총포괄손익은 일정 기간 동안 주주와의 자본거래를 제외한 모든 거래나 사건에서 인식한 순자산의 변동을 말하며, 당기순손익과 기타포괄손익항목으로 구성된다. 총포괄손익 중 당기순손익으로 인식되지 않은 부분은 기타포괄손익, 각각의 기타포괄손익을 누적시킨 금액은 기타포괄손익누계액이라고 한다. 따라서 기타포괄손익누계액은 포괄손익계산서의 당기순손익에 포함되지 않는 기타포괄손익의 잔액으로, 당기 말 현재의 미실현손익누계액을 말한다.

이와 같이 인식된 기타포괄손익누계액은 후속적으로 당기손익으로 재분류조정하는 항목과 이익잉여금으로 직접 대체하는 항목이 있다.

더 알아보기 **기타포괄손익 항목**

1. 기타포괄손익 – 공정가치측정 금융자산평가손익(채무상품 · 지분상품)
2. 재평가잉여금
3. 해외사업장의 재무제표 환산으로 인한 손익
4. 현금흐름위험회피 파생상품평가손익
5. 확정급여제도의 재측정요소

● **재분류조정대상이 아닌 경우:** 기타포괄손익 – 공정가치측정 금융자산평가손익(지분상품), 재평가잉여금, 확정급여제도의 재측정요소

확인 및 기출예제

(주)한국의 20×1년 초 자본의 내역은 다음과 같다.

• 보통주자본금(주당 액면금액 ₩500, 총발행주식수 4,000주)	₩2,000,000
• 주식발행초과금(보통주)	₩500,000
• 이익잉여금	₩800,000
• 자본조정(20×0년 중 주당 ₩1,100에 취득한 자기주식 30주)	₩(33,000)
자본총계	₩3,267,000

(주)한국은 20×1년 3월 1일 자기주식 30주를 주당 ₩1,200에 취득하였고, 20×1년 6월 30일 자기주식 40주를 주당 ₩1,300에 처분하였으며, 20×1년 10월 1일 자기주식 20주를 소각하였다. (주)한국은 20×1년도 당기순손실 ₩200,000과 기타포괄이익 ₩150,000을 보고하였다. 20×1년 말 (주)한국의 자본총계는? 제26회

① ₩3,181,000　　　　　　　　② ₩3,217,000
③ ₩3,233,000　　　　　　　　④ ₩3,305,000
⑤ ₩3,405,000

해설

20×1년 말 자본총계 = 기초자본 − 자기주식의 취득 + 자기주식의 처분 − 당기순손실 + 기타포괄이익
　　　　　　　　 = ₩3,267,000 − (30주 × ₩1,200) + (40주 × ₩1,300) − ₩200,000 + ₩150,000
　　　　　　　　 = ₩3,233,000

정답: ③

07 자본변동표

자본변동표는 기업의 한 회계기간 동안 발생한 소유주 지분의 변동을 표시하는 재무보고서로, 자본을 구성하고 있는 자본금, 자본잉여금, 이익잉여금, 기타 자본구성요소 등의 각 항목별로 기초잔액, 변동사항 및 기말잔액을 표시하여 포괄적인 정보를 제공한다. 자본변동표는 기타포괄손익－공정가치측정 금융자산평가손익 등과 같은 미실현손익의 변동 내용을 나타냄으로써 포괄손익계산서로는 전부 나타낼 수 없는 경영성과에 대한 포괄적인 정보를 직·간접적으로 제공한다.

자본변동표
제×기 20×1년 1월 1일부터 20×1년 12월 31일까지

회사명 (단위: 원)

구분	납입자본	기타 자본구성요소	이익잉여금	총계
20×1.1.1.(당기 초)	×××	×××	×××	×××
회계정책변경누적효과			×××	×××
전기오류수정			×××	×××
수정후 자본	×××	×××	×××	×××
연차배당			(×××)	(×××)
중간배당			(×××)	(×××)
유상증자(감자)	×××			×××
당기순이익(손실)			×××	×××
자기주식취득		(×××)		(×××)
재평가잉여금		×××		×××
20×1.12.31.(당기 말)	×××	×××	×××	×××

제2절 주당이익

01 의의

주당이익이란 회사의 순이익을 유통보통주식수로 나누어서 산출한 값을 말하는 것으로, 기업의 수익성을 나타내는 지표로 활용되고 있다. 이와 같은 주당이익은 기말 현재 유통되고 있는 보통주식수만을 기준으로 산출하는 기본주당이익과 기말 현재 교부되어 있는 잠재적 보통주를 모두 고려한 희석주당이익이 있다. 한국채택국제회계기준에서는 정보이용자의 경제적 의사결정에 도움을 주기 위하여 기본주당이익을 기본주당계속영업이익과 기본주당순이익으로 구분하여 공시하도록 하고 있으며, 잠재적 보통주가 있는 경우 희석주당이익까

지 추가적으로 공시할 것을 규정하고 있다. 그러나 수험 목적상 기본주당이익의 계산을 중심으로 설명하도록 한다.

02 종류

기본주당이익은 이익의 종류에 따라 주당계속영업이익과 주당순이익으로 구분되고 단순자본구조하의 기본주당이익을 중심으로 정리한다.

- 기본주당순이익 $= \dfrac{보통주\ 당기순이익}{가중평균유통보통주식수}$

- 기본주당계속영업이익 $= \dfrac{보통주\ 계속영업이익}{가중평균유통보통주식수}$

03 기본주당이익

(1) 분자요소(보통주귀속 당기순이익)

- 보통주 당기순이익 = 당기순이익 − 우선주배당금
- 보통주 계속영업이익 = 계속영업이익 − 우선주배당금*

* 우선주배당금: 우선주자본금 × 배당률 = (발행주식수 × 주당 액면금액) × 배당률

(2) 분모요소(유통보통주식수)

발행주식수에서 자기주식을 제외한 사외 유통보통주식수의 유통기한을 가중치로 가중평균하여 계산한다.

우선주식	유통보통주식수에 불포함
현금납입의 유상증자	대가(현금 등)를 받을 권리가 생긴 날부터 유통보통주식수에 가산하여 가중평균
자기주식 취득 또는 처분	자가주식 취득일부터 유통보통주식수에서 차감표시하고, 자기주식 처분일부터 유통주식수에 가산하여 가중평균
무상증자, 주식배당, 주식분할 등	기초부터 기산(단, 유상증자분은 유상증자일부터 포함)

01 (주)한국의 20×1년 1월 1일 유통보통주식수는 10,000주이다. 20×1년도에 발행된 보통주는 다음과 같다. 20×1년도 (주)한국의 가중평균유통보통주식수는? (단, 가중평균유통보통주식수는 월수를 기준으로 계산함) 제23회

- 4월 1일 무상증자 10%를 실시하였다.
- 9월 1일 유상으로 신주 15%를 공정가치로 발행하였다.

① 11,550주 ② 11,600주
③ 11,650주 ④ 11,700주
⑤ 11,750주

해설

무상증자와 주식배당은 기초로 소급하여 가중평균유통보통주식수를 계산한다.
∴ 가중평균유통보통주식수 = (10,000주 × 1.1) + (11,000주 × 0.15 × 4/12) = 11,550주 정답: ①

02 20×1년 초에 설립된 (주)한국의 유통보통주식수는 10,000주(주당 액면금액 ₩1,000)이고 우선주는 3,000주(배당률 10%, 누적적·비참가적, 주당 액면금액 ₩1,000)이며, 20×1년에 유통보통주식수의 변동은 없다. 20×1년 당기순이익이 ₩5,000,000일 때, (주)한국의 기본주당순이익은? 제27회

① ₩385 ② ₩400
③ ₩470 ④ ₩485
⑤ ₩500

해설

기본주당순이익 = 보통주 당기순이익 ÷ 가중평균유통보통주식수
     = [₩5,000,000 − (3,000주 × ₩1,000 × 10%)] ÷ 10,000주 = ₩470
     정답: ③

제1편 재무회계

9장

01 자본은 자산에서 부채를 차감한 잔여지분으로, 주주지분 또는 소유지분이라고도 한다.
( )

02 자본은 주주와의 거래인 자본거래로 인한 결과와 손익거래로 인한 결과로 구분할 수 있다. 이 경우 자본금, 자본잉여금, 자본조정을 합하여 납입자본이라고 한다. ( )

03 신주발행비는 발행금액에서 차감하며 주식발행초과금에 가산하거나 주식할인발행차금에서 차감한다. ( )

04 무상증자는 미처분이익잉여금을 자본금에 전입하고, 주식배당은 자본잉여금과 이익잉여금 중 법정적립금을 자본금에 전입하는 것을 말한다. ( )

05 주식배당과 무상증자는 모두 자본 내에서의 계정과목 대체이므로 자본총액에는 영향이 없다.
( )

06 이익잉여금의 감소 원인은 당기순손실, 현금배당, 주식배당, 재평가잉여금의 이익잉여금 대체 등이다. ( )

---

01 ○

02 × 납입자본은 자본금과 자본잉여금의 합계를 말한다.

03 × 주식발행초과금에서 차감하거나 주식할인발행차금에 가산한다.

04 × 무상증자 ⇨ 주식배당, 주식배당 ⇨ 무상증자

05 ○

06 × 재평가잉여금의 이익잉여금 대체는 이익잉여금의 증가 원인이다.

07 상법에 의하면 이익준비금은 매 결산기의 이익배당에서 금전배당의 10분의 1 이상을 이익준비금으로 적립하되 이익준비금이 자본금의 2분의 1에 달할 때까지 적립해야 한다.　　（　　）

08 자본조정에서 차감항목은 자기주식, 주식할인발행차금, 신주청약증거금, 감자차손 등이다.

（　　）

09 자본변동표는 자본의 크기와 그 변동에 관한 정보를 제공하는 재무보고서로 자본을 구성하고 있는 납입자본, 이익잉여금, 기타 자본구성요소의 변동에 대한 포괄적인 정보를 제공한다.

（　　）

10 이익준비금 및 임의적립금의 적립과 임의적립금 이입은 이익잉여금의 감소를 가져온다.

（　　）

---

07 × 금전배당의 10분의 1 ⇨ 이익배당의 10분의 1
08 × 신주청약증거금은 자본조정 가산항목이다.
09 ○
10 × 이익잉여금의 감소가 아니라 변동이 없으므로 이익잉여금의 불변거래이다.

01 다음 중 자본이 증가하는 거래는? (단, 각 거래는 상호 독립적이고 자기주식의 취득은 상법상 정당한 것으로 가정함) 제20회 수정

① 중간배당(현금배당) ₩100,000을 실시하였다.
② 액면금액이 주당 ₩5,000인 주식 25주를 ₩4,000에 할인발행하였다.
③ 자기주식(액면금액 주당 ₩5,000) 25주를 주당 ₩4,000에 취득하였다.
④ 당기순손실 ₩100,000이 발생하였다.
⑤ 당기 중 ₩2,100,000에 취득한 기타포괄손익－공정가치측정 금융자산의 보고기간 말 현재 공정가치는 ₩2,000,000이다.

02 다음 중 자본총계에 영향을 주는 거래는? 제15회

① 현물출자
② 주식배당
③ 무상증자
④ 주식분할
⑤ 주식병합

03 (주)한국은 20×1년 초 보통주 10주(주당 액면금액 ₩500, 주당 발행금액 ₩600)를 발행하였으며, 주식발행과 직접 관련된 원가 ₩100이 발생하였다. (주)한국의 주식발행에 대한 설명으로 옳은 것은? (단, 기초 주식할인발행차금은 없다고 가정함)

① 자본은 ₩6,000 증가한다.
② 자본금은 ₩5,900 증가한다.
③ 자본잉여금은 ₩900 증가한다.
④ 주식발행과 직접 관련된 원가 ₩100은 당기비용으로 인식한다.
⑤ 납입자본은 ₩5,000이 증가한다.

04 자본을 구성하는 다음의 항목들을 기초로 자본잉여금을 구하면 얼마인가?

• 보통주자본금	₩10억	• 우선주자본금	₩10억
• 이익준비금	₩10억	• 자기주식	₩4억
• 주식발행초과금	₩10억	• 미처분이익잉여금	₩2억
• 사업확정적립금	₩4억	• 감자차익	₩6억
• 자기주식처분이익	₩6억	• 재평가잉여금	₩4억

① ₩6억

② ₩10억

③ ₩16억

④ ₩22억

⑤ ₩30억

정답 | 해설

01 ② 주식을 발행하면 발행금액만큼 자본은 증가한다. 따라서 할인발행된 금액만큼 자본은 증가한다.
①③④⑤ 자본의 감소항목이다.

02 ① (차) 토지 및 건물　　　　　×××　　(대) 자본금　　　　　×××
현물출자는 자산이 증가하는 만큼 자본이 증가한다.

03 ③ (차) 현금　　　　　5,900*　　(대) 자본금　　　　　5,000
　　　　　　　　　　　　　　주식발행초과금　　900

* ₩6,000 – ₩100
① 자본은 ₩5,900 증가한다.
② 자본금은 ₩5,000 증가한다.
④ 당기비용이 아니라 발행금액에서 차감한다.
⑤ 납입자본은 ₩5,900이 증가한다.

04 ④ 자본잉여금 = 주식발행초과금 + 감자차익 + 자기주식처분이익
　　　　　　 = ₩10억 + ₩6억 + ₩6억 = ₩22억

05 (주)한국의 수익계정과 비용계정을 마감한 후 집합손익계정의 차변합계는 ₩71,800 이며 대변합계는 ₩96,500이다. 이익잉여금의 기초잔액이 ₩52,000이고 자본금의 기초잔액이 ₩120,000일 때 (주)한국의 기말자본은? 제15회

① ₩185,200　　　　　　　　② ₩186,200

③ ₩195,700　　　　　　　　④ ₩196,200

⑤ ₩196,700

06 다음 중 자본에 관한 설명으로 옳은 것을 모두 고른 것은?

> ㉠ 유상증자를 실시하면 자본총액은 변동하지 않고 자본금은 증가한다.
> ㉡ 주식배당을 실시하면 자본총액은 변동하지 않고 자본금은 증가한다.
> ㉢ 주식분할을 실시하면 자본총액은 변동하지 않고 자본금은 증가한다.
> ㉣ 무상증자를 실시하면 자본총액은 변동하지 않고 자본금은 증가한다.

① ㉠, ㉡　　　　　　　　② ㉠, ㉢

③ ㉠, ㉣　　　　　　　　④ ㉡, ㉣

⑤ ㉢, ㉣

07 자본에 관한 설명으로 옳은 것을 모두 고른 것은? 제25회

> ㉠ 주식 발행과 직접 관련하여 발생한 거래원가는 자본에서 차감하지 않고 당기손익으로 인식한다.
> ㉡ 유상감자는 자본금의 감소로 소멸되는 주식의 대가를 주주에게 실질적으로 지급하는 것으로 실질적 감자에 해당한다.
> ㉢ 무상증자시에는 납입자본과 자본총계가 모두 증가한다.
> ㉣ 임의적립금은 주주총회의 의결을 거쳐 미처분이익잉여금으로 이입한 후 배당재원으로 사용할 수 있다.
> ㉤ 이익준비금은 법정준비금이므로 그 금액만큼을 반드시 외부 금융기관에 예치해야 한다.

① ㉠, ㉣　　　　　　　　② ㉠, ㉤

③ ㉡, ㉢　　　　　　　　④ ㉡, ㉣

⑤ ㉢, ㉤

08 다음은 서로 독립적인 거래들이다. 자본이 증가하는 것만으로 올바르게 짝지어진 것은?

> ㉠ 주당 액면 ₩5,000인 주식 100주를 주당 ₩3,500에 할인발행하였다.
> ㉡ 주당 액면 ₩5,000인 주식을 액면 ₩1,000인 주식 5주로 분할하였다.
> ㉢ 수정전시산표상의 ₩20,000으로 기록되어 있는 기타포괄손익−공정가치측정 금융자산
> (지분상품)의 보고기간 말 현재 공정가치는 ₩18,000이다.
> ㉣ 주당 ₩500에 취득하여 보유하고 있던 자기주식 10주를 주당 ₩550에 처분하였다.
> ㉤ 기존 주주들에게 5%의 주식배당을 실시하고 즉시 신주발행하여 교부하였다.

① ㉠, ㉡ ② ㉠, ㉣

③ ㉡, ㉢ ④ ㉢. ㉣

⑤ ㉣, ㉤

정답 | 해설

05 ⑤ 기말자본 = 기초자본금 + (기초이익잉여금 + 당기순이익)
= ₩120,000 + [₩52,000 + (₩96,500 − ₩71,800)] = ₩196,700

06 ④ ㉠ 유상증자를 실시하면 자본총액과 자본금 모두 증가한다.
㉢ 주식분할은 자본총액과 자본금 모두 불변이다.

07 ④ ㉠ 주식 발행과 직접 관련하여 발생한 거래원가는 발행금액에서 차감한다.
㉢ 무상증자시에 자본금은 증가하지만 자본총계는 불변이다.
㉤ 이익준비금은 미처분잉여금 중 법정준비금이라는 또 다른 이익잉여금으로 사내유보된 금액으로 현금의 형태로 있는 것은 아니다.

08 ② ㉡㉤ 자본불변, ㉢ 자본감소

09 자본에 미치는 영향에 관한 설명으로 옳은 것은? (단, 각 거래는 독립적임)

① 보통주 주식발행초과금 중 ₩50,000을 자본전입하여 액면금액 ₩500인 보통주 100주를 발행하면 자본총액은 증가한다.

② 액면금액 ₩500인 보통주 100주를 주당 ₩800에 발행하면 보통주 자본금은 ₩80,000 증가한다.

③ 주주총회에서 유통보통주 1,000주에 대해 ₩10,000의 현금배당이 선언되면 자본은 불변한다.

④ 액면금액 ₩500인 자기주식 100주를 주당 ₩700에 취득할 경우 자본금 ₩50,000이 증가한다.

⑤ 이월결손금 ₩90,000을 보전하기 위하여 액면금액과 발행금액이 ₩500으로 동일한 발행주식주 400주를 2주당 1주 비율로 감소시키면 자본잉여금 ₩10,000이 증가한다.

10 다음 자료를 이용하여 계산한 기말자본총액은? 제17회

- 기초자본총액: ₩10,000
- 7월 1일: 주당 액면금액 ₩100의 자기주식 10주를 주당 ₩300에 취득
- 8월 1일: 위 자기주식 중 5주를 주당 ₩350에 매각
- 9월 1일: 위 자기주식 중 3주를 소각

① ₩7,850　　　　　　　　② ₩8,150
③ ₩8,500　　　　　　　　④ ₩8,750
⑤ ₩9,650

11 (주)한국의 자기주식(주당 액면금액 ₩5,000)과 관련된 자료는 다음과 같다. 8월 7일 자기주식처분이 당기순이익에 미치는 영향으로 옳은 것은?

제19회

- 2월 1일: 자기주식 300주를 주당 ₩6,000에 취득하다.
- 6월 2일: 자기주식 100주를 주당 ₩6,300에 처분하다.
- 7월 5일: 자기주식 100주를 소각하다.
- 8월 7일: 자기주식 100주를 주당 ₩5,000에 처분하다.

① 영향 없음
② ₩30,000 감소
③ ₩30,000 증가
④ ₩70,000 감소
⑤ ₩100,000 감소

정답 | 해설

09 ⑤

(차) 자본금	100,000*	(대) 이월결손금	90,000
		감자차익(자본잉여금)	10,000

* ₩500 × 200주 = ₩100,000
① 무상증자는 자본금은 증가하나 <u>자본은 불변이다</u>.
② 자본금은 액면금액 <u>₩50,000(₩500 × 100주)이 증가한다</u>.
③ 현금배당의 결의시
　(차) 미처분이익잉여금(<u>자본의 감소</u>)　　　　(대) 미지급배당금(부채의 증가)
④ 자기주식의 취득은 취득원가 ₩70,000(100주 × ₩700)만큼 자본조정이 감소하여 <u>자본이 감소한다</u>.

10 ④ 기말자본 = ₩10,000 − (10주 × ₩300) + (5주 × ₩350) + ₩0 = ₩8,750

11 ① 자기주식처분은 자본거래이므로 당기순이익에 영향을 미치지 않는다.

12 (주)한국은 20×2년 11월 11일에 액면 ₩5,000인 자기주식 20,000주를 주당 ₩10,000에 구입하였다. 20×3년 7월 6일에 자기주식 중 10,000주를 주당 ₩14,000에 처분하였다. 한국채택국제회계기준에 따라 회계처리할 경우 자기주식의 처분이 20×3년도 (주)한국의 재무상태에 미치는 영향은? (단, 법인세효과는 무시함)

	자본잉여금	이익잉여금	자본조정
①	₩40,000,000 증가	영향 없음	영향 없음
②	₩40,000,000 증가	영향 없음	₩100,000,000 증가
③	영향 없음	₩40,000,000 증가	₩140,000,000 증가
④	영향 없음	영향 없음	₩40,000,000 증가
⑤	영향 없음	영향 없음	영향 없음

13 자본과 관련된 설명으로 옳은 것은?   제14회

① 자본구성항목의 표시는 유동성배열법을 따른다.
② 주식배당으로 주식을 교부하면 자본금이 증가한다.
③ 주식발행초과금과 같은 자본잉여금이라도 주주에게 배당이 가능하다.
④ 자본이란 자산총액에서 부채총액을 차감한 잔액으로 채권자에게 귀속될 잔여지분의 성격을 갖는다.
⑤ 기타포괄손익누계액은 자본거래로부터 발생한다.

14 다음 자료를 이용하여 계산된 기말자본금액은?

〈기초자본 자료〉

자본금	₩20,000
이익잉여금	₩500
재평가잉여금	₩800
계	₩21,300

- 당기 중 액면금액 ₩500의 보통주 10주를 주당 ₩1,000에 발행
- 당기순손실: ₩200
- 당기 재평가잉여금 증가액: ₩100

① ₩26,200
② ₩29,800
③ ₩30,050
④ ₩31,200
⑤ ₩33,200

정답 | 해설

12 ② (차) 현금 140,000,000 (대) 자기주식 100,000,000
      자기주식처분이익 40,000,000

자기주식처분으로 인한 자기주식 감소는 자본조정 증가이고 자기주식처분이익은 자본잉여금의 증가를 가져온다.

13 ② ① 유동성배열법은 자산과 부채의 표시방법에는 있지만 자본구성항목의 표시에는 <u>존재하지 않는다</u>.
    ③ 자본잉여금에 해당하는 주식발행초과금은 <u>자본전입이나 결손보전 이외는 사용할 수 없다</u>.
    ④ 자본이란 자산총액에서 부채총액을 차감한 잔액으로 <u>주주에게 귀속될 잔여지분</u>의 성격을 갖는다.
    ⑤ 기타포괄손익누계액은 일정 기간 동안 주주와의 <u>자본거래를 제외한 모든</u> 거래나 사건에서 인식한 자본의 변동인 포괄손익 중 당기순손익을 제외한 포괄손익의 누적된 잔액을 말한다.

14 ④ 기말자본 = ₩21,300 + (10주 × ₩1,000) − ₩200 + ₩100 = ₩31,200

15 20×1년 자본과 관련한 다음 정보를 이용할 때, 20×1년 말 재무상태표에 표시될 이익잉여금은?

- 20×1년 기초이익잉여금: ₩200
- 2월 25일: 주주총회에서 현금 ₩100 배당결의와 함께 이익준비금 ₩10과 배당평균적립금 ₩20 적립 결의
- 6월 30일: 전기 이전부터 보유하던 장부금액 ₩30의 자기주식을 ₩32에 매각
- 20×1년 당기순이익: ₩250

① ₩320   ② ₩350

③ ₩352   ④ ₩450

⑤ ₩500

16 다음에 해당하는 자본항목은?   제27회

상법의 규정에 따라 자본금의 2분의 1에 달할 때까지 현금배당액의 10분의 1 이상을 의무적으로 적립해야 한다.

① 주식발행초과금   ② 감자차익

③ 자기주식   ④ 주식할인발행차금

⑤ 이익준비금

17 다음은 (주)한국의 20×1년 1월 1일 자본계정의 내역이다.

자본:	
자본금(보통주, 주당 액면가 ₩1,000)	₩1,500,000
자본잉여금	₩750,000
이익잉여금	₩2,750,000
자본총계	₩5,000,000

다음과 같은 거래가 발생하였을 때, (주)한국의 20×1년 말 재무상태표상 자본총계는? (단, 기초 주식할인발행차금은 없음)

- 4월 1일: 증자를 결의하고 보통주 1,000주(주당 액면가 ₩1,000)를 주당 ₩2,000에 전액 현금으로 납입받았다. 이때 신주발행비 ₩500,000은 모두 현금으로 지급하였다.
- 5월 1일: (주)한국이 발행한 보통주 100주를 주당 ₩3,000에 매입하였다.
- 11월 1일: 자기주식 전량을 주당 ₩2,000에 외부 매각하였다.
- (주)한국의 20×1년 당기순이익은 ₩1,000,000이며, 20×1년 3월 말 주주총회에서 보통주 1주당 0.1주의 주식배당을 결의하였다.

① ₩5,300,000
② ₩7,400,000
③ ₩9,800,000
④ ₩10,900,000
⑤ ₩12,000,000

정답 | 해설

15 ② 기말이익잉여금을 묻고 있으며, 자기주식 처분거래는 자본거래이므로 고려대상이 아니다.
∴ 기말이익잉여금 = ₩200 − ₩100 + ₩250 = ₩350

16 ⑤ 법정적립금은 회사의 다른 이해관계자들을 보호하기 위하여 법률에 의해 강제적으로 적립되어 현금배당이 제한되는 이익잉여금을 말한다. 이와 같은 법정적립금 중 본 문제에서 제시되는 내용은 상법에서 규정하고 있는 이익준비금에 대한 설명이다.

17 ② 자본총계 = ₩5,000,000 + [(1,000주 × ₩2,000) − ₩500,000] − (100주 × ₩3,000)
   + (100주 × ₩2,000) + ₩1,000,000
   = ₩7,400,000

18 20×1년도 자본과 관련된 자료가 다음과 같을 때 주당이익은? (단, 우선주는 누적적 우선주임)

제19회, 제18회 유사

• 당기순이익	₩26,000,000
• 기초보통주(주당 액면금액 ₩5,000)	10,000주
• 기초우선주(주당 액면금액 ₩5,000, 배당률 연 8%)	5,000주

① ₩1,500 ② ₩2,000
③ ₩2,400 ④ ₩2,500
⑤ ₩3,000

19 (주)한국의 20×1년 당기순이익은 ₩3,000,000이다. (주)한국의 20×1년 1월 1일 유통주식수는 10,000주이며, 4월 1일 자기주식 1,000주를 취득하였고, 10월 1일에는 유상증자를 통해 3,000주를 발행하였다. 20×1년 우선주배당금이 ₩400,000인 경우, (주)한국의 주당순이익은? (단, 가중평균유통주식수는 월수로 계산함)

① ₩200 ② ₩250
③ ₩260 ④ ₩300
⑤ ₩500

20 (주)한국의 주당순이익을 계산하는 자료이다. 20×1년의 주당순이익을 계산할 때 사용할 가중평균주식수는 얼마인가? (단, 가중평균은 월할계산함)

1. 1.	현재 보통주식수	10,000주
	우선주식수	2,000주
4. 1.	보통주 유상증자	1,000주
10. 1.	무상증자(보통주 10%)	

① 9,250주 ② 10,000주
③ 11,000주 ④ 11,825주
⑤ 12,100주

18 ③ 보통주 당기순이익 = 당기순이익 − 우선주 배당금

= ₩26,000,000 − (₩5,000 × 5,000주 × 8%) = ₩24,000,000

∴ 주당이익 = 보통주 당기순이익 ÷ 가중평균유통보통주식수

= ₩24,000,000 ÷ 10,000주 = ₩2,400

19 ③ 가중평균유통보통주식수 = (10,000주 × 12/12) − (1,000주 × 9/12) + (3,000주 × 3/12)

= 10,000주

∴ 주당순이익 = (₩3,000,000 − ₩400,000) ÷ 10,000주 = ₩260

20 ④ • 유상신주의 배당기산일은 납입한 때이고, 무상신주의 배당기산일은 원구주에 따른다.

• 위 이외의 자본금 변동사항은 없다.

∴ 가중평균유통보통주식수 = (10,000주 × 1.1) × 12/12 + (1,000주 × 1.1 × 9/12) = 11,825주

제 **10** 장 수익과 비용

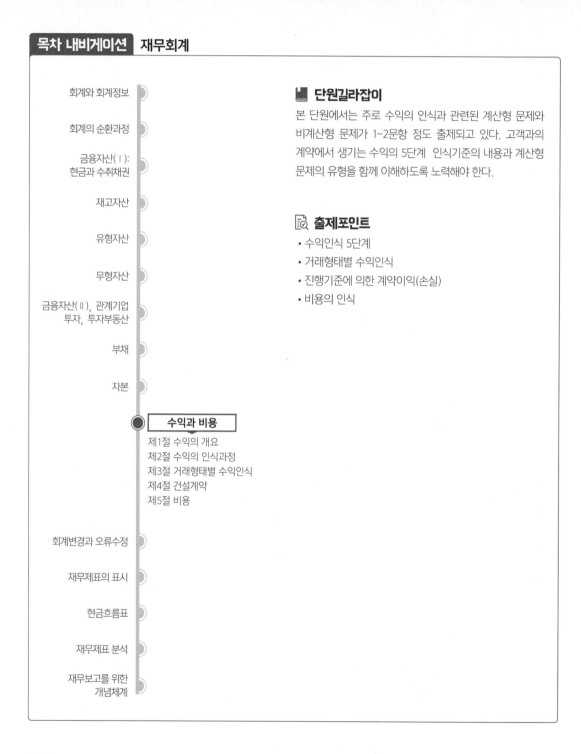

📖 **단원길라잡이**

본 단원에서는 주로 수익의 인식과 관련된 계산형 문제와
비계산형 문제가 1~2문항 정도 출제되고 있다. 고객과의
계약에서 생기는 수익의 5단계 인식기준의 내용과 계산형
문제의 유형을 함께 이해하도록 노력해야 한다.

🔍 **출제포인트**

• 수익인식 5단계
• 거래형태별 수익인식
• 진행기준에 의한 계약이익(손실)
• 비용의 인식

제1절 수익의 개요

수익이란 회계기간의 정상적인 활동에서 발생하는 경제적 효익의 총유입을 말한다. 이는 자산의 유입이나 증가 또는 부채의 감소에 따라 자본의 증가를 초래하는 특정 회계기간 동안 발생하는 경제적 효익의 증가로서 지분참여자에 의한 출연과 관련된 것은 제외한다. 광의의 수익(income)은 수익(revenue)과 차익(gain)을 포괄하는 개념이다. 수익(revenue)은 기업의 통상적인 활동에서 생기는 순자산의 증가로 매출수익, 수수료수익, 이자수익 등으로 구분된다. 한편 차익(gain)은 기업의 통상적인 활동 이외에서 생기는 순자산의 증가를 말한다. 기업이 경영활동을 함에 있어 가장 중요한 것이 수익창출이다. 따라서 회계적으로 수익을 언제, 얼마만큼 인식할 것인지는 매우 중요한 문제가 되는데, 기업회계기준서 제1115호 '고객과의 계약에서 생기는 수익'은 고객과의 계약에서 생기는 수익 및 현금흐름의 특성, 금액, 시기, 불확실성에 대한 유용한 정보를 재무제표이용자들에게 보고하기 위하여 적용할 원칙을 정하는 것을 목적으로 한다.

◉ 발생유형에 따라 수익은 고객과의 계약에서 생기는 수익과 그 외의 수익으로 구분한다.

제2절 수익의 인식과정

01 의의

기업이 수익을 인식하는 경우 기준서 제1115호 '고객과의 계약에서 생기는 수익'의 규정을 준수해야 한다. 이 기준서의 핵심 원칙은 기업이 고객에게 약속한 재화나 용역이 고객에게 이전되는 것을 나타내도록 재화나 용역의 이전대가로 고객으로부터 받을 권리를 반영한 금액으로 수익을 인식해야 한다는 것이다. 수익의 인식과정은 다음과 같다.

수익의 인식과정

고객과의 계약 식별 ⇨ 수행의무 식별 ⇨ 거래가격 산정 ⇨ 거래가격 배분 ⇨ 수익인식

|사례| 수익의 인식 5단계 적용 사례

20×1년 7월 13일 (주)한국은 (주)대한에 원가 ₩30,000의 재고자산을 ₩50,000에 외상으로 판매하였다.

1. 계약의 식별: 고객과의 계약이 존재하는가?
   ⇨ 매매계약서 등을 통해 계약 식별
2. 수행의무의 식별: 제공해야 할 것이 무엇인가?
   ⇨ (주)한국은 (주)대한에 재고자산의 인도의무라는 하나의 수행의무 존재
3. 거래가격의 산정: 인식할 총수익금액은 얼마인가?
   ⇨ 재고자산의 판매로 수령할 대가로 ₩50,000 산정
4. 거래가격의 배분: 식별된 수익인식 단위의 금액은 얼마인가?
   ⇨ 하나의 수행의무만 존재하므로 재고자산의 인도의무에 전액 배분
5. 수익의 인식: 언제 수익을 인식할 것인가?
   ⇨ 재고자산이 인도된 시점인 7월 13일에 전액을 수익으로 인식

확인 및 기출예제

수익인식 5단계를 순서대로 바르게 나열한 것은?

제23회

㉠ 수행의무의 식별	㉡ 고객과의 계약을 식별
㉢ 거래가격을 산정	㉣ 거래가격을 계약 내 수행의무에 배분
㉤ 수행의무를 이행할 때 수익을 인식	

① ㉠ ⇨ ㉡ ⇨ ㉢ ⇨ ㉣ ⇨ ㉤   ② ㉠ ⇨ ㉢ ⇨ ㉡ ⇨ ㉣ ⇨ ㉤
③ ㉡ ⇨ ㉠ ⇨ ㉢ ⇨ ㉣ ⇨ ㉤   ④ ㉡ ⇨ ㉠ ⇨ ㉣ ⇨ ㉢ ⇨ ㉤
⑤ ㉢ ⇨ ㉠ ⇨ ㉡ ⇨ ㉣ ⇨ ㉤

해설

고객과의 계약을 식별 ⇨ 수행의무의 식별 ⇨ 거래가격을 산정 ⇨ 거래가격을 계약 내 수행의무에 배분 ⇨ 수행의무를 이행할 때 수익을 인식

정답: ③

---

02 수익의 인식 5단계

(1) 고객과의 계약 식별

① 기준서는 계약 상대방이 고객인 경우에만 그 계약에 적용한다. 따라서 다음 기준을 모두 충족하는 때에만 고객과의 계약으로 인식하고 회계처리한다.

> ㉠ **의무의 확약 존재**: 계약 당사자들이 계약을 승인하고 각자의 의무를 수행하기로 확약한다.
> ㉡ **권리의 식별 가능**: 이전할 재화나 용역과 관련된 각 당사자의 권리를 식별할 수 있다.
> ㉢ **지급조건의 식별 가능**: 이전할 재화나 용역의 지급조건을 식별할 수 있다.
> ㉣ **상업적 실질 존재**: 계약에 상업적 실질이 있다.
> ㉤ **대가의 회수가능성 존재**: 고객에게 이전할 재화나 용역에 대하여 받을 권리를 갖게 될 대가의 회수가능성이 높다.

② **계약**: 계약은 둘 이상의 당사자 사이에 집행 가능한 권리와 의무가 생기게 하는 합의이다. 계약은 서면이나 구두로, 혹은 사업관행에 따라 암묵적으로 체결된다. 계약 개시시점에 계약의 존재 여부를 검토하고 개시시점에 기준을 충족하지 못한다면 지속적으로 검토해야 한다. 고객과의 계약이 상기의 기준은 충족하지 못하지만 고객에게서 대가를 받은 경우에는 다음 사건 중 어느 하나가 일어난 경우에만 받은 대가를 수익으로 인식하고, 그렇지 않으면 부채로 인식한다.

> ㉠ **의무 소멸**: 고객에게 재화나 용역을 이전해야 하는 의무가 남아 있지 않고, 고객이 약속한 대가를 모두(또는 대부분) 받았으며 그 대가는 환불되지 않는다.
> ㉡ **계약 종료**: 계약이 종료되고 고객에게서 받은 대가는 환불되지 않는다.

◉ 고객에게서 받은 대가는 수익으로 인식하기 전까지 부채로 인식한다(예 선수금, 환불부채).

③ **계약의 변경**: 계약변경이란 계약 당사자들이 승인한 계약의 범위나 계약가격(또는 둘 다)의 변경을 말한다. 계약 당사자가 집행 가능한 권리와 의무를 새로 설정하거나 기존의 집행 가능한 권리와 의무를 변경하기로 승인할 때 계약변경이 존재한다.

별도 계약으로 회계처리하는 경우	별도 계약이 아닌 경우
㉠ 계약범위가 확장: 구별되는 재화나 용역이 추가됨	㉠ 나머지 재화나 용역이 구별되는 경우: 기존 계약을 종료하고 새로운 계약을 체결한 것으로 회계처리함
㉡ 개별판매가격을 반영하여 계약가격이 상승: 계약가격이 추가로 약속한 재화나 용역의 개별판매가격에 특정 계약상황을 반영하여 적절히 조정한 대가만큼 상승함	㉡ 나머지 재화나 용역이 구별되지 않는 경우: 기존 계약의 일부인 것처럼 회계처리함

◉ 별도의 계약으로 회계처리하는 경우는 ㉠과 ㉡이 모두 충족하는 경우로, 기존 계약은 기존 계약대로 회계처리하고 변경된 계약은 새로운 계약으로 회계처리한다. 다만, 별도의 계약으로 보는 요건 ㉠과 ㉡의 두 요건을 만족하지 않는 경우가 별도 계약이 아닌 경우이다.

(2) 수행의무의 식별

수행의무란 고객과의 계약에서 재화나 용역을 이전하기로 한 약속을 말한다. 이 경우 계약을 이행하기 위해 수행해야 하지만 고객에게 재화나 용역을 이전하는 활동이 아니라면 그 활동은 수행의무에 포함되지 않는다. 기업이 고객에게 이전하기로 하는 재화나 용역이 여러 가지일 경우 이것이 하나의 수행의무인지, 아니면 여러 개의 수행의무로 구성되어 있는지를 판단해야 하는데 여러 개의 수행의무로 이루어져 있다면 전체 거래가격을 각 수행의무에 배분해야 하기 때문이다.

기업은 계약 개시시점에 고객과의 계약에서 약속한 재화나 용역을 검토하여 고객에게 다음 중 어느 하나를 이전하기로 한 각각의 약속을 하나의 수행의무로 식별한다.

> ① 구별되는 재화나 용역(또는 재화나 용역의 묶음)
> ② 실질적으로 서로 같고 고객에게 이전하는 방식도 같은 '일련의 구별되는 재화나 용역'

◉ 수행의무의 식별은 이행해야 할 의무가 몇 개인가를 확인하는 과정이라고 할 수 있다.

① **구별되는 재화나 용역**: 별개의 거래에 해당하며 재화나 용역을 각각 구별할 수 있다면, 재화나 용역 각각을 별개의 수행의무로 인식하여 수익을 인식한다. 이 경우 대부분 재화는 인도기준을 적용하고, 용역의 경우는 진행기준을 적용한다. 계약상 기재된 이전의무나 계약상 기재되지 않은 이전의무(단, 의제의무)는 수행의무에 포함되지만, 계약을 준비하기 위한 관리업무는 수행의무에 포함되지 않는다.

② **실질적으로 서로 같고 고객에게 이전하는 방식도 같은 '일련의 구별되는 재화나 용역'**: 기업이 일련의 구별되는 재화나 용역이 기간에 걸쳐 이행하는 수행의무의 기준을 충족하고 같은 방법을 사용하여 진행률을 측정한다면, 여러 개의 수행의무로 보지 않고 단일 수행의무로 본다.

(3) 거래가격의 산정

거래가격은 고객에게 약속한 재화나 용역을 이전하고 그 대가로 기업이 받을 권리를 갖게 될 것으로 예상하는 금액으로, 제3자를 대신해서 회수한 금액(예 부가가치세)은 제외한다. 고객이 약속한 대가의 특성, 시기, 금액 및 다음의 사항이 미치는 영향을 모두 고려하여 거래가격을 산정한다.

> ① 변동대가
> ② 환불부채
> ③ 계약에 있는 유의적인 금융요소
> ④ 비현금대가
> ⑤ 고객에게 지급할 대가

① 변동대가

㉠ 기업이 대가를 받을 권리는 할인, 리베이트, 환불, 공제, 가격할인, 장려금, 성과보너스, 위약금 등과 같은 항목들이 발생하여 변동될 수 있다. 또한 기업이 대가를 받을 권리가 미래사건의 발생 여부에 달려있는 경우에도 약속한 대가는 변동될 수 있다. 예를 들어, 반품권을 부여한 제품을 판매한 경우나 특정 단계에 도달해야 고정금액의 성과보너스를 주기로 약속한 경우에 대가는 변동될 수 있다.

㉡ 계약에서 약속한 대가에 변동금액이 포함된 경우에는 고객에게 약속한 재화나 용역을 이전하고 그 대가로 받을 권리를 갖게 될 금액을 추정한다. 변동대가는 다음 중 기업이 받을 권리를 갖게 될 대가를 더 잘 예측할 것으로 예상되는 방법을 사용하여 추정한다.

추정방법	내용
기댓값	가능한 대가의 범위에 있는 모든 금액에 각 확률을 곱한 금액의 합
가능성이 가장 높은 금액	가능한 대가의 범위에서 가능성이 가장 높은 단일금액

● 특성이 비슷한 계약이 많은 경우 기댓값은 변동대가의 적절한 추정치일 수 있다. 계약에서 가능한 결과치가 두 가지뿐일 경우에는 가능성이 가장 높은 금액이 변동대가의 적절한 추정치가 될 수 있다.

㉢ 변동대가 추정치의 제약: 일부 변동대가의 추정치가 너무 불확실하거나 기업이 고객에게 재화나 용역을 이전하고 그 대가로 받을 권리를 갖게 될 금액을 충실하게 나타내지 못하는 경우는 이를 거래가격에 포함시키지 않으며 수익으로 인식하지 않는다. 변동대가와 관련된 불확실성이 나중에 해소될 때, 이미 인식한 누적수익금액 중 유의적인 부분을 되돌리지(환원하지) 않을 가능성이 매우 높은 정도까지만 변동대가를 추정하여 거래가격에 포함시킨다. 따라서 반품될 가능성이 매우 높을 것으로 예상되는 금액은 환불부채로 인식한다.

② 환불부채: 고객에게 받은 대가의 일부나 전부를 고객에게 환불할 것으로 예상하는 경우에는 환불부채를 인식한다. 환불부채는 기업이 받았거나 받을 대가 중에서 권리를 갖게 될 것으로 예상하지 않은 금액으로 거래가격에서 차감하며 보고기간 말마다 상황의 변동을 반영하여 새로 수정한다. 예를 들어, 재고자산을 ₩10,000에 현금판매하고 판매시점에 거래 실적에 따라 10% 환급해 주는 것으로 하였으나, 보고기간 말에 12%를 환급해야 하는 것으로 추정이 변경된 경우 회계처리는 다음과 같다.

구분	회계처리			
판매시	(차) 현금	10,000	(대) 매출	9,000
			환불부채	1,000
보고기간 말	(차) 매출	200	(대) 환불부채	200

(주)한국은 제품 200단위(단위당 취득원가 ₩6,000)를 단위당 ₩10,000에 현금판매하였다. (주)한국은 동 제품판매와 관련하여 제품판매 후 2주 이내에 고객이 반품을 요청하는 경우 전액 환불해 주고 있다. 동 제품판매에 대한 합리적인 반품률 추정치가 3%인 경우, (주)한국이 상기 제품의 판매시점에 인식할 매출액은?

제26회

① ₩1,200,000 ② ₩1,500,000
③ ₩1,680,000 ④ ₩1,940,000
⑤ ₩2,000,000

해설

매출액 = (200단위 × ₩10,000) − (200단위 × ₩10,000) × 3% = ₩1,940,000   정답: ④

③ 계약에 있는 유의적인 금융요소

　㉠ 거래가격을 산정할 때, 계약 당사자들간의 합의한 지급시기 때문에 고객에게 재화나 용역을 이전하면서 유의적인 금융효익이 고객이나 기업에 제공되는 경우 화폐의 시간가치가 미치는 영향을 반영하여 약속된 대가를 조정한다. 이와 같은 조정의 목적은 고객이 그 재화나 용역대금을 현금으로 결제했다면 지급하였을 가격을 반영한 금액(현금판매가격)으로 수익을 인식하기 위해서이다.

　㉡ 계약을 개시할 때 기업이 고객에게 약속한 재화나 용역을 이전하는 시점과 고객이 그에 대한 대가를 지급한 시점간의 기간이 1년 이내일 것이라고 예상한다면 유의적인 금융요소의 영향을 조정하지 않는 실무적 간편법을 쓸 수 있다.

④ 비현금대가: 고객이 현금 외의 형태로 대가를 약속한 계약의 경우에 거래가격을 산정하기 위하여 비현금대가를 공정가치로 측정한다. 비현금대가의 공정가치를 합리적으로 추정할 수 없는 경우에는 그 대가와 교환하여 고객에게 약속한 재화나 용역의 개별판매가격을 참조하여 간접적으로 그 대가를 측정한다. 기업이 계약을 쉽게 이행할 수 있도록 고객이 재화나 용역을 제공하는 경우에 기업이 그 제공받은 재화나 용역을 통제한다면 이를 고객에게서 받은 비현금대가로 회계처리한다.

⑤ 고객에게 지급할 대가: 기업이 고객에게 현금 등의 대가를 별도로 지급하는 경우가 있다. 그 대가는 고객에게서 받은 재화나 용역의 대가를 지급하는 형태이거나 고객에게 제공한 재화나 용역의 할인 또는 환불의 형태일 수 있다.

고객이 기업에게 이전하는 재화나 용역의 대가가 아닌 경우	거래가격에서 차감(수익에서 차감, 매출할인)
고객이 기업에게 이전하는 재화나 용역의 대가인 경우	㉠ 원칙: 다른 공급자에게 구매한 경우와 같은 방법 ㉡ 예외 　ⓐ 재화나 용역의 공정가치를 초과: 초과액을 거래가격에서 차감 　ⓑ 재화나 용역의 공정가치 추정 불가: 전액을 거래가격에서 차감

(4) 거래가격의 배분

거래가격을 배분하는 목적은 기업이 고객에게 약속한 재화나 용역을 이전하고 그 대가로 받을 권리를 나타내는 금액으로 각 수행의무에 거래가격을 배분하는 것이다. 따라서 단일의 수행의무만 있는 계약의 경우에는 거래가격의 배분이 필요하지 않으나, 수행의무가 여러 개인 경우 거래가격을 각 수행의무에 배분해야 한다.

① 개별판매가격에 기초한 배분: 계약 개시시점에 계약상 수행의무의 대상인 구별되는 재화와 용역의 개별판매가격을 산정하고, 이 개별판매가격에 비례하여 가격을 배분한다. 이때 개별판매가격이란 기업이 고객에게 약속한 재화나 용역을 별도로 판매할 경우의 가격을 의미한다.

② 할인액의 배분: 계약에서 약속한 재화나 용역의 개별판매가격 합계가 계약에서 약속한 대가를 초과하면 고객은 재화나 용역의 묶음을 구매하면서 할인을 받는 것이다.

할인액이 계약상 모든 수행의무와 관련된 경우	할인액을 계약상 모든 수행의무에 비례하여 배분
할인액이 계약상 일부 수행의무에만 관련된 경우	할인액을 계약상 일부 수행의무에만 배분

(5) 수익의 인식

재화의 판매 또는 용역의 제공 여부를 구분하지 않고 기간에 걸쳐 수행의무를 이행하면 기간에 걸쳐 수익을 인식하고, 한 시점에 수행의무를 이행하면 한 시점에서 수익을 인식하도록 하고 있다. 고객에게 약속한 재화나 용역, 즉 자산을 이전하여 수행의무를 이행할 때 수행의무에 배분된 거래가격을 수익으로 인식하는 것이다. 이때 자산은 고객이 자산을 통제할 때(또는 기간에 걸쳐 통제하게 되는 대로) 이전된다.

① 기간에 걸쳐 이행되는 수행의무 – 진행기준: 수행의무가 기간에 걸쳐 이행되는 것으로 판단되면 수행의무 각각에 대해 그 수행의무 완료까지 진행률을 측정하여 기간에 걸쳐 수익을 인식한다. 진행률을 측정하는 목적은 고객에게 약속한 재화나 용역에 대한 통제를 이전하는 과정에서 기업의 수행 정도를 나타내기 위함이다. 따라서 수행의무 진

행률은 매 보고기간마다 다시 측정하며, 진행률의 변동은 회계추정의 변경으로 회계처리한다. 진행률 측정방법은 다음과 같다.

구분	산출법	투입법
의의	계약에서 약속한 재화나 용역의 나머지 부분의 가치와 비교하여 지금까지 이전한 재화나 용역이 고객에게 주는 가치의 직접 측정에 기초하여 수익을 인식	해당 수행의무의 이행에 예상되는 총투입물 대비 수행의무를 이행하기 위한 기업의 노력이나 투입물에 기초하여 수익을 인식
측정방법	지금까지 수행을 완료한 정도 조사, 달성한 결과에 대한 평가, 도달한 단계, 경과한 시간, 생산한 단위, 인도한 시간 등	소비한 자원, 사용한 노동시간, 발생원가, 경과한 시간, 사용한 기계시간 등

◉ 수행의무의 진행률을 합리적으로 측정할 수 있는 경우만 기간에 걸쳐 이행하는 수행의무에 대한 수익을 인식하므로 진행률을 합리적으로 측정할 수 없다면 수행의무와 산출물을 합리적으로 측정할 수 있을 때까지 발생원가 범위에서만 수익을 인식한다.

② 한 시점에서 이행되는 수행의무 – 인도기준: 한 시점에 해당되는 수행의무는 고객이 약속된 자산을 통제하고 기업이 수행의무를 이행하는 시점에서 인도기준으로 수익을 인식한다. 고객이 약속된 자산을 통제하여 수행의무를 이행하는 시점의 예는 다음과 같다.

㉠ 기업은 자산에 대해 현재 지급청구권이 있다.

㉡ 고객에게 자산의 법적 소유권이 있다.

㉢ 기업이 자산의 물리적 점유를 이전하였다. 다만, 미인도청구약정과 같이 자산에 대한 통제와 일치하지 않을 수 있다.

㉣ 자산의 소유에 따른 유의적인 위험과 보상이 고객에게 있다.

㉤ 고객이 자산을 인수하였다.

03 계약 관련 자산, 부채의 재무상태표 표시

(1) 의의

기업은 포괄손익계산서에 수행의무를 이행하면서 거래가격을 계약에 따른 수익으로 인식한다. 수익의 인식과 관련하여 계약 당사자 중 어느 한 편이 계약을 수행했을 때 기업은 수행 정도와 고객의 지급과의 관계에 따라 그 계약을 계약자산이나 계약부채로 재무상태표에 표시한다. 이 경우 계약자산은 수취채권과 구분하여 표시한다.

계약자산, 계약부채, 수취채권의 표시

1. 계약자산
   - 의의: 고객에게 재화나 용역을 이전하고 고객에게서 대가를 받을 권리로 그 권리에 시간의 경과 외의 조건(예 기업의 미래수행)이 있는 자산
   - 인식시기: 재화와 용역을 이전하는 시점

2. 계약부채
   - 의의: 기업이 고객에게서 이미 받은 대가 또는 지급기일이 된 대가에 상응하여 고객에게 재화나 용역을 이전하여야 하는 기업의 의무
   - 인식시기: 재화와 용역을 이전하기 전에 대가를 받는 경우

3. 수취채권
   - 의의: 기업이 고객에게 대가를 받을 무조건적인 권리
   - 인식시기: 대가를 받을 무조건적 권리를 갖는 시점

더 알아보기 | **계약자산과 수취채권을 구분표시하는 이유**

기업은 수익을 인식하면서 상대계정으로 수취채권을 인식한다. 이는 거래에서 대부분 수행의무를 이행하면서 대금지급청구권이 발생하기 때문이다. 그러나 어떤 경우에는 기업이 수행의무를 이행하더라도 대가를 받을 무조건적인 권리가 없는 경우가 있다. 예를 들어, 다른 수행의무를 이행해야 대가를 받을 권리가 발생할 수도 있다. 이와 같은 경우 대가를 받을 무조건적권리가 없는 경우이므로 계약자산을 인식해야 한다.

(2) 회계처리

① 대가를 받을 무조건적 권리를 갖고 있지 않지만 재화나 용역을 이전한 경우

(차) 계약자산	×××	(대) 수익	×××

② 대가를 받을 무조건적 권리를 갖고 있으며 재화나 용역을 이전한 경우

(차) 수취채권	×××	(대) 수익	×××

③ 수취채권을 현금으로 수령한 경우

(차) 현금	×××	(대) 수취채권	×××

④ 대가를 수취하고 재화나 용역을 이전하지 않은 경우

(차) 현금	×××	(대) 계약부채	×××

⑤ 대가를 받을 무조건적 권리를 갖고 있으나 재화나 용역을 이전하지 않은 경우

| (차) 수취채권 | ××× | (대) 계약부채 | ××× |

확인 및 기출예제

한국채택국제회계기준 제1115호 '고객과의 계약에서 생기는 수익' 규정에 대한 설명으로 옳지 않은 것은?

① 기준서 제1115호 '고객과의 계약에서 생기는 수익'은 계약 상대방이 고객인 경우에만 이 기준서를 적용할 수 있다.
② 거래가격은 고객에게 약속한 재화나 용역을 이전하고 그 대가로 기업이 받을 권리를 갖게 될 것으로 예상되는 금액이며 제3자를 대신하여 회수한 금액은 제외한다.
③ 수행의무는 고객과의 계약상 재화나 용역을 이전하기로 한 약속을 의미한다. 하나의 수행의무인지 여러 개의 수행의무인지 구분해야 한다.
④ 수익의 인식은 기업이 고객에게 약속한 재화나 용역에 대한 수행의무를 이행할 때 수익을 인식한다.
⑤ 기간에 걸쳐 이행되는 수행의무는 진행률의 합리적 측정이 가능하면 진행기준으로 수익을 인식하고, 한 시점에서 이행되는 수행의무는 완성기준에 의해 수익을 인식한다.

해설

기간에 걸쳐 이행되는 수행의무는 진행기준으로 수익을 인식하고, 한 시점에서 이행되는 수행의무는 고객이 약속된 자산을 통제하고 기업이 수행의무를 이행하는 시점에 수익을 인식한다.

정답: ⑤

제3절 거래형태별 수익인식

01 위탁판매

상품을 다른 기업에게 위탁하여 판매하는 형태로 상품의 판매를 위탁한 기업을 위탁자, 상품의 판매를 위탁받은 기업을 수탁자라고 한다. 위탁판매하는 경우에는 수탁자가 재화를 제3자에게 판매한 시점에 수익을 인식한다. 고객에게 재화나 용역을 제공하면서 다른 당사자가 관여하는 경우, 기업은 약속된 성격이 정해진 재화나 용역 자체를 제공하는 본인으로서의 수행의무인지 아니면 다른 당사자가 재화나 용역을 제공하도록 주선하는 대리인으로서의 수행의무인지를 판단해야 한다. 재화와 용역에 대한 통제권을 해당 기업이 보유하면 대가의 총액을 수익으로 인식하고, 다른 당사자가 보유하면 주선하고 그 대가로 받은 권리를 갖게 될 것으로 예상하는 보수나 수수료금액을 수익으로 인식한다.

구분	위탁자		수탁자
적송시	(차) 적송품 ××× (대) 재고자산 ×××		회계처리 없음
판매시	(차) 현금 ××× (대) 매출 ××× 수수료비용 ×××		(차) 현금 ××× (대) 수수료수익 ×××
	(차) 매출원가 ××× (대) 적송품 ×××		

◉ 수탁자: 대리인으로서의 수행의무

확인 및 기출예제

(주)한국은 (주)민국과 매출액의 10%를 판매수수료로 지급하는 위탁판매계약을 맺고 있으며, (주)민국에게 적송한 재화의 통제권은 (주)한국이 계속 보유하고 있다. 20×1년에 (주)한국은 (주)민국에 단위당 원가 ₩90인 상품A 10개를 적송하였으며, (주)민국은 상품A 8개를 단위당 ₩100에 고객에게 판매하였다. 상품A의 판매와 관련하여 (주)한국과 (주)민국이 20×1년에 인식할 수익금액은?

제25회

	(주)한국	(주)민국
①	₩100	₩80
②	₩800	₩80
③	₩800	₩800
④	₩1,000	₩100
⑤	₩1,000	₩800

해설

위탁판매의 경우 수탁자가 상품을 판매한 경우 위탁자는 이와 관련된 수익(₩100 × 8개 = ₩800)을 인식하며 관련원가는 매출원가와 수수료를 인식한다. 이 경우 수탁자는 판매와 관련된 수수료(₩800 × 10% = ₩80)를 수익으로 인식한다.

정답: ②

---

02 시용판매

상품을 인도받은 거래처가 그 상품을 사용해 보고 매입의사표시를 하는 날에 판매하는 형태를 말한다. 시용판매를 하는 경우 고객이 매입의사를 표시하기 전까지는 제품 등의 통제권이 이전되지 않으므로 수행의무가 이행되었다고 할 수 없다. 고객이 매입의사표시를 한 날에 수익을 인식하도록 되어 있으며, 결산일 현재 매입의사표시가 없는 시송품은 원가로 기말재고자산에 포함시켜야 한다.

03 할부판매

판매대금을 분할하여 회수하는 조건으로 상품을 판매하는 형태를 말한다. 할부판매하는 경우에는 할부기간에 관계없이 재화를 인도하는 시점에 수익을 인식한다. 대금회수기간이 장기인 경우 대금을 현재가치로 평가한 금액을 수익으로 인식하고, 이자상당액은 기간의 경과에 따라 유효이자율법에 의하여 인식하도록 규정하고 있다. 현재가치 평가시 발생하는 명목금액과 현재가치의 차이는 현재가치할인차금의 과목으로 해당 채권·채무의 명목금액에서 차감하는 형식으로 기재한다. 기간의 경과에 따라 할부금 회수시에는 원금과 이자를 구분하여 수익으로 인식한다.

구분	회계처리			
인도시	(차) 장기매출채권	×××	(대) 매출	×××
			현재가치할인차금	×××
회수시	(차) 현금	×××	(대) 장기매출채권	×××
	현재가치할인차금	×××	이자수익	×××

확인 및 기출예제

(주)한국은 20×1년 초에 제품을 ₩300,000에 판매(제품을 실질적으로 인도함)하면서, 판매대금 중 ₩100,000은 판매 즉시 수취하고 나머지 ₩200,000은 향후 2년에 걸쳐 매년 말에 각각 ₩100,000씩 받기로 하였다. 동 거래에는 유의적인 금융요소가 포함되어 있고, 판매계약의 할인율은 연 10%로 동 할인율은 별도 금융거래에 적용될 할인율에 해당한다. 판매대금의 회수가능성이 확실하다고 가정할 때, 상기 제품의 판매거래로 (주)한국이 20×1년에 인식하게 될 수익의 총액은? (단, 현재가치 계산시 다음의 현가표를 이용하며, 단수 차이가 발생하는 경우 가장 근사치를 선택함)

기간	연 이자율 10%	
	단일금액 ₩1의 현재가치	정상연금 ₩1의 현재가치
2	0.8265	1.7355
3	0.7513	2.4868

① ₩273,559 　　　　② ₩290,905
③ ₩300,000 　　　　④ ₩300,905
⑤ ₩330,000

해설

(1) 매출액 = ₩100,000 + (₩100,000 × 1.7355) = ₩273,550
(2) 이자수익(유효이자) = (₩100,000 × 1.7355) × 10% = ₩17,355
∴ 수익의 총액 = (1) + (2) = ₩273,550 + ₩17,355 = ₩290,905

정답: ②

04 선수금에 포함된 유의적인 금융요소

대가를 먼저 수취하고 고객에게 재화를 나중에 이전하는 조건으로 상품을 판매하는 형태를 말한다. 대가의 수취시점과 재화의 이전시점이 1년 이상 차이나는 경우에는 유의적 금융요소가 포함된 것이므로 거래가격에서 유의적 금융요소를 조정해야 한다. 기업은 고객과의 계약을 체결하고 대가를 수취한 시점에 계약부채를 인식한다. 계약부채는 재화를 이전하는 시점까지 유효이자율법을 적용하고, 이자비용을 인식하여 장부금액에 가산한다. 이와 같이 계산된 계약부채는 재화의 이전시점에서 수익으로 인식한다.

구분	회계처리			
대가 수령시	(차) 현금	×××	(대) 계약부채	×××
결산시(이자비용 인식)	(차) 이자비용	×××	(대) 계약부채	×××
재화 이전시(수익인식)	(차) 계약부채	×××	(대) 수익	×××

05 반품권이 있는 판매

일부 계약에서는 기업이 고객에게 제품에 대한 통제를 이전하고, 다양한 이유로 반품할 권리를 부여한다. 반품기간에 언제라도 반품받기로 하는 기업의 약속은 환불할 의무에 더하여 별도의 수행의무로 회계처리하지 않는다. 반품권이 있는 판매는 반품가능성을 예측할 수 있는 경우와 없는 경우로 구분하여 회계처리한다.

구분	내용
반품가능성 예측 가능	기업이 받을 권리를 갖게 될 것으로 예상되는 대가를 수익으로 인식하고, 기업이 권리를 갖게 될 것으로 예상되지 않는 부분은 수익으로 인식하지 않고 환불부채로 인식 (차) 현금　　　　　×××　　　　　(대) 매출　　　　　××× 　　　　　　　　　　　　　　　　　　　환불부채　　　×××
반품가능성 예측 불가능	고객에게 재화를 이전할 때 수익을 인식하지 않고 반품권이 소멸되는 시점에 수익 인식

06 상품권

권면에 기록된 금액에 해당하는 상품이나 기록된 물품으로 교환할 수 있는 유가증권으로, 상품권을 발행한 기업은 고객에게 상품권에 대한 통제를 이전하는 것을 말한다. 따라서 상품에 대한 통제를 이전하는 시점에서 수익을 인식해야 한다.

(1) 고객이 행사한 권리

기업은 고객에게 상품권을 발행할 때 현금수령액을 계약부채(선수금)로 인식하고, 향후 재화나 용역을 고객에게 이전하고 상품권을 회수하는 시점에 수익을 인식한다. 그리고 고객에게 상품을 인도하는 시점에서 상품권의 액면금액을 수익으로 인식하고 상품권할인액은 매출에누리로 처리하여 수익에서 차감한다.

구분	회계처리			
상품권 발행시	(차) 현금	×××	(대) 선수금	×××
	상품권할인액	×××		
재화 인도시	(차) 선수금	×××	(대) 매출	×××
	매출에누리	×××	상품권할인액	×××

(2) 고객이 행사하지 않은 권리

고객이 상품권을 사용하지 않고 유효기간 등이 경과하거나 상법상 소멸시효의 기간까지 행사하지 아니하는 등 계약상의 권리를 모두 행사하지 않을 수 있는데, 이 경우 기업은 계약부채(선수금) 중 미행사될 것으로 예상되는 금액을 수익으로 인식한다.

07 미인도청구판매

미인도청구약정은 기업이 고객에게 제품의 대가를 청구하지만 미래 한 시점에 고객에게 이전할 때까지 기업이 제품을 물리적으로 점유하는 계약이다. 기업이 제품을 물리적으로 점유하고 있더라도 고객이 제품을 통제하는 경우 기업은 수행의무를 이행한 것으로 보고 수익을 인식한다. 이때 기업은 제품을 통제하지 않는 대신 고객자산을 보관하는 용역을 고객에게 제공한다.

08 검사조건부판매

고객의 인수조항에 재화나 용역이 합의한 규격에 부합하지 않은 경우 고객의 계약 취소를 허용하거나 기업의 개선 조치를 요구하는 경우가 있는데, 이를 검사조건부판매라고 한다. 검사조건부판매인 경우에는 다음 두 가지로 구분하여 회계처리한다.

구분	수익인식시점
재화나 용역이 합의된 규격에 부합하는지 객관적으로 판단할 수 있는 경우	고객의 인수는 형식적인 것이므로 고객의 인수 여부와 관계없이 수익인식
재화나 용역이 합의된 규격에 부합하는지 객관적으로 판단할 수 없는 경우	불확실성이 존재하므로 고객이 인수하는 시점에서 수익인식

09 정기간행물 구독료

해당 품목의 판매가격이 매기 비슷한 경우 발송기간(구독기간)에 걸쳐 정액기준으로 수익을 인식한다. 그러나 품목의 판매가격이 기간별로 다른 경우에는 발송된 품목의 판매가격이 구독신청을 받는 모든 품목의 추정 총판매금액에서 차지하는 비율에 따라 수익을 인식한다.

10 설치수수료

재화를 판매한 후 설치하는 용역을 제공하는 경우에는 해당 설치용역이 이전되는 재화와 구별되는 용역인지 여부에 따라 회계처리한다.

구분	수익인식시점
설치용역이 재화와 구별되는 경우	별도의 수행의무로 보아 수익인식
설치용역이 재화와 구별되지 않는 경우	재화와 용역을 단일 수행의무로 보아 재화의 통제가 이전되는 시점

11 기타의 수익

구분	수익인식시점
중간상에 대한 판매[*1]	소유에 따른 위험과 보상(재화에 대한 통제권)이 구매자에게 이전되는 시점
인도결제판매	인도가 완료되고 판매자나 판매자의 대리인이 현금을 수취한 시점
완납인도 예약판매[*2]	재화를 인도하는 시점
재고가 없는 재화의 판매대금을 수취하는 주문	고객에게 재화를 인도한 시점
광고수수료	① 광고매체수수료: 광고 또는 상업방송이 대중에게 전달되는 시점 ② 광고제작수수료: 광고제작의 진행률에 따라 수익인식
공연입장료	① 하나의 공연: 행사가 개최되는 시점 ② 여러 행사에 참여: 각각 행사를 위한 용역의 수행 정도가 반영된 기준에 따라 각 행사에 배분함
수강료	강의기간에 걸쳐 수익인식
환불 불가능한 선수수수료	약속된 재화나 용역의 이전과 관련된 경우 미래 재화나 용역을 제공하는 시점
보험대리인 수수료	① 추가적인 용역 제공이 필요하지 않은 경우: 보험의 효과적인 개시일 또는 갱신일에 수익인식 ② 추가적인 용역을 제공할 가능성이 높은 경우: 보험계약기간에 걸쳐 수익인식
주문형 소프트웨어의 개발수수료	주문·개발하는 소프트웨어의 수수료는 진행기준에 따라 수익인식
라이선스계약	① 지적 재산접근권을 제공시: 라이선스 제공자의 수행의무는 해당 기간에 걸쳐 이행되므로 라이선스 기간에 걸쳐 진행기준으로 수익인식 ② 지적 재산사용권 제공시: 라이선스 제공자의 수행의무는 라이선스 부여 시점에 이행된 것이므로 라이선스 이전시점에 수익인식

본인과 대리인	본인은 재화나 용역 자체를 제공하는 것이 수행의무이고, 대리인은 다른 당사자가 재화나 용역을 제공하도록 주선하는 수행의무이다. 본인은 수행의무를 이행하는 대로 제공한 재화 · 용역의 대가총액을 수익으로 인식하고, 대리인은 예상하는 주선보수나 수수료금액으로 인식
이자수익	유효이자율법을 적용하여 발생주의에 따라 수익인식
배당수익	주주로서 배당받을 권리가 확정되는 시점에서 인식

[*1] 구매자가 실질적으로 대리인 역할인 경우는 위탁판매에 해당한다.

[*2] 구매자가 최종 할부금을 지급한 경우에만 재화가 인도되는 판매를 말한다.

확인 및 기출예제

수익의 인식에 관한 설명으로 옳지 않은 것은?

① 위탁판매의 경우 위탁자는 수탁자가 제3자에게 재화를 판매한 시점에 인식한다.

② 시용판매에서는 고객에게 상품을 인도한 날에 인식한다.

③ 재화를 판매한 후 설치하는 용역을 제공하는 경우 설치용역이 재화와 구별된다면 별도의 수행의무로 보아 수익을 인식한다.

④ 광고매체수수료는 광고가 소비 대중에게 방영되거나 전달되었을 때 인식한다.

⑤ 정기간행물의 금액이 매기 비슷한 경우에는 발송기간에 걸쳐 정액기준으로 인식한다.

해설

시용판매는 매입자의 매입의사표시를 받은 날에 수익으로 인식한다.   정답: ②

제4절 건설계약

01 의의

건설계약이란 단일 자산의 건설이나 설계, 기술 및 기능 또는 그 최종 목적이나 용도에 있어서 밀접하게 연관되거나 상호 의존적인 복수 자산의 건설을 위해 구체적으로 협의된 계약을 말한다.

02 계약수익과 계약원가

1. 계약수익

계약수익은 건설업자가 지급받을 건설계약금액에 기초하여 계상한다. 따라서 계약수익은 수령하였거나 수령할 대가의 공정가치로 측정하며 다음의 계약수익의 항목으로 구성된다.

① 최초에 합의한 계약금액
② 수익으로 귀결될 가능성이 높으며, 금액을 신뢰성 있게 측정할 수 있는 공사변경, 보상금, 장려금에 따라 추가되는 금액
  ㉠ 공사변경: 계약상 수행하는 공사 범위를 발주자의 지시에 따라 변경하는 것
  ㉡ 보상금: 건설업자가 건설계약금액에 포함되어 있지 않은 원가를 발주자나 다른 당사자에게서 받으려는 금액
  ㉢ 장려금: 특정 성과기준을 충족하거나 초과하는 경우 건설사업자에게 지급되는 추가금액

2. 계약원가

계약원가는 계약체결일로부터 계약의 최종완료일까지의 기간에 해당 계약에 귀속될 수 있는 원가를 포함한다. 계약원가는 다음의 항목으로 구성된다.

① 특정 계약에 직접 관련된 원가
② 계약활동 전반에 귀속될 수 있는 공통원가로서 특정 계약에 배분할 수 있는 원가
③ 계약조건에 따라 발주자에게 청구할 수 있는 기타 원가

3. 계약수익과 계약원가의 인식

(1) 인식방법

건설계약은 진행률을 합리적으로 측정할 수 있는 경우, 건설계약과 관련된 계약수익과 계약원가는 보고기간 말 현재 계약활동의 진행률을 기준으로 각각 수익과 비용을 인식한다. 이와 같이 계약의 진행률을 기준으로 수익과 비용을 인식하는 방법을 진행기준이라고 한다. 그러나 건설계약의 진행률을 합리적으로 측정할 수 없는 경우에는 진행기준을 적용할 수 없으며, 발생한 계약원가의 범위 내에서만 수익으로 인식한다.

(2) 계약진행률

① 기간에 걸쳐 수행의무를 이행하는 경우 수행의무 완료까지의 진행률을 측정하여 기간에 걸쳐 수익을 인식한다. 각 수행의무에는 하나의 진행률 측정방법을 적용하며 비슷한 상황에서의 비슷한 수행의무에는 그 방법을 일관되게 적용한다. 수행의무의 진행률을 보고기간 말마다 다시 측정하며, 진행률의 변경은 회계추정의 변경으로 회계처리한다. 진행률의 측정은 산출법과 투입법 중 수행의무의 이행비율을 적절하게 측정할 수 있는 방법을 선택하여 적용한다.

② 일반적으로 누적발생계약원가기준이 많이 사용되는데, 누적발생계약원가기준이란 수행한 계약에 대하여 발생한 누적계약원가를 추정 총계약원가로 나눈 비율을 말한다.

$$누적계약진행률 = \frac{당기\ 말\ 현재\ 누적발생계약원가}{추정\ 총계약원가}$$

$$= \frac{당기\ 말\ 현재\ 누적발생계약원가}{당기\ 말\ 현재\ 누적발생계약원가\ +\ 완성시까지\ 추가계약원가}$$

확인 및 기출예제

(주)한국은 20×1년 초 4년간 용역을 제공하기로 하고 총계약금액 ₩100,000의 용역계약을 수주하였다. 관련 자료가 다음과 같을 때, 20×3년도 용역계약이익은? (단, 진행률에 의해 계약수익을 인식하며, 진행률은 총추정계약원가 대비 누적발생계약원가로 산정함)

제27회

구분	20×1년	20×2년	20×3년	20×4년
누적발생계약원가	₩24,000	₩52,000	₩68,000	₩80,000
추가소요예정원가	₩56,000	₩28,000	₩12,000	—

① ₩4,000   ② ₩5,000
③ ₩6,000   ④ ₩7,000
⑤ ₩8,000

해설

본 문제는 연도별 총계약원가가 동일하므로 간편법으로 계약이익을 풀이하면 신속한 계산이 가능하다.

구분	20×1년	20×2년	20×3년	20×4년
누적발생계약원가(A)	₩24,000	₩52,000	₩68,000	₩80,000
추가소요예정원가	₩56,000	₩28,000	₩12,000	—
총계약원가(B)	₩80,000	₩80,000	₩80,000	₩80,000
누적진행률(A÷B)	30%	65%	85%	100%

∴ 20×3년 계약이익 = (₩100,000 − ₩80,000) × (85% − 65%) = ₩4,000

정답: ①

(3) 건설계약의 회계처리

구분	회계처리			
계약원가 발생시	(차) 미성공사	×××	(대) 현금	×××
계약대금 청구시	(차) 계약미수금	×××	(대) 진행청구액	×××
계약대금 수령시	(차) 현금	×××	(대) 계약미수금	×××
회계기말	(차) 계약원가 미성공사	××× ×××	(대) 계약수익	×××
공사 완성시	(차) 진행청구액	×××	(대) 미성공사	×××

```
                          부분 재무상태표
 (주)한국                                        20×1.12.31. 현재
    유동자산                           유동부채
      미청구공사                           초과청구공사
        미성공사        ×××                진행청구액      ×××
        진행청구액    (×××) ×××            미성공사      (×××) ×××
```

- **미성공사** = 당기 말까지의 발생원가와 인식된 이익의 합계액 = 누적계약수익 인식액
- **진행청구액** = 당기 말까지 청구된 계약수익 누적액

더 알아보기 | **미성공사와 미청구공사**

계약대가를 청구하여 발생하는 진행청구액은 결산시 미성공사와 비교하여 해당 차이만큼 재무상태표에 표시된다. 미성공사가 진행청구액보다 크면 미청구공사(자산)로 표시되고, 반대의 경우 초과청구공사(부채)로 표시된다. 그리고 공사가 완성되어 계약이 종료되면 상계처리한다.

4. 손실이 예상되는 경우의 수익인식

공사가 진행되는 과정에서 손실이 예상되는 경우가 있다. 이처럼 해당 계약의 총계약원가가 총계약수익을 초과하는 경우에는 예상되는 손실을 즉시 비용으로 인식한다. 계약원가로 인식할 금액은 당기 발생 계약원가에 예상손실을 가산한 금액이다.

(1) 계약원가 인식액

```
 (차) 계약원가*              ×××        (대) 미성공사            ×××
```

* 차기 이후에 예상되는 추가계약손실
  = 공사 전체의 예상손실 − 당기까지 인식한 공사손실 = 총계약예상손실 × (1 − 누적진행률)

(2) 계약손실 인식액

손실이 발생한 연도에 인식할 계약손실은 총계약금액을 초과하는 총계약원가와 전기까지 인식한 누적이익을 합한 금액이다.

(3) 손실이 예상되는 다음 회계연도

이미 전기에 예상손실을 인식하였으므로 당기에 인식할 계약원가는 당기 발생 계약원가에서 전기 인식 예상손실을 차감한 금액이다.

(주)한국의 건설계약과 관련된 자료는 다음과 같다.

- 계약기간: 20×1년 1월 1일~20×3년 12월 31일
- 계약금액: ₩1,200,000
- 계약원가 자료

구분	20×1년	20×2년	20×3년
연도별 발생원가	₩400,000	₩575,000	₩325,000
완성시까지 추가소요예정원가	₩600,000	₩325,000	–

(주)한국의 20×2년도 계약손실은? (단, 진행기준을 적용하여 수익을 인식하며 진행률은 발생한 누적계약원가를 추정 총계약원가로 나누어 산정함) 제14회

① ₩180,000 ② ₩185,000
③ ₩190,000 ④ ₩195,000
⑤ ₩200,000

해설

(1) 공사진행률
  • 20×1년: ₩400,000 ÷ ₩1,000,000 = 40%
  • 20×2년: (₩400,000 + ₩575,000) ÷ ₩1,300,000 = 75%
(2) 20×2년 공사손실이 예상되는 경우: 총계약수익(= ₩1,200,000) < 총계약원가(= ₩1,300,000)
(3) 미래예상손실 = 총계약예상손실 × (1 − 공사진행률) = ₩100,000 × (1 − 0.75)
         = ₩25,000
(4) 계약손익
  • 계약수익 = ₩1,200,000 × (75% − 40%) = ₩420,000
  • 계약원가 = ₩575,000 + ₩25,000 = ₩600,000
∴ 계약손익 = ₩420,000 − ₩600,000
       = −₩180,000(손실)

● 간편법
  계약손실 = 총계약금액을 초과하는 계약원가 + 전기까지 인식한 누적계약이익
       = (₩1,300,000 − ₩1,200,000) + [(₩1,200,000 − ₩1,000,000) × 40%]
       = ₩180,000

정답: ①

01　의의

비용은 정상적인 경영활동을 통하여 수익을 창출하는 과정에서 희생된 자원으로, 기업 자산의 감소 또는 부채의 증가를 통해 순자산(자본)의 감소로 나타난다.

02　인식기준

비용의 인식은 비용의 귀속기간을 결정하는 문제이다. 따라서 자산의 감소나 부채의 증가와 관련하여 미래 경제적 효익이 감소하고 이를 신뢰성 있게 측정할 수 있을 때 포괄손익계산서에 비용으로 인식한다. 즉, 비용은 수익을 인식하는 기간에 대응하여 인식하게 되는데 이를 수익·비용대응의 원칙이라고 한다. 수익과 비용을 대응시키는 방법에는 직접대응 인식, 체계적이고 합리적인 배분에 의한 인식 및 즉시 인식이 있다.

(1) 직접대응 인식

특정 수익을 얻기 위해 희생된 직접적인 인과관계가 있는 비용을 수익에 대응시키는 것을 말한다. 즉, 발생된 원가와 특정 수익항목의 가득간에 존재하는 직접적인 관련성을 기준으로 포괄손익계산서에 인식한다(예 매출원가, 판매수수료, 판매보증비용, 포장비용 등).

(2) 체계적이고 합리적인 배분에 의한 인식

경제적 효익이 여러 회계기간에 걸쳐 발생할 것으로 기대되고 수익과의 관련성이 간접적으로 결정될 수 있는 비용은 체계적이고 합리적인 배분절차를 기준으로 포괄손익계산서에 인식된다(예 감가상각비, 무형자산상각비, 여러 기간에 배분되는 보험료 등).

(3) 즉시 인식

미래 경제적 효익이 기대되지 않는 지출이거나, 미래 경제적 효익이 기대되더라도 재무상태표에 자산으로 인식되기 위한 조건을 원래 충족하지 못하거나 더 이상 충족하지 못하는 부분은 즉시 포괄손익계산서에 비용으로 인식한다(예 급여, 광고선전비 등).

수익에 직접 대응되어 인식되는 비용으로 옳은 것은?   제12회

① 대표이사 업무용 승용차의 보험료
② 당기에 판매된 상품의 취득원가
③ 본사건물의 감가상각비
④ 영업자금 조달을 위해 발행된 사채의 이자비용
⑤ 기업의 이미지 제고를 위한 광고선전비

[해설]

비용은 수익 · 비용대응의 원칙에 따라 인식한다. 판매된 상품의 취득원가인 매출원가가 수익에 직접 대응하는 비용항목에 해당된다.

● 비용의 인식기준
  1. 직접대응 인식: 매출원가, 제품보증비, 판매수수료 등
  2. 체계적이고 합리적인 배분에 의한 인식: 감가상각비, 보험료의 배분 등
  3. 즉시 인식: 이외 대부분의 비용(급여, 광고선전비 등)   정답: ②

01 수익은 자본의 증가를 가져오는 특정 회계기간에 생기는 경제적 효익의 증가이다. 따라서 판매세, 특정 재화나 용역과 관련된 세금, 부가가치세와 같이 제3자를 대신하여 받는 금액은 자본의 증가를 수반하는 경제적 효익이라 할 수 있다.   (   )

02 수익의 인식과정은 '고객과의 계약 식별 ⇨ 수행의무 식별 ⇨ 거래가격 산정 ⇨ 거래가격 배분 ⇨ 수익인식'의 순서이다.   (   )

03 수탁자가 위탁자를 대신해 재화를 판매하는 위탁판매의 경우 위탁자는 수탁자에게 인도한 날 수익을 인식한다.   (   )

04 대가가 분할되어 수취되는 할부판매의 경우 이자 부분을 포함한 판매가격에 해당하는 수익을 판매시점에 인식한다.   (   )

05 출판물 및 이와 유사한 품목의 구독은 해당 품목의 금액이 비슷한 경우에는 발생기간에 걸쳐 정액기준으로 수익을 인식한다. 그러나 품목의 금액이 기간별로 다른 경우에는 발송된 품목의 판매금액이 구독신청을 받은 모든 품목의 추정 총판매금액에서 차지하는 비율에 따라 수익을 인식한다.   (   )

---

01 × 경제적 효익이라 할 수 있다. ⇨ 경제적 효익이 아니다.

02 ○

03 × 수탁자에게 인도한 날 수익을 인식한다. ⇨ 수탁자가 제3자에게 재화를 판매한 시점에 수익을 인식한다.

04 × 이자 부분을 포함한 ⇨ 이자 부분을 제외한

05 ○

06 광고제작수수료는 광고 또는 상업방송이 대중에 전달될 때 수익을 인식하고, 광고매체수수료 (방송사)는 광고제작의 진행률에 따라 수익을 인식한다. ( )

07 예술공연, 축하연, 기타 특별공연 등에서 발생하는 수익(입장료)은 티켓을 판매한 날에 인식하 며 수강료는 강의기간에 걸쳐 수익으로 인식한다. ( )

08 건설계약의 수익을 인식할 때 진행률을 합리적으로 측정할 수 있다면 진행기준을 적용하고 합 리적으로 측정할 수 없다면 완성기준으로 인식한다. ( )

---

06 × 광고제작수수료 ⇨ 광고매체수수료, 광고매체수수료 ⇨ 광고제작수수료
07 × 티켓을 판매한 날 ⇨ 행사가 개최되는 시점
08 × 완성기준으로 인식한다. ⇨ 발생원가 범위 내에서만 수익으로 인식한다.

01 고객과의 계약에서 생기는 수익에서 설명하는 다음 (   )에 공통으로 들어갈 용어
는? 제27회

> • 수익인식 5단계: 계약의 식별 ⇨ (   )의 식별 ⇨ 거래가격을 산정 ⇨ 거래가격을 계약
> 내 (   )에 배분 ⇨ (   )의 이행에 따라 수익을 인식
> • (   ): 고객과의 계약에서 구별되는 재화나 용역 또는 실질적으로 서로 같고 고객에게 이
> 전하는 방식도 같은 일련의 구별되는 재화나 용역을 고객에게 이전하기로 한 약속

① 환불부채 ② 계약자산
③ 계약부채 ④ 판매가격
⑤ 수행의무

02 수익의 인식을 수반하지 않는 사건에 해당하는 것은?

① 상품을 거래처에 위탁하여 판매하였다.
② 용역을 제공하고 용역대금으로 거래처에 대한 매입채무를 상계하였다.
③ 이자부 채권을 매입하고 3개월이 지났으나 이자는 수취하지 못하였다.
④ 상품을 도착지인도조건으로 판매하기로 하고 운송선박에 선적하였다.
⑤ 상품을 판매하고 대금은 2년에 걸쳐서 회수하기로 하고 상품을 인도하였다.

정답 | 해설

01 ⑤ 수행의무는 고객과의 계약에서 재화나 용역을 이전하기로 한 약속이다. 따라서 수익인식의 핵심 원칙은
기업이 고객에게 약속한 재화나 용역이 고객에게 이전되는 것을 나타내도록 재화나 용역의 이전대가로
고객으로부터 받을 권리를 반영한 금액으로 수익을 인식해야 한다는 것이다.

02 ④ 도착지인도조건은 고객에게 도착하는 시점에서 판매사는 수익을 인식한다. 도착하기 전까지는 판매사의
재고자산에 포함한다.

03 수익과 관련된 설명으로 옳지 않은 것은?

① 수익인식의 5단계는 계약의 식별, 수행의무의 식별, 거래가격의 산정, 거래가격의 배분과 수익의 인식이다.

② 계약은 서면으로, 구두로, 기업의 사업관행에 따라 암묵적으로 체결할 수 있다.

③ 수익을 인식하기 위해 거래가격을 산정할 때 제3자를 대신해서 회수한 금액은 거래 가격에 포함된다.

④ 고객에게 약속한 재화나 용역, 즉 자산을 이전하여 수행의무가 이행할 때 또는 기간에 걸쳐 이행하는 대로 수익을 인식한다. 자산은 고객이 그 자산을 통제할 때 또는 기간에 걸쳐 통제하게 되는 대로 이전한다.

⑤ 거래가격을 산정할 때 계약에서 가능한 결과치가 두 개뿐일 경우에는 가능성이 가장 높은 금액이 변동대가의 적절한 추정치가 될 수 있다.

04 고객과의 계약에서 생기는 수익에 대한 설명으로 옳지 않은 것은?

① 수행의무란 고객과의 계약에서 재화나 용역을 이전하기로 한 약속을 말한다.

② 수익을 인식하기 위해서는 '고객과의 계약 식별', '수행의무 식별', '거래가격 산정', '거래가격을 계약 내 수행의무에 배분', '수행의무를 이행할 때 수익인식'의 단계를 적용한다.

③ 거래가격 산정시 제3자를 대신해서 회수한 금액은 제외하며 변동대가, 비현금대가, 고객에게 지급할 대가 등이 미치는 영향을 고려한다.

④ 고객에게 약속한 자산을 이전하여 수행의무를 이행할 때 수익을 인식하며, 자산은 고객이 그 자산을 통제할 때 이전된다.

⑤ 기댓값으로 변동대가를 추정하는 경우 가능한 대가의 범위에서 가능성이 가장 높은 단일금액으로 추정한다.

05 수익의 인식에 대한 설명으로 옳지 않은 것은?

① 위탁판매의 경우, 위탁자는 수탁자가 제3자에게 재화를 판매한 시점에 수익을 인식한다.

② 출판물 구독의 경우, 해당 품목의 가액이 매기 비슷한 경우에는 발생기간에 걸쳐 정액기준으로 수익을 인식한다.

③ 설치용역이 재화와 구별되는 용역이라면 별도의 수행의무로 보아 수익을 인식한다.

④ 주문개발하는 소프트웨어의 대가로 수취하는 수수료는 인도기준에 따라 수익을 인식한다.

⑤ 광고매체수수료는 광고 또는 상업방송이 대중에 전달될 때 인식하고, 광고제작수수료는 광고제작의 진행률에 따라 인식한다.

06 다음 중 수익인식에 대한 설명으로 옳지 않은 것은?

① 수강료는 강의 기간 동안 발생주의로 수익을 인식한다.

② 이자수익은 이자를 현금으로 수취한 시점에 인식한다.

③ 배당수익은 주주로서 배당을 받을 권리가 확정되는 시점에 인식한다.

④ 예술공연, 축하연, 기타 특별공연 등에서 발생하는 수익은 행사가 개최되는 시점에 인식한다.

⑤ 검사조건부판매의 경우 재화나 용역이 합의된 규격에 부합하는지 객관적으로 판단할 수 있는 경우에는 고객 인수 여부와 상관없이 수익을 인식한다.

정답 | 해설

03 ③ 제3자를 대신해서 회수한 금액은 거래가격에 포함되지 않는다.

04 ⑤ 기댓값은 가능한 대가의 범위에 있는 모든 금액에 각 확률을 곱한 금액의 합이다.

05 ④ 주문개발하는 소프트웨어의 대가로 수취하는 수수료는 진행기준에 따라 수익을 인식한다.

06 ② 이자수익은 현금이나 현금성자산 또는 수취할 금액의 사용의 대가를 말하며, 이자수익은 계약에 따라 받게 될 금액이 사전에 결정되며 시간의 경과에 따라 수익이 발생한다. 따라서 이자수익은 발생주의를 적용한 유효이자율법으로 인식한다.

※ (주)한국은 (주)대한과 위탁판매계약을 맺고 있다. 20×2년 7월 1일 (주)한국은 (주)대한에 단위당 원가 ₩2,000인 상품 1,000개를 적송하고 적송운임 ₩200,000을 현금으로 지급하였다. 이후 (주)한국에 상품 1,000개를 개당 ₩3,200에 판매한 매출계산서와 함께 정산차액이 현금으로 송금되어 왔다. 다음을 참조하여 물음에 답하라. [07~08]

매출계산서		
수탁판매액	1,000개 × @₩3,200	₩3,200,000
차감		
• 판매수수료(매출액의 10%)	₩3,200,000 × 10%	(₩320,000)
• 판매운임		(₩100,000)
실수금		₩2,780,000

07 (주)한국이 보고할 위탁판매로 인한 순이익은 얼마인가?

① ₩240,000   ② ₩320,000   ③ ₩450,000

④ ₩580,000   ⑤ ₩600,000

08 (주)대한이 수탁판매로 포괄손익계산서에 인식할 금액은 얼마인가?

① ₩100,000   ② ₩250,000   ③ ₩320,000

④ ₩400,000   ⑤ ₩510,000

09 (주)한국은 20×1년 1월 1일에 액면금액 ₩1,000인 상품권 10매를 1매당 ₩900에 고객에게 최초 발행하였다. 고객은 상품권 액면금액의 80% 이상을 사용하면 잔액을 현금으로 돌려받을 수 있다. (주)한국은 20×1년 12월 31일까지 회수된 상품권 8매에 대해 상품인도와 함께 잔액 ₩700을 현금으로 지급하였다. (주)한국이 상기 상품권과 관련하여 20×1년 포괄손익계산서에 인식할 수익금액은? 제25회

① ₩6,500   ② ₩7,200   ③ ₩8,300

④ ₩9,000   ⑤ ₩10,000

10 (주)한국은 20×2.1.1.에 설비를 ₩400,000에 판매하였다. 해당 자산의 원가는 ₩280,000이다. 판매시 ₩100,000을 받고 잔액은 2년에 걸쳐 연도 말에 ₩150,000씩 받기로 하였다. 단, 현재가치 계산에는 6%의 할인율을 적용한다(2기 6%, 연금현가계수 1.8334). 20×2.12.31. 포괄손익계산서에 계상될 매출액과 이자수익은 각각 얼마인가? (단, 소수점 이하 버림)

	매출액	이자수익		매출액	이자수익
①	₩400,000	₩8,490	②	₩375,010	₩16,500
③	₩280,000	₩24,990	④	₩300,000	₩31,000
⑤	₩291,500	₩42,000			

07 ④ 적송품원가 = ₩2,000,000 + ₩200,000 = ₩2,200,000
∴ 위탁판매로 인한 손익 = ₩3,200,000 − ₩2,200,000(매출원가) − (₩320,000 + ₩100,000)
= ₩580,000

08 ③ 수탁사인 (주)대한이 인식할 수익은 수수료수익이다.
∴ ₩3,200,000 × 10% = ₩320,000

09 ① 상품권의 수익인식은 기업이 상품을 고객에 인도하는 시점에 수익으로 인식하고 상품권 할인액은 매출에 누리로 처리하여 수익을 차감한다.
∴ 인식할 수익금액 = (8매 × ₩900) − ₩700 = ₩6,500

10 ② (1) 20×2.1.1.
현재가치: ₩100,000 + (₩150,000 × 1.8334) = ₩375,010

(차) 현금	100,000	(대) 매출	375,010
장기매출채권	300,000	현재가치할인차금	24,990
매출원가	280,000	상품	280,000

(2) 20×2.12.31.

(차) 현금	150,000	(대) 장기매출채권	150,000
현재가치할인차금	16,500 *1	이자수익	16,500

*1 (₩375,010 − ₩100,000) × 6%

(3) 20×3.12.31.

(차) 현금	150,000	(대) 장기매출채권	150,000
현재가치할인차금	8,490 *2	이자수익	8,490

*2 ₩24,990 − ₩16,500

11 (주)한국은 고객과 20×1년부터 3년간 용역제공계약을 체결하고 용역을 제공하고 있다. 최초 계약시 총계약금액은 ₩2,000이었다. 20×2년 중 용역계약원가의 상승으로 총계약금액을 ₩2,400으로 변경하였다. 용역제공과 관련된 자료가 다음과 같을 때, (주)한국이 인식할 20×2년도 용역계약손익은? (단, 진행률에 의해 계약수익을 인식하며, 진행률은 총추정계약원가 대비 누적발생계약원가로 산정함) 제23회

구분	20×1년	20×2년	20×3년
당기발생계약원가	₩320	₩880	₩800
총추정계약원가	₩1,600	₩2,000	₩2,000

① 손실 ₩120
② 손실 ₩80
③ 이익 ₩120
④ 이익 ₩160
⑤ 이익 ₩240

12 12월 말 결산법인인 (주)한국은 20×1년 초에 도급금액이 ₩160,000인 건설공사를 수주하였다. 동 공사는 20×3년 말에 완공될 예정이며 용역제공 거래에 대한 수익인식은 진행기준을 적용한다. 다음의 자료를 기초로 (주)한국이 20×2년도에 인식해야 할 계약이익은 얼마인가? (단, 공사진행률 계산은 발생원가 기준에 따름)

	20×1년	20×2년	20×3년
• 각 연도에 발생한 계약원가	₩40,000	₩30,000	₩40,000
• 각 연도 말 추정 예상추가계약원가	₩40,000	₩30,000	–

① ₩2,000
② ₩5,000
③ ₩10,000
④ ₩12,000
⑤ ₩13,000

13 (주)한국은 20×1년 건설계약을 체결하고 공사를 진행하였다. 계약금액은 ₩400,000, 추정 총계약원가는 ₩300,000이다. 계약원가는 20×1년에 20%, 20×2년에 50% 그리고 20×3년에 나머지가 지출될 것으로 추정되었고 실제 발생액과 일치하였다. 20×3년에 완성된 공사는 발주자에게 즉시 인도되었다. 해당 공사와 관련하여 (주)한국이 20×3년에 인식할 진행기준과 완성기준에서의 이익의 차이는? (단, 진행기준의 진행률은 누적발생계약원가를 기준으로 결정함)

① ₩30,000   ② ₩40,000

③ ₩70,000   ④ ₩100,000

⑤ ₩120,000

정답 | 해설

11 ④

	20×1년	20×2년	20×3년
누적발생계약원가	₩320	₩1,200	₩2,000
총추정계약원가	₩1,600	₩2,000	₩2,000
진행률	20%	60%	100%

- 20×1년 계약이익 = (₩2,000 − ₩1,600) × 0.2 = ₩80
- 20×2년 계약이익 = (₩2,400 − ₩2,000) × 0.6 − ₩80 = ₩160 이익

12 ① (1) 공사진행률

	20×1년	20×2년	20×3년
각 연도별 누적계약원가	₩40,000	₩70,000	₩110,000
각 연도말 추정 예상추가계약원가	₩40,000	₩30,000	−
각 연도별 추정 총계약원가	₩80,000	₩100,000	₩110,000
진행률(누적)	50%	70%	100%

(2) 계약이익
- 20×1년: (₩160,000 − ₩80,000) × 50% = ₩40,000
- 20×2년: (₩160,000 − ₩100,000) × 70% − ₩40,000 = ₩2,000

13 ③ (1) 완성기준하에서 20×3년 계약이익 = ₩400,000 − ₩300,000 = ₩100,000

(2) 진행기준하에서 20×3년 계약이익 = (₩400,000 − ₩300,000) × (100% − 70%) = ₩30,000

∴ 이익차이: (1) − (2) = ₩70,000

14 (주)한국은 20×1년 1월 1일에 댐건설을 위하여 정부와 건설계약(공사기간 3년, 총 도급 계약금액 ₩6,000,000)을 체결하였다. (주)한국은 동 건설계약의 수익을 진행기준으로 인식하며, 발생한 누적계약원가를 기준으로 진행률을 계산한다. 동 건설공사계약과 관련된 연도별 자료는 다음과 같다. 이 건설공사계약과 관련하여 (주)한국이 20×1년 말과 20×2년 말 재무상태표상 인식할 미청구공사(초과청구공사) 금액은 얼마인가?

구분	20×1년	20×2년	20×3년
실제발생계약원가	₩2,000,000	₩1,300,000	₩2,200,000
연도 말 예상추가계약원가	₩3,000,000	₩2,200,000	–
공사대금 청구액	₩1,400,000	₩1,600,000	₩3,000,000
공사대금 회수액	₩1,000,000	₩1,800,000	₩3,200,000

	20×1년 말		20×2년 말	
①	초과청구공사	₩400,000	미청구공사	₩200,000
②	초과청구공사	₩400,000	초과청구공사	₩200,000
③	초과청구공사	₩500,000	미청구공사	₩500,000
④	미청구공사	₩1,000,000	초과청구공사	₩200,000
⑤	미청구공사	₩1,000,000	미청구공사	₩600,000

15 (주)한국은 20×1년 1월 1일에 공사계약(계약금액 ₩6,000)을 체결하였고 20×3년
도 말에 완공될 예정이다. (주)한국은 진행기준에 따라 수익과 비용을 인식하며, 진행
률은 추정총계약원가 대비 발생한 누적계약원가의 비율을 사용한다. 공사 관련 자료가
다음과 같을 때 20×2년의 공사계약손실은?

구분	20×1년	20×2년
발생한 누적계약원가	₩1,200	₩5,100
완성까지 추가계약원가 예상액	₩3,600	₩2,400
계약대금 회수액	₩1,300	₩2,500

① ₩1,300   ② ₩1,320

③ ₩1,500   ④ ₩1,620

⑤ ₩1,800

정답 | 해설

14 ⑤

	20×1년	20×2년	20×3년
누적발생계약원가	₩2,000,000	₩3,300,000	₩5,500,000
연도 말 예상추가계약원가	₩3,000,000	₩2,200,000	–
총예상계약원가	₩5,000,000(40%)	₩5,500,000(60%)	₩5,500,000(100%)

- 20×1년 미청구공사 = 미성공사 − 공사청구액 (미성공사 > 공사청구액)
  = (₩6,000,000 × 40%) − ₩1,400,000 = ₩1,000,000
- 20×2년 미청구공사 = 미성공사 − 공사청구액 (미성공사 > 공사청구액)
  = (₩6,000,000 × 60%) − (₩1,400,000 + ₩1,600,000) = ₩600,000

15 ⑤

	20×1년	20×2년
발생한 누적계약원가	₩1,200	₩5,100
총추정계약원가	₩4,800	₩7,500
누적진행률	25%	68%

- 계약수익 = ₩6,000 × (68% − 25%) = ₩2,580
- 계약원가 = ₩3,900 + (₩7,500 − ₩6,000) × (1 − 0.68) = ₩4,380
- ∴ 계약손실 = ₩4,380 − ₩2,580 = ₩1,800

◉ 간편법
  (₩7,500 − ₩6,000) + [(₩6,000 − ₩4,800) × 25%] = ₩1,800

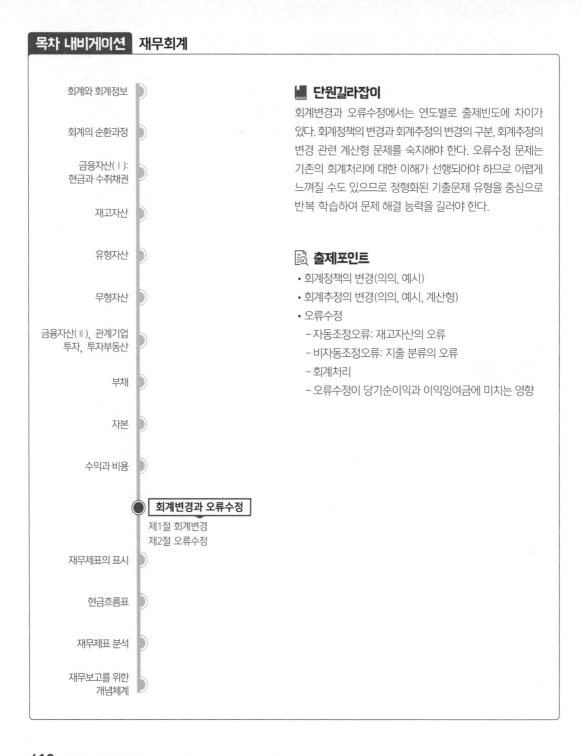

제 11 장 회계변경과 오류수정

📖 단원길라잡이

회계변경과 오류수정에서는 연도별로 출제빈도에 차이가 있다. 회계정책의 변경과 회계추정의 변경의 구분, 회계추정의 변경 관련 계산형 문제를 숙지해야 한다. 오류수정 문제는 기존의 회계처리에 대한 이해가 선행되어야 하므로 어렵게 느껴질 수도 있으므로 정형화된 기출문제 유형을 중심으로 반복 학습하여 문제 해결 능력을 길러야 한다.

🔍 출제포인트

- 회계정책의 변경(의의, 예시)
- 회계추정의 변경(의의, 예시, 계산형)
- 오류수정
  - 자동조정오류: 재고자산의 오류
  - 비자동조정오류: 지출 분류의 오류
  - 회계처리
  - 오류수정이 당기순이익과 이익잉여금에 미치는 영향

01 의의

회계변경은 경제적 또는 제도적 환경 등의 변화로 기업이 기존에 적용하던 회계정책, 회계추정 등을 새로운 것으로 변경하는 것을 말하며, 회계정책의 변경과 회계추정의 변경으로 구분한다. 회계정책의 변경은 재무제표의 작성과 보고에 적용하던 회계정책을 다른 회계정책으로 바꾸는 것을 의미하며, 회계추정의 변경은 지금까지 사용해 오던 회계추정치의 근거와 방법 등을 바꾸는 것을 말한다. 회계변경은 기업의 경제환경 변화를 반영하는 것이므로 회계정보의 유용성을 증가시킬 수 있으나 비교가능성을 저해할 수 있다.

02 회계정책의 변경

(1) 의의

회계정책이란 기업이 재무제표를 작성·표시하기 위하여 적용하는 구체적인 원칙, 근거, 관습, 규칙 및 관행을 말한다. 따라서 회계정책의 변경이란 재무제표의 작성과 보고에 적용하던 회계정책을 다른 회계정책으로 바꾸는 것을 말한다.

(2) 회계정책의 선택과 적용

거래, 기타 사건 또는 상황에 한국채택국제회계기준을 구체적으로 적용하는 경우 그 항목에 적용되는 회계정책은 한국채택국제회계기준을 적용하여 결정하는데, 회계정책의 적용 효과가 중요하지 않은 경우는 그 회계정책을 적용하지 않을 수 있다. 그러나 기업의 재무상태, 재무성과 또는 현금흐름을 특정한 의도대로 표시하기 위하여 한국채택국제회계기준에 위배된 회계정책을 적용하는 것은 그것이 중요하지 않더라도 적절하다고 할 수 없다. 거래, 기타 사건 또는 상황에 대하여 구체적으로 적용할 수 있는 한국채택국제회계기준이 없는 경우에는 경영진은 판단에 따라 회계정책을 개발 및 적용하여 회계정보를 작성할 수 있다. 이때 회계정보는 이용자의 경제적 의사결정 요구에 적합하며 신뢰할 수 있다는 두 가지 특성을 갖고 있어야 한다.

(3) 회계정책의 일관성

한국채택국제회계기준에서 범주별로 서로 다른 회계정책을 적용하도록 규정하거나 허용하는 경우, 각 범주에 대하여 선택한 회계정책을 일관성 있게 적용한다. 범주별로 서로 다른 회계정책을 적용하도록 규정하거나 허용하는 경우를 제외하고는 유사한 거래, 기타 사건 및 상황에는 동일한 회계정책을 선택하여 일관성 있게 적용한다.

(4) 회계정책의 변경이 가능한 경우

기업은 다음 중 하나의 경우에 회계정책을 변경할 수 있다.

① 한국채택국제회계기준에서 회계정책의 변경을 요구하는 경우
② 회계정책의 변경을 반영한 재무제표가 거래, 기타 사건 또는 상황이 재무상태, 경영성과 또는 현금흐름에 미치는 영향에 대하여 신뢰성 있고 더욱 목적적합한 정보를 제공하는 경우

(5) 회계정책의 변경에 해당되지 않는 경우

① 과거에 발생한 거래와 실질이 다른 거래, 기타 사건 또는 상황에 대하여 다른 회계정책을 적용하는 경우
② 과거에 발생하지 않았거나 발생하였더라도 중요하지 않았던 거래, 기타 사건 또는 상황에 대하여 새로운 회계정책을 적용하는 경우
◉ 한국채택국제회계기준을 조기 적용하는 것은 자발적인 회계정책의 변경에 해당하지 않는다.

(6) 회계정책의 변경에 해당되는 경우

① 재고자산 단위원가 결정방법: 선입선출법과 평균법간의 변경
② 유형자산과 무형자산의 측정기준의 변경: 원가모형과 재평가모형간의 변경
③ 투자부동산의 측정기준의 변경: 원가모형과 공정가치모형간의 변경

(7) 회계처리

① 일반적인 적용방법: 회계정책의 변경은 특정 기간에 미치는 영향이나 누적효과를 실무적으로 결정할 수 없는 경우를 제외하고는 다음과 같이 회계처리한다.
　㉠ 경과규정이 있는 한국채택국제회계기준을 최초로 적용하는 경우에 발생하는 회계정책의 변경은 해당 경과규정에 따라 회계처리한다.
　㉡ 경과규정이 없는 한국채택국제회계기준을 최초로 적용하는 경우에 발생하는 회계정책의 변경이나 자발적인 회계정책의 변경은 소급적용한다.
② 누적효과를 결정할 수 없는 경우: 당기 초 시점에 과거기간 전체에 대한 새로운 회계정책 적용의 누적효과를 실무적으로 결정할 수 없는 경우, 실무적으로 적용할 수 있는 가장 이른 날부터 새로운 회계정책을 전진적용하여 비교정보를 재작성한다.

회계정책, 회계추정 및 오류에 관한 설명으로 옳은 것은?

① 과거에 발생한 거래와 실질이 다른 거래, 기타 사건 또는 상황에 대하여 다른 회계정책을 적용하는 경우는 회계정책의 변경에 해당한다.
② 한국채택국제회계기준을 조기 적용하는 것은 자발적인 회계정책의 변경에 해당한다.
③ 한국채택국제회계기준에서 회계정책의 변경을 요구하는 경우를 제외하고는 회계정책을 변경할 수 없다.
④ 측정기준의 변경은 회계추정의 변경이 아니라 회계정책의 변경이다.
⑤ 감가상각방법의 변경은 회계정책의 변경이다.

해설

① 과거에 발생한 거래와 실질이 다른 거래, 기타 사건 또는 상황에 대하여 다른 회계정책을 적용하는 경우는 회계정책의 변경에 해당하지 아니한다.
② 한국채택국제회계기준을 조기 적용하는 것은 자발적인 회계정책의 변경에 해당하지 아니한다.
③ 회계정책의 변경을 반영한 재무제표가 거래, 기타 사건 또는 상황이 재무상태, 재무성과 또는 현금흐름에 미치는 영향에 대하여 신뢰성이 있고 더 목적적합한 정보를 제공하는 경우에도 회계정책의 변경이 허용된다.
⑤ 감가상각방법의 변경은 회계추정의 변경이다.

정답: ④

03 회계추정의 변경

(1) 의의

회계추정의 변경은 기업환경의 변화, 새로운 정보의 획득 또는 경험의 축적에 따라 지금까지 사용해 오던 회계적 추정치의 근거와 방법을 바꾸는 것을 말한다. 여기서 회계추정은 기업환경의 불확실성하에서 미래의 재무적 결과를 사전적으로 예측하는 것으로, 새로운 상황 등의 전개에 따라 지금까지 사용해 오던 회계적 추정치를 바꾸는 것이므로 오류수정에 해당되지 않는다. 합리적 추정을 사용하는 것은 재무제표 작성의 필수과정이며 재무제표의 신뢰성을 손상시키지 않는다.

(2) 회계추정의 변경에 해당되는 경우

① 매출채권의 손실예상률의 변경
② 재고자산의 진부화의 변경
③ 감가상각방법의 변경
④ 감가상각자산의 내용연수 또는 잔존가치 추정의 변경
⑤ 제품보증충당부채 관련 제품보증비율 추정의 변경
⑥ 건설계약에서 총공사예정원가 추정치의 변경

● 추가적 상황이 아니라 기존의 추정치를 파악할 당시에 정보를 잘못 이용·파악한 경우 등은 회계오류에 해당한다.

(3) 회계처리

회계추정의 변경에 따른 효과를 변경이 발생한 기간 또는 미래기간의 당기손익에 포함하여 전진적으로 인식한다. 즉, '회계변경연도 초의 장부금액'에 근거하여 회계변경기간과 그 이후의 회계기간에 대해서만 변경된 방법을 적용하면 된다.

확인 및 기출예제

(주)한국은 20×1년 초 기계장치(취득원가 ₩200,000, 내용연수 5년, 잔존가치 ₩20,000, 정액법 적용)를 취득하였다. 20×3년 초 (주)한국은 20×3년을 포함한 잔존내용연수를 4년으로 변경하고, 잔존가치는 ₩30,000으로 변경하였다. 이러한 내용연수 및 잔존가치의 변경은 적당한 회계변경으로 인정된다. (주)한국의 20×3년 동 기계장치에 대한 감가상각비는? (단, 원가모형을 적용하며, 감가상각비는 월할계산함)   제22회

① ₩23,000   ② ₩24,500
③ ₩28,333   ④ ₩30,000
⑤ ₩32,000

해설
───
회계변경연도 초 감가상각누계액 = (₩200,000 − ₩20,000) × 2/5 = ₩72,000
∴ 20×3년 감가상각비 = (₩200,000 − ₩72,000 − ₩30,000) × 1/4 = ₩24,500   정답: ②

---

04 회계변경의 기타 사항

(1) 회계정책의 변경과 회계추정의 변경을 구분하는 것이 어려운 경우에는 이를 회계추정의 변경으로 본다.

(2) 측정기준의 변경(예 원가모형 ⇨ 재평가모형)은 회계추정의 변경이 아니라 회계정책의 변경에 해당한다.

제2절 오류수정

01 의의

회계상의 오류란 회계정책 적용의 오류, 회계추정의 오류, 계정분류의 오류, 계산의 오류, 사실의 오용, 누락 등의 원인으로 특정 회계처리가 잘못된 것을 의미한다.

● 새로운 사건이 발생함에 따라 추가적인 정보나 경험에 기초하여 과거의 추정을 변경하는 경우에 발생하는 수정사항은 추정의 변경으로 본다.

02 오류의 유형

(1) 과거연도 당기순이익에 영향을 미치지 않는 오류

과거의 재무제표 계정분류상의 오류를 말하며, 재무상태표 오류와 포괄손익계산서 오류가 있다. 이는 당기의 재무제표 일부를 왜곡하지만 차기 이후의 재무제표에는 전혀 영향을 미치지 아니하므로 중요성이 떨어진다. 따라서 동 오류를 수정할 경우에는 관련 자산과 부채 또는 수익과 비용을 적절하게 수정한다.

예 • 재무상태표 오류: 매출채권계정을 미수금계정으로 분류한 경우
　　• 포괄손익계산서 오류: 접대비계정을 기부금계정으로 분류한 경우

(2) 과거연도 당기순이익에 영향을 미치는 오류

재무상태표와 포괄손익계산서에 동시에 영향을 미치는 혼합오류를 말한다. 주로 재무상태표의 자산·부채계정이 과소 또는 과대되면서 동시에 포괄손익계산서의 수익·비용이 과대 또는 과소되는 형태로 오류가 발생하며 자동조정오류와 비자동조정오류가 있다.

① **자동조정오류**: 오류가 발생한 연도에 발견되지 않았을 경우 다음 연도에 정반대의 효과가 나타나 두 회계기간 전체로 보면 재무제표에 영향이 없는 오류를 말한다(예 재고자산의 오류, 선수수익·선급비용의 오류, 미수수익·미지급비용의 오류 등).

확인 및 기출예제

실지재고조사법을 적용하는 (주)한국은 20×1년 기말재고자산(상품) ₩10,000(원가)을 누락하여 과소계상하였다. 해당 오류가 향후 밝혀지지 않을 경우, 다음 설명 중 옳은 것은?

제24회

① 20×1년 매출원가는 ₩10,000 과대계상된다.
② 20×1년 영업이익은 ₩10,000 과대계상된다.
③ 20×2년 기초재고자산은 ₩10,000 과대계상된다.
④ 20×2년 매출원가는 ₩10,000 과대계상된다.
⑤ 누락된 기말재고자산이 20×2년 중 판매되었다면 20×3년 매출총이익은 ₩10,000 과대계상된다.

해설

20×1년 기말재고 과소는 20×2년 초 기초재고 과소가 된다.
• 20×1년: 기말재고의 과소 ⇨ 매출원가 과대 ⇨ 영업이익 과소
• 20×2년: 기초재고의 과소 ⇨ 매출원가 과소 ⇨ 영업이익 과대
② 과소계상된다.
③ 과소계상된다.
④ 과소계상된다.
⑤ 기말재고의 오류는 자동조정오류이므로 20×2년 마감 후 오류효과는 자동조정된다.

정답: ①

---

② 비자동조정오류: 발생시 수정하지 않을 경우 그 다음 연도에 자동적으로 상쇄되지 않아 그 오류 효과가 두 회계연도에 걸쳐서 자동적으로 수정되지 않는 오류를 말한다. 비자동조정오류는 주로 비유동자산 및 비유동부채와 관련하여 발생하는 경우가 많다(예 감가상각비의 오류, 자본적 지출을 수익적 지출로 잘못 처리한 경우, 사채할인발행차금 상각의 오류 등).

> **확인 및 기출예제**
>
> (주)한국은 20×3년 1월 1일 기계장치(취득일 20×2년 1월 1일, 내용연수 5년, 잔존가치 ₩0, 정액법 상각)의 성능 향상(내용연수에는 영향 없음)을 위해 ₩500,000을 지출하였다. 이는 자본적 지출에 해당하나 당기비용으로 회계처리하였다. 이러한 오류가 20×3년도 당기순이익에 미치는 영향으로 옳은 것은?
>
> ① ₩500,000 감소   ② ₩400,000 감소   ③ ₩375,000 감소
> ④ ₩375,000 증가   ⑤ ₩400,000 증가
>
> **해설**
>
> 자본적 지출을 수익적 지출로 처리하였으므로 비용이 과대계상, 당기순이익이 과소계상된다.
>
> | 구분 | 회사측 회계처리 | | 올바른 회계처리 | |
> |------|------|------|------|------|
> | 20×3년 | 수선비 | ₩500,000 | 기계장치 | ₩500,000 |
> | | | | 감가상각비* | ₩125,000 |
> | | | | * (₩500,000 − ₩0) × 1/4 | |
> | 차이 | 비용 ₩375,000 과대계상 | | | |
>
> 정답: ③

03 오류수정의 회계처리

당기 중에 발견된 당기의 오류는 재무제표의 발행승인일 이전에 수정하면 된다. 그러나 중요한 오류를 후속기간에 발견한 경우, 이러한 전기오류는 해당 후속기간의 재무제표에 표시된 재무정보를 재작성하여 수정하여야 한다. 즉, 중요한 전기오류의 수정은 오류가 발견된 기간의 당기손익으로 보고하지 않는다. 따라서 중요한 전기오류는 특정 기간에 미치는 오류의 영향이나 오류의 누적효과를 실무적으로 결정할 수 없는 경우를 제외하고 소급·재작성하여 수정한다.

> **더 알아보기** '중요한'의 의미
>
> 특정 보고기업에 대한 재무정보를 제공하는 일반목적재무제표에 정보를 누락하거나 잘못 기재하거나 불분명하게 하여 이를 기초로 하는 주요 이용자의 의사결정에 영향을 줄 것으로 합리적으로 예상할 수 있다면, 그 정보는 '중요한' 정보이다.

01 과거에 발생한 거래와 실질이 다른 거래, 기타 사건 또는 상황에 대하여 다른 회계정책을 적용하는 경우는 회계정책의 변경에 해당한다. ( )

02 회계정책의 변경의 회계처리는 항상 소급적용한다. ( )

03 재고자산 단위원가 결정방법의 변경, 감가상각방법의 변경, 유형자산의 측정기준의 변경은 회계정책의 변경에 해당된다. ( )

04 기말재고 과대는 매출원가의 과소, 당기순이익 과대 그리고 기말이익잉여금 과대가 된다. ( )

05 중요한 전기오류를 후속기간에 발견한 경우는 전진법에 의하여 당기와 당기 이후의 회계연도에 반영한다. ( )

---

01 × 회계정책의 변경에 해당하지 않는다.

02 × 누적효과를 실무적으로 결정할 수 없는 경우를 제외하고 소급적용한다.

03 × 감가상각방법의 변경은 회계추정의 변경이다.

04 ○

05 × 전진법이 아니라 소급법을 적용하여 비교표시되는 재무제표를 재작성한다.

01 회계변경 및 오류수정에 관한 설명으로 옳지 않은 것은?

① 과거의 합리적 추정이 후에 새로운 정보 추가로 수정되는 것은 오류수정이 아니다.
② 거래의 실질이 다른 거래에 대해 다른 회계정책을 적용하는 것은 회계정책의 변경이다.
③ 측정기준의 변경은 회계정책의 변경이다.
④ 자산으로 처리해야 할 항목을 비용 처리한 것은 오류에 해당된다.
⑤ 감가상각자산의 추정내용연수가 변경되는 경우 그 변경 효과는 전진적으로 인식한다.

02 회계추정의 변경에 해당하지 않는 것은?   제15회

① 유형자산의 잔존가치를 취득원가의 10%에서 5%로 변경하는 경우
② 유형자산의 내용연수를 5년에서 10년으로 변경하는 경우
③ 유형자산의 감가상각방법을 정률법에서 정액법으로 변경하는 경우
④ 제품보증충당부채의 적립비율을 매출액의 1%에서 2%로 변경하는 경우
⑤ 재고자산의 단위원가 결정방법을 선입선출법에서 총평균법으로 변경하는 경우

03 (주)한국은 20×1년 1월 1일에 업무용 차량(취득원가 ₩500,000, 내용연수 5년, 잔존가치 ₩50,000)을 취득하여 연수합계법으로 감가상각하였다. (주)한국은 20×2년 초 동 차량의 잔존내용연수를 3년, 잔존가치를 ₩20,000으로 추정하여 변경하였으며, 동시에 감가상각방법을 정액법으로 변경하였다. 이러한 변경이 정당한 회계변경에 해당할 경우, (주)한국이 20×2년도에 인식할 동 차량의 감가상각비는? (단, 원가모형을 적용함)

제21회

① ₩110,000   ② ₩125,000

③ ₩130,000   ④ ₩145,000

⑤ ₩150,000

정답 | 해설

01 ② 거래의 실질이 다른 거래에 대해 다른 회계정책을 적용하는 것은 회계정책의 변경에 해당되지 아니한다.

02 ⑤ 재고자산의 단위원가 결정방법을 변경하는 것은 <u>회계정책의 변경</u>이다.

03 ① 20×2년 초 감가상각누계액 = (₩500,000 − ₩50,000) × 5/15 = ₩150,000

∴ 20×2년 감가상각비(전진법) = (₩500,000 − ₩150,000 − ₩20,000) × 1/3 = ₩110,000

04 실지재고조사법을 사용하는 기업이 당기 중 상품 외상매입에 대한 회계처리를 누락하였다. 기말 현재 동 매입채무는 아직 상환되지 않았다. 기말 실지재고조사에서는 이 상품이 포함되었다. 외상매입에 대한 회계처리 누락의 영향으로 옳은 것은?

제14회

	자산	부채	자본	당기순이익
①	과소	과소	영향 없음	영향 없음
②	과소	과소	과대	과대
③	과소	과소	영향 없음	과소
④	영향 없음	과소	과대	과대
⑤	영향 없음	영향 없음	영향 없음	영향 없음

05 기말재고조사법으로 회계처리하는 회사가 연말에 상품 외상구입에 대한 기록을 하지 않았다. 이 상품이 기말재고실사시 누락되었다고 할 경우 기말의 자산, 부채, 자본과 당 회계연도의 순이익에 미치는 영향은?

	자산	부채	자본	순이익
①	영향 없음	과소계상	과대계상	과대계상
②	영향 없음	과대계상	과소계상	과소계상
③	과소계상	과소계상	영향 없음	영향 없음
④	과소계상	영향 없음	영향 없음	과소계상
⑤	과소계상	과소계상	과대계상	과대계상

06 다음의 오류로 인하여 20×2년 당기순이익에 미치는 영향은?

오류 내용	20×1년	20×2년
기말재고액	₩1,000 과대	₩2,000 과소

① ₩1,000 과대   ② ₩2,000 과대
③ ₩2,000 과소   ④ ₩3,000 과대
⑤ ₩3,000 과소

07 (주)한국은 20×3년 회계연도 중 다음과 같은 오류가 있음을 발견하였다.

> • 20×2년: 기말재고자산 ₩15,000 과대계상, 감가상각비 ₩12,500 과대계상
> • 20×3년: 기말재고자산 ₩5,000 과소계상, 감가상각비 ₩4,000 과소계상

위의 사항을 제외한 오류 및 수정사항이 없다면 (주)한국의 20×4년 1월 1일 현재 이익잉여금에 미치는 영향은 얼마인가?

① ₩1,000 과소
② ₩1,500 과대
③ ₩3,500 과대
④ ₩13,500 과소
⑤ ₩18,500 과대

정답 | 해설

04 ④ (차) 매입 　　　　　×××　　　　　(대) 외상매입금　　　　　×××
  • 매입 누락 ⇨ 매출원가(가산요소) 과소 ⇨ 당기순이익 과대 ⇨ 자본 과대
  • 외상매입금 누락 ⇨ 부채 과소 ⇨ 자본 과대

05 ③ • 외상구입 누락: 매입(과소), 외상매입금(부채 과소)
  • 기말 실사 누락: 기말재고(자산 과소), 매출원가(과대)
    자산과 부채는 과소계상되나 이로 인한 순자산의 변동은 없다.

06 ⑤ • 기초 ₩1,000 과대 ⇨ 매출원가 ₩1,000 과대 ⇨ 이익 ₩1,000 과소
  • 기말 ₩2,000 과소 ⇨ 매출원가 ₩2,000 과대 ⇨ 이익 ₩2,000 과소

07 ④ 기말재고자산은 자동조정오류이고 감가상각비는 비자동조정오류이므로, 20×4년 1월 1일 현재 이익잉여금에는 20×3년 기말재고와 감가상각비 오류가 영향을 미친다.
  • 20×3년: 기말재고 과소 ⇨ 매출원가 과대 ⇨ 이익 과소
      감가상각비 과소 ⇨ 이익 과대
  • 20×2년: 감가상각비 과대 ⇨ 이익 과소
      ₩5,000 + ₩12,500 − ₩4,000 = ₩13,500

08 (주)한국은 20×1년 10월 1일 기계장치(잔존가치 ₩1,000, 내용연수 5년, 정액법 상각)를 ₩121,000에 현금으로 취득하면서 기계장치를 소모품비로 잘못 기입하였다. 20×1년 결산시 장부를 마감하기 전에 동 오류를 확인한 경우, 필요한 수정분개는? (단, 원가모형을 적용하며 감가상각은 월할상각함) 제21회

	차변		대변	
①	기계장치	115,000	현금	115,000
②	기계장치	121,000	현금	121,000
③	기계장치	115,000	소모품비	115,000
	감가상각비	6,000	감가상각누계액	6,000
④	기계장치	121,000	소모품비	121,000
	감가상각비	6,000	감가상각누계액	6,000
⑤	기계장치	121,000	소모품비	121,000
	감가상각비	24,000	감가상각누계액	24,000

09 (주)한국은 당기에 다음과 같은 오류를 발견하고, 장부 마감 전에 이를 수정하였다. 오류수정 전 당기순이익이 ₩100,000이라고 할 때 오류수정 후 당기순손익은?

- 당기 7월 1일 수령한 선수임대료 ₩120,000을 전액 임대료수익으로 계상하였으며 임대기간은 당기 7월 1일부터 차기 6월 30일까지이다.
- 당기 발생 미지급급여 ₩100,000을 누락하고 인식하지 않았다.
- 당기 발생 미수이자 ₩40,000을 누락하고 인식하지 않았다.
- 도착지인도조건으로 당기 12월 29일 선적하여 차기 1월 5일 인도예정인 상품에 대해 당기 12월 29일에 매출 ₩200,000과 매출원가 ₩150,000을 인식하였다.

① 당기순이익 ₩30,000
② 당기순이익 ₩70,000
③ 당기순손실 ₩70,000
④ 당기순이익 ₩150,000
⑤ 당기순손실 ₩150,000

10 20×1년 말 (주)한국이 작성한 재무제표에서 다음과 같은 오류가 발견되었다. 이들 오류가 당기순이익에 미치는 영향은?

> • 선적지인도조건으로 매입하여 20×1년 말 운송 중인 상품 ₩600,000이 장부에 기록되지 않았으며, 기말재고자산에도 포함되지 않았다.
> • 20×1년 초 본사의 사무용 비품 ₩1,000,000(내용연수 5년, 잔존가치 없음)을 취득하면서 비용으로 처리하였다. 동 비품은 정액법으로 감가상각하여야 한다.

① ₩400,000 과소계상 ② ₩800,000 과소계상
③ ₩1,000,000 과소계상 ④ ₩1,400,000 과소계상
⑤ ₩1,600,000 과소계상

정답 | 해설

08 ④ • 회사측(誤)

| (차) 소모품비 | 121,000 | (대) 현금 | 121,000 |

  • 올바른 회계처리(正)

| (차) 기계장치 | 121,000 | (대) 현금 | 121,000 |
| 감가상각비 | 6,000* | 감가상각누계액 | 6,000 |

  * (₩121,000 − ₩1,000) × 1/5 × 3/12
  ∴ [수정분개]

| (차) 기계장치 | 121,000 | (대) 소모품비 | 121,000 |
| 감가상각비 | 6,000 | 감가상각누계액 | 6,000 |

09 ③ 수정 후 당기순손익
  = 수정 전 당기순이익 − 선수임대료 − 미지급급여 + 미수이자 − 매출(수익)과대 + 매출원가(비용)과대
  = ₩100,000 − (₩120,000 × 6/12) − ₩100,000 + ₩40,000 − ₩200,000 + ₩150,000
  = − ₩70,000
  ∴ 당기순손실 = ₩70,000

10 ② • 매입 누락, 기말재고자산 누락: 매출원가 영향 없음 ⇨ 당기순이익 영향 없음
  • 비용 ₩800,000 과대 ⇨ 당기순이익 ₩800,000 과소
  ◉ (1) 회사측: 전액 비용 처리 ₩1,000,000
    (2) 올바른 회계처리
      • 비품(자산)　　　　　₩1,000,000
      • 감가상각비(비용)　　₩200,000(= ₩1,000,000 ÷ 5년)
    (3) 차이: ₩1,000,000 − ₩200,000 = ₩800,000 비용 과대 ⇨ 당기순이익 과소

제 12 장 재무제표의 표시

📖 단원길라잡이

재무제표의 의의, 구성, 작성과 표시에 적용되는 일반 원칙, 재무상태표, 포괄손익계산서, 자본변동표, 현금흐름표에 각각 표시되는 정보의 내용에 대한 이해가 선행되어야 한다. 주로 지문형 문제로 출제되고 있으나 포괄손익계산서의 경우 다단계 계산구조로 구성되어 있어 각 구간별 계산 내역에 대하여 이해하고 계산할 수 있어야 하므로 연습을 통해 풀이 능력을 늘려야 한다.

🔍 출제포인트

- 전체 재무제표의 종류, 재무제표의 표시 일반사항
- 재무상태표
  - 재무상태표에 표시되는 정보
  - 유동자산과 유동부채의 구분
  - 재무상태표의 표시방법
- 포괄손익계산서
  - 포괄손익계산서에 표시되는 정보
  - 포괄손익계산서의 표시방법
  - 비용의 분류방법
  - 영업손익, 당기순손익 및 총포괄손익의 계산

01 재무보고

재무보고는 현재 및 잠재적인 투자자와 채권자가 합리적인 의사결정을 하는 데 유용한 정보를 제공하는 것을 목적으로 하며 재무제표는 재무보고의 중추적인 전달 수단이다.

02 재무제표의 목적과 전체 재무제표

(1) 재무제표의 목적

재무제표의 목적은 광범위한 정보이용자의 경제적 의사결정에 유용한 기업의 재무상태와 재무성과, 재무상태 변동에 관한 정보를 제공하는 것이다. 또한 재무제표는 위탁받은 자원에 대한 경영진의 수탁책임 결과도 보여 준다. 이러한 목적을 충족하기 위하여 재무제표는 다음과 같은 기업정보를 제공한다.

> ① 자산
> ② 부채
> ③ 자본
> ④ 차익과 차손을 포함한 광의의 수익과 비용
> ⑤ 소유주로서의 자격을 행사하는 소유주에 의한 출자와 소유주에 대한 배분
> ⑥ 현금흐름

이러한 정보는 주석에서 제공되는 정보와 함께 재무제표이용자가 기업의 미래현금흐름, 특히 그 시기와 확실성을 예측하는 데 도움을 준다.

(2) 전체 재무제표

① **구성요소**: 재무제표는 외부정보 이용자들의 의사결정에 유용한 정보를 제공하기 위해서 작성되며 전체 재무제표는 다음을 모두 포함하여야 한다.

ㄱ **기말 재무상태표**: 재무상태를 표시하며 재무상태는 자산, 부채, 자본을 통해 파악된다.

ㄴ **기간 포괄손익계산서**: 재무성과를 표시하며 재무성과는 경영성과와 같은 개념이며 수익과 비용을 통해 파악되는 당기순이익과 기타포괄손익으로 구성된다.

ㄷ **기간 자본변동표**: 일정 기간 자본의 크기와 변동을 표시한다.

ㄹ **기간 현금흐름표**: 일정 기간 현금흐름을 표시한다.

ㅁ **주석**: 유의적인 회계정책의 요약 및 그 밖의 설명으로 구성된다.

ㅂ 회계정책을 소급하여 적용하거나, 재무제표의 항목을 소급하여 재작성 또는 재분류하는 경우 전기 기초 재무상태표

② **다른 명칭으로 사용 가능:** 한국채택국제회계기준에서 사용하는 재무제표의 명칭이 아닌 다른 명칭을 사용할 수 있다.

③ **동등한 비중으로 표시:** 각각의 재무제표는 전체 재무제표에서 동등한 비중으로 표시한다.

④ **당기순손익의 표시방법:** 당기순손익의 구성요소를 단일 손익과 기타포괄손익계산서의 일부로 표시하거나 별개의 손익계산서에 표시할 수 있다. 별개의 손익계산서를 작성하는 경우 그 손익계산서는 전체 재무제표의 일부이며, 포괄손익계산서의 바로 앞에 표시한다.

⑤ **기준의 적용범위에 해당하지 않는 경우:** 환경보고서나 부가가치보고서와 같은 재무제표 이외의 보고서는 한국채택국제회계기준의 적용범위에 해당하지 않는다.

확인 및 기출예제

한국채택국제회계기준에서 제시하고 있는 전체 재무제표에 해당하지 않는 것을 모두 고른 것은?

제27회

㉠ 기말 재무상태표	㉡ 경영진 재무검토보고서
㉢ 환경보고서	㉣ 기간 현금흐름표
㉤ 기간 손익과 기타포괄손익계산서	㉥ 주석

① ㉠, ㉡   ② ㉡, ㉢
③ ㉢, ㉣   ④ ㉣, ㉤
⑤ ㉤, ㉥

해설

전체 재무제표에는 기말 재무상태표, 기간 포괄손익계산서(또는 기간 손익과 기타포괄손익계산서), 기간 자본변동표, 기간 현금흐름표, 주석 등이 있다. 따라서 경영진 재무검토보고서(㉡)와 환경보고서(㉢)는 한국채택국제회계기준에서 제시하고 있는 전체 재무제표에 해당하지 않는다.

정답: ②

---

03 재무제표 작성과 표시에 관한 일반 사항

(1) 공정한 표시와 한국채택국제회계기준의 준수

① 재무제표는 기업의 재무상태, 성과 및 현금흐름을 공정하게 표시해야 한다. 공정한 표시를 위해서는 '개념체계'에서 정한 자산, 부채, 수익, 비용에 대한 정의와 인식요건에 따라 거래, 그 밖의 사건과 상황의 효과를 충실하게 표현해야 한다. 따라서 한국채택국제회계기준에 따라 작성된 재무제표는 공정하게 표시된 재무제표로 본다.

② 한국채택국제회계기준을 준수하여 재무제표를 작성한 기업은 그러한 준수 사실을 주석에 명시적이고 제한 없이 기재한다.

③ 재무제표가 한국채택국제회계기준의 요구사항을 모두 충족한 경우가 아니라면 한국채택국제회계기준을 준수하여 작성되었다고 기재하여서는 아니 된다.

④ 한국채택국제회계기준을 준수하여 작성된 재무제표는 국제회계기준을 준수하여 작성된 재무제표임을 주석으로 공시할 수 있다.

⑤ 부적절한 회계정책의 경우 이에 대하여 공시나 주석 또는 보충자료를 통해 설명하더라도 정당화될 수 없다.

(2) 계속기업

경영진은 재무제표를 작성할 때 계속기업으로서의 존속가능성을 평가해야 한다. 경영진이 기업을 청산하거나 경영활동을 중단할 의도를 가지고 있지 않거나 청산 또는 경영활동의 중단 외에 다른 현실적 대안이 없는 경우가 아니면 계속기업을 전제로 재무제표를 작성한다. 또한 계속기업으로서의 존속 능력에 유의적인 의문이 제기될 수 있는 사건이나 상황과 관련된 불확실성을 공시해야 한다. 계속기업의 가정이 적절한지의 여부를 평가할 때 경영진은 적어도 보고기간 종료일로부터 향후 12개월 기간에 대하여 이용 가능한 모든 정보를 고려한다.

(3) 발생기준 회계

기업은 현금흐름정보를 제외하고는 발생기준 회계를 사용하여 재무제표를 작성한다. 발생기준 회계를 사용하는 경우 각 항목이 개념체계의 정의와 인식요건을 충족할 때 자산, 부채, 자본, 광의의 수익 및 비용(재무제표의 요소)으로 인식한다.

(4) 중요성과 구분 및 통합 표시

성격과 기능이 유사한 항목은 중요성의 분류에 따라 재무제표에 구분하여 표시하고 상이한 성격과 기능을 가진 항목은 구분하여 표시한다. 중요하지 않은 항목은 성격이나 기능이 유사한 항목과 통합하여 표시할 수 있다.

(5) 상계

① 원칙적 금지: 한국채택국제회계기준에서 요구하거나 허용하지 않는 한 자산과 부채 그리고 수익과 비용은 상계하지 아니한다. 그러나 재고자산에 대한 재고자산평가충당금과 매출채권에 대한 대손(손실)충당금과 같은 평가충당금을 차감하여 관련 자산을 순액으로 측정하는 것은 상계에 해당하지 아니한다.

② **예외적 허용:** 동일 거래에서 발생하는 수익과 관련 비용의 상계표시가 거래나 그 밖의 사건의 실질을 반영한다면 그러한 거래의 결과는 상계하여 표시한다. 예를 들면 다음과 같다.

 ㉠ 투자자산 및 영업용 자산을 포함한 비유동자산의 처분손익은 처분대금에서 그 자산의 장부금액과 관련 처분비용을 차감하여 표시한다.

 ㉡ K-IFRS 1037 '충당부채, 우발부채 및 우발자산'에 따라 인식한 충당부채와 관련된 지출을 제3자와의 계약관계에 따라 보전받는 경우, 해당 지출과 보전받는 금액은 상계하여 표시할 수 있다(임의조항).

 ㉢ 외환손익 또는 당기손익-공정가치측정 금융상품에서 발생하는 손익과 같이 유사한 거래의 집합에서 발생하는 차익과 차손은 순액으로 표시한다. 다만, 그러한 차익과 차손이 중요한 경우는 구분하여 표시한다.

(6) 보고빈도

전체 재무제표는 적어도 1년마다 작성한다. 보고기간 종료일을 변경하여 재무제표의 보고기간이 1년을 초과하거나 미달하는 경우 재무제표 해당 기간뿐만 아니라 다음 사항을 추가로 공시한다.

① 보고기간이 1년을 초과하거나 미달하게 된 이유

② 재무제표에 표시된 금액이 완전하게 비교 가능하지는 않다는 사실

일반적으로 재무제표는 일관성 있게 1년 단위로 작성한다. 그러나 실무적인 이유로 어떤 기업은 주로 52주의 보고기간을 선호한다. 기준서는 이러한 보고관행을 금지하지 않는다.

(7) 비교정보

① **원칙:** 한국채택국제회계기준이 달리 허용하거나 요구하는 경우를 제외하고는 당기 재무제표에 보고되는 모든 금액에 대해 전기 비교정보를 공시한다. 당기 재무제표를 이해하는 데 목적적합하다면 서술형 정보의 경우도 비교정보에 포함한다. 비교정보를 공시하는 기업은 적어도 두 개의 재무상태표와 두 개씩의 그 밖의 재무제표 및 관련 주석을 표시해야 한다.

 ◉ **일반적인 경우 비교표시:** 두 개(당기 말, 전기 말)의 재무상태표와 두 개씩의 그 밖의 재무제표 및 관련 주석

② **예외:** 회계정책을 소급하여 적용하거나 재무제표의 항목을 소급하여 재작성 또는 재분류하는 경우에는 적어도 세 개의 재무상태표와 두 개씩의 그 밖의 재무제표 및 관련 주석을 표시해야 한다. 재무상태표는 다음 시점을 기준으로 표시한다.

 ㉠ 당기말

ⓛ 전기말

ⓒ 전기초

⦿ 소급적용하는 경우: 세 개의 재무상태표와 두 개씩의 그 밖의 재무제표 및 관련 주석

③ 비교금액의 재분류: 재무제표항목의 표시나 분류를 변경하는 경우 실무적으로 적용할
수 없는 것이 아니라면 비교금액도 재분류해야 한다.

(8) 표시의 계속성

재무제표항목의 표시와 분류는 다음의 경우를 제외하고는 매기 동일해야 하며 표시방법을
변경할 때에는 비교정보를 재분류한다.

① 사업내용의 유의적인 변화나 재무제표를 검토한 결과 다른 표시나 분류방법이 더 적절
한 것이 명백한 경우

② 한국채택국제회계기준에서 표시방법의 변경을 요구한 경우

확인 및 기출예제

재무제표의 작성과 표시에 적용되는 일반사항에 관한 설명으로 옳지 않은 것은? 제27회

① 경영진은 재무제표를 작성할 때 계속기업으로서의 존속가능성을 평가해야 한다.
② 부적절한 회계정책은 이에 대하여 공시나 주석 또는 보충자료를 통해 설명하더라도 정
당화될 수 없다.
③ 전체 재무제표(비교정보를 포함한다)는 적어도 1년마다 작성한다.
④ 한국채택국제회계기준에서 요구하거나 허용하지 않는 한 자산과 부채, 그리고 수익과
비용은 상계하지 아니한다.
⑤ 모든 재무제표는 발생기준 회계를 사용하여 작성해야 한다.

해설

기업은 현금흐름정보를 제외하고는 발생기준 회계를 사용하여 재무제표를 작성해야 한다.   정답: ⑤

---

04 재무제표의 식별

재무제표는 동일 문서에 포함되어 함께 공표되는 그 밖의 정보와 명확하게 구분되고 식별되
어야 한다. 한국채택국제회계기준은 오직 재무제표에만 적용하며 연차보고서, 감독기구 제
출서류 또는 다른 문서에 표시되는 그 밖의 정보에 반드시 적용하여야 하는 것은 아니다. 따
라서 한국채택국제회계기준을 준수하여 작성된 정보와 한국채택국제회계기준에서 요구하지
않지만 유용한 그 밖의 정보를 재무제표이용자가 구분할 수 있는 것이 중요하다. 각 재무제
표와 주석은 명확하게 식별되어야 한다. 예를 들면 재무제표의 통화표시를 천 단위나 백만
단위로 표시할 때 더욱 이해가능성이 제고될 수 있다. 이러한 표시는 금액 단위를 공시하고
중요한 정보가 누락되지 않은 경우에 허용될 수 있다.

01 목적

재무상태표는 일정 시점의 기업의 재무상태를 나타내는 재무제표로서, 경제적 자원인 자산과 경제적 의무인 부채 그리고 자본에 대한 정보를 제공하는 재무보고서이다. 정보이용자들에 기업의 유동성, 재무적 탄력성, 수익성과 위험평가에 관한 유용한 정보를 제공한다.

◉ 재무적 탄력성: 환경변화에 적응할 수 있는 능력

02 표시되는 정보

한국채택국제회계기준에서는 재무상태표의 형식과 상세 계정과목에 대하여는 언급이 없고, 재무제표에 표시할 최소한의 계정과목만 제시할 뿐 재무제표의 세부순서·형식 등을 규정하고 있지 않다. 재무상태표에 구분 표시를 하기 위하여 성격이나 기능면에서 명확하게 상이한 최소한의 항목명을 제시하고 있을 뿐이므로 기업의 선택에 따라서 재무제표의 계정과목, 제목 및 중간합계를 추가 기재하는 것이 허용된다. 한국채택국제회계기준에서 재무상태표에는 적어도 다음에 해당하는 금액을 나타내는 항목을 표시한다.

(1) 자산	(2) 부채
• 유형자산	• 매입채무 및 기타채무
• 투자부동산	• 충당부채
• 무형자산	• 금융부채
• 금융자산	• 당기법인세와 관련한 부채
• 관계기업투자주식	• 이연법인세부채
• 생물자산	• 매각예정자산집단에 포함되는 부채
• 재고자산	(3) 자본
• 매출채권 및 기타채권	• 자본에 표시된 비지배지분
• 현금 및 현금성자산	• 지배기업 소유주에게 귀속되는 자본
• 당기법인세와 관련한 자산	
• 이연법인세자산	
• 매각예정비유동자산	

기업이 재무상태표에 유동자산과 비유동자산, 그리고 유동부채와 비유동부채로 구분하여 표시하는 경우 이연법인세자산(부채)은 유동자산(부채)으로 분류하지 아니한다. 기업의 재무상태를 이해하는 데 목적적합한 경우 재무상태표에 항목, 제목, 중간합계를 추가하여 표시한다.

03 표시방법

(1) 유동성·비유동성 구분법

유동성 순서에 따른 표시방법이 신뢰성 있고 더욱 목적적합한 정보를 제공하는 경우를 제외하고는 유동자산과 비유동자산, 유동부채와 비유동부채로 재무상태표에 구분하여 표시한다. 기업이 명확히 식별 가능한 영업주기 내에 재화나 용역을 제공하는 경우, 재무상태표에 유동자산과 비유동자산 및 유동부채와 비유동부채를 구분하여 표시한다.

(2) 유동성 순서배열법

유동성 순서에 따른 표시방법을 적용할 경우 모든 자산과 부채는 유동성의 순서에 따라 표시한다. 금융회사와 같은 일부 기업의 경우는 오름차순이나 내림차순의 유동성 순서에 따른 표시방법으로 자산과 부채를 표시하는 것이 유동성·비유동성 구분법보다 신뢰성 있고 더욱 목적적합한 정보를 제공한다.

(3) 혼합표시방법

신뢰성 있고 더욱 목적적합한 정보를 제공한다면 자산과 부채의 일부를 유동성·비유동성 구분법으로, 나머지는 유동성 순서에 따른 표시방법으로 표시하는 것이 허용된다. 이러한 혼합표시방법은 기업이 다양한 사업을 영위하는 경우에 필요할 수 있다.

04 유동자산

(1) 유동자산으로 분류하는 경우

다음의 경우는 유동자산으로 구분하며, 그 밖의 모든 자산은 비유동자산으로 분류한다.
① 정상영업주기 내에 실현될 것으로 예상하거나, 정상영업주기 내에 판매하거나 소비할 의도가 있다.
② 주로 단기매매 목적으로 보유하고 있다.
③ 보고기간 후 12개월 이내에 실현될 것이 예상된다.
④ 현금이나 현금성자산으로서 교환이나 부채상환 목적으로의 사용에 대한 제한기간이 보고기간 후 12개월 이상이 아니다.

(2) 정상영업주기에 의한 분류

영업주기는 영업활동을 위한 자산의 취득시점부터 그 자산이 현금이나 현금성자산으로 실현되는 시점까지 소요되는 기간이다. 정상영업주기를 명확히 식별할 수 없는 경우에는 그 기간이 12개월인 것으로 가정한다. 유동자산은 보고기간 후 12개월 이내에 실현될 것으로 예상되지 않는 경우에도 재고자산 및 매출채권과 같이 정상영업주기의 일부로서 판매, 소비 또는 실현되는 자산을 포함한다. 유동자산은 주로 단기매매 목적으로 보유하고 있는 자산과 비유동금융자산의 유동성 대체부분을 포함한다.

> **더 알아보기** **정상적인 영업순환주기**
>
> 상품매매업의 경우에는 상품을 매입한 시점부터 상품의 판매로 인한 현금의 회수 완료 시점까지 소요되는 기간을 말하며, 제조업의 경우에는 제조과정에 투입될 재화와 용역을 취득한 시점부터 제품의 판매로 인한 현금의 회수 완료 시점까지 소요되는 기간을 나타낸다. 숙성과정이 필요한 업종이나 자본집약적인 업종의 경우에는 영업주기가 1년을 초과할 수 있지만 대부분 업종의 경우에는 영업주기가 1년 이내인 경우가 보통이다.

05 유동부채

(1) 유동부채로 분류하는 경우

부채는 다음의 경우에 유동부채로 분류하며, 그 밖의 모든 부채는 비유동부채로 분류한다.
① 정상영업주기 내에 결제될 것으로 예상하고 있다.
② 주로 단기매매 목적으로 보유하고 있다.
③ 보고기간 후 12개월 이내에 결제하기로 되어 있다.
④ 보고기간 후 12개월 이상 부채의 결제를 연기할 수 있는 무조건의 권리를 가지고 있지 않다.

(2) 정상영업주기에 의한 분류

매입채무 그리고 종업원급여 및 그 밖의 영업원가에 대한 미지급비용과 같은 유동부채는 기업의 정상영업주기 이내에 사용되는 운전자본의 일부이다. 이러한 항목은 보고기간 후 12개월 후에 결제일이 도래한다 하더라도 유동부채로 분류한다. 동일한 정상영업주기가 기업의 자산과 부채의 분류에 적용한다. 기업의 정상영업주기가 명확하게 식별되지 않는 경우에 그 주기는 12개월인 것으로 가정한다.

(3) 기타 유동부채

기타 유동부채는 정상영업주기 이내에 결제되지는 않지만 보고기간 후 12개월 이내에 결제일이 도래하거나 단기매매 목적으로 보유한다. 이에 대한 예로는 단기매매항목으로 분류된 일부 금융부채, 당좌차월, 비유동부채의 유동성 대체부분, 미지급배당금, 법인세 및 기타 지급채무 등이 있다. 장기적으로 자금을 조달하며 보고기간 후 12개월 이내에 만기가 도래하지 아니하는 금융부채는 비유동부채이다.

(4) 비유동부채로 분류하는 사례

기업이 기존의 대출계약조건에 따라 보고기간 후 적어도 12개월 이상 부채를 차환하거나 연장할 것으로 기대하고 있고 그런 재량권이 있다면, 보고기간 후 12개월 이내에 만기가 도래하더라도 비유동부채로 분류한다. 그러나 기업에게 부채의 차환이나 연장에 대한 재량권이 없다면(예 차환약정이 없는 경우), 차환가능성을 고려하지 않고 유동부채로 분류한다.

(5) 유동부채로 분류하는 사례

보고기간 말 이전에 장기차입약정을 위반하여 대여자가 즉시 상환을 요구할 수 있는 채무는 보고기간 후 재무제표 발행승인일 전에 채권자가 약정위반을 이유로 상환을 요구하지 않기로 합의하더라도 유동부채로 분류한다. 그 이유는 기업이 보고기간 말 현재 그 시점으로부터 적어도 12개월 이상 결제를 연기할 수 있는 무조건적 권리를 가지고 있지 않기 때문이다. 그러나 대여자가 보고기간 말 이전에 보고기간 후 적어도 12개월 이상의 유예기간을 주는 데 합의하여 그 유예기간 내에 기업이 위반사항을 해소할 수 있고, 그 유예기간 동안에는 대여자가 즉시 상환을 요구할 수 없다면 그 부채는 비유동부채로 분류한다.

재무상태표			
(주)한국		20×1.12.31. 현재	
자산		**부채와 자본**	
비유동자산		**자본**	
유형자산	×××	납입자본	×××
영업권	×××	이익잉여금	×××
기타무형자산	×××	기타자본구성요소	×××
관계기업투자주식	×××	**　자본총계**	×××
기타포괄손익－공정가치측정 금융자산	×××	**부채**	
비유동자산 계	×××	**비유동부채**	×××
유동자산		장기차입금	×××
재고자산	×××	이연법인세부채	×××
매출채권	×××	장기충당부채	×××
기타유동자산	×××	비유동부채 계	×××
현금 및 현금성자산	×××	**유동부채**	
유동자산 계	×××	매입채무와 기타채무	×××
		단기차입금	×××
		유동성장기차입금	×××
		당기법인세부채	×××
		단기충당부채	×××
		유동부채 계	×××
		부채총계	×××
자산총계	×××	**자본과 부채의 총계**	×××

○ 유동성 · 비유동성 구분법에 의한 재무상태표이다.

확인 및 기출예제

01 재무상태표에 나타나지 않는 계정은? 　　　　　　　　　　　　제23회

① 자본금　　　　　　　　　　　② 선급보험료
③ 손실충당금　　　　　　　　　　④ 이익준비금
⑤ 임차료

해설

재무상태표 계정은 자산계정, 부채계정, 자본계정이다. 비용계정에 해당하는 임차료는 포괄손익계산서에 계상되므로 재무상태표에 나타나지 않는다.　　　　　　　　　　　　　정답: ⑤

제3절 포괄손익계산서

01 의의

포괄손익계산서는 일정 기간 동안의 재무성과에 관한 정보를 제공해 주는 보고서이다. 포괄손익계산서는 당기순손익을 통해 기업실체의 일정 기간 동안의 경영성과를 나타내고 총포괄손익을 통해 기업의 미래현금흐름과 수익창출능력 등의 예측에 유용한 정보를 제공한다.

02 표시되는 정보

포괄손익계산서는 당기손익 부분과 기타포괄손익 부분으로 나누어지며 하나의 포괄손익계산서를 사용하는 경우 다음을 표시한다. 별개의 손익계산서를 표시하는 경우, 포괄손익을 표시하는 보고서에는 당기손익 부분을 표시하지 않는다.

① 당기손익항목을 표시한 후 그 결과로 계산되는 당기순손익
② 기타포괄손익항목의 내역
③ 당기순손익과 기타포괄손익을 합한 당기총포괄손익

포괄손익계산서 회계요소에 해당하는 것은? 제27회

① 자산   ② 부채
③ 자본   ④ 자본잉여금
⑤ 수익

해설

포괄손익계산서에는 수익과 비용, 그리고 기타포괄손익이 표시된다, 나머지는 재무상태표에 표시되는 자산, 부채 그리고 자본항목에 해당된다.   정답: ⑤

03 표시

(1) 표시방법

해당 기간에 인식된 모든 수익과 비용은 다음 중 한 가지 방법으로 표시하되, 항목과 표시의 분류는 원칙적으로 매기 동일해야 한다.

① 단일의 포괄손익계산서

단일의 포괄손익계산서	
수익	×××
비용	(×××)
세전손익	×××
법인세비용	(×××)
당기순손익	×××
기타포괄손익	×××
총포괄손익	×××

② 두 개의 보고서(별개의 손익계산서 + 포괄손익계산서): 당기손익 부분을 별개의 손익계산서에 표시하는 경우, 별개의 손익계산서는 포괄손익을 표시하는 보고서 바로 앞에 위치한다.

별개의 손익계산서	
수익	×××
비용	(×××)
세전손익	×××
법인세비용	(×××)
당기순손익	×××

포괄손익계산서	
당기순손익	×××
기타포괄손익	×××
총포괄손익	×××

확인 및 기출예제

다음의 자료를 사용하여 계산된 당기순이익과 총포괄이익은? (단, 법인세율은 30%임) 제15회

• 총매출액	₩824,000
• 매출할인	₩12,000
• 기타수익	₩30,000
• 기초재고자산	₩82,000
• 기말재고자산	₩62,000
• 매입액	₩392,000
• 물류비와 관리비	₩200,000
• 기타포괄손익 – 공정가치측정 금융자산평가이익	₩20,000

① 당기순이익 ₩155,000, 총포괄이익 ₩181,000
② 당기순이익 ₩167,000, 총포괄이익 ₩181,000
③ 당기순이익 ₩173,000, 총포괄이익 ₩175,000
④ 당기순이익 ₩161,000, 총포괄이익 ₩175,000
⑤ 당기순이익 ₩161,000, 총포괄이익 ₩181,000

[해설]

(1) 당기순이익 = 수익 − 비용
　• 법인세비용 차감 전 순이익 = 순매출액 − 매출원가 + 기타 수익 − 물류비와 관리비
　　= (₩824,000 − ₩12,000) − (₩82,000 + ₩392,000 − ₩62,000) + ₩30,000 − ₩200,000
　　= ₩230,000
　• 당기순이익 = 법인세비용 차감 전 순이익 − 법인세비용
　　= ₩230,000 − (₩230,000 × 30%) = ₩161,000
(2) 총포괄이익 = 당기순이익 ± 기타포괄손익 = ₩161,000 + ₩14,000* = ₩175,000
　* ₩20,000 × (1 − 0.3)

정답: ④

(2) 당기손익 부분이나 손익계산서에 표시되는 정보

포괄손익계산서는 기업의 재무성과에 대한 정보를 제공하는 재무보고서이다. 당기손익
부분이나 손익계산서에는 다른 한국채택국제회계기준서가 요구하는 항목에 추가하여 당
해 기간의 다음 금액을 표시하는 항목을 포함한다.

① 수익
② 금융원가
③ 지분법 적용대상인 관계기업과 공동기업의 당기순손익에 대한 지분
④ 법인세비용
⑤ 중단영업의 합계를 표시하는 단일금액

확인 및 기출예제

포괄손익계산서에 표시되는 당기손익으로 옳지 않은 것은?   제26회

① 최초 인식된 토지재평가손실
② 기타포괄손익–공정가치측정 금융자산으로 분류된 지분상품의 평가손익
③ 원가모형을 적용하는 유형자산의 손상차손환입
④ 투자부동산평가손익
⑤ 사업결합시 발생한 염가매수차익

해설

기타포괄손익–공정가치측정 금융자산으로 분류된 지분상품의 평가손익은 기타포괄손익항목이고 나머지는 당
기손익항목이다.   정답: ②

---

(3) 제목, 항목, 중간합계 추가 표시 가능

기업의 재무성과를 이해하는 데 목적적합한 경우에는 손익계산서와 별개의 손익계산서
(표시하는 경우)에 제목, 항목, 중간합계를 추가하여 표시한다.

(4) 특별손익항목의 표시 불가

수익과 비용의 어느 항목도 포괄손익계산서, 별개의 손익계산서(표시하는 경우) 또는 주
석에 특별손익항목으로 표시할 수 없다.

(5) 당기순손익

한 기간에 인식한 모든 수익과 비용항목은 한국채택국제회계기준이 달리 정하지 않는 한
당기손익으로 인식한다.

(6) 기타포괄손익

① 의의: 기타포괄손익은 다른 한국채택국제회계기준서에서 요구하거나 허용하여 당기손

익으로 인식하지 않는 수익과 비용항목으로, 손익거래의 결과임에도 불구하고 당기손 익에는 포함되지 않는 항목들을 말한다.

② 기타포괄손익에 관련된 법인세비용 표시방법: 기타포괄손익항목 관련 법인세비용 금액 은 포괄손익계산서나 주석으로 공시하며 다음의 한 가지 방법으로 표시할 수 있다.

　　㉠ 관련 법인세효과를 차감한 순액으로 표시

　　㉡ 기타포괄손익의 항목과 관련된 법인세효과 반영 전 금액으로 표시하고, 각 항목들 에 관련된 법인세효과를 단일금액으로 합산하여 표시

③ 기타포괄손익의 구성요소와 관련된 재분류조정

　　㉠ 의의: 재분류조정은 당기나 과거기간에 기타포괄손익으로 인식했던 금액이 당기에 당기손익으로 재분류된 금액으로, 과거의 기타포괄손익금액 중 당기손익으로 인식 된 금액을 보여준다. 인식된 기타포괄손익은 후속적으로 재분류조정대상 여부에 따라 구분된다.

　　㉡ 당기손익으로 재분류하는 항목

　　　　ⓐ 기타포괄손익 – 공정가치측정 금융자산평가손익(채무상품)

　　　　ⓑ 해외사업장의 재무제표 환산으로 인한 손익

　　　　ⓒ 현금흐름 위험회피파생상품 평가손익(효과적인 부분)

　　㉢ 당기손익으로 재분류하지 않는 항목

　　　　ⓐ 유형자산의 재평가잉여금

　　　　ⓑ 확정급여제도의 재측정요소

　　　　ⓒ 기타포괄손익 – 공정가치측정 금융자산평가손익(지분상품)

확인 및 기출예제

기타포괄이익을 증가 또는 감소시키는 거래는?　　　　　　　　　제24회

① 매출채권에 대한 손상인식
② 신용으로 용역(서비스) 제공
③ 판매직원에 대한 급여 미지급
④ 영업용 차량에 대한 감가상각비 인식
⑤ 유형자산에 대한 최초 재평가에서 평가이익 인식

해설

재평가이익은 포괄손익계산서상 기타포괄손익으로 인식하며 동 금액은 재무상태표에 자본항목인 재평가잉여 금(기타포괄손익누계액)으로 대체된다.
① 손상차손(비용)
② 용역수익(수익)
③ 급여(비용)
④ 감가상각비(비용)　　　　　　　　　　　　　　　　　　　　　　정답: ⑤

(7) 비용의 분류방법

① 의의: 빈도, 손익의 발생가능성 및 예측가능성의 측면에서 서로 다를 수 있는 재무성과의 구성요소를 강조하기 위해 기업은 비용을 성격별 분류방법과 기능별 분류방법 중 신뢰성 있고 목적적합한 정보로 세분류하여 표시한다. 비용의 성격에 대한 정보가 미래현금흐름을 예측하는 데 유용하기 때문에 비용을 기능별로 분류하는 경우에는 성격별 분류에 따른 추가 공시가 필요하다.

② 성격별 분류법: 비용을 그 성격별로 통합하며 다시 기능별로 재배분하지 않는다. 따라서 적용이 간단하며 감가상각비, 원재료의 구입, 운송비, 종업원급여, 광고비 등을 예로 들 수 있다.

포괄손익계산서		
(주)한국		20×1.1.1.~20×1.12.31.
수익		×××
기타 수익		×××
총비용		
제품과 재공품의 변동	×××	
원재료와 소모품의 사용액	×××	
종업원급여비용	×××	
감가상각비와 기타 상각비	×××	
기타 비용	×××	×××
법인세비용 차감 전 순이익		×××
법인세비용		(×××)
당기순이익		×××
기타포괄손익		×××
총포괄손익		×××

③ 기능별 분류법: '매출원가법'으로서 비용을 매출원가 그리고 물류원가의 관리활동원가 등과 같이 기능별로 분류한다. 따라서 성격별 분류보다 재무제표이용자에게 좀 더 목적적합한 정보를 제공할 수 있지만 비용을 기능별로 배분하는 과정에서 자의적인 배분과 상당한 정도의 판단이 개입될 수 있다. 비용을 기능별로 분류하는 경우 기업의 감가상각비, 종업원급여 등 비용의 성격에 대한 추가정보를 공시해야 한다.

포괄손익계산서	
(주)한국	20×1.1.1.~20×1.12.31.
수익	×××
매출원가	(×××)
매출총이익	×××
기타 수익	×××
물류원가	(×××)
관리비	(×××)
기타 비용	(×××)
법인세비용 차감 전 순이익	×××
법인세비용	(×××)
당기순이익	×××
기타포괄손익	×××
총포괄손익	×××

확인 및 기출예제

당기손익에 포함된 비용을 성격별로 표시하는 항목으로 옳지 않은 것은?   제20회

① 제품과 재공품의 변동   ② 종업원급여비용
③ 감가상각비와 기타 상각비   ④ 매출원가
⑤ 원재료와 소모품의 사용액

해설

기능별 분류법은 '매출원가법'으로서 비용을 매출원가, 그리고 물류원가와 관리활동원가 등과 같이 기능별로
분류한다. 따라서 매출원가는 성격별로 표시하는 항목에 해당되지 않는다.   정답: ④

04 주석 공시

(1) 이익잉여금처분계산서

상법 등 관련 법규에서 이익잉여금처분계산서(결손금처리계산서)의 작성을 요구하는 경우에는 재무상태표의 이익잉여금(결손금)에 대한 보충정보로서 이익잉여금처분계산서(결손금처리계산서)를 주석으로 공시한다.

(2) 영업손익

기업은 매출액에서 매출원가 및 판매비와 관리비(물류원가 등 포함)를 차감한 영업이익(영업손실)을 포괄손익계산서에 구분하여 표시한다. 다만, 영업의 특수성을 고려할 필요

가 있는 경우(예 매출원가를 구분하기 어려운 경우)나 비용을 성격별로 분류하는 경우 영업수익에서 영업비용을 차감한 영업이익(영업손실)을 포괄손익계산서에 구분하여 표시할 수 있다. 이 경우 영업이익(영업손실) 산출에 포함된 주요 항목과 그 금액을 포괄손익계산서 본문에 표시하거나 주석으로 공시한다. 영업이익(영업손실)에 포함되지 않는 항목 중 기업의 영업성과를 반영하는 그 밖의 수익 또는 비용항목이 있다면 이러한 항목을 조정영업이익(조정영업손실) 등의 명칭을 사용하여 주석으로 공시할 수 있다.

제4절 기타의 재무제표

01 자본변동표

자본변동표는 자본의 크기와 그 변동에 관한 정보를 제공하는 재무보고서로서, 기초 시점과 기말 시점의 장부금액 조정내역을 보여준다. 자본의 구성요소는 각 분류별 납입자본과 각 분류별 기타포괄손익의 누계액, 이익잉여금의 누계액 등을 포함한다.

02 현금흐름표

현금흐름표는 회계기간 동안 발생한 현금흐름을 영업활동, 투자활동, 재무활동으로 분류하여 현금 및 현금성자산의 변동에 관한 정보를 제공하는 재무제표이다. 따라서 기업의 현금 및 현금성자산 창출능력과 기업의 현금흐름 사용 필요성에 대한 평가의 기초를 재무제표이용자에게 제공한다.

03 주석

(1) 의의

주석은 재무상태표, 포괄손익계산서, 자본변동표, 현금흐름표에 표시하는 정보에 추가하여 제공되는 정보를 말한다. 재무상태표 등에 표시된 항목을 구체적으로 설명하거나 세분화하고 재무제표 인식요건을 충족하지 못하는 다음의 항목에 대한 정보를 제공한다.
① 재무제표 작성 근거와 사용한 회계정책에 대한 구체적인 정보
② 한국채택국제회계기준에서 요구하지만 재무제표 어느 곳에도 표시되지 않은 정보
③ 재무제표 어느 곳에도 표시되지 않지만 재무제표를 이해하는 데 목적적합한 정보

(2) 주석의 표시

주석은 재무제표에 표시된 항목을 구체적으로 설명하거나 세분화하고, 재무제표 인식요건을 충족하지 못하는 항목에 대한 정보를 제공한다. 따라서 주석은 실무적으로 적용 가

능한 체계적인 방법으로 표시하며 재무제표이용자가 재무제표를 이해하고 다른 기업의 재무제표와 비교하는 데 도움을 줄 수 있도록 일반적으로 다음과 같은 순서로 표시한다.

① 한국채택국제회계기준을 준수하였다는 사실

② 적용한 유의적인 회계정책의 요약

③ 재무상태표, 포괄손익계산서, 별개의 손익계산서(표시하는 경우), 자본변동표 및 현금흐름표에 표시된 항목에 대한 보충정보, 재무제표의 배열 및 각 재무제표에 표시된 개별항목의 순서에 따라 표시

④ 다음을 포함한 기타 공시

    ㉠ 우발부채와 재무제표에서 인식하지 아니한 계약상의 약정사항

    ㉡ 비재무적 공시항목(예 기업의 재무위험관리목적과 정책)

(3) 주요 내용

① 중요한 회계정책의 요약

② 재무제표 작성의 기초가 된 측정기준

③ 재무제표이용자가 기업이 공시할 것이라고 기대하는 사업내용과 정책

④ 경영진의 판단으로 재무제표에 중요한 영향을 미친 사항

⑤ 기타: 재무제표 발행승인일 전에 제한 또는 선언되었으나 해당 기간 동안에 소유주에 대한 분배금으로 인식되지 않은 미지급배당금, 미인식 누적배당금 등

확인 및 기출예제

재무제표 표시에 관한 설명으로 옳지 않은 것은? 제19회

① 재고자산의 판매 또는 매출채권의 회수시점이 보고기간 후 12개월을 초과한다면 유동자산으로 분류하지 못한다.

② 재무상태표의 자산과 부채는 유동과 비유동자산으로 구분하여 표시하거나 유동성 순서에 따라 표시할 수 있다.

③ 수익과 비용의 어느 항목도 당기손익과 기타포괄손익을 표시하는 보고서에 특별손익항목으로 표시할 수 없다.

④ 당기손익의 계산에 포함된 비용항목에 대해 성격별 또는 기능별 분류방법 중에서 신뢰성 있고 더욱 목적적합한 정보를 제공할 수 있는 방법을 적용하여 표시한다.

⑤ 포괄손익계산서는 단일 포괄손익계산서로 작성되거나 두 개의 보고서(당기손익 부분을 표시하는 별개의 손익계산서와 포괄손익을 표시하는 보고서)로 작성될 수 있다.

해설

재고자산의 판매 또는 매출채권의 회수시점이 보고기간 후 12개월을 초과하는 경우에도 정상영업주기 일부로 보아 유동자산으로 분류한다.

정답: ①

01 재무제표의 목적은 광범위한 정보이용자의 경제적 의사결정에 유용한 기업의 재무상태와 재무성과, 재무상태 변동에 관한 정보를 제공하는 것이다. 그러나 재무제표는 위탁받은 자원에 대한 경영진의 수탁책임 결과는 보여줄 수 없다.   (   )

02 한국채택국제회계기준에 따라 작성된 재무제표는 공정하게 표시된 재무제표로 본다. 부적절한 회계정책은 이에 대하여 공시나 주석 또는 보충자료를 통해 설명하더라도 정당화될 수 없다.   (   )

03 계속기업의 가정이 적절한지의 여부를 평가할 때 경영진은 적어도 보고기간 종료일로부터 향후 24개월 기간에 대하여 이용 가능한 모든 정보를 고려한다.   (   )

04 모든 재무제표는 발생기준 회계를 사용하여 작성한다.   (   )

05 재고자산에 대한 재고자산평가충당금과 매출채권에 대한 대손(손실)충당금과 같은 평가충당금을 차감하여 관련 자산을 순액으로 측정하는 것은 상계에 해당한다.   (   )

06 재무상태표의 표시방법은 유동성 순서배열법에 의한다.   (   )

---

01 ✕ 수탁책임의 결과를 보여줄 수 있다.

02 ○

03 ✕ 24개월 ⇨ 12개월

04 ✕ 현금흐름정보는 제외한다.

05 ✕ 상계에 해당하지 아니한다.

06 ✕ 유동성 · 비유동성 구분법, 유동성 순서배열법 그리고 혼합표시방법이 있다.

07 자본의 구성요소인 기타포괄손익누계액과 이익잉여금은 포괄손익계산서와 재무상태표를 연결하는 역할을 한다. ( )

08 포괄손익계산서의 표시방법은 단일 포괄손익계산서에 의한다. ( )

09 재분류조정은 당기나 과거기간에 인식한 기타포괄손익을 당기의 손익으로 재분류하는 회계처리이다. ( )

10 기타포괄손익의 항목 관련 법인세비용 금액은 관련 법인세효과를 차감한 순액으로 표시하는 방법으로만 표시된다. ( )

11 성격별 분류법은 '매출원가법'으로서 비용을 매출원가 그리고 물류원가의 관리활동원가 등과 같이 분류한다. 비용을 성격별로 분류하는 기업은 기능에 대한 추가적인 정보를 공시한다.
( )

12 금융원가, 법인세비용, 특별손익, 자산재평가이익 등은 포괄손익계산서에 표시될 수 있는 항목이다. ( )

13 자기주식의 취득, 현금배당, 기타포괄손익-공정가치측정 금융자산평가이익 그리고 주식분할은 자본변동표에서 확인할 수 있는 항목이다. ( )

---

07 ○

08 × 단일 포괄손익계산서 또는 별개의 손익계산서와 포괄손익계산서를 작성하는 두 개의 보고서로 작성될 수 있다.

09 ○

10 × 관련 법인세효과를 차감한 순액으로 표시하는 방법과 기타포괄손익의 항목과 관련된 법인세효과 반영 전 금액으로 표시하고, 각 항목들에 관련된 법인세효과를 단일금액으로 합산하여 표시하는 방법이 있다.

11 × 성격별 분류법 ⇨ 기능별 분류법, 성격별 ⇨ 기능별, 기능에 대한 ⇨ 성격에 대한

12 × 특별손익은 포괄손익계산서에 표시될 수 없는 항목이다.

13 × 주식분할은 자본변동표에서 확인할 수 있는 항목이 아니다.

01 기중 거래에서 잔액이 발생되었을 경우, 기말 재무상태표에 표시되지 않는 계정을 모두 고른 것은?

제20회

> ㉠ 부가가치세대급금 ㉡ 가수금
> ㉢ 당좌차월 ㉣ 예수금
> ㉤ 충당부채

① ㉠, ㉡ ② ㉠, ㉤
③ ㉡, ㉢ ④ ㉢, ㉣
⑤ ㉣, ㉤

02 재무제표 표시에 관한 설명으로 옳지 않은 것을 모두 고른 것은?

제25회

> ㉠ 모든 재무제표는 발생기준 회계를 적용하여 작성한다.
> ㉡ 한국채택국제회계기준이 달리 허용하거나 요구하는 경우를 제외하고는 당기재무제표에 보고되는 모든 금액에 대해 전기 비교정보를 표시한다.
> ㉢ 부적절한 회계정책은 이에 대하여 공시나 주석 또는 보충자료를 통해 설명함으로써 정당화될 수 있다.
> ㉣ 상이한 성격이나 기능을 가진 항목은 구분하여 표시한다. 다만 중요하지 않은 항목은 성격이나 기능이 유사한 항목과 통합하여 표시할 수 있다.
> ㉤ 수익과 비용의 어느 항목도 당기손익과 기타포괄손익을 표시하는 보고서에 특별손익항목으로 표시할 수 없다.

① ㉠, ㉡ ② ㉠, ㉢
③ ㉡, ㉤ ④ ㉢, ㉣
⑤ ㉣, ㉤

03 재무제표 표시에 대한 설명으로 옳지 않은 것은?

① 재무제표는 위탁받은 자원에 대한 경영진의 수탁책임 결과도 보여준다.

② 전체 재무제표는 적어도 1년마다 작성한다. 따라서 보고기간 종료일을 변경하는 경우라도 재무제표의 보고기간은 1년을 초과할 수 없다.

③ 재무제표의 목적은 광범위한 정보이용자의 경제적 의사결정에 유용한 기업의 재무상태, 재무성과와 재무상태 변동에 관한 정보를 제공하는 것이다.

④ 재무제표의 목적을 충족하기 위하여 자산, 부채, 자본, 차익과 차손을 포함한 광의의 수익과 비용, 소유주로서의 자격을 행사하는 소유주에 의한 출자와 소유주에 대한 배분 및 현금흐름정보를 제공한다.

⑤ 계속기업으로서의 존속능력에 유의적인 의문이 제기될 수 있는 사건이나 상황과 관련한 중요한 불확실성을 알게 된 경우, 경영진은 그러한 불확실성을 공시하여야 한다.

정답 | 해설

01 ③ 가수금과 가지급금은 재무제표에 계상되지 않으며, 당좌차월계정은 일반적으로 재무상태표상에 단기차입금에 포함하여 표시된다.

ⓣ 부가가치세대급금: 부가가치세대급금은 매입부가가치세를 의미하며, 결산시에 부가가치세대급금(자산)과 부가가치세예수금(부채)이 각각 잔액이 남아 있다면 서로 상계하여 한 가지 계정만 남게 된다.

ⓔ 예수금: 종업원 등이 지급해야 하는 소득세, 건강보험료, 국민연금 등과 같이 기업이 일시적으로 보관하고 있다가 제3자에게 지급하는 의무를 가진 부채계정이다.

ⓜ 충당부채: 지출시기 또는 금액이 불확실한 부채이지만, 충당부채의 인식조건이 충족하는 경우 재무제표 본문에 인식되는 부채를 말한다.

02 ② ⓣ 재무제표는 <u>현금흐름정보를 제외</u>하고 발생기준 회계를 적용하여 작성한다.
ⓒ 부적절한 회계정책은 이에 대하여 공시나 주석 또는 보충자료를 통해 설명하더라도 <u>정당화될 수 없다</u>.

03 ② 전체 재무제표는 적어도 1년마다 작성한다. 보고기간 종료일을 변경하여 재무제표의 보고기간이 <u>1년을 초과하거나 미달하는 경우 추가로 공시한다</u>.

04 재무제표에 관한 설명으로 옳지 않은 것은?

① 기업이 경영활동을 청산 또는 중단할 의도가 있거나, 경영활동을 계속할 수 없는 상황에 처한 경우를 제외하고는 계속기업을 가정하여 재무제표를 작성해야 한다.

② 상이한 성격이나 기능을 가진 항목은 구분하여 표시하되, 중요하지 않은 항목은 성격이나 기능이 유사한 항목과 통합하여 표시할 수 있다.

③ 한국채택국제회계기준이 달리 허용하거나 요구하는 경우를 제외하고는 당기 재무제표에 보고되는 모든 금액에 대해 전기 비교정보를 공시한다. 당기 재무제표를 이해하는 데 목적적합하다면 서술형 정보의 경우에도 비교정보를 포함한다.

④ 재무제표의 기간별 비교가능성을 제고하기 위하여 재무보고를 작성할 때 전기와 당기를 비교하는 형식으로 보고해야 한다.

⑤ 계속기업의 가정이 적절한지의 여부를 평가할 때 경영진은 적어도 보고기간 말로부터 향후 6개월 기간에 대하여 이용 가능한 모든 정보를 고려해야 한다.

05 재무제표 작성과 표시의 일반사항에 관한 설명으로 옳은 것은?

① 재고자산평가충당금을 차감하여 재고자산을 순액으로 측정하는 것은 상계표시에 해당하며, 기업의 현금흐름을 분석할 수 있는 재무제표이용자의 능력을 저해한다.

② 기업은 모든 정보를 발생기준 회계를 사용하여 재무제표를 작성한다.

③ 부적절한 회계정책은 이에 대하여 공시나 주석 또는 보충자료를 통해 설명하더라도 정당화될 수 없다.

④ 재무제표는 일관성 있게 1년 단위로 작성한다. 그러나 실무적인 이유로 어떤 기업은 52주의 보고기간을 선호하게 되는데 기준서는 이러한 보고관행을 금지한다.

⑤ 한국채택국제회계기준을 준수하여 작성된 재무제표는 국제회계기준을 준수하여 작성된 재무제표임을 주석으로 공시할 수 없다.

06 다음 중 재무제표의 표시와 작성에 대한 설명으로 옳은 것은?

① 재무상태표에 표시되는 자산과 부채는 반드시 유동자산과 비유동자산, 유동부채와 비유동부채로 구분하여 표시해야 한다.

② 자본의 구성요소인 기타포괄손익누계액과 자본잉여금은 포괄손익계산서와 재무상태표를 연결하는 역할을 한다.

③ 포괄손익계산서는 당기손익을 구성하는 요소와 기타포괄손익을 구성하는 요소로 구분 표시하여 반드시 하나의 보고서로 작성해야 한다.

④ 기타포괄손익은 관련 자산과 부채의 미실현평가손익을 당기손익에 반영하지 않고 자본에 별도의 항목으로 잠정적으로 분류했다가 나중에 전부 이익잉여금에 직접 반영될 예정인 항목이다.

⑤ 재분류조정은 당기나 과거기간에 인식한 기타포괄손익을 당기의 손익으로 재분류하는 회계처리이다.

정답 | 해설

04 ⑤ 계속기업의 가정이 적절한지의 여부를 평가할 때 경영진은 적어도 향후 6개월이 아니라 <u>12개월 기간</u>에 대하여 이용 가능한 모든 정보를 고려한다.

05 ③ ① <u>상계표시에 해당되지 않는다.</u>
② <u>현금흐름정보를 제외하고</u> 기업은 발생기준 회계를 사용하여 재무제표를 작성한다.
④ 일반적으로 재무제표는 일관성 있게 1년 단위로 작성한다. 그러나 실무적인 이유로 어떤 기업은 주로 52주의 보고기간을 선호한다. 기준서는 이러한 보고관행을 <u>금지하지 않는다.</u>
⑤ 한국채택국제회계기준을 준수하여 재무제표는 국제회계기준을 준수하여 작성된 재무제표임을 주석으로 <u>공시할 수 있다.</u>

06 ⑤ ① 재무상태표는 <u>유동성·비유동성 구분법</u> 또는 <u>유동성 순서법 및 혼합법 등</u>으로 작성할 수 있다.
② 자본잉여금은 포괄손익계산서에 표시되지 않는다. <u>이익잉여금이 포괄손익계산서와 재무상태표를 연결하는 역할</u>을 한다.
③ <u>단일의 포괄손익계산서</u>를 작성할 수 있고, <u>두 개의 보고서(손익계산서 + 포괄손익계산서)를 각각 작성</u>할 수도 있다.
④ 기타포괄손익항목 중 <u>일부는</u> 차후에 재분류조정을 통하여 <u>당기손익으로 인식</u>한다.

07 유동자산과 유동부채에 대한 설명으로 옳지 않은 것은?

① 보고기간 후 12개월 이내에 실현될 것으로 예상되는 자산은 유동자산으로 분류한다.

② 보고기간 후 12개월 이상 부채의 결제를 연기할 수 있는 무조건의 권리를 가지고 있지 않은 부채는 유동부채로 분류한다.

③ 매입채무와 같이 기업의 정상영업주기 내에 사용되는 운전자본의 일부 항목이라도 보고기간 후 12개월 후에 결제일이 도래할 경우 비유동부채로 분류한다.

④ 기업의 정상영업주기 내에 실현될 것으로 예상되거나, 정상영업주기 내에 판매하거나 소비할 의도가 있는 자산은 유동자산으로 분류한다.

⑤ 기업이 재무상태표에 유동자산과 비유동자산 그리고 유동부채와 비유동부채로 구분하여 표시하는 경우 이연법인세자산(부채)은 유동자산(부채)으로 분류하지 아니한다.

08 20×3년 12월 31일 현재 (주)한국의 재무제표 정보를 이용하여 계산한 유동자산 금액은?

- 만기가 3년 남은 정기적금 ₩1,000,000이 있다.
- 당좌예금 ₩100,000이 있다.
- 결산일 현재 만기가 10개월 남은 정기예금 ₩400,000이 있다.
- ₩200,000에 취득한 당기손익-공정가치측정 금융자산의 기말공정가치가 ₩300,000 이다.
- 20×1년 10월 1일 3년 만기로 발행한 사채의 장부금액 ₩200,000이 남아 있다.

① ₩700,000　　　　　　　② ₩800,000

③ ₩1,000,000　　　　　　④ ₩1,500,000

⑤ ₩1,800,000

09 **재무상태표에 관한 설명으로 옳지 않은 것은?**

① 기업의 재무상태를 이해하는 데 목적적합한 경우 재무상태표에 제목, 항목, 중간 합계를 추가하여 표시한다.

② 유동성 순서에 따른 표시방법을 적용하지 않는 경우 자산과 부채는 유동과 비유동 으로 구분하여 표시한다.

③ 자산과 부채는 유동성이 높은 항목부터 배열하는 것을 원칙으로 하고 있다.

④ 주식회사의 경우 자본은 소유주가 출연한 자본, 이익잉여금, 적립금 등으로 구분하 여 표시할 수 있다.

⑤ 재무상태표 표시방법 중 유동성·비유동성 구분법은 자산(부채)을 유동자산(부채) 과 비유동자산(부채)으로 구분 표시하는 것을 말한다.

정답 | 해설

07 ③ 매입채무와 같이 기업의 정상영업주기 내에 사용되는 운전자본의 일부로 보고기간 후에 결제일이 도래한 다 하더라도 <u>유동부채로 분류한다</u>.

08 ② 사채의 경우 만기가 1년 이내이므로 유동부채로 분류하며, 정기적금의 경우 만기가 3년 남았으므로 비유 동자산으로 분류한다. 또한 당기손익-공정가치측정 금융자산은 기말공정가치로 평가한다.
∴ 유동자산 = 당좌예금 + 10개월 남은 정기예금 + 당기손익-공정가치측정 금융자산
= ₩100,000 + ₩400,000 + ₩300,000 = ₩800,000

09 ③ 재무상태표는 유동성·비유동성 구분법, 유동성 순서법, 혼합표시법 중 <u>선택하여 적용할 수 있다</u>.

제12장 재무제표의 표시 **459**

10 포괄손익계산서에 표시될 수 없는 것은? 제21회

① 영업이익   ② 지분법손실

③ 중단영업손실   ④ 법인세비용

⑤ 선수수익

11 (주)한국은 포괄손익계산서에 표시되는 비용을 매출원가, 물류원가, 관리활동원가 등으로 구분하고 있다. 이는 비용항목의 구분표시방법 중 무엇에 해당하는가?

① 성격별 분류   ② 기능별 분류

③ 증분별 분류   ④ 행태별 분류

⑤ 형태별 분류

12 다음 중 포괄손익계산서에서 당기순손익과 총포괄손익간 차이를 발생시키는 항목은?

① 감자차손   ② 사채상환손실

③ 자기주식처분이익   ④ 재평가잉여금의 변동

⑤ 미교부주식배당금

13 재무제표 표시 중 포괄손익계산서에 대한 설명으로 옳지 않은 것은?

① 기타포괄손익의 항목(재분류조정 포함)과 관련한 법인세비용은 포괄손익계산서나 주석에 공시하지 않는다.

② 기업의 재무성과를 이해하는 데 목적적합한 경우에는 당기손익과 기타포괄손익을 표시하는 보고서에 제목, 항목, 중간합계를 추가하여 표시한다.

③ 한 기간에 인식되는 모든 수익과 비용항목은 한국채택국제회계기준이 달리 정하지 않는 한 당기손익으로 인식한다.

④ 기업은 매출액에서 매출원가 및 판매비와 관리비(물류원가 등 포함)를 차감한 영업 이익(영업손실)을 포괄손익계산서에 구분하여 표시한다.

⑤ 기업은 비용을 성격별 분류방법과 기능별 분류방법 중 신뢰성 있고 목적적합한 정 보를 제공할 수 있는 방법을 선택하고 세분류하여 표시한다.

14 비용의 성격별 분류와 기능별 분류에 대한 설명으로 옳은 것은?

① 비용의 기능별 분류는 성격별 분류보다 미래현금흐름을 예측하는 데 유용하다.

② 비용을 성격별로 분류하는 경우, 비용을 기능별 분류로 배분할 필요가 없기 때문에 적용이 간단할 수 있다.

③ 비용의 성격별 분류는 기능별 분류보다 재무제표이용자에게 더욱 목적적합한 정보를 제공할 수 있다.

④ 비용의 성격별 분류는 기능별 분류보다 비용을 배분하는 데 자의성과 상당한 정도의 판단이 개입될 수 있다.

⑤ 포괄손익계산서상의 비용은 성격별 분류법과 기능별 분류법 중에서 매출원가를 다른 비용과 분리하여 공시하는 기능별 분류법만으로 표시하여야 한다.

정답 | 해설

10 ⑤ 선수수익은 부채계정으로 재무상태표에 표시되는 항목이고, 나머지는 포괄손익계산서에 표시되는 항목이다.

11 ② 매출원가법이라고도 일컫는 기능별 분류에 대한 설명이다.

12 ④ 재평가잉여금의 변동은 당기순손익과 총포괄손익간 차이를 발생시키는 항목이다.

13 ① 기타포괄손익의 항목 관련 법인세비용 금액은 <u>포괄손익계산서나 주석으로 공시</u>하며 다음의 한 가지 방법으로 표시할 수 있다.

• 관련 법인세효과를 차감한 순액으로 표시
• 기타포괄손익의 항목과 관련된 법인세효과 반영 전 금액으로 표시하고, 각 항목들에 관련된 법인세효과를 단일금액으로 합산하여 표시

14 ② ① 비용의 기능별 분류는 성격별 분류보다 미래현금흐름을 예측하는 데 <u>유용하다고 볼 수 없다</u>.
③ 비용의 <u>기능별 분류는 성격별 분류보다</u> 재무제표이용자에게 더욱 목적적합한 정보를 제공할 수 있다.
④ 비용의 <u>기능별 분류는 성격별 분류보다</u> 비용을 배분하는 데 자의성과 상당한 정도의 판단이 개입될 수 있다.
⑤ 포괄손익계산서상의 비용은 성격별 분류법과 기능별 분류법 중에서 <u>기업이 선택할 수 있다</u>.

15 자본변동표에서 확인할 수 없는 항목은? 제18회 수정

① 자기주식의 취득
② 유형자산의 재평가이익
③ 기타포괄손익 – 공정가치측정 금융자산평가이익
④ 현금배당
⑤ 주식분할

16 다음 중 포괄손익계산서와 관련된 설명으로 옳은 것은?

① 기업이 정보이용자에게 필요하다고 판단할 경우에는 특별손익을 따로 표시할 수
  있다.
② 당기의 현금흐름정보를 알 수 있기 때문에 유동성을 평가하는 데 도움이 된다.
③ 비용의 기능에 대한 정보가 미래현금흐름을 예측하는 데 유용하기 때문에 비용을
  성격별로 분류하는 경우에는 추가 공시가 필요하다.
④ 단일 또는 두 개의 보고서형식에 상관없이 기타포괄손익항목을 포함한다.
⑤ 매출원가는 성격별 포괄손익계산서에 계상된다.

17 재무제표 구조와 내용에 관한 설명으로 옳지 않은 것은? 제23회

① 수익과 비용항목이 중요한 경우 성격과 금액을 별도로 공시한다.
② 유동성 순서에 따른 표시방법을 적용할 경우 모든 자산과 부채는 유동성 순서에 따
  라 표시한다.
③ 정상적인 활동과 명백하게 구분되는 수익과 비용은 당기손익과 기타포괄손익을 표
  시하는 보고서에 특별손익항목으로 표시한다.
④ 중요한 정보가 누락되지 않는 경우 재무제표의 표시통화를 천 단위나 백만 단위로
  표시할 수 있으며 금액 단위를 공시해야 한다.
⑤ 비용의 성격별 또는 기능별 분류방법 중에서 신뢰성 있고 목적적합한 정보를 제공
  할 수 있는 방법을 적용하여 당기손익으로 인식한 비용의 분석내용을 표시한다.

18 재무제표 표시에 관한 설명으로 옳지 <u>않은</u> 것은? 제17회

① 재무제표의 목적은 정보이용자의 경제적 의사결정에 유용한 정보를 제공하는 것이다.

② 부적절한 회계정책은 이에 대하여 공시나 주석 또는 보충자료를 통해 설명함으로써 정당화될 수 있다.

③ 재무제표에 인식되는 금액은 추정이나 판단에 의한 정보를 포함한다.

④ 당기 재무제표를 이해하는 데 목적적합하다면 서술형 정보의 경우에도 비교정보를 포함한다.

⑤ 재무제표의 작성기준과 구체적 회계정책에 대한 정보를 제공하는 주석은 재무제표의 별도 부분으로 표시할 수 있다.

19 재무제표에 관한 설명으로 옳지 <u>않은</u> 것은? 제15회

① 재무상태표는 일정한 시점의 경제적 자원과 그에 대한 청구권을 나타낸다.

② 포괄손익계산서는 반드시 비용을 기능별 분류방법으로 표시하여야 한다.

③ 자본의 구성요소는 각 분류별 납입자본, 각 분류별 기타포괄손익의 누계액과 이익잉여금의 누계액 등을 포함한다.

④ 포괄손익계산서에 포함되는 기타포괄손익금액은 기말 장부마감을 통해 이익잉여금으로 대체되지 않는다.

⑤ 현금흐름표는 기업의 활동을 영업활동, 투자활동, 재무활동으로 구분한 현금흐름으로 표시한다.

정답 | 해설

15 ⑤ 주식분할은 회사의 자산과 자본에 대한 변화 없이 기존의 주식을 분할하여 발행주식의 수를 증가시키는 것으로 자본변동표에서 확인할 수 없는 항목이다.

16 ④ ① 기업이 정보이용자에게 필요하다고 판단할 경우에도 특별손익을 따로 표시할 수 없다.
② 포괄손익계산서는 성과와 관련된 유용한 정보를 제공한다.
③ 비용을 기능별로 분류하는 기업은 비용의 성격에 대한 정보를 추가 공시해야 한다.
⑤ 매출원가는 기능별 포괄손익계산서에 계상된다.

17 ③ 수익과 비용 어느 항목도 특별손익으로 표시할 수 없다.

18 ② 부적절한 회계정책은 이에 대하여 공시나 주석 또는 보충자료를 통해 설명하더라도 정당화될 수 없다.

19 ② 기업은 성격별 분류방법과 기능별 분류방법 중 신뢰성 있고 더욱 목적적합한 정보를 제공할 수 있는 방법을 적용하여 당기손익으로 인식한 비용의 분석내용을 표시한다. 다만, 비용을 기능별로 분류할 경우 기업은 비용의 성격에 대한 정보를 추가 공시해야 한다.

20 20×1년 초에 설립된 (주)한국의 손익자료가 다음과 같을 때, 20×1년도의 당기순이익은? (단, 손상차손은 없다고 가정함)

• 매출	₩500,000
• 매출원가	₩125,000
• 기타포괄손익-공정가치측정 금융자산평가손실	₩25,000
• 유형자산 감가상각비	₩25,000
• 유형자산 재평가이익	₩50,000
• 임대수익	₩25,000
• 당기손익 금융자산 취득시 거래원가	₩10,000
• 이자비용	₩25,000
• 기타포괄손익 금융자산 취득시 거래원가	₩15,000
• 투자부동산 평가손실	₩50,000

① ₩250,000   ② ₩265,000

③ ₩270,000   ④ ₩285,000

⑤ ₩290,000

21 제조업을 영위하는 (주)한국의 20×1년 말 재무상태표에는 매출채권에 대한 손실충당금(대손충당금) 기초잔액이 ₩100,000이며, 이익잉여금 기초잔액이 ₩15,000이었다. 20×1년 중 발생한 다음 사항을 반영하기 전의 당기순이익은 ₩75,000이다.

- 당기 중 거래처에 대한 매출채권 ₩35,000이 회수불능으로 확정되었다.
- 20×1년 말 매출채권 총액에 대한 기대신용손실액은 ₩125,000이다.
- 7월 1일 임대목적으로 ₩100,000의 건물을 취득하였다. 내용연수는 20년이고 잔존가치는 없다. (주)한국은 투자부동산에 대해서 공정가치모형을 적용한다. 결산일인 20×1년 말 건물의 공정가치는 ₩125,000이다.

(주)한국의 20×1년 당기순이익과 20×1년 말 이익잉여금은?

	당기순이익	이익잉여금		당기순이익	이익잉여금
①	₩40,000	₩35,000	②	₩45,000	₩35,000
③	₩40,000	₩55,000	④	₩45,000	₩55,000
⑤	₩48,000	₩50,000			

22 제조기업인 (주)한국의 20×1년도 자료를 이용하여 영업손익을 계산하면?

• 매출액	₩200,000	• 이자비용	₩10,000
• 이자수익	₩20,000	• 매출원가	₩140,000
• 감가상각비	₩20,000	• 종업원급여	₩10,000
• 기타포괄손익 – 공정가치 측정 금융자산평가이익	₩20,000	• 광고선전비	₩10,000

① 영업이익 ₩10,000
② 영업손실 ₩10,000
③ 영업이익 ₩20,000
④ 영업손실 ₩20,000
⑤ 영업이익 ₩40,000

정답 | 해설

20 ⑤ 기타포괄손익항목은 당기순이익 계산의 고려대상이 아님을 주의한다. 또한 취득시 거래원가의 경우 당기손익금융자산의 경우만 당기비용항목이고 나머지는 취득원가에 가산한다.

∴ 당기순이익 = 총수익 − 총비용

= (매출 + 임대수익) − (매출원가 + 감가상각비 + 당기손익금융자산 취득시 거래원가 + 이자비용 + 투자부동산 평가손실)

= (₩500,000 + ₩25,000) − (₩125,000 + ₩25,000 + ₩10,000 + ₩25,000 + ₩50,000)

= ₩290,000

21 ③ • 당기순이익 = 수익 − 비용

= 수정 전 당기순이익(₩75,000) + 투자부동산 평가이익(₩25,000) − 손상차손(₩60,000)*

= ₩40,000

손실충당금			
확정	35,000	기초	100,000
기말	125,000	손상차손	60,000*

• 이익잉여금 = 기초이익잉여금 + 당기순이익

= ₩15,000 + ₩40,000 = ₩55,000

22 ③ 매출액 − 매출원가 − 판관비 = 영업손익

= ₩200,000(매출액) − ₩140,000(매출원가) − ₩20,000(감가상각비) − ₩10,000(종업원급여) − ₩10,000(광고선전비)

= ₩20,000(이익)

제 13 장 현금흐름표

📖 단원길라잡이

현금흐름의 세 가지 활동을 구분할 수 있는 능력을 키우고, 각 활동별 현금흐름 계산문제 유형을 풀 수 있어야 한다. 영업활동현금흐름(직접법, 간접법)이 주로 출제되었지만 최근에는 투자활동과 재무활동도 출제되고 있으므로 각 활동들에 대해 명확하게 이해하여야 한다. 그리고 발생주의 전환 문제유형에 대한 풀이능력도 갖추어야 한다.

🔍 출제포인트

• 활동별 현금흐름의 구분
• 활동별 현금흐름의 계산
  – 영업활동현금흐름(직접법, 간접법)
  – 투자활동현금흐름
  – 재무활동현금흐름
• 발생주의 전환

01 의의

현금흐름표는 기업의 활동을 영업활동, 투자활동, 재무활동으로 구분하고, 각 활동별로 현금흐름을 표시하여 다른 재무제표에서 얻을 수 없는 정보를 제공하여 준다. 즉, 포괄손익계산서가 발생주의에 따라 수익과 비용을 대응시켜 작성되는 데 반해, 현금흐름표상 영업활동현금흐름은 일정 기간 동안의 경영성과를 현금주의에 의해 보여준다. 또한 재무상태표는 일정시점에서 기업의 재무상태를 나타내는 정태적인 보고서인 데 반해, 현금흐름표는 일정 기간 동안의 기업의 영업활동, 투자활동, 재무활동으로부터의 현금흐름 변동을 나타내 줌으로써 자산, 부채 및 자본의 동태적 변동에 관한 정보를 제공해 준다.

02 현금흐름표상의 현금흐름정보

(1) 현금흐름표상의 현금

현금흐름표상의 현금은 재무상태표상의 현금 및 현금성자산을 의미하고, 현금흐름표의 현금흐름이란 현금 및 현금성자산의 유입과 유출을 의미한다. 회계상 현금이란 보유현금과 요구불예금을 말하며, 현금성자산이란 큰 거래비용 없이 현금전환이 용이하고 이자율 변동에 따른 가치변동의 위험이 경미한 금융상품이다. 따라서 투자자산은 일반적으로 단기에 도래하는 경우(예 취득일로부터 만기일이 3개월 이내인 경우)에만 현금성자산으로 분류된다. 지분상품은 현금성자산에서 제외되지만 상환일이 정해져 있고 취득일로부터 상환일까지의 기간이 단기인 우선주와 같이 실질적인 현금성자산인 경우 예외로 한다. 일반적으로 은행차입은 재무활동으로 분류되지만, 금융회사의 요구에 따라 즉시 상환해야 하는 당좌차월은 기업의 현금관리의 일부를 구성하므로 당좌차월은 현금 및 현금성자산의 구성요소에 포함된다. 이 경우 재무상태표에는 단기차입금으로 표시해야 하며, 현금흐름표상의 현금 및 현금성자산과 차이가 난다. 또한 현금 및 현금성자산을 구성하는 항목간 이동은 영업활동, 투자활동, 재무활동의 일부가 아닌 현금관리의 일부이므로 이러한 항목간의 변동은 현금흐름에서 제외되어 현금흐름표상에 나타나지 않는다.

(2) 현금흐름정보의 효익

① 순자산의 변화, 재무구조 그리고 변화하는 상황과 기회에 적응하기 위하여 현금흐름의 금액과 시기를 조절하는 능력을 평가하는 데 유용한 정보를 제공한다.

② 현금 및 현금성자산의 창출능력 평가와 서로 다른 기업의 미래현금흐름의 현재가치를 비교·평가하는 모형을 개발할 수 있도록 한다.

③ 동일한 거래와 사건에 대하여 서로 다른 회계처리를 적용함에 따라 발생하는 영향을 제거하기 때문에 영업성과에 대한 기업간의 비교가능성을 제고한다.

현금흐름표

Ⅰ. 영업활동현금흐름		×××
(직접법과 간접법)		
Ⅱ. 투자활동현금흐름		×××
1. 투자활동현금유입액	×××	
2. 투자활동현금유출액	(×××)	
Ⅲ. 재무활동현금흐름		×××
1. 재무활동현금유입액	×××	
2. 재무활동현금유출액	(×××)	
Ⅳ. 현금의 증가(감소)(Ⅰ + Ⅱ + Ⅲ)		×××
Ⅴ. 기초의 현금		×××
Ⅵ. 기말의 현금		×××

◉ 이자수익, 배당금수익, 이자비용을 투자활동 또는 재무활동으로 분류하는 경우에는 해당 활동에서 가감한다.

확인 및 기출예제

(주)한국의 20×1년도 현금흐름표 자료가 다음과 같을 때, 투자활동현금흐름은? 제24회

• 기초 현금 및 현금성자산	₩9,000	• 재무활동현금흐름	(−)₩17,000
• 기말 현금 및 현금성자산	₩5,000	• 영업활동현금흐름	₩25,000

① (−)₩12,000   ② (−)₩8,000
③ (−)₩4,000   ④ ₩4,000
⑤ ₩8,000

해설

기초 현금(₩9,000)이 기말 현금(₩5,000)보다 크므로 현금이 감소한 상황이다.
현금의 감소 = 영업활동현금흐름 + 투자활동현금흐름(x) + 재무활동현금흐름
$\qquad = ₩25,000 + x - ₩17,000 = (−)₩4,000$
∴ 투자활동현금흐름(x) = (−)₩12,000

정답: ①

현금흐름표는 영업활동으로 인한 현금흐름, 투자활동으로 인한 현금흐름, 재무활동으로 인한 현금흐름으로 구분하고, 현금의 유입과 유출로 구분할 수 있다.

01 영업활동현금흐름

(1) 영업활동은 기업의 주요 수익창출활동, 그리고 투자활동이나 재무활동이 아닌 기타의 활동을 말한다. 따라서 영업활동현금흐름은 일반적으로 당기순손익에 영향을 주는 거래나 그 밖의 사건의 결과로 발생한다. 다만, 유형자산 매각과 같은 일부의 거래에서 발생하는 처분손익은 당기순손익에 반영되지만 처분거래와 관련된 현금흐름은 투자활동현금흐름에 속한다.

(2) 영업활동현금흐름은 외부의 재무자원에 의존하지 않고 영업을 통하여 차입금 상환, 영업능력의 유지, 배당금 지급 및 신규투자 등에 필요한 현금흐름을 창출하는 정도에 대한 중요한 지표가 된다.

영업활동 현금유입	영업활동 현금유출
① 재화의 판매와 용역 제공에 따른 현금유입	① 재화와 용역의 구입에 따른 현금유출
② 로열티, 수수료, 중개료 및 기타 수익에 따른 현금유입	② 종업원과 관련하여 직·간접적으로 발생하는 현금유출
③ 보험회사의 경우 수입보험료, 보험금, 연금, 급부금과 관련된 현금유입	③ 보험회사의 경우 수입보험료, 보험금, 연금, 급부금과 관련된 현금유출
④ 법인세의 환급(투자활동과 재무활동에 명백히 관련되는 경우 투자활동현금흐름과 재무활동현금흐름으로 분류함)	④ 법인세의 납부(투자활동과 재무활동에 명백히 관련되는 경우 투자활동현금흐름과 재무활동현금흐름으로 분류함)
⑤ 단기매매목적으로 보유하는 계약에서 발생하는 현금유입	⑤ 단기매매목적으로 보유하는 계약에서 발생하는 현금유출

◉ 단기매매목적의 유가증권은 단기간 내에 빈번하게 매매되어 판매목적으로 취득한 재고자산과 유사하므로 영업활동으로 분류된다. 또한 금융회사의 대출채권은 주요 수익창출활동과 관련되어 있으므로 일반적으로 영업활동으로 분류한다.

02 투자활동현금흐름

투자활동은 장기성자산 및 현금성자산에 속하지 않는 기타 투자자산의 취득과 처분활동을 말한다. 따라서 투자활동현금흐름은 미래수익과 미래현금흐름을 창출할 자원의 확보를 위하여 지출된 정도를 나타낸다.

투자활동 현금유입	투자활동 현금유출
① 유형자산, 무형자산 및 기타 장기성자산의 처분에 따른 현금유입	① 유형자산, 무형자산 및 기타 장기성자산의 취득에 따른 현금유출(자본화된 개발원가와 자가건설 유형자산에 관련된 지출 포함)
② 다른 기업의 지분상품이나 채무상품 및 조인트벤처 투자지분의 처분에 따른 현금유입(현금성자산으로 간주되는 상품이나 단기매매목적으로 보유하는 상품의 처분에 따른 유입의 경우 영업활동으로 분류함)	② 다른 기업의 지분상품이나 채무상품 및 조인트벤처 투자지분의 취득에 따른 현금유출(현금성자산으로 간주되는 상품이나 단기매매목적으로 보유하는 상품의 취득에 따른 유출의 경우 영업활동으로 분류함)
③ 제3자에 대한 선급금 및 대여금의 회수에 따른 현금유입(금융회사의 현금 선지급과 대출채권 제외)	③ 제3자에 대한 선급금 및 대여금의 지출에 따른 현금유출(금융회사의 현금 선지급과 대출채권 제외)
④ 파생상품(예 선물계약, 선도계약, 옵션계약 등) 관련 계약에 따른 현금유입	④ 파생상품(예 선물계약, 선도계약, 옵션계약 등) 관련 계약에 따른 현금유출

01 현금흐름표상 투자활동현금흐름에 해당하는 것은? 제18회

① 설비 매각과 관련한 현금유입
② 자기주식의 취득에 따른 현금유출
③ 담보부사채 발행에 따른 현금유입
④ 종업원급여 지급에 따른 현금유출
⑤ 단기매매목적 유가증권의 매각에 따른 현금유입

해설

투자활동은 장기성자산 및 현금성자산에 속하지 않은 기타 투자자산의 취득과 처분활동을 말한다.
②③ 재무활동현금흐름
④⑤ 영업활동현금흐름 정답: ①

02 (주)한국은 20×1년 중 취득원가 ₩35,000인 토지를 20×1년 중 현금 ₩50,000을 받고 처분하였고, 새로운 토지를 ₩45,000에 구입하고 그 구입대금 중 ₩15,000은 현금으로 지급하고 나머지 ₩30,000은 미지급금으로 계상하였다. (주)한국의 20×1년 현금흐름표상 투자활동현금흐름은?

① ₩5,000 순유입 ② ₩20,000 순유출
③ ₩35,000 순유입 ④ ₩50,000 순유출
⑤ ₩60,000 순유출

해설

• 투자활동현금유입: 자산의 처분으로 인한 현금유입 ₩50,000
• 투자활동현금유출: 자산의 취득으로 인한 현금유출 ₩15,000
∴ 투자활동현금흐름 = ₩50,000 − ₩15,000 = ₩35,000(순유입) 정답: ③

03 재무활동현금흐름

재무활동은 기업의 납입자본과 차입금의 크기 및 구성내용의 변동을 가져오는 활동을 말하며, 재무활동현금흐름에서 재무활동 현금유출에 속하는 주식의 취득이라 함은 자기주식의 취득을 의미한다. 재무활동현금흐름은 미래현금흐름에 대한 자본제공자의 청구권을 예측하는 데 유용하다.

재무활동 현금유입	재무활동 현금유출
① 주식이나 기타 지분상품의 발행에 따른 현금유입 ② 담보, 무담보부사채 및 어음 발행과 기타 장·단기차입에 따른 현금유입	① 주식의 취득이나 상환에 따른 소유주에 대한 현금유출 ② 차입금상환에 따른 현금유출(금융회사의 요구에 따라 즉시 상환하여야 하는 당좌차월 제외) ③ 리스이용자의 리스부채 상환에 따른 현금유출

확인 및 기출예제

01 현금흐름표상 재무활동현금흐름에 속하지 않는 것은?   제21회

① 토지 취득에 따른 현금유출   ② 단기차입에 따른 현금유입
③ 주식 발행에 따른 현금유입   ④ 회사채 발행에 따른 현금유입
⑤ 장기차입금 상환에 따른 현금유출

[해설]

토지 취득에 따른 현금유출은 투자활동현금유출이고, 나머지는 부채(영업활동 이외)와 자본과 관련된 재무활동현금흐름이다.   정답: ①

02 다음 자료를 이용하여 계산된 20×1년도 재무활동순현금흐름은? (단, 이자지급은 재무활동으로 분류하며, 납입자본의 변동은 현금 유상증자에 의한 것임)   제17회

- 이자비용 ₩3,000
- 재무상태표 관련 자료

구분	20×1.1.1.	20×1.12.31.
자본금	₩10,000	₩20,000
주식발행초과금	₩10,000	₩20,000
단기차입금	₩50,000	₩45,000
미지급이자	₩4,000	₩6,000

① ₩4,000   ② ₩13,000
③ ₩14,000   ④ ₩15,000
⑤ ₩16,000

[해설]

- 유상증자로 인한 유입액 = (₩20,000 + ₩20,000) − (₩10,000 + ₩10,000) = ₩20,000
- 이자비용 유출액 = −₩3,000 + ₩2,000(미지급이자 증가) = −₩1,000
- 차입금 감소(유출) = −₩5,000
- ∴ 재무활동으로 인한 현금유입액 = ₩20,000 − (₩1,000 + ₩5,000) = ₩14,000   정답: ③

04 주의를 요하는 선택적 현금흐름

금융회사의 경우 이자지급, 이자수취 및 배당금수취는 일반적으로 영업활동현금흐름으로 분류하나, 다른 업종의 경우 합의가 이루어지지 않았으나 당기순손익의 결정에 영향을 미치므로 일반적으로 영업활동으로 분류한다. 다만, 이자수입과 배당수입의 경우 투자자산의 수익으로 판단할 경우 투자활동으로 분류 가능하며, 이자의 지급은 재무자원을 획득하는 원가로 판단하는 경우 재무활동으로 분류 가능하다. 또한 배당금의 지급은 재무자원을 획득하는 비용이므로 재무활동으로 분류하나 배당을 지급할 수 있는 기업의 능력을 판단하는 데 도움을 주기 위해 영업활동으로 분류할 수 있다.

구분	일반적인 분류	대체적인 분류
이자의 수입	영업활동	투자활동
배당의 수입	영업활동	투자활동
이자의 지급	영업활동	재무활동
배당의 지급	재무활동	영업활동

제3절 영업활동현금흐름

영업활동현금흐름은 기업의 주요 수익창출활동 그리고 투자활동이나 재무활동이 아닌 기타의 활동에서 발생한 현금흐름으로 직접법과 간접법 중 하나의 방법을 선택하여 보고할 수 있다.

01 직접법

(1) 의의

직접법이란 영업활동현금흐름을 각 유형별로 구분하여 현금의 유입액과 유출액을 직접 계산하여 표시하는 방법이다. 즉, 유형별로 현금주의 수익과 비용을 직접 계산하여 현금주의 당기순이익을 구하는 방법이다. 직접법에 의한 현금흐름은 간접법에 의한 현금흐름에서 파악할 수 없는 정보를 제공하며 미래현금흐름을 추정하는 데 보다 유용한 정보를 제공한다. 따라서 영업활동현금흐름을 보고할 때 직접법을 사용할 것을 권장한다.

현금흐름표(직접법)

영업활동현금흐름

고객으로부터의 현금유입액	×××
공급자에 대한 현금유출액	(×××)
종업원에 대한 현금유출액	(×××)
기타영업비 현금유출액	(×××)
영업에서 창출된 현금흐름	×××
이자의 지급	(×××)
이자의 수취	×××
배당금의 수취	×××
배당금의 지급	(×××)
법인세 납부	(×××)
영업활동순현금흐름	×××

◉ 이자수취, 이자지급, 배당금의 수취, 배당금의 지급을 영업활동현금흐름으로 분류한 경우이다.

(2) 계산원리

① 매출수익의 조정

ㄱ 매출채권(순액), 선수금이 증가하는 경우

(차) **현금주의 매출액**	×××	(대) 매출(발생주의)	×××
(순)매출채권의 증가	×××	선수금의 증가	×××

ㄴ 매출채권(순액), 선수금이 감소하는 경우

(차) **현금주의 매출액**	×××	(대) 매출(발생주의)	×××
선수금의 감소	×××	(순)매출채권의 감소	×××

② 매출원가의 조정

ㄱ 재고자산 증가, 선급금 증가, 매입채무 증가의 경우

(차) 매출원가(발생주의)	×××	(대) **현금주의 매출원가**	×××
재고자산의 증가	×××	매입채무의 증가	×××
선급금의 증가	×××		

ⓛ 재고자산 감소, 선급금 감소, 매입채무 감소의 경우

(차) 매출원가(발생주의)	×××	(대) **현금주의 매출원가**	×××
매입채무의 감소	×××	재고자산의 감소	×××
		선급금의 감소	×××

③ 기타 수익항목의 조정

(차) **수익 관련 현금유입**	×××	(대) 수익항목(발생주의)	×××
미수수익의 증가	×××	선수수익의 증가	×××

○ 미수수익과 선수수익이 감소한다면 미수수익(자산)의 감소는 대변에, 선수수익(부채)의 감소는 차변에 기입한다.

④ 기타 비용항목의 조정

(차) 비용항목(발생주의)	×××	(대) **비용 관련 현금유출**	×××
선급비용의 증가	×××	미지급비용의 증가	×××

○ 선급비용과 미지급비용이 감소한다면 선급비용(자산)의 감소는 대변에, 미지급비용(부채)의 감소는 차변에 기입한다.

확인 및 기출예제

(주)한국의 20×1년 포괄손익계산서상 종업원급여는 ₩10,000이다. 재무상태표상 관련 계정의 기초 및 기말잔액이 다음과 같을 때, 20×1년 종업원급여 현금지출액은? 제25회

계정과목	기초잔액	기말잔액
미지급급여	₩1,000	₩2,000

① ₩8,000 ② ₩9,000
③ ₩10,000 ④ ₩11,000
⑤ ₩12,000

해설

	급여		
발생주의	10,000	급여유출액(x)	9,000
		미지급급여의 증가	1,000
	10,000		10,000

정답: ②

02 간접법

(1) 간접법은 당기순손익에 현금을 수반하지 않는 거래, 과거 또는 미래의 영업활동현금흐름이나 현금유출의 이연 또는 발생, 투자활동현금흐름이나 재무활동현금흐름 관련 손익항목의 영향을 조정하여 표시하는 방법이다. 즉, 영업활동현금흐름을 계산하기 위해 당기순손익에서 제거하거나 조정하는 과정을 나타내는 것이고 영업활동현금흐름의 내용 자체를 표시하는 것은 아니다. 포괄손익계산서상의 당기순손익에서 영업활동현금흐름을 계산하는 과정을 보여주므로 재무제표의 상호 관련성 측면에서 장점이 있다. 한국채택국제회계기준에서는 이자수입, 배당금수입, 이자지급, 법인세납부를 주요 영업활동에서 발생하는 현금흐름과 구분하여 별도로 표시하도록 규정하고 있다.

현금흐름표(간접법)	
영업활동현금흐름	
법인세비용차감전 순이익	×××
조정항목 가감	
이자비용	×××
이자수익	(×××)
배당금수익	(×××)
영업활동에서 창출되지 않은 손익의 제거	×××
영업활동에서 창출된 자산과 부채의 변동	×××
영업에서 창출된 현금	×××
이자의 지급	(×××)
이자의 수취	×××
배당금의 수취	×××
배당금의 지급	(×××)
법인세의 납부	(×××)
영업활동순현금흐름	×××

◉ 이자수취, 이자지급, 배당금의 수취, 배당금의 지급을 영업활동현금흐름으로 분류한 경우이다.

(2) 계산원리

발생주의	조정항목		현금주의
	손익 제거	영업활동 관련 자산, 부채 변동	
당기순이익	비현금 및 투자, 재무 관련 비용(+)	영업활동 관련 자산증가, 부채감소(−)	당기순이익
	비현금 및 투자, 재무 관련 수익(−)	영업활동 관련 자산감소, 부채증가(+)	

① 현금의 유출입이 없는 수익, 비용 등의 가감항목

구분	차감항목	가산항목
현금유출입이 없는 손익항목	• 사채할증발행차금상각 • 현재가치할인차금상각(자산 관련)	• 감가상각비 • 무형자산상각비 • 사채할인발행차금상각 • 현재가치할인차금상각(부채 관련)
투자 및 재무활동 관련 손익항목	• 유가증권(단기매매목적 제외) 처분 　이익 • 유형자산처분이익 • 사채상환이익	• 유가증권(단기매매목적 제외) 처분 　손실 • 유형자산처분손실 • 사채상환손실

② 영업활동과 관련된 자산, 부채의 가감항목

구분	관련된 자산·부채계정
매출수익	매출채권, 선수금
매출원가	재고자산, 선급금, 매입채무
영업비	선급비용, 미지급비용
기타 수익	미수수익, 선수수익
법인세비용	선급법인세, 미지급법인세, 이연법인세자산, 이연법인세부채

◉ 유가증권처분손익은 기타포괄손익-공정가치측정 금융자산과 상각후원가측정 금융자산의 처분손익을 말한다.

거래의 결합관계를 활용한 영업활동현금흐름

차변(유출)		대변(유입)	
[손익계산서 관련 항목]		[손익계산서 관련 항목]	
영업활동현금흐름	×××	당기순이익	×××
현금유입이 없는 수익계정 제거	×××	현금유출이 없는 비용계정 제거	×××
투자와 재무활동 관련 수익계정 제거	×××	투자와 재무활동 관련 비용계정 제거	×××
[재무상태표 관련 항목]		[재무상태표 관련 항목]	
영업활동 관련 자산의 증가	×××	영업활동 관련 자산의 감소	×××
영업활동 관련 부채의 감소	×××	영업활동 관련 부채의 증가	×××
영업활동현금흐름(차액)	×××		

◉ 대변이 차변보다 크면 유입액이 큰 것이므로, 차액이 차변에 기입되어 차변과 대변을 일치시킨다.

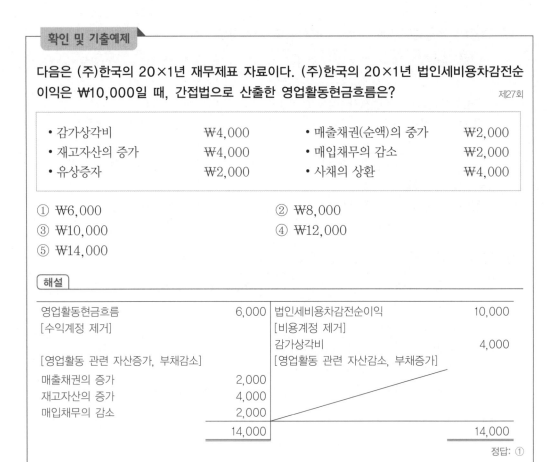

다음은 (주)한국의 20×1년 재무제표 자료이다. (주)한국의 20×1년 법인세비용차감전순이익은 ₩10,000일 때, 간접법으로 산출한 영업활동현금흐름은? 제27회

• 감가상각비	₩4,000	• 매출채권(순액)의 증가	₩2,000
• 재고자산의 증가	₩4,000	• 매입채무의 감소	₩2,000
• 유상증자	₩2,000	• 사채의 상환	₩4,000

① ₩6,000　　　　　　　　　　② ₩8,000
③ ₩10,000　　　　　　　　　 ④ ₩12,000
⑤ ₩14,000

해설

영업활동현금흐름	6,000	법인세비용차감전순이익	10,000
[수익계정 제거]		[비용계정 제거]	
		감가상각비	4,000
[영업활동 관련 자산증가, 부채감소]		[영업활동 관련 자산감소, 부채증가]	
매출채권의 증가	2,000		
재고자산의 증가	4,000		
매입채무의 감소	2,000		
	14,000		14,000

정답: ①

제4절　현금흐름표 기타

(1) 이자와 배당금의 수취 및 지급과 법인세

이자와 배당금의 수취 및 지급에 따른 현금흐름은 각각 별도로 공시한다. 각 현금흐름은 매 기간 일관성 있게 영업활동, 투자활동, 재무활동으로 분류한다. 법인세로 인한 현금흐름은 별도로 공시하고, 재무활동과 투자활동에 명백히 관련되지 않는 한 영업활동현금흐름으로 분류된다.

(2) 현금흐름 표시

영업활동으로 인한 현금흐름은 변동액을 표시하며, 투자활동과 재무활동에서 발생하는 총현금유입과 총현금유출은 주요 항목별로 구분하여 총액으로 표시한다. 다만, 다음의 사례와 같이 단기간에 빈번하게 이루어지는 거래는 순증감액으로 보고할 수 있다.

① 현금흐름이 기업의 활동이 아닌 고객의 활동을 반영하는 경우로서 고객을 대리함에 따라 발생하는 현금유입과 현금유출

　예 은행의 요구불예금 수신 및 인출, 투자기업이 보유하고 있는 고객예탁금 등

② 회전율이 높고 금액이 크며 만기가 짧은 항목과 관련된 현금유입과 현금유출

　예 투자자산의 구입과 처분, 신용카드 고객에 대한 대출과 회수 등

(3) 주석사항

현금흐름표에는 표시하지 않지만 유용한 정보를 제공하기 위하여 공시할 주석사항은 다음과 같다.

① 비현금거래: 현금 및 현금성자산의 사용을 수반하지 않는 투자활동거래와 재무활동거래는 현금흐름표에서는 제외되지만 유용한 정보 제공을 위해서 주석을 통해 공시한다.

> **더 알아보기** | **비현금거래에 해당하는 경우**
>
> 1. 자산 취득시 직접 관련된 부채를 인수하거나 금융리스를 통하여 자산을 취득하는 경우
> 2. 주식발행을 통한 기업인수
> 3. 채무의 지분전환(전환사채의 전환권 행사)
> 4. 현물출자

② 현금 및 현금성자산 구성요소의 차이: 현금 및 현금성자산의 구성요소를 공시하고 현금흐름표상의 금액과 재무상태표에 보고된 해당 항목의 조정 내용을 공시한다.

제5절 | 발생주의로의 전환

발생주의는 현금의 수입이나 지출과는 관계없이 현금흐름을 유발시키는 거래나 경제적 사건이 발생한 시점에서 수익 또는 비용을 인식하는 것을 의미한다. 반면에, 현금주의는 현금이 유입되는 시점에서 수익을 인식하고 현금이 지출되는 시점에서 비용을 인식하는 것을 의미한다. 현금흐름표는 발생주의로 작성된 재무제표를 현금주의로 전환하는 과정이다. 따라서 발생주의를 현금주의로 전환하는 방법을 반대로 적용하면 발생주의 손익항목을 계산할 수 있다.

발생주의와 현금주의

발생주의

발생주의 전환 ↑↓ 현금흐름표

현금주의

20×1년과 20×2년 말 미수임대료와 선수임대료 잔액이 다음과 같을 때, 20×2년 중 현금으로 수취한 임대료가 ₩118,000이라면, 20×2년 포괄손익계산서에 표시될 임대료는?

제27회

구분	20×1년 말	20×2년 말
미수임대료	₩11,000	₩10,000
선수임대료	₩7,800	₩8,500

① ₩116,300　　　　　　　　　　② ₩117,700
③ ₩118,000　　　　　　　　　　④ ₩118,300
⑤ ₩119,700

해설

본 문제는 현금수취액에서 출발하여 발생주의 임대료수익을 계산하는 발생주의 전환 문제에 해당된다.

임대료 수취액	118,000	발생주의	116,300
		미수임대료 감소	1,000
		선수임대료 증가	700
	118,000		118,000

정답: ①

01 현금흐름표는 현금흐름의 금액과 시기를 조절하는 능력을 평가하는 데 유용한 정보를 제공한다.
( )

02 현금흐름정보는 동일한 거래와 사건에 대하여 서로 다른 회계처리를 적용함에 따라 발생하는 영향을 포함하기 때문에 영업성과에 대한 비교가능성을 저하시킨다. ( )

03 현금 및 현금성자산을 구성하는 항목간 이동은 영업활동, 투자활동, 재무활동의 일부이므로 현금흐름에 포함한다. ( )

04 현금흐름표는 회계기간 동안에 발생하는 영업활동, 투자활동, 재무활동으로 분류하여 보고한다.
( )

05 단기매매목적으로 보유하는 유가증권의 취득과 판매에 따른 현금흐름은 투자활동으로 분류한다. ( )

06 이자와 배당금의 수취 및 지급에 따른 현금흐름은 별도 공시한다. 이자수입, 이자지급, 배당금수입은 영업활동으로만 분류된다. ( )

---

01 ○

02 × 동일한 거래와 사건에 대하여 서로 다른 회계처리를 적용함에 따라 발생하는 영향을 제거하기 때문에 영업성과에 대한 비교가능성을 제고한다.

03 × 일부가 아니므로 현금흐름에서 제외한다.

04 ○

05 × 투자활동 ⇨ 영업활동

06 × 일반적으로 영업활동으로 분류되나, 이자수입과 배당금수입은 투자활동으로도 분류할 수 있고 이자지급은 재무활동으로도 분류할 수 있다.

07 법인세는 항상 영업활동으로 분류되고 별도로 공시하지 않는다. ( )

08 로열티, 수수료, 중개료 및 기타 수익에 따른 현금유입은 투자활동에 해당한다. ( )

09 기계장치의 취득은 투자활동이므로 현금흐름표 작성시 간접법에 의해 '영업활동으로 인한 현금흐름'을 계산하는 경우 포괄손익계산서의 당기순이익에서 차감한다. ( )

10 대체로 유형자산, 무형자산, 장기투자자산과 관련된 현금흐름은 재무활동현금흐름에 해당되고, 자본금, 차입금과 관련된 현금흐름은 투자활동현금흐름에 해당된다. ( )

---

07 × 법인세는 별도 공시하고 재무활동과 투자활동에 명백히 관련되지 않는 한 영업활동현금흐름으로 분류한다.

08 × 투자활동 ⇨ 영업활동

09 × 간접법에 의하여 영업활동현금흐름을 계산하는 경우 당기순손익에서 가감하는 항목은 투자활동 관련 수익계정이나 비용계정이다. 따라서 단순한 취득은 간접법에 의해서 조정할 필요가 없다.

10 × 재무활동 ⇨ 투자활동, 투자활동 ⇨ 재무활동

01 현금흐름표에 관한 설명으로 옳은 것은?

① 영업활동현금흐름을 작성방식(직접법 또는 간접법)에 따라 영업활동으로 인한 현금흐름의 크기가 달라질 수 있다.

② 신용거래가 없는 경우, 영업활동으로 인한 현금흐름과 포괄손익계산서상 당기순이익은 일치하여야 한다.

③ 현금흐름표는 현금흐름의 종류에 따라 크게 영업활동으로 인한 현금흐름 및 투자활동으로 인한 현금흐름으로 구분하여 보고한다.

④ 직접법이나 간접법 중 어느 방법으로 작성하더라도 투자활동으로 인한 현금흐름은 동일하게 표시된다.

⑤ 재무활동현금흐름 계산시 직접법과 간접법 중 선택하여 작성할 수 있다.

정답 | 해설

01 ④ ① 작성방식에 따라 영업활동으로 인한 현금흐름의 크기가 <u>달라질 수 없다</u>.

② 신용거래가 없는 경우에도 현금유출입이 없는 비용과 수익 및 투자활동과 재무활동으로 인한 손익항목으로 인하여 <u>일치하지 않는다</u>.

③ 현금흐름표는 현금흐름의 종류에 따라 크게 영업활동으로 인한 현금흐름, 투자활동으로 인한 현금흐름, <u>재무활동으로 인한 현금흐름</u>으로 구분하여 보고한다.

⑤ <u>영업활동현금흐름의 경우에만</u> 직접법과 간접법으로 작성한다.

02 현금흐름표는 회계기간 동안 발생한 현금흐름을 영업활동, 투자활동, 재무활동으로 분류하여 보고한다. 다음 중 현금흐름의 분류가 다른 것은?

① 단기매매목적으로 보유하는 계약에서 발생한 현금유입
② 기업이 보유한 특허권을 일정 기간 사용하도록 하고 받은 수수료 관련 현금유입
③ 리스이용자의 금융리스부채 상환에 따른 현금유출
④ 보험회사의 경우 보험금과 관련된 현금유출
⑤ 재화와 용역의 구입에 따른 현금유출

03 제조업을 영위하는 (주)한국의 현금흐름표에 관한 설명으로 옳지 않은 것은?

제20회

① 단기매매목적으로 보유하는 유가증권의 취득과 판매에 따른 현금흐름은 재무활동현금흐름으로 분류한다.
② 현금흐름표는 회계기간 동안 발생한 현금흐름을 영업활동, 투자활동, 재무활동으로 분류하여 보고한다.
③ 유형자산 또는 무형자산 처분에 따른 현금유입은 투자활동현금흐름으로 분류한다.
④ 차입금의 상환에 따른 현금유출은 재무활동현금흐름으로 분류한다.
⑤ 법인세로 인한 현금흐름은 별도로 공시하며, 재무활동과 투자활동에 명백히 관련되지 않는 한 영업활동현금흐름으로 분류한다.

04 간접법을 이용하여 영업활동으로 인한 현금흐름을 계산하고자 한다. 다음 설명 중 옳은 것은?

제12회 수정

① 매출채권감소액은 당기순이익에 가산한다.
② 사채상환이익은 당기순이익에 가산한다.
③ 유형자산처분이익은 당기순이익에 가산한다.
④ 매입채무증가액은 당기순이익에서 차감한다.
⑤ 미지급비용감소액은 당기순이익에 가산한다.

05 다음 자료를 이용하여 계산한 매입으로 인한 현금유출액은? (단, 매입은 외상으로 이루어짐)

제16회

• 기초재고자산	₩500,000	• 기말재고자산	₩700,000
• 기초매입채무	₩400,000	• 기말매입채무	₩600,000
• 매출원가	₩800,000		

① ₩400,000

② ₩500,000

③ ₩600,000

④ ₩700,000

⑤ ₩800,000

정답 | 해설

02 ③ 리스이용자의 금융리스부채 상환에 따른 현금유출은 재무활동현금흐름이다.
①②④⑤ 영업활동현금흐름에 해당한다.

03 ① 단기매매목적으로 보유하는 유가증권의 취득과 판매에 따른 현금흐름은 영업활동현금흐름으로 분류한다.

04 ① ② 사채상환이익은 당기순이익에서 차감한다.
③ 유형자산처분이익은 당기순이익에서 차감한다.
④ 매입채무증가액은 당기순이익에 가산한다.
⑤ 미지급비용감소액은 당기순이익에서 차감한다.

05 ⑤ 매입 등 현금유출액
= – ₩800,000(발생주의) – ₩200,000(재고자산 증가) + ₩200,000(매입채무 증가)
= ₩800,000

<table>
<tr><td colspan="4" align="center">매출원가</td></tr>
<tr><td>발생주의 매출원가</td><td align="right">800,000</td><td>매입채무 증가</td><td align="right">200,000</td></tr>
<tr><td>재고자산 증가</td><td align="right">200,000</td><td>매입 등 현금유출액</td><td align="right">800,000</td></tr>
<tr><td></td><td align="right">1,000,000</td><td></td><td align="right">1,000,000</td></tr>
</table>

06 (주)한국의 20×1년도 포괄손익계산서의 이자비용은 ₩800(사채할인발행차금상각액 ₩80 포함)이다. 20×1년도 이자와 관련된 자료가 다음과 같을 때, 이자지급으로 인한 현금유출액은?

제23회

구분	기초잔액	기말잔액
미지급이자	₩92	₩132
선급이자	₩40	₩52

① ₩652   ② ₩692

③ ₩748   ④ ₩852

⑤ ₩908

07 (주)한국의 기초와 기말재무상태표에 계상되어 있는 미수임대료와 선수임대료잔액은 다음과 같다. 당기 포괄손익계산서의 임대료가 ₩700일 경우, 현금주의에 의한 임대료수취액은?

제20회, 제16·17회 유사

구분	기초잔액	기말잔액
미수임대료	₩500	₩0
선수임대료	₩600	₩200

① ₩500   ② ₩600

③ ₩700   ④ ₩800

⑤ ₩900

08 다음은 (주)한국의 20×1년도 재무제표 자료이다. (주)한국의 20×1년도 당기순이익이 ₩500,000일 때, 현금흐름표상 간접법으로 산출한 영업활동현금흐름은?

제21회

• 감가상각비	₩130,000
• 매출채권(순액) 증가	₩140,000
• 사채상환 손실	₩40,000
• 재고자산 감소	₩120,000
• 단기차입금 감소	₩50,000

① ₩600,000   ② ₩610,000

③ ₩640,000   ④ ₩650,000

⑤ ₩690,000

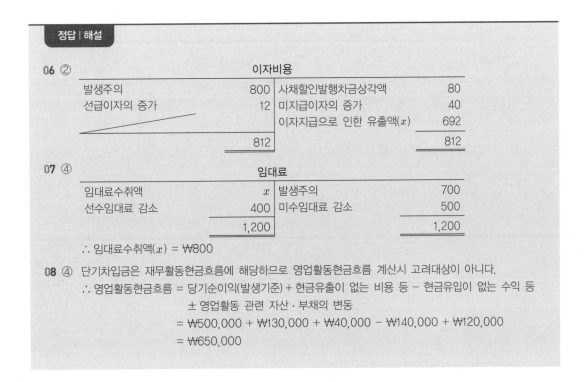

정답 | 해설

06 ②

이자비용

발생주의	800	사채할인발행차금상각액	80
선급이자의 증가	12	미지급이자의 증가	40
		이자지급으로 인한 유출액(x)	692
	812		812

07 ④

임대료

임대료수취액	x	발생주의	700
선수임대료 감소	400	미수임대료 감소	500
	1,200		1,200

∴ 임대료수취액(x) = ₩800

08 ④ 단기차입금은 재무활동현금흐름에 해당하므로 영업활동현금흐름 계산시 고려대상이 아니다.

∴ 영업활동현금흐름 = 당기순이익(발생기준) + 현금유출이 없는 비용 등 − 현금유입이 없는 수익 등
± 영업활동 관련 자산·부채의 변동
= ₩500,000 + ₩130,000 + ₩40,000 − ₩140,000 + ₩120,000
= ₩650,000

제1편 재무회계

13장

09 (주)한국의 20×1년 당기순이익이 ₩10,000인 경우, 다음 자료를 이용하여 영업
활동으로 인한 현금흐름을 계산하면?

- 당기의 감가상각비는 ₩1,000이다.
- 전기 말보다 당기 말에 재고자산이 ₩200 증가하였다.
- 전기 말보다 당기 말에 미지급보험료가 ₩100 감소하였다.
- ₩4,000에 구입한 건물(감가상각누계액 ₩3,000)을 당기에 ₩500에 매각하였다.

① ₩10,200   ② ₩11,000
③ ₩11,200   ④ ₩11,500
⑤ ₩11,800

10 (주)한국의 20×1년 당기순이익은 ₩300,000이다. 다음 자료를 이용하여 간접법
으로 구한 영업활동현금흐름은?

• 감가상각비	₩25,000	• 유상증자	₩1,000,000
• 유형자산처분손실	₩10,000	• 건물의 취득	₩750,000
• 사채의 상환	₩400,000	• 매출채권의 증가	₩75,000
• 매입채무의 감소	₩50,000	• 재고자산의 증가	₩100,000

① ₩60,000   ② ₩110,000
③ ₩335,000   ④ ₩490,000
⑤ ₩520,000

11 다음은 (주)한국의 20×1년 현금흐름표를 작성하기 위한 자료의 일부이다.

구분	기초잔액	기말잔액
기계장치	₩200	₩250
감가상각누계액	(₩50)	(₩80)

당기 중 취득원가가 ₩50이고 감가상각누계액이 ₩20인 기계장치를 처분하면서 유형
자산처분손실 ₩5가 발생하였다. 기계장치와 관련하여 20×1년 감가상각비가 ₩50
인 경우 (주)한국의 당기 현금흐름표에 표시될 투자활동현금흐름(순액)은 얼마인가?

① 순유입 ₩70

② 순유입 ₩75

③ 순유입 ₩80

④ 순유출 ₩70

⑤ 순유출 ₩75

---

09 ③

영업활동현금흐름(간접법)

영업활동현금흐름(x)	11,200	당기순이익	10,000
[수익계정 제거]	–	[비용계정 제거]	
		감가상각비	1,000
		유형자산처분손실	500*
[영업활동 관련 자산증가, 부채감소]		[영업활동 관련 자산감소, 부채증가]	–
재고자산 증가	200		
미지급보험료 감소	100		
	11,500		11,500

* (₩4,000 − ₩3,000) − ₩500

10 ②

영업활동현금흐름	110,000	당기순이익	300,000
[수익계정 제거]	–	[비용계정 제거]	
[영업활동 관련 자산증가, 부채감소]		감가상각비	25,000
매출채권의 증가	75,000	유형자산처분손실	10,000
재고자산의 증가	100,000	[영업활동 관련 자산감소, 부채증가]	–
매입채무의 감소	50,000		

11 ⑤

[손익계산서]			
감가상각비	50		
유형자산처분손실	5		
[재무상태표]			
기계장치의 증가	50	감가상각누계액의 증가	30
[현금흐름(차액)]		투자활동순현금유출	75
	105		105

12 (주)한국의 20×1년 영업활동 순현금유입액은 ₩12,000이다. 다음 자료를 이용할 때, 20×1년 법인세비용차감전순이익과 재무활동순현금흐름으로 옳은 것은? 제25회

- 재무상태표 관련 자료

계정과목	20×1년 1월 1일	20×1년 12월 31일
매출채권	₩2,800	₩1,300
선급비용	₩1,000	₩1,800
미지급이자	₩80	₩40
단기차입금	₩1,500	₩1,250
자본금	₩500	₩1,200

- 20×1년 감가상각비 ₩900
- 20×1년 유형자산처분손실 ₩2,100
- 이자비용(미지급이자)은 영업활동으로 분류한다.
- 자본금변동은 유상증자로 인한 것이며 모든 자산, 부채, 자본변동은 현금거래로 인한 것이다.

	법인세비용차감전순이익	재무활동순현금흐름
①	₩7,800	순유입액 ₩410
②	₩8,300	순유입액 ₩450
③	₩8,340	순유입액 ₩450
④	₩8,640	순유입액 ₩410
⑤	₩8,800	순유출액 ₩250

13 다음 중 현금의 유입·유출이 없는 거래가 아닌 것은?

① 장기차입금의 유동성 대체
② 건설 중인 자산의 완성으로 인한 대체
③ 전환사채의 발행
④ 유형자산의 교환
⑤ 현물출자

14 한국채택국제회계기준에 의한 현금흐름표의 작성 원리에 관한 설명으로 옳지 않은 것은?

① 영업활동으로 인한 현금유입에는 매출활동에 따른 외상매출금과 받을어음의 회수를 포함한 현금유입이 포함된다.

② 영업활동으로 인한 현금흐름의 직접 표시방법은 현금을 수반하여 발생한 수익 또는 비용항목을 총액으로 표시하되 현금유입은 원천별로, 현금유출은 용도별로 분류하여 표시한다.

③ 투자활동으로 인한 현금유입은 대여금의 회수, 유가증권의 처분, 투자자산과 유형자산의 처분 등이 포함된다.

④ 재무활동으로 인한 현금유출에는 배당금의 지급, 유상감자, 자기주식의 취득, 차입금의 상환 등이 포함된다.

⑤ 사채발행 또는 주식발행으로 인한 유입시에는 액면금액으로 기입한다.

정답 | 해설

12 ③ (1) 발생주의 전환: 법인세비용차감전순이익의 계산

영업활동현금흐름	12,000	법인세비용차감전순이익(x)		8,340
[수익계정 제거]	–	[비용계정 제거]		
		감가상각비		900
		유형자산처분손실		2,100
[영업활동 자산의 증가, 부채의 감소]		[영업활동 자산의 감소, 부채의 증가]		
선급비용의 증가	800	매출채권의 감소		1,500
미지급이자의 감소	40			
	12,840			12,840

　　　(2) 재무활동순현금흐름 = ₩700(자본의 증가: +) − ₩250(부채의 감소: −) = ₩450 현금유입

13 ③ 전환사채의 발행은 <u>재무활동현금흐름</u>으로 구분된다.

14 ⑤ 사채발행 또는 주식발행으로 인한 현금유입액은 <u>발행금액</u>으로 기입한다.

15 다음은 (주)한국의 20×1년 11월에 발생한 거래이다.

> • 상품 ₩35,000을 외상으로 매입하다.
> • 원가 ₩35,000의 상품을 ₩50,000에 외상으로 판매하다.

(주)한국은 20×1년 12월에 상품 판매대금 ₩50,000 중 ₩25,000을 회수하였고, 상품의 매입원가 ₩35,000 중 ₩17,500을 현금으로 지급하였다. 현금기준에 의한 20×1년의 순현금유입액(A)과 발생기준에 의한 20×1년의 순이익(B)은?

	(A)	(B)
①	₩7,500	₩7,500
②	₩7,500	₩15,000
③	₩15,000	₩7,500
④	₩15,000	₩15,000
⑤	₩17,500	₩25,000

16 (주)한국은 지금까지 현금기준에 의해 손익계산서를 작성하여 왔는데, 앞으로는 발생기준에 의해 작성하고자 한다. 현금기준에 의한 20×1년의 수익은 ₩1,000,000이다. 20×1년의 기초매출채권은 ₩60,000, 기말매출채권은 ₩120,000, 기말선수수익은 ₩40,000인 경우 발생기준에 의한 20×1년의 수익은?

① ₩980,000
② ₩1,000,000
③ ₩1,020,000
④ ₩1,040,000
⑤ ₩1,150,000

17 (주)한국의 20×1년 기초와 기말재고자산은 각각 ₩200,000과 ₩350,000이며, 20×1년 기초와 기말매입채무는 각각 ₩50,000과 ₩80,000이다. (주)한국의 20×1년도 재고자산 매입으로 인한 현금유출액이 ₩250,000일 경우, (주)한국의 20×1년도 매출원가는? (단, 재고자산의 감모 및 평가손실은 발생하지 않음)

① ₩130,000
② ₩200,000
③ ₩250,000
④ ₩370,000
⑤ ₩400,000

18 (주)한국의 영업활동으로 인한 현금흐름이 ₩500,000일 때, 다음 자료를 기초로 당기순이익을 계산하면?

제20회

• 매출채권(순액) 증가	₩50,000
• 재고자산 감소	₩40,000
• 미수임대료의 증가	₩20,000
• 매입채무의 감소	₩20,000
• 유형자산처분손실	₩30,000

① ₩420,000 ② ₩450,000

③ ₩520,000 ④ ₩540,000

⑤ ₩570,000

정답 | 해설

15 ② • 현금기준 순현금유입액(A) = 현금유입액 − 현금유출액 = ₩25,000 − ₩17,500 = ₩7,500
    • 발생기준 순이익(B) = 매출액 − 매출원가 = ₩50,000 − ₩35,000 = ₩15,000

16 ③

		수익계정		
현금기준	1,000,000	발생주의(x)		1,020,000
매출채권의 증가	60,000	선수수익의 증가		40,000
	1,060,000			1,060,000

17 ①

		매출원가		
발생주의(x)	130,000	현금주의		250,000
재고자산 증가	150,000	매입채무 증가		30,000
	280,000			280,000

18 ③ 발생주의 당기순이익
    = ₩500,000 + ₩50,000 − ₩40,000 + ₩20,000 + ₩20,000 − ₩30,000
    = ₩520,000

제 14 장 재무제표 분석

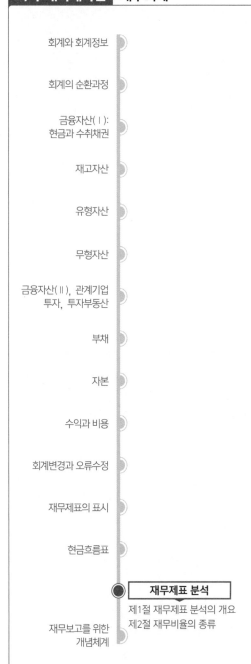
📖 단원길라잡이

재무제표 비율분석은 응용문제로 출제가 되기 때문에 어렵게 느껴질 수 있다. 따라서 반복적으로 출제되고 있는 문제를 학습하여 풀이능력을 향상시켜야 한다. 유동비율, 활동성비율 그리고 자기자본순이익률과 총자산(자본)순이익률의 결합 공식을 이해하고 비율간 상호관계를 익혀야 한다.

📑 출제포인트

- 유동비율, 당좌비율
- 매출채권회전율
  - 매출채권회수기간
- 재고자산회전율
  - 재고자산회수기간
- 자기자본순이익률, 부채비율

제1절 재무제표 분석의 개요

(1) 의의

① 재무제표는 일정 기간 동안 기업이 수행한 경영활동과 의사결정이 반영되어 있기 때문에 이를 분석하면 기업에 어떠한 일들이 일어났고 어떤 결과들이 초래되었는지를 알 수 있다. 그 결과 기업의 재무상 강점과 약점을 파악할 수 있게 되는 것이다. 이와 같이 기업의 재무제표 분석은 기업의 재무자료를 분석하는 것을 말한다.

② 재무비율이란 재무제표에 나타난 두 개 이상의 항목간의 상관관계를 수학적으로 표현한 것으로서 재무제표의 상호 관련된 많은 항목을 축소하여 이해할 수 있다(예 영업성과를 분석하기 위한 수익성비율, 단기지급능력을 파악하기 위한 유동성비율 등). 그러나 재무분석을 위해 단순히 재무비율에만 의존하는 것보다는 기본자료를 폭넓게 검토하고 종합적으로 판단하는 자세가 필요하다.

(2) 재무비율의 유용성과 한계점

① 유용성

㉠ 회계정보이용자에게 유용한 수단이 될 수 있다.

㉡ 간편하고 이해하기 쉽다.

㉢ 자료수집이 용이하고 비율이 쉽게 산출된다.

② 한계점

㉠ 비율분석 결과는 재무제표의 적정성 여부에 따라 영향을 받는다.

㉡ 여러 가지 대체적인 회계처리방법이 존재하므로 기업간의 비교가능성이 저해된다.

㉢ 기간손익계산시 추정 개입으로 인한 불확실성이 내재되어 있다.

㉣ 미래상황 예측을 위한 분석임에도 현행가치는 표시하지 않고 역사적 원가(과거) 자료를 이용한 비율분석은 근본적인 한계가 있다.

제2절 재무비율의 종류

01 유동성비율

유동성이란 어느 자산이 단기에 정상적인 가격으로 현금화될 수 있는 가능성을 말한다. 따라서 유동성비율은 기업의 단기채무에 대한 변제능력이나 자금사정에 대한 정보를 제공하는 재무비율이다.

(1) 유동비율

유동비율은 유동자산을 유동부채로 나누어 측정한다. 이 비율은 기업의 유동성을 평가하는 데 가장 보편적으로 이용되는 재무비율이다.

$$유동비율 = \frac{유동자산}{유동부채}$$

구분	유동자산·유동부채 동일한 금액 증가	유동자산·유동부채 동일한 금액 감소
유동비율 > 1	감소	증가
유동비율 = 1	불변	불변
유동비율 < 1	증가	감소

(2) 당좌비율

유동비율의 분자요소에서 재고자산을 제외하고 유동성이 매우 높은 당좌자산만을 고려하여 보다 엄격하게 유동성을 평가하는 재무비율이다.

$$당좌비율 = \frac{당좌자산}{유동부채}$$

◉ 당좌자산 = 유동자산 − 재고자산

확인 및 기출예제

(주)한국은 상품을 ₩1,000에 취득하면서 현금 ₩500을 지급하고 나머지는 3개월 이내에 지급하기로 하였다. 이 거래가 발생하기 직전의 유동비율과 당좌비율은 각각 70%와 60%이었다. 상품 취득 거래가 유동비율과 당좌비율에 미치는 영향은? (단, 상품거래에 대해 계속기록법을 적용함)

제23회

	유동비율	당좌비율		유동비율	당좌비율
①	감소	감소	②	감소	변동 없음
③	변동 없음	감소	④	증가	변동 없음
⑤	증가	감소			

해설

(차) 상품	1,000	(대) 현금	500
		매입채무	500

∴ 유동비율: 유동자산(↑) / 유동부채(↑) ⇨ 증가
　　당좌비율: 당좌자산(↓) / 유동부채(↑) ⇨ 감소

정답: ⑤

---

02 활동성비율

매출액과 이를 뒷받침하기 위해서 투자된 각종 자산들과의 관계를 측정한 것이다. 이는 해당 자산들이 얼마나 효율적으로 이용되고 있는지를 평가하는 재무비율이다. 따라서 활동성비율은 효율성비율 또는 회전율비율이라고도 한다.

(1) 매출채권회전율

매출채권이 현금으로 회수되는 속도를 나타낸다. 따라서 높을수록 매출채권의 회수가 잘 되므로 높을수록 좋은 지표이다.

$$매출채권회전율 = \frac{매출액}{평균매출채권}$$

- ● 평균매출채권 $= \dfrac{기초매출채권 + 기말매출채권}{2}$
- ● 매출채권회수기간(일) = 365(360) / 매출채권회전율

(2) 재고자산회전율

매출원가를 평균재고자산으로 나눈 비율로서 재고자산이 연간 몇 회전했는지를 나타낸다. 따라서 회전율이 높으면 재고관리가 효율적임을 나타내고, 회전율이 낮으면 재고자산에 과대투자되고 있음을 뜻한다. 재고자산회전율 공식에서 분모는 재고자산으로 원가항목이므로 매출액보다는 매출원가를 기준으로 재고자산회전율을 구하는 것이 더 합리적이다.

$$재고자산회전율 = \frac{매출원가}{평균재고자산}$$

- ● 평균재고자산 $= \dfrac{기초재고자산 + 기말재고자산}{2}$
- ● 재고자산회전기간(일) = 365(360) / 재고자산회전율
- ● 정상영업주기 = 매출채권회수기간 + 재고자산회전기간

(주)한국의 다음 자료를 이용하여 구한 재고자산회전율은? (단, 재고자산회전율은 매출원가 및 기초와 기말의 평균재고자산을 이용하며, 계산결과는 소수점 둘째 자리에서 반올림함)

제27회

• 기초재고자산	₩18,000	• 당기매입액	₩55,000
• 당기매출액	₩80,000	• 매출총이익률	30%

① 2.0회   ② 3.2회   ③ 4.7회
④ 5.1회   ⑤ 6.0회

해설

기말재고 = 기초재고 + 당기매입액 − 매출원가
= ₩18,000 + ₩55,000 − (₩80,000 × 70%)
= ₩17,000
∴ 재고자산회전율 = 매출원가 ÷ 평균재고
= (₩80,000 × 70%) ÷ [(₩18,000 + ₩17,000) / 2]
= 3.2회

정답: ②

(3) 총자산회전율

기업이 보유하는 총자산이 수익을 창출하는 데 얼마나 효율적으로 이용되고 있는지를 평가하는 데 유용한 지표이다.

$$총자산회전율 = \frac{매출액}{평균총자산}$$

(주)한국의 20×1년 재무제표(회계연도 20×1.1.1.~12.31.)에서 발췌한 자료를 이용하여 매출총이익을 계산하면?

• 기초매출채권	₩750,000	• 기말매출채권	₩850,000
• 기초재고액	₩340,000	• 기말재고액	₩460,000
• 매출채권회전율	3회	• 재고자산회전율	5회

① ₩50,000   ② ₩80,000
③ ₩240,000   ④ ₩360,000
⑤ ₩400,000

매출채권회전율을 통해 매출액을, 재고자산회전율을 통해 매출원가를 각각 계산하여 매출총이익을 구한다.
- 매출채권회전율 = 매출액(x) ÷ 평균매출채권 = x ÷ [(₩750,000 + ₩850,000) ÷ 2] = 3회
  ⇨ x = ₩2,400,000
- 재고자산회전율 = 매출원가(y) ÷ 평균재고자산 = y ÷ [(₩340,000 + ₩460,000) ÷ 2] = 5회
  ⇨ y = ₩2,000,000
∴ 매출총이익 = 매출액(x) − 매출원가(y) = ₩400,000

정답: ⑤

03 수익성비율

수익성비율은 투하자본에 대한 경영성과의 정도와 비용을 보전하고 이익을 낼 수 있는 능력에 관한 정보를 제공한다. 따라서 투자자, 경영자, 채권자 등의 이해관계자들이 의사결정할 때 가장 중요한 정보로 활용되고 있다.

(1) 매출액이익률

일정한 기간 동안의 매출액으로부터 여러 가지 비용을 차감한 이익항목들을 대비시켜 구하는 비율이다. 따라서 어떤 이익을 사용하느냐에 따라서 매출총이익률, 매출액영업이익률, 매출액순이익률 등으로 구분할 수 있다.

$$\text{매출총이익률} = \frac{\text{매출총이익}}{\text{매출액}}$$

$$\text{매출액영업이익률} = \frac{\text{영업이익}}{\text{매출액}}$$

$$\text{매출액순이익률} = \frac{\text{순이익}}{\text{매출액}}$$

(2) 총자산(자본)순이익률

자기자본순이익률과 함께 대표적으로 쓰이는 수익성비율이다. 즉, 기업이 보유하고 있는 총자산의 수익창출능력을 측정하는 비율로서 투자이익률이라고도 한다.

$$\text{총자산(자본)순이익률} = \frac{\text{당기순이익}}{\text{총자산}}$$

> 더 알아보기 | 총자산(자본)순이익률의 분해
>
> $$\text{총자산(자본)순이익률} = \frac{\text{당기순이익}}{\text{총자산}} = \frac{\text{당기순이익}}{\text{매출액}} \times \frac{\text{매출액}}{\text{총자산}}$$
>
> $$= \text{매출액순이익률} \times \text{총자산회전율}$$

(3) 자기자본순이익률

주주지분인 자기자본에 대한 투자효율성을 나타내는 비율로, 순이익을 자기자본으로 나누어 계산한다.

$$\text{자기자본순이익률} = \frac{\text{당기순이익}}{\text{자기자본}}$$

> **더 알아보기** | **자기자본순이익률의 분해**
>
> $$\text{자기자본순이익률} = \frac{\text{순이익}}{\text{자기자본}} = \frac{\text{순이익}}{\text{매출액}} \times \frac{\text{매출액}}{\text{총자산}} \times \frac{\text{총자산}}{\text{자기자본}}$$
>
> $$= \text{매출액순이익률} \times \text{총자산회전율} \times (1 + \text{부채비율})$$
>
> $$= \text{총자산(자본)순이익률} \times (1 + \text{부채비율})$$

> **확인 및 기출예제**
>
> 다음 재무비율간 관계를 이용하여 계산한 자기자본순이익률(ROE; Return On Equity)은?
>
> 제12회
>
> | | |
> |---|---:|
> | • 부채비율 | 120% |
> | • 매출액순이익률 | 10% |
> | • 총자산회전율 | 1.2회 |
>
> ① 10.0%　　② 12.0%　　③ 14.4%　　④ 24.0%　　⑤ 26.4%
>
> **해설**
>
> $$\text{자기자본순이익률} = \frac{\text{순이익}}{\text{자기자본}} = \frac{\text{순이익}}{\text{매출액}} \times \frac{\text{매출액}}{\text{총자산}} \times \frac{\text{총자산}}{\text{자기자본}}$$
>
> $$= \text{매출액순이익률} \times \text{총자산회전율} \times (1 + \text{부채비율})$$
>
> $$= 0.1 \times 1.2\text{회} \times (1 + 1.2) = 26.4\%$$
>
> 정답: ⑤

(4) 주당순이익(EPS)

기업의 경영성과를 평가하는 데 가장 보편적으로 이용되는 지표로서, 보통주 1주에 귀속되는 순이익을 나타낸다. 따라서 투자자에게 기업이 1주당 얼마의 이익을 벌고 있는지에 대한 정보를 알려준다.

$$\text{주당순이익} = \frac{\text{보통주 당기순이익}}{\text{가중평균유통보통주식수}}$$

◉ 보통주 당기순이익은 당기순이익에서 우선주배당금을 차감한 금액이다.

(5) 주가수익률(PER)

보통주의 1주당 시가를 보통주 1주에 귀속되는 이익에 해당하는 주당순이익으로 나누어
계산한다. 따라서 투자자에게 그 기업의 미래이익 전망에 대한 정보를 알려준다.

$$\text{주가수익률} = \frac{\text{주당시가}}{\text{주당순이익}}$$

(6) 배당수익률

주당배당금을 주가(주당시가)로 나누어 표시하며 투자자가 주식의 공정가치 대비 배당으
로 얻을 수 있는 수익의 비율을 의미한다.

$$\text{배당수익률} = \frac{\text{주당배당액}}{\text{주당시장가격}} = \frac{\text{배당금}}{\text{시가총액}}$$

(7) 배당성향

순이익 중 배당금으로 지급되는 비율을 계산하는 것으로, 투자자 입장에서 미래 배당현
금흐름을 예측하는 데 유용하다.

$$\text{배당성향} = \frac{\text{주당배당액}}{\text{주당순이익}} = \frac{\text{배당금}}{\text{순이익}}$$

04 안정성비율

레버리지비율이라고도 하며, 기업경영의 안정성과 장기부채 사용에 따른 원리금상환능력,
즉 채무불이행 위험에 관한 정보를 제공한다.

(1) 부채비율

기업의 재무비율 중 재무구조의 양호 여부를 판단하는 중요한 지표로서, 타인자본인 부채
총계를 자기자본인 자본총계로 나누어 산출되는 비율이다. 따라서 총자산을 구성하는 부
채와 자본의 비율로서 자기자본에 비하여 타인자본이 비율적으로 얼마나 많은가를 표시
한다.

$$\text{부채비율} = \frac{\text{총부채}}{\text{자기자본(자본)}}$$

◉ 부채구성비율 = 부채 ÷ 총자본

(2) 자기자본비율

총자본(자산) 중에서 자기자본의 비중이 얼마나 높은가를 표시하는 비율이다.

$$\text{자기자본비율} = \frac{\text{자기자본}}{\text{총자본(자산)}}$$

(3) 이자보상비율(이익기준)

기업이 부채를 차입함으로써 발생하는 이자비용을 부담할 능력을 어느 정도 갖고 있는가를 평가하는 비율이다. 즉, 회사가 영업활동을 통해 얻은 이익이 이자비용의 몇 배수를 벌어들이는지를 검토하는 것이다.

$$\text{이자보상비율} = \frac{\text{영업이익}}{\text{이자비용}}$$

확인 및 기출예제

다음 자료를 이용하여 계산한 유동비율과 부채비율(= 부채 / 자본)은?   제16회

• 자본	₩100,000	• 유동부채	₩40,000
• 비유동자산	₩120,000	• 비유동부채	₩60,000

	유동비율	부채비율		유동비율	부채비율
①	50%	100%	②	50%	200%
③	100%	100%	④	150%	200%
⑤	200%	100%			

해설

재무상태표

자산		부채	
유동자산 ⓒ	80,000	유동부채	40,000
비유동자산	120,000	비유동부채	60,000
		자본	100,000
	200,000	㉠	200,000

• 유동비율 = 유동자산 ÷ 유동부채
      = ₩80,000 ÷ ₩40,000 = 200%
• 부채비율 = 부채 ÷ 자본
      = (₩40,000 + ₩60,000) ÷ ₩100,000 = 100%

정답: ⑤

---

01 재무비율이란 재무제표에 나타난 두 개 이상의 항목간 상관관계를 수학적으로 표현한 것으로서 재무제표의 상호 관련된 많은 항목을 축소하여 이해할 수 있다. ( )

02 유동비율은 유동부채를 유동자산으로 나누어 측정한다. ( )

03 유동성비율은 기업의 단기지급능력을 분석하는 데 사용되며 유동비율, 당좌비율, 총자산이익률 이 주요 지표이다. ( )

04 유동비율이 100% 미만일 경우 1년 이내에 도래하는 유동부채가 1년 이내로 현금화되는 유동자 산보다 적어 회사의 단기채무 지급능력이 매우 높다고 할 수 있다. 또한 기말의 유동비율과 당 좌비율을 통해 기말재고자산을 계산할 수 있다. ( )

05 매출채권이 현금으로 회수되는 속도를 나타내는 매출채권회전율은 매출액에 평균매출채권을 곱한 비율이다. ( )

---

01 ○

02 ✕ 유동비율은 유동자산을 유동부채로 나누어 측정한다.

03 ✕ 총자산이익률은 유동성비율이 아니라 수익성지표에 해당된다.

04 ✕ 현금화되는 유동자산보다 많아 회사의 단기채무 지급능력이 매우 낮다고 할 수 있다.

05 ✕ 매출액을 평균매출채권으로 나눈 비율이다.

06 매출채권회수기간과 재고자산회전기간의 합을 정상영업주기라고 한다. ( )

07 총자산(자본)순이익률은 당기순이익을 총자산으로 나눈 비율로 매출액순이익률을 총자산회전율로 나누어 계산한다. ( )

08 자기자본순이익률은 매출액순이익률과 총자산회전율 그리고 '1 + 부채비율'을 곱한 비율이다. ( )

09 일반적으로 기업의 부채비율이 낮을수록 안정적이다. ( )

10 부채비율은 기업의 재무비율 중 재무구조의 양호 여부를 판단하는 중요한 지표로서 자기자본인 자본총계를 타인자본인 부채로 나누어 산출되는 비율이다. ( )

---

06 ○
07 × 매출액이익률과 총자산회전율을 곱하여 계산한다.
08 ○
09 ○
10 × 부채비율은 타인자본인 부채총계를 자기자본인 자본총계로 나눈 비율이다.

01 다음 중 유동비율에 영향을 미치지 않는 거래는?

① 사채의 만기가 되어 현금으로 상환하였다.

② 건물을 매각하고 대금은 1개월 후에 받기로 하였다.

③ 장기성 지급어음을 발행하고 기계장치를 취득하였다.

④ 상품을 실사한 결과 감모손실이 발생하였다.

⑤ 장기차입금을 현금으로 상환하였다.

정답 | 해설

01 ③ 유동비율은 유동자산을 유동부채로 나눈 비율이기 때문에 유동자산이나 유동부채에 영향을 미치지 않는
경우에는 유동비율에 영향을 미치지 않는다.

(차) 기계장치 ××× (대) 장기미지급금 ×××

⇨ 유동자산과 유동부채에 미치는 영향이 없기 때문에 유동비율에 영향을 미치지 않는다.

① (차) 사채 ××× (대) 현금 ×××

⇨ 유동자산이 감소했기 때문에 유동비율이 감소한다.

② (차) 미수금 ××× (대) 건물 ×××

⇨ 유동자산이 증가했기 때문에 유동비율이 증가한다.

④ (차) 재고감모손실 ××× (대) 상품 ×××

⇨ 유동자산이 감소했기 때문에 유동비율이 감소한다.

⑤ (차) 장기차입금 ××× (대) 현금 ×××

⇨ 유동자산이 감소했기 때문에 유동비율이 감소한다.

02 20×1년 12월 30일 현재 (주)한국의 유동자산과 유동부채의 잔액이 각각 ₩1,000 이었다. 12월 31일 상품 ₩500을 구입하면서 현금 ₩100을 지급하고 나머지는 3개월 후에 지급하기로 한 경우, 동 거래를 반영한 후의 유동비율은? (단, 상품기록은 계속기록법을 적용함) 제19회

① 70% ② 80%

③ 100% ④ 140%

⑤ 150%

03 (주)한국은 A은행으로부터 ₩2,000,000(3년 만기)을 차입하여 만기가 도래한 B은행 차입금 ₩1,000,000을 즉시 상환하고 잔액은 현금으로 보유하고 있다. 동 차입 및 상환거래가 유동비율과 부채비율에 미치는 영향은? (단, 자본은 ₩0보다 큼) 제21회

	유동비율	부채비율		유동비율	부채비율
①	증가	증가	②	증가	감소
③	감소	증가	④	감소	감소
⑤	증가	불변			

04 (주)한국은 20×1년 말 토지(유형자산)를 ₩1,000에 취득하였다. 대금의 50%는 취득시 현금지급하고, 나머지는 20×2년 5월 1일에 지급할 예정이다. 토지거래가 없었을 때와 비교하여 20×1년 말 유동비율과 총자산(자본)순이익률의 변화는? (단, 토지거래가 있기 전 유동부채가 있으며 20×1년 당기순이익이 보고됨) 제17회

	유동비율	총자산순이익률		유동비율	총자산순이익률
①	증가	증가	②	증가	감소
③	감소	증가	④	감소	불변
⑤	감소	감소			

05 (주)한국의 20×1년 초 재무상태표상 당좌자산은 ₩3,500, 재고자산은 ₩1,500, 유동부채는 ₩2,000으로 나타났다. (주)한국이 20×1년 중 상품 ₩1,000을 현금 매입하고 외상매출금 ₩500을 현금회수한 경우 (가) 당좌비율과 (나) 유동비율에 미치는 영향은? (단, (주)한국의 유동자산은 당좌자산과 재고자산만으로 구성되어 있으며, 계속기록법을 적용함)

제27회

	(가)	(나)			(가)	(나)
①	감소	감소		②	감소	불변
③	증가	감소		④	증가	불변
⑤	불변	불변				

정답 | 해설

02 ③ 유동비율 = 유동자산 ÷ 유동부채 = ₩1,000 ÷ ₩1,000 = 100% ⇨ 거래 반영 후 불변

(차) 상품(유동자산의 증가)	500	(대) 현금(유동자산의 감소)	100
		외상매입금(유동부채의 증가)	400

❶ 유동비율이 100%인 경우 유동자산과 유동부채가 동액이 증가하면 유동비율은 불변이다.

03 ①
- 유동비율 = $\dfrac{유동자산(↑)}{유동부채(↓)}$ ⇨ 유동비율 증가

- 부채비율 = $\dfrac{부채(↑)}{자본}$ ⇨ 부채비율 증가

[회계처리]

(차) 현금	2,000,000	(대) 차입금(비유동부채)	2,000,000
(차) 차입금(유동부채)	1,000,000	(대) 현금	1,000,000

04 ⑤

(차) 토지	1,000	(대) 현금	500
		미지급금	500

- 유동비율 = 유동자산(↓) / 유동부채(↑) ⇨ 감소
- 총자산(자본)순이익률 = 당기순이익 / 총자산(↑) ⇨ 감소

05 ②
- 상품매입시

(차) 상품(유동자산)	1,000	(대) 현금(당좌자산, 유동자산)	1,000

- 외상매출금 회수시

(차) 현금(당좌자산, 유동자산)	500	(대) 매출채권(당좌자산, 유동자산)	500

∴ 거래가 각 비율에 미치는 영향
- (가) 당좌비율(↓) = 당좌자산(↓) ÷ 유동부채(불변)
- (나) 유동비율(불변) = 유동자산(불변) ÷ 유동부채(불변)

06 (주)한국의 20×1년 초 재고자산은 ₩25,000이고 당기매입액은 ₩95,000이다. (주)한국의 20×1년 말 유동비율은 120%, 당좌비율은 70%, 유동부채는 ₩80,000일 때, 20×1년도 매출원가는? (단, 재고자산은 상품으로만 구성됨)

① ₩52,000

② ₩64,000

③ ₩76,000

④ ₩80,000

⑤ ₩90,000

07 (주)한국의 20×1년 12월 31일 현재 재무상태는 다음과 같다.

• 자산총계	₩880,000	• 비유동부채	₩540,000
• 매출채권	₩120,000	• 자본총계	₩100,000
• 재고자산	₩240,000	• 비유동자산	₩520,000

만약 (주)한국이 현금 ₩50,000을 단기차입한다고 가정하면 이러한 거래가 당좌비율(A)과 유동비율(B)에 미치는 영향은?

	(A)	(B)		(A)	(B)
①	영향 없음	영향 없음	②	감소	증가
③	감소	감소	④	증가	증가
⑤	증가	감소			

08 기말재고자산은 개별법, 평균법 및 선입선출법 등의 방법으로 평가한다. 이와 같은 재고자산의 평가방법에 의하여 영향을 받지 않는 것은?

① 당좌비율

② 부채비율

③ 이자보상비율

④ 주가이익비율

⑤ 매출총이익률

09 (주)한국의 20×3년 회계자료의 일부이다. 매출원가를 이용하여 계산한 재고자산회전율은?

제12회

• 기초상품재고액	₩600,000	• 기중상품매입액	₩3,000,000
• 기중총매출액	₩4,200,000	• 기중매출환입액	₩600,000
• 기말상품재고액	₩600,000	• 당기순이익	₩1,800,000
• 매출총이익	₩600,000		

① 1회
② 3회
③ 5회
④ 7회
⑤ 9회

정답 | 해설

06 ④ • 유동비율 = 유동자산 ÷ 유동부채 = 유동자산 ÷ ₩80,000 = 120%
⇨ 유동자산 = ₩96,000
• 당좌비율 = 당좌자산 ÷ 유동부채 = 당좌자산 ÷ ₩80,000 = 70%
⇨ 당좌자산 = ₩56,000
• 기말재고 = 유동자산 − 당좌자산 = ₩96,000 − ₩56,000 = ₩40,000
∴ 매출원가 = 재고자산 + 당기매입액 − 기말재고
= ₩25,000 + ₩95,000 − ₩40,000 = ₩80,000

07 ⑤ • 당좌비율 = 당좌자산 ÷ 유동부채
= (₩880,000 − ₩240,000 − ₩520,000) ÷ (₩880,000 − ₩540,000 − ₩100,000)
= ₩120,000 ÷ ₩240,000 = 50%
• 유동비율 = 유동자산 ÷ 유동부채
= (₩880,000 − ₩520,000) ÷ ₩240,000 = 150%
∴ 유동자산(현금)과 유동부채(단기차입금)가 동액 증가하므로 1보다 큰 유동비율(B)은 감소하고, 당좌비율(A)은 증가한다.

08 ① 재고자산평가방법을 변경하게 되면, 기말재고자산과 매출원가(비용)에 영향을 미치게 되어 당기순손익과 자본에 영향을 준다. 따라서 당좌비율(당좌자산과 유동부채)의 경우 영향을 받지 않는다.

09 ③ • 매출원가 = ₩600,000 + ₩3,000,000 − ₩600,000 = ₩3,000,000
• 평균재고자산 = (₩600,000 + ₩600,000) ÷ 2 = ₩600,000
∴ 재고자산회전율 = ₩3,000,000 ÷ ₩600,000 = 5회

10 (주)한국의 20×3년 매출채권 기초잔액은 ₩36,000, 기말잔액은 ₩40,000, 현금 매출액은 ₩150,000, 매출채권회전율은 5회이다. (주)한국의 20×3년 매출액은? (단, 매출채권회전율의 계산은 외상매출액 및 기초와 기말매출채권 잔액의 평균을 이용함)

① ₩190,000 ② ₩340,000
③ ₩350,000 ④ ₩465,000
⑤ ₩470,000

11 (주)한국은 정상영업주기를 상품매입시점부터 판매 후 대금회수시점까지의 기간으로 산정한다. 다음 자료를 이용하여 계산한 (주)한국의 정상영업주기는? (단, 매입과 매출은 전액 외상거래이고 1년은 360일로 가정함) 제21회

• 총자산회전율	3회
• 매출채권회전율	5회
• 매입채무회전율	6회
• 재고자산회전율	4회

① 102일 ② 120일
③ 150일 ④ 162일
⑤ 222일

12 다음 자료를 이용하여 계산된 매출원가는? (단, 계산의 편의상 1년은 360일, 평균 재고자산은 기초와 기말의 평균임) 제20회

• 기초재고자산	₩90,000
• 기말재고자산	₩210,000
• 재고자산보유(회전)기간	120일

① ₩350,000 ② ₩400,000
③ ₩450,000 ④ ₩500,000
⑤ ₩550,000

13 (주)한국의 20×1년도 재무제표분석을 위한 자료는 다음과 같다. 20×1년 매출액은 얼마인가?

• 기초재고자산	₩100,000
• 기말재고자산	₩140,000
• 재고자산회전율(매출원가 기준)	5회
• 매출총이익률	40%

① ₩240,000   ② ₩720,000

③ ₩1,000,000   ④ ₩1,500,000

⑤ ₩1,600,000

---

10 ② 매출채권회전율 = 매출액(x) ÷ 평균매출채권

5회 = x ÷ ₩38,000*

* (₩36,000 + ₩40,000) ÷ 2

⇨ 매출액(x) = ₩190,000

∴ 매출액 = 현금매출액 + 외상매출액 = ₩150,000 + ₩190,000 =₩340,000

11 ④ 정상영업주기는 재고자산회전기간과 매출채권회수기간을 합하여 계산한다. 재고자산회전기간은 재고자산회전율을, 매출채권회수기간은 매출채권회전율을 이용하여 계산한다.

- 재고자산회전기간 = 360일 ÷ 4회 = 90일
- 매출채권회수기간 = 360일 ÷ 5회 = 72일

∴ 정상영업주기 = 90일 + 72일 = 162일

12 ③ • 재고자산회전기간 = 360일 ÷ 재고자산회전율 = 120일

⇨ 재고자산회전율 = 3회

- 재고자산회전율 = 매출원가 ÷ [(기초재고 + 기말재고) ÷ 2]

3회 = 매출원가 ÷ [(₩90,000 + ₩210,000) ÷ 2]

∴ 매출원가 = ₩450,000

13 ③ • 평균재고자산 = $\dfrac{(₩100,000 + ₩140,000)}{2}$ = ₩120,000

- 재고자산회전율 = $\dfrac{매출원가}{₩120,000}$ = 5회

⇨ 매출원가 = ₩600,000

∴ 매출액 = 매출원가 ÷ (1 − 매출총이익률) = ₩600,000 ÷ (1 − 0.4) = ₩1,000,000

14 기초매출채권 잔액이 ₩1,600, 기말매출채권 잔액이 ₩2,400이다. 매출채권 평균 회수기간이 36.5일이라면 당기매출액은? (단, 1년은 365일이라고 가정함)

① ₩16,000
② ₩20,000
③ ₩24,000
④ ₩28,000
⑤ ₩30,000

15 다음은 (주)한국의 20×1년 말 재무비율 분석자료의 일부이다.

• 유동비율	250%	• 당좌비율	200%

20×1년 초 재고자산은 ₩80,000이고 20×1년 말 유동부채는 ₩120,000이다. 20×1년 매출원가가 ₩350,000일 때 재고자산회전율은? (단, 유동자산은 당좌자산과 재고자산만으로 구성되었다고 가정함)

① 2회
② 3회
③ 4회
④ 5회
⑤ 6회

16 (주)한국의 20×1년 매출액은 ₩2,200,000이고, 기초재고자산은 ₩50,000이었다. 20×1년 말 유동부채는 ₩50,000, 유동비율은 400%, 당좌비율은 100%이다. 또한, 재고자산 평균처리기간이 36일이라면 매출총이익은? (단, 재고자산은 상품으로만 구성되어 있고, 1년은 360일로 계산함)

① ₩0
② ₩500,000
③ ₩1,000,000
④ ₩1,200,000
⑤ ₩2,000,000

17 다음 자료를 이용하여 계산된 매출액순이익률은? (단, 총자산과 총부채는 기초금액과 기말금액이 동일한 것으로 가정함)

제14회

- 총자산: ₩1,000,000
- 자기자본순이익률(= 당기순이익 / 자본): 20%
- 총자산회전율: 0.5
- 부채비율(= 부채 / 자본): 300%

① 2% ② 4%
③ 6% ④ 8%
⑤ 10%

정답 | 해설

14 ② • 매출채권회수기간 = 365일 ÷ 매출채권회전율 = 36.5일
  ⇨ 매출채권회전율 = 10회
• 매출채권회전율 = 매출액 ÷ [(₩1,600 + ₩2,400) ÷ 2] = 10회
∴ 매출액 = ₩20,000

15 ④ • 유동비율 = 유동자산 ÷ 유동부채 = 250%
  = x ÷ ₩120,000 = 250%
  ⇨ 유동자산(x) = ₩300,000
• 당좌비율 = 당좌자산 ÷ 유동부채 = 200%
  = y ÷ ₩120,000 = 200%
  ⇨ 당좌자산(y) = ₩240,000
• 기말재고 = $x - y$ = ₩60,000
∴ 재고자산회전율 = 매출원가 ÷ 평균재고자산 = ₩350,000 ÷ [(₩80,000 + ₩60,000) ÷ 2] = 5회

16 ④ • 재고자산회전기간 = 360일 ÷ 재고자산회전율 = 36일
  ⇨ 재고자산회전율 = 10회
• 재고자산회전율 = 매출원가 ÷ [(₩50,000 + ₩150,000) ÷ 2] = 10회
  ⇨ 매출원가 = ₩1,000,000
  − 유동비율 = 유동자산 ÷ ₩50,000 = 400%
    ⇨ 유동자산 = ₩200,000
  − 당좌비율 = 당좌자산 ÷ ₩50,000 = 100%
    ⇨ 당좌자산 = ₩50,000
  − 재고자산 = ₩200,000 − ₩50,000 = ₩150,000
∴ 매출총이익 = 매출액 − 매출원가 = ₩2,200,000 − ₩1,000,000 = ₩1,200,000

17 ⑤ 자기자본순이익률 = 매출액순이익률 × 총자산회전율 × (1 + 부채비율)
        = 매출액순이익률 × 0.5 × (1 + 3) = 0.2
∴ 매출액순이익률 = 10%

18 (주)한국의 당기 자기자본이익률(ROE)은 10%이고, 부채비율(= 부채 / 자본)은 200%이며, 총자산은 ₩3,000,000이다. 당기 매출액순이익률이 5%일 때, 당기 매출액은? (단, 자산과 부채의 규모는 보고기간 중 변동이 없음) 제26회

① ₩1,000,000   ② ₩1,500,000   ③ ₩2,000,000

④ ₩2,500,000   ⑤ ₩3,000,000

19 (주)한국의 20×0년 매출액은 ₩800이며, 20×0년과 20×1년의 매출액순이익률은 각각 15%와 20%이다. 20×1년 당기순이익이 전기에 비해 25% 증가하였을 경우, 20×1년 매출액은? 제25회

① ₩600   ② ₩750   ③ ₩800

④ ₩960   ⑤ ₩1,000

20 (주)한국의 20×1년도 포괄손익계산서는 다음과 같다.

손익구성항목	금액
매출액	₩1,000,000
매출원가	₩(600,000)
매출총이익	₩400,000
기타영업비용	₩(150,000)
영업이익	₩250,000
이자비용	₩(62,500)
당기순이익	₩187,500

(주)한국의 20×2년도 손익을 추정한 결과, 매출액과 기타영업비용이 20×1년도보다 각각 10%씩 증가하고, 20×2년도의 이자보상비율(= 영업이익 / 이자비용)은 20×1년 대비 1.25배가 될 것으로 예측된다. 매출원가율이 20×1년도와 동일할 것으로 예측될 때, (주)한국의 20×2년도 추정 당기순이익은? 제26회

① ₩187,500   ② ₩200,000   ③ ₩217,500

④ ₩220,000   ⑤ ₩232,000

18 ③ 총자산은 총자본(부채 + 자본)과 동일하다.

따라서 부채비율이 200%이므로 부채는 자본의 2배이다.

총자산(자본) ₩3,000,000 중 자본은 ₩1,000,000이다.

- 자기자본이익률 = 당기순이익 ÷ 자기자본

  = 당기순이익 ÷ ₩1,000,000 = 10%

  ⇨ 당기순이익 = ₩100,000

- 매출액순이익률 = 당기순이익 ÷ 매출액

  = ₩100,000 ÷ 매출액 = 5%

∴ 매출액 = ₩2,000,000

19 ② • 20×0년 매출액순이익률 = 당기순이익(x) ÷ 매출액 = 15%

  = 당기순이익(x) ÷ ₩800 = 15%

  ⇨ 당기순이익(x) = ₩120

- 20×1년 매출액순이익률 = (₩120 × 1.25) ÷ 매출액(y) = 20%

∴ 매출액(y) = ₩750

20 ④ (1) 20×1년 이자보상비율 = 영업이익 ÷ 이자비용 = ₩250,000 ÷ ₩62,500 = 4배

20×2년 이자보상비율 = 20×1년 이자보상비율 × 1.25배 = 4배 × 1.25배 = 5배

(2) 20×2년도 추정 당기순이익

손익구성항목	금액
매출액	₩1,000,000 × 1.1 = ₩1,100,000
매출원가	₩1,100,000 × 0.6[*1] = (₩660,000)
매출총이익	₩440,000
기타영업비용	₩150,000 × 1.1 = (₩165,000)
영업이익	₩275,000
이자비용	(₩55,000)[*2]
당기순이익	₩220,000

[*1] ₩600,000 ÷ ₩1,000,000 = 60%

[*2] 이자보상비율 = ₩275,000 ÷ 이자비용 = 5배

  ⇨ 이자비용 = ₩55,000

제 15 장 재무보고를 위한 개념체계

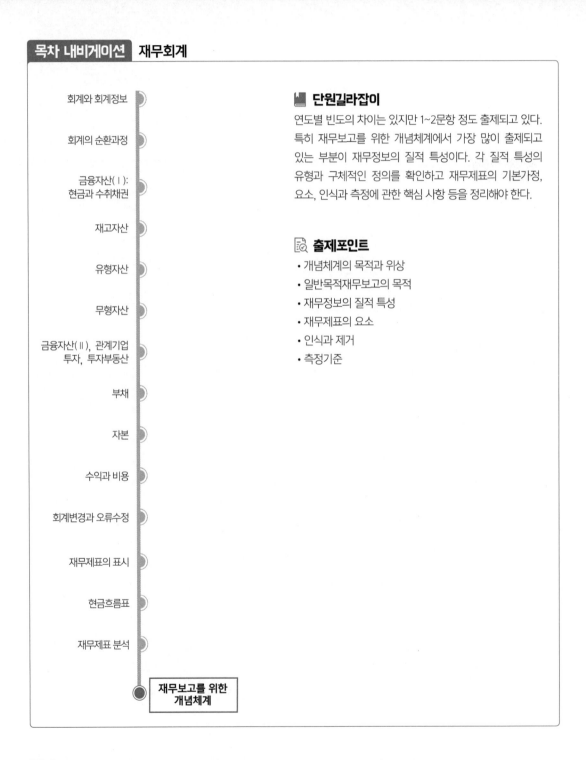

📖 단원길라잡이

연도별 빈도의 차이는 있지만 1~2문항 정도 출제되고 있다. 특히 재무보고를 위한 개념체계에서 가장 많이 출제되고 있는 부분이 재무정보의 질적 특성이다. 각 질적 특성의 유형과 구체적인 정의를 확인하고 재무제표의 기본가정, 요소, 인식과 측정에 관한 핵심 사항 등을 정리해야 한다.

🔍 출제포인트

- 개념체계의 목적과 위상
- 일반목적재무보고의 목적
- 재무정보의 질적 특성
- 재무제표의 요소
- 인식과 제거
- 측정기준

01 개념체계의 의의와 목적

(1) 의의

'재무보고를 위한 개념체계'는 회계기준위원회가 일관성 있는 회계기준을 제정·개정함에 있어 도움을 주며, 재무제표의 작성자가 회계기준이 정립되지 않은 새로운 거래에 대하여 회계기준을 개발하는 데 준거체계를 제공하는 지침으로서의 역할을 수행한다.

(2) 목적

재무보고를 위한 개념체계는 일반목적재무보고의 목적과 개념을 서술한다. 개념체계의 목적은 다음과 같다.

① **회계기준위원회**: 회계기준위원회가 일관된 개념에 기반하여 한국채택국제회계기준(이하 회계기준)을 제정·개정하는 데 도움을 준다.

② **재무제표 작성자**: 특정 거래나 다른 사건에 적용할 회계기준이 없거나 회계기준에서 회계정책을 선택하는 것을 허용하는 경우에 재무제표 작성자가 일관된 회계정책을 개발하는 데 도움을 준다.

③ **모든 이해관계자**: 모든 이해관계자가 회계기준을 이해하고 해석하는 데 도움을 준다.

(3) 개념체계의 위상

개념체계는 국제회계기준이 아니다. 따라서 개념체계의 어떠한 내용도 회계기준이나 회계기준의 요구사항에서 우선하지 않는다. 일반목적재무보고의 목적을 달성하기 위해 회계기준위원회는 개념체계의 관점에서 벗어난 요구사항을 정하는 경우가 있을 수 있다. 만약 회계기준위원회가 그런 사항을 정한다면 해당 기준서의 결론 도출 근거에 그러한 일탈에 대해 설명하도록 되어 있다. 한편, 개념체계는 회계기준위원회가 관련 업무를 통해 축적한 경험을 토대로 수시로 개정될 수 있는데, 개념체계가 개정되었다고 자동적으로 회계기준이 개정되는 것은 아니다. 회계기준을 개정하기로 결정한 경우, 회계기준위원회는 정규절차에 따라 의제에 프로젝트를 추가하고 해당 회계기준에 대한 개정안을 개발한다.

재무보고를 위한 개념체계에 관한 설명으로 옳지 않은 것은?

① 개념체계는 일반목적재무보고의 목적과 개념을 서술한다.
② 개념체계는 한국회계기준위원회가 일관된 개념에 기반하여 한국채택국제회계기준을 제정·개정하는 데 도움을 준다.
③ 개념체계는 모든 이용자가 회계기준을 이해하고 해석하는 데 도움을 준다.
④ 개념체계는 재무제표의 작성자가 한국채택국제회계기준을 적용할 회계기준이 없거나 회계기준에서 회계정책을 선택하는 것을 허용하는 경우에 재무제표 작성자가 일관된 회계정책을 개발하는 데 도움을 준다.
⑤ 개념체계는 특정한 측정과 공시에 관한 기준을 정하지 아니하나, 특정 한국채택국제회계기준에 우선한다.

해설

개념체계는 어떠한 경우에도 한국채택국제회계기준에 우선하지 아니한다.   정답: ⑤

(4) 회계기준위원회의 공식임무와 개념체계

개념체계에서 제시하고 있는 회계기준위원회의 공식임무는 전 세계 금융시장에 투명성, 책임성, 효율성을 제공하는 회계기준을 개발하는 것이다. 이러한 회계기준의 개발을 통하여 회계기준위원회의 업무는 세계 경제에서의 신뢰, 성장, 장기적 금융안정을 조성함으로써 공공이익에 기여한다. 개념체계는 다음과 같은 회계기준을 위한 기반을 제공한다.

① **회계투명성에 기여**: 개념체계에 기반한 회계기준은 투자자와 그 밖의 시장참여자가 정보에 입각한 경제적 의사결정을 내릴 수 있도록 재무정보의 국제적 비교가능성과 정보의 질을 향상시킴으로써 투명성에 기여한다.
② **수탁책임정보의 제공**: 개념체계에 기반한 회계기준은 경영진의 책임을 묻기 위한 필요 정보를 제공하며, 이로 인해 자본제공자와 자본수탁자간의 정보 격차를 줄임으로써 책임을 강화한다.
③ **경제적 효율성에 기여**: 개념체계에 기반한 회계기준은 투자자에게 전 세계의 기회와 위험을 파악하도록 도움을 주어 자본 배분을 향상시킴으로써 경제적 효율성에 기여한다. 기업이 개념체계에 기반한 신뢰성 있는 단일의 회계언어를 사용하는 것은 자본비용을 낮추고 국제보고의 비용을 절감시킨다.

일반목적재무보고의 목적		
– 정보이용자의 경제적 의사결정에 유용한 보고기업의 재무정보 제공		
유용한 재무정보의 질적 특성	근본적 질적 특성	보강적 질적 특성
	• 목적적합성 • 표현충실성	• 비교가능성 • 검증가능성 • 적시성 • 이해가능성
원가제약	재무정보의 원가 < 재무정보의 효익	

재무제표의 표시와 공시	자본과 자본유지개념
• 보고실체와 재무제표 • 재무제표의 요소와 인식과 제거 • 재무제표 요소의 측정 • 표시와 공시	• 재무자본유지개념 • 실물자본유지개념

02 일반목적재무보고

1. 목적

일반목적재무보고의 목적은 현재 및 잠재적 투자자, 대여자 및 기타 채권자가 기업에 자원을 제공하는 것에 대한 의사결정을 할 때 유용한 보고기업 재무정보를 제공하는 것이다. 그 의사결정을 할 때 다음을 포함한다.

① 지분상품 및 채무상품의 매수, 매도 또는 보유
② 대여 및 기타 형태의 신용 제공 또는 결제
③ 기업의 경제적 자원 사용에 영향을 미치는 경영진의 행위에 대한 의결권 또는 영향을 미치는 권리 행사

2. 보고대상

일반목적재무보고의 주요 이용자는 보고기업의 현재 및 잠재적 투자자, 대여자 및 기타 채권자이다. 그들은 재무보고서 정보에 대한 가장 중요하고 즉각적인 수요가 있으나, 대다수는 그 정보를 그들에게 직접 제공하도록 기업에 요구할 수 없다. 한편, 보고기업의 경영진도 해당 기업에 대한 재무정보에 관심이 있다. 그러나 경영진은 필요로 하는 재무정보를 내부에서 구할 수 있기 때문에 일반목적재무보고서에 의존할 필요가 없다. 또한 규제기관이나 (투자자, 대여자, 그 밖의 채권자가 아닌) 일반대중도 일반목적재무보고서가 유용하다고 여길 수 있다. 그렇더라도 일반목적재무보고서는 규제기관이나 일반대중을 대상으로 한 것이 아니다.

주요 이용자	현재 및 잠재적 투자자, 대여자 및 기타 채권자
기타 이용자	경영진, 일반대중, 규제기관

재무보고서는 상당 부분 정확한 서술보다는 추정, 판단 및 모형에 근거하며, 이러한 추정, 판단 및 모형의 기초를 이루는 개념들을 정하는 것이 바로 '개념체계'이다.

3. 한계

① 투자자가 필요로 하는 모든 정보를 제공하지 않으며 제공할 수도 없다.

② 보고기업의 가치를 보여주기 위해 고안된 것이 아니라 가치를 추정하는 데 도움을 주기 위함이다.

③ 주요정보이용자의 정보수요 및 욕구는 상충되기도 하지만, 회계기준위원회는 최대다수의 주요정보이용자의 수요를 충족하는 정보를 제공하기 위해 노력해야 한다.

④ 정확한 서술보다는 상당 부분 추정, 판단 및 모형에 근거하므로 개념체계는 추정, 판단 및 모형의 기초가 되는 개념을 정한다.

4. 일반목적재무보고가 제공하는 정보

일반목적재무보고서는 경제적 자원과 청구권 및 변동에 관한 정보와 경제적 자원의 사용에 관한 정보를 제공한다. 이와 같은 정보는 기업에 대한 자원 제공 관련 의사결정에 유용한 투입요소를 제공하며, 일반목적재무보고서가 제공하는 정보를 요약하면 다음과 같다.

(1) 경제적 자원과 청구권에 관한 정보(관련 재무제표: 재무상태표)

보고기업의 경제적 자원과 청구권의 성격 및 금액에 대한 정보는 정보이용자가 보고기업의 재무적 강점과 약점을 식별하는 데 도움을 준다.

① 정보이용자가 보고기업의 유동성과 지급능력, 추가적인 자금조달의 필요성 및 그 자금조달이 얼마나 성공적일지를 평가하는 데 도움을 줄 수 있다.

② 이 정보는 이용자들이 기업의 경제적 자원에 대한 경영진의 수탁책임을 평가하는 데에도 도움이 된다.

③ 현재 청구권의 우선순위와 지급요구사항에 대한 정보는 정보이용자가 보고기업에 청구권이 있는 자들간에 미래현금흐름이 어떻게 분배될 것인지를 예상하는 데 도움을 준다.

(2) 경제적 자원과 청구권의 변동에 관한 정보

보고기업의 경제적 자원과 청구권의 변동은 그 기업의 재무성과, 채무상품 또는 지분상품의 발행과 같은 그 밖의 사건 또는 거래에서 발생한다. 보고기업의 미래현금흐름에 대한 전망을 올바르게 평가하기 위하여 정보이용자는 이 두 변동을 구별할 수 있어야 한다.

① 재무성과에 의한 경제적 자원 및 청구권의 변동

　　㉠ 발생주의 회계가 반영된 재무성과(관련 재무제표: 포괄손익계산서): 발생기준 회계는 거래와 그 밖의 사건 및 상황이 보고기업의 경제적 자원 및 청구권에 미치는 영향을 비록 그 결과로 발생하는 현금의 수취와 지급이 다른 기간에 이루어지더라도 그 영향이 발생한 기간에 보여준다. 이것이 중요한 이유는 보고기업의 경제적 자원과 청구권 그리고 기간 중 변동에 관한 정보가 그 기간의 현금수취 · 지급만의 정보보다도 기업의 과거 및 미래성과를 평가하는 데 더 나은 근거를 제공하기 때문이다.

　　㉡ 과거 현금흐름이 반영된 재무성과(관련 재무제표: 현금흐름표): 어느 한 기간의 보고기업의 현금흐름에 대한 정보도 정보이용자가 기업의 미래 순현금유입 창출능력을 평가하는 데에 도움을 준다. 이는 채무의 차입과 상환, 현금배당 등 투자자에 대한 현금분배, 기업의 유동성이나 지급능력에 영향을 미치는 그 밖의 요인에 대한 정보를 포함하여 보고기업이 어떻게 현금을 획득하고 사용하는지를 보여준다. 현금흐름에 대한 정보는 정보이용자가 보고기업의 영업을 이해하고, 재무활동과 투자활동을 통해 유동성이나 지급능력을 평가하고 재무성과에 대한 그 밖의 정보를 해석하는 데 도움이 된다.

② 재무성과에 기인하지 않은 경제적 자원 및 청구권의 변동(관련 재무제표: 현금흐름표, 자본변동표): 보고기업의 경제적 자원과 청구권은 채무상품이나 지분상품의 발행과 같이 재무성과 외의 사유로도 변동될 수 있다. 이러한 유형의 변동에 관한 정보는 보고기업의 경제적 자원과 청구권이 변동된 이유와 그 변동이 미래 재무성과에 주는 의미를 정보이용자가 완전히 이해하는 데 필요하다.

(3) 경제적 자원의 사용에 관한 정보(관련 재무제표: 전체 재무제표)

보고기업의 경영진이 기업의 경제적 자원을 효율적이고 효과적으로 사용하는 책임을 얼마나 이행하고 있는지에 대한 정보는 이용자들이 해당 자원에 대한 경영자의 수탁책임을 평가할 수 있도록 도움을 준다. 그러한 정보는 미래에 얼마나 효율적이고 효과적으로 경영진이 기업의 경제적 자원을 사용할 것인지를 예측하는 데에도 유용하다. 따라서 그 정보는 미래 순현금유입에 대한 기업의 전망을 평가하는 데 유용할 수 있다.

◉ 기업의 경제적 자원의 사용에 대한 경영진 책임의 예시
　• 가격과 기술변화와 같은 경제적 요인들의 불리한 영향으로부터 해당 자원을 보호하는 것
　• 기업이 적용해야 하는 법률, 규제, 계약조항을 준수하도록 보장하는 것

일반목적재무보고에 관한 설명으로 옳지 않은 것은? 제25회

① 보고기업의 가치를 측정하여 제시하는 것을 주된 목적으로 한다.
② 현재 및 잠재적 투자자, 대여자 및 그 밖의 채권자가 주요이용자이다.
③ 보고기업의 경제적 자원 및 보고기업에 대한 청구권에 관한 정보를 제공한다.
④ 한 기간의 보고기업의 현금흐름에 대한 정보는 이용자들이 기업의 미래 순현금유입창출 능력을 평가하는 데 도움이 된다.
⑤ 보고기업의 경제적 자원에 대한 경영진의 수탁책임을 평가하는 데에도 유용하다.

해설

일반목적재무보고는 보고기업의 가치를 보여주기 위해 고안된 것이 아니라, 가치를 추정하는 데 도움을 주기 위함이다.

정답: ①

03 유용한 재무정보의 질적 특성

질적 특성은 일반목적재무보고를 통해 제공되는 정보가 그 목적을 달성하기 위해 갖추어야 할 주요 속성을 말한다. 따라서 현재 및 잠재적 투자자, 대여자 및 기타 채권자가 재무보고서에 포함된 정보에 근거하여 보고기업에 대한 의사결정을 할 때 정보의 유용성을 판단하는 기준이 된다. 재무보고를 위한 개념체계는 질적 특성을 다음과 같이 근본적 질적 특성과 보강적 질적 특성으로 구분하고 있으며, 이에 대한 포괄적 제약요인으로 원가를 제시하고 있다. 근본적으로 재무정보가 유용하기 위해서는 목적적합해야 하고 나타내고자 하는 바를 충실하게 표현해야 한다. 더불어 재무정보가 비교 가능하고, 검증 가능하며, 적시성이 있고, 이해 가능한 경우에는 그 정보의 유용성은 보강된다. 보강적 질적 특성은 만일 어떤 두 가지 방법이 모두 현상에 대하여 동일하게 목적적합한 정보이고 동일하게 충실한 표현을 제공하는 것이라면, 이 두 가지 방법 가운데 어느 방법을 그 현상의 서술에 사용해야 할지를 결정하는 데 도움을 줄 수 있다. 유용한 재무정보의 질적 특성은 재무제표에 제공되는 재무정보뿐만 아니라 재무제표 이외의 수단으로 제공되는 재무정보에도 적용된다.

1. 근본적 질적 특성

근본적으로 재무정보가 유용하기 위해서는 목적적합하여야 하고 나타내고자 하는 바를 충실하게 표현해야 한다.

(1) 목적적합성

재무정보가 의사결정에 유용한 정보가 되려면 재무정보가 이용자의 의사결정에 차이가 나도록 할 수 있어야 하는데, 이를 목적적합성이라 한다. 재무정보에서는 예측가치나 확인가치 또는 이 둘 모두가 있다면 그 재무정보는 의사결정에 차이가 나도록 할 수 있다.

① 예측가치: 정보이용자들이 미래 결과를 예측하기 위해 사용하는 절차의 투입요소로 재무정보가 사용될 수 있다면, 그 재무정보는 예측가치를 갖는다. 그러나 재무정보가 예측가치를 갖기 위해서 그 자체가 예측치 또는 예상치일 필요는 없다. 과거 거래나 사건이 표시되는 방법에 따라서도 재무제표의 예측능력이 제고될 수 있다(예 중단이 결정된 사업부문에서 발생하는 수익이나 비용이 계속사업부문에서 발생하는 수익·비용과 구분되어 중단사업손익으로 표시되는 경우).

② 확인가치: 재무정보이용자가 과거의 의사결정이 잘한 것인지 아닌지 확인해 보거나 종전의 의사결정을 변경하려는 경우 회계정보를 통해 판단할 수 있다면, 그러한 정보는 확인가치를 갖는다. 재무정보의 예측가치와 확인가치는 상호 연관이 되어 있어서 예측가치를 갖는 정보가 확인가치를 갖는 경우가 많다. 예를 들면, 미래연도 수익의 예측을 근거로 사용할 수 있는 해당 연도 수익정보는 미래연도 수익을 예측한다는 점에서 예측가치를 갖고 있다. 또한 과거연도에 행한 해당 연도 수익 예측치와 비교하여 정보이용자가 과거 예측에 사용한 절차를 수정하고 개선하는 데 도움을 줄 수 있는 확인가치도 존재한다.

③ 중요성: 정보가 누락되거나 잘못 기재된 경우 특정 보고기업의 일반목적재무보고서에 근거한 주요이용자의 의사결정에 영향을 미칠 수 있는 정보의 특성을 말한다. 중요성은 개별기업 재무보고서 관점에서 해당 정보와 관련된 항목의 성격이나 규모 또는 이 둘 모두에 근거하여 해당 기업에 특유한 측면의 목적적합성을 의미한다. 따라서 회계기준위원회는 중요성에 대한 획일적인 계량 임계치를 정하거나 특정한 상황에서 무엇이 중요한 것인지를 미리 결정할 수 없다.

(2) 표현충실성

표현충실성은 나타내고자 하는 현상의 실질을 충실하게 표현해야 한다는 것을 의미한다. 많은 경우에 경제적 현상의 실질과 그 법적 형식은 같다. 만약 같지 않다면, 법적 형식에 따른 정보만 제공해서는 경제적 현상을 충실하게 표현할 수 없을 것이다. 재무보고서는 경제적 현상을 글과 숫자로 나타내는 것이므로, 완벽하게 충실한 표현을 하기 위해서 서술에 세 가지의 특성이 있어야 하는데 이는 완전하고, 중립적이며, 오류가 없어야 한다는 것이다. 물론 완벽을 이루기는 매우 어려우므로 회계기준위원회의 목적은 가능한 한 이러한 특성을 극대화하는 것이다.

① 완전한 서술: 완전한 서술은 필요한 기술과 설명을 포함하여 이용자가 서술되는 현상을 이해하는 데 필요한 모든 정보를 포함하는 것이다. 일부 항목의 경우 완전한 서술은 항목의 질 및 성격, 그 항목의 질 및 성격에 영향을 줄 수 있는 요인과 상황 그리고 수량적 서술을 결정하는 데 사용된 절차에 대한 유의적인 사실의 설명을 수반할 수 있다.

② **중립적 서술:** 중립적 서술은 재무정보의 선택이나 표시에 편의가 없는 것이다. 즉, 중립적 서술이란 정보이용자가 재무정보를 유리하게 또는 불리하게 받아들일 가능성을 높이기 위해 편파·편중·강조·경시되거나 그 밖의 방식으로 조작되지 않는 것을 의미한다. 중립적 정보는 목적이 없거나 행동에 대한 영향력이 없는 정보를 의미하지 않는다. 중립성은 신중을 기함으로 뒷받침된다. 신중성은 불확실한 상황에서 판단할 때 주의를 기울이는 것이며, 신중을 기한다는 것은 자산과 수익이 과대평가되지 않고 부채와 비용이 과소평가되지 않는 것을 의미한다. 똑같은 의미에서 신중성의 발휘는 자산과 수익의 과소평가나 부채와 비용의 과대평가도 허용하지 않는다. 신중을 기하는 것이 비대칭의 필요성(예 자산이나 수익을 인식하기 위해서는 부채나 비용을 인식할 때보다 더욱 설득력 있는 증거가 뒷받침되어야 한다는 구조적인 필요성)을 내포하는 것은 아니며 그러한 비대칭은 유용한 재무정보의 질적 특성이 아니다. 그럼에도 불구하고 나타내고자 하는 바를 충실하게 표현하는 가장 목적적합한 정보를 선택하려는 결정의 결과가 비대칭성이라면, 특정 회계기준에서 비대칭적인 요구사항을 포함할 수도 있다.

③ **오류가 없는 서술:** 오류가 없는 서술은 현상의 기술에 오류나 누락이 없고, 보고정보를 생산하는 데 사용되는 절차의 선택과 적용시 절차상의 오류가 없음을 의미한다. 표현의 충실성이 모든 면에서 정확한 것을 의미하지는 않는 것이기에 오류가 없다는 것은 모든 면에서 완벽하게 정확하다는 것을 의미하는 것은 아니다. 재무보고서의 화폐금액을 직접 관측할 수 없어 추정해야만 하는 경우에는 측정 불확실성이 발생한다. 합리적인 추정치의 사용은 재무정보의 작성에 필수적인 부분이며, 추정이 명확하고 정확하게 기술되고 설명되는 한 정보의 유용성을 저해하지 않는다. 따라서 측정 불확실성이 높은 수준이더라도 그러한 추정이 무조건 유용한 재무정보를 제공하지 못하는 것은 아니다.

확인 및 기출예제

재무정보의 질적 특성에 관한 설명으로 옳지 않은 것은?

제25회

① 근본적 질적 특성은 목적적합성과 표현충실성이다.
② 목적적합한 재무정보는 이용자들의 의사결정에 차이가 나도록 할 수 있다.
③ 재무제표에 정보를 누락할 경우 주요이용자들의 의사결정에 영향을 주면 그 정보는 중요한 것이다.
④ 재무정보가 과거평가에 대해 피드백을 제공한다면 확인가치를 갖는다.
⑤ 완벽한 표현충실성을 위해서는 서술에 완전성과 중립성 및 적시성이 요구된다.

해설

완벽한 표현충실성을 위해서는 완전한 서술(완전성), 중립적 서술(중립성), 그리고 오류가 없는 서술(무오류성)이 요구된다.

정답: ⑤

---

(3) 근본적 질적 특성의 적용(절차)

정보가 유용하기 위해서는 목적적합하고 나타내고자 하는 바를 충실하게 표현해야 한다. 목적적합하지 않은 현상에 대한 표현충실성과 목적적합한 현상에 대한 충실하지 못한 표현 모두 이용자들이 좋은 결정을 내리는 데 도움이 되지 않는다. 근본적 질적 특성을 적용하기 위한 가장 효율적이고 효과적인 절차는 일반적으로 다음과 같다.

> ① **경제적 현상의 식별**: 보고기업의 재무정보 이용자들에게 유용할 수 있는 정보의 대상이 되는 경제적 현상을 식별한다.
> ② **목적적합성 확인**: 그 현상에 대한 가장 목적적합한 정보의 유형을 식별한다.
> ③ **표현충실성 확인**: 그 정보가 이용 가능한지와 경제적 현상을 충실하게 표현할 수 있는지 결정한다.

◉ 만약 위와 같지 않다면, 차선의 목적적합한 유형의 정보에 대해 그 절차를 반복한다.

경우에 따라 경제적 현상에 대한 유용한 정보를 제공한다는 재무보고의 목적을 달성하기 위해 근본적 질적 특성간 절충이 필요할 수도 있다.

2. 보강적 질적 특성

(1) 비교가능성

비교가능성은 이용자들이 항목간의 유사점과 차이점을 식별하고 이해할 수 있게 하는 질적 특성이다. 보고기업에 대한 정보는 다른 기업에 대한 유사한 정보와 비교(기업간 비교가능성)할 수 있고, 해당 기업에 대한 다른 기간이나 다른 일자에 대한 유사한 정보와 비교(기간간 비교가능성)할 수 있다면 더욱 유용하다. 다른 질적 특성과 달리 비교가능성은 단 하나의 항목에 관련된 것이 아니다. 비교를 하려면 최소한 두 항목이 필요하다. 일관성은 비교가능성과 관련은 되어 있지만 동일하지는 않다. 일관성은 한 보고기업 내에서 기간간 또는 같은 기간 동안에 기업간 동일한 항목에 대해 동일한 방법을 적용하는 것을 말한다. 따라서 비교가능성은 목표이고 일관성은 그 목표를 달성하는 데 도움을 준다. 또한 비교가능성은 통일성이 아니다. 정보가 비교 가능하기 위해서는 비슷한 것은 비슷하게 보여야 하고 다른 것은 다르게 보여야 한다. 재무정보의 비교가능성은 비슷한 것을 달리 보이게 하여 보강되지 않는 것처럼, 비슷하지 않은 것을 비슷하게 보이게 한다고 해서 보강되지 않는다. 하나의 경제적 현상은 여러가지 방법으로 충실하게 표현될 수 있으나, 동일한 경제적 현상에 대해 대체적인 회계처리방법을 허용하면 비교가능성이 감소한다. 근본적 질적 특성을 충족하면 어느 정도의 비교가능성은 달성할 수 있다. 목적적합한 경제적 현상에 대한 표현충실성은 다른 보고기업의 유사한 목적적합한 경제적 현상에 대한 표현충실성과 어느 정도의 비교가능성을 자연스럽게 가져오기 때문이다.

(2) 검증가능성

합리적인 판단력이 있고 독립적인 서로 다른 관찰자가 어떤 서술이 표현충실성에 있어 비록 반드시 의견이 완전히 일치하지는 않더라도 합의에 이를 수 있어야 하는데 이를 검증가능성이라 한다. 여기서 유의할 점은 계량화된 정보가 검증 가능하기 위해서 단일점추정치여야 할 필요는 없다는 것이다. 검증은 직접적 또는 간접적으로 이루어질 수 있다. 직접검증은 현금을 세는 것과 같이 직접적인 관찰을 통하여 금액이나 그 밖의 표현을 검증하는 것을 의미한다. 간접검증은 모형, 공식 또는 그 밖의 기법에의 투입요소를 확인하고 같은 방법을 사용하여 그 결과를 재계산하는 것을 의미한다.

(3) 적시성

적시성이란 의사결정에 영향을 미칠 수 있도록 의사결정자가 정보를 제때에 이용 가능하게 하는 것을 의미한다. 일반적으로 정보는 오래될수록 유용성이 낮아지지만 일부 정보는 보고기간 말 후에도 오랫동안 적시성이 있을 수 있는데, 이는 일부 정보이용자는 추세를 식별하고 평가할 필요가 있을 수 있기 때문이다.

(4) 이해가능성

이해가능성은 이용자가 정보를 쉽게 이해할 수 있어야 한다는 것으로, 정보를 명확하고 간결하게 분류하고 특징지으며 표시함으로써 재무정보를 이해 가능하게 한다. 일부 현상은 본질적으로 복잡하여 이해하기 쉽게 할 수 없다. 그러한 현상에 대한 정보를 재무보고서에서 제외하면 그 재무보고서의 정보를 더 이해하기 쉽게 할 수는 있으나, 그 보고서는 불완전하여 잠재적으로 오도될 수 있다. 따라서 이해하기 어려운 정보는 재무보고서에서 제외하는 것이 아니라 가능한 한 명확히 표시되고 설명되어야 하며, 이는 이해가능성을 보강적 질적 특성으로 보기 때문이다. 재무보고서는 사업활동과 경제활동에 대해 합리적인 지식이 있고 부지런히 정보를 검토하고 분석하는 정보이용자들을 위하여 작성되며, 때로는 박식하고 부지런한 정보이용자도 복잡한 경제적 현상에 대한 정보를 이해하기 위해 자문가의 도움을 받는 것이 필요할 수 있다.

(5) 보강적 질적 특성의 적용

보강적 질적 특성은 가능한 극대화되어야 한다. 그러나 보강적 질적 특성은 정보가 목적적합하지 않거나 나타내고자 하는 바를 충실하게 표현하지 않으면 개별적으로든 집단적으로든 그 정보를 유용하게 할 수 없다. 보강적 질적 특성을 적용하는 것은 어떤 규정된 순서에 따르지 않는 반복적인 과정이다. 때로는 하나의 보강적 질적 특성이 다른 질적 특성의 극대화를 위해 감소되어야 할 수도 있다. 예를 들어, 새로운 회계기준의 전진적용으로 인한 비교가능성의 일시적인 감소는 장기적으로 목적적합성이나 표현충실성을 향상시키기 위해 감수될 수도 있다. 또한, 적절한 공시는 비교가능성의 미비를 부분적으로 보완할 수 있다.

다음 설명에 해당하는 재무정보의 질적 특성은? 제22회

> (가) 정보이용자가 항목간의 유사점과 차이점을 식별하고 이해할 수 있게 한다.
> (나) 정보가 나타내고자 하는 경제적 현상을 충실히 표현하는지를 정보이용자가 확인하는 데 도움을 준다.

	(가)	(나)		(가)	(나)
①	비교가능성	검증가능성	②	중요성	일관성
③	적시성	중립성	④	중립성	적시성
⑤	검증가능성	비교가능성			

해설

(가) 정보이용자가 항목간의 유사점과 차이점을 식별하고 이해할 수 있게 하는 질적 특성은 비교가능성에 해당한다.
(나) 정보가 나타내고자 하는 경제적 현상을 충실히 표현하는지를 정보이용자가 확인하는 데 도움을 주는 질적 특성은 검증가능성에 해당한다. 정답: ①

3. 유용한 재무보고에 대한 제약 – 원가

재무정보의 보고에는 원가가 소요되고, 해당 정보보고의 효익이 그 소요된 원가를 정당화한다는 것이 중요하다. 따라서 원가는 유용한 재무보고에 대한 포괄적인 제약요인이다.

(1) 재무정보의 원가

재무정보의 제공자는 재무정보의 수집, 처리, 검증, 전파에 대부분의 노력을 기울인다. 그러나 정보이용자들은 궁극적으로 수익 감소 형태로 그 원가를 부담하고 제공된 정보를 분석하고 해석하는 데 원가가 발생하며, 필요한 정보가 제공되지 않을 경우에는 그 정보를 다른 곳에서 얻거나 그것을 추정하기 위한 추가적인 원가가 발생한다.

(2) 재무정보의 효익

목적적합하고 나타내고자 하는 바가 충실하게 표현된 재무정보를 보고하는 것은 정보이용자들이 더 확신을 가지고 의사결정하는 데 도움이 되고 자본시장이 더 효율적으로 기능하도록 하여 경제 전반적으로 자본비용을 감소시킨다. 개별투자자, 대여자 및 기타 채권자는 더 많은 정보에 근거한 의사결정을 함으로써 효익을 얻는다. 그러나 정보이용자 각자가 목적적합하다고 보는 모든 정보를 일반목적재무보고서에서 제공하는 것은 불가능하다. 따라서 원가 제약요인을 적용함에 있어서 회계기준위원회는 특정 정보를 보고하는 효익이 그 정보를 제공하고 사용하는 데 발생한 원가를 정당화할 수 있을 것인지를 평가한다.

1. 재무제표

(1) 목적과 범위

① 목적: 보고기업에 유입될 미래 순현금흐름에 대한 전망과 보고기업의 경제적 자원에 대한 경영진의 수탁책임을 평가하는 데 유용한 보고기업의 자산, 부채, 자본, 수익 및 비용에 대한 재무정보를 재무제표이용자들에게 제공하는 것이다.

② 범위

    ㉠ 자산, 부채, 자본이 인식된 재무상태표

    ㉡ 수익, 비용이 인식된 재무성과표

    ㉢ 다음에 관한 정보가 표시되고 공시된 다른 재무제표와 주석

        ⓐ 인식된 자산, 부채, 자본, 수익, 비용(각각의 성격과 인식된 자산 및 부채에서 발생하는 위험에 대한 정보를 포함)

        ⓑ 인식되지 않은 자산, 부채(각각의 성격과 인식되지 않는 자산과 부채에서 발생하는 위험에 대한 정보를 포함)

        ⓒ 현금흐름

        ⓓ 자본청구권 보유자의 출자와 자본청구권 보유자에 대한 분배(예 배당 등)

        ⓔ 표시되거나 공시된 금액을 추정하는 데 사용된 방법, 가정, 판단 및 그러한 방법, 가정과 판단의 변경

(2) 재무제표에 채택된 관점

재무제표는 기업의 현재 및 잠재적 투자자, 대여자와 그 밖의 채권자 중 특정 집단의 관점이 아닌 보고기업 전체의 관점에서 거래 및 그 밖의 사건에 대한 정보를 제공한다.

(3) 계속기업의 가정

재무제표는 일반적으로 보고기업이 계속기업이며 예측 가능한 미래에 영업을 계속할 것이라는 가정하에 작성된다. 따라서 기업이 청산을 하거나 거래를 중단하려는 의도가 없으며, 그럴 필요도 없다고 가정한다. 역사적 원가주의, 감가상각, 수익·비용대응 개념 및 유동성배열법은 모두 계속기업 가정을 근거한 것이다. 만일 기업이 청산을 하거나 거래를 중단할 의도나 필요가 있다면 재무제표는 계속기업과는 다른 기준에 따라 작성되어야 한다. 그러한 경우라면 사용된 기준을 재무제표에 기술한다.

(4) 보고기간과 비교정보 제공

재무제표는 특정 기간에 대하여 작성하며 이 특정 기간을 보고기간이라고 한다. 따라서 재무제표 보고기간 말 또는 보고기간 중에 존재했던 자산과 부채(미인식된 자산과 부채 포함) 및 자본에 관한 정보와 보고기간에 속하는 수익과 비용에 대한 정보를 제공한다. 또한 재무제표이용자들이 변화와 추세를 식별하고 평가하는 것을 돕기 위해 재무제표는 최소한 직전 연도에 대한 비교정보를 제공한다.

2. 보고기업

보고기업은 재무제표를 작성해야 하거나 작성하기로 선택한 기업이다. 보고기업은 단일실체이거나 어떤 실체의 일부일 수 있으며, 둘 이상의 실체로 구성될 수도 있다. 보고기업이 반드시 법적 실체일 필요는 없다. 보고기업별 재무제표는 다음과 같다.

(1) 연결재무제표

한 기업(지배기업)이 다른 기업(종속기업)을 지배하는 경우에 지배기업과 종속기업으로 구성되는 그 보고기업의 재무제표를 말한다.

(2) 비연결재무제표

보고기업이 지배기업 단독인 경우에 그 보고기업의 재무제표를 말한다.

(3) 결합재무제표

보고기업이 지배·종속관계로 모두 연결되어 있지 않은 둘 이상의 실체들로 구성된 경우에 그 보고기업의 재무제표

05 재무제표 요소

보고기업의 재무상태와 관련된 재무제표의 요소는 자산, 부채, 자본이며, 재무상태의 변동 중 재무성과와 관련된 재무제표 요소는 수익과 비용이다. 각각의 정의는 다음과 같다.

1. 자산

자산은 과거사건의 결과로 기업이 통제하는 현재의 경제적 자원이다. 여기서 경제적 자원은 경제적 효익을 창출할 잠재력을 지닌 권리이며, 자산으로 정의되기 위한 요건을 세 가지, 즉 권리, 경제적 효익을 창출할 잠재력, 통제 측면에서 설명한다.

(1) 권리

경제적 효익을 창출할 잠재력을 지닌 권리는 다른 당사자의 의무에 해당하는 권리와 다른 당사자의 의무에 해당하지 않는 권리로 다음과 같이 구분할 수 있다.

다른 당사자의 의무에 해당하는 권리

- 현금을 수취할 권리
- 재화나 용역을 제공받을 권리
- 유리한 조건으로 다른 당사자와 경제적 자원을 교환할 권리(예 현재 유리한 조건으로 경제적 자원을 구매하는 선도계약 또는 경제적 자원을 구매하는 옵션)
- 불확실한 특정 미래사건이 발생하면 다른 당사자가 경제적 효익을 이전하기로 한 의무로 인해 효익을 얻을 권리

다른 당사자의 의무에 해당하지 않는 권리

- 유형자산 또는 재고자산과 같은 물리적 대상에 대한 권리(예 물리적 대상을 사용할 권리 또는 리스제공자산의 잔존가치에서 효익을 얻을 권리)
- 지적재산사용권

① 많은 권리들은 계약, 법률 또는 이와 유사한 수단에 의해 성립된다. 예를 들어, 기업은 특정 물리적 대상을 보유하거나 리스함으로써 권리를 획득할 수 있고, 채무상품이나 지분상품을 소유하거나 등록된 특허권을 소유함으로써 권리를 획득할 수 있다.

② 기업은 그 밖의 방법으로도 권리를 획득할 수 있다. 예를 들면, 공공영역에 속하지 않는 노하우의 획득이나 창작을 통해서 권리를 획득할 수 있고 실무관행, 공개한 경영방침, 특정 성명서와 상충되는 방식으로 행동할 수 있는 실제 능력이 없기 때문에 발생하는 다른 당사자의 의무를 통해 권리를 획득할 수 있다.

③ 현금을 수취할 권리와는 달리, 일부 재화나 용역(예 종업원이 제공한 용역)은 제공받는 즉시 소비되기는 하지만, 이러한 재화나 용역으로 창출된 경제적 효익을 얻을 권리는 기업이 재화나 용역을 소비하기 전까지 일시적으로 존재한다.

④ 기업은 기업 스스로부터 경제적 효익을 획득하는 권리를 가질 수는 없다. 따라서 다음의 경우는 그 보고기업의 경제적 자원이 아니다.

　　㉠ 기업이 발행한 후 재매입하여 보유하고 있는 채무상품이나 지분상품(예 자기사채와 자기주식)

　　㉡ 보고기업이 둘 이상의 법적 실체를 포함하는 경우 그 법적 실체들 중 하나가 발행하고 다른 하나가 보유하고 있는 채무상품이나 지분상품(예 지배기업이 발행하고 종속기업이 취득한 회사채)

⑤ 원칙적으로 기업의 권리 각각은 별도의 자산이다. 그러나 회계목적상으로 관련되어 있는 여러 권리가 단일자산인 단일 회계단위로 취급되는 경우가 많다. 많은 경우에 물리적 대상에 법적 소유권에서 발생하는 권리의 집합은 단일자산으로 회계처리한다. 개념적으로 경제적 자원은 물리적 대상이 아니라 권리의 집합이다. 그럼에도 불구하고 권리의 집합을 물리적 대상으로 기술하는 것이 때로는 그 권리의 집합을 가장 간결하고 이해하기 쉬운 방식으로 충실하게 표현하는 방법이 된다.

⑥ 경우에 따라 권리의 존재 여부가 불확실할 수 있다. 예를 들어, 한 기업이 다른 당사자로부터 경제적 자원을 수취할 수 있는 권리가 있는지에 대해 서로 분쟁이 있을 수 있다. 이런 경우 존재 불확실성이 해결(⑩ 법원의 판결)될 때까지 기업은 권리를 보유하는지 불확실한 상태이며 결과적으로 자산이 존재하는지도 불확실하다.

(2) 경제적 효익을 창출할 잠재력

① 경제적 자원은 경제적 효익이 창출할 잠재력을 지닌 권리이다. 잠재력이 있기 위해 권리가 경제적 효익을 창출할 것이라고 확신하거나 그 가능성이 높아야 하는 것은 아니다. 경제적 효익을 창출할 가능성이 낮더라도 권리가 경제적 자원의 정의를 충족할 수 있으므로 자산이 될 수 있다. 하지만 그러한 낮은 가능성은 자산의 인식 여부와 측정방법의 결정을 포함하여 자산과 관련하여 제공해야 할 정보와 그 정보를 제공하는 방법에 대한 결정에 영향을 미칠 수 있다.

② 경제적 자원의 가치가 미래 경제적 효익을 창출할 현재의 잠재력에서 도출되지만 경제적 자원은 그 잠재력을 포함한 현재의 권리이며, 그 권리가 창출할 수 있는 미래 경제적 효익이 아니다.

③ 지출의 발생과 자산의 취득은 밀접하게 관련되어 있으나 양자가 반드시 일치하는 것은 아니다. 예를 들어, 자산은 정부가 기업에게 무상으로 부여한 권리 또는 기업이 다른 당사자로부터 증여받은 권리를 포함할 수 있다.

(3) 통제

① 통제는 경제적 자원을 기업에 결부시킨다. 통제의 존재 여부를 평가하는 것은 기업이 회계처리할 경제적 자원을 식별하는 데 도움을 준다. 예를 들어, 기업은 부동산 전체의 소유권에서 발생하는 권리를 통제하지 않고 부동산 지분에 비례하여 통제할 수 있다. 그러한 경우 기업의 자산은 통제하고 있는 부동산의 지분이며, 통제하지 않는 부동산 전체의 소유권에서 발생하는 권리는 아니다.

② 기업은 경제적 자원의 사용을 지시하고 그로부터 유입될 수 있는 경제적 효익을 얻을 수 있는 현재의 능력이 있다면 그 경제적 자원을 통제한다. 통제에는 다른 당사자가 경제적 자원의 사용을 지시하고 이로부터 유입될 수 있는 경제적 효익을 얻지 못하게 하는 현재의 능력이 포함된다.

③ 경제적 자원의 통제는 일반적으로 법적 권리를 행사할 수 있는 능력에서 비롯된다. 그러나 통제는 경제적 자원의 사용을 지시하고 이로부터 유입될 수 있는 효익을 얻을 수 있는 현재의 능력이 기업에게만 있도록 할 수 있는 경우에도 발생할 수 있다.

④ 기업이 경제적 자원을 통제하기 위해서는 해당 자원의 미래 경제적 효익이 다른 당사자가 아닌 그 기업에게 직접 또는 간접으로 유입되어야 한다. 경제적 자원에 의해 창출되

는 경제적 효익의 유의적인 변동에 노출된다는 것은 기업이 해당 자원을 통제한다는 것을 나타낼 수 있다. 그러나 그것은 통제가 존재하는지에 대한 전반적인 평가에서 고려해야 할 하나의 요소일 뿐이다.

⑤ 본인이 통제하는 경제적 자원을 대리인이 관리하는 경우 그 경제적 자원은 대리인의 자산이 아니다. 또한 본인이 통제하는 경제적 자원을 제3자에게 이전할 의무가 대리인에게 있는 경우 이전될 경제적 자원은 대리인의 것이 아니라 본인의 경제적 자원이기 때문에 그 의무는 대리인의 부채가 아니다.

2. 부채

부채는 과거사건의 결과로 기업이 경제적 자원을 이전하여야 하는 현재의무이다. 부채가 존재하기 위해서는 의무, 경제적 자원의 이전, 과거사건으로 생긴 현재의무라는 세 가지 조건을 모두 충족하여야 한다.

(1) 의무

① 의무란 기업이 회피할 수 있는 실제 능력이 없는 책무나 책임을 말한다. 의무는 항상 다른 당사자(또는 당사자들, 이하 같음)에게 이행해야 한다. 다른 당사자들은 사람이나 또 다른 기업, 사람들 또는 기업의 집단, 사회 전반이 될 수 있다. 의무를 이행할 대상인 당사자의 신원을 알 필요는 없다.

② 한 당사자가 경제적 자원을 이전해야 하는 의무가 있는 경우, 다른 당사자는 그 경제적 자원을 수취할 권리가 있다. 그러나 한 당사자가 부채를 인식하고 이를 특정 금액으로 측정한다는 요구사항이 다른 당사자가 자산을 인식하거나 동일한 금액으로 측정해야 한다는 것을 의미하지 않는다.

③ 많은 의무가 계약, 법률 또는 이와 유사한 수단에 의해 성립하며 당사자가 채무자에게 법적으로 집행할 수 있도록 한다. 그러나 기업이 실무관행, 공개한 경영방침, 특정 성명(서)과 상충되는 방식으로 행동할 실제 능력이 없는 경우 기업의 그러한 실무관행, 경영방침이나 성명(서)에서 의무가 발생할 수도 있다. 그러한 상황에서 발생하는 의무는 의제의무라고 불린다.

④ 일부 상황에서 경제적 자원을 이전하는 기업의 책무나 책임은 기업 스스로 취할 수 있는 미래 특정 행동을 조건으로 발생한다. 그러한 미래의 특정 행동에는 특정 사업을 운영하는 것, 미래의 특정 시점에 특정 시장에서 영업하는 것 또는 계약의 특정 옵션을 행사하는 것을 포함한다. 이러한 상황에서 기업은 그러한 행동을 회피할 수 있는 실제 능력이 없다면 의무가 있다.

⑤ 기업이 그 기업을 청산하거나 거래를 중단하는 것으로만 경제적 자원의 이전을 회피할 수 있고, 그 외에는 이전을 회피할 수 있는 실제 능력이 없는 경우도 있으므로, 기업의

재무제표가 계속기업 기준으로 작성하는 것이 적절하다. 이와 같이 기업이 경제적 자원의 이전을 회피할 수 있는 실제 능력이 있는지를 평가하는 데 사용되는 요소는 기업의 책무나 책임의 성격에 따라 달라질 수 있다.

⑥ 의무가 존재하는지 불확실한 경우가 있다. 예를 들어, 다른 당사자가 기업의 범법행위 혐의에 대한 보상을 요구하는 경우 그 행위가 발생했는지, 기업이 그 행위를 했는지 또는 법률이 어떻게 적용되는지가 불확실할 수 있다. 또 다른 예로는, 법원의 판결로 그 존재의 불확실성이 해소될 때까지 기업이 보상을 요구하는 당사자에게 의무가 있는지, 다시 말해 결과적으로 부채가 존재하는지 여부가 불확실하다.

(2) 경제적 자원의 이전

① 부채의 두 번째 조건인 경제적 자원의 이전을 충족하기 위해서 의무에는 기업이 경제적 자원을 다른 당사자에게 이전해야 할 잠재력이 있어야 한다. 그러한 잠재력이 존재하기 위해서 기업이 경제적 자원의 이전을 요구받을 것이 확실하거나 그 가능성이 높아야 하는 것은 아니다. 예를 들어, 불확실한 특정 미래사건이 발생할 경우에만 이전이 요구될 수도 있다. 의무가 이미 존재하고 적어도 하나의 상황에서 기업이 경제적 자원을 이전하도록 요구되기만 하면 된다.

② 경제적 자원의 이전가능성이 낮더라도 의무가 부채의 정의를 충족할 수 있다. 그럼에도 불구하고, 그러한 낮은 가능성은 부채의 인식 여부와 측정방법의 결정을 포함하며 부채와 관련하여 제공해야 할 정보와 그 정보를 제공하는 방법에 대한 결정에 영향을 미칠 수 있다.

(3) 과거사건으로 생긴 현재의무

① 현재의무는 기업이 이미 경제적 효익을 얻었거나 조치를 취했고, 그 결과로 기업이 이전하지 않아도 되었을 경제적 자원을 이전하여야 하거나 이전하게 될 수 있는 경우에만 과거사건의 결과로 존재한다. 이와 같은 조건을 충족하지 못하면 그 기업의 현재의무는 없는 것이다. 예를 들어, 기업이 종업원의 용역을 제공받은 대가로 종업원에게 급여를 지급하는 계약을 체결한 경우, 기업은 종업원의 용역을 제공받을 때까지 급여를 지급할 현재의무가 없다. 용역의 제공 전까지 계약은 미이행계약이며, 기업은 미래에 발생할 종업원 용역에 대해서 미래의 급여를 교환하는 권리와 의무를 함께 보유하고 있다.

② 새로운 법률이 제정되는 경우에는 그 법률의 적용으로 경제적 효익을 얻게 되거나 조치를 취한 결과로 기업이 이전하지 않아도 되었을 경제적 자원을 이전해야 하거나 이전하게 될 수도 있는 경우에만 현재의무가 발생한다. 법률 제정 자체만으로는 기업에 현재의무를 기여하기에 충분하지 않다.

③ 미래 특정 시점까지 경제적 자원의 이전이 집행될 수 없더라도 현재의무는 존재할 수 있다. 예를 들어, 계약상의 현금지급 의무는 해당 계약이 현금지급을 미래 특정 시점까지 요구하지 않더라도 현재 존재할 수 있다.

3. 자산 및 부채의 인식과 측정에 관한 개념들

(1) 회계단위

① 회계단위는 인식기준과 측정개념이 적용되는 권리나 권리들의 집합, 의무나 의무들의 집합 또는 권리와 의무의 집합이다. 인식기준과 측정개념이 자산이나 부채 그리고 관련 수익과 비용에 어떻게 적용될 것인지를 고려할 때, 그 자산이나 부채에 대해 회계단위가 선택된다.

② 어떤 경우에는 인식을 위한 회계단위와 측정을 위한 회계단위를 서로 다르게 선택하는 것이 적절할 수 있다. 기업이 자산의 일부 또는 부채의 일부를 이전하는 경우, 그때 회계단위가 변경되어 이전되는 구성요소와 잔여 구성요소가 별도로 회계단위가 될 수 있다.

③ 원가가 다른 재무보고 결정을 제약하는 것처럼 회계단위 선택도 제약한다. 따라서 회계단위를 선택할 때에는 그 회계단위의 선택으로 인해 재무제표이용자들에게 제공되는 정보의 효익이 그 정보를 제공하고 사용하는 원가를 정당화할 수 있는지를 고려하는 것이 중요하다. 일반적으로 자산, 부채, 수익과 비용의 인식 및 측정에 관련된 원가는 회계단위의 크기가 작아짐에 따라 증가한다. 따라서 일반적으로 동일한 원천에서 발생하는 권리 또는 의무는 정보가 더 유용하고 그 효익이 원가를 초과하는 경우에만 분리한다.

④ 권리와 의무 모두 동일한 원천에서 발생하는 경우가 있다. 예를 들어, 일부 계약은 각 당사자의 권리와 의무 모두를 성립시킨다. 그러한 권리와 의무가 상호의존적이고 분리될 수 없다면 이는 단일한 불가분의 자산이나 부채를 구성하며 단일의 회계단위를 형성한다.

(2) 미이행계약

① 미이행계약은 계약당사자 모두가 자신의 의무를 전혀 수행하지 않았거나 계약당사자 모두가 동일한 정도로 자신의 의무를 부분적으로 수행한 계약이나 그 계약의 일부를 말한다.

② 당사자 일방이 계약상 의무를 이행하면 그 계약은 더 이상 미이행계약이 아니다. 보고 기업이 계약에 따라 먼저 수행한다면 그 행위는 경제적 자원을 수취할 권리와 변경하는 사건이 되고, 그 권리는 자산이다. 다른 당사자가 먼저 수행하는 경우, 그 행위는 경제적 자원을 이전할 의무로 변경하는 사건이 되고, 그 의무는 부채이다.

(3) 계약상 권리와 의무의 실질

① 계약조건은 계약당사자인 기업의 권리와 의무를 창출한다. 그러한 권리와 의무를 충실하게 표현하기 위해서는 재무제표에 그 실질을 보고한다.

② 계약의 모든 조건(명시적 또는 암묵적)은 실질이 없지 않은 한 고려되어야 한다. 암묵적 조건의 예에는 법령에 의해 부과된 의무(예 고객에게 상품을 판매하기 위해 계약을 체결할 때 부과되는 법정 보증의무)가 포함될 수 있다. 실질이 없는 조건은 무시되는데, 조건이 계약의 경제적 측면에서 구별될 수 있는 영향을 미치지 않는다면, 그 조건은 실질이 없다.

4. 자본

자본은 기업의 자산에서 모든 부채를 차감한 후의 잔여지분이다. 따라서 자본청구권은 기업의 자산에서 모든 부채를 차감한 후의 잔여지분에 대한 청구권, 다시 말해 부채의 정의에 부합하지 않는 기업에 대한 청구권이다. 보통주 및 우선주와 같이 서로 다른 종류의 자본청구권은 보유자에게 서로 다른 권리를 부여할 수 있다. 또한 법률, 규제 또는 그 밖의 요구사항이 자본금 또는 이익잉여금과 같은 자본의 특정 구성요소에 영향을 미치는 경우가 있다.

5. 수익과 비용

① 수익은 자산의 증가 또는 부채의 감소로서 자본의 증가를 가져오며 자본청구권 보유자의 출자와 관련된 것은 제외한다.

② 비용은 자산의 감소 또는 부채의 증가로서 자본의 감소를 가져오며 자본청구권 보유자에 대한 분배와 관련된 것은 제외한다.

③ 수익과 비용의 정의에 따라 자본청구권 보유자로부터의 출자는 수익이 아니며 자본청구권 보유자에 대한 분배는 비용이 아니다. 수익과 비용은 기업의 재무성과와 관련된 재무제표 요소이다. 재무제표이용자들은 기업의 재무상태와 재무성과에 대한 정보가 필요하다.

④ 수익과 비용은 자산과 부채의 변동으로 정의되지만, 수익과 비용에 대한 정보는 자산과 부채에 대한 정보만큼 중요하다. 서로 다른 거래나 그 밖의 사건은 서로 다른 특성을 지닌 수익과 비용을 발생시킨다. 수익과 비용의 서로 다른 특성별로 정보를 별도로 제공하면 재무제표이용자들이 기업의 재무성과를 이해하는 데 도움이 될 수 있다.

재무제표 요소의 정의에 관한 설명으로 옳은 것은?   제24회

① 자산은 현재사건의 결과로 기업이 통제하는 미래의 경제적 자원이다.
② 부채는 과거사건의 결과로 기업이 경제적 자원을 이전해야 하는 과거의무이다.
③ 자본은 기업의 자산에서 모든 부채를 차감한 후의 잔여지분이다.
④ 수익은 자산의 감소 또는 부채의 증가로서 자본의 증가를 가져온다.
⑤ 비용은 자산의 증가 또는 부채의 감소로서 자본의 감소를 가져온다.

해설

① 자산은 과거사건의 결과로 기업이 통제하는 현재의 경제적 자원이다.
② 부채는 과거사건의 결과로 기업이 경제적 자원을 이전해야 하는 현재의무이다.
④ 수익은 자산의 증가 또는 부채의 감소로서 자본의 증가를 가져온다.
⑤ 비용은 자산의 감소 또는 부채의 증가로서 자본의 감소를 가져온다.   정답: ③

06 인식과 제거

1. 인식절차

인식은 자산, 부채, 자본, 수익과 비용과 같은 재무제표 요소 중 하나의 정의에 충족하는 항목을 재무상태표나 재무성과표에 포함하기 위하여 포착하는 과정이다. 또한 그러한 재무제표 중 하나의 어떤 항목을 단독으로 또는 다른 항목과 통합하여 명칭과 화폐금액을 나타내고, 그 항목을 해당 재무제표의 하나 이상의 합계에 포함시키는 것과 관련된다.

◉ 자산·부채·자본이 재무상태표에 인식하는 금액을 장부금액이라고 한다.

(1) 재무상태표와 재무성과표는 재무정보를 비교 가능하고 이해하기 쉽도록 구성한 구조화된 요약으로, 기업이 인식하는 자산, 부채, 자본, 수익 또는 비용을 나타낸다. 인식에 따라 재무제표 요소, 재무상태표 및 재무성과표가 다음과 같이 연계된다.

> ① 재무상태표와 보고기간 기초와 기말의 총자산에서 총부채를 차감한 것은 총자본과 같다.
> ② 보고기간에 인식한 자본변동은 다음과 같이 구성되어 있다.
> ㉠ 재무성과표에 인식된 수익에서 비용을 차감한 금액
> ㉡ 자본청구권 보유자로부터의 출자에서 자본청구권 보유자에 대한 분배를 차감한 금액

(2) 하나의 항목(또는 장부금액의 변동)의 인식은 하나 이상의 다른 항목의 인식 또는 제거가 필요하기 때문에 재무제표들은 예를 들어 다음과 같이 연계된다.

> ① 수익의 인식은 다음과 동시에 발생한다.
> ㉠ 자산의 최초 인식 또는 자산의 장부금액의 증가

   ⓛ 부채의 제거 또는 부채의 장부금액의 감소
 ② 비용의 인식은 다음과 동시에 발생한다.
   ㉠ 부채의 최초 인식 또는 부채의 장부금액의 증가
   ⓛ 자산의 제거 또는 자산의 장부금액의 감소

(3) 거래나 그 밖의 사건에서 발생된 자산이나 부채의 최초 인식에 따라 수익과 관련된 비용을 동시에 인식할 수 있다. 예를 들어, 재화의 현금판매에 따라 수익(현금과 같은 자산의 인식으로 발생)과 비용(재화의 판매와 같이 다른 자산의 제거로 발생)을 동시에 인식하게 된다. 수익과 관련 비용의 동시 인식은 때때로 수익과 관련 원가의 대응을 나타낸다. '재무보고를 위한 개념체계'를 적용하면 자산과 부채의 변동을 인식할 때 이러한 대응이 나타난다. 그러나 원가와 수익의 대응은 개념체계의 목적이 아니다.

2. 인식기준

(1) 인식기준과 원가제약

자산, 부채, 자본의 정의를 충족하는 항목만이 재무상태표에 인식된다. 마찬가지로 수익이나 비용에 대한 정의를 충족하는 항목만이 재무성과표에 반영된다. 그러나 그러한 요소 중 하나의 정의를 충족하는 항목이라고 할지라도 항상 인식되는 것은 아니다. 어떤 항목이 재무제표에 인식되기 위해서는 다음의 세 가지 인식기준을 모두 충족하여야 한다.

> ① 그 항목이 자산, 부채, 자본과 수익, 비용의 정의에 충족한다.
> ② 그 항목에 대한 인식이 자산이나 부채 그리고 그에 수반하는 수익, 비용 또는 자본의 변동에 대한 목적적합한 정보를 제공한다.
> ③ 그 항목에 대한 인식이 자산이나 부채 그리고 그에 수반하는 수익, 비용 또는 자본의 변동에 대한 충실한 표현을 제공한다.

원가는 다른 재무보고 결정을 제약하는 것처럼 인식에 대한 결정도 제약한다. 재무제표 이용자들에게 제공되는 정보의 효익이 그 정보를 제공하고 사용하는 원가를 정당화할 수 있는 경우에 자산이나 부채를 인식한다. 어떤 경우에는 인식하기 위한 원가가 인식으로 인한 효익을 초과할 수 있다.

(2) 고려사항

 ① **목적적합성**: 자산, 부채, 자본, 수익, 비용에 대한 정보는 재무제표이용자들에게 목적 적합한 정보이지만, 다음의 경우에는 특정 자산이나 부채의 인식과 이에 따른 결과로 발생하는 수익, 비용 또는 자본변동을 인식하는 것이 항상 목적적합한 정보를 제공하지 않을 수 있다.

> • 자산이나 부채가 존재하는지 불확실한 경우
> • 자산이나 부채가 존재하지만 경제적 효익의 유입가능성이나 유출가능성이 낮은 경우

　　㉠ **존재 불확실성:** 어떤 경우 존재의 불확실성은 경제적 효익의 유입가능성이나 유출가능성이 낮고 발생 가능한 결과의 범위가 매우 광범위한 상황과 결합될 수 있는데, 이는 자산이나 부채를 반드시 단일금액으로만 측정하여 인식하는 것이 목적적합한 정보를 제공하지는 않음을 의미할 수 있다. 자산이나 부채가 인식되는지 여부에 관계없이 이와 관련된 불확실성에 대한 설명 정보가 재무제표에 제공되어야 할 수도 있다.

　　㉡ **경제적 효익의 낮은 유입가능성과 유출가능성:** 경제적 효익의 유입가능성이나 유출가능성이 낮은 경우에도 자산이나 부채가 존재할 수 있으며, 자산이나 부채로 인식하는 것이 목적적합한 정보를 제공할 수 있다.

② **표현충실성:** 특정 자산이나 부채를 인식하는 것은 목적적합한 정보를 제공할 뿐만 아니라 해당 자산이나 부채 및 이에 따른 결과로 발생하는 수익, 비용 또는 자본변동에 대한 충실한 표현을 제공할 경우에 적절하다. 충실한 표현이 제공될 수 있는지는 자산이나 부채와 관련된 측정의 불확실성의 수준 또는 다른 요인에 의해 영향을 받을 수 있다.

　　㉠ **측정 불확실성:** 자산이나 부채를 인식하기 위해서는 측정을 해야 한다. 많은 경우 그러한 측정은 추정되어야 하며 따라서 측정 불확실성의 영향을 받는다. 합리적인 추정의 사용은 재무정보 작성의 필수적인 부분이며, 추정치를 명확히 하고 정확하게 기술하고 설명한다면 정보의 유용성을 훼손하지 않는다. 높은 수준의 측정 불확실성이 있더라도 그러한 추정치가 유용한 정보를 반드시 제공하지 못하는 것은 아니다. 추정에 대한 설명과 추정에 대한 영향을 미칠 수 있는 불확실성에 대한 설명을 동반한다면, 불확실성이 높은 추정에 의존하는 측정이 가장 유용한 정보일 수 있다.

　　㉡ **다른 요소들:** 자산이나 부채의 인식으로 그 자산이나 부채를 충실하게 표현할 수 있는지를 평가할 때 재무상태표에 이에 대한 설명과 측정뿐만 아니라 다음을 고려할 필요가 있다.

> ⓐ 결과적으로 발생하는 수익, 비용 및 자본변동에 대한 서술
> ⓑ 관련 자산과 부채가 인식되는지 여부
> ⓒ 자산이나 부채 그리고 이에 따른 결과로 발생하는 수익, 비용 또는 자본변동에 대한 정보의 표시와 공시

3. 제거

제거는 기업의 재무상태표에서 인식된 자산이나 부채의 전부 또는 일부를 삭제하는 것이며, 일반적으로 해당 항목이 더 이상 자산 또는 부채의 정의를 충족하지 못할 때 발생한다.

① 자산은 일반적으로 기업이 인식한 자산의 전부 또는 일부에 대한 통제를 상실하였을 때 제거한다.

② 부채는 일반적으로 기업이 인식한 부채의 전부 또는 일부에 대한 현재의무를 더 이상 부담하지 않을 때 제거한다.

확인 및 기출예제

재무보고를 위한 개념체계의 관련 문단에서 발췌되거나 파생된 용어의 정의로 옳지 않은 것은?

제26회

① 근본적 질적 특성: 일반목적재무보고서의 주요 이용자들에게 유용하기 위하여 재무정보가 지녀야 하는 질적 특성

② 미이행계약: 계약당사자 모두가 자신의 의무를 전혀 수행하지 않았거나 계약당사자 모두가 동일한 정도로 자신의 의무를 부분적으로 수행한 계약이나 계약의 일부

③ 부채: 현재사건의 결과로 실체의 경제적 자원을 이전해야 하는 미래의무

④ 인식: 자산, 부채, 자본, 수익 또는 비용과 같은 재무제표의 구성요소 중 하나의 정의를 충족하는 항목을 재무상태표나 재무성과표에 포함하기 위하여 포착하는 과정

⑤ 중요한 정보: 정보가 누락되거나 잘못 기재된 경우 특정 보고실체의 재무정보를 제공하는 일반목적재무보고서에 근거하여 이루어지는 주요 이용자들의 의사결정에 영향을 줄 수 있는 정보

해설

부채는 과거사건의 결과로 기업의 경제적 자원을 이전해야 하는 현재의무를 말한다.

정답: ③

---

07 측정

1. 의의

화폐단위로 수량화되어 있는 재무제표에 인식된 요소들은 측정기준을 선택해야 한다. 측정기준은 측정대상 항목에 대한 식별된 속성(예 역사적 원가, 공정가치, 이행가치)이고 자산이나 부채에 측정기준을 적용하면 해당 자산이나 부채, 관련 수익과 비용의 측정치가 산출된다. 유용한 재무정보의 질적 특성과 원가제약을 고려함으로써 서로 다른 자산, 부채, 수익과 비용에 대해 다른 측정기준을 선택하게 될 수 있을 것이다. 다만, 개별기준서에는 그 기준서에서 선택한 측정기준을 적용하는 방법이 기술될 필요가 있다. 다음의 측정기준에서 역사적원가와 현행원가는 유입가치이며 공정가치와 사용(이행)가치는 유출가치에 해당한다.

재무보고를 위한 개념체계에서 제시한 측정기준에 관한 설명으로 옳은 것은? 제27회

① 공정가치는 자산을 취득할 때 발생한 거래원가로 인해 증가할 수 있다.

② 공정가치와 역사적 원가는 유입가치에 해당한다.

③ 사용가치는 기업 특유의 가정보다는 시장참여자의 가정을 반영한다.

④ 자산의 현행원가는 측정일 현재 동등한 자산의 원가로서 측정일에 지급할 대가와 그날에 발생할 거래원가를 포함한다.

⑤ 역사적 원가를 기반으로 한 이익은 현행원가를 기반으로 한 이익보다 미래이익을 예측하는 데 더 유용하다.

해설

① 공정가치는 자산을 취득할 때 발생한 거래원가로 인해 증가하지 않는다.

② 공정가치는 유출가치에 해당하며, 유입가치는 역사적 원가와 현행원가가 해당된다.

③ 반대로 설명되어 있다. 사용가치는 시장참여자의 가정보다는 기업 특유의 가정을 반영한다.

⑤ 반대로 설명되어 있다. 현행원가를 기반으로 한 이익이 역사적 원가를 기반으로 한 이익보다 미래이익을 예측하는 데 더 유용하다.

정답: ④

2. 측정기준

(1) 역사적 원가(유입가치)

① 역사적 원가 측정치는 적어도 부분적으로 자산, 부채 및 관련 수익과 비용을 발생시키는 거래나 그 밖의 사건의 가격에서 도출된 정보를 사용하여 자산, 부채 및 관련 수익과 비용에 관한 화폐적 정보를 제공한다. 현행가치와 달리 역사적 원가는 자산의 손상이나 손실부담에 따른 부채와 관련되는 변동을 제외하고 가치의 변동을 반영하지 않는다.

② 자산을 취득하거나 창출할 때의 역사적 원가는 자산의 취득 또는 창출에 소요되는 원가의 가치로서, 자산을 취득 또는 창출하기 위하여 지급한 대가와 거래원가를 포함한다. 부채가 발생하거나 인수할 때 역사적 원가는 발생시키거나 인수하면서 수취한 대가에서 거래원가를 차감한 가치이다.

③ 시장조건에 따른 거래가 아닌 사건으로 자산을 취득하거나 창출할 때 또는 부채를 발생시키거나 인수할 때 원가를 식별할 수 없거나 그 원가가 자산이나 부채에 관한 목적적합한 정보를 제공하지 못할 수 있다. 이 경우 자산이나 부채의 현행가치가 최초 인식시점의 간주원가로 사용되며 그 간주원가는 역사적 원가로 후속측정할 때의 시작점으로 사용된다. 자산이나 부채의 역사적 원가는 필요하다면 시간의 경과에 따라 갱신되어야 한다.

④ 역사적 원가 측정기준을 금융자산과 금융부채에 적용하는 한 가지 방법은 상각후원가로 측정하는 것이다. 금융자산과 금융부채의 상각후원가는 이자 발생, 금융자산의 손상 및 수취 또는 지급과 같은 후속변동을 반영하기 위해 시간의 경과에 따라 갱신한다.

자산	지급한 대가 + 거래원가
부채	수취한 대가 − 거래원가

(2) 현행가치

현행가치 측정치는 측정일의 조건을 반영하기 위해 갱신된 정보를 사용하여 자산, 부채, 및 관련 수익과 비용의 화폐적 정보를 제공한다. 역사적 원가와는 달리 해당 자산이나 부채의 현행가치는 자산이나 부채를 발생시킨 과거거래의 가격과는 부분적으로라도 연관이 없다.

① **공정가치(유출가치):** 공정가치는 측정일에 시장참여자 사이의 정상거래에서 자산을 매도할 때 받거나 부채를 이전할 때 지급하게 될 가격이다. 공정가치는 기업이 접근할 수 있는 시장의 참여자 관점을 반영한다. 공정가치는 자산을 취득할 때 발생한 거래원가로 인해 증가하지 않으며, 부채를 발생시키거나 인수할 때 발생한 거래원가로 인해 감소하지 않는다. 또한 공정가치는 자산의 궁극적인 처분이나 부채의 이전 또는 결제에서 발생한 거래원가를 반영하지 않는다.

자산	측정일에 시장참여자 사이의 정상거래에서 자산을 매도할 때 수령할 가격
부채	측정일에 시장참여자 사이의 부채를 이전할 때 지급하게 될 가격

② **자산의 사용가치와 부채의 이행가치(유출가치):** 사용가치는 기업이 자산의 사용과 궁극적인 처분으로 얻을 것으로 기대하는 현금흐름 또는 그 밖의 경제적 효익의 현재가치이다. 이행가치는 기업이 부채를 이행할 때 이전하여야 하는 현금이나 그 밖의 경제적 자원의 현재가치이다. 사용가치와 이행가치는 미래현금흐름에 기초하기 때문에 자산을 취득하거나 부채를 인수할 때 발생하는 거래원가는 포함하지 않는다. 그러나 사용가치와 이행가치에는 기업이 자산을 궁극적으로 처분하거나 부채를 이행할 때 발생할 것으로 기대되는 거래원가의 현재가치가 포함된다. 사용가치와 이행가치는 시장참여자의 관점보다 기업 특유의 관점을 반영한다. 사용가치와 이행가치는 직접 관측될 수 없으며 현금흐름기준 측정기법으로 결정된다.

자산	자산의 사용과 궁극적인 처분으로 얻을 것으로 기대되는 현금흐름 또는 경제적 효익의 현재가치
부채	부채를 이행할 때 이전하여야 하는 현금이나 경제적 자원의 현재가치

③ **현행원가(유입가치)**: 자산의 현행원가는 측정일 현재 동등한 자산의 원가로서 측정일에 지급할 대가와 그날에 발생할 거래원가를 포함한다. 부채의 현행원가는 측정일 현재 동등한 부채에 대하여 수취할 수 있는 대가에서 그날에 발생할 거래원가를 차감한다. 현행원가는 역사적 원가와 마찬가지로 유입가치이다. 이는 기업이 자산을 취득하거나 부채를 발생시킬 시장에서의 가격을 반영한다. 이런 이유로 현행원가는 유출가치인 공정가치, 사용가치, 이행가치와 다르다. 그러나 현행원가는 역사적 원가와 달리 측정일의 조건을 반영한다.

자산	측정일에 동등한 자산의 원가로서 측정일에 지급할 대가 + 그날 발생할 거래원가
부채	측정일에 동등한 부채에 대해 수취할 수 있는 대가 − 그날 발생할 거래원가

3. 특정 측정기준에 의해 제공되는 정보의 성격

(1) 역사적 원가

① 대부분의 경우 역사적 원가를 측정하는 것은 현행가치로 측정하는 것보다 단순하고 비용이 적게 든다. 또한 역사적 원가에 의한 측정은 일반적으로 이해가능성이 높고 검증가능성도 높다. 그러나 소비를 추정하고 손상차손 또는 손실부담부채를 식별하고 측정하는 것이 주관적일 수 있으며, 때로는 자산이나 부채의 역사적 원가로 현행가치만큼 측정하거나 검증하기 어려울 수 있다.

② 역사적 원가 측정기준을 사용할 경우, 다른 시점에 취득한 동일한 자산이나 발생한 부채가 재무제표에 다른 금액으로 보고될 수 있다. 따라서 보고기업의 기간간 또는 같은 기간의 기업간 비교가능성을 저하시킬 수 있다.

(2) 공정가치

① 공정가치로 자산과 부채를 측정하여 제공하는 정보는 예측가치를 가질 수 있다. 공정가치는 미래현금흐름의 금액, 시기 및 불확실성에 대한 시장참여자의 현재기대를 반영하고 있기 때문이다. 이러한 정보는 또한 종전 기대치에 대한 피드백을 제공함으로써 확인가치가 있을 수 있다.

② 공정가치로 측정된 동일한 자산이나 부채는 원칙적으로 동일한 시장에 접근할 수 있는 보고기업에 의해 동일한 금액으로 측정된다. 보고기업의 기간간 또는 같은 기간의 기업간의 비교가능성을 높일 수 있다.

③ 자산이나 부채의 공정가치를 활성시장의 가격을 관측하여 직접 결정할 수 있는 경우, 공정가치 측정과정은 비용이 적게 들고, 단순하며, 이해하기 쉽고, 직접 관측을 통해 검증될 수 있다.

(3) 현행원가

① 현행원가로 측정한 자산과 부채에 관한 정보는 다른 시점에 취득하거나 발생한 동일한 자산이나 부채를 재무제표에 같은 금액으로 보고한다. 이는 보고기업의 기간간 그리고 같은 기업간 비교가능성을 향상시킬 수 있다.

② 현행원가를 결정하는 것은 복잡하고, 주관적이며, 비용이 많이 발생할 수 있다. 기존 자산과 동일한 현행원가를 추정하기 위해서는 새로운 자산의 현재가격에 대한 주관적인 조정이 필요하기 때문이다. 따라서 현행원가의 측정치는 검증가능성과 이해가능성이 결여될 수 있다.

③ 역사적 원가와 달리 현행원가는 소비하거나 이행하는 시점의 일반적인 가격을 반영한다. 가격변동이 유의적일 경우 현행원가를 기반으로 한 이익은 역사적 원가를 기반으로 한 이익보다 미래이익을 예측하는 데 더욱 유용할 수 있다.

(4) 자산의 사용가치 및 부채의 이행가치

① 사용가치는 자산의 사용과 궁극적인 처분으로 추정되는 현금흐름의 현재가치에 관한 정보를 제공한다. 이 정보는 미래 순현금흐름에 대한 예상치를 평가하는 데 사용할 수 있기 때문에 예측가치를 가질 수 있다. 이행가치는 부채의 이행에 필요한 추정현금흐름의 현재가치에 관한 정보를 제공한다. 따라서 이행가치는 부채가 이전하거나 협상으로 결제될 때보다는 특히 이행될 경우에 예측가치를 가질 수 있다.

② 사용가치나 이행가치 추정치가 미래현금흐름의 금액, 시기와 불확실성으로 추정된 정보와 결합되어 갱신될 경우, 갱신된 추정치는 사용가치나 이행가치의 종전 추정치에 관한 피드백을 제공하기 때문에 확인가치를 가질 수 있다.

③ 사용가치와 이행가치는 개별기업의 관점을 반영하기 때문에 이러한 측정은 동일한 자산이나 부채를 다른 기업이 보유한 경우 달라질 수 있다. 따라서 자산이나 부채가 유사한 방식으로 현금흐름을 기여하는 경우 비교가능성이 저하될 수 있다.

확인 및 기출예제

다음에 설명하는 재무제표의 측정기준으로 옳은 것은? 제26회

> 측정일에 시장참여자 사이의 정상거래에서 자산을 매도할 때 받거나 부채를 이전할 때 지급하게 될 가격이다.

① 역사적 원가   ② 현행원가
③ 이행가치   ④ 사용가치
⑤ 공정가치

4. 특정 측정기준을 선택할 때 고려할 요인

측정기준에 의해 제공되는 정보는 재무제표이용자들에게 유용해야 한다. 이를 달성하기 위해서는 정보가 목적적합해야 하고 나타내고자 하는 바를 충실하게 표현해야 한다. 또한 제공되는 정보는 가능한 한 비교 가능하고, 검증 가능하며, 적시성이 있고, 이해 가능해야 한다.

(1) 목적적합성

자산이나 부채, 이와 관련된 수익과 비용의 측정기준에 의해 제공된 정보의 목적적합성은 다음의 영향을 받는다.

> ① 자산이나 부채의 특성
> ② 그 자산이나 부채가 미래현금흐름에 어떻게 기여하는지

자산이나 부채의 가치가 시장요인이나 그 밖의 위험에 민감하다면 그 자산이나 부채의 역사적 원가는 현행원가와 유의적으로 다를 수 있다. 따라서 가치변동에 관한 정보가 재무제표이용자들에 중요할 경우 역사적 원가는 목적적합한 정보를 제공하지 못할 수 있다.

(2) 표현의 충실성

① **동일한 측정기준**: 자산과 부채가 어떤 방식으로든 관련된 경우, 해당 자산과 부채에 대해 서로 다른 측정기준을 적용하면 측정불일치(회계불일치)가 발생할 수 있다. 이와 같이 측정불일치(회계불일치)가 포함된 재무제표는 기업의 재무상태와 재무성과의 일부 측면을 충실하게 표현하지 못할 수 있다. 결과적으로 어떤 상황에서 관련된 자산과 부채에 동일한 측정기준을 사용함으로써 재무제표이용자들에게 다른 측정기준을 사용하는 정보보다 유용한 정보를 제공할 수 있다.

② **측정의 불확실성**: 완벽하게 충실한 표현에는 오류가 없어야 하지만, 이것은 모든 측면에서 측정이 완벽하게 정확해야 한다는 것을 의미하는 것은 아니다. 활성시장의 가격을 직접 관측하여 측정할 수 없어 추정해야만 하는 경우 측정 불확실성이 발생한다. 그러나 측정 불확실성 수준이 높다고 해서 목적적합한 정보를 제공하는 측정기준을 반드시 사용하지 못하는 것은 아니다. 그러나 어떤 경우에는 측정 불확실성의 수준이 너무 높아서 측정기준에 의해 제공된 정보가 충분히 충실한 표현을 제공하지 못할 수도 있다. 이러한 경우에는 목적적합한 정보를 얻을 수 있는 다른 측정기준을 선택하는 것을 고려하는 것이 적절하다.

(3) 보강적 질적 특성과 원가제약

① 보강적 질적 특성 중 비교가능성, 이해가능성, 검증가능성 및 원가제약은 측정기준의 선택에 영향을 미친다. 여기서 유의할 점은 보강적 질적 특성 중 적시성은 측정에 특별한 영향을 미치지 않는다.

② 원가가 다른 재무보고 결정을 제약하는 것처럼 측정기준의 선택도 제약한다. 따라서 측정기준을 선택할 때 그 측정기준에 의해 재무제표이용자들에게 제공되는 정보의 효익이 그 정보를 제공하고 사용하는 데 발생한 원가를 정당화할 것인지를 고려하는 것이 중요하다.

(4) 최초 측정에 관련된 특정 요인들

① 최초 인식시점에 시장조건에 따른 거래나 취득한 자산이나 발생한 부채의 원가는 거래원가가 유의적이지 않다면 일반적으로 그 시점의 공정가치와 비슷하다. 그럼에도 불구하고 이 두 금액이 유사하더라도 최초 인식할 때 사용한 측정기준이 무엇인지 기술할 필요가 있다.

② 기업이 시장조건에 따른 거래를 하면서 다른 자산이나 부채를 이전하는 대가로 자산을 취득하거나 부채를 발생시키는 경우, 취득한 자산이나 발생한 부채의 최초 측정에 의해 그 거래에서 수익이나 비용의 발생 여부가 결정된다. 자산이나 부채를 원가로 측정하는 경우에는 이전된 자산이나 부채의 제거로 인해 수익이나 비용이 발생하거나 자산이 손상되거나 손실부담부채가 생기는 경우가 아닌 한, 최초 인식시점에 수익과 비용이 발생하지 않는다.

③ 기업이 시장조건에 따른 거래가 아닌 사건의 결과로 자산을 취득하거나 부채가 발생할 수 있다. 이러한 경우 취득한 자산이나 발생한 부채를 역사적 원가로 측정하는 것은 거래나 그 밖의 사건에서 발생하는 기업의 자산과 부채 및 수익이나 비용을 충실하게 표현하지 못할 수 있다. 따라서 취득한 자산이나 발생한 부채를 간주원가로 측정하는 것이 적절할 수 있으며, 간주원가와 지급하거나 수취한 대가와의 차이는 최초 인식시점에 수익과 비용으로 인식될 것이다.

(5) 하나 이상의 측정기준

때로는 기업의 재무상태와 재무성과를 충실히 표현하는 목적적합한 정보를 제공하기 위해 자산이나 부채, 관련된 수익과 비용에 대해 하나 이상의 측정기준이 필요하다는 결론에 이르게 될 수도 있다. 대부분의 경우 재무상태표상 자산이나 부채, 재무성과표상 관련 수익과 비용 모두에 단일 측정기준을 사용하고, 다른 측정기준을 적용한 추가정보를 주석에 제공하는 것이다. 그러나 경우에 따라 다음과 같은 방법으로 그러한 정보를 더 목적적합하게 하거나 기업의 재무상태와 재무성과 모두를 충실하게 표현할 수 있다.

> ① 재무상태표상 자산 또는 부채에 대해서는 현행가치 측정기준을 적용하고,
> ② 손익계산서상 관련 수익과 비용에 대해서는 다른 측정기준을 사용할 수 있다.

이 경우 자산이나 부채의 현재가치 변동으로 인해 발생한 총수익과 총비용은 다음과 같이 분리한다.

> ① **손익계산서의 수익과 비용**: 선택한 측정기준으로 측정한다.
> ② **기타포괄손익**: 모든 잔여 수익과 비용을 포함한다.

5. 자본의 측정

자본의 총장부금액인 총자본은 직접 측정하지 않는다. 이는 인식된 모든 자산의 장부금액에서 인식된 모든 부채금액을 차감한 금액과 동일하다. 일반목적재무제표는 기업의 가치를 보여주도록 설계되지 않았기 때문에 자본의 총장부금액은 일반적으로 기업의 자본청구권에 대한 시가총액이나, 계속기업을 전제로 하여 기업 전체를 매각하여 조달할 수 있는 금액, 기업의 모든 자산을 매각하고 모든 부채를 상환하여 조달할 수 있는 금액과 동일하지 않다.

> 순자산 장부금액(자본) ≠ 순자산 공정가치 ≠ 발행주식의 시가총액

총자본은 직접 측정하지 않았지만, 자본의 일부 종류와 자본의 일부 구성요소에 대한 장부금액은 직접 측정하는 것이 적절할 수 있다. 그럼에도 불구하고 총자본은 잔여지분으로 측정되기 때문에 적어도 자본의 한 항목은 직접 측정할 수 없다. 또한, 자본의 개별항목 또는 자본의 구성요소의 장부금액은 일반적으로 양(+)의 값이지만 일부 상황에서는 음(-)의 값을 가질 수 있다. 마찬가지로 총자본은 일반적으로 양(+)의 값이지만 어떤 자산과 부채가 인식되는지와 어떻게 측정되는지에 따라 음(-)의 값을 가질 수 있다.

6. 현금흐름 측정기법

때로는 측정치를 직접 관측할 수 없다. 이러한 경우 측정치를 추정하는 한 가지 방법은 현금흐름기준 측정기법을 사용하는 것이다. 현금흐름기준 측정기법은 측정기준이 아니며, 측정기준을 적용하는 데 사용되는 기법이다. 따라서 현금흐름기준 측정기법을 사용할 때에는 어떤 측정기준이 사용되는지 그리고 그 기법이 그 측정기준에 적용될 수 있는 요인을 어느 정도 반영하는지 확인하는 것이 필요하다.

08 표시와 공시

(1) 정보소통 수단으로서의 표시와 공시

보고기업은 재무제표에 정보를 표시하고 공시함으로써 기업의 자산, 부채, 자본, 수익 및 비용에 관한 정보를 전달한다. 재무제표의 정보가 효과적으로 소통되면 그 정보를 목적적합하게 하고 기업의 자산, 부채, 자본, 수익 및 비용을 충실하게 표현하는 데 기여한다. 또한 이는 재무제표의 정보이용자에 대한 이해가능성과 비교가능성을 향상시킨다. 재무제표의 정보가 효과적으로 소통되려면 다음이 필요하다.

> ① 규칙에 초점을 맞추기보다는 표시와 공시의 목적과 원칙에 초점을 맞춘다.
> ② 유사한 항목은 모으고 상이한 항목은 분리하는 방식으로 정보를 분류한다.
> ③ 불필요한 세부사항 또는 과도한 통합에 의해 정보가 가려져서 불분명하게 되지 않도록 통합한다.

원가가 다른 재무보고 결정을 제약하는 것처럼 표시와 공시의 결정도 제약한다. 따라서 표시와 공시를 결정할 때 특정 정보를 표시하거나 공시함으로써 재무제표이용자들에게 제공되는 효익이 그 정보를 제공하고 사용하는 데 드는 원가를 정당화할 수 있는지를 고려하는 것이 중요하다.

(2) 표시와 공시의 목적과 원칙

재무제표의 정보가 쉽고 효과적으로 소통되기 위해 회계기준의 표시와 공시 요구사항을 개발할 때, 근본적 질적 특성과 비교가능성 사이의 균형이 필요하다. 또한, 표시와 공시의 목적을 회계기준에 포함시킴으로써 정보가 재무제표에서 효과적으로 소통되는 데 도움을 준다. 왜냐하면 그러한 목적은 기업이 유용한 정보를 식별하고 가장 효과적인 방식으로 정보가 소통되는 방법을 결정하는 데 도움이 되기 때문이다.

(3) 재무제표 요소의 분류

분류란 표시와 공시를 위해 자산, 부채, 자본, 수익이나 비용을 공유되는 특성에 따라 구분하는 것을 말한다. 이러한 특성에는 항목의 성격, 기업이 수행하는 사업활동 내에서의 역할이나 기능, 이들 항목을 측정하는 방법이 포함되나 이에 국한하지 않는다. 상이한 자산, 부채, 자본, 수익이나 비용을 함께 분류하면 목적적합한 정보를 가려서 불분명하게 하고, 이해가능성과 비교가능성이 낮아질 수 있으며, 표현하고자 하는 내용을 충실하게 표현하지 못할 수 있다.

① **자산과 부채의 분류:** 분류는 자산 또는 부채에 대하여 선택된 회계단위별로 적용하여 분류한다. 그러나 자산이나 부채 중 특성이 다른 구성요소를 구분하여 별도로 분류하는 것이 적절할 수도 있다. 이것은 이러한 구성요소를 별도로 분류한 결과 재무정보의 유용성이 향상되는 경우에 적절할 것이다. 예를 들어, 자산이나 부채를 유동요소와 비유동요소로 구분하고 이러한 구성요소를 별도로 분류하는 것이 적절할 수 있다.

② **자산과 부채의 상계:** 상계는 기업이 자산과 부채를 별도의 회계단위로 인식하고 측정하지만 재무상태표에서 단일의 순액으로 합산하는 경우에 발생한다. 상계는 서로 다른 항목을 함께 분류하는 것이므로 일반적으로 적절하지 않다. 자산과 부채의 상계는 권리와 의무의 집합을 단일의 회계단위로서 취급하는 것과 다르다.

③ **자본의 분류:** 유용한 정보를 제공하기 위해 자본청구권이 다른 특성을 가지고 있는 경우에는 그 자본청구권을 별도로 분류해야 할 수도 있다. 마찬가지로 유용한 정보를 제공하기 위해 자본의 일부 구성요소에 특정 법률, 규제 또는 그 밖의 요구사항이 있는 경우에는 자본의 그 구성요소를 별도로 분류해야 할 수 있다.

④ **수익과 비용의 분류:** 수익과 비용은 자산이나 부채에 대해 선택된 회계단위에서 발생하는 수익과 비용 또는 수익이나 비용의 구성요소의 특성이 서로 다르며 이들 구성요소가 별도로 식별되는 경우 그러한 수익과 비용이 구성요소로 분류된다.

⑤ **당기손익과 기타포괄손익:** 수익과 비용은 분류되어 손익계산서와 손익계산서 이외의 기타포괄손익 중 하나에 포함된다. 참고로 개념체계의 용어인 손익계산서는 기타포괄손익을 제외하고 당기손익만을 표시하는 당기손익계산서를 의미한다. 당기손익과 기타포괄손익을 포함한 포괄손익계산서의 개념체계상의 용어는 재무성과표이다.

ㄱ 손익계산서는 보고기간의 기업 재무성과에 관한 정보의 주요 원천이며, 해당 기간의 재무성과에 대한 축약된 설명을 제공하는 당기손익 합계를 포함한다. 많은 재무제표이용자들이 분석의 시작점으로 또는 그 기간의 재무성과의 주요 지표로 이 합계를 그들의 분석에 포함시킨다. 손익계산서는 해당 기간의 기업 재무성과에 대한 정보의 주요 원천이기 때문에 모든 수익과 비용은 원칙적으로 이 재무제표에 포함된다.

ㄴ 원칙적으로 한 기간에 기타포괄손익에 포함된 수익과 비용은 미래 기간에 기타포괄손익에서 당기손익으로 재분류한다. 이런 경우 그러한 재분류가 보다 목적적합한 정보를 제공하는 손익계산서가 되거나 미래 기간의 기업 재무성과를 보다 충실하게 표현하는 결과를 가져오는 경우이다. 그러나 재분류되어야 할 기간이나 금액을 식별할 명확한 근거가 없다면, 회계기준위원회는 회계기준을 개발할 때 기타포괄손익에 포함된 수익과 비용이 후속적으로 재분류되지 않도록 결정할 수도 있다.

(4) 통합

통합은 특성을 공유하고 동일한 분류에 속하는 자산, 부채, 자본, 수익 또는 비용을 합하는 것으로, 많은 양의 세부사항을 요약함으로써 정보를 더욱 유용하게 만든다. 그러나 통합은 그러한 세부사항 중 일부를 숨기기도 한다. 따라서 목적적합한 정보가 많은 양의 중요하지 않은 세부사항과 섞이거나 과도한 통합으로 인해 가려져서 불분명해지지 않도록 균형을 찾아야 한다. 재무제표는 서로 다른 부분에서는 다른 수준의 통합이 필요할 수 있다. 예를 들어, 일반적으로 재무상태표와 재무성과표는 요약된 정보를 제공하고 자세한 정보는 주석에서 제공한다.

09 자본 및 자본유지의 개념

1. 의의

기업의 자본개념은 재무적 자본개념과 실물적 자본개념으로 구분되는데, 대부분은 자본의 재무적 개념에 기초하여 재무제표를 작성한다. 자본을 투자된 화폐액 또는 투자된 구매력으로 보는 재무적 개념하에서는 기업의 순자산이나 지분과 동의어로 사용되는 반면에, 자본을 조업능력으로 보는 자본의 실물적 개념하에서는 1일 생산수량과 같은 기업의 생산능력으로 간주된다. 재무제표이용자들이 주로 명목상의 투하자본이나 투하자본의 구매력 유지에 관심이 있다면 재무적 개념의 자본을 채택해야 한다. 그러나 이용자들의 주된 관심이 기업의 조업능력 유지에 있다면 실물적 개념의 자본을 사용하여야 한다. 비록 자본개념을 실무적으로 적용하는 데는 측정의 어려움이 있을 수 있지만 선택된 자본개념에 따라 이익의 결정 목표가 무엇인지를 알 수 있게 된다.

2. 자본유지개념과 이익결정

(1) 자본유지개념의 필요성

자본유지개념은 기업이 유지하려고 하는 자본을 어떻게 정의하는지와 관련되며, 측정되는 준거기준을 제공함으로써 자본개념과 이익개념 사이의 연결고리를 제공한다. 자본유지접근법에서 당기순이익은 기말자본에서 기초자본을 차감하여 결정한다. 즉, 기말자본에서 기초자본을 유지하고 남은 금액을 이익으로 본다는 논리이다. 따라서 자본개념에 따라 유지해야 할 기초자본금액이 달라지며 이에 따라 이익금액이 다르게 결정된다.

(2) 자본유지개념

① 재무자본유지: 재무자본유지개념하에서 이익은 해당 기간 동안 소유주에게 배분하거나 소유주가 출연한 부분을 제외하고 기말순자산의 재무적 측정금액(화폐금액)이 기초순자산의 재무적 측정금액(화폐금액)을 초과하는 경우에만 발생한다. 재무자본유지

개념은 특정한 측정기준의 적용을 요구하지 아니하며, 재무자본유지는 명목화폐단위 또는 불변구매력단위를 이용하여 측정할 수 있다.

② **실물자본유지:** 실물자본유지개념하에서 이익은 해당 기간의 실물생산능력의 증가를 의미하고 해당 기간 동안 소유주에게 배분하거나 소유주가 출연한 부분을 제외하고 기업의 기말 실물생산능력이나 조업능력(또는 그러한 생산능력을 갖추기 위해 필요한 자원이나 기금)이 기초 실물생산능력을 초과하는 경우에만 발생한다. 실물자본유지개념을 사용하기 위해서는 현행원가기준에 따라 자산과 부채를 측정해야 한다.

(3) 이익의 결정

자본유지개념은 기업의 자본에 대한 투자수익과 투자회수를 구분하기 위한 필수요건이다. 자본유지를 위해 필요한 금액을 초과하는 자산의 유입액만이 이익으로 간주될 수 있고 결과적으로 자본의 투자수익이 된다. 자본을 명목화폐단위로 정의하면 재무자본유지개념하에서 이익은 해당 기간 중 명목화폐자본의 증가액을 의미하고, 반면에 자본을 불변화폐단위로 정의하면 이익은 해당 기간 중 투자된 구매력의 증가를 의미한다. 또한 실물자본유지개념에서는 해당 기간 중 실물생산능력의 증가분으로 각각 이익을 결정한다.

명목재무자본유지개념	해당 기간 중 명목화폐자본의 증가액
불변구매력재무자본유지개념	해당 기간 중 투자된 구매력의 증가액
실물자본유지개념	해당 기간 중 실물생산능력의 증가액

확인 및 기출예제

(주)한국은 20×1년 초 현금 ₩1,000,000을 출자하여 설립하였으며, 이는 재고자산 200개를 구입할 수 있는 금액이다. 기중에 물가가 3% 상승하였으며, 기말 순자산은 ₩1,500,000이다. 20×1년 말 동 재고자산을 구입할 수 있는 가격이 개당 ₩6,000이라면, 실물자본유지개념에 의한 당기이익은? (단, 기중 자본거래는 없음) 제26회

① ₩270,000　　　　　　　　② ₩300,000
③ ₩320,000　　　　　　　　④ ₩420,000
⑤ ₩470,000

해설

실물자본유지개념에서 이익은 해당 기간 중 실물자본(생산능력)의 증가액을 말한다. 이 경우 측정기준은 현행원가이다.

∴ 실물자본유지개념에 의한 당기이익 = 기말자본 − 유지해야 할 실물자본
= ₩1,500,000 − (200개 × ₩6,000)
= ₩300,000

정답: ②

보수주의란 기간손익의 측면에서 불확실한 상황이 내재된 경우, 선택 가능한 대체적인 회계처리방법이 있는 경우에는 자산과 이익을 가급적 늦게 인식하도록 함으로써 배당으로 인한 현금유출을 방지하여 재무적 기초를 견고히 하고자 하는 것이다. 즉, 보수주의는 특정 회계기간의 이익을 낮게 보고하게 되면 이후 회계기간은 반대로 이익이 높게 보고되므로 이익의 기간귀속이 다르게 된다. 따라서 보수주의는 기업의 재무적 안전성을 유지할 수 있게 한다는 장점이 있으나 기간이익의 왜곡표시와 일관성 결여, 자의적인 회계처리 허용 등 회계정보의 신뢰성이나 비교가능성을 저해할 수 있다는 단점이 있다.

01 개념체계는 회계기준이 아니므로 개념체계의 어떠한 내용도 회계기준이나 그 요구사항에 우선하지 아니하지만, 개념체계가 개정되면 자동으로 회계기준이 개정된다. ( )

02 일반목적재무보고서는 보고기업의 경제적 자원, 기업에 대한 청구권 및 그러한 자원과 청구권의 변동과 기업의 경영진과 이사회가 기업의 경제적 자원 사용에 대한 그들의 책임을 얼마나 효율적이고 효과적으로 이행했는지 여부에 대한 정보를 제공하여야 한다. ( )

03 예측가치는 정보이용자들이 미래 결과를 예측하기 위해 사용하는 절차의 투입요소로 재무정보가 사용될 수 있다면 그 재무정보는 예측가치를 갖는다. ( )

04 비교가능성을 위해서는 회계처리에서 일관성이 요구되는데, 일관성은 비교가능성과 관련되어 있지만 동일하지는 않다. 일관성은 목표이고 비교가능성은 그 목표를 달성하는 데 도움을 준다. 또한 이해가능성은 합리적인 판단력이 있고 독립적인 서로 다른 관찰자가 어떤 서술이 충실한 표현이라는 데, 비록 반드시 완전히 의견이 일치하지 않더라도 합의에 이를 수 있다는 것을 의미한다. ( )

05 중립성은 신중을 기함으로써 뒷받침되며, 신중성은 불확실한 상황에서 판단할 때 주의를 기울이는 것으로 비대칭의 필요성을 내포한다. ( )

---

01 ✕ 개념체계가 개정되었다고 해서 자동적으로 회계기준이 개정되는 것은 아니다. 회계기준을 개정하기로 결정한 경우 회계기준위원회는 정규절차에 따라 의제에 프로젝트를 추가하고 해당 회계기준에 대한 개정안을 개발한다.

02 ○

03 ○

04 ✕ 비교가능성이 목표이고 일관성은 그 목표를 달성하는 데 도움을 준다.
이해가능성 ⇨ 검증가능성

05 ✕ 신중을 기하는 것이 비대칭의 필요성을 내포하는 것은 아니다.

06 재무제표 구성요소의 측정기준은 역사적 원가, 공정가치, 사용가치 또는 이행가치, 현행원가가 있으며 공정가치와 사용(이행)가치는 유입가치이며, 역사적 원가와 현행원가는 유출가치이다. ( )

07 자산의 공정가치는 측정일 현재 동등한 자산의 원가로서 측정일에 지급한 대가와 그날 발생한 거래원가를 포함한다. ( )

08 부채는 과거사건에 의하여 발생하였으며 경제적 효익이 내재된 자원이 기업으로부터 유출됨으로써 이행될 것으로 기대되는 과거의 의무이다. 또한 수익은 자산의 유입이나 증가 또는 부채의 감소에 따라 자본의 증가를 초래하는 특정 회계기간 동안 발생한 경제적 효익의 증가로서 자분청구권 보유자의 출자와 관련된 것을 포함한다. ( )

---

06 × 유입가치 ⇨ 유출가치, 유출가치 ⇨ 유입가치

07 × 공정가치는 측정일에 시장참여자 사이의 정상거래에서 자산을 매도할 때 받거나 부채를 이전할 때 지급하게 될 가격을 말하며, 시장참여자 관점을 반영한다. 이 경우 거래원가는 포함하지 않는다.

08 × 과거의 의무 ⇨ 현재의 의무, 포함한다. ⇨ 제외한다.

01 다음 중 재무보고를 위한 개념체계의 내용으로 옳지 않은 것은?

① 근본적 질적 특성은 목적적합성과 충실한 표현이다.

② 개념체계와 한국채택국제회계기준이 상충되는 경우 한국채택국제회계기준이 개념체계보다 우선한다.

③ 인식은 자산, 부채, 자본, 수익, 비용과 같은 재무제표 요소 중 하나의 정의를 충족하는 항목을 재무상태표나 재무성과표에 포함하기 위하여 포착하는 과정이다.

④ 기업이 그 경영활동을 청산할 의도가 있더라도 재무제표는 계속기업을 가정하여 기준을 적용하여 작성해야 한다.

⑤ 측정기준은 측정대상 항목에 대해 식별된 속성을 말한다.

02 근본적 질적 특성에 해당하는 것은?   제27회

① 비교가능성   ② 이해가능성
③ 검증가능성   ④ 적시성
⑤ 목적적합성

03 재무보고를 위한 개념체계는 재무정보가 유용하기 위한 질적 특성으로 크게 근본적 질적 특성과 보강적 질적 특성 등을 제시하고 있다. 다음 중 목적적합하고 충실하게 표현된 정보의 유용성을 보강시키는 질적 특성에 해당되지 않는 것은?

① 검증가능성   ② 중요성
③ 적시성   ④ 비교가능성
⑤ 이해가능성

04 다음 중 재무보고를 위한 개념체계에 대한 설명으로 옳은 것을 모두 고른 것은?

> ㉠ 자산은 권리, 경제적 효익을 창출할 잠재력, 통제의 3가지 측면으로 구성된다.
> ㉡ 유용한 재무정보의 질적 특성은 재무정보에 포함된 정보에 근거하여 보고기업에 대한 의사결정을 할 때 현재 및 잠재적 투자자, 대여자와 그 밖의 채권자에게 가장 유용한 정보의 유형을 식별하는 것이다.
> ㉢ 비교가능성, 검증가능성, 중요성, 이해가능성은 목적적합하고 충실하게 표현된 정보의 유용성을 보강시키는 질적 특성이다.
> ㉣ 재무보고를 위한 개념체계와 한국채택국제회계기준이 서로 상충하는 경우에는 개념체계가 우선하여 적용된다.

① ㉠, ㉡   ② ㉠, ㉢   ③ ㉡, ㉢

④ ㉡, ㉣   ⑤ ㉠, ㉡, ㉢, ㉣

05 재무정보의 질적 특성 중 목적적합성에 관한 설명으로 옳지 않은 것은? 제21회

① 재무정보가 예측가치를 갖기 위해서는 그 자체가 예측치 또는 예상치이어야 한다.

② 목적적합한 재무정보는 정보이용자의 의사결정에 차이가 나도록 할 수 있다.

③ 재무정보가 과거평가에 대해 피드백을 제공한다면 확인가치를 갖는다.

④ 정보가 누락되거나 잘못 기재된 경우 특정 보고기업의 재무정보에 근거한 정보이용자의 의사결정에 영향을 줄 수 있다면 그 정보는 중요한 것이다.

⑤ 재무정보의 예측가치와 확인가치는 상호 연관되어 있다.

정답 | 해설

01 ④ 기업이 청산할 의도가 있는 경우에는 계속기업의 가정에서 재무제표를 <u>작성하여서는 안 된다</u>.

02 ⑤ 근본적으로 재무정보가 유용하기 위해서는 <u>목적적합해야</u> 하고, 나타내고자 하는 바를 충실하게 표현해야 한다.

03 ② 보강적 질적 특성은 비교가능성, 검증가능성, 적시성, 이해가능성이 해당된다.

04 ① ㉢ 비교가능성, 검증가능성, <u>적시성</u>, 이해가능성은 목적적합하고 충실하게 표현된 정보의 유용성을 보강시키는 질적 특성이다.
　　　 ㉣ 재무보고를 위한 개념체계와 한국채택국제회계기준이 서로 상충되는 경우 <u>한국채택국제회계기준</u>이 개념체계에 우선하여 적용된다.

05 ① 재무정보가 예측가치를 갖기 위해서 그 자체가 <u>예측치 또는 예상치일 필요는 없다</u>.

06 재무정보의 질적 특성에 관한 설명으로 옳지 않은 것은?

① 적시성은 의사결정에 영향을 미칠 수 있도록 의사결정자가 정보를 제때에 이용 가능하게 하는 것을 의미한다.
② 중요성은 정보가 누락된 경우 정보이용자의 의사결정에 영향을 줄 수 있다면 그 정보는 중요하다는 것을 의미한다.
③ 비교가능성은 정보이용자가 항목간의 유사점과 차이점을 식별하고 이해할 수 있게 하는 질적 특성이다.
④ 검증가능성은 정보가 나타내고자 하는 경제적 현상을 충실히 표현하는지를 정보이용자가 확인하는 데 도움을 준다.
⑤ 충실한 표현은 모든 면에서 정확한 것을 의미한다.

07 유용한 재무정보의 질적 특성에 관한 설명으로 옳은 것은?   제17회

① 목적적합성과 충실한 표현은 보강적 질적 특성이다.
② 동일한 경제적 현상에 대해 대체적인 회계처리방법을 허용하면 비교가능성이 감소한다.
③ 재무정보가 예측가치를 갖기 위해서는 제공되는 정보 그 자체가 예측치 또는 예상치여야 한다.
④ 재무정보의 제공자와는 달리 이용자의 경우에는 제공된 정보를 분석하고 해석하는 데 원가가 발생하지 않는다.
⑤ 재무정보가 과거평가를 확인하거나 변경시킨다면 예측가치를 갖는다.

08 계속기업의 가정에 대한 설명으로 옳지 않은 것은?

① 기업은 예상 가능한 기간 동안 영업을 계속할 것이라는 가정이다.
② 계속기업의 가정에 따라 유형자산의 감가상각은 정당화된다.
③ 자산과 부채에 대한 유동 및 비유동 구분을 가능하게 한다.
④ 기업이 청산될 것으로 예상되는 경우 해당 기업의 자산은 역사적 원가에 의해서 측정되어야 한다.
⑤ 유일한 기본가정으로 기업은 그 경영활동을 청산하거나 축소할 의도나 필요성을 갖고 있지 않다는 가정이다.

09 재무보고를 위한 개념체계에 관한 설명으로 옳지 않은 것은?

① 일반목적재무보고를 위한 개념체계는 기업의 가치를 보여주기 위해 고안된 것은 아니다. 그러나 그것은 현재 잠재적 투자자 및 기타 채권자가 보고기업의 가치를 추정하는 데 도움이 되는 정보를 제공한다.

② 중요성은 개별기업 재무보고서 관점에서 해당 정보와 관련된 항목의 성격이나 규모 또는 이 둘 모두에 근거하여 해당 기업의 특유한 측면의 목적적합성을 의미한다.

③ 재무보고를 위한 개념체계는 외부 이용자를 위한 재무보고의 기초가 되는 개념으로 한국채택국제회계기준이다.

④ 완벽한 표현충실성을 위해서는 서술이 완전하고, 중립적이며, 오류가 없어야 한다.

⑤ 목적적합한 정보는 정보이용자의 의사결정에 차이가 나도록 할 수 있다.

정답 | 해설

06 ⑤ 충실한 표현이 모든 면에서 정확한 것을 <u>의미하는 것은 아니다</u>.

07 ② ① 목적적합성과 충실한 표현은 근본적 질적 특성이다.
   ③ 예측가치를 갖기 위해서 제공되는 정보 그 자체가 <u>예상치 또는 예측치일 필요는 없다</u>.
   ④ 재무정보의 이용자에게도 제공된 정보를 분석하고 해석하는 데 <u>원가가 발생한다</u>.
   ⑤ 재무정보가 과거평가를 확인하거나 변경시킨다면 <u>확인가치</u>를 갖는다.

08 ④ 역사적 원가는 계속기업 가정에서 파생된 개념이므로 다른 기준에 따라 측정되어야 한다.

09 ③ 개념체계는 <u>한국채택국제회계기준이 아니므로</u> 특정한 측정과 공시문제에 관한 기준을 정하지 아니한다.

10 재무보고를 위한 개념체계에 대한 설명으로 옳지 않은 것은?

① 질적 특성이란 재무정보가 정보이용자들의 의사결정에 유용하기 위하여 갖추어야 할 속성을 말한다. 보강적 질적 특성으로 비교가능성, 검증가능성, 적시성 및 이해 가능성이 있다.

② 일반목적재무보고의 목적은 현재 및 잠재적 투자자, 대여자 및 기타 채권자가 기업 에 자원을 제공하는 것에 대한 의사결정을 할 때 유용한 보고기업 재무정보를 제공 하는 것이다.

③ 수익이나 비용의 비경상적, 비정상적 그리고 비반복적인 항목이 구분 표시되는 경 우 포괄손익계산서의 예측가치는 제고된다.

④ 현행원가로 측정한 자산과 부채에 관한 정보는 현행원가가 측정일 현재 동등한 자 산을 취득하거나 창출할 수 있는 원가를 반영하거나, 동등한 부채를 발생시키거나 인수하기 위해 수취할 대가를 반영하기 때문에 목적적합할 수 있다.

⑤ 역사적 원가는 가치의 변동을 적시에 제공하기 때문에 예측가치와 확인가치가 존재 한다.

11 재무회계의 기본개념에 대한 설명으로 옳은 것은?

① 재무상태표는 기업의 경영활동 중 투자활동과 재무활동의 결과뿐만 아니라 연중 발 생한 영업활동의 내용까지 나타낸다.

② 재무제표는 발생기준에 따라 작성된다. 발생주의 회계는 재무회계의 기본적인 특징 으로서 재무제표의 기본요소의 정의 및 인식, 측정과 관련이 있다. 따라서 현금흐 름표도 발생기준에 따라 작성된다.

③ 개념체계는 회계이론의 기본적 틀을 제공하는 것뿐만 아니라 실무에서 적용되는 회 계실무의 기준을 보장한다.

④ 재무보고에 있어서 중요성의 원칙은 거래유형에 관계없이 거래금액의 크기에 따라 판단한다.

⑤ 재무정보가 유용하기 위해서는 목적적합하고 나타내고자 하는 바를 충실하게 표현 해야 한다.

12 재무보고를 위한 개념체계에서 재무제표 기본요소의 인식에 대한 설명으로 옳지 않은 것은?

① 인식은 자산, 부채, 자본, 수익 또는 비용과 같은 재무제표 요소 중 하나의 정의를 충족하는 항목을 재무상태표나 재무성과표에 포함하기 위하여 포착하는 과정이다.

② 특정 자산과 부채를 인식하기 위해서는 측정을 해야 하며, 많은 경우 그러한 측정은 추정될 수 없다.

③ 경제적 효익의 유입가능성이나 유출가능성이 낮더라도 자산이나 부채가 존재할 수 있다.

④ 자산, 부채 또는 자본의 정의를 충족하는 항목만이 재무상태표에 인식되며 그러한 요소 중 하나의 정의를 충족하는 항목이라 할지라도 항상 인식되는 것은 아니다.

⑤ 거래나 그 밖의 사건에서 발생된 자산이나 부채의 최초 인식에 따라 수익과 관련된 비용을 동시에 인식할 수 있다.

정답 | 해설

10 ⑤ 역사적 원가는 가치의 변동을 적시에 <u>제공하지 않기 때문에 예측가치와 확인가치가 결여</u>될 수 있다.

11 ⑤ ① 재무상태표는 <u>일정한 시점</u>의 재무상태를 나타내는 재무보고서이다.
② 재무제표는 발생주의에 의해 작성하는 것이 원칙이나, <u>현금흐름표는 현금주의에 의해 작성</u>된다.
③ 개념체계는 회계이론의 기본적인 틀을 제공하는 것이지 회계기준이 아니므로 <u>회계실무의 기준이 아니다</u>.
④ 중요성의 원칙은 상대적인 개념으로서 회계정보가 <u>정보이용자의 의사결정에 영향을 미치는가의 여부</u>에 따라 판단된다.

12 ② 특정 자산과 부채를 인식하기 위해서는 측정을 해야 하며, 많은 경우 그러한 측정은 <u>추정될 수 있다</u>.

13 측정기준에 관한 설명으로 옳지 않은 것은?

① 자산의 현행원가는 측정일 현재 동등한 자산의 원가로서 측정일에 지급할 대가와 그날에 발생할 거래원가를 포함하여 측정한다.

② 부채의 현행원가는 측정일 현재 동등한 부채에 대해 수취할 수 있는 대가에서 그날에 발생할 거래원가를 차감한다.

③ 사용가치와 이행가치는 미래현금흐름에 기초하기 때문에 자산을 취득하거나 부채를 인수할 때 발생하는 거래원가를 포함하지 않는다.

④ 이행가치는 기업이 부채를 이행할 때 이전해야 하는 현금이나 그 밖의 경제적 자원의 현재가치이다.

⑤ 현행가치는 자산의 손상이나 손실부담에 따른 부채와 관련된 변동을 제외하고는 가치의 변동을 반영하지 않는다.

14 재무제표 요소의 측정에 대한 설명으로 옳지 않은 것은?

① 자산을 취득하거나 창출할 때 역사적 원가는 자산을 취득 또는 창출에 소요되는 원가의 가치로서 자산을 취득 또는 창출하기 위하여 지급한 대가와 거래원가를 포함한다.

② 현행원가는 역사적 원가와 마찬가지로 유입가치이다.

③ 현행가치 측정치는 측정일의 조건을 반영하기 위해 갱신된 정보를 사용하여 자산, 부채 및 관련 수익과 비용의 화폐적 정보를 제공한다.

④ 사용가치는 측정일에 시장참여자 사이의 정상거래에서 자산을 매도할 때 받거나 부채를 이전할 때 지급하게 될 가격이다.

⑤ 가격 변동이 유의적인 경우, 현행원가를 기반으로 한 이익은 역사적 원가를 기반으로 한 이익보다 미래이익을 예측하는 데 더욱 더 유용할 수 있다.

15 재무보고를 위한 개념체계에 대한 설명으로 가장 옳은 것은?

① 자산은 미래사건의 결과로 기업이 통제하는 현재의 경제적 자원이다.

② 자본은 소유지분의 공정가치로 측정하여 재무상태표에 인식한다.

③ 자산의 취득은 지출의 발생과 밀접한 관련이 있으므로 지출이 발생하지 않은 증여받은 재화는 자산의 정의를 충족하지 않는다.

④ 사용가치와 이행가치는 공정가치와 달리 기업 특유의 가정을 기반으로 하므로 직접 관측될 수 없고 현금흐름 측정기준 등을 통해 산출한다.

⑤ 가치의 변동에 관한 정보가 재무제표이용자들에게 중요한 경우, 역사적 원가가 목적적합한 정보를 제공해 준다.

16 보강적 질적 특성 중 비교가능성은 측정기준의 선택에 영향을 미친다. 다음 중 기업 간 비교가능성을 높이거나 향상시킬 수 있는 측정기준을 모두 고른 것은? 제24회

㉠ 역사적 원가	㉡ 공정가치
㉢ 사용가치	㉣ 이행가치
㉤ 현행원가	

① ㉠, ㉡   ② ㉡, ㉢

③ ㉡, ㉤   ④ ㉢, ㉣

⑤ ㉢, ㉣, ㉤

정답 | 해설

13 ⑤ 현행가치는 측정일의 조건을 반영하기 위해 갱신된 정보를 사용하여 자산, 부채 및 자본 관련 수익과 비용의 화폐적 정보를 제공한다. 이러한 갱신에 따라 자산과 부채의 현행가치는 이전의 측정일 이후의 변동, 즉 현행가치에 반영되는 현금흐름과 그 밖의 요소의 추정치의 변동을 반영한다.

14 ④ <u>공정가치</u>는 측정일에 시장참여자 사이의 정상거래에서 자산을 매도할 때 받거나 부채를 이전할 때 지급하게 될 가격이다.

15 ④ ① 자산은 <u>과거사건</u>의 결과로 기업이 통제하는 현재의 경제적 자원이다.
② 자산은 기업의 자산에서 모든 부채를 차감한 후의 잔여지분으로 측정되므로 공정가치와 같은 별도의 <u>측정기준이 존재하지 않는다.</u>
③ 자산의 취득은 지출의 발생과 밀접한 관련이 있으나 양자가 <u>반드시 일치하는 것은 아니다.</u>
⑤ 가치의 변동에 관한 정보가 재무제표이용자들에게 중요한 경우, 역사적 원가가 목적적합한 정보를 <u>제공하지 못할 수 있다.</u>

16 ③ ㉡ <u>공정가치</u>로 측정하면 동일한 자산이나 부채는 원칙적으로 동일한 시장에 접근할 수 있는 기업에 의해 동일한 금액으로 측정된다. 이는 한 기업의 기간간 또는 한 기간의 기업간 비교가능성을 높일 수 있다.
㉤ <u>현행원가</u>로 측정하면 다른 시점에 취득하거나 발생한 동일한 자산이나 부채를 재무제표에 현재시점을 기준으로 한 측정금액으로 보고된다. 이는 한 기업의 기간간 그리고 한 기간의 기업간 비교가능성을 향상시킬 수 있다.

10개년 출제비중분석

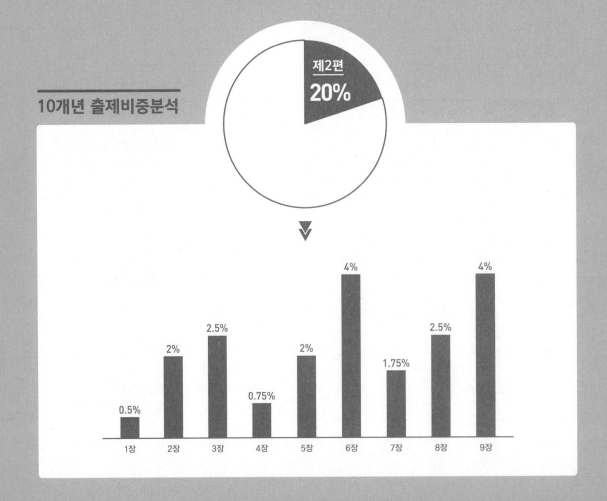

제 2 편

원가 · 관리회계

제 1 장 원가회계의 기초

📖 단원길라잡이

원가 · 관리회계의 용어와 관련된 단원으로, 매년 반복적으로 출제되는 것은 아니지만 출제되는 연도에는 1문항 정도로서 주로 원가의 개념과 분류에 대한 문제가 출제되고 있다. 원가 · 관리회계를 학습하는 데 기초가 되므로 개념을 명확하게 정립해야 한다.

🔍 출제포인트

- 제조활동과의 관련성에 따른 분류(제조원가, 비제조원가)
- 원가행태에 따른 분류(고정원가, 변동원가)
- 추적가능성에 따른 분류(직접원가, 간접원가)
- 의사결정 관련 원가

원가회계의 개요

01 제조기업과 원가회계

상품매매업을 주된 영업으로 하는 상기업과 달리 제조기업은 제조활동을 거쳐서 판매하므로 경영성과와 재무상태를 파악하기 위해서 제품원가계산이 필수적이다. 상기업의 경우 매출액에 대응되는 상품의 원가는 매입금액에 부대비용을 가산하여 계산하면 되지만, 제조기업은 제조활동을 통해 투여된 원가요소(직접재료원가, 직접노무원가, 제조간접원가)를 계산해야 하기 때문이다. 다음은 재무회계에서 주로 학습한 상기업과 원가회계를 통해서 학습할 제조기업의 경영활동을 비교한 것이다.

상기업과 제조기업의 경영활동

02 의의 및 목적

(1) 의의

원가회계란 제조기업이 판매할 제품의 제조과정에서 투입된 원가요소를 측정함으로써 제품제조원가를 산정하여, 당기 재무상태 파악과 경영성과를 측정하는 재무회계 측면 및 원가의 통제, 예산편성, 특수의사결정 등에 관련된 원가정보를 제공하는 관리회계 측면을 모두 포함하는 회계 분야를 말한다. 따라서 원가회계는 필요한 정보를 제공하기 위하여 생산과 영업활동에 관한 원가자료를 집계 · 배분 · 분석하는 것으로 불특정다수인을 위한 재무회계(제품원가계산) 측면과 의사결정을 위한 관리회계(계획과 통제) 측면을 모두 포함하는 정보시스템이라고 할 수 있다.

더 알아보기 **원가회계의 특징**

원가계산기간은 1개월 단위이다. 재무회계는 포괄손익계산서계정과 재무상태표계정뿐이지만, 원가회계는 추가로 원가계산 관련 계정이 추가된다. 따라서 제조기업의 경우 판매가격의 결정을 위해서 제품제조원가를 계산해야 하므로 계정과목수가 증가하고 원가를 계산하기 위한 계정간의 대체분개가 많다.

(2) 목적

① **제품의 원가계산:** 기업의 제품생산에 투입된 원가요소를 집계하여 단위당 원가를 계산하고, 기말재고자산 금액과 매출원가를 결정하는 것을 말한다. 따라서 원가의 집계와 배분을 목적으로 한다(예 기말원재료재고액, 기말재공품재고액, 기말제품재고액, 제품제조원가).

② **관리적 의사결정에 필요한 정보의 제공:** 경영자가 계획을 수립하고 통제하는 데 필요한 정보를 제공한다.

③ **경영자의 성과평가에 필요한 정보의 제공:** 경영자의 업적평가를 하는 데 필요한 유용한 정보를 제공한다.

제2절   원가의 개념과 분류

01 원가의 개념

원가란 기업이 특정한 목적을 달성하기 위하여 소비한 재화나 용역을 화폐액으로 측정한 것이다. 이러한 원가 중에서 미래 경제적 효익을 가져오는 부분은 미소멸원가로 재무상태표에 자산으로 보고되며, 미래 경제적 효익이 없는 부분은 소멸원가로서 포괄손익계산서에 비용이나 손실로 구분하여 보고된다.

더 알아보기	원가와 자산, 비용, 손실과의 관계

미래 경제적 효익이 존재		미소멸원가(자산)
미래 경제적 효익이 없음	소멸원가	수익창출활동에 기여 ○(비용)
		수익창출활동에 기여 ×(손실)

02 원가의 분류

(1) 제조활동과의 관련성에 따른 분류

기업의 경영활동은 기능에 따라 크게 제조활동과 비제조활동으로 구분되는데, 원가도 이에 따라 제조원가와 비제조원가로 나눌 수 있다.

① **제조원가**: 제품을 생산하기 위해서는 원재료와 이를 가공할 노동력, 생산설비 및 기타 용역이 필요하다. 제조원가란 이와 같이 제품을 생산하는 과정에서 소요되는 모든 원가를 말한다.

　㉠ **직접재료원가**: 제품을 생산하기 위하여 사용되는 원재료의 원가로서, 특정 제품에 직접적으로 추적할 수 있는 원가를 의미한다.

　㉡ **직접노무원가**: 제품을 생산하는 데 노동력을 제공해 준 근로자에게 지급한 대가로서, 특정 제품에 직접적으로 추적할 수 있는 원가를 의미한다.

　㉢ **제조간접원가**: 직접재료원가와 직접노무원가 이외의 모든 간접제조원가를 말하며, 특정 제품에 추적이 불가능하므로 합리적인 배분절차가 필요하다.

제조원가의 3요소

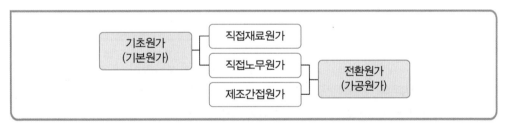

② **비제조원가**: 비제조원가는 제조활동과는 관계없이 판매 또는 일반관리활동과 관련하여 발생하는 원가로, 기간원가 또는 재고불능원가라고도 하며 당기비용으로 인식한다.

　㉠ **판매비**: 재화나 용역을 마케팅하고 유통시키며 사후적인 서비스를 하는 데 발생되는 원가를 말한다(예 판매수수료, 광고선전비, 판매원의 급여, 판매부서의 운영비, 판매운송비 등).

　㉡ **관리비**: 기업 조직을 유지하고 관리하기 위하여 소요되는 원가를 말한다(예 사무용 건물의 임차료, 보험료, 사무원의 급여, 관리부서의 운영비 등).

				판매가격
			판매이익	
		판매비와 관리비		
	제조간접원가			
직접재료원가		제조원가	판매원가 (= 총원가)	
직접노무원가	직접원가			

(2) 원가행태에 따른 분류

원가행태란 조업도의 변동에 따라 원가가 변화하는 양상을 말한다. 여기서 조업도란 기업의 생산활동 이용 정도를 말하는 것으로, 투입량기준으로는 기계시간, 직접노동시간 등이 있고, 산출량기준으로는 생산량, 판매량 등이 있다.

① **고정원가:** 관련범위 내에서는 조업도의 변동에 관계없이 항상 원가총액이 일정하게 발생하는 원가로 불변비라고도 한다. 그러므로 제품단위당 고정원가 부담액은 생산량이 증가할수록 감소한다(예 정액법에 의한 감가상각비, 공장의 보험료, 임차료).

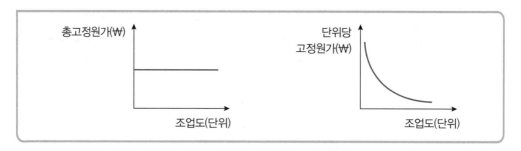

② **변동원가:** 발생액이 조업도의 변동에 직접적으로 비례하여 변동하는 원가로서 가변비라고도 부른다. 조업을 중단하였을 경우에는 전혀 발생하지 않으며 제품단위당 원가는 항상 일정하게 된다(예 직접재료원가, 직접노무원가, 변동제조간접원가).

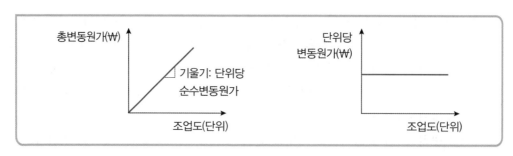

③ **준고정원가**: 관련범위 내에서는 발생비용이 고정되지만 일정 조업도수준을 초과하게 되면 고정원가가 추가로 발생하는 원가를 말한다. 그러므로 조업도수준에 따라서 각각 다른 고정원가가 발생하게 된다(例 공장건물 임차료비용의 증가, 공장감독자의 증원에 따른 급여).

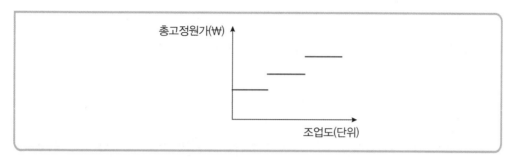

④ **준변동원가**: 조업도수준에 관계없이 원가총액이 일정하게 발생하는 고정원가와 조업 도수준의 변동에 따라 직접적으로 비례하여 발생하는 변동원가의 두 부분으로 구성된 원가이다. 따라서 준변동원가의 경우 조업도가 0일 때에도 고정원가 부분만큼 원가가 발생하며 조업도가 증가함에 따라 비례하여 선형으로 원가가 증가하게 된다(例 기본요 금이 존재하는 전기요금, 전화요금 등).

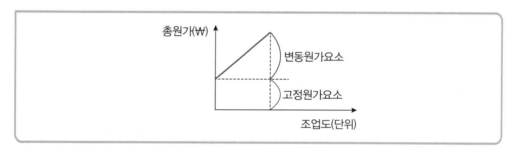

확인 및 기출예제

원가행태에 관한 설명 중 옳지 않은 것은?

제14회

① 계단(준고정)원가는 일정한 범위의 조업도수준에서만 원가총액이 일정하다.
② 직접재료원가는 변동원가에 속한다.
③ 단위당 변동원가는 조업도가 증가함에 따라 증가한다.
④ 기본료와 사용시간당 통화료로 부과되는 전화요금은 사용시간을 조업도로 본 혼합원가 로 볼 수 있다.
⑤ 원가·조업도·이익(CVP)분석에서 고정판매관리비도 고정원가에 포함된다.

해설

변동원가는 원가총액이 조업도에 비례하여 증가하므로 단위당 변동원가는 일정하다.　정답: ③

(3) 추적가능성에 따른 분류

① **직접원가:** 특정 대상에 대하여 직접적으로 관련시킬 수 있는 원가를 말한다(예 직접재료원가, 직접노무원가, 직접제조경비 등).

② **간접원가:** 특정 대상에 대하여 직접적으로 관련시킬 수 없는 원가를 말한다(예 간접재료원가, 간접노무원가, 간접제조경비 등).

(4) 자산화 여부에 따른 분류 - 수익과의 대응관계에 따른 분류

① **제품원가:** 판매 목적으로 제조한 제품에 대해 부과할 수 있는 원가로, 제품을 제조하기 위해 투입된 제조원가가 제품원가를 구성한다. 제품원가 중 판매된 제품에 대한 것은 매출원가(비용)로 처리되며 판매되지 않은 제품에 대한 것은 재고자산으로 계상한다.

② **기간원가:** 제품원가를 제외한 모든 원가를 말하며, 이는 발생한 기간에 당기비용으로 회계처리한다.

(5) 의사결정 관련성에 따른 분류

① 관련원가와 비관련원가

  ㉠ **관련원가:** 특정 의사결정에 필요한 원가로서 의사결정 대안간에 차이가 나는 미래원가를 말한다.

  ㉡ **비관련원가:** 의사결정 대안간에 차이가 나지 않는 원가로서 의사결정에 영향을 미치지 못하는 원가를 말한다.

② 현금지출원가와 기회원가

  ㉠ **현금지출원가:** 특정 대안을 선택함으로써 수반되는 현금지출액을 말한다.

  ㉡ **기회원가:** 선택 가능한 여러 대안 중 특정 대안을 선택함으로써 포기하는 차선안의 효익으로 현금지출을 수반하지 않고 회계장부에 기록되지 않는다는 점에서 현금지출원가와 차이가 있다.

③ **매몰원가:** 과거의 의사결정으로 인하여 발생된 원가로서 미래의 의사결정에 전혀 영향력을 행사할 수 없는 원가이며 기발생원가라고도 한다. 따라서 미래의 의사결정시 고려하지 않아야 하는 비관련원가이다.

④ 회피가능원가와 회피불능원가

  ㉠ **회피가능원가:** 의사결정 여하에 따라 회피할 수 있는 원가로 회피가능원가는 의사결정 대안간에 차이가 나는 미래원가이므로 관련원가이다.

  ㉡ **회피불능원가:** 의사결정 여부와 관계없이 계속 발생되는 원가를 말한다.

(6) 통제가능성에 따른 분류

① **통제가능원가:** 특정 경영자가 직접적으로 영향을 미칠 수 있는 원가를 말한다.

② **통제불능원가:** 특정 경영자가 직접적으로 영향을 미칠 수 없는 원가를 말한다.

원가의 분류

제조활동과의 관련성에 따른 분류	제조원가, 비제조원가
원가행태에 따른 분류	변동원가, 고정원가, 준변동원가, 준고정원가
추적가능성에 따른 분류	직접원가, 간접원가
의사결정 관련성에 따른 분류	관련원가, 비관련원가
통제가능성에 따른 분류	통제가능원가, 통제불능원가

확인 및 기출예제

원가의 개념에 대한 설명 중 옳지 않은 것은?

① 기회원가란 차선의 대체안을 포기함으로 인해 얻게 되는 효익을 말한다.
② 변동원가란 조업도수준에 관계없이 제품단위당 원가가 일정한 원가를 말한다.
③ 직접원가란 특정원가집적대상에 추적 가능하거나 식별 가능한 원가를 말한다.
④ 비관련원가란 의사결정 대안간에 차이가 없는 원가를 말한다.
⑤ 고정원가란 제품단위당 원가가 조업도의 증감과 반대 방향으로 변하는 원가를 말한다.

[해설]

기회원가(비용)는 여러 대체안 중에서 어느 하나를 선택함으로 인하여 상실하게 되는 최대의 경제적 효익을 의미한다.

정답: ①

제3절 원가계산의 종류

상기업과 달리 제조기업은 원재료 투입에서 제품이 완성되기까지 재고자산에 원가를 배부하는 절차가 필요하다. 이러한 일련의 과정을 제품원가계산이라고 한다.

01 제조형태에 따른 분류

(1) 개별원가계산

다품종 소량생산에 적합한 방법으로서 발생원가를 직접원가와 간접원가로 구분하여 직접원가는 제품별로 직접 부과하며, 간접원가는 합리적인 배부기준에 따라 제품별로 배부하는 계산방식이다(예 조선업, 건설업, 인쇄업, 영화제작업 등).

(2) 종합원가계산

소품종 대량생산에 적합한 방법으로 동일한 종류의 제품을 연속 생산하는 경영에서 채택하는 원가계산방식이다. 즉, 일정한 원가계산 기간별로 발생된 당기총제조비용에 기초재공품원가를 가산한 합계액을 완성품과 기말재공품에 합리적으로 배부하는 계산방식이다(예 화학공업, 제분업, 제당업, 제지업 등).

02 원가요소의 실제성에 따른 분류

원가요소	실제원가계산	정상원가계산	표준원가계산
직접재료원가	실제수량 × 실제단가	실제수량 × 실제단가	표준허용수량 × 표준가격
직접노무원가	실제시간 × 실제임률	실제시간 × 실제임률	표준허용시간 × 표준임률
제조간접원가	실제배부기준 × 실제배부율	실제배부기준 × 예정배부율	표준허용시간 × 표준배부율

◉ 정상원가계산을 예정원가계산 또는 평준화원가계산이라고도 한다.

03 원가계산의 범위에 따른 분류

제품원가계산은 고정제조간접원가를 제품원가로 처리하느냐 아니면 기간비용으로 처리하느냐에 따라 전부원가계산과 변동원가계산으로 구분할 수 있다.

(1) 전부원가계산(흡수원가계산)

직접재료원가, 직접노무원가, 변동제조간접원가, 고정제조간접원가 모두를 제품원가에 포함시키는 원가계산방법이다.

(2) 변동원가계산(직접원가계산)

직접재료원가, 직접노무원가 및 변동제조간접원가의 변동제조원가만을 제품원가에 포함시키고, 고정제조간접원가는 기간비용으로 처리하는 방법이다.

전부원가계산	제조원가	변동원가계산
제품제조원가	직접재료원가	제품제조원가
	직접노무원가	
	변동제조간접원가	
	고정제조간접원가	기간비용

마무리STEP **1** | OX 문제

01 원가회계는 제품원가계산에 필요한 원가자료를 제공하는 것을 주목적으로 하며, 관리적 의사결정에 관련한 원가자료를 제공하지 못한다. ( )

02 기초(기본)원가는 직접노무원가와 제조간접원가의 합을, 전환(가공)원가는 직접재료원가와 직접노무원가의 합을 의미한다. ( )

03 원가행태에 따라 분류하면 재료원가, 노무원가, 제조경비로 분류할 수 있다. ( )

04 고정원가는 총원가가 일정하고, 변동원가는 단위당 원가가 일정하다. ( )

05 기회비용은 여러 대체안 중에서 어느 하나를 선택함으로 인하여 상실하게 되는 최소의 경제적 효익을 말하며, 매몰원가는 과거원가, 기발생원가, 관련원가에 해당된다. ( )

---

01 × 원가회계는 재무제표 작성 목적인 제품원가계산과 의사결정과 관련된 관리회계 목적을 위하여 원가자료를 제공한다.

02 × 기초(기본)원가 = 직접재료원가 + 직접노무원가, 전환(가공)원가 = 직접노무원가 + 제조간접원가

03 × 원가의 행태에 따라 분류하면 변동원가와 고정원가로 분류할 수 있다.

04 ○

05 × 최소의 경제적 효익 ⇨ 최대의 경제적 효익, 관련원가 ⇨ 비관련원가

01 다음 설명 중 옳지 않은 것은?

① 제품원가는 판매시점에서 비용처리되고 기간원가는 발생시점에서 비용처리된다.
② 변동원가는 조업도의 변동에 따라 단위당 원가가 비례하여 변동하는 원가이다.
③ 직접원가와 간접원가는 원가대상에 따라 다르게 분류된다.
④ 비제조원가는 판매활동과 관리활동에서 발생하는 원가이다.
⑤ 제조원가는 제조활동에서 발생하는 원가로서 직접재료원가, 직접노무원가, 제조간 접원가가 포함된다.

02 원가에 관한 설명으로 옳은 것은? 제20회

① 기회원가는 미래에 발생할 원가로서 의사결정시 고려하지 않는다.
② 관련범위 내에서 혼합원가는 조업도가 0이라도 원가는 발생한다.
③ 관련범위 내에서 생산량이 감소하면 단위당 고정원가도 감소한다.
④ 관련범위 내에서 생산량이 증가하면 단위당 변동원가도 증가한다.
⑤ 통제가능원가란 특정 관리자가 원가발생을 통제할 수는 있으나 책임질 수 없는 원가 를 말한다.

03 다음은 한류영화사에서 기획 중인 영화의 주인공 오디션에서 일어난 인터뷰 내용이 다. 의사결정 기초개념과 관련하여 ㉠, ㉡에 적절하게 대응되는 용어는 무엇인가?

• 심사위원: 오디션에 합격하면 (㉠) 현재의 직장을 포기해야 하는데도 연기를 하실 생각인가요?
• 지원자: 과거에 (㉡) 현재 직장에 들어가기 위해 많은 노력을 했습니다. 하지만, 오디션 에 합격하면 어릴 적 꿈이었던 연기자로서 새로운 인생을 살고 싶습니다.

	㉠	㉡		㉠	㉡
①	기회원가	공헌이익	②	지출원가	기회원가
③	기회원가	매몰원가	④	매몰원가	기회원가
⑤	비관련원가	통제가능원가			

04 다음은 (주)한국이 생산하는 제품에 대한 원가자료이다.

• 단위당 직접재료원가	₩14,000
• 단위당 직접노무원가	₩20,000
• 단위당 변동제조간접원가	₩30,000
• 월간 총고정제조간접원가	₩100,000

(주)한국의 제품 단위당 기초(기본)원가와 단위당 가공(전환)원가는? (단, 고정제조간접원가는 월간 총생산량 10단위를 기초로 한 것임)

	단위당 기초(기본)원가	단위당 가공(전환)원가
①	₩34,000	₩55,000
②	₩34,000	₩60,000
③	₩55,000	₩34,000
④	₩64,000	₩34,000
⑤	₩75,000	₩35,000

정답 | 해설

01 ② 변동원가는 조업도의 변동에 따라 <u>총원가</u>가 비례하여 변동하는 원가이다.

02 ② ① 기회원가는 의사결정시 <u>고려해야 하는 관련원가</u>이다.
③ 관련범위 내에서 생산량이 감소하면 단위당 고정원가는 <u>증가</u>한다.
④ 관련범위 내에서 생산량이 증가하더라도 단위당 변동원가는 <u>일정</u>하다.
⑤ 통제가능원가란 특정 관리자가 원가발생을 통제할 수 있고 책임질 수 있는 원가이다.

03 ③ • 기회원가는 다른 대안의 선택시 포기되는 차선의 이익을 의미한다.
• 매몰원가는 과거의 의사결정으로 인하여 이미 발생한 역사적 원가로 비관련원가에 해당된다.

04 ② • 단위당 고정제조간접원가 = ₩100,000 ÷ 10단위 = ₩10,000
• 기초(기본)원가 = 단위당 직접재료원가 + 단위당 직접노무원가
　　　　　　　= ₩14,000 + ₩20,000 = ₩34,000
• 가공(전환)원가 = 단위당 직접노무원가 + 단위당 제조간접원가
　　　　　　　= ₩20,000 + (₩30,000 + ₩10,000) = ₩60,000

제1장 원가회계의 기초 **575**

05 (주)한국은 20×1년도에 생산한 제품 10,000개 중 8,000개를 판매하였다. 공장관리자와 판매관리자의 연간 급여액이 각각 ₩50,000,000과 ₩35,000,000이라면, 급여액 중 20×1년도 포괄손익계산서에 인식할 비용은? (단, 기초제품 및 기초·기말재공품재고는 없음)

① ₩35,000,000
② ₩40,000,000
③ ₩50,000,000
④ ₩75,000,000
⑤ ₩85,000,000

06 (주)한국의 최근 2개월간 생산량 및 제조원가가 다음과 같을 때, 6월의 기타 제조원가는? (단, 5월과 6월의 단위당 변동원가와 고정원가 총액은 동일함) 제21회

구분		5월	6월
생산량		9,000단위	10,000단위
제조원가 (총액)	직접재료원가	₩18,000	?
	고정임차료	₩8,000	?
	기타 제조원가	₩39,000	?
	합계	₩65,000	₩70,000

① ₩37,000
② ₩38,000
③ ₩40,000
④ ₩41,000
⑤ ₩42,000

07 해당 연도에 설립된 (주)한국은 당기에 제품 1,000개를 생산하여 800개를 판매하였고, 이 과정에서 판매비인 화재보험료를 제조간접원가로 처리하였다. 화재보험료를 판매비로 바르게 회계처리한 경우와 비교하였을 때, 동 회계처리가 당기손익에 미치는 영향은?

① 매출총이익과 영업이익이 모두 증가한다.
② 매출총이익은 증가하고 영업이익은 감소한다.
③ 매출총이익과 영업이익이 모두 변하지 않는다.
④ 매출총이익과 영업이익이 모두 감소한다.
⑤ 매출총이익은 감소하고 영업이익은 증가한다.

정답 | 해설

05 ④ • 공장관리자 급여 = ₩50,000,000 × 8,000개 / 10,000개 = ₩40,000,000 ⇨ 매출원가
  • 판매관리자 급여 = ₩35,000,000
  ∴ 포괄손익계산서상 인식할 비용 = ₩40,000,000 + ₩35,000,000 = ₩75,000,000

06 ⑤ • 단위당 직접재료원가 = ₩18,000 ÷ 9,000단위 = ₩2
  • 6월 제조원가 = (₩2 × 10,000단위) + ₩8,000 + x = ₩70,000
  ∴ 기타 제조원가(x) = ₩42,000

07 ⑤ 화재보험료를 제조간접원가로 처리한 경우에는 판매량만큼 매출원가로 비용처리되어 매출총이익이 감소하고, 판매비로 회계처리한 경우에는 매출총이익에서 전액 판매비로 차감하여 영업이익이 감소한다. 따라서 제조간접원가로 처리한 경우에는 판매비로 처리한 경우보다 매출총이익은 감소하고, 영업이익은 증가한다.
  • 매출액 – 매출원가 = 매출총이익
  • 매출총이익 – 판매비와 관리비 = 영업이익

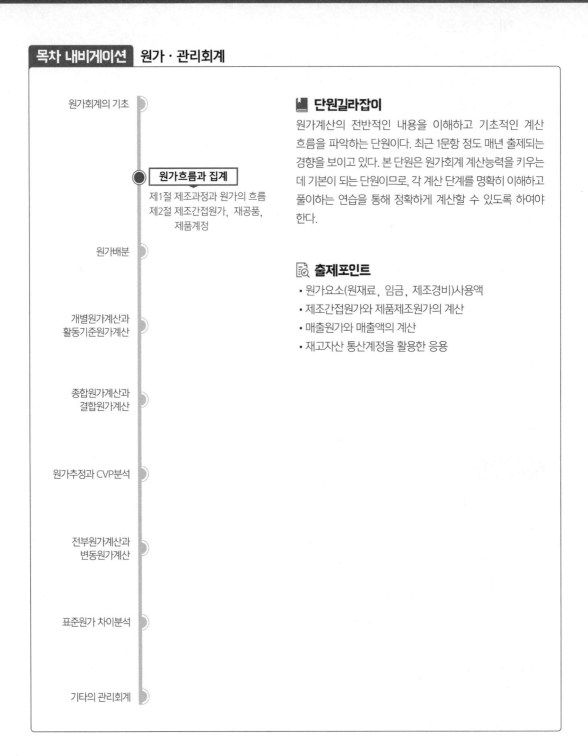

제 2 장 원가흐름과 집계

원가 · 관리회계

📖 단원길라잡이

원가계산의 전반적인 내용을 이해하고 기초적인 계산 흐름을 파악하는 단원이다. 최근 1문항 정도 매년 출제되는 경향을 보이고 있다. 본 단원은 원가회계 계산능력을 키우는 데 기본이 되는 단원이므로, 각 계산 단계를 명확히 이해하고 풀이하는 연습을 통해 정확하게 계산할 수 있도록 하여야 한다.

🔍 출제포인트

- 원가요소(원재료, 임금, 제조경비)사용액
- 제조간접원가와 제품제조원가의 계산
- 매출원가와 매출액의 계산
- 재고자산 통산계정을 활용한 응용

제조과정과 원가의 흐름

제조기업은 상품매매업과 달리 원재료를 매입하고 노무원가 등 다른 제조원가를 투입하는 제조 및 생산단계를 거쳐 완성품을 만든다. 따라서 제조과정에 투입된 모든 원가는 완성되기 전까지 재공품계정으로 대체되었다가 완성된 이후 제품계정으로 대체한다. 이때에 완성된 제품 중 판매된 제품은 매출원가로 인식하고, 판매되지 않은 제품은 기말제품으로 남게 된다.

제조원가의 흐름

01 재료원가(원재료계정)

원재료계정은 제조활동에 사용 · 소비할 목적으로 외부에서 매입한 주요재료, 보조재료, 소모공구비품 등의 원가를 기록하는 재고자산계정으로, 재료사용액은 원재료계정 대변에 기입하고 잔액은 원재료의 기말재고액을 표시한다. 원재료계정에서 계산된 재료사용액 중 직접재료원가는 재공품계정 차변에, 간접재료원가는 제조간접원가계정 차변에 대체된다.

구분	회계처리			
구입시	(차) 원재료	×××	(대) 매입채무	×××
사용시	(차) 재공품 　　제조간접원가	××× ×××	(대) 원재료	×××

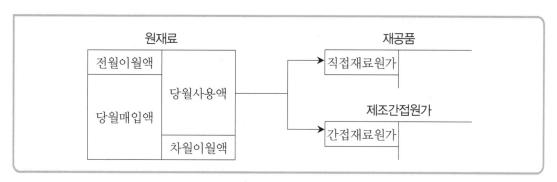

◉ **원재료 당월사용액** = 전월이월액 + 당월매입액 − 차월이월액

다음 자료에 의하여 재료사용액을 계산하면 얼마인가?

• 월초 재료재고액	₩50,000	• 당월매입액	₩700,000
• 매입제비용	₩30,000	• 에누리액	₩10,000
• 환출액	₩5,000	• 월말 재료재고액	₩20,000

① ₩730,000　　　　　　　　　② ₩745,000
③ ₩750,000　　　　　　　　　④ ₩760,000
⑤ ₩800,000

해설

재료사용액 = 월초 재료재고액 + (당월매입액 + 매입제비용 − 에누리액 − 환출액) − 월말 재료재고액
　　　　　= ₩50,000 + (₩700,000 + ₩30,000 − ₩10,000 − ₩5,000) − ₩20,000
　　　　　= ₩745,000

정답: ②

02 노무원가(임금계정)

제품제조를 위하여 노동력을 사용하였을 때 발생하는 원가요소로 임금, 급료, 상여, 수당 등을 지급시 임금계정을 설정하여 당월지급액을 차변에 기록한다. 임금계정에서 계산한 사용액 중 직접노무원가는 재공품계정 차변에, 간접노무원가는 제조간접원가계정 차변에 대체한다.

구분	회계처리			
지급시	(차) 임금	×××	(대) 현금	×××
사용시	(차) 재공품	×××	(대) 임금	×××
	제조간접원가	×××		

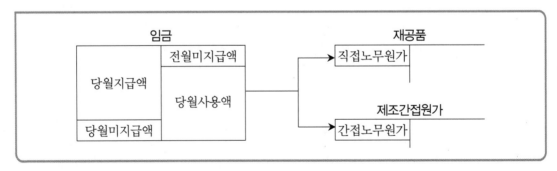

● 임금 당월사용액 = 당월지급액 + 당월미지급액 − 전월미지급액

다음 자료로 당월임금지급액을 계산하면 얼마인가?

• 당월직접노무원가	₩350,000	• 당월간접노무원가	₩200,000
• 전월미지급액	₩20,000	• 당월말 미지급액	₩40,000

① ₩530,000   ② ₩550,000   ③ ₩570,000
④ ₩610,000   ⑤ ₩650,000

해설

임금

지급액	x	전월미지급액	20,000
당월미지급액	40,000	사용액 ┌ 직접노무원가	350,000
		└ 간접노무원가	200,000
	570,000		570,000

∴ 당월임금지급액(x) = ₩20,000 + ₩350,000 + ₩200,000 − ₩40,000 = ₩530,000

정답: ①

03 제조경비

제조경비란 재료원가와 노무원가를 제외한 나머지 모든 원가요소를 말한다. 즉, 생산과정에서 발생한 여러 경비의 소요액을 나타내는 집합계정이다. 생산설비에 대한 감가상각비, 화재보험료, 임차료 등이 있으며, 이 중 본사 영업활동 관련 부분이 있으면 이를 분리하여 월차손익계정에 대체하고 제조활동을 위한 부분만 제조경비계정에 대체한다. 그리고 기말에 당월 제조경비 중 직접제조경비는 재공품계정 차변에, 간접제조경비는 제조간접원가계정 차변에 각각 대체된다.

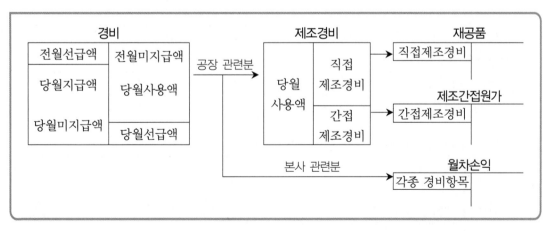

● **경비 당월사용액** = 전월선급액 + 당월지급액 + 당월미지급액 − 전월미지급액 − 당월선급액

다음 자료에 의해 제조경비사용액을 계산하면 얼마인가?

• 당월경비지급액	₩500,000	• 전월경비선급액	₩120,000
• 당월경비선급액	₩180,000		

① ₩440,000　　　　② ₩560,000　　　　③ ₩620,000
④ ₩700,000　　　　⑤ ₩710,000

해설

경비

전월선급액	120,000	사용액	x
지급액	500,000	당월선급액	180,000
	620,000		620,000

∴ 제조경비사용액(x) = ₩500,000 + ₩120,000 − ₩180,000 = ₩440,000　　　　정답: ①

제2절　제조간접원가, 재공품, 제품계정

01 제조간접원가계정

제조간접원가란 여러 종류의 제품 생산을 위하여 공통적으로 발생한 원가를 말한다. 간접재료원가, 간접노무원가, 간접제조경비 등의 간접원가는 제조간접원가를 기록하는 계정을 설정하여 집계하고, 기말에 그 합계액을 일정한 기준에 따라 각 제품에 배부한다.

구분	회계처리			
간접재료원가 사용액	(차) 제조간접원가	×××	(대) 원재료	×××
간접노무원가 사용액	(차) 제조간접원가	×××	(대) 임금	×××
간접제조경비 사용액	(차) 제조간접원가	×××	(대) 경비	×××
제품에 배부	(차) 재공품	×××	(대) 제조간접원가	×××

핵심 콕! 콕! 제조간접원가(제조원가)와 판매비와 관리비(비용)

제조간접원가	공장에서 발생한 원가(예 생산관리자 급여, 공장의 감가상각비 등)
판매비와 관리비	공장 이외(본사·영업 관련)에서 발생한 원가(예 본사·영업 관련 직원 급여, 본사건물의 감가상각비 등)

확인 및 기출예제

20×1년 1월 중 발생한 (주)한국의 제조원가 및 비용이 다음 자료와 같을 때, 20×1년 1월에 발생한 제조간접원가는? (단, (주)한국은 20×1년 1월 초에 ₩3,000, 1월 말에 ₩1,000의 직접재료가 있음)

항목	금액
직접재료매입원가	₩2,000
직접노무원가	₩3,000
감가상각비(공장건물)	₩500
감가상각비(영업점포)	₩300
공장감독자급여	₩100
기타 제조간접원가	₩200
합계	₩6,100

① ₩800
② ₩1,100
③ ₩1,500
④ ₩2,000
⑤ ₩3,200

해설

제조간접원가 = 감가상각비(공장건물) + 공장감독자급여 + 기타 제조간접원가
　　　　　　 = ₩500 + ₩100 + ₩200 = ₩800

정답: ①

02 재공품계정

재공품이란 제조과정 중에 있는 미완성 제품을 말하고, 재공품계정이란 제품을 제조하는 과정에서 사용된 모든 원가를 집계 · 기록하는 집합계정으로 완성품 제조원가가 계산되는 재고자산계정이다. 따라서 재공품계정에는 기말에 완성되지 않은 제품원가, 즉 기말재공품원가가 집계되고 차변에 잔액이 나타난다.

구분	회계처리			
원가 발생(사용)시	(차) 재공품	×××	(대) 원재료	×××
			임금	×××
			제조경비	×××
			제조간접원가	×××
제품 완성시	(차) 제품	×××	(대) 재공품	×××

	재공품		
기초재공품재고액	×××	**제품제조원가**(완성품)	×××
직접재료원가	×××	기말재공품재고액	×××
직접노무원가	×××		
제조간접원가	×××		
	×××		×××

당기총제조원가

> **당기제품제조원가 = 기초재공품재고액 + 당기총제조원가 − 기말재공품재고액**

● **당기총제조원가** = 직접재료원가 + 직접노무원가 + 제조간접원가

확인 및 기출예제

(주)한국의 20×1년 원가자료는 다음과 같다. 직접노무원가가 기본원가(prime cost)의 40%
일 때 기말재공품 금액은?

제27회

• 직접재료원가	₩90,000	• 제조간접원가	₩70,000
• 당기제품제조원가	₩205,000	• 기초재공품	₩5,000

① ₩10,000 ② ₩20,000
③ ₩60,000 ④ ₩90,000
⑤ ₩110,000

해설

직접노무원가가 기본원가의 40%이므로 직접재료원가는 기본원가의 60%이다. 따라서 기본원가는 다음과 같다.
기본원가 = ₩90,000 ÷ 60% = ₩150,000

	재공품		
기초재공품	5,000	제품제조원가	205,000
기본원가	150,000	기말재공품(x)	20,000
제조간접원가	70,000		
	225,000		225,000

정답: ②

당기총제조원가와 당기총제품제조원가의 차이점

당기총제조원가는 당기에 투입된 모든 원가를 의미하고, 당기총제품제조원가는 당기에 완성된 제품에 대한 제조원가를 의미한다는 점에서 차이가 있다. 그러나 예외적으로 기초재공품과 기말재공품이 없거나 동일한 경우에는 당기총제조원가와 당기제품제조원가는 동일한 금액이 된다.

03 제품계정

제품계정이란 제조공정이 완료된 완성품 원가를 집계·기록하는 계정으로, 차변에는 당기제품제조원가가 대체되고 판매시 대변에 매출원가가 기입되는 재고자산계정이다.

제품

기초제품	×××	매출원가	×××
당기제품제조원가	×××	기말제품	×××
	×××		×××

매출원가 = 기초제품재고액 + 당기제품제조원가 − 기말제품재고액

구분	회계처리			
완성품 원가 제품계정에 대체	(차) 제품	×××	(대) 재공품	×××
제품을 외상매출한 경우	(차) 매출채권	×××	(대) 매출	×××(매가)
	매출원가	×××	제품	×××(원가)

확인 및 기출예제

(주)한국의 20×1년도 매출액은 ₩115,000이며 매출총이익률은 40%이다. 같은 기간 직접재료매입액은 ₩22,000이고, 제조간접원가 발생액은 직접노무원가의 50%이다. 20×1년 기초 및 기말재고자산이 다음과 같을 때, 20×1년에 발생한 제조간접원가는?   제24회

구분	직접재료	재공품	제품
기초재고	₩4,000	₩8,000	₩20,400
기말재고	₩5,200	₩7,200	₩21,000

① ₩10,400   ② ₩16,000
③ ₩20,800   ④ ₩26,400
⑤ ₩32,000

직접재료, 재공품, 제품

기초직접재료	4,000	매출원가	69,000*
기초재공품	8,000	기말직접재료	5,200
기초제품	20,400	기말재공품	7,200
재료매입액	22,000	기말제품	21,000
가공(전환)원가 ㉠	48,000		
	102,400		102,400

* 매출원가 = 매출액 × (1 − 매출총이익률) = ₩115,000 × (1 − 0.4) = ₩69,000
* 제조간접원가(㉡)

    가공(전환)원가 = x + 0.5x = ₩48,000 ⇨ x = ₩32,000

∴ 제조간접원가 = 0.5 × ₩32,000 = ₩16,000

정답: ②

핵심 콕! 콕! 재고자산계정을 통산하여 풀이하는 방법(간편법)

원재료 + 재공품 + 제품

기초재고(원재료 + 재공품 + 제품)	× × ×	매출원가	× × ×
직접재료매입액	× × ×	기말재고(원재료 + 재공품 + 제품)	× × ×
직접노무원가	× × ×		
제조간접원가	× × ×		

직접재료(원재료)계정을 정리해서 직접재료원가를 구할 수 있다면 다음과 같다.

재공품 + 제품

기초재고(재공품 + 제품)	× × ×	매출원가	× × ×
직접재료원가	× × ×	기말재고(재공품 + 제품)	× × ×
직접노무원가	× × ×		
제조간접원가	× × ×		

● 직접재료원가 = 기초원재료 + 당기매입액 − 기말원재료(단, 사용액은 직접원가임)

손익계산서

손익계산서(상기업)		포괄손익계산서(제조기업)	
Ⅰ. 매출액	× × ×	Ⅰ. 매출액	× × ×
Ⅱ. 매출원가		Ⅱ. 매출원가	
기초상품재고액	× × ×	기초제품재고액	× × ×
당기상품매입액	× × ×	당기제품제조원가	× × ×
기말상품재고액	(× × ×) (× × ×)	기말제품재고액	(× × ×) (× × ×)
Ⅲ. 매출총이익	× × ×	Ⅲ. 매출총이익	× × ×

마무리STEP 1 | OX 문제

2025 주택관리사(보) 회계원리

01 원재료사용액은 기초원재료재고액에 당기매입액을 가산하고 기말원재료재고액을 차감하여 계산한다. ( )

02 임금사용액은 당월지급액에 당월미지급액을 차감하고 전월미지급액을 가산하여 계산한다. ( )

03 경비항목 중에서 본사 및 영업과 관련된 부분은 기간비용으로 처리하고 공장 및 제조와 관련된 부분은 제조원가에 포함시켜 판매시 매출원가로 비용화한다. ( )

04 경비항목에서 사용액을 계산하는 경우 전월미지급액과 당월선급액은 차감하고 전월선급액과 당월미지급액은 가산한다. ( )

05 당기총제조원가는 당기에 완성한 제품의 원가를 말한다. ( )

06 당기제품제조원가는 기초제품에 당기총제조원가를 가산하고 기말제품을 차감하여 계산한다. ( )

07 매출원가는 판매가능제품원가에서 기말제품을 차감하여 계산한다. ( )

08 재공품과 제품의 기초·기말재고가 없는 경우에는 당기총제조원가, 당기제품제조원가, 매출원가가 모두 동일하다. ( )

---

01 ○

02 × 임금사용액은 당월지급액에 당월미지급액을 가산하고 전월미지급액을 차감하여 계산한다.

03 ○

04 ○

05 × 당기총제조원가는 당기에 제조과정에 투입된 모든 제조원가를 말한다.

06 × 당기제품제조원가는 기초재공품에 당기총제조원가를 가산하고 기말재공품을 차감하여 계산한다.

07 ○ 판매가능제품원가는 기초제품과 제품제조원가를 합한 금액이다.

08 ○

01 20×1년 원재료가 600kg 사용될 것으로 예상된다. 기초원재료가 50kg이고, 기말원재료를 80kg 보유하고자 한다면 20×1년에 구입해야 할 원재료의 수량은?

제16회

① 570kg
② 630kg
③ 650kg
④ 680kg
⑤ 730kg

02 (주)한국은 10월 중 ₩70,000의 직접재료를 구입하였다. 10월 중 제조간접원가의 합은 ₩55,000, 총제조원가는 ₩150,000이고 직접재료의 10월 초 재고가 ₩15,000, 10월 말 재고가 ₩10,000이었다면, 10월 중 직접노무원가는 얼마인가?

① ₩5,000
② ₩12,000
③ ₩20,000
④ ₩25,000
⑤ ₩32,000

03 당기제품제조원가의 개념에 대한 설명으로 옳은 것은?

① 당기에 투입한 직접재료의 원가이다.
② 당기에 투입한 직접재료원가, 직접노무원가, 제조간접원가의 합계이다.
③ 당기에 완성하였으나 기말에 재고로 남아 있는 제품의 원가이다.
④ 당기에 판매한 제품의 원가이다.
⑤ 당기에 완성된 제품의 원가이다.

04 제조원가의 흐름에 대한 설명으로 옳지 않은 것은?

① 기초재공품재고와 기말재공품재고가 없는 경우에는 당기총제조원가와 당기제품제조원가가 같다.

② 기초제품재고와 기말제품재고가 없는 경우에는 당기제품제조원가와 매출원가가 같다.

③ 기초재고와 기말재고가 모두 없는 경우에는 당기총제조원가와 당기제품제조원가 및 매출원가가 모두 같다.

④ 기말재고는 없고 기초재고만 있는 경우에는 당기총제조원가, 당기제품제조원가, 매출원가의 순서대로 원가가 크다.

⑤ 판매가능액은 기초제품과 당기제품제조원가의 합계이다.

정답 | 해설

01 ②

원재료(수량)			
기초수량	50	사용수량	600
구입수량	x	기말수량	80
	680		680

∴ 구입수량(x) = 630kg

02 ③ 총제조원가 = 직접재료원가 + 직접노무원가(x) + 제조간접원가

₩150,000 = ₩75,000* + x + ₩55,000

*직접재료			
기초	15,000	사용액	75,000
구입	70,000	기말	10,000
	85,000		85,000

∴ 직접노무원가(x) = ₩20,000

03 ⑤ 당기제품제조원가란 당기에 완성된 제품의 제조원가를 의미한다.

04 ④ 기말재고는 없고 기초재고만 있는 경우: 당기총제조원가 < 당기제품제조원가 < 매출원가

05 (주)한국의 20×1년도 원가자료가 다음과 같을 때, 당기제품제조원가는? (단, 본사에서는 제품생산을 제외한 판매 및 일반관리업무를 수행함) 제21회

• 직접재료원가	₩3,000	• 전기료 – 공장	₩120
• 직접노무원가	₩2,000	• 전기료 – 본사	₩50
• 간접노무원가	₩1,000	• 기타 제조간접원가	₩1,000
• 감가상각비 – 공장	₩250	• 기초재공품재고액	₩6,000
• 감가상각비 – 본사	₩300	• 기말재공품재고액	₩5,000

① ₩6,370   ② ₩7,370
③ ₩7,720   ④ ₩8,370
⑤ ₩8,720

06 다음은 (주)한국의 20×1년 영업자료에서 추출한 정보이다. 직접노무원가가 기본원가(prime cost)의 50%일 경우, 당기제품제조원가는?

• 기초직접재료	₩400	• 기말직접재료	₩200
• 감가상각비 – 본사	₩200	• 감가상각비 – 공장설비	₩100
• 보험료 – 본사	₩400	• 보험료 – 공장설비	₩200
• 기타 제조간접원가	₩600	• 기초재공품	₩3,000
• 기말재공품	₩2,000	• 직접재료매입액	₩1,000

① ₩3,700   ② ₩3,900
③ ₩4,100   ④ ₩4,300
⑤ ₩4,500

07 제조간접원가가 직접노무원가의 3배일 때 기초재공품원가는?

제20회

• 기본원가	₩250,000	• 전환원가(또는 가공원가)	₩600,000
• 당기제품제조원가	₩1,000,000	• 기말재공품	₩250,000

① ₩400,000

② ₩450,000

③ ₩500,000

④ ₩550,000

⑤ ₩600,000

정답 | 해설

05 ④

재공품

기초재공품	6,000	제품제조원가	x
직접재료원가	3,000	기말재공품	5,000
직접노무원가	2,000		
제조간접원가*	2,370		
	13,370		13,370

* 간접노무원가 + 감가상각비(공장) + 전기료(공장) + 기타 제조간접원가
  = ₩1,000 + ₩250 + ₩120 + ₩1,000

∴ 제품제조원가(x) = ₩13,370 − ₩5,000 = ₩8,370

06 ④

재공품

기초재공품	3,000	제품제조원가(x)	4,300
기본원가	2,400	기말재공품	2,000
제조간접원가*	900		
	6,300		6,300

* 감가상각비(공장설비) + 보험료(공장설비) + 기타 제조간접원가
  = ₩100 + ₩200 + ₩600 = ₩900

• 직접재료원가 = ₩400 + ₩1,000 − ₩200 = ₩1,200
• 기본원가 = 직접재료원가 ÷ (1 − 0.5) = ₩2,400

07 ④ • 전환(가공)원가 = 직접노무원가(x) + 제조간접원가 = $x + 3x$ = ₩600,000
  ⇨ 직접노무원가(x) = ₩150,000
• 제조간접원가 = $3x$ = 3 × ₩150,000 = ₩450,000

재공품

기초재공품	y	제품제조원가	1,000,000
기본원가	250,000	기말재공품	250,000
제조간접원가	450,000		
	1,250,000		1,250,000

∴ 기초재공품원가(y) = ₩550,000

08 다음은 (주)한국의 20×1년 8월 재고자산에 관한 자료이다.

구분	8월 1일	8월 31일
직접재료	₩4,000	₩5,000
재공품	₩7,000	₩6,000
제품	₩20,000	₩22,000

(주)한국의 20×1년 8월 중 직접재료매입액은 ₩25,000이고, 매출원가는 ₩68,000 이다. (주)한국의 20×1년 8월의 가공원가는?

① ₩45,000   ② ₩48,000

③ ₩50,000   ④ ₩53,000

⑤ ₩55,000

※ 단일제품을 생산하는 (주)한국은 매출원가의 20%를 이익으로 가산하여 제품을 판매하고 있다. 당기의 생산 및 판매자료가 다음과 같은 경우 각각의 물음에 답하시오. **[09~10]**

- 재고자산

	기초재고	기말재고
직접재료	₩17,000	₩13,000
재공품	₩20,000	₩15,000
제품	₩18,000	₩23,000

- 기본(기초)원가   ₩85,000
- 전환(가공)원가   ₩98,000
- 매출액   ₩180,000
- 판매관리비   ₩10,000

---

09 (주)한국의 직접재료매입액은 얼마인가?

① ₩46,000   ② ₩47,000

③ ₩48,000   ④ ₩49,000

⑤ ₩50,000

592 해커스 주택관리사(보) house.Hackers.com

10 (주)한국의 영업이익은 얼마인가?

① ₩15,000   ② ₩16,000

③ ₩17,000   ④ ₩19,000

⑤ ₩20,000

정답 | 해설

08 ①

직접재료, 재공품, 제품

기초직접재료	4,000	매출원가	68,000
기초재공품	7,000	기말직접재료	5,000
기초제품	20,000	기말재공품	6,000
직접재료매입액	25,000	기말제품	22,000
가공원가*	x		
	101,000		101,000

* 직접노무원가와 제조간접원가의 합계액

∴ 가공원가(x) = 직접노무원가 + 제조간접원가 = ₩45,000

09 ③ 매출원가 = 매출액 ÷ (1 + 0.2)

           = ₩180,000 ÷ (1 + 0.2) = ₩150,000

직접재료, 재공품, 제품

기초직접재료	17,000	매출원가	150,000
기초재공품	20,000	기말직접재료	13,000
기초제품	18,000	기말재공품	15,000
직접재료매입액	x	기말제품	23,000
가공(전환)원가	98,000		
	201,000		201,000

∴ 직접재료매입액(x) = ₩48,000

10 ⑤ 영업이익 = 매출액 − 매출원가 − 판매관리비

           = ₩180,000 − ₩150,000 − ₩10,000 = ₩20,000

11 (주)대한은 실제원가계산을 적용하고 있으며, 20×2년의 기초 및 기말재고자산은 다음과 같다.

• 기초원재료	₩50,000	• 기말원재료	₩20,000
• 기초재공품	₩80,000	• 기말재공품	₩50,000
• 기초제품	₩40,000	• 기말제품	₩130,000

당기 매입한 원재료는 ₩500,000이고 당기 발생한 직접노무원가와 제조간접원가는 각각 ₩200,000과 ₩380,000이다. 20×2년의 매출원가는? (단, 원재료는 모두 직접재료임) 제18회, 제13·17회 유사

① ₩1,050,000
② ₩1,110,000
③ ₩1,140,000
④ ₩1,180,000
⑤ ₩1,190,000

12 (주)한국은 실제원가계산을 적용하고 있으며, 20×1년의 기초 및 기말재고자산은 다음과 같다.

구분	기초	기말
직접재료	₩10,000	₩12,000
재공품	₩100,000	₩95,000
제품	₩50,000	₩55,000

당기 매출원가가 ₩115,000일 경우, 당기총제조원가는? 제25회

① ₩115,000
② ₩120,000
③ ₩125,000
④ ₩130,000
⑤ ₩135,000

13 다음 자료에 의하면 (주)한국의 20×1년도 매출총액은 얼마인가?

• 매출총이익	₩960,000	• 기초재공품	₩280,000
• 기초제품재고	₩450,000	• 기말재공품	₩380,000
• 기말제품재고	₩520,000	• 당기총제조원가	₩3,400,000

① ₩4,190,000   ② ₩4,290,000

③ ₩4,340,000   ④ ₩4,360,000

⑤ ₩4,460,000

정답 | 해설

11 ①

원재료, 재공품, 제품

기초원재료	50,000	매출원가	x
기초재공품	80,000	기말원재료	20,000
기초제품	40,000	기말재공품	50,000
원재료매입액	500,000	기말제품	130,000
직접노무원가	200,000		
제조간접원가	380,000		
	1,250,000		1,250,000

∴ 매출원가(x) = ₩1,050,000

12 ①

재공품, 제품

기초재공품	100,000	매출원가	115,000
기초제품	50,000	기말재공품	95,000
당기총제조원가(x)	115,000	기말제품	55,000
	265,000		265,000

13 ① 재공품계정과 제품계정을 통합하여 간편법으로 매출원가를 계산할 수 있다.

재공품, 제품

기초재공품	280,000	매출원가	3,230,000
기초제품	450,000	기말재공품	380,000
당기총제조원가	3,400,000	기말제품	520,000
	4,130,000		4,130,000

∴ 총매출액 = 매출원가 + 매출총이익
   = ₩3,230,000 + ₩960,000 = ₩4,190,000

제 **3** 장 원가배분

📖 단원길라잡이

원가배분에서는 주로 제조간접원가의 배부와 보조부문원가의 제조부문에의 배부로 구분되어 출제되고 있다. 제조간접원가 배부는 특히 예정배부와 관련하여 배부차이와 회계처리 및 응용문제가 출제되고, 보조부문원가의 배부에는 직접배분법, 단계배분법, 상호배분법에 의한 배부액 계산능력을 묻는 문제가 출제된다. 많이 출제되는 해에는 2문항이 나오기도 했지만 최근에는 1문항 정도 꾸준히 출제되고 있다.

📑 출제포인트

• 제조간접원가 예정배부
  – 배부차이와 제조간접가계정 각 요소의 계산
  – 배부차이 조정: 매출원가조정법, 비례배분법
• 보조부문원가의 배부
  – 직접배분법, 단계배분법, 상호배분법
  – 단일배분율법, 이중배분율법

제1절 원가배분의 개요

01 의의 및 목적

(1) 의의

원가배분이란 일정한 배분기준에 따라 공통원가를 각 원가대상에 대응시키는 과정을 말한다. 여기서 원가대상이란 부문, 제품, 기간 등과 같이 개별적으로 집적되는 활동이나 대안 또는 조직의 하부 단위 등을 말한다.

원가대상	원가배분
부문	보조부문원가의 배분
제품	제조간접원가의 배분
기간	감가상각비의 기간 배분

(2) 목적

원가배분의 목적은 최종적으로 정확한 제품원가를 계산하는 것이고, 구체적인 목적은 다음과 같다.

① **외부보고**: 외부에 공시되는 재무제표 작성을 위하여 재고자산을 평가하고, 매출원가를 계산하기 위하여 원가를 배분한다.

② **의사결정**: 경제적인 의사결정을 수행하기 위한 회계정보를 제공하기 위하여 원가를 배분한다.

③ **성과평가**: 경영자나 종업원에 대한 동기부여 및 성과평가를 위하여 원가를 배분한다.

④ **계약금액 결정**: 원가보상계약 및 최저 입찰가격의 해결을 위하여 관련 원가를 합리적으로 배분한다.

02 배분기준

원가배분에 있어서 직접적인 인과관계가 존재하는 경우에는 해당 기준에 의해 배분하면 되지만, 직접적인 인과관계가 존재하지 않는 경우에는 인위적인 배분을 하여야 한다. 따라서 원가배분에서 가장 중요한 것은 배분기준의 설정이다.

(1) 인과관계기준

가장 이상적인 원가배분으로서 원가와 배분대상간의 인과관계를 기준으로 원가를 배분하는 것을 말한다.

(2) 부담능력기준

인과관계를 알 수 없는 경우에는 각 원가집적대상이 원가를 부담할 수 있는 능력에 비례하여 배분하는 것을 말한다.

(3) 수혜기준

각 원가집적대상이 공통원가로부터 제공받은 경제적 효익의 정도에 비례하여 공통원가를 배분하는 것을 말한다.

(4) 공정성과 공평성기준

공정성과 공평성기준은 매우 포괄적인 개념이며, 원가배분시 기본적으로 가져야 할 기준이라고 할 수 있다. 즉, 원가를 배분할 때에는 각 원가의 대상에 공정하고 공평하게 배분해야 한다는 것이다.

제2절 제조간접원가

01 의의

여러 제품의 제조와 관련성을 갖는 제조간접원가는 기말에 일정한 배부기준에 의하여 개별작업에 배부하는 작업이 필요하다. 따라서 제조간접원가를 배부하기 위해서 모든 작업에 공통적으로 적용할 수 있는 배부기준을 선택하여야 한다.

> **더 알아보기** 제조간접원가 배부기준 선택시 고려할 사항
>
> 1. 제조간접원가의 배부기준은 제조간접원가의 발생과 높은 상관관계를 가져야 한다.
> 2. 제조간접원가의 배부기준은 쉽게 적용할 수 있어야 한다.

확인 및 기출예제

(주)한국은 20×1년 7월 중 발생한 제조간접원가는 ₩5,000,000이었고, 제조간접원가 배부기준은 기계가동시간이다. 7월 중에 소비한 기계가동시간은 총 10,000시간이며, 제품 A 2,000단위, 제품 B 4,000단위를 각각 생산하였다. 제품생산을 위하여 기계가동시간은 제품 A에 3,000시간, 제품 B에 7,000시간이 소비되었다. 제품 A에 배부될 제조간접원가 배부액은?

① ₩900,000
② ₩1,500,000
③ ₩3,500,000
④ ₩4,000,000
⑤ ₩5,200,000

> **해설**
>
> (1) 제조간접원가 배부율 = ₩5,000,000 ÷ 10,000시간 = @₩500
> (2) 각 제품별 제조간접원가 배부액
>   • 제품 A: 3,000시간 × @₩500 = ₩1,500,000
>   • 제품 B: 7,000시간 × @₩500 = ₩3,500,000
>
> 정답: ②

02 실제배부법

실제 제조간접원가를 실제 배부기준으로 나누어서 계산하는 방법이다.

> • 실제 제조간접원가 배부율 = $\dfrac{\text{실제 제조간접원가}}{\text{실제 조업도}}$
>
> • 각 제품별 제조간접원가 배부액 = 실제 조업도 × 실제 제조간접원가 배부율

● 실제 배부시 제조간접원가 배부차이가 없다.

(1) 가액법

각 제품제조에 소비된 직접원가를 기준으로 제조간접원가를 배부하는 방법으로, 직접재료원가법, 직접노무원가법, 직접원가법 등이 있다.

① **직접재료원가법**: 각 제품의 제조에 소비된 직접재료원가를 기준으로 제조간접원가를 배부하는 방법이다.

> • 제조간접원가 배부율 = $\dfrac{\text{원가계산기간의 제조간접원가 총액}}{\text{동 기간의 직접재료원가 총액}}$
>
> • 제조간접원가 배부액 = 특정 제품의 직접재료원가 × 제조간접원가 배부율

② **직접노무원가법**: 각 제품의 제조에 소비된 직접노무원가를 기준으로 제조간접원가를 배부하는 방법이다.

> • 제조간접원가 배부율 = $\dfrac{\text{원가계산기간의 제조간접원가 총액}}{\text{동 기간의 직접노무원가 총액}}$
>
> • 제조간접원가 배부액 = 특정 제품의 직접노무원가 × 제조간접원가 배부율

③ **직접원가법**: 각 제품의 제조에 소비된 직접원가(직접재료원가와 직접노무원가)를 기준으로 제조간접원가를 배부하는 방법이다.

> • 제조간접원가 배부율 = $\dfrac{\text{원가계산기간의 제조간접원가 총액}}{\text{동 기간의 직접원가 총액}}$
>
> • 제조간접원가 배부액 = 특정 제품의 직접원가 × 제조간접원가 배부율

(2) 시간법

각 제품의 제조에 소비된 작업시간을 기준으로 제조간접원가를 배부하는 방법으로, 직접노동시간법, 기계작업시간법 등이 있다.

① **직접노동시간법**: 각 제품의 생산에 투입된 직접노동시간을 기준으로 제조간접원가를 배부하는 방법이다.

> - 제조간접원가 배부율 = $\dfrac{\text{원가계산기간의 제조간접원가 총액}}{\text{동 기간의 직접노동시간}}$
> - 제조간접원가 배부액 = 특정 제품의 직접노동시간 × 제조간접원가 배부율

확인 및 기출예제

다음 자료에 의하여 제조간접원가 배부액을 직접노동시간법으로 계산할 경우 제조지시서 #2의 제조간접원가 실제배부액은?

• 당기원가계산기간의 제조간접원가 총액	₩400,000
• 동 기간의 직접노동시간	200시간
• 제조지시서 #2의 직접재료원가	₩1,200,000
• 제조지시서 #2의 직접노무원가	₩1,800,000
• 제조지시서 #2의 직접노동시간	150시간

① ₩100,000   ② ₩180,000
③ ₩200,000   ④ ₩250,000
⑤ ₩300,000

해설

제조간접원가 배부율 = ₩400,000 ÷ 200시간 = @₩2,000
∴ #2에 배부될 제조간접원가 = @₩2,000 × 150시간 = ₩300,000

정답: ⑤

---

② **기계작업시간법**: 각 제품의 생산에 투입된 기계작업시간을 기준으로 제조간접원가를 배부하는 방법이다.

> - 제조간접원가 배부율 = $\dfrac{\text{원가계산기간의 제조간접원가 총액}}{\text{동 기간의 기계작업시간}}$
> - 제조간접원가 배부액 = 특정 제품의 기계작업시간 × 제조간접원가 배부율

(3) 수량법

각 제품의 산출된 물량 단위를 기준으로 제조간접원가를 배부하는 방법이다.

03 예정배부법

(1) 의의

제조간접원가를 실제발생액에 근거하여 배부하면 원가계산의 시점이 지연되고, 계절별로 제품생산량의 변동가능성이 큰 경우에는 제조간접원가 배부로 계산되는 제품단위당 원가가 매월 또는 계절별로 큰 차이를 갖게 된다. 따라서 실제배부법의 문제점을 극복하기 위하여 연초에 미리 제조간접원가 예정배부율을 산정해 두었다가 제품 완성시 예정배부율을 사용하여 각 제품에 배부할 제조간접원가 배부액을 결정하는데, 이를 예정배부법이라고 한다.

- 제조간접원가 예정배부율 = $\dfrac{\text{제조간접원가 예산}}{\text{예정조업도}}$
- 제조간접원가 예정배부액 = 실제 조업도 × 제조간접원가 예정배부율
- 제조간접원가 배부차이 = 예정배부액 − 실제 발생액

◉ 예정배부시 제조간접원가 배부차이가 있다.

(2) 제조간접원가 예정배부시 회계처리

제조간접원가계정 차변에는 간접재료원가, 간접노무원가, 간접제조경비 등 실제 발생한 제조간접원가가 기입되고, 대변에는 예정배부법에 의한 제조간접원가배부액이 재공품계정 차변으로 대체된 내역이 기입된다.

(3) 제조간접원가 배부차이의 회계처리

예정배부법하에서 발생하는 제조간접원가 배부차이는 매출원가조정법, 비례배분법, 영업외손익법 중 한 가지 방법으로 처리한다.

① **매출원가조정법**: 배부차이를 모두 당해 기간의 매출원가에서 조정하는 방법으로서 과소배부액은 매출원가에 가산하며, 과대배부액은 매출원가에서 차감한다.

구분	회계처리			
과소배부시	(차) 매출원가	×××	(대) 제조간접원가	×××
과대배부시	(차) 제조간접원가	×××	(대) 매출원가	×××

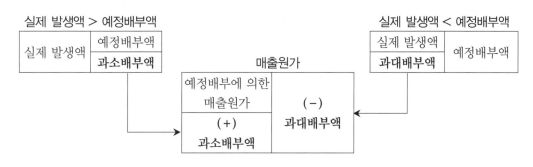

(주)한국은 기계가동시간을 기준으로 제조간접원가 예정배부율을 계산하고 있다. (주)한국의 20×1년 정상가동기계시간은 10,000시간, 제조간접원가 예산은 ₩330,000이다. 20×1년 실제기계가동시간은 11,000시간이고, 제조간접원가 실제 발생액은 ₩360,000이다. 20×1년 제조간접원가 배부차이 조정 전 매출원가가 ₩5,220,000일 경우 매출원가조정법으로 배부차이를 조정한 후 매출원가는? 제15회

① ₩5,187,000   ② ₩5,190,000
③ ₩5,217,000   ④ ₩5,223,000
⑤ ₩5,250,000

해설

- 예정배부율 = ₩330,000 ÷ 10,000시간 = @₩33
- 예정배부액 = @₩33 × 11,000시간 = ₩363,000
- 배부차이 = ₩363,000 − ₩360,000 = ₩3,000(과대배부)
∴ 조정 후 매출원가 = ₩5,220,000 − ₩3,000 = ₩5,217,000   정답: ③

② **비례배분법**: 배부차이를 원가흐름에 따라 비례적으로 배분하여 실제원가계산이 되도록 하는 방법으로, 기말재공품, 기말제품, 매출원가에 재배부하는 방법이다. 비례배분법에는 각 원가요소의 총원가에 비례하여 배분하는 총원가 비례배분법과 각 원가요소에 포함된 제조간접원가 비율로 배분하는 요소별 비례배분법이 있다.

정상원가계산하에서 개별원가계산제도를 적용하는 경우, 과대 또는 과소배분된 제조간접원가 배부차이를 비례배분법에 의해 조정할 때, 차이조정이 반영되는 계정으로 옳은 것을 모두 고른 것은? (단, 모든 계정잔액은 '0'이 아님) 제22회

⊙ 기초재공품	ⓒ 기말원재료	ⓒ 기말재공품
② 기초제품	⑩ 기말제품	⑭ 매출원가

① ⊙, ⓒ, ⓒ   ② ⓒ, ⓒ, ②
③ ⓒ, ⑩, ⑭   ④ ⓒ, ②, ⑩
⑤ ⓒ, ⑩, ⑭

해설

제조간접원가 배부차이를 기말재공품, 기말제품, 매출원가에 비례해서 배분하는 방법이 비례배분법이다.
정답: ⑤

③ **영업외손익법**: 배부차이를 비원가성으로 파악하여 영업외손익으로 처리하는 방법이다.

제3절   부문별 원가계산

01 의의

제품원가의 정확성과 원가배분의 공평성을 기하기 위하여 제조간접원가를 직접 제품에 배부하지 않고 원가 발생장소인 부문별로 집계하고 정리하는 원가회계를 말한다. 이 경우 제조간접원가가 발생하는 장소를 원가부문이라 하며, 발생장소별로 계산하는 것을 부문별 원가계산이라고 한다.

02 원가부문의 설정

원가부문은 원가가 발생하는 장소를 뜻하며, 제품의 제조활동을 직접 생산하거나 제품생산에 필요한 업무를 직접 담당하는 제조부문과, 제품생산에 직접적인 활동을 수행하지 않고 제조활동을 지원하며 간접적으로 참여하는 부문인 보조부문으로 구분된다.

제조부문	기계부문, 조립부문, 선반부문 등
보조부문	동력부, 수선부, 용수부 등

03 절차

- 제1단계: 부문직접원가(개별원가)의 부문별 집계
- 제2단계: 부문간접원가(공통원가)의 배분
- 제3단계: 보조부문원가의 제조부문에의 배분
- 제4단계: 제조부문원가의 각 제품별 집계

(1) 부문직접원가(개별원가)의 부문별 집계

부문직접원가 또는 부문개별원가는 제품생산을 위하여 특정 부문에 개별적으로 발생하는 원가요소로서 그 부문에 직접 부과할 수 있는 원가요소이다.

(2) 부문간접원가(공통원가)의 배분

부문간접원가 또는 부문공통원가는 특정 부문에 대한 소비 파악이 어려운 원가로 주로 여러 부문 또는 공장 전체에 공통적으로 발생하는 원가요소를 말한다. 따라서 일정한 기준에 의해 인위적으로 제조부문과 보조부문에 배부하여야 한다.

◉ 부문별 공통원가는 인과관계, 수혜 정도 및 배분의 공평성 등의 요건을 고려하여 배부하여야 한다.

확인 및 기출예제

다음 (주)한국의 자료를 참고하여 부문원가배부표를 작성하고 필요한 회계처리를 제시하시오.

〈자료 1〉 부문개별원가

구분	제조부문		보조부문	
	조립부문	도색부문	동력부문	수선부문
간접재료원가	₩200,000	₩350,000	₩250,000	₩150,000
간접노무원가	₩260,000	₩250,000	₩180,000	₩50,000

〈자료 2〉 부문공통원가

• 복리후생비	₩500,000
• 건물감가상각비	₩1,800,000

〈자료 3〉 부문공통원가 배부기준

구분	제조부문		보조부문	
	조립부문	도색부문	동력부문	수선부문
종업원 수	30명	15명	30명	25명
면적	325m²	450m²	150m²	75m²

해설

(1) 부문원가배부표

구분	배부기준	금액	제조부문		보조부문	
			조립부문	도색부문	동력부문	수선부문
부문개별원가						
• 간접재료원가		₩950,000	₩200,000	₩350,000	₩250,000	₩150,000
• 간접노무원가		₩740,000	₩260,000	₩250,000	₩180,000	₩50,000
합계		₩1,690,000	₩460,000	₩600,000	₩430,000	₩200,000

부문공통원가						
• 복리후생비	종업원 수	₩500,000	₩150,000[*1]	₩75,000	₩150,000	₩125,000
• 건물감가상각비	면적	₩1,800,000	₩585,000[*2]	₩810,000	₩270,000	₩135,000
합계		₩2,300,000	₩735,000	₩885,000	₩420,000	₩260,000
총계		₩3,990,000	₩1,195,000	₩1,485,000	₩850,000	₩460,000

$$\text{[*1]} \quad ₩500,000 \times \frac{30명}{30명 + 15명 + 30명 + 25명}$$

$$\text{[*2]} \quad ₩1,800,000 \times \frac{325m^2}{325m^2 + 450m^2 + 150m^2 + 75m^2}$$

(2) 회계처리

(차) 조립부문원가	1,195,000	(대) 제조간접원가	3,990,000
도색부문원가	1,485,000		
동력부문원가	850,000		
수선부문원가	460,000		

(3) 보조부문원가의 배분방법

① 의의: 기업의 제조활동은 제조부문에서 이루어지지만 대부분의 제조기업에서는 제조부문의 제조활동을 도와주기 위하여 보조부문을 두고 있다. 보조부문은 직접 제조활동을 하지 않지만 보조부문의 모든 활동은 제조활동을 위한 것이므로 보조부문에서 발생한 원가는 당연히 제조원가이다. 따라서 제품원가계산을 위해서 보조부문원가를 제조부문으로 배분하는 작업이 필요하다.

② 보조부문 상호간의 용역수수 정도를 어느 정도로 인식하는지에 따른 분류

㉠ 직접배분법: 보조부문 상호간의 원가 관련성을 완전히 무시하고, 각 제조부문이 사용한 용역의 상대적 비율에 따라 보조부문원가를 제조부문에 직접 배분하는 방법이다. 이 방법은 보조부문원가를 제조부문에만 배분함으로써 간편하게 배분할 수 있으나 보조부문간의 용역제공이 무시된다는 단점이 있다. 따라서 보조부문 상호간의 용역제공이 적은 경우에는 직접배분법을 사용하는 것이 적절하다.

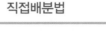

직접배분법

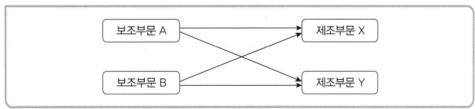

(주)한국은 두 개의 보조부문(S1, S2)과 두 개의 제조부문(P1, P2)으로 제품을 생산하고 있다. 각 부문원가와 용역수수관계는 다음과 같다.

구분	보조부문		제조부문		계
	S1	S2	P1	P2	
부문원가	?	₩140,000	–	–	
S1	–	40%	20%	40%	100%
S2	30%	–	40%	30%	100%

직접배부법으로 보조부문원가를 배부한 결과, P1에 배부된 보조부문의 원가 합계액이 ₩120,000인 경우, S1에 집계된 부문원가는?

제25회

① ₩100,000   ② ₩110,000   ③ ₩120,000
④ ₩130,000   ⑤ ₩140,000

해설

P1에 배부된 보조부문원가
= [S1 × 0.2/(0.2 + 0.4)] + [₩140,000 × 0.4/(0.4 + 0.3)] = ₩120,000
∴ S1 부문원가 = ₩120,000

정답: ③

ⓒ **단계배분법**: 보조부문들간에 일정한 배분 순위를 정한 다음 그 배분 순위에 따라 보조부문의 원가를 단계적으로 다른 보조부문과 제조부문에 배분하는 방법이다. 단계배분법에서는 한 보조부문의 원가를 제조부문뿐만 아니라 다른 보조부문에도 배분하게 된다. 그러나 일단 특정 보조부문원가가 다른 보조부문에 배분된 다음에는 다른 부문에서 역으로 재배분되지 않는다. 즉, 보조부문 상호간의 용역수수 정도를 일부 인식하는 방법이다. 단계배분법을 적용할 경우 보조부문간에 우선순위를 정해야 하는데 일반적으로 다음과 같은 기준에 의하여 결정한다.
ⓐ 타보조부문에 대한 용역제공비율이 큰 보조부문부터 우선배분하는 방법
ⓑ 용역을 제공하는 부문 수가 많은 보조부문을 우선배분하는 방법
ⓒ 원가가 큰 보조부문을 우선배분하는 방법

단계배분법(A부문을 먼저 배분하는 경우)

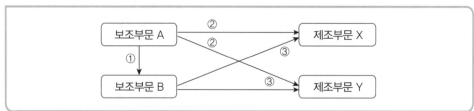

확인 및 기출예제

(주)한국은 보조부문 A와 B 그리고 제조부문 C와 D를 두고 있다. 보조부문 A와 B의 원가는 각각 ₩400,000과 ₩480,000이며, 각 부문의 용역수수관계는 다음과 같다.

사용처 제공처	보조부문		제조부문	
	A	B	C	D
A	–	20%	30%	50%
B	40%	–	30%	30%

(주)한국이 단계배분법을 이용하여 보조부문원가를 제조부문에 배부할 경우 제조부문 D가 배부받을 보조부문원가 합계는? (단, 배부 순서는 A부문원가를 먼저 배부함) 제19회

① ₩320,000
② ₩344,000
③ ₩368,000
④ ₩480,000
⑤ ₩490,000

해설

(1) 보조부문 A의 배부액 = ₩400,000 × 0.5 = ₩200,000
(2) 보조부문 B의 배부액 = [(₩400,000 × 0.2) + ₩480,000] × 0.3 / (0.3 + 0.3) = ₩280,000
∴ 제조부문 D가 배부받을 보조부문원가 = (1) + (2) = ₩480,000

정답: ④

ⓒ **상호배분법**: 보조부문 상호간의 용역수수관계를 완전히 인식하는 방법으로, 보조부문원가를 그 보조부문이 제공하는 용역을 소비하는 다른 모든 부문에 배분한다. 따라서 보조부문 상호간의 용역수수관계를 고려한 방정식을 세워서 각 보조부문에서 배분될 총원가를 구한 다음, 이 총원가를 보조부문 상호간의 용역수수관계를 모두 고려하여 다른 보조부문과 제조부문에 배분한다. 따라서 보조부문 상호간에 용역제공비율이 중요한 경우 상호배분법을 사용하는 것이 적절하다.

보조부문원가 = 자기발생원가 + (타보조부문원가 × 타보조부문으로부터의 용역제공비율)

상호배분법

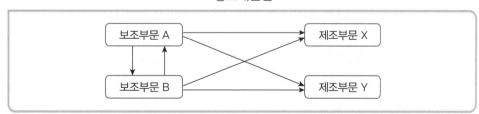

(주)한국은 두 개의 보조부문(S1, S2)과 두 개의 제조부문(P1, P2)으로 제품을 생산하고 있다. 각 부문원가와 용역수수관계는 다음과 같다.

구분	보조부문		제조부문		계
	S1	S2	P1	P2	
부문원가	₩250,000	₩152,000	–	–	
S1	–	40%	20%	40%	100%
S2	40%	–	40%	20%	100%

상호배부법으로 보조부문원가를 배부한 결과, S1의 총부문원가는 S2로부터 배부받은 ₩120,000을 포함하여 ₩370,000이었다. P2에 배부되는 보조부문원가 합계액은?

제23회

① ₩164,400
② ₩193,200
③ ₩194,000
④ ₩208,000
⑤ ₩238,400

해설

보조부문 S1의 총원가 ₩370,000이 주어져 있으므로 다음을 통하여 보조부문 S2 총원가를 계산한다.
S2 = ₩152,000 + (0.4 × S1)이므로, S1에 ₩370,000을 대입하면 S2 총원가는 ₩300,000이다.
∴ P2에 배부되는 보조부문원가
  = (0.4 × S1) + (0.2 × S2)
  = (0.4 × ₩370,000) + (0.2 × ₩300,000) = ₩208,000

정답: ④

③ 원가행태에 따른 분류

　　㉠ 단일배분율법: 보조부문에서 발생한 제조간접원가를 변동원가와 고정원가로 구분하지 않고 실제사용량인 하나의 배분기준을 적용하여 배분하는 방법이다.

　　㉡ 이중배분율법: 보조부문에서 발생한 제조간접원가를 변동원가와 고정원가를 구분하여 각각 다른 배분기준을 적용하여 배분하는 방법이다. 변동원가는 일반적으로 실제사용량에 비례하여 발생하므로 실제사용량을 기준으로 배분하고, 고정원가는 실제사용량 기준이 아니라 최대사용량 기준으로 배분한다.

핵심 콕! 콕! 이중배분율법의 배분기준

구분	변동제조간접원가	고정제조원가
실제조업도(사용량)	○	×
최대조업도(사용량)	×	○

확인 및 기출예제

(주)한국은 A와 B의 두 제조부문과, 제품생산에 필요한 전력을 내부공급하는 보조부문인 전력부문으로 구성되어 있다. 보조부문(전력부문) 발생원가와 각 제조부문에 대한 전력사용량은 다음과 같다.

(1) 보조부문(전력부문) 발생원가

구분	금액
변동원가	₩300,000
고정원가	₩750,000
합계	₩1,050,000

(2) 제조부문의 전력사용량

구분	A부문	B부문	합계
최대사용량	750kWh	500kWh	1,250kWh
실제사용량	750kWh	250kWh	1,000kWh

보조부문 원가를 이중배분율법에 의해 제조부문에 배부할 경우, 제조부문 B에 배부되는 전력부문 원가는?

① ₩275,000   ② ₩300,000   ③ ₩375,000
④ ₩405,000   ⑤ ₩450,000

해설

이중배분율법은 고정원가는 최대사용량을 기준으로 배분하며, 변동원가는 실제사용량을 기준으로 배분한다.
• 변동원가 배부율: ₩300,000 ÷ 1,000kWh(실제사용량) = ₩300/kWh
• 고정원가 배부율: ₩750,000 ÷ 1,250kWh(최대사용량) = ₩600/kWh
∴ B부문에 배부되는 전력부문 원가 = (₩300 × 250kWh) + (₩600 × 500kWh) = ₩375,000   정답: ③

(4) 제조부문원가의 제품별 집계

각 제조부문에 집계된 제조간접원가를 배부기준에 따라 제품별로 배부하는 단계로서, 실제 발생한 원가를 기초로 실제배부율을 적용하는 실제원가법과 예정배부율을 적용하여 배부하는 예정원가법이 있다.

(5) 회계처리

단계	구분	회계처리			
1 · 2단계	부문개별원가 집계와 부문공통원가 배분	(차) 제조부문원가 보조부문원가	××× ×××	(대) 제조간접원가	×××
3단계	보조부문원가의 배분	(차) 제조부문원가	×××	(대) 보조부문원가	×××
4단계	제조부문원가의 제품별 대체	(차) 재공품	×××	(대) 제조부문원가	×××

01 제조간접원가 예정배부액은 제조간접원가 예정배부율에 예정조업도를 곱하여 계산한다.

( )

02 제조간접원가를 예정배부하는 경우, 제조간접원가 차변에는 예정배부액을, 대변에는 실제배부액을 기록한다.

( )

03 제조간접원가 배부차이를 매출원가에서 조정하는 경우, 과소배부액은 매출원가에서 차감하고 과대배부액은 매출원가에 가산하여 회계처리한다.

( )

04 제조간접원가 배부차이를 재공품, 제품, 매출원가에 나누어 조정하는 방법을 비례배분법이라고 한다. 비례배분법에는 총원가기준법과 원가요소법이 있다.

( )

05 부문별 원가계산의 목적은 이익측정이다.

( )

---

01 × 제조간접원가 예정배부율에 실제조업도를 곱하여 계산한다.

02 × 제조간접원가 차변에는 실제발생액을, 대변에는 예정배부액을 기록한다.

03 × 과소배부액은 매출원가에 가산하고, 과대배부액은 매출원가에서 차감한다.

04 ○

05 × 부문별 원가계산의 목적은 원가관리이다.

06 원가부문은 제품의 제조활동이 이루어지는 제조부문과 제조활동을 보조하는 보조부문으로 구분된다. ( )

07 보조부문원가를 제조부문에 배분하는 경우 보조부문 상호간 용역수수 정도에 따라서 직접배분법, 단계배분법, 상호배분법이 있으며, 이 중 용역수수관계를 완전히 인식하는 방법은 단계배분법이다. ( )

08 원가행태에 따라 보조부문원가를 제조부문에 배분하는 경우 이중배분율법은 보조부문원가를 변동원가와 고정원가로 구분하여 각각 원가 발생원인에 따라 다른 기준을 적용하여 배분하는 방법이다. 즉, 변동원가는 실제사용량(조업도)기준으로 배분하고, 고정원가는 최대사용량(조업도)기준으로 배분한다. ( )

---

06 ○

07 × 용역수수관계를 완전히 인식하는 방법은 상호배분법이다.

08 ○

01 제조간접원가에 대한 설명으로 옳은 것은?

① 여러 종류의 제품생산을 위해 직접적으로 소비된 원가를 말한다.

② 제조간접원가는 그 발생액을 재공품계정에 직접 부과한다.

③ 간접재료원가, 간접노무원가, 간접경비 등이 속하며 발생과 동시에 개별적으로 부과할 수 있다.

④ 제조간접원가의 예정배부시 제조간접원가 차변에는 실제발생액을, 대변에는 예정배부액을 나타낸다.

⑤ 제조간접원가는 직접원가이므로 합리적인 배부가 중요하다.

02 제조간접원가 연간예산이 ₩1,000,000이고 기계작업시간 연간예산시간이 50,000시간일 경우, 기말에 실제기계작업시간이 60,000시간이고 실제제조간접원가 발생액이 ₩900,000인 것으로 판명되었다면 제조간접원가 과대 또는 과소배부액은?

① ₩100,000 과대   ② ₩200,000 과대

③ ₩300,000 과대   ④ ₩300,000 과소

⑤ ₩400,000 과대

03 (주)한국은 정상원가계산을 적용하고 있으며, 제조간접원가 배부기준은 직접노무시간이다. 20×1년 제조간접원가 예산은 ₩10,000이고, 예정직접노무시간은 100시간이었다. 20×1년 실제직접노무시간은 90시간, 제조간접원가 부족(과소)배부액은 ₩1,000이었다. 제조간접원가 실제발생액은?

제17회, 제13회 유사

① ₩7,000   ② ₩8,000

③ ₩9,000   ④ ₩10,000

⑤ ₩11,000

04 (주)한국은 직접노무시간을 기준으로 제조간접원가를 예정배부하고 있다. 20×1년도 예정직접노무시간은 20,000시간이며, 제조간접원가 예산은 ₩640,000이다. 20×1년도 제조간접원가 실제발생액은 ₩700,000이고, ₩180,000이 과대배부되었다. 실제직접노무시간은?

제20회

① 16,250시간　　　　　　　　② 18,605시간
③ 24,450시간　　　　　　　　④ 25,625시간
⑤ 27,500시간

정답 | 해설

01 ④ ① 제조간접원가는 여러 종류의 제품생산을 위해 <u>간접적으로</u> 소비된 원가를 말한다.
② 제조간접원가는 그 발생액을 재공품계정에 <u>간접적으로</u> 배부한다.
③ 제조간접원가는 개별적으로 <u>부과할 수 없다.</u>
⑤ 제조간접원가는 <u>간접원가</u>이므로 합리적인 배부가 중요하다.

02 ③ • 제조간접원가 예정배부율 = ₩1,000,000 ÷ 50,000시간 = @₩20
• 제조간접원가 예정배부액 = @₩20 × 60,000시간 = ₩1,200,000
∴ 제조간접원가 배부차이 = 예정배부액 − 실제배부액
= ₩1,200,000 − ₩900,000 = ₩300,000(과대배부)

03 ④ • 제조간접원가 예정배부율 = ₩10,000 ÷ 100시간 = @₩100
• 제조간접원가 예정배부액 = 제조간접원가 예정배부율 × 실제기준
= @₩100 × 90시간 = ₩9,000
∴ 제조간접원가 실제발생액 = 제조간접원가 예정배부액 + 제조간접원가 과소배부액
= ₩9,000 + ₩1,000 = ₩10,000

04 ⑤ 제조간접원가 예정배부율 = ₩640,000 ÷ 20,000시간 = @₩32

제조간접원가

실제발생액	700,000	예정배부액	880,000*
과대배부	180,000		
	880,000		880,000

* 예정배부율(@₩32) × 실제직접노무시간
∴ 실제직접노무시간 = ₩880,000 ÷ @₩32 = 27,500시간

05 완구를 주로 생산하는 한국공업사는 제조간접원가를 작업시간을 기준으로 제품에 예정배부하고 있다. 예정배부시 발생하는 제조간접원가 배부차이를 매출원가에서 조정할 경우 배부차이에 관한 분개로 옳은 것은?

20×1.1.1. 예산자료		20×1.12.31. 실제자료	
제조간접원가 예산	₩2,000,000	실제제조간접원가	₩1,900,000
추정작업시간	10,000시간	실제작업시간	8,000시간

① (차) 매출원가   300,000   (대) 제조간접원가   300,000
② (차) 매출원가   400,000   (대) 제조간접원가   400,000
③ (차) 제조간접원가 배부차이   300,000   (대) 매출원가   300,000
④ (차) 제조간접원가 배부차이   400,000   (대) 제조간접원가   400,000
⑤ (차) 제조간접원가   300,000   (대) 매출원가   300,000

06 (주)한국은 정상원가계산을 사용하고 있으며 직접노무시간을 기준으로 제조간접원가를 예정배부하고 있다. (주)한국의 20×1년도 연간 제조간접원가 예산은 ₩600,000이고 실제 발생한 제조간접원가는 ₩650,000이며, 20×1년도 연간 예정조업도는 20,000시간이고 실제 직접노무시간은 18,000시간이다. (주)한국은 제조간접원가 배부차이를 전액 매출원가에서 조정하고 있다. 20×1년도 제조간접원가 배부차이 조정 전 매출총이익이 ₩400,000이라면, 포괄손익계산서에 인식할 매출총이익은?

① ₩290,000   ② ₩360,000
③ ₩400,000   ④ ₩450,000
⑤ ₩510,000

07 정상개별원가계산제도를 채택하고 있는 (주)한국의 20×1년도 원가자료는 다음과 같다.

	직접재료원가	직접노무원가	제조간접원가
기초재공품	₩12,000	₩15,000	₩19,500
당기실제발생액	₩72,000	₩84,000	₩118,000
기말재공품	₩5,000	₩9,000	₩11,700

(주)한국이 직접노무원가 기준으로 제조간접원가를 예정배부하고 배부차이는 매출원가에서 전액 조정할 경우 20×1년도 제조간접원가 배부차이는? (단, 매년 제조간접원가 예정배부율은 동일함)

제19회

① ₩7,800 과대
② ₩8,800 과소
③ ₩9,200 과대
④ ₩9,500 과소
⑤ ₩9,800 과대

정답 | 해설

05 ① • 제조간접원가 예정배부율 = ₩2,000,000 ÷ 10,000시간 = @₩200
  • 제조간접원가 예정배부액 = @₩200 × 8,000시간 = ₩1,600,000
  ∴ 제조간접원가 배부차이 = ₩1,900,000 − ₩1,600,000 = ₩300,000(과소배부) ⇨ 매출원가에 가산

06 ① • 제조간접원가 예정배부율 = ₩600,000 ÷ 20,000시간 = @₩30
  • 제조간접원가 예정배부액 = @₩30 × 18,000시간 = ₩540,000
  • 제조간접원가 배부차이 = ₩650,000(실제) − ₩540,000(예정) = ₩110,000(과소배부)
  ∴ 조정 후 매출총이익 = ₩400,000 − ₩110,000 = ₩290,000

  ◉ 제조간접원가 배부차이가 과소배부이므로 매출원가(비용)에 가산되고 해당 금액만큼 수정 후 매출총이익은 감소한다.

07 ② • 제조간접원가 예정배부율 = ₩19,500 ÷ ₩15,000 = @₩1.3
  • 제조간접원가 예정배부액 = 제조간접원가 예정배부율 × 실제직접노무원가발생액
    = @₩1.3 × ₩84,000 = ₩109,200
  ∴ 제조간접원가 배부차이 = 실제발생액 − 예정배부액
    = ₩118,000 − ₩109,200 = ₩8,800(과소배부)

08 (주)한국은 정상개별원가계산을 채택하고 있으며, 당기에 발생한 제조간접원가의 배부차이는 ₩9,000(과대배부)이다. 다음의 원가자료를 이용하여 총원가비례법으로 배부차이를 조정하는 경우 조정 후의 매출원가는?

• 기말재공품	₩5,000
• 기말제품	₩7,500
• 매출원가	₩112,500

① ₩104,400   ② ₩129,050
③ ₩129,500   ④ ₩130,000
⑤ ₩141,000

09 (주)한국은 1개의 보조부문 S와 2개의 제조부문 P1과 P2를 통해 제품을 생산하고 있다. 부문공통원가인 화재보험료와 감가상각비는 각 부문의 점유면적을 기준으로 배분한다. 20×1년 6월의 관련 자료가 다음과 같을 때 보조부문원가를 배분한 후 제조부문 P1의 부문원가(총액)는?   제27회

구분	보조부문	제조부문		계
	S	P1	P2	
부문공통원가				
화재보험료				₩16,000
감가상각비				₩14,000
부문개별원가	₩10,000	₩15,000	₩18,000	
점유면적(m²)	20	30	50	100
용역수수관계(%)	20	50	30	100

① ₩21,000   ② ₩24,000
③ ₩28,000   ④ ₩32,000
⑤ ₩34,000

정답 | 해설

08 ①

구분	총원가(비율)	배부차이 배분액
기말재공품	₩5,000(4%)	₩360
기말제품	₩7,500(6%)	₩540
매출원가	₩112,500(90%)	**₩8,100**
합계	₩125,000(100%)	₩9,000

∴ 조정 후 매출원가 = ₩112,500 − ₩8,100 = ₩104,400

09 ⑤ 부문 공통원가 배분

구분	보조부문	제조부문	
	S	P1	P2
부문공통원가			
화재보험료			
감가상각비			
부문개별원가	₩10,000	₩15,000	₩18,000
부문공통원가 배분			
화재보험료	₩3,200	₩4,800	₩8,000
감가상각비	₩2,800	₩4,200	₩7,000
부문원가의 합계	₩16,000	₩24,000	₩33,000
보조부문원가 배분	(₩16,000)	₩10,000[*1]	₩6,000[*2]
제조부문 합계		₩34,000	₩39,000

[*1] ₩16,000 × 50 / (50 + 30) = ₩10,000
[*2] ₩16,000 × 30 / (50 + 30) = ₩6,000

10 (주)한국은 두 개의 보조부문(수선, 전력)과 두 개의 제조부문(기계, 완성)을 운영하고 있다. 각 부문에서 발생한 원가자료는 다음과 같다.

구분	보조부문		제조부문		합계
	수선	전력	기계	완성	
부문개별원가	₩30	₩12	₩50	₩38	₩130
부문공통원가					₩360
점유면적(m²)	0	10	100	90	200
수선시간(hr)	–	2	7	3	12
전력사용량(kW)	40	–	216	144	400

부문공통원가는 각 부문의 점유면적으로 배부하고 수선부문원가와 전력부문원가는 수선시간 및 전력사용량을 각각 이용하여 직접배분법으로 제조부문에 배부한다. 기계부문의 배부 후 원가총액은?

① ₩200
② ₩202
③ ₩250
④ ₩260
⑤ ₩269

11 (주)한국은 두 개의 보조부문(S1, S2)과 두 개의 제조부문(P1, P2)을 운영하며, 단계배분법을 사용하여 보조부문원가를 제조부문에 배분한다. 보조부문원가 배분 전 S1에 집계된 원가는 ₩120,000이고, S2에 집계된 원가는 ₩110,000이다. 부문 간의 용역수수관계가 다음과 같을 때, P1에 배분될 총 보조부문원가는? (단, S1 부문원가를 먼저 배분함)

제26회

제공＼사용	S1	S2	P1	P2
S1	20%	20%	20%	40%
S2	30%	–	42%	28%

① ₩88,800
② ₩96,000
③ ₩104,400
④ ₩106,000
⑤ ₩114,000

10 ⑤

구분	보조부문		제조부문		합계
	수선	전력	기계	완성	
부문개별원가	₩30	₩12	₩50	₩38	₩130
부문공통원가	₩0*1	₩18	₩180	₩162	₩360
수선부문원가배부액	–	–	₩21*2	₩9	
전력부문원가배부액	–	–	₩18*3	₩12	
보조부문원가배부액			₩39	₩21	
합계			₩269	₩221	

*1 ₩360 × 0/200

*2 ₩30 × 7/10

*3 ₩30 × 216/360

11 ⑤

사용 / 제공	S1	S2	P1	P2
부문원가	₩120,000	₩110,000		
① S1	(₩120,000)	₩30,000*1 25%	₩30,000 25%	₩60,000 50%
② S2	30%	(₩140,000)	₩84,000*2 42%	₩56,000 28%
합계			₩114,000	₩116,000

*1 ₩120,000 × 25% = ₩30,000

*2 ₩140,000 × 42% / (42% + 28%) = ₩84,000

12 제조부문 A에 집계된 부문원가 합계액은? [단, 보조부문(동력부문, 수선부문) 원가 배부는 상호배분법에 의함]

	A 제조부문	B 제조부문	동력부문	수선부문
자기부문발생액	₩140,000	₩80,000	₩47,000	₩40,000
동력부문	40%	40%	–	20%
수선부문	50%	25%	25%	–

① ₩174,200
② ₩178,800
③ ₩179,500
④ ₩190,000
⑤ ₩198,000

---

12 ④ 동력부문을 x, 수선부문을 y라 하고 다음과 같은 식을 통해 계산한다.
(1) $x = ₩47,000 + 0.25y$
(2) $y = ₩40,000 + 0.2x$
x를 먼저 계산하기 위해 (1)에 (2)를 대입한다.
$x = ₩47,000 + 0.25 \times (₩40,000 + 0.2x) = ₩47,000 + ₩10,000 + 0.05x$
$0.95x = ₩57,000$
⇨ $x = ₩60,000$
$y = ₩40,000 + (0.2 \times ₩60,000) = ₩52,000$
∴ A 제조부문의 합계 $= ₩140,000 + 0.4x + 0.5y$
$= ₩140,000 + (0.4 \times ₩60,000) + (0.5 \times ₩52,000)$
$= ₩190,000$

house.Hackers.com

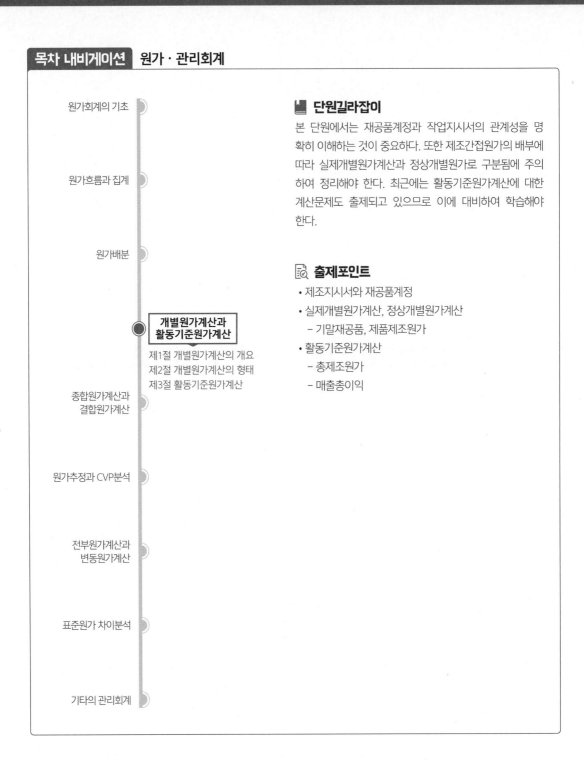

📖 단원길라잡이

본 단원에서는 재공품계정과 작업지시서의 관계성을 명확히 이해하는 것이 중요하다. 또한 제조간접원가의 배부에 따라 실제개별원가계산과 정상개별원가로 구분됨에 주의하여 정리해야 한다. 최근에는 활동기준원가계산에 대한 계산문제도 출제되고 있으므로 이에 대비하여 학습해야 한다.

🔍 출제포인트

- 제조지시서와 재공품계정
- 실제개별원가계산, 정상개별원가계산
  - 기말재공품, 제품제조원가
- 활동기준원가계산
  - 총제조원가
  - 매출총이익

01 의의, 특징, 형태

(1) 의의

개별원가계산이란 제품원가를 작업별로 원가를 집계하고 배부하는 방법으로, 주로 조선업, 건설업, 기계공업, 항공기산업 등과 같이 고객의 주문에 따라 개별적으로 제품을 생산하는 주문생산형태의 기업에 적용된다.

(2) 특징

① 개별원가계산은 개별작업별로 원가를 분리하여 기록하기 위해 작업별로 원가를 집계하는 작업원가표에 투입된 원가를 기록한다.

② 원가의 추적가능성에 따라 원가를 직접원가(직접재료원가, 직접노무원가)와 간접원가(제조간접원가)로 구분한다.

③ 작업별로 추적 가능한 직접원가(직접재료원가 + 직접노무원가)를 파악하여 각 작업단위에 바로 집계하고, 작업별로 추적할 수 없는 제조간접원가는 배부기준에 의해 개별작업에 배부한다.

④ 기말재공품의 원가는 미완성된 작업의 작업원가표에 집계된 원가의 합계이다.

⑤ 종합원가계산의 핵심과제는 기말재공품을 평가하는 것이고, 개별원가계산의 핵심과제는 제조간접원가를 합리적으로 배부하는 것이다.

(3) 형태

① 단순개별원가계산: 제조지시서별로 집계된 원가요소별 금액을 집계하여 제품원가를 계산하는 방식으로, 직접원가는 직접 부과하고, 간접원가는 제조간접원가의 배부과정을 거친다.

② 부문별 원가계산: 원가계산의 절차는 단순개별원가계산과 유사하나, 앞서 학습한 부문별 원가계산과정이 추가되는 점에서 차이가 있다. 즉, 부문별 원가계산은 원가를 발생부서별로 집계함으로써 원가관리, 통제 및 정확한 제품원가계산을 할 수 있다.

02 제조지시서와 작업원가표

(1) 제조지시서

특정 제품의 생산을 위하여 발행하는 작업명령서로서 제조명령서라고도 하며, 원가집계 또한 제조지시서에 의하여 이루어지므로 제조지시서는 개별원가계산에 있어서 중요하다.

(2) 작업원가표

작업원가표는 개별작업에 대한 원가를 기록 및 집계하기 위하여 사용되는 개별원가계산의 기본요소이다. 직접재료원가와 직접노무원가는 발생과 동시에 원가계산표에 기재되지만, 제조간접원가는 기말에 합리적인 적정한 기준에 의하여 배부된 금액을 기록한다. 특정 제품의 생산을 위해 제조지시서가 발행되면 공장에서는 제품생산에 착수하게 되며 원가계산회계부서에서는 제조지시서별 원가계산표를 작성하여 원가를 집계한다.

03 개별원가계산의 흐름

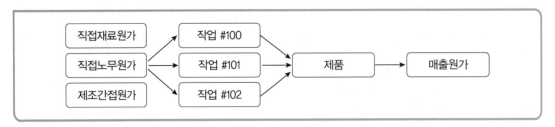

개별작업과 재공품, 제품, 매출원가의 흐름

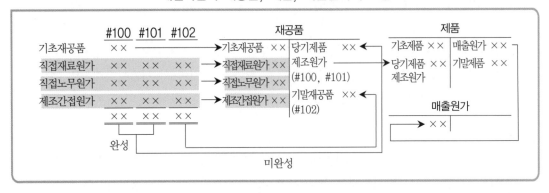

● 직접재료원가와 직접노무원가는 제조직접원가가 되어 각 작업별로 직접 추적되며, 제조간접원가는 합리적인 기준에 의하여 각 작업별로 배부된다.

핵심 콕! 콕! 개별원가계산하의 당기제품제조원가와 기말재공품재고액

1. **당기제품제조원가**
   완성된 제조지시서의 합계액

2. **기말재공품재고액**
   미완성된 제조지시서의 합계액

다음 재공품계정과 제품계정 그리고 원가계산표의 괄호 안에 적당한 금액을 기입하시오. (단, 제조간접원가는 직접노무원가법으로 배부하고, 제조지시서 #1, #2, #3은 완성품임)

재공품

전월이월	80,000	당월제품	( )
직접재료원가	300,000	차월이월	( )
직접노무원가	400,000		
제조간접원가	380,000		

제품

| 전월이월 | 40,000 | 매출원가 | ( ) |
| 당월제품 | ( ) | 차월이월 | 52,000 |

원가계산표

비목	제조지시서 #1	제조지시서 #2	제조지시서 #3	제조지시서 #4
월초 재공품	₩30,000	( )	–	–
직접재료원가	₩100,000	( )	₩80,000	₩70,000
직접노무원가	₩180,000	₩120,000	₩70,000	( )
제조간접원가	( )	( )	( )	( )
합계	( )	( )	( )	( )

해설

재공품

전월이월	80,000	당월제품	1,031,500
직접재료원가	300,000	차월이월	128,500
직접노무원가	400,000		
제조간접원가	380,000		
	1,160,000		1,160,000

제품

전월이월	40,000	매출원가	1,019,500
당월제품	1,031,500	차월이월	52,000
	1,071,500		1,071,500

• 제조간접원가배부율(직접노무원가법) = ₩380,000 ÷ ₩400,000 = @₩0.95

비목	제조지시서 #1	제조지시서 #2	제조지시서 #3	제조지시서 #4	합계
월초 재공품	₩30,000	₩50,000	–	–	₩80,000
직접재료원가	₩100,000	₩50,000	₩80,000	₩70,000	₩300,000
직접노무원가	₩180,000	₩120,000	₩70,000	₩30,000	₩400,000
제조간접원가	₩171,000*	₩114,000	₩66,500	₩28,500	₩380,000
합계	₩481,000	₩334,000	₩216,500	₩128,500	₩1,160,000

* ₩180,000 × 0.95(직접노무원가 기준)
• 당월제품제조원가: 완성된 제조지시서의 합계(#1, #2, #3)
  = ₩481,000 + ₩334,000 + ₩216,500 = ₩1,031,500
• 기말재공품원가(재공품 차기이월액): 미완성된 제조지시서의 합계(#4)
  = ₩128,500
• 매출원가 = 기초제품(제품 전월이월액) + 당월제품제조원가 − 기말제품(제품 차월이월액)
  = ₩40,000 + ₩1,031,500 − ₩52,000 = ₩1,019,500

01 실제개별원가계산

실제개별원가계산은 실제로 발생한 직접재료원가, 직접노무원가, 제조간접원가를 개별작업별로 집계하여 제품에 배부하는 원가계산방법이다. 따라서 실제개별원가계산의 절차는 다음과 같다.

(1) 직접재료원가와 직접노무원가의 실제발생액을 관련 제품에 배부한다.

(2) 원가계산기간 말에 제조간접원가 실제발생액을 집계한다.

(차) 제조간접원가(실제발생액)	×××	(대) 감가상각비	×××
		보험료	×××

(3) 제조간접원가의 배부기준을 설정하고, 실제 발생된 제조간접원가와 실제배부기준을 사용하여 배부율을 계산한 후 배부한다.

(차) 재공품	×××	(대) 제조간접원가	×××

실제개별원가계산의 흐름

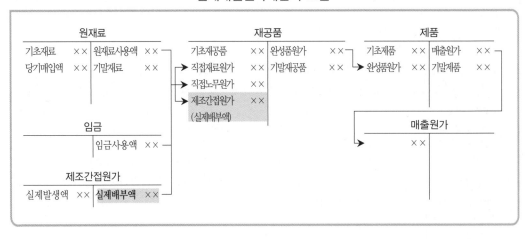

20×2년 7월 1일 현재 (주)한국은 작업 #1을 수행하고 있으며, 본 작업은 6월 30일에 착수되었고 발생한 원가는 ₩12,200이다. 7월 중에 작업 #2과 #3가 착수되었고 이 중 작업 #1과 #2는 완성되었다. 각 작업과 관련하여 7월 중 발생한 직접원가와 제조간접원가는 다음과 같다.

	작업 #1	작업 #2	작업 #3
직접재료원가	₩12,000	₩5,000	₩8,000
직접노무원가	₩22,000	₩10,000	₩9,000
합계	₩34,000	₩15,000	₩17,000

7월 중에 발생한 제조간접원가는 ₩30,000이고, 7월 중 외상으로 매입한 원재료매입액은 ₩42,000이다. 제조간접원가의 배부는 직접재료원가를 기준으로 배부한다.

(1) 제조간접원가 실제배부율을 계산하시오.
(2) 제조지시서와 재공품계정을 계산하시오.

해설

(1) 제조간접원가 실제배부율을 직접재료원가 기준으로 계산하면 다음과 같다.
제조간접원가 실제배부율 = ₩30,000 ÷ ₩25,000 = @₩1.2
산출된 제조간접원가 배부율을 이용하여 각 제조지시서에 배부하고 이 중 완성된 제조지시서의 합계는 제공품계정의 제품제조원가로 계산 및 집계가 된다.

(2) 제조지시서와 재공품계정

구분	작업 #1	작업 #2	작업 #3	합계
기초재공품	₩12,200	–	–	₩12,200
직접재료원가	₩12,000	₩5,000	₩8,000	₩25,000
직접노무원가	₩22,000	₩10,000	₩9,000	₩41,000
제조간접원가	₩14,400	₩6,000	₩9,600	₩30,000
합계	₩60,600	₩21,000	₩26,600	₩108,200

재공품

기초재공품	12,200	당월제품제조원가[1]	81,600
직접재료원가	25,000	기말재공품[2]	26,600
직접노무원가	41,000		
제조간접원가	30,000		
	108,200		108,200

[1] 완성된 제조지시서의 합계액(#1, #2) = ₩60,600 + ₩21,000
[2] 미완성된 제조지시서의 합계액(#3)

02 정상(예정)개별원가계산

(1) 의의

정상개별원가계산이란 실제개별원가계산과 같이 각 제조지시서별로 원가계산을 하되 제조간접원가는 예정배부율에 의해서 배부하는 원가계산방법으로서, 실제개별원가계산과 같이 월별로 배부율이 변동되지 않는 특징이 있다.

(2) 장점

① 신속한 제품원가계산이 가능하다. 제조직접원가는 각 제품별로 소비와 동시에 집계되나, 제조간접원가는 기말에 각 제품의 제조간접원가 부담액이 계산된다. 따라서 완성된 제품의 원가를 신속히 계산하기 위하여 제조간접원가를 예정배부하게 된다.

② 제품원가의 안정성을 유지할 수 있다. 실제개별원가계산의 경우 발생할 수 있는 조업도의 월별·계절별 변동에 따라 단위당 제조간접원가가 변동되어 산출된다. 그러므로 연초에 미리 제조간접원가 총액을 추산하고 생산량을 예상하면 단위당 제조간접원가 부담액이 균등해지기 때문에 제품가격의 안정성을 기할 수 있다.

③ 예정배부액과 실제배부액의 차이인 배부차이의 원인을 분석함으로써 합리적인 원가관리와 성과평가가 가능하다.

(3) 절차

① 제조간접원가 예산액을 추정하여 제조간접원가 예정배부율을 산정한다.

② 직접재료원가와 직접노무원가는 실제발생액을 제품에 직접 부과한다.

③ 제조간접원가는 제조간접원가 예정배부율을 사용하여 관련 제품에 배부한다.

(차) 재공품	×××	(대) 제조간접원가(예정배부액)	×××

④ 기말에 실제로 발생한 제조간접원가 총액을 집계한다.

(차) 제조간접원가(실제발생액)	×××	(대) 감가상각비	×××
		보험료	×××

⑤ 예정배부율을 적용한 제조간접원가 예정배부액과 제조간접원가 실제발생액과의 차이, 즉 제조간접원가 배부차이를 계산한다.

⑥ 제조간접원가 배부차이를 일정한 방법에 의하여 회계처리한다.

예정배부액 > 실제발생액(과대배부)	예정배부액 < 실제발생액(과소배부)
(차) 제조간접원가 ××× (대) 매출원가 ×××	(차) 매출원가 ××× (대) 제조간접원가 ×××

● 일정한 방법: 매출원가조정법 등

정상개별원가계산의 흐름

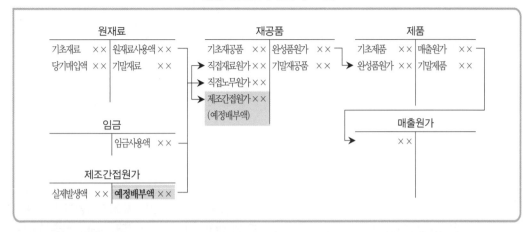

01 (주)한국은 정상개별원가계산제도를 채택하고 있다. 제조간접원가는 직접노무원가를 기준으로 예정배부하고 있으며, 제조간접원가 배부차이는 전액 매출원가에서 조정하고 있다. 당기 원가자료가 다음과 같을 때, 당기제품제조원가는? (단, 제조간접원가 예정배부율은 매 기간 동일함)

제24회

구분	직접재료원가	직접노무원가	제조간접원가
기초재공품	₩2,500	₩2,800	₩4,200
당기실제발생액	₩15,000	₩18,000	₩25,500
기말재공품	₩3,000	₩3,800	?

① ₩55,500   ② ₩56,000
③ ₩56,500   ④ ₩57,000
⑤ ₩57,500

해설

제조간접원가 예정배부율 = ₩4,200 ÷ ₩2,800 = ₩1.5/직접노무원가

		재공품	
기초재공품	9,500	제품제조원가	57,000
직접재료원가	15,000	기말재공품	12,500*2
직접노무원가	18,000		
제조간접원가	27,000*1		
	69,500		69,500

*1 제조간접원가 예정배부액 = ₩18,000 × ₩1.5 = ₩27,000
*2 기말재공품 = ₩3,000 + ₩3,800 + (₩3,800 × ₩1.5) = ₩12,500

정답: ④

02 20×2년 7월 1일 현재 (주)한국은 작업 #1을 수행하고 있으며, 본 작업은 6월 30일에 착수되었고 발생한 원가는 ₩12,200이다. 7월 중에 작업 #2과 #3가 착수되었고 이 중 작업 #1과 #2는 완성되었다. 각 작업과 관련하여 7월 중 발생한 직접원가와 제조간접원가는 다음과 같다.

	작업 #1	작업 #2	작업 #3
직접재료원가	₩12,000	₩5,000	₩8,000
직접노무원가	₩22,000	₩10,000	₩9,000
합계	₩34,000	₩15,000	₩17,000

(주)한국은 정상(예정)원가계산을 채택하고 있으며, 20×2년 제조간접원가 연간예상액은 ₩400,000이고, 직접재료원가의 경우는 ₩500,000이다. (단, 제조간접원가 배부는 직접재료원가를 기준으로 함)

(1) 제조간접원가 예정배부율을 계산하시오.
(2) 제조지시서와 재공품계정을 계산하시오.

[해설]

(1) 제조간접원가 예정배부율을 직접재료원가 기준으로 계산하면 다음과 같다.
제조간접원가 예정배부율 = ₩400,000 ÷ ₩500,000 = @₩0.8
산출된 제조간접원가배부율을 이용하여 각 제조지시서에 배부하고 이 중 완성된 제조지시서의 합계는 재공품계정의 제품제조원가로 계산 및 집계가 된다.

(2) 제조지시서와 재공품계정

구분	작업 #1	작업 #2	작업 #3	합계
기초재공품	₩12,200	−	−	₩12,200
직접재료원가	₩12,000	₩5,000	₩8,000	₩25,000
직접노무원가	₩22,000	₩10,000	₩9,000	₩41,000
제조간접원가	₩9,600	₩4,000	₩6,400	₩20,000
합계	₩55,800	₩19,000	₩23,400	₩98,200

재공품

기초재공품	12,200	당월제품제조원가[1]	74,800
직접재료원가	25,000	기말재공품[2]	23,400
직접노무원가	41,000		
제조간접원가	20,000		
	98,200		98,200

[1] 완성된 제조지시서의 합계액(#1, #2) = ₩55,800 + ₩19,000
[2] 미완성된 제조지시서의 합계액(#3)

제3절 | 활동기준원가계산

01 의의

활동기준원가계산은 자동화 등으로 비중이 확대된 제조간접원가를 제품에 정확히 배분하고 효율적으로 관리하기 위하여 제조간접원가의 발생과 관련성이 있는 활동을 분석함으로써 기존의 단순조업도가 아닌 활동별 원가동인을 기준으로 제조간접원가를 배부하는 원가계산을 말한다.

02 도입배경

(1) 제조간접원가의 증가

제품 제조의 자동화 등으로 총제조원가에서 직접노무원가는 감소하고 제조간접원가가 차지하는 비중이 점차 증가하고 있다. 따라서 올바른 제품원가를 계산하기 위해서는 제조간접원가의 정확한 배부가 필요하게 되었다.

(2) 전통적인 제조간접원가 배부기준에 대한 비판

기존의 전통적인 배부기준은 주로 생산량을 위주로 이루어진 단순한 조업도에 근거하고 있으므로 다양한 원가동인에 의해 발생하는 제조간접원가를 왜곡시킬 우려가 있다. 따라서 제조간접원가 발생액과 관련성 있는 활동을 분석하여 활동별로 원가발생과의 인과관계를 고려하여 배부하는 것이 원가관리에 유용한 정보를 제공할 수 있다.

(3) 정보기술의 발달과 원가 개념의 확대

정보기술의 발달로 컴퓨터를 통하여 활동분석 및 관련 원가를 적은 비용으로 쉽게 이용할 수 있게 되었다.

전통적 원가계산과 활동기준원가계산의 비교

구분	전통적 원가계산	활동기준원가계산
제조간접원가 집계 단위	공장 전체 또는 부문	활동
배부기준의 수	공장 전체 배부율 또는 단일 소수의 제조간접원가 배부율	활동별로 다양한 제조간접원가 배부율 존재
배부기준의 성격	재무적 측정치(예 직접노동시간, 직접노무원가 등)	활동별 원가동인을 제조간접원가 배부기준으로 하며, 비재무적 측정치(예 제품 수, 검사횟수, 작업시간 등)를 주로 사용함
배부기준의 인과관계	인과관계가 약함	인과관계가 강함
원가배부의 정확성	상대적으로 낮음	상대적으로 높음

03 원가계산

(1) 활동분석

기업의 제조활동을 세분화된 개별활동으로 나누어 활동별로 분석한다.

(2) 활동중심점의 설정 및 자원원가의 활동별 집계

활동분석에서 결정된 활동별로 발생된 총원가를 집계한다.

(3) 활동별로 원가동인(배부기준) 결정

원가의 직접적인 변동원인이 무엇인지 파악한다. 활동기준원가계산은 다양한 원가동인을 사용한다. 이 경우 원가동인은 활동별 원가와 상관관계가 많은 비재무적 측정치(⑩ 주문 건수, 검사횟수 등)가 많이 사용된다.

(4) 활동별 제조간접원가 배부율 결정

$$활동별\ 제조간접원가\ 배부율 = \frac{활동별\ 제조간접원가}{활동별\ 원가동인(배부기준)}$$

(5) 활동원가의 제품별 배부(제조간접원가의 배부)

$$제품별\ 배부액 = 제품별\ 원가동인\ 수 \times 활동별\ 제조간접원가\ 배부율$$

04 장점과 단점

(1) 장점

① 정확한 제품원가의 계산: 다양한 각 활동별로 분석한 원가동인을 배부기준으로 하기 때문에 정확한 원가배부가 가능하다.

② 원가통제: 활동분석을 통하여 비부가가치활동을 제거하거나 감소시켜 생산시간을 단축할 수 있고, 활동별로 원가를 관리함으로써 상대적으로 많은 원가를 발생시키는 활동을 감소시킬 수 있다.

③ 신축적인 원가계산: 제품 구성이 변하더라도 신축적인 원가계산이 가능하다.

④ 성과평가의 개선: 비재무적인 측정치를 제공함으로써 의사결정 및 성과평가에 유용하다.

(2) 단점

① 비용의 증가: 활동분석 등과 관련된 원가추정비용이 과다할 수 있다.

② 자의적인 배분: 인과관계가 높은 원가동인을 파악하기 어려운 설비유지활동 관련 원가는 활동별 배부기준을 사용하여 배부할 수 없으므로 기존의 원가배분의 문제점이 동일하게 존재한다.

③ 활동기준의 부재: 활동을 현실적으로 명확하게 구분하는 기준과 활동에 대한 공식적인 정의가 없다.

> **더 알아보기** | **활동기준원가계산의 효익이 큰 기업 유형**
>
> 1. 제조간접원가의 비중이 상대적으로 큰 기업
> 2. 제품별로 제조공정에 요구되는 활동의 차이가 큰 기업
> 3. 복잡한 생산공정에서 여러 제품을 생산하는 기업
> 4. 기존의 생산방식에서 제조공정이 급격히 변하거나 제품의 종류가 다양한 기업

확인 및 기출예제

(주)한국은 복수의 제품을 생산·판매하고 있으며, 활동기준원가계산을 적용하고 있다. (주)한국은 제품원가계산을 위해 다음과 같은 자료를 수집하였다.

구분	활동원가	원가동인	총원가동인 수
조립작업	₩500,000	조립시간	25,000시간
주문처리	₩75,000	주문횟수	1,500회
검사작업	₩30,000	검사시간	1,000시간

제품	생산수량	단위당 직접제조원가		조립작업	주문처리	검사작업
		직접재료원가	직접노무원가			
A	250개	₩150	₩450	400시간	80회	100시간

(주)한국이 당기에 A제품 250개를 단위당 ₩1,000에 판매한다면, A제품의 매출총이익은?

제22회

① ₩65,000   ② ₩70,000   ③ ₩75,000
④ ₩80,000   ⑤ ₩85,000

해설

구분	활동별 단위당 배부율
조립작업	₩500,000 ÷ 25,000시간 = ₩20/시간
주문처리	₩75,000 ÷ 1,500회 = ₩50/회
검사작업	₩30,000 ÷ 1,000시간 = ₩30/시간

구분	제조원가
직접재료원가	250개 × @₩150 = ₩37,500
직접노무원가	250개 × @₩450 = ₩112,500
제조간접원가	
• 조립작업	400시간 × @₩20/시간 = ₩8,000
• 주문처리	80회 × @₩50/회 = ₩4,000
• 검사작업	100시간 × @₩30/시간 = ₩3,000

∴ 매출총이익 = 순매출액 − 매출원가
 = (₩1,000 − ₩150 − ₩450) × 250개 − ₩8,000 − ₩4,000 − ₩3,000
 = ₩85,000

정답: ⑤

01 개별원가계산은 소품종 대량생산에 적합한 원가계산방법으로 가구제조업, 건축업, 조선업 등에서 적용되고 있다. ( )

02 개별원가계산은 원가행태에 따라서 직접원가와 간접원가로 구분한다. ( )

03 제조지시서는 각 제품의 원가를 산정하기 위하여 원가요소를 집계하는 표를 말한다. ( )

04 개별원가계산하의 당기제품제조원가는 제조지시서 중 미완성된 제조지시서의 합계액을, 기말재공품 재고액은 제조지시서 중 완성된 제조지시서의 합계액을 말한다. ( )

05 제조간접원가를 예정배부하는 개별원가계산을 정상개별원가계산이라고 한다. ( )

06 활동기준원가계산은 '활동분석 ⇨ 각 활동별로 제조간접원가 집계 ⇨ 활동별로 원가동인 결정 ⇨ 활동별 제조간접원가 배부율 결정 ⇨ 활동별 원가계산'의 순서로 진행된다. ( )

07 활동기준원가계산은 자동화 등으로 비중이 확대된 직접재료원가를 제품에 정확히 배분하고 효율적으로 관리하기 위하여 직접재료원가 발생과 관련성이 있는 활동을 분석함으로써 원가동인을 기준으로 하는 원가계산을 말한다. ( )

---

01 × 소품종 대량생산 ⇨ 다품종 소량생산

02 × 원가행태 ⇨ 제품과의 관련성 또는 추적가능성

03 × 원가계산표에 대한 설명이다. 제조지시서는 특정 제품의 생산을 위하여 발행하는 작업명령서이다.

04 × 당기제품제조원가는 완성된 제조지시서의 합계액을 말하며, 기말재공품원가는 미완성된 제조지시서의 합계액을 말한다.

05 ○

06 ○

07 × 직접재료원가 ⇨ 제조간접원가

01 개별원가계산에 대한 설명으로 옳지 않은 것은?

① 주문에 의한 다품종 주문생산형태의 기업에 주로 적용된다.

② 원가를 직접재료원가, 직접노무원가, 제조간접원가로 분류하여 기간별로 집계한다.

③ 원가계산은 제조간접원가의 배부가 중요하다.

④ 기말재공품은 미완성된 제조지시서의 합계이다.

⑤ 건설업, 조선업 등에 적합한 원가계산방법이다.

02 주문에 의해 제품을 생산하는 조선업체인 (주)한국은 20×1년 중에 자동차운반선과 LNG운반선을 완성하여 주문자에게 인도하였고, 20×1년 말 미완성된 컨테이너선이 있다. 자동차운반선, LNG운반선, 컨테이너선 이외의 제품주문은 없었다고 가정한다. 다음은 (주)한국의 20×1년도 실제원가 및 직접노무시간 자료이다.

구분	자동차운반선	LNG운반선	컨테이너선	합계
기초재공품	₩50	₩100	₩150	₩300
직접재료원가	₩250	₩200	₩150	₩600
직접노무원가	₩400	₩300	₩200	₩900
직접노무시간	250시간	350시간	400시간	1,000시간

20×1년에 발생한 총제조간접원가는 ₩1,000이고 (주)한국은 제조간접원가의 배부 기준으로 직접노무시간을 사용할 때, (주)한국의 20×1년 기말재공품원가는?

① ₩400   ② ₩500   ③ ₩800

④ ₩900   ⑤ ₩1,000

정답 | 해설

01 ② 개별원가계산은 원가를 <u>작업별</u>로 집계한다.

02 ④ 제조간접원가 배부율 = ₩1,000 / 1,000시간 = @₩1

∴ 기말재공품(컨테이너선) = ₩150 + ₩150 + ₩200 + ₩400 = ₩900

03 20×1년 1월 초에 설립된 (주)한국은 자동차 부품을 주문제작하며, 개별원가계산제도를 적용하여 주문별로 제품원가를 계산하고 있다. 다음은 20×1년 1월의 주문생산에 관한 자료이다. 1월에 생산한 제품원가와 1월 말 재공품원가는? 제12회

- 수주받은 주문: 총 3건(주문 1과 2는 완성, 주문 3은 미완성)
- 총제조원가: 직접재료원가　₩180,000
  　　　　　　 직접노무원가　₩50,000
  　　　　　　 제조간접원가　₩90,000
- 주문 3에 관련된 직접재료원가 ₩24,000, 직접노무원가 ₩10,000
- 제조간접원가는 직접노무원가를 기준으로 실제 배부

	제품원가	재공품원가
①	₩262,000	₩58,000
②	₩264,000	₩56,000
③	₩266,000	₩54,000
④	₩268,000	₩52,000
⑤	₩270,000	₩50,000

04 다음 자료에 의하여 매출원가를 계산하면 얼마인가? (단, #103은 미완성품임)

항목	제조지시서 #101	제조지시서 #102	제조지시서 #103
월초 재공품	₩10,000	₩20,000	−
직접재료원가	₩14,000	₩16,000	₩10,000
직접노무원가	₩20,000	₩25,000	₩12,000
제조간접원가	₩8,000	₩9,000	₩7,000
합계	₩52,000	₩70,000	₩29,000

제품			
전월이월	20,000	매출원가	x
당월제품	?	차월이월	40,000

① ₩102,000　　　　　　　　　② ₩122,000

③ ₩142,000　　　　　　　　　④ ₩151,000

⑤ ₩160,000

05 (주)한국은 개별원가계산을 채택하고 있고 3월 중 원장의 재공품계정에는 다음과 같은 사항이 기록되어 있다.

- 3월 1일　잔액　　　　　　　　　　　　　　　　　　　　₩2,000
- 3월 31일　직접재료원가　　　　　　　　　　　　　　　₩12,000
- 3월 31일　직접노무원가　　　　　　　　　　　　　　　₩8,000
- 3월 31일　제조간접원가　　　　　　　　　　　　　　　₩6,400
- 3월 31일　제품계정으로 대체　　　　　　　　　　　　₩24,000

(주)한국은 직접노무원가의 80%를 제조간접원가로 예정배부하며, 3월 말에 아직 가공 중에 있는 유일한 작업인 제조명령서 #232에 직접노무원가 ₩1,000이 부과되어 있을 때, #232에 부과될 직접재료원가는?

① ₩1,500　　　　　　② ₩1,800　　　　　　③ ₩2,600
④ ₩4,400　　　　　　⑤ ₩12,000

제2편 원가 · 관리회계

4장

정답 | 해설

03 ④　제조간접원가 배부율 = ₩90,000 / ₩50,000 = @₩1.8

구분	주문 1	주문 2	주문 3	합계
직접재료원가			₩24,000	₩180,000
직접노무원가			₩10,000	₩50,000
제조간접원가			₩18,000[*1]	₩90,000
계		₩268,000[*2]	₩52,000	₩320,000

[*1] ₩10,000 × ₩1.8
[*2] ₩320,000 − ₩52,000
∴ 제품원가 = ₩268,000
　재공품원가 = ₩52,000

04 ①　당월제품제조원가 = ₩52,000 + ₩70,000 = ₩122,000(완성된 제조지시서 #101, #102)
∴ 매출원가(x) = 기초제품재고액 + 당월제품제조원가 − 기말제품재고액
　　　　　　　 = ₩20,000 + ₩122,000 − ₩40,000 = ₩102,000

05 ③

재공품			
기초재공품	2,000	제품제조원가	24,000
직접재료원가	12,000	기말재공품	4,400
직접노무원가	8,000		
제조간접원가	6,400		
	28,400		28,400

기말재공품(#232) = 직접재료원가(x) + 직접노무원가 + 제조간접원가
　　　　　　　　 = x + ₩1,000 + (₩1,000 × 80%) = ₩4,400
∴ 직접재료원가(x) = ₩2,600

06 (주)한국은 개별원가계산을 하고 있다. (주)한국은 연말에 기록을 검토하던 중 ₩5,000의 원재료가 창고에서 출하되어 #101 작업에 사용되었으나 그에 대한 기록이 누락된 오류를 발견하였다. 연말 현재 #101 작업은 완성되었고 아직 판매되지는 않았다. 다음 중 이로 인한 결과를 바르게 설명한 것은?

① 당기제품제조원가가 ₩5,000 과대계상되었다.
② 연말 재공품원가가 ₩5,000 과소계상되었다.
③ 당기매출원가가 ₩5,000 과대계상되었다.
④ 연말 제품원가가 ₩5,000 과소계상되었다.
⑤ 원재료사용액이 과대계상되었다.

07 활동기준원가계산에 관한 설명으로 옳지 않은 것은? 제19회

① 전통적인 원가계산에 비해 배부기준의 수가 많다.
② 활동이 자원을 소비하고 제품이 활동을 소비한다는 개념을 이용한다.
③ 제조원가뿐만 아니라 비제조원가도 원가동인에 의해 배부할 수 있다.
④ 활동을 분석하고 원가동인을 파악하는 데 시간과 비용이 많이 발생한다.
⑤ 직접재료원가 이외의 원가를 고정원가로 처리한다.

08 (주)한국은 전환원가에 대해 활동기준원가계산을 적용하고 있다. (주)한국의 생산활동, 활동별 배부기준, 전환원가 배부율은 다음과 같다.

생산활동	배부기준	전환원가 배부율
기계작업	기계작업시간	기계작업시간당 ₩50
조립작업	부품수	부품 1개당 ₩10
품질검사	완성품 단위	완성품 1단위당 ₩30

당기에 완성된 제품은 총 50단위이고, 제품단위당 직접재료원가는 ₩100이다. 제품 1단위를 생산하기 위해서는 2시간의 기계작업시간과 5개의 부품이 소요된다. 당기에 생산된 제품 50단위의 총제조원가는? 제17회

① ₩9,000 ② ₩12,000 ③ ₩14,000
④ ₩16,000 ⑤ ₩18,000

09 (주)한국은 가공(전환)원가에 대해 활동기준원가계산을 적용하고 있다. (주)한국의 생산활동, 활동별 배부기준, 가공원가 배부율은 다음과 같다.

생산활동	활동별 배부기준	가공원가 배부율
기계작업	기계작업시간	기계작업시간당 ₩10
조립작업	부품수	부품 1개당 ₩6

당기에 완성된 제품은 총 100단위이고, 총직접재료원가는 ₩6,000이다. 제품 1단위를 생산하기 위해서는 4시간의 기계작업시간이 소요되고 5개 부품이 필요하다. 당기에 생산된 제품 100단위를 단위당 ₩200에 모두 판매가 가능하다고 할 때, 매출총이익은?

① ₩7,000
② ₩9,000
③ ₩11,000
④ ₩13,000
⑤ ₩14,000

정답 | 해설

06 ④ 원재료사용액(소비액) 과소계상 ⇨ 당월 총제조비용 과소계상 ⇨ 당월 제품제조원가 과소계상

07 ⑤ 활동기준원가계산은 정확한 제품원가계산을 위하여 활동별 원가동인을 기준으로 제조간접원가를 배부하는 원가계산을 말한다.

08 ③ 총제조원가 = 직접재료원가 + 가공원가
= (50단위 × ₩100) + (50단위 × 2시간 × ₩50) + (50단위 × 5개 × ₩10) + (50단위 × ₩30)
= ₩14,000

09 ① (1) 직접재료원가 = ₩6,000
(2) 가공원가 = (100단위 × 4시간 × ₩10) + (100단위 × 5개 × ₩6) = ₩7,000
⇨ 100단위에 대한 총제조원가 = (1) + (2) = ₩13,000
∴ 매출총이익 = 매출액 − 매출원가 = (100단위 × ₩200) − ₩13,000 = ₩7,000

제 **5** 장 종합원가계산과 결합원가계산

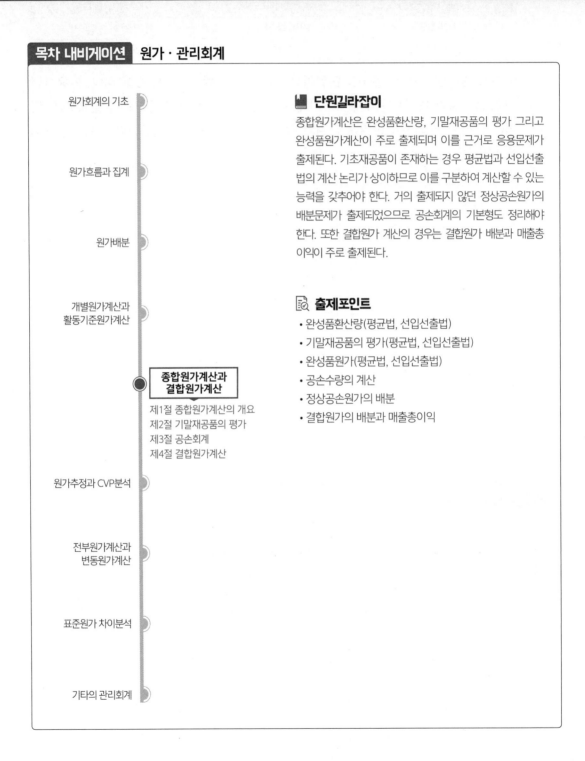

📖 단원길라잡이

종합원가계산은 완성품환산량, 기말재공품의 평가 그리고 완성품원가계산이 주로 출제되며 이를 근거로 응용문제가 출제된다. 기초재공품이 존재하는 경우 평균법과 선입선출법의 계산 논리가 상이하므로 이를 구분하여 계산할 수 있는 능력을 갖추어야 한다. 거의 출제되지 않던 정상공손원가의 배분문제가 출제되었으므로 공손회계의 기본형도 정리해야 한다. 또한 결합원가 계산의 경우는 결합원가 배분과 매출총이익이 주로 출제된다.

🔍 출제포인트

- 완성품환산량(평균법, 선입선출법)
- 기말재공품의 평가(평균법, 선입선출법)
- 완성품원가(평균법, 선입선출법)
- 공손수량의 계산
- 정상공손원가의 배분
- 결합원가의 배분과 매출총이익

제1절 종합원가계산의 개요

01 의의

종합원가계산은 동종 또는 유사한 제품을 연속적인 공정을 통하여 대량생산하는 형태에 적용되는 제품원가계산시스템으로서, 공정이나 부문별로 원가를 집계한 다음 집계한 원가를 각 공정이나 부문에서 생산한 총산출물의 수량으로 나누어 산출물 단위당 원가를 계산하는 평균화과정에 기초하고 있다. 따라서 종합원가계산은 연속적인 공정의 흐름을 중시하는 계산방법으로서 주로 정유업, 화학공업, 금속공업, 제분업 등과 같은 업종에서 이루어진다.

개별원가계산과 종합원가계산의 비교

구분	개별원가계산	종합원가계산
원가요소의 구분	추적가능성 기준 ① 직접원가(직접재료원가 + 직접노무원가) ② 제조간접원가	원가의 변형과정 중시 ① 재료원가(직접재료원가) ② 가공(전환)원가 (직접노무원가 + 제조간접원가)
원가배분기준	기계시간, 노동시간 등	완성품환산량
핵심과제	제조간접원가의 배부	기말재공품의 평가
생산형태	다품종, 주문생산	동종제품, 대량생산
적용 업종	인쇄업, 건설업, 조선업 등	제지업, 제분업, 시멘트업 등
원가계산방법	작업지시서별 원가계산 작업지시서 ⇨ 제품원가	기간별, 공정별 평균화과정 공정 ⇨ 평균화 ⇨ 제품원가
완성품원가	완성된 제조지시서의 합계액	완성품의 완성품환산량 × 완성품환산량당 단위원가
기말재공품	미완성된 제조지시서의 합계액	기말재공품 완성품환산량 × 완성품환산량당 단위원가

02 절차

개별원가계산의 작업원가표처럼 종합원가계산에는 제조원가보고서가 있다. 제조원가보고서는 공정별로 생산량과 원가자료를 요약하여 이를 근거로 완성품원가와 기말재공품원가를 계산한 것으로 종합원가계산의 기본적인 요소이다. 제조원가보고서는 공정별로 작성되며 일반적으로 5단계로 이루어진다.

(1) 1단계 - 물량의 흐름 파악

$$기초재공품수량 + 당기착수수량 = 완성수량 + 기말재공품수량$$
$$\underset{투입}{\underline{\qquad\qquad\qquad\qquad\qquad}} \quad \underset{산출}{\underline{\qquad\qquad\qquad\qquad}}$$

(2) 2단계 - 완성품환산량 계산

완성품의 한 단위와 재공품의 한 단위는 단순한 물량으로는 동일할지라도 원가 투입면에서는 동일하지 않다. 따라서 원가 투입면에서의 동일한 척도가 필요하게 되는데 이 경우에 사용하게 되는 개념이 완성품환산량이다. 완성품환산량이란 당기에 진행된 작업량으로 기말재공품 없이 완성품만을 생산하였다면 생산될 수 있었던 완성품수량을 의미한다. 즉, 투입된 원가를 가상으로 완성품으로 표시할 경우 얼마 생산하였을지를 나타내는 수치이다. 대부분 완성품환산량은 재료원가와 가공원가에 대하여 별도 계산하는데, 그 이유는 원가의 투입시점이 재료원가와 가공원가가 서로 다르기 때문이다. 완성품환산량은 다음과 같이 계산한다.

$$완성품환산량 = 수량 \times 완성도$$

① 평균법: 총완성품환산량
② 선입선출법: 당기완성품환산량

확인 및 기출예제

(주)한국은 1월 초에 영업을 시작하였다. 1월 중에 400단위를 착수하여 300단위는 완성하고 100단위는 1월 말 현재 작업이 진행 중이다. 원재료는 공정 초에 전량 투입되고, 가공원가는 공정 전반에 걸쳐 균등하게 발생하며 기말재공품의 완성도는 70%이다. (주)한국의 재료원가 완성품환산량과 가공원가 완성품환산량을 구하시오.

해설

당기에 영업을 시작하여 기초가 ₩0이므로 평균법과 선입선출법이 동일해지는 상황이다. 원가의 투입시점이 재료원가와 가공원가가 다르기 때문에 구분하여 환산량을 계산해야 한다. 원재료는 공정 초에 일시 투입되므로 100%이고, 가공원가는 진행에 따라 투입되므로 진척도를 고려하여 환산량을 다음과 같이 계산한다.
- 재료원가 완성품환산량 = 300단위 + 100단위 = 400단위
- 가공원가 완성품환산량 = 300단위 + (100단위 × 70%) = 370단위

---

(3) 3단계 - 원가배분대상액 집계

제조공정별로 배분할 원가를 재료원가와 가공원가로 나누어 집계한다. 이 경우 원가배분대상원가는 원가흐름에 대한 가정에 따라 상이하다.

① **평균법**: 총원가 = 기초재공품원가 + 당기투입원가

② **선입선출법**: 당기투입원가

(4) 4단계 - 완성품환산량 단위당 원가계산

완성품환산량 단위당 원가는 원가흐름 가정에 따라 배분대상액에서 완성품환산량을 나누어 계산하게 된다.

① **평균법**: 총원가 ÷ 총완성품환산량

② **선입선출법**: 당기투입원가 ÷ 당기완성품환산량

(5) 5단계 - 원가배분

$$\text{완성품원가} = \underbrace{\text{완성품환산량}}_{\text{배부기준(2단계)}} \times \underbrace{\text{완성품환산량 단위당 원가}}_{\text{배부율(4단계)}}$$

확인 및 기출예제

(주)한국은 1월 초에 영업을 시작하였다. 1월 중에 400단위를 착수하여 300단위는 완성하고 100단위는 1월 말 현재 작업이 진행 중이다. 원재료는 공정 초에 전량 투입되고 가공원가는 공정 전반에 걸쳐 균등하게 발생한다. 기말재공품의 완성도는 70%이며 1월의 재료원가는 ₩20,000, 가공원가는 ₩14,800이다. 완성품원가와 기말재공품원가를 계산하시오.

해설

(1) 완성품환산량 단위당 원가
- 재료원가 = ₩20,000 ÷ 400단위 = ₩50
- 가공원가 = ₩14,800 ÷ 370단위 = ₩40

(2) 기말재공품원가 = ㉠ + ㉡ = ₩7,800
  ㉠ 재료원가 = @₩50 × 100단위 = ₩5,000
  ㉡ 가공원가 = @₩40 × (100단위 × 0.7) = ₩2,800

(3) 완성품원가 = ㉢ + ㉣ = ₩27,000
  ㉢ 재료원가 = 기초재공품 + 투입원가 - 기말재공품 = ₩0 + ₩20,000 - ₩5,000 = ₩15,000
  ㉣ 가공원가 = ₩0 + ₩14,800 - ₩2,800 = ₩12,000

	재공품		
기초재공품	0	제품제조원가	27,000
직접재료원가	20,000	기말재공품	7,800
가공원가	14,800		
	34,800		34,800

우리는 앞에서 기초재공품이 없는 경우를 학습하였다. 그러나 기초재공품이 있는 경우, 기초재공품원가와 당기발생원가를 완성품과 기말재공품에 배분하기 위해서 원가흐름의 가정이 필요하다. 원가흐름의 가정에는 평균법과 선입선출법이 있다.

01 평균법 및 선입선출법

(1) 평균법

평균법은 전기에 이미 착수한 기초재공품의 가완성도를 무시하고 전기에 착수된 기초재공품이 당기에 착수되었다고 가정하여 기초재공품원가와 당기발생원가를 합한 총원가를 평균하여 완성품과 기말재공품에 배분하는 방법이다. 따라서 당기말 재공품은 기초재공품과 당기착수량에서 평균적으로 산출된다고 간주하므로 기초재공품의 완성도를 고려하지 않는다.

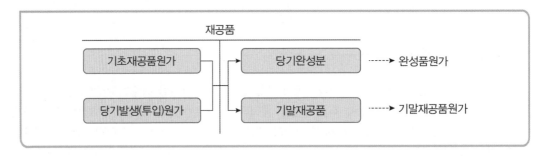

(2) 선입선출법

선입선출법은 기초재공품이 먼저 완성된 것으로 가정하여 기초재공품원가는 모두 완성품에 포함시키고 당기발생원가를 완성품과 기말재공품에 배분하는 방법이다. 따라서 선입선출법에서는 기말재공품에 기초재공품은 포함되어 있지 않다고 전제하므로 기말재공품 평가시 기초재공품의 원가는 계산에서 제외하고 당기발생원가만으로 완성품환산량 단위당 원가를 산출하여 계산한다.

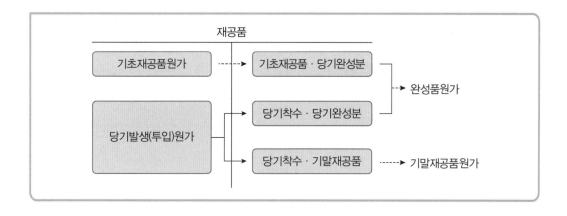

02 평균법과 선입선출법에 의한 종합원가계산의 차이

구분	평균법	선입선출법
기초재공품	당기에 착수된 것으로 간주함	기초재공품과 당기착수량을 구분함
원가배분대상액	기초재공품원가 + 당기투입원가	당기투입원가
완성품환산량 단위당 원가	전기의 원가를 포함함	당기투입원가로만 구성됨
완성품원가	당기완성량 × 완성품환산량 단위당 원가	기초재공품 중 완성분 + 당기투입완성분

확인 및 기출예제

(주)한국은 종합원가계산을 사용하고 있다. 20×1년 생산에 관련된 자료는 다음과 같다.

	수량	완성도
기초재공품	200단위	30%
당기착수량	1,300단위	
당기완성량	1,000단위	
기말재공품	500단위	40%

가공원가(전환원가)가 공정 전반에 걸쳐 균등하게 발생한다면, 가중평균법과 선입선출법간에 가공원가(전환원가)의 완성품환산량 차이는?

제25회

① 60단위   ② 120단위   ③ 180단위
④ 240단위   ⑤ 300단위

해설

가중평균법과 선입선출법의 가공원가(전환원가)의 완성품환산량 차이는 기초재공품 완성품환산량(200단위 × 30% = 60단위)만큼 차이가 난다.

정답: ①

(주)한국은 단일제품을 대량생산하는 회사이다. 원재료는 공정 초에 전량 투입되고 가공원가는 공정 전반에 걸쳐 균등하게 발생한다. 20×1년의 원가계산에 대한 자료는 다음과 같다.

	수량	완성도
기초재공품	100개	25%
당기착수량	400개	
당기완성량	300개	
기말재공품	200개	50%

20×1년의 제조원가에 관한 자료는 다음과 같다.

	재료원가	가공원가	합계
기초재공품원가	₩5,000	₩1,000	₩6,000
당기발생원가	₩16,000	₩30,000	₩46,000

평균법과 선입선출법에 의하여 기말재공품원가와 완성품원가를 구하시오.

해설

(1) 평균법
① 완성품환산량 단위당 원가
ㄱ 재료원가 완성품환산량 단위당 원가
= (₩5,000 + ₩16,000) ÷ (300단위 + 200단위) = ₩42
ㄴ 가공원가 완성품환산량 단위당 원가
= (₩1,000 + ₩30,000) ÷ [300단위 + (200단위 × 0.5)] = ₩77.5
② 기말재공품원가 = ㄱ + ㄴ = ₩16,150
ㄱ 재료원가 = ₩42 × 200단위 = ₩8,400
ㄴ 가공원가 = ₩77.5 × (200단위 × 0.5) = ₩7,750
③ 완성품원가 = (₩42 + ₩77.5) × 300단위 = ₩35,850
(2) 선입선출법
① 완성품환산량 단위당 원가
ㄱ 재료원가 완성품환산량 단위당 원가
= ₩16,000 ÷ (300단위 − 100단위 + 200단위) = ₩40
ㄴ 가공원가 완성품환산량 단위당 원가
= ₩30,000 ÷ [300단위 − (100단위 × 0.25) + (200단위 × 0.5)] = ₩80
② 기말재공품원가 = ㄱ + ㄴ = ₩16,000
ㄱ 재료원가 = ₩40 × 200단위 = ₩8,000
ㄴ 가공원가 = ₩80 × (200단위 × 0.5) = ₩8,000
③ 완성품원가
= ₩6,000 + [(300단위 − 100단위) × ₩40] + [300단위 − (100단위 × 0.25)] × ₩80
= ₩36,000

(1) 공손

공손(공손품)이란 정상품에 비하여 규격이나 품질이 미달되는 불합격품으로, 현재 시점에서 판매하거나 폐기하는 것이 유리한 것을 말한다.

● 정상품(양품, 합격품): 정상적인 판매가치를 지니는 생산물

> 기초재공품 + 당기착수량 = 완성품수량 + 공손수량 + 기말재공품

확인 및 기출예제

기초재공품이 10,000단위(완성도 20%), 당기착수량은 45,000단위, 당기완성수량이 35,000단위이고 기말재공품은 15,000단위(완성도 70%)인 경우 공손수량은?

① 1,000단위 ② 2,000단위
③ 3,000단위 ④ 4,000단위
⑤ 5,000단위

해설

기초재공품과 당기착수량의 합은 완성품수량과 공손수량, 기말재공품의 합과 같으므로 다음과 같이 계산한다.

- 기초재공품 + 당기착수량 = 완성품수량 + 공손수량(x) + 기말재공품
  10,000단위 + 45,000단위 = 35,000단위 + x + 15,000단위
  ∴ 공손수량(x) = 5,000단위

정답: ⑤

---

(2) 공손의 인식시점

공손이 인식되는 시점은 검사시점이다. 따라서 공손은 검사시점에서 일시에 분리되며 공손 이후에는 추가적으로 발생하지 않는다. 이로 인하여 검사시점은 곧 공손품의 가공원가 완성도와 일치한다.

(3) 정상공손과 비정상공손

① 정상공손(정상적으로 허용되는 공손수량): 제조공정이 효율적으로 운영되더라도 공정상 결함으로 인하여 어느 정도의 공손이 발생하게 되는데, 이처럼 생산과정에서 불가피하게 발생하는 공손을 정상공손이라 한다.

② 비정상공손(허용 범위를 초과하는 공손수량): 능률적인 생산조건하에서는 발생하지 않을 것으로 예상되는 공손을 말하며, 작업자의 부주의나 생산계획의 미비 또는 예측하지 못한 기계 고장 등의 이유로 발생한 공손을 말한다.

③ 정상공손원가 안분

    ⊙ **기말재공품의 완성도 > 검사시점:** 기말재공품이 검사를 받으므로 정상공손원가는 완성품과 기말재공품에 안분한다.

    ⓒ **기말재공품의 완성도 < 검사시점:** 기말재공품이 검사를 받지 않으므로 정상공손원가는 완성품에 전부 귀속된다.

④ 단계별 공손인식

    ⊙ **공손인식:** 물량흐름을 통하여 공손수량을 파악한다.

> **공손수량** = 기초재공품 + 당기착수량 − 당기완성품 − 기말재공품

    ⓒ 정상공손수량 계산

        ⓐ 검사시점 통과기준 계산방법

> **정상공손허용량** = 당기 중 검사를 통과한 합격품 × 정상공손허용률

        ⓑ 검사시점 도달기준 계산방법

> **정상공손허용량** = 당기 중 검사를 받은 물량* × 정상공손허용률

        * 당기 중 검사시점이 도달한 물량 = 당기 중 검사를 통과한 정상품 + 공손수량

    ⓒ 정상공손과 비정상공손의 분리

> **비정상공손수량** = 총공손수량 − 정상공손수량

    ⓔ 공손원가 계산

> **공손원가** = 공손의 완성품환산량 × 환산량 단위당 원가

확인 및 기출예제

(주)한국은 선입선출법에 의한 종합원가계산을 채택하고 있으며, 당기의 생산 관련 자료는 다음과 같다.

구분	물량	가공비 완성도
기초재공품	1,000개	30%
당기착수량	4,300개	
당기완성량	4,300개	
공손품	300개	
기말재공품	700개	50%

원재료는 공정 초기에 전량 투입되고 전환원가는 공정 전반에 걸쳐 균등하게 발생한다. 품질검사는 완성도 40% 시점에서 이루어지고 당기에 검사를 통과한 정상품의 5%에 해당하는 공손수량은 정상공손으로 간주할 경우, 당기의 비정상공손수량은?

① 50개
② 85개
③ 215개
④ 250개
⑤ 300개

해설

• 정상품수량 = 4,300개 + 700개 = 5,000개
• 정상공손수량 = 5,000개 × 5% = 250개
∴ 비정상공손수량 = 공손수량 − 정상공손수량 = 300개 − 250개 = 50개

정답: ①

01 의의

결합제품 또는 연산품이란 동일한 종류의 원재료를 사용하여 동일한 공정에서 동시에 생산되는 서로 다른 두 종류 이상의 제품을 말한다. 따라서 결합원가계산이란 결합제품을 생산하기 위하여 발생한 결합원가를 각 제품에 배분하여 개별제품의 제조원가를 계산하는 것을 말한다.

연산품 흐름도

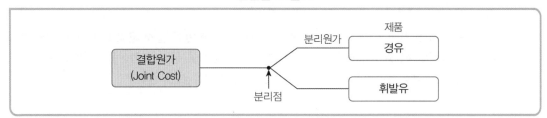

02 용어의 정의

(1) 결합원가

결합원가란 분리점에 도달하기 전까지 결합제품을 생산하는 과정에서 발생한 공통제조원가로서, 개별제품에 직접적으로 추적할 수 없으므로 인위적으로 배분하여 계산하여야 한다.

(2) 분리점과 분리원가

분리점이란 결합공정을 통해 각 제품을 개별적으로 식별할 수 있는 제조과정 중 특정 시점을 말한다. 분리원가란 분리점 이후에 발생하는 추가가공원가로서 개별제품에 추적 가능한 원가를 말한다.

(3) 주산품과 부산물

결합제품을 상대적 판매가치의 중요성에 따라서 분류한 것으로, 주산품은 연산품 중에서 상대적으로 판매가치가 큰 제품을 말하며, 부산물은 주산품의 제조과정에서 부수적으로 생산되는 제품으로서 상대적으로 판매가치가 작은 제품을 말한다.

(4) 결합제품과 등급제품의 비교

결합제품은 동일한 공정에서 서로 다른 제품을, 등급제품은 동종 제품을 생산한다는 차이가 있다. 제품원가계산에 있어서 결합원가계산은 정확한 제품원가계산이 어려운 반면, 등급별 원가계산은 조별 종합원가계산을 채택하여 계산할 수 있다.

03 결합원가의 배분방법

결합원가는 제품생산을 위해 발생한 원가이므로 제품원가를 구성해야 한다. 그러나 분리점 이전의 결합원가는 개별제품별로 추적하기 어려우므로 인위적인 배분기준에 따라 개별제품에 배분해야 한다. 결합원가 배분방법은 상대적 판매가치법, 순실현가치법, 균등이익률법 및 물량기준법이 있다.

(1) 상대적 판매가치법

상대적 판매가치법이란 시장판매가치법이라고도 하며, 분리점에서 개별제품의 상대적 판매가치를 즉시 알 수 있는 경우에 적용하는 결합원가 배분방법이다. 각 제품의 원가부담능력에 따라 결합원가를 배분하므로 판매가치가 높은 제품에는 높은 원가를 배분하고 판매가치가 낮은 제품에는 낮은 원가를 배분하여 수익과 비용이 적절히 대응된다.

> 분리점에서의 판매가치 = 분리점 생산량 × 분리점 판매가격

확인 및 기출예제

01 20×1년 6월 결합공정을 거쳐 결합제품 A와 B를 각각 500단위와 400단위 생산하였다. 분리점에서 결합제품 A와 B의 단위당 판매가격은 각각 ₩200과 ₩150이며, 총결합원가는 ₩32,000이다. 이 경우에 분리점에서 판매가치를 기준으로 결합제품 A에 배분된 결합원가는 얼마인가? (단, 재공품은 없음) 제15회 수정

① ₩20,000 ② ₩23,000
③ ₩24,000 ④ ₩25,000
⑤ ₩26,000

해설

제품	분리점에서 판매가치	비율	결합원가
A	₩200 × 500단위 = ₩100,000	62.5%	x
B	₩150 × 400단위 = ₩60,000	37.5%	
합계	₩160,000	100%	₩32,000

∴ 제품 A에 배분된 결합원가 = ₩32,000 × 0.625 = ₩20,000 정답: ①

02 (주)한국은 세 가지 결합제품(A, B, C)을 생산하고 있으며, 결합원가는 분리점에서의 상대적 판매가치에 의해 배분된다. 관련 자료는 다음과 같다.

구분	A	B	C	합계
결합원가배분액	?	₩10,000	?	₩100,000
분리점에서의 판매가치	₩80,000	?	?	₩200,000
추가가공원가	₩3,000	₩2,000	₩5,000	
추가가공 후 판매가치	₩85,000	₩42,000	₩120,000	

결합제품 C를 추가가공하여 모두 판매하는 경우 결합제품 C의 매출총이익은? (단, 공손과 감손, 재고자산은 없음)

제23회

① ₩65,000
② ₩70,000
③ ₩80,000
④ ₩110,000
⑤ ₩155,000

해설

구분	A	B	C	합계
결합원가배분액	₩40,000[*2]	₩10,000	₩50,000[*3]	₩100,000
분리점에서의 판매가치	0.4[*1]	?	?	₩200,000
추가가공원가	₩3,000	₩2,000	₩5,000	
추가가공 후 판매가치	₩85,000	₩42,000	₩120,000	

[*1] ₩80,000 ÷ ₩200,000 = 0.4
[*2] ₩100,000 × 0.4 = ₩40,000
[*3] ₩100,000 − ₩40,000 − ₩10,000 = ₩50,000
∴ 매출총이익(C) = ₩120,000 − ₩5,000 − ₩50,000 = ₩65,000

정답: ①

(2) 순실현가치법

순실현가치법은 최종 판매가치에서 추가가공원가와 추가판매비용을 차감한 금액인 순실현가치를 기준으로 결합원가를 배분하는 방법이다. 따라서 이 방법은 분리점에서 개별제품의 상대적 판매가치를 알 수 없는 경우에 대체적으로 사용한다.

분리점에서의 순실현가치 = 최종판매가치 − 추가가공원가 − 추가판매비

(주)한국은 연산품(결합제품) A와 B를 생산한다. 이 제품들의 결합원가는 ₩80,000이다. 제품 A를 완성하는 데 ₩25,800의 추가가공원가가 소요되고, 제품 B는 추가가공원가가 발생하지 않았다. 제품 A와 B의 총판매가치는 각각 ₩75,000과 ₩60,000이며, 두 제품 모두 각각 ₩9,600씩의 판매비가 소요된다. 순실현가치법을 적용할 때 제품 A에 배분될 결합원가는 얼마인가?

① ₩32,500　　　　　　　　　　　② ₩33,880
③ ₩35,200　　　　　　　　　　　④ ₩42,000
⑤ ₩44,800

해설

제품	순실현가치	비율	결합원가배분액
A	₩75,000 − ₩25,800 − ₩9,600 = ₩39,600	44%	₩35,200
B	₩60,000 − ₩9,600 = ₩50,400	56%	₩44,800
합계	₩90,000	100%	₩80,000

정답: ③

(3) 균등이익률법

균등이익률법은 동일한 제조과정에서 생산된 개별제품의 매출총이익률은 균등하여야 한다는 관점에서 결합제품별 매출총이익률이 동일해지도록 결합원가를 배분하는 방법이다.

기업 전체 매출총이익률 = 개별제품별 매출총이익률

(4) 물량기준법

물량기준법은 산출된 생산품이 동질적이라는 가정하에 분리점 이전 발생한 결합원가를 분리점 이후 생산된 물량을 기준으로 배분하는 방법이다. 따라서 물량기준법은 수혜기준에 의한 원가배분이라고 할 수 있다.

01 종합원가계산은 동일한 종류의 제품을 대량생산하는 연속생산형태의 기업에 적합한 방법이다.
( )

02 종합원가계산은 제품원가를 작업지시서별로 계산하며 원가요소를 재료원가와 가공원가로 구분한다.
( )

03 기말재공품 평가에서 평균법에 의한 완성품환산량은 당기완성수량과 기말재공품에 완성도를 곱한 수량의 합계이다.
( )

04 기말재공품 평가에서 선입선출법에 의한 완성품환산량은 기초재공품 중 당기완성분과 당기착수 당기완성분의 합계에 기말재공품 수량에 완성도를 곱한 수량을 합한 것이다.
( )

05 기말재공품이 없는 경우 완성품환산량과 원가집계액이 선입선출법과 평균법이 동일하므로 제품제조원가와 기말재공품원가도 동일하게 계산된다.
( )

---

01 ○
02 ✕ 작업지시서별 원가계산하는 방법은 개별원가계산이며, 종합원가계산은 제품원가를 제조공정별로 집계한다.
03 ○
04 ○
05 ✕ 기말재공품이 없는 경우 ⇨ 기초재공품이 없는 경우

06 결합제품 또는 연산품이란 동일한 원재료를 동일한 공정에 투입하여 생산되는 동일 종류의 제품을 말한다. ( )

07 분리점이란 결합제품이 제조단계에서 개별제품으로 구분할 수 있는 시점을 말한다. ( )

08 결합원가 배분방법 중 순실현가치법의 순실현가치는 최종 판매가치에서 분리점 이후 추가가공원가와 판매비를 차감한 금액을 말한다. ( )

06 × 동일 종류의 제품 ⇨ 다른 종류의 제품

07 ○

08 ○

※ 종합원가계산을 실시하는 (주)한국의 제조활동과 관련된 자료는 다음과 같다. 각 물음에 답하시오. [01~02]

• 기초재공품수량	200개(완성도: 40%)
• 착수량	3,500개
• 완성품수량	3,200개
• 기말재공품수량	500개(완성도: 50%)
• 원재료	공정 개시시점에 전량 투입
• 가공원가	공정 전반에 균등 발생

01 (주)한국이 재공품의 평가방법으로 평균법을 사용할 경우, 상기한 자료를 이용하여 재료원가와 가공원가의 당기완성품환산량을 계산하면 얼마인가?

	재료원가	가공원가		재료원가	가공원가
①	3,300개	3,450개	②	3,450개	3,330개
③	3,450개	3,370개	④	3,700개	3,450개
⑤	3,700개	3,750개			

02 (주)한국이 재공품의 평가방법으로 선입선출법을 사용할 경우, 상기한 자료를 이용하여 재료원가와 가공원가의 당기완성품환산량을 계산하면 얼마인가?

	재료원가	가공원가		재료원가	가공원가
①	3,300개	3,450개	②	3,450개	3,330개
③	3,450개	3,370개	④	3,500개	3,370개
⑤	3,700개	3,450개			

03 (주)한국은 단일제품을 생산하고 있으며 가중평균법에 의한 종합원가계산을 적용하여 제품원가를 계산하고 있다. 직접재료는 공정 초에 전량 투입되고 전환원가는 공정 전반에 걸쳐 균등하게 발생한다. (주)한국의 20×1년 4월 생산 및 원가자료는 다음과 같다.

구분	물량	전환원가 완성도	직접재료원가	전환원가
기초재공품	200단위	60%	₩120,000	₩40,000
당기착수	1,000단위	?	₩360,000	₩132,800
당기완성품	?	?		
기말재공품	400단위	40%		

(주)한국의 20×1년 4월의 원가요소별 완성품환산량 단위당 원가는? (단, 공손 및 감소는 없음)

	직접재료원가	전환원가		직접재료원가	전환원가
①	₩300	₩128	②	₩300	₩180
③	₩400	₩128	④	₩400	₩180
⑤	₩500	₩200			

정답 | 해설

01 ④ • 재료원가 = 3,200개 + 500개 = 3,700개
- 가공원가 = 3,200개 + (500개 × 0.5) = 3,450개

02 ④ • 재료원가 = 3,200개 − 200개 + 500개 = 3,500개
- 가공원가 = 3,200개 − (200개 × 0.4) + (500개 × 0.5) = 3,370개

03 ④ (1) 평균법에 의한 완성품환산량
- 재료원가 = (200단위 + 1,000단위 − 400단위) + 400단위 = 1,200단위
- 전환원가 = (200단위 + 1,000단위 − 400단위) + (400단위 × 0.4) = 960단위

(2) 평균법에 의한 완성품환산량 단위당 원가
- 재료원가 = (₩120,000 + ₩360,000) ÷ 1,200단위 = ₩400
- 전환원가 = (₩40,000 + ₩132,800) ÷ 960단위 = ₩180

04 단일제품을 생산하는 (주)한국은 선입선출법을 적용하여 종합원가계산을 한다. 전환원가(가공원가)는 전체 공정에 걸쳐 균등하게 발생한다. 생산 관련 자료는 다음과 같으며, 괄호 안의 숫자는 전환원가 완성도를 의미한다.

기초재공품	당기착수량	기말재공품
100단위(40%)	1,000단위	200단위(50%)

기초재공품원가에 포함된 전환원가는 ₩96,000이고, 당기에 발생한 전환원가는 ₩4,800,000이다. 완성품환산량 단위당 전환원가는? (단, 공손과 감손은 발생하지 않음)

제26회

① ₩4,800
② ₩4,896
③ ₩5,000
④ ₩5,100
⑤ ₩5,690

05 (주)한국은 단일공정에서 단일제품을 생산·판매하고 있다. 회사는 실제원가에 의한 종합원가계산을 적용하고 있으며, 원가흐름가정은 선입선출법이다. 당기의 생산활동에 관한 자료는 다음과 같다.

항목	물량	전환원가 완성도
기초재공품	500단위	50%
기말재공품	600단위	50%
당기착수량	4,000단위	–

전환원가는 공정 전반에 걸쳐 균등하게 발생하며 기말에 전환원가의 완성품환산량 단위당 원가는 ₩20으로 계산되었다면, 당기에 실제로 발생한 전환원가는? (단, 공손과 감손은 발생하지 않음)

제17회

① ₩75,000
② ₩79,000
③ ₩82,000
④ ₩85,000
⑤ ₩90,000

06 종합원가계산에서 선입선출법에 의한 제조원가(완성품 및 기말재공품원가)와 가중평균법에 의한 제조원가가 동일한 경우는?

① 기초재공품이 없는 경우
② 기말재공품이 없는 경우
③ 기초재공품보다 기말재공품이 많은 경우
④ 기초재공품보다 기말재공품이 적은 경우
⑤ 기말제품이 없는 경우

정답 | 해설

04 ③ • 완성수량 = 기초수량 + 당기 착수량 − 기말수량 = 100단위 + 1,000단위 − 200단위 = 900단위
 • 전환원가 완성품환산량 = 900단위 − (100단위 × 40%) + (200단위 × 50%) = 960단위
 ∴ 전환원가 완성품환산량 단위당 원가 = ₩4,800,000 ÷ 960단위 = ₩5,000

05 ② • 완성수량 = 500단위 + 4,000단위 − 600단위 = 3,900단위
 • 가공원가 완성품환산량 = 3,900단위 − (500단위 × 0.5) + (600단위 × 0.5) = 3,950단위
 • 가공원가 완성품환산량 단위당 원가
  = 당기투입가공원가 ÷ 가공원가 완성품환산량
  = 당기투입가공원가 ÷ 3,950단위 = @₩20
 ∴ 당기투입가공원가 = @₩20 × 3,950단위
         = ₩79,000

06 ① • 선입선출법: 당기에 한 일(작업량)
 • 평균법: 당기까지 한 일(작업량)
 ∴ 양자의 차이는 기초재공품의 가정에 따라 상이하므로 기초재공품이 존재하지 않는 경우 원가배분(완성품원가와 기말재공품원가)은 동일하다.

07 다음은 종합원가계산을 적용하고 있는 (주)한국의 가공원가와 관련된 자료이다. 기말재공품에 포함된 가공원가를 평균법과 선입선출법에 의해 각각 계산한 금액은? (단, 가공원가는 공정 전체를 통해 균등하게 발생하며 공손 및 감손은 발생하지 않음)

	물량	가공원가
기초재공품(40%)	5,000단위	₩1,050,000
당기투입량 및 발생원가	20,000단위	₩17,000,000
기말재공품(20%)	7,500단위	

	평균법	선입선출법		평균법	선입선출법
①	₩1,412,500	₩1,425,000	②	₩1,425,000	₩1,500,000
③	₩1,425,000	₩1,593,750	④	₩1,500,000	₩1,425,000
⑤	₩1,500,000	₩1,593,750			

08 (주)한국의 20×1년 생산 및 원가자료는 다음과 같다.

	수량	완성도	원가
• 재공품재고			
– 기초재공품	200개	60%	₩56,800
– 기말재공품	400개	40%	?
• 당기투입된 제조원가			
– 재료원가			₩144,000
– 가공원가			₩83,200
• 당기완성품	1,000개		?

원재료는 공정 착수에 전부 투입되며 가공원가(전환원가)는 공정 전반에 걸쳐 균등하게 발생한다. 선입선출법하의 종합원가계산을 적용할 경우 완성품원가는? (단, 공손 및 감손은 없음)

① ₩160,000   ② ₩166,400
③ ₩216,800   ④ ₩223,200
⑤ ₩264,800

660 해커스 주택관리사(보) house.Hackers.com

09 (주)한국은 가중평균법으로 종합원가계산을 적용하고 있다. 모든 원가는 공정 전반에 걸쳐 균등하게 발생한다. 20×1년 기초재공품수량은 100개(완성도 60%), 당기착수수량은 1,100개, 당기완성품수량은 900개, 기말재공품수량은 200개(완성도 30%)이다. 20×1년의 완성품환산량 단위당 원가는 ₩187이다. 품질검사는 완성도 40% 시점에서 이루어지며, 검사를 통과한 합격품의 5%를 정상공손으로 간주한다. 정상공손원가를 정상품에 배분한 후의 기말재공품 금액은? 제27회

① ₩11,220

② ₩11,430

③ ₩11,640

④ ₩11,810

⑤ ₩11,890

정답 | 해설

07 ② (1) 완성수량 = 5,000단위 + 20,000단위 − 7,500단위 = 17,500단위

(2) 완성품환산량
- 평균법 = 17,500단위 + (7,500단위 × 0.2) = 19,000단위
- 선입선출법 = 17,500단위 − (5,000단위 × 0.4) + (7,500단위 × 0.2) = 17,000단위

(3) 가공원가 완성품환산량 단위당 원가
- 평균법 = (₩1,050,000 + ₩17,000,000) ÷ 19,000단위 = ₩950
- 선입선출법 = ₩17,000,000 ÷ 17,000단위 = ₩1,000

∴ 가공원가 기말재공품
- 평균법 = ₩950 × (7,500단위 × 0.2) = ₩1,425,000
- 선입선출법 = ₩1,000 × (7,500단위 × 0.2) = ₩1,500,000

08 ④ (1) 완성품환산량 단위당 원가
- 재료원가 = ₩144,000 ÷ (1,000개 − 200개 + 400개) = ₩120
- 가공원가 = ₩83,200 ÷ [1,000개 − (200개 × 0.6) + (400개 × 0.4)] = ₩80

(2) 완성품원가 = ₩56,800 + [(1,000개 − 200개) × ₩120] + [1,000개 − (200개 × 0.6)] × ₩80
        = ₩223,200

  ◉ 기말재공품 = 재료원가 + 가공원가 = ₩60,800
   - 재료원가 = ₩120 × 400개 = ₩48,000
   - 가공원가 = ₩80 × (400개 × 0.4) = ₩12,800

09 ① 본 문제의 경우 기말재공품 완성도가 30%로서 검사시점 40%에 도달하지 않았으므로 정상공손원가 배분대상이 아니다. 따라서 정상공손원가는 모두 완성품원가에 배분된다.

∴ 기말재공품원가 = 기말재공품 완성품환산량 × 완성품환산량 단위당 원가
        = (200개 × 30%) × ₩187 = ₩11,220

10 (주)한국은 가중평균법에 의한 종합원가계산제도를 채택하고 있으며, 모든 원가는 공정 전반에 걸쳐 균등하게 발생한다. (주)한국의 당기 제조활동에 관한 자료는 다음과 같다.

• 기초재공품:	수량	200단위
	직접재료원가	₩25,000
	전환원가	₩15,000
	완성도	30%
• 당기투입원가:	직접재료원가	₩168,000
	전환원가	₩92,000
• 완성품:	수량	900단위
• 기말재공품:	수량	400단위
	완성도	?

(주)한국의 당기완성품 단위당 원가가 ₩250일 경우, 기말재공품의 완성도는? (단, 공정 전반에 대해 공손과 감손은 발생하지 않음)

제24회

① 55%   ② 60%   ③ 65%

④ 70%   ⑤ 75%

11 (주)한국은 선입선출법에 의한 종합원가계산제도를 채택하고 있다. 직접재료원가는 공정 초에 전량 투입되고, 전환원가(또는 가공원가)는 공정 전반에 걸쳐 균등하게 발생한다. 품질검사는 전환원가 완성도 60% 시점에서 이루어진다. 원가계산 결과 정상공손원가가 ₩32,000이었다면 완성품에 배분될 정상공손원가는?

제20회

계정	수량(단위)	전환원가 완성도
기초재공품	100	70%
당기투입량	1,000	
당기완성량	820	
정상공손	60	
비정상공손	40	
기말재공품	180	80%

① ₩25,600   ② ₩26,240   ③ ₩26,760

④ ₩27,200   ⑤ ₩27,560

12 (주)한국은 A와 B 두 연산품을 생산한다. 10월에 A 800개와 B 400개의 연산품이 분리되어 나왔고, 그 뒤 이들을 각각 추가가공하는 데 ₩240,000과 ₩360,000이 들었다. A의 판매가격은 개당 ₩750이고, B의 판매가격은 개당 ₩1,500이다. 순실현가치를 기준으로 결합원가 중 ₩270,000이 제품 A에 배부되었다. 10월의 결합원가 총액은 얼마인가?

① ₩450,000

② ₩510,000

③ ₩600,000

④ ₩720,000

⑤ ₩800,000

정답 | 해설

10 ⑤ 모든 원가는 공정 전반에 걸쳐 균등하게 발생하므로 재료원가와 전환원가로 구분하지 않고 모두 전환원가로 계산한다.

<table>
<tr><td colspan="4" align="center">재공품</td></tr>
<tr><td>기초재공품</td><td align="right">40,000</td><td>완성품원가</td><td>㉠ 225,000</td></tr>
<tr><td>투입</td><td align="right">260,000</td><td>기말재공품</td><td>㉡ 75,000</td></tr>
<tr><td></td><td align="right">300,000</td><td></td><td align="right">300,000</td></tr>
</table>

㉠ 완성품원가 = 900단위 × ₩250 = ₩225,000

㉡ 기말재공품 = (400단위 × 완성도) × ₩250 = ₩75,000

  400단위 × 완성도 = 300개

∴ 완성도 = 75%

11 ① 정상공손원가는 당기에 검사시점을 통과한 물량인 당기투입완성수량과 기말재공품에 배분한다.

∴ 완성품에 배분될 정상공손원가 = ₩32,000 × (820단위 − 100단위) / (720단위 + 180단위)

  = ₩25,600

12 ①

구분	순실현가치	비율
A	(₩750 × 800개) − ₩240,000 = ₩360,000	60%
B	(₩1,500 × 400개) − ₩360,000 = ₩240,000	40%
합계	₩600,000	100%

∴ 결합원가 총액 = ₩270,000 ÷ 0.6 = ₩450,000

13 (주)한국은 결합제품 A와 B를 생산하고 있으며, 결합원가는 분리점에서의 상대적 순실현가치를 기준으로 배분한다. (주)한국의 20×1년 원가자료는 다음과 같다.

구분	제품 A	제품 B
생산량	2,000단위	5,000단위
단위당 추가가공원가	₩100	₩80
추가가공 후 단위당 판매가격	₩400	₩160
결합원가	₩350,000	

기초와 기말제품재고는 없다고 가정할 때, 20×1년도 제품 A와 제품 B의 매출총이익은?

	제품 A	제품 B
①	₩325,000	₩325,000
②	₩390,000	₩260,000
③	₩425,000	₩225,000
④	₩500,000	₩150,000
⑤	₩520,000	₩200,000

13 ② (1) 순실현가능가치
- 제품 A = 2,000단위 × (₩400 − ₩100) = ₩600,000(60%)
- 제품 B = 5,000단위 × (₩160 − ₩80) = ₩400,000(40%)

(2) 결합원가배부
- 제품 A = ₩350,000 × 60% = ₩210,000
- 제품 B = ₩350,000 × 40% = ₩140,000

∴ 매출총이익
- 제품 A = 2,000단위 × (₩400 − ₩100) − ₩210,000 = ₩390,000
- 제품 B = 5,000단위 × (₩160 − ₩80) − ₩140,000 = ₩260,000

house.Hackers.com

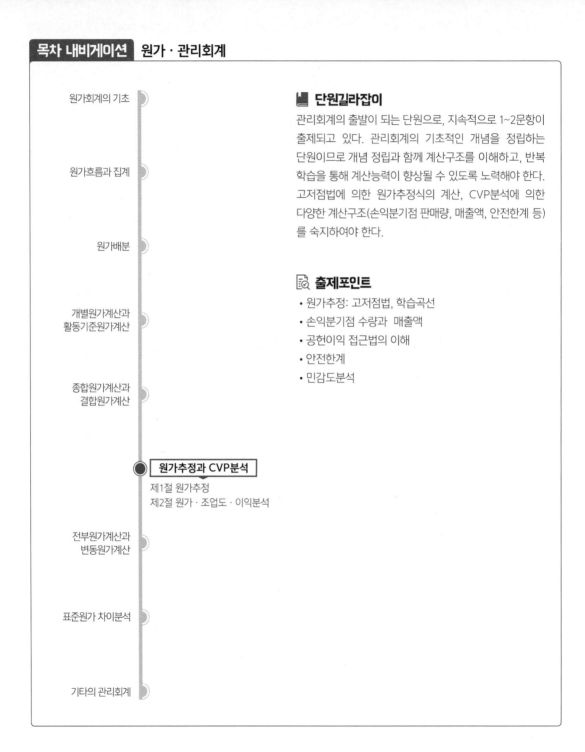

📖 **단원길라잡이**

관리회계의 출발이 되는 단원으로, 지속적으로 1~2문항이 출제되고 있다. 관리회계의 기초적인 개념을 정립하는 단원이므로 개념 정립과 함께 계산구조를 이해하고, 반복학습을 통해 계산능력이 향상될 수 있도록 노력해야 한다. 고저점법에 의한 원가추정식의 계산, CVP분석에 의한 다양한 계산구조(손익분기점 판매량, 매출액, 안전한계 등)를 숙지하여야 한다.

🔍 **출제포인트**

- 원가추정: 고저점법, 학습곡선
- 손익분기점 수량과 매출액
- 공헌이익 접근법의 이해
- 안전한계
- 민감도분석

(1) 의의

관리회계에서 원가정보가 의사결정에 유용한 정보가 되기 위해서는 원가의 조업도 변화에 대한 변동양상을 분석하는 것이 중요하다. 따라서 원가를 변동원가와 고정원가로 분해하는 원가행태를 분석함으로써 원가정보를 미래 예측적인 정보로 유용하게 이용하게 되는 것이다.

(2) 고저점법

혼합원가 'Y = a + bX'라는 선형원가함수를 도출하는 것이 목적인 원가추정방법에는 여러 가지 형태가 있으나, 이 중 수험 목적상 활용되는 것은 고저점법이다. 고저점법이란 과거 자료를 통하여 관련범위 내에서 조업도가 가장 높은 점(고점)과 조업도가 가장 낮은 점(저점)을 연결하는 직선으로 원가형태를 결정하는 방법이다. 간편하고 객관적이지만 저점과 고점이 모든 표본을 대표할 수 없다는 단점이 있다.

- 단위당 변동원가 = $\dfrac{고점의\ 총원가 - 저점의\ 총원가}{고점의\ 조업도 - 저점의\ 조업도}$
- 고정원가 = 고점의 총원가 − (고점의 조업도 × 단위당 변동원가)
  = 저점의 총원가 − (저점의 조업도 × 단위당 변동원가)

확인 및 기출예제

(주)한국의 20×1년 5개월간의 기계시간과 전력비 관련 자료는 다음과 같다.

월	기계시간	전력비
1	1,000시간	₩41,000
2	1,300시간	₩53,000
3	1,500시간	₩61,000
4	1,400시간	₩57,000
5	1,700시간	₩69,000

(주)한국이 위의 자료에 기초하여 고저점법에 의한 전력비 원가함수를 결정하였다. 이를 사용하여 20×1년 6월 전력비를 ₩81,000으로 예상한 경우, 20×1년 6월 예상기계시간은?

제25회

① 1,800시간 ② 1,900시간 ③ 2,000시간
④ 2,100시간 ⑤ 2,200시간

- 단위당 변동원가 = (₩69,000 − ₩41,000) ÷ (1,700시간 − 1,000시간) = ₩40
- 고정원가 = 총원가 − 변동원가 = ₩69,000 − (1,700시간 × ₩40) = ₩1,000
  또는 ₩41,000 − (1,000시간 × ₩40) = ₩1,000
- 총원가 = ₩1,000 + (₩40 × x) = ₩81,000 따라서 예상기계시간(x) = 2,000시간

정답: ③

(3) 학습곡선

학습곡선이란 경험의 축적과 숙련도로 인해 생산량이 증대됨에 따라 단위당 평균직접노동시간이 체계적으로 감소하는 원가함수를 말한다.

① **누적평균시간 학습곡선모형**: 누적평균시간모형이란 누적생산량이 2배가 될 때마다 단위당 평균직접노동시간이 일정 비율만큼 감소한다는 모형이다. 예를 들어, 90%의 누적평균시간 학습곡선은 누적생산량이 2배가 될 때 단위당 평균직접노동시간이 90%로 감소되는 원가형태를 나타낸다.

② **증분단위시간 학습곡선모형**: 증분단위시간모형이란 누적생산량이 2배가 될 때마다 최종 한 단위 생산하는 데 소요되는 직접노동시간이 일정 비율만큼 감소한다는 모형이다.

확인 및 기출예제

타일시공 전문업체인 (주)한국은 새로운 프리미엄 타일시공법을 개발하고, 이에 대한 홍보를 위해 10m² 면적의 호텔 객실 1개에 대하여 무료로 프리미엄 타일시공을 수행하면서 총 20시간의 직접노무시간을 투입하였다. (주)한국은 프리미엄 타일시공의 경우 직접노무시간이 90%의 학습률을 가지는 학습효과가 존재하고, 누적평균시간 학습곡선모형을 따를 것으로 추정하고 있다. (주)한국은 동 호텔로부터 동일한 구조와 형태 및 면적(10m²)의 7개 객실(총 70m²)에 대한 프리미엄 타일시공 의뢰를 받았다. 이와 관련하여 투입될 것으로 추정되는 직접노무시간은? (단, 시공은 10m² 단위로 수행됨) 제24회

① 90시간   ② 96.64시간   ③ 116.64시간
④ 126시간   ⑤ 140시간

학습곡선이란 경험이 능률에 미치는 영향을 측정한 것으로, 누적생산량이 2배 될 때마다 단위당 평균직접노동시간이 체계적으로 감소하는 원가함수를 말한다. 본 문제의 경우 학습률이 90%이므로 누적생산량이 2배가 될 때 단위당 평균시간이 90%로 감소되는 원가형태를 나타낸다.

누적생산단위(객실)	단위당 평균시간	총시간
1	20시간	20시간
2	18시간	36시간
4	16.2시간	64.8시간
8	14.58시간	116.64시간

∴ 7개 객실의 추정직접노무시간 = 116.64시간 − 20시간 = 96.64시간

정답: ②

(1) 의의

원가 · 조업도 · 이익관계분석이란 판매량이나 생산량의 변화가 기업의 원가나 이익에 미치는 영향을 분석하는 기법으로서, 손익분기점분석이라고도 한다. 즉, 이것은 원가 · 조업도 · 이익의 상호관계를 분석하는 것으로, 이 세 가지 요인 중 어느 하나가 변화하면 다른 요인은 어떤 영향을 받는지를 분석하는 것이다.

(2) 손익분기점

손익분기점이란 매출액과 총비용이 일치하여 이익이 ₩0이 되는 판매량이나 매출액을 말한다. 즉, 손익분기점이란 총공헌이익이 총고정원가와 같아지는 판매량이나 매출액이며 등식은 다음과 같다.

- 매출액 − 변동원가 − 고정원가 = ₩0
- 매출액 − 변동원가 = 고정원가
- 총공헌이익 = 고정원가

(3) 공헌이익

공헌이익이란 매출액에서 변동원가를 차감한 금액을 말하는 것으로서, 제품의 판매로 인한 수익이 고정원가를 회수하고 이익을 창출하는 데 얼마나 공헌했는가를 나타내는 개념이다. 이러한 공헌이익은 단위당 표시할 수 있는데 이렇게 표시한 것을 단위당 공헌이익이라고 한다.

- **공헌이익** = 매출액 − 변동원가
  = (단위당 판매가격 × 판매량) − (단위당 변동제조원가 × 판매량) − (단위당 변동 판매비 및 관리비 × 판매량)
  = (단위당 판매가격 − 단위당 변동원가) × 판매량
  = 단위당 공헌이익 × 판매량
- **단위당 공헌이익** = 단위당 판매가격 − 단위당 변동원가

(4) 공헌이익률

공헌이익률이란 공헌이익의 개념을 비율개념으로 나타낸 것으로서, 총공헌이익을 총매출액으로 나누어 계산할 수도 있고 단위당 공헌이익을 단위당 판매가격으로 나누어 계산할 수도 있다. 이러한 공헌이익률은 매출액 중 몇 %가 고정원가의 회수 및 이익의 획득에 공헌하는가를 나타내는 개념이다.

$$공헌이익률 = \frac{단위당\ 공헌이익}{단위당\ 판매가격}$$

$$= \frac{(단위당\ 판매가격 - 단위당\ 변동원가) \times 판매량}{단위당\ 판매가격 \times 판매량}$$

$$= \frac{공헌이익}{매출액}$$

더 알아보기 | **변동비율**

변동비율이란 총변동원가를 총매출액으로 나눈 개념으로, 단위당 변동원가를 단위당 판매가격으로 나누어 계산할 수 있다. 따라서 공헌이익률과 변동비율의 합은 100%이다.

(5) 계산

① 손익분기점(BEP) 계산공식: 공헌이익 등식(= 매출액 − 변동원가 = 고정원가 + 이익)에서 손익분기점 등식(= 매출액 − 변동원가 = 고정원가)을 도출하여 고정원가를 회수할 수 있는 판매량이나 매출액을 계산한다.

- 손익분기점 판매량 $= \dfrac{고정원가}{단위당\ 공헌이익}$

- 손익분기점 매출액 $= \dfrac{고정원가}{공헌이익률} = \dfrac{고정원가}{1 - 변동비율} =$ 손익분기점 판매량 × 단위당 판매가격

확인 및 기출예제

(주)한국은 단위당 판매가격이 ₩1,000이고, 단위당 변동원가가 ₩700인 제품을 생산·판매하고 있다. 고정원가가 ₩450,000일 때, 손익분기점 수량은? 제25회

① 750단위 　　　　　　　　　　② 1,000단위
③ 1,250단위 　　　　　　　　　④ 1,500단위
⑤ 1,750단위

해설

손익분기점 수량 = 고정원가 ÷ 단위당 공헌이익
　　　　　　　 = ₩450,000 ÷ (₩1,000 − ₩700)
　　　　　　　 = 1,500단위

정답: ④

② 목표이익을 고려한 CVP분석: 기업의 목표이익이 주어진 경우에는 목표이익을 고려하여 목표이익만큼 매출액을 증가시켜야 한다.

　㉠ 법인세를 고려하지 않은 경우 목표이익 매출수량과 매출액

$$\cdot\ \text{목표이익 매출수량} = \frac{\text{총고정원가} + \text{목표이익}}{\text{단위당 공헌이익}}$$

$$= \frac{\text{총고정원가} + \text{목표이익}}{\text{단위당 판매가격} - \text{단위당 변동원가}}$$

$$\cdot\ \text{목표이익 매출액} = \frac{\text{총고정원가} + \text{목표이익}}{\text{공헌이익률}}$$

$$= \frac{\text{총고정원가} + \text{목표이익}}{(\text{단위당 판매가격} - \text{단위당 변동원가}) \div \text{단위당 판매가격}}$$

　㉡ 법인세를 고려하는 경우 목표이익 매출수량과 매출액

$$\cdot\ \text{목표이익 매출수량} = \frac{\text{총고정원가} + \text{세전목표이익}}{\text{단위당 공헌이익}}$$

$$= \frac{\text{총고정원가} + \text{세후목표이익} \div (1 - \text{법인세율})}{\text{단위당 판매가격} - \text{단위당 변동원가}}$$

$$\cdot\ \text{목표이익 매출액} = \frac{\text{총고정원가} + \text{세전목표이익}}{\text{공헌이익률}}$$

$$= \frac{\text{총고정원가} + \text{세후목표이익} \div (1 - \text{법인세율})}{(\text{단위당 판매가격} - \text{단위당 변동원가}) \div \text{단위당 판매가격}}$$

> **더 알아보기** 세후목표이익과 세전목표이익과의 관계
>
> 1. 세후목표이익 = 세전목표이익 × (1 − 법인세율)
> 2. 세전목표이익 = 세후목표이익 ÷ (1 − 법인세율)

확인 및 기출예제

(주)한국은 20×1년 단위당 판매가격이 ₩500이고, 단위당 변동원가가 ₩300인 단일제품을 생산·판매하고 있다. 총고정원가는 ₩600,000이고, (주)한국에 적용되는 법인세율은 20%이다. 20×1년 법인세차감 후 순이익 ₩40,000을 달성하기 위한 20×1년 제품 판매수량은?

제26회

① 2,500단위　　　　　　　　　② 2,750단위
③ 3,000단위　　　　　　　　　④ 3,250단위
⑤ 3,500단위

법인세차감 후 순이익이 주어진 경우 목표이익을 달성하기 위한 판매량은
= [고정원가 + 세후 순이익 / (1 − 법인세율)] ÷ 단위당 공헌이익
= [₩600,000 + ₩40,000/(1 − 0.2)] ÷ (₩500 − ₩300) = 3,250단위

정답: ④

③ **안전한계**: 안전한계란 현재의 조업도수준이 손익분기점 조업도보다 어느 정도 떨어져 있는지를 비율로 나타냄으로써 현재 조업도의 안전도를 파악할 수 있는 지표이다. 현재의 매출액이 손익분기점 매출액을 훨씬 초과하고 있는 경우에는 안전한계가 크고 손익분기점에 가까울수록 안전한계는 작아져 매출이 조금만 감소해도 손실이 발생할 수 있다.

- 안전한계 매출액(판매량) = 매출액(판매량) − 손익분기점 매출액(판매량)
- 안전한계율 $= \dfrac{\text{매출액} − \text{손익분기점 매출액}}{\text{매출액}}$

  $= \dfrac{\text{판매량} − \text{손익분기점 판매량}}{\text{판매량}}$

확인 및 기출예제

A제품의 매출액이 ₩400,000이고, 제품 단위당 변동원가가 ₩12, 판매가격이 ₩16이다. 고정원가가 ₩60,000일 경우에 안전한계율은?

① 10% ② 20%
③ 30% ④ 40%
⑤ 50%

- 손익분기점 매출액 = ₩60,000 / 0.25* = ₩240,000
  * (₩16 − ₩12) / ₩16
- 안전한계 = 현재 매출액 − 손익분기점 매출액
  = ₩400,000 − ₩240,000 = ₩160,000
∴ 안전한계율 = ₩160,000 ÷ 현재 매출액 = ₩160,000 ÷ ₩400,000 = 40%

정답: ④

④ **CVP도표**: CVP도표는 원가·조업도·이익의 상호관계를 그래프로 나타낸 것이며, 도출된 식과 도표는 다음과 같다(단, 가정상 판매량과 생산량이 동일함).

- **총수익** = 단위당 판매가격 × 판매량
- **총비용** = 고정원가 + (단위당 변동원가 × 생산량)

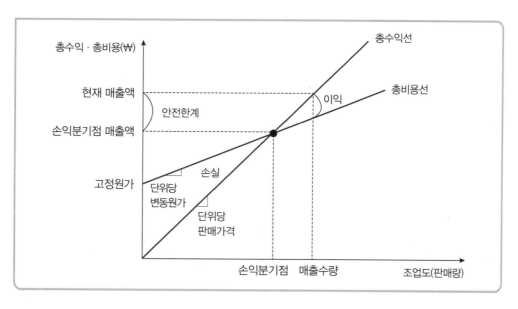

(6) 기본모형의 확장

① **현금흐름분기점**: 현금유입액과 현금유출액이 일치하여 순현금흐름이 ₩0이 되는 판매량 또는 매출액을 말한다. 손익분기점 공식에서 고정원가에 포함된 현금지출이 없는 비용만 제거하면 된다. 법인세가 없는 경우 감가상각비만이 비현금지출비용이라고 가정하면 현금흐름분기점은 다음과 같다.

$$\text{현금흐름분기점} = \frac{\text{고정원가} - \text{감가상각비}}{\text{단위당 공헌이익}}$$

② **준고정원가하의 CVP분석**: CVP분석의 기본가정은 모든 조업도하에서 고정원가가 일정하다고 전제하였으나 이를 완화하여 관련범위 내에서는 일정하지만 이 범위를 벗어나게 되면 일정액이 증감되는 경우를 분석하는 방법이다. 따라서 구간별로 손익분기점을 계산하여 관련범위에 포함되는지를 검토하여 최종적인 답을 계산하게 된다.

(주)한국의 제품생산 및 판매 관련 정보는 다음과 같다. (주)한국이 목표이익을 달성하기 위한 판매량은 몇 단위인가? (단, 법인세는 없는 것으로 가정함) 제11회

• 1,000개 이하 생산시 고정원가	₩100,000
• 1,000개 초과 생산시 고정원가	₩120,000
• 단위당 판매가격	₩500
• 변동원가율	80%
• 목표이익	₩50,000

① 1,300개   ② 1,500개   ③ 1,700개
④ 2,000개   ⑤ 2,500개

해설

• 1,000개 이하: Q = (₩100,000 + ₩50,000)/(₩500 × 0.2) = 1,500개 ⇨ 관련범위 내 ×
• 1,000개 초과: Q = (₩120,000 + ₩50,000)/(₩500 × 0.2) = 1,700개 ⇨ 관련범위 내 ○

정답: ③

③ 민감도분석: 민감도분석이란 의사결정에서 투입되는 자료가 변화할 경우 결과에 얼마나 영향을 미치는가를 측정하는 분석기법이다. 원가 · 조업도 · 이익분석에 영향을 미치는 독립변수인 판매량, 판매가격, 변동원가, 고정원가 등이 확정적이지 않고 이 요소중 일부가 불확실하다면 그에 대한 영향을 분석해야 하는데, 이와 같은 변화에 대한 결과를 계산하여 불확실성에 대처하는 기법이 바로 민감도분석이다.

(주)한국의 내년 예상손익자료는 다음과 같다. 연간 생산 · 판매량이 20% 증가한다면 영업이익은 얼마나 증가하는가? 제27회

• 단위당 판매가격	₩2,000	• 변동원가율	70%
• 손익분기점 판매량	300개	• 연간 생산 · 판매량	400개

① ₩48,000   ② ₩54,000   ③ ₩56,000
④ ₩60,000   ⑤ ₩66,000

해설

∴ 영업이익의 증가 = (400개 × 20%) × ₩2,000 × 30% = ₩48,000

정답: ①

01 고저점법은 총원가가 가장 높을 때와 총원가가 가장 낮을 때를 기준으로 원가함수를 추정한다.

( )

02 공헌이익은 매출액에서 변동원가를 차감한 금액으로서 매출액 중 변동원가를 회수하고 이익획득에 공헌하는 금액을 말한다. ( )

03 공헌이익률은 '1 - 변동원가율'이다. ( )

04 손익분기점은 총수익과 총원가가 동일하여 이익이 0이 되는 판매량(매출액)이다. ( )

05 손익분기점 판매량은 고정원가를 공헌이익률로 나눈 값이다. ( )

06 손익분기점의 총공헌이익은 고정원가와 동일하다. ( )

---

01 × 고저점법은 총원가가 아닌 조업도가 가장 높을 때와 가장 낮을 때를 기준으로 원가를 추정하는 방법이다.

02 × 공헌이익은 매출액 중 고정원가를 회수하고 이익획득에 공헌하는 금액이다.

03 ○

04 ○

05 × 손익분기점 판매량은 고정원가를 단위당 공헌이익으로 나눈 값이다.

06 ○

07 고정원가가 감소하면 공헌이익이 증가한다. ( )

08 목표이익이 존재하는 경우에는 분자에 고정원가에 목표이익을 가산하여 단위당 공헌이익으로 나누면 목표이익이 존재하는 판매량이 계산된다. 법인세를 고려할 경우에는 세후목표이익을 가산한다. ( )

09 세전이익은 세후이익에서 '1 − 법인세율'을 곱한 값이다. ( )

10 안전한계는 현재의 실제매출액이 손익분기점 매출액을 초과한 부분을 말한다. ( )

---

07 × 공헌이익은 매출액에서 변동원가를 차감한 금액으로 고정원가와 무관하다.

08 × 세후목표이익 ⇨ 세전목표이익

09 × 곱한 값 ⇨ 나눈 값

10 ○

01 (주)한국의 월 평균 기계운전시간(X)과 전력비(Y)의 관계를 다음과 같이 추정한다.

$$Y = ₩10,000 + 8 \cdot X$$

추정 원가함수를 기초로 한 전력비에 대한 설명 중 옳지 않은 것은? (단, (주)한국의 월 평균조업도는 5,000기계운전시간임)

① 전력비의 월 평균고정원가는 ₩10,000이다.

② 전력비의 변동원가는 기계운전시간당 ₩8이다.

③ 조업도가 4,000기계운전시간일 때 추정 총전력비는 ₩42,000이다.

④ 기계운전시간이 800시간 증가하면 전력비는 ₩16,400 증가한다.

⑤ 고정원가는 조업도의 증감에 대하여 원가총액이 일정하다.

정답 | 해설

01 ④ 조업도가 800시간 증가하면 전력비는 ₩6,400(=₩8 × 800시간) 증가한다.

02 (주)한국은 고저점법을 사용하여 전력비를 추정하고 있다. 20×1년 월별 전력비 및 기계시간에 근거한 원가추정식에 의하면, 전력비의 단위당 변동비는 기계시간당 ₩4 이었다. 20×1년 최고 조업도수준은 1,100기계시간이었고, 이때 발생한 전력비는 ₩9,400이었다. 20×1년 최저 조업도수준에서 발생한 전력비가 ₩8,800일 경우의 조업도수준은? 제22회

① 800기계시간
② 850기계시간
③ 900기계시간
④ 950기계시간
⑤ 1,000기계시간

03 최근 2년간 총고정제조원가와 단위당 변동제조원가는 변화가 없었으며 생산량과 총제조원가는 다음과 같다. 20×3년도에 총고정제조원가가 10% 증가할 경우, 생산량이 400단위일 때 총제조원가는?

	생산량	총제조원가
• 20×1년	200단위	₩600,000
• 20×2년	300단위	₩800,000

① ₩1,000,000
② ₩1,020,000
③ ₩1,040,000
④ ₩1,060,000
⑤ ₩1,080,000

04 (주)대한은 형광등을 제조하여 20×2년에 개당 ₩500에 400개를 판매하였다. 형광등 1개를 제조하는 데 직접재료원가 ₩150, 직접노무원가 ₩80, 변동제조간접원가 ₩70이 소요되며 연간 고정제조간접원가는 ₩30,000이 발생하였고, 제품판매 과정에서 단위당 변동판매관리비는 ₩50, 연간 고정판매관리비는 ₩15,000이 발생하였다면, 20×2년의 손익분기점 판매량은?

제18회

① 225개 ② 300개

③ 360개 ④ 450개

⑤ 600개

정답 | 해설

02 ④ 단위당 변동원가 = (₩9,400 − ₩8,800) ÷ (1,100기계시간 − x) = @₩4

∴ x = 950기계시간

03 ② • 단위당 변동원가 = (₩800,000 − ₩600,000) / (300단위 − 200단위) = @₩2,000

• 고정원가 = ₩800,000 − (₩300 × ₩2,000) = ₩200,000

• 새로운 원가추정식: Y = (₩200,000 × 1.1) + @₩2,000 · X = ₩220,000 + @₩2,000 · X

∴ 400단위하에서 총제조원가 = ₩220,000 + (@₩2,000 × 400단위) = ₩1,020,000

04 ② 단위당 공헌이익 = 단위당 판매가격 − 단위당 변동원가

= ₩500 − (₩150 + ₩80 + ₩70 + ₩50) = ₩150

∴ 손익분기점 판매량 = 고정원가 ÷ 단위당 공헌이익

= (₩30,000 + ₩15,000) ÷ ₩150 = 300개

05 다음 자료를 이용할 경우 목표영업이익 ₩20,000을 달성하기 위한 판매량은? 제16회

• 단위당 판매가격	₩400
• 단위당 변동원가	₩300
• 총고정원가	₩6,000

① 60단위 ② 200단위
③ 260단위 ④ 300단위
⑤ 340단위

06 (주)한국은 제조기업으로서 제품단위당 변동원가가 ₩1,600이며, 연간 고정원가 발생액은 ₩3,600,000이다. 공헌이익률은 20%이며 법인세율이 20%인 경우, 법인세비용 차감 후 순이익 ₩2,400,000을 달성하기 위해서 연간 몇 단위의 제품을 제조·판매하여야 하는가?

① 14,000단위 ② 15,000단위
③ 16,500단위 ④ 18,750단위
⑤ 19,000단위

07 (주)한국은 20×1년 초에 설립되어 단일제품을 생산·판매할 예정이며, 20×1년도 원가 관련 자료는 다음과 같이 예상된다.

• 연간 총고정원가	₩30,000
• 단위당 변동원가	₩40

(주)한국은 20×1년 동안 1,000개의 제품을 생산하여 전량 판매할 것으로 예상하며, 이를 통해 법인세 차감 후 순이익 ₩12,000을 실현하려고 할 경우 단위당 판매가격은 얼마가 되어야 하는가? (단, 법인세율은 40%이며, 재공품은 없음)

① ₩90 ② ₩100
③ ₩110 ④ ₩120
⑤ ₩130

08 (주)한국은 단일제품을 생산하고 있다. 20×1년의 예산자료가 다음과 같을 때, 손익분기점 분석에 관한 설명으로 옳지 않은 것은?

제21회

• 판매량	15,000단위
• 단위당 판매가격	₩20
• 단위당 변동원가	₩15
• 고정원가 총액	₩50,000

① 고정원가 총액이 ₩10,000 증가하면 안전한계 판매량은 3,000단위가 된다.
② 손익분기점에서 총공헌이익은 고정원가 총액인 ₩50,000과 동일하다.
③ 판매량이 4,000단위 감소하면 총공헌이익은 ₩15,000 감소한다.
④ 고정원가 총액이 ₩10,000 감소하면 손익분기점 판매량은 8,000단위가 된다.
⑤ 단위당 변동원가가 ₩5 감소하면 손익분기점 판매량은 5,000단위가 된다.

정답 | 해설

05 ③ 단위당 공헌이익 = ₩400 − ₩300 = ₩100
∴ 목표이익이 존재하는 경우의 판매량 = (₩6,000 + ₩20,000) / ₩100 = 260단위

06 ③ 단위당 공헌이익 = $\dfrac{₩1,600}{1 - 0.2} \times 20\% = ₩400$

∴ 목표이익 달성을 위한 손익분기점 수량 = $\dfrac{₩3,600,000 + \dfrac{₩2,400,000}{1 - 0.2}}{₩400}$

= 16,500단위

07 ① • 세전이익 = 세후이익 ÷ (1 − 0.4) = ₩12,000 ÷ 0.6 = ₩20,000

• 목표이익 달성을 위한 판매량 = $\dfrac{₩30,000 + ₩20,000}{P - ₩40} = 1,000$개

∴ 단위당 판매가격(P) = ₩90

08 ③ 판매량이 4,000단위 감소하면 총공헌이익은 ₩20,000(= ₩5* × 4,000단위) 감소한다.
* 단위당 공헌이익 = 단위당 판매가격 − 단위당 변동원가 = ₩20 − ₩15

① 손익분기점 판매량 = $\dfrac{₩50,000 + ₩10,000}{₩20 - ₩15} = 12,000$단위

안전한계 판매량 = 현재 판매량 − 손익분기점 판매량
= 15,000단위 − 12,000단위 = 3,000단위
② 손익분기점에서 총공헌이익은 고정원가 총액과 동일하다.
④ 손익분기점 판매량 = (₩50,000 − ₩10,000) ÷ ₩5 = 8,000단위
⑤ 손익분기점 판매량 = ₩50,000 ÷ (₩20 − ₩10) = 5,000단위

09 (주)한국의 총변동원가는 ₩240,000, 총고정원가는 ₩60,000, 총공헌이익률은 40%이며 법인세율은 20%이다. 이에 관한 설명으로 옳지 않은 것은? (단, 기초재고와 기말재고는 동일함)

① 매출액은 ₩400,000이다.
② 안전한계율은 62.5%이다.
③ 공헌이익은 ₩24,000이다.
④ 세후영업이익은 ₩80,000이다.
⑤ 손익분기점 매출액은 ₩150,000이다.

10 (주)한국의 20×1년도 손익분기점 판매량은 4,000개이고, 제품 5,000개를 판매하여 영업이익 ₩700,000을 달성하였다. 20×2년도에 제품 단위당 판매가격을 ₩100 인상할 경우 손익분기점 판매량은? (단, 연도별 원가행태는 변동이 없음)

제19회

① 700개   ② 1,000개
③ 3,500개   ④ 4,000개
⑤ 4,200개

11 (주)한국의 손익분기점 매출액은 ₩500,000, 공헌이익률은 20%, 20×1년도 영업이익이 ₩200,000이라면 20×1년도 매출액은 얼마인가?

① ₩700,000   ② ₩1,000,000
③ ₩1,200,000   ④ ₩1,500,000
⑤ ₩1,800,000

12 김주택씨는 대학 축제에서 솜사탕을 판매하려고 한다. 솜사탕 제조에는 고정원가와 변동원가가 발생하는데 고정원가는 ₩20,000이며, 손익분기점 매출액은 ₩100,000이다. 만일 솜사탕의 예상매출액이 ₩150,000이라면 김주택씨가 솜사탕 판매로 얻게 될 이익은 얼마인가?

① ₩10,000

② ₩20,000

③ ₩30,000

④ ₩40,000

⑤ ₩50,000

정답 | 해설

09 ③ 공헌이익 = ₩400,000 × 0.4 = ₩160,000

① 매출액 = 변동원가 ÷ 변동원가율 = ₩240,000 ÷ (1 − 0.4) = ₩400,000

②⑤ 손익분기점 매출액 = ₩60,000 ÷ 0.4 = ₩150,000

· 안전한계 = ₩400,000 − ₩150,000 = ₩250,000

∴ 안전한계율 = $\dfrac{₩250,000}{₩400,000} \times 100$ = 62.5%

④ 세후영업이익 = [(₩400,000 × 0.4) − ₩60,000] × (1 − 0.2) = ₩80,000

10 ③ · 영업이익 = 단위당 공헌이익 × 손익분기점 판매량을 초과하는 판매수량

= 단위당 공헌이익 × (5,000개 − 4,000개) = ₩700,000

⇨ 단위당 공헌이익 = @₩700

· 손익분기점 판매량 = 고정원가 ÷ 단위당 공헌이익 = 고정원가 ÷ ₩700 = 4,000개

⇨ 고정원가 = ₩2,800,000

∴ 단위당 판매가격 인상시 손익분기점 판매량 = ₩2,800,000 ÷ (₩700 + ₩100) = 3,500개

11 ④ 손익분기점 매출액 = $\dfrac{고정원가}{0.2}$ = ₩500,000

⇨ 고정원가 = ₩100,000

∴ 목표이익 달성을 위한 20×1년 매출액 = $\dfrac{₩100,000 + ₩200,000}{0.2}$ = ₩1,500,000

❂ 간편법

₩500,000 + (₩200,000 ÷ 0.2) = ₩1,500,000

12 ① · 고정원가 ÷ 공헌이익률 = 손익분기점 매출액

· 공헌이익률 = ₩20,000 ÷ ₩100,000 = 0.2

∴ 영업이익 = (₩150,000 × 0.2) − ₩20,000 = ₩10,000

13 (주)한국의 손익분기점 수량이 900단위일 때, 변동원가는 ₩180,000이며 고정원가가 ₩45,000이다. (주)한국이 930단위를 판매하여 달성할 수 있는 영업이익은?

제22회

① ₩500
② ₩900
③ ₩1,100
④ ₩1,300
⑤ ₩1,500

14 20×1년 초 설립된 (주)한국은 생산된 제품을 당해 연도에 모두 판매한다. 20×1년에 제품 A 900개를 생산하여 단위당 ₩3,000의 가격으로 판매하였다. 20×1년의 제품 A의 원가구조는 다음과 같다.

• 단위당 변동제조원가	₩800	• 고정제조원가(총액)	₩800,000
• 단위당 변동판매관리비	₩600	• 고정판매관리비(총액)	₩600,000

20×2년 초 (주)한국의 경영자는 제품 A의 제조공정을 개선하려고 한다. 제조공정을 개선하면 고정제조원가는 연간 ₩317,800 증가하고, 직접노무원가는 단위당 ₩100 절감된다. 단위당 변동판매관리비와 판매가격, 고정판매관리비는 20×1년과 동일하다. 20×2년 제품 A의 영업이익을 20×1년과 동일하게 유지하기 위한 제품 A의 생산·판매수량은? (단, 재공품은 없음)

제27회

① 1,021개
② 1,034개
③ 1,045개
④ 1,073개
⑤ 1,099개

15 (주)한국은 단위당 판매가격 ₩250인 제품 A를 생산·판매하고 있다. 이 제품의 생산·판매와 관련하여 단위당 변동원가는 ₩150이고, 월 고정원가는 ₩35,000이다. (주)한국은 현재 이 제품을 월 평균 400단위 생산·판매하고 있는데 회사의 판매관리자는 월 광고비를 ₩10,000만큼 증가시키면 월 매출액이 ₩30,000 증가할 것으로 추정하였다. (주)한국이 월 광고비를 ₩10,000 증액한다면 회사의 월 영업이익에 미치는 영향은 얼마인가?

① ₩1,000 증가 　　　　　　② ₩1,000 감소
③ ₩2,000 증가 　　　　　　④ ₩2,000 감소
⑤ ₩3,000 증가

정답 | 해설

13 ⑤ • 손익분기점(수량) = ₩45,000 ÷ 단위당 공헌이익 = 900단위
　　⇨ 단위당 공헌이익 = @₩50
　　• 영업이익 = 공헌이익 − 고정원가 = 매출액 − 변동원가 − 고정원가
　　　　= (930단위 × @₩50) − ₩45,000 = ₩1,500
　　◐ 간편법
　　　영업이익 = (930단위 − 900단위) × @₩50
　　　　　　= ₩1,500

14 ② • 20×1년 영업이익
　　　= [₩3,000 − (₩800 + ₩600)] × 900개 − ₩800,000 − ₩600,000
　　　= ₩40,000
　　• 20×2년 영업이익
　　　= [₩3,000 − (₩700 + ₩600)] × x − ₩800,000 − ₩600,000 − ₩317,800 = ₩40,000
　　∴ 생산·판매수량(x) = 1,034개

15 ③ 공헌이익률 = (₩250 − ₩150) / ₩250 = 40%
　　∴ 영업이익 = 공헌이익 − 고정원가
　　　　　　= (₩30,000 × 0.4) − ₩10,000 = ₩2,000 증가

16 (주)한국은 급여체계를 일부 변경하려고 고민하고 있는데, 현재의 자료는 다음과 같다.

• 제품 단위당 판매가격	₩100
• 공헌이익률	60%
• 연간고정원가	
임차료	₩7,500
급여	₩10,500
광고선전비	₩6,000

만약 매출액의 10%를 성과급으로 지급하는 방식으로 급여체계를 변경한다면 고정급여는 ₩3,000이 절약될 것으로 추정하고 있다. 급여체계의 변경으로 인한 손익분기점 판매량의 변화는?

① 20단위 증가 ② 20단위 감소
③ 25단위 증가 ④ 25단위 감소
⑤ 불변

17 (주)한국은 20×1년도 예산자료를 다음과 같이 예측하였다.

• 매출액	₩5,000,000
• 고정원가	₩1,512,500
• 공헌이익률	44%

만약 판매량이 20% 증가한다면 영업이익은 얼마나 증가하는가? 제20회

① ₩137,500 ② ₩220,000
③ ₩302,500 ④ ₩380,500
⑤ ₩440,000

18 (주)한국은 당기 손익분기점 매출액을 ₩250,000으로 예상하고 있으며, 고정원가는 ₩100,000이 발생할 것으로 추정하고 있다. (주)한국이 당기에 매출액의 15%에 해당하는 영업이익을 획득할 경우 안전한계율은?

제24회

① 22.5% ② 27.5%

③ 32.5% ④ 37.5%

⑤ 42.5%

정답 | 해설

16 ① • 기존의 손익분기점 판매량 = 고정원가 ÷ 단위당 공헌이익

$= (₩7,500 + ₩10,500 + ₩6,000) ÷ (₩100 × 0.6)$

$= ₩24,000 ÷ ₩60 = 400$단위

• 매출액의 10% 성과급 지급안 반영 후 손익분기점 판매량

매출액의 10% 성과급을 지급하면 변동원가가 증가하고 공헌이익이 감소한다.

따라서 공헌이익률은 50%, 단위당 공헌이익도 ₩100 × 50%인 ₩50이 된다.

$= $ 고정원가 ÷ 단위당 공헌이익 $= (₩7,500 + ₩10,500 + ₩6,000 − ₩3,000) ÷ (₩100 × 0.5)$

$= 420$단위

∴ 성과급 지급안 반영시 손익분기점 판매량은 420단위 − 400단위 = 20단위만큼 증가한다.

17 ⑤ 영업이익 = 매출액 − 변동원가 − 고정원가 = 공헌이익 − 고정원가

$= (₩5,000,000 × 0.2 × 0.44) − ₩0 = ₩440,000$

18 ④ • 손익분기점 매출액 = 고정원가 ÷ 공헌이익률

$= ₩100,000 ÷ $ 공헌이익률 $= ₩250,000$

⇨ 공헌이익률 = 40%

• 목표이익 달성을 위한 매출액

영업이익 = 공헌이익 − 고정원가 $= 0.4x − ₩100,000 = 0.15x$

⇨ 매출액$(x) = ₩400,000$

∴ 안전한계율 = 안전한계(매출액 − 손익분기점 매출액) ÷ 매출액

$= (₩400,000 − ₩250,000) ÷ ₩400,000 = 37.5\%$

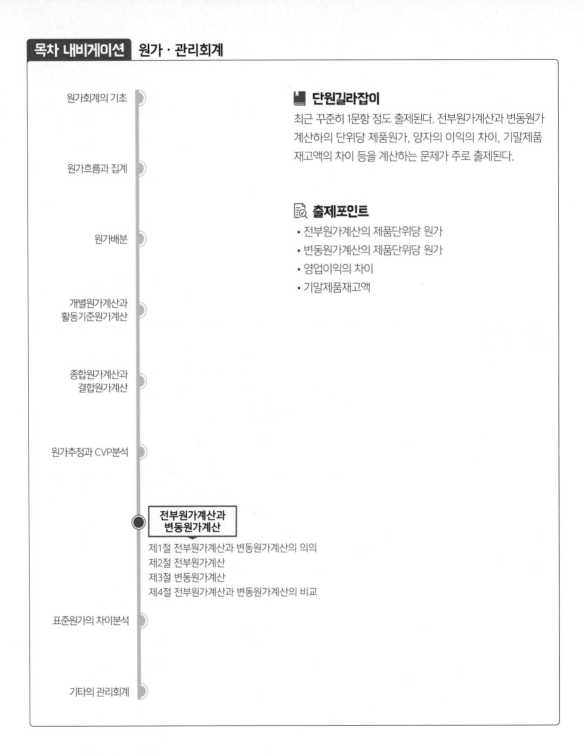

📖 **단원길라잡이**

최근 꾸준히 1문항 정도 출제된다. 전부원가계산과 변동원가
계산하의 단위당 제품원가, 양자의 이익의 차이, 기말제품
재고액의 차이 등을 계산하는 문제가 주로 출제된다.

🔍 **출제포인트**

- 전부원가계산의 제품단위당 원가
- 변동원가계산의 제품단위당 원가
- 영업이익의 차이
- 기말제품재고액

제1절 전부원가계산과 변동원가계산의 의의

전부원가계산은 모든 제조원가를 제품원가에 포함시키는 전통적 방법으로서, 흡수원가계산이라고도 한다. 변동원가계산은 생산량과 판매량이 일치하지 않아 판매량이 감소함에도 불구하고 이익이 증가하는 등의 문제를 해결하고 관리적 의사결정을 위해 CVP분석을 사용할 수 있도록 변동제조원가(= 직접재료원가 + 직접노무원가 + 변동제조간접원가)만으로 제품원가를 계산하는 방법이다. 이들의 차이는 고정제조간접원가의 비용화 여부에 있다.

제품원가 구성요소에 따른 분류

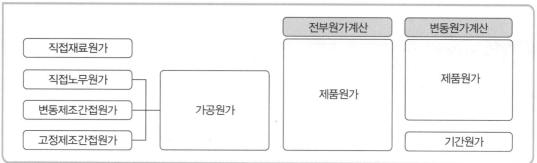

제2절 전부원가계산

01 의의

전부원가계산은 흡수원가계산이라고도 하며, 고정제조간접원가를 포함한 모든 제조원가는 제품원가로 하고 판매비와 관리비 등은 기간비용으로 계산하는 방법으로서, 전통적인 재무회계에서 수용되고 일반적으로 인정된 회계원칙에서 인정하고 있는 원가계산방법이다.

02 장점과 단점

(1) 장점

① 일반적으로 인정된 회계원칙에서 인정하는 원가계산방법이다.
② 고정원가도 장기적으로 회수되어야 할 원가이므로 장기적 판매가격 결정에 유용하다.

(2) 단점

① 기간손익이 판매량뿐만 아니라 생산량의 변화에도 영향을 받는다.
② 단기적인 계획과 통제에 유용한 자료를 제공하지 못한다.

③ 고정제조간접원가의 원가배분이 인위적으로 이루어진다.

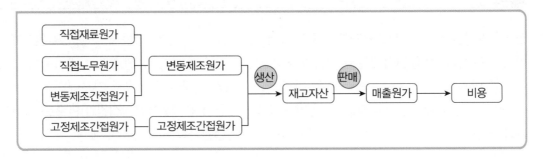

01 의의

변동원가계산이란 직접원가계산이라고도 하며, 제품원가를 산정함에 있어서 제조원가 중에 조업도에 비례하여 발생하는 변동제조원가(직접재료원가, 직접노무원가, 변동제조간접원가) 만을 제품원가의 구성요소로 보고 고정제조간접원가는 기간비용으로 회계처리하는 방법을 말한다.

02 장점과 단점

(1) 장점

① 기간손익이 재고수준의 변동에 영향을 받지 않으므로 판매량에 따라 영업이익이 결정된다.

② 원가행태별 분류를 바탕으로 CVP자료 등을 쉽게 얻을 수 있어 원가예측과 계획 및 의사결정에 유용하다.

③ 변동원가는 판매량을 기준으로, 고정원가는 기간별 총액기준으로 통제하여 원가통제에 유용하다.

(2) 단점

① 모든 원가를 행태별로 분류하는 것이 쉽지 않다.

② 일반적으로 인정된 회계원칙에서 인정하지 않는다.

③ 공헌이익을 중시하므로 고정원가의 중요성을 간과할 수 있다.

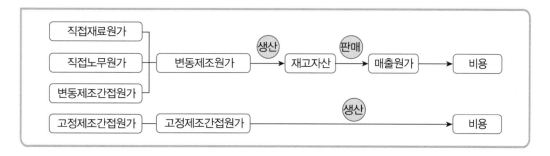

더 알아보기 | **초변동원가계산**

제조원가 중 직접재료원가만 제품원가에 포함시키고, 그 이외의 직접노무원가나 제조간접원가 등은 기간비용으로 회계처리하여 영업이익을 계산하는 방법이다.

전부원가계산과 변동원가계산에 의한 손익계산서

전부원가계산			변동원가계산		
매출액		×××	매출액		×××
매출원가			변동원가		
기초재고	×××		변동매출원가	×××	
당기제품제조원가	×××		변동판매관리비	×××	(×××)
기말재고	(×××)	(×××)	공헌이익		×××
매출총이익		×××	고정원가		
판매관리비		(×××)	고정제조간접원가	×××	
영업이익		×××	고정판매관리비	×××	(×××)
			영업이익		×××

◉ 전부원가계산의 손익계산서는 전통적으로 사용하던 것으로 원가를 기능에 따라 제조원가와 판매관리비로 구분하므로 '기능적 손익계산서'라고 하며, 변동원가계산은 '공헌이익손익계산서'라고 한다.

(주)한국은 당기 중에 10,000단위의 제품을 생산·판매하였으며, 당기의 원가자료는 다음과 같다. 기초재고 및 기말재공품은 없고, 고정제조간접원가는 실제생산량을 기초로 배부한다. 전부원가계산 및 변동원가계산하에서 제품의 단위당 제조원가는 각각 얼마인가?

• 직접재료원가	₩100,000
• 직접노무원가	₩80,000
• 변동제조간접원가	₩40,000
• 고정제조간접원가	₩50,000
• 변동판매 및 일반관리비	₩12,000
• 고정판매 및 일반관리비	₩45,000

	전부원가	변동원가		전부원가	변동원가
①	₩18	₩27	②	₩27	₩22
③	₩27	₩27	④	₩30	₩35
⑤	₩32.7	₩28.2			

해설

• 전부원가계산: (₩100,000 + ₩80,000 + ₩40,000 + ₩50,000) ÷ 10,000단위 = @₩27
• 변동원가계산: (₩100,000 + ₩80,000 + ₩40,000) ÷ 10,000단위 = @₩22   정답: ②

제4절 전부원가계산과 변동원가계산의 비교

01 순이익의 비교

전부원가계산의 경우는 고정제조간접원가가 재고가능원가인 제품원가로 계산되므로 당기에 발생한 고정제조간접원가의 일부가 기말재고자산으로 기록된다. 반면, 변동원가계산의 경우는 고정제조간접원가가 재고자산에 포함되지 않고 발생시점에서 전액 기간비용으로 처리된다. 이와 같이 고정제조간접원가에 대한 회계처리가 상이하기 때문에 다음의 경우 매년 단위당 고정제조간접원가가 동일한 경우에 성립하고, 그렇지 않은 경우에는 성립하지 않을 수도 있다.

상황	재고 변화	이익
생산량 > 판매량 (기초재고수량 < 기말재고수량)	증가	전부 > 변동
생산량 = 판매량 (기초재고수량 = 기말재고수량)	불변	전부 = 변동
생산량 < 판매량 (기초재고수량 > 기말재고수량)	감소	전부 < 변동

02 영업이익의 비교

(1) 생산량과 판매량이 동일한 경우(기초수량 = 기말수량)

생산량과 판매량이 동일한 경우에는 전부원가계산하에서의 순이익과 변동원가계산하의 순이익이 같다.

(2) 생산량이 판매량보다 큰 경우(기초수량 < 기말수량)

전부원가계산에서는 당기고정제조간접원가의 일부를 기말재고에 포함시켜 미래기간으로 이연시킨다. 변동원가계산에서는 당기고정제조간접원가 전액을 비용으로 처리한다. 따라서 재고증가량(= 기말수량 − 기초수량)에 단위당 고정제조간접원가를 곱한 금액만큼 전부원가순이익이 변동원가순이익보다 더 크다.

(3) 생산량이 판매량보다 작은 경우(기초수량 > 기말수량)

전부원가계산의 경우에는 기초재고자산에 포함된 고정제조간접원가의 일부가 당기고정 제조간접원가와 함께 매출원가에 포함된다. 그러나 변동원가계산은 당기에 발생한 고정 제조간접원가만 당기비용으로 처리되므로 기초재고자산에 포함된 고정제조간접원가는 당기의 매출원가에 포함되지 않는다. 따라서, 재고의 감소량(= 기초수량 − 기말수량)에 단위당 고정제조간접원가를 곱한 금액만큼 변동원가순이익이 전부원가순이익보다 더 크다.

03 재고자산의 비교

초변동원가계산의 재고자산 ≤ 변동원가계산의 재고자산 ≤ 전부원가계산의 재고자산

- 직접노무원가, 변동제조간접원가, 고정제조간접원가가 발생하지 않는 경우에는 각 경우의 재고자산이 모두 동일하다.
- 초변동원가계산은 직접재료원가만 제품원가계산에 포함하는 원가계산방법이다.

	변동원가계산의 영업이익
(+)	기말재고자산에 포함된 고정제조간접원가
(−)	기초재고자산에 포함된 고정제조간접원가
	전부원가계산의 영업이익

확인 및 기출예제

(주)한국은 2월 1일 영업을 개시하였으며 한 달 동안 제품 2,000단위를 생산하여 1,600단위를 단위당 ₩10,000에 판매하였다. (주)한국의 제조원가 및 판매관리비가 다음과 같을 때 전부원가계산과 변동원가계산에 의한 2월의 영업이익 차이는?

	고정원가	단위당 변동원가
직접재료원가	−	₩3,000
직접노무원가	−	₩500
제조간접원가	₩600,000	₩1,500
판매관리비	₩700,000	₩2,000

① 전부원가계산이 변동원가계산보다 ₩120,000 많다.
② 전부원가계산이 변동원가계산보다 ₩120,000 적다.
③ 전부원가계산이 변동원가계산보다 ₩140,000 많다.
④ 전부원가계산이 변동원가계산보다 ₩140,000 적다.
⑤ 전부원가계산이 변동원가계산보다 ₩150,000 많다.

해설

- 단위당 고정제조간접원가 = ₩600,000 ÷ 2,000단위 = @₩300
- 영업이익 차이 = (2,000단위 − 1,600단위) × @₩300 = ₩120,000
- ∴ 생산량(2,000단위)이 판매량(1,600단위)보다 크므로 전부원가계산이 변동원가계산보다 ₩120,000 많다.

정답: ①

전부원가계산과 변동원가계산의 비교

구분	전부원가계산	변동원가계산
목적	외부보고	내부경영관리
경영성과보고	기능별 손익계산서	공헌이익 손익계산서
제품원가	직접재료원가 + 직접노무원가 + 변동제조간접원가 + 고정제조간접원가	직접재료원가 + 직접노무원가 + 변동제조간접원가
기간비용	+ 판매비와 관리비	고정제조간접원가 + 판매비와 관리비
이론적 근거	원가부착개념	원가회피개념
이익결정요인	이익 = f(판매량, 생산량)	이익 = f(판매량)

01 전부원가계산은 고정제조간접원가를 제품원가에 포함시키지 않고, 변동원가계산은 제품원가에 포함시킨다. ( )

02 변동원가계산은 변동원가를 제품원가에 포함시키는 원가계산방법이다. ( )

03 변동원가계산은 전통적 접근법으로 기능적인 측면을 강조한다. ( )

04 전부원가계산과 변동원가계산의 이익이 동일해지는 상황은 생산량과 판매량이 같아 기초와 기말이 동일한 상황이다. ( )

05 생산량이 판매량보다 많은 경우, 전부원가계산에 의한 영업이익이 변동원가계산에 의한 영업이익보다 작다. ( )

06 경영자의 단기적 의사결정에 적합한 정보를 제공하는 것은 전부원가계산이다. ( )

07 영업이익이 판매량뿐만 아니라 생산량에 의해서도 영향을 받는 것은 전부원가계산이다. ( )

---

01 × 전부원가계산의 경우 고정제조간접원가를 제품원가에 포함시키고, 변동원가계산의 경우 포함시키지 않는다.

02 × 변동원가계산은 변동제조원가를 제품원가로 계산하는 방법이다.

03 × 변동원가계산은 원가행태에 따라서 변동원가와 고정원가로 구분하여 계산하는 공헌이익접근법이다. 전통적 접근법, 즉 기능적 접근법은 전부원가계산에 해당된다.

04 ○

05 × 전부원가계산에서는 고정제조간접원가의 일부를 기말재고에 포함시키지만, 변동원가계산에서는 고정제조간접원가 전액을 비용으로 처리한다. 따라서 생산량이 판매량보다 많은 경우에는 전부원가계산에 의한 영업이익이 변동원가계산에 의한 영업이익보다 크다.

06 × 전부원가계산 ⇨ 변동원가계산

07 ○

01 변동원가계산방법에 대한 설명으로 옳지 않은 것은?

① 변동원가계산하의 영업이익은 매출액에서 변동원가와 고정원가를 차감하여 계산한다.
② 생산량이 판매량보다 크면 전부원가계산하의 이익이 변동원가계산하의 이익보다 크다.
③ 변동원가계산은 변동원가를 제품원가로 계산하는 방법이다.
④ 생산량과 판매량이 동일하면 전부원가계산하의 이익과 변동원가계산하의 이익이 동일하다.
⑤ 제품단위당 변동제조원가는 총변동제조원가를 생산량으로 나눈 금액이다.

정답 | 해설

01 ③ 변동원가계산은 변동원가가 아니라 <u>변동제조원가</u>(= 직접재료원가 + 직접노무원가 + 변동제조간접원가)를 제품원가로 계산하는 방법이다.

02 다음 중 전부원가계산과 변동원가계산에 대한 설명을 적절하게 분류한 것은?

> ㉠ 행태별 원가분류가 필요하다.
> ㉡ 기간손익이 재고수준의 변동에 영향을 받는다.
> ㉢ 단기적인 계획과 통제에 유용하지 못하다.
> ㉣ 일반적으로 인정된 회계원칙에서 인정하지 않는다.

	전부원가계산	변동원가계산
①	㉠	㉡, ㉢, ㉣
②	㉠, ㉡	㉢, ㉣
③	㉠, ㉢	㉡, ㉣
④	㉡, ㉢	㉠, ㉣
⑤	㉡, ㉣	㉠, ㉢

03 (주)한국은 20×1년 2,000단위의 제품을 생산하여 1,500단위의 제품을 판매하였다. 기초재고는 없었으며 관련 원가자료는 다음과 같다.

• 제품단위당 직접재료원가	₩600
• 제품단위당 직접노무원가	₩200
• 제품단위당 변동제조간접원가	₩300
• 제품단위당 변동판매비와 관리비	₩100
• 총고정제조간접원가	₩800,000
• 총고정판매비와 관리비	₩300,000

변동원가계산에 의한 제품단위당 제조원가는?   제16회

① ₩800
② ₩900
③ ₩1,000
④ ₩1,100
⑤ ₩1,500

04 (주)한국의 20×1년 기초 제품재고수량은 없고, 기말 제품재고수량은 1,000단위이다. 단위당 변동제조원가는 ₩400이고, 단위당 고정제조간접원가는 ₩100이다. 20×1년 전부원가계산에 의한 영업이익은 변동원가계산에 의한 영업이익보다 얼마 더 많은가? (단, 재공품은 없음) 제26회

① ₩100,000　　　　　　　　　② ₩200,000

③ ₩300,000　　　　　　　　　④ ₩400,000

⑤ ₩500,000

정답 | 해설

02 ④ 전부원가계산은 외부보고목적으로 작성되고 판매량과 생산량이 이익의 결정요인이며 단기적 의사결정보다는 장기적 의사결정에 활용된다. 반면, 변동원가계산은 일반적으로 인정된 회계원칙에서 인정하지 않는 방법으로 판매량을 이익의 결정요인으로 보기 때문에 재고수준의 변동에 영향을 받지 않는다.

03 ④ 변동원가계산하의 제품단위당 제조원가 = 직접재료원가 + 직접노무원가 + 변동제조간접원가
= ₩600 + ₩200 + ₩300 = ₩1,100

04 ① 영업이익의 차이 = (1,000단위 − 0) × ₩100 = ₩100,000

05 (주)한국은 20×1년 초에 영업을 개시하고 5,000단위의 제품을 생산하여 단위당 ₩1,500에 판매하였으며, 영업활동에 관한 자료는 다음과 같다.

• 단위당 직접재료원가	₩500	• 고정제조간접원가	₩1,000,000
• 단위당 직접노무원가	₩350	• 고정판매관리비	₩700,000
• 단위당 변동제조간접원가	₩150		
• 단위당 변동판매관리비	₩100		

변동원가계산에 의한 영업이익이 전부원가계산에 의한 영업이익에 비하여 ₩300,000이 적을 경우, (주)한국의 20×1년 판매수량은? (단, 기말재공품은 존재하지 않음)

제24회

① 1,500단위   ② 2,000단위
③ 2,500단위   ④ 3,000단위
⑤ 3,500단위

06 20×1년 초에 설립된 (주)한국은 단일제품을 생산·판매하며, 실제원가계산을 사용하고 있다. (주)한국은 20×1년에 6,000단위를 생산하여 4,000단위를 판매하였고, 20×2년에는 6,000단위를 생산하여 7,000단위를 판매하였다. 연도별 판매가격과 원가구조는 동일하며 원가자료는 다음과 같다.

원가항목	단위당 원가	연간 총원가
직접재료원가	₩85	
직접노무원가	₩40	
변동제조간접원가	₩105	
변동판매비와 관리비	₩50	
고정제조간접원가		₩120,000
고정판매관리비		₩350,000

20×2년 전부원가계산에 의한 영업이익이 ₩910,000일 경우, 20×2년 변동원가계산에 의한 영업이익은? (단, 기초 및 기말재공품은 없는 것으로 가정함)

① ₩890,000   ② ₩900,000
③ ₩910,000   ④ ₩920,000
⑤ ₩930,000

07 단일제품을 생산·판매하고 있는 (주)한국의 당기순이익은 전부원가계산하에서 ₩6,000이고 변동원가계산하에서 ₩4,750이다. 단위당 제품원가는 매기 동일하고 전부원가계산하에서 ₩30, 변동원가계산하에서 ₩25이다. 기말제품재고수량이 1,000단위인 경우 기초제품재고수량은 얼마인가? (단, 기초재공품과 기말재공품은 없음)

① 250단위   ② 520단위

③ 750단위   ④ 800단위

⑤ 1,000단위

정답 | 해설

05 ⑤ • 단위당 고정제조간접원가 = ₩1,000,000 ÷ 5,000단위 = ₩200
　　　• 영업이익의 차이 = (생산량 − 판매량) × 단위당 고정제조간접원가
　　　　　　　　　　 = (5,000단위 − 판매량) × ₩200 = ₩300,000
　　　∴ 판매량 = 3,500단위

06 ⑤ • 단위당 고정제조간접원가 = ₩120,000 ÷ 6,000단위 = ₩20
　　　• 기초재고(2,000단위) > 기말재고(1,000단위)
　　　재고감소량에 단위당 고정제조간접원가를 곱한 만큼 변동원가계산의 이익이 크다.
　　　∴ 변동원가계산에 의한 영업이익 = ₩910,000 + (2,000단위 − 1,000단위) × ₩20 = ₩930,000

07 ③ 이익차이 = (기말수량 − 기초수량) × 단위당 고정제조간접원가
　　　　　　 = (1,000단위 − x) × ₩5[*1] = ₩1,250[*2]
　　　[*1] ₩30 − ₩25
　　　[*2] ₩6,000 − ₩4,750
　　　∴ 기초수량(x) = 1,000단위 − 250단위 = 750단위

08 (주)한국은 20×1년 1월 1일에 설립되었다. 20×1년부터 20×2년까지 제품 생산량 및 판매량은 다음과 같으며, 원가흐름은 선입선출법을 가정한다.

구분	20×1년	20×2년
생산량	8,000단위	10,000단위
판매량	7,000단위	?
총고정제조간접원가	₩1,600,000	₩1,800,000

20×2년 변동원가계산에 의한 영업이익이 전부원가계산에 의한 영업이익에 비하여 ₩20,000 많은 경우, (주)한국의 20×2년 판매수량은? (단, 재공품재고는 없음)

제25회

① 8,500단위
② 9,000단위
③ 9,500단위
④ 10,000단위
⑤ 11,000단위

09 (주)한국은 20×1년 초에 설립되었다. 20×1년과 20×2년의 생산 및 판매활동은 동일한데 생산량은 500개이고, 판매량은 300개이다. 원가 및 물량흐름은 선입선출법을 적용한다. 20×2년 전부원가계산의 영업이익이 변동원가계산의 영업이익보다 ₩120,000 더 많았다. 20×2년 말 기말제품재고에 포함된 고정제조간접원가는? (단, 재공품은 없음)

제27회

① ₩210,000
② ₩220,000
③ ₩230,000
④ ₩240,000
⑤ ₩250,000

10 20×1년 초에 영업을 개시한 (주)한국의 원가 관련자료는 다음과 같다.

• 생산량	10,000개
• 판매량	8,000개
• 단위당 변동제조원가	₩110
• 단위당 변동판매관리비	₩40
• 고정제조간접원가	₩180,000
• 고정판매관리비	₩85,000

제품의 단위당 판매가격이 ₩200인 경우에 (주)한국의 20×1년 말 변동원가계산에 의한 영업이익과 기말제품재고액은?

	영업이익	기말제품재고액		영업이익	기말제품재고액
①	₩135,000	₩220,000	②	₩135,000	₩256,000
③	₩171,000	₩220,000	④	₩171,000	₩256,000
⑤	₩180,000	₩270,000			

정답 | 해설

08 ④ 20×2년도 기초재고와 기말재고의 단위당 고정제조간접원가 차이가 나는 경우이다.
  • 20×1년 단위당 고정제조간접원가 = ₩1,600,000 ÷ 8,000단위 = ₩200
  • 20×2년 단위당 고정제조간접원가 = ₩1,800,000 ÷ 10,000단위 = ₩180
    전부원가계산의 영업이익 + 기초재고에 포함된 고정제조간접원가 − 기말재고에 포함된 고정제조간접원가
    = 변동원가계산의 영업이익
  • 이익차이 = (1,000단위 × ₩200) − (기말수량 × ₩180) = ₩20,000
  ∴ 기말수량 1,000단위이므로 판매수량은 기초 + 당기생산 − 기말수량이므로 10,000단위가 된다.

09 ④ 20×1년 초에 설립되었으므로 20×1년 말 기말재고는 200개(0 + 500개 − 300개)이므로 20×2년은 다음과 같다.

	20×2년		
기초재고	200	판매량	300
생산량	500	기말재고	400
	700		700

  • 이익차이 = (500개 − 300개) × 단위당 고정제조간접원가 = ₩120,000
    ⇨ 단위당 고정제조간접원가 = ₩600
  ∴ 기말재고에 포함된 고정제조간접원가 = ₩600 × 400개 = ₩240,000

10 ① • 영업이익 = 매출액 − 변동원가 − 고정원가
        = (₩200 − ₩110 − ₩40) × 8,000개 − ₩180,000 − ₩85,000 = ₩135,000
  • 기말제품재고액 = ₩110 × 2,000개 = ₩220,000

11 (주)한국은 20×1년 1월 1일에 설립되었다. 20×1년부터 20×4년까지 생산량 및 판매량은 다음과 같으며 원가흐름가정은 선입선출법이다.

구분	20×1년	20×2년	20×3년	20×4년
생산량	6,000단위	9,000단위	4,000단위	5,000단위
판매량	6,000단위	6,000단위	6,000단위	6,000단위

전부원가계산과 변동원가계산을 적용한 결과에 관한 설명으로 옳지 않은 것은? (단, 단위당 판매가격, 단위당 변동원가, 연간 고정원가 총액은 매년 동일함) 제21회

① 변동원가계산하에서 20×1년과 20×2년의 영업이익은 동일하다.
② 변동원가계산에 의한 단위당 제품원가는 매년 동일하다.
③ 20×1년부터 20×4년까지의 영업이익 합계는 전부원가계산과 변동원가계산에서 동일하다.
④ 20×1년에는 전부원가계산 영업이익과 변동원가계산 영업이익이 동일하다.
⑤ 전부원가계산하에서 20×4년의 영업이익은 20×2년의 영업이익보다 크다.

정답 | 해설

11 ⑤ 전부원가계산은 고정제조간접원가를 제품원가에 배부하므로 전부원가계산하의 영업이익은 판매량뿐만 아니라 생산량에 영향을 받는다. 그러므로 전부원가계산하에서 20×4년의 영업이익은 20×2년의 영업이익보다 <u>작다</u>.

house.Hackers.com

제 8 장 표준원가 차이분석

📔 단원길라잡이

표준원가의 차이분석은 1문항 정도 출제되고 있다. 각 원가
요소별로 차이분석 계산구조를 이해하는 것이 중요하다.

🔎 출제포인트

- 직접재료원가 차이분석(가격차이, 수량차이)
- 직접노무원가 차이분석(임률차이, 능률차이)
- 변동제조간접원가 차이분석(소비차이, 능률차이)
- 고정제조간접원가 차이분석(예산차이, 조업도차이)

제1절 표준원가계산

01 의의

표준원가계산이란 제품원가에 대하여 각 원가요소별로 미리 정해놓은 표준원가로 제품원가를 측정하는 방법으로, 실제 원가계산의 문제점을 보완하고 효율적으로 원가를 관리하기 위한 원가계산방법이다. 따라서 표준원가계산제도는 계획을 수립하거나 원가를 통제하고 종업원에 대한 성과평가에 유용하다.

표준원가계산의 절차

각 원가요소별 표준원가의 설정 ⇨ 실제원가의 파악 ⇨ 원가차이 분석

02 장점과 단점

(1) 장점

① **제품원가계산 목적**: 제품원가계산이 신속하게 이루어진다. 표준원가계산은 제품수량에 과학적이고 통계적인 수치 등으로 계산된 표준원가를 곱하여 계산하기 때문이다.

② **원가통제 목적**: 원가차이 분석자료는 원가통제 및 성과평가에 기본적인 정보를 제공한다.

③ **계획 목적**: 표준원가는 연초에 수립하는 예산편성의 기초가 된다.

(2) 단점

① 실제원가가 아닌 표준원가 자체가 가지는 한계성이 존재한다.

② 외부보고시 표준원가를 실제원가로 수정해야 하는 번거로움이 있다.

03 표준원가의 설정

표준원가	공식
표준직접재료원가	단위당 표준직접재료원가 = 제품단위당 직접재료표준수량 × 재료단위당 표준가격
표준직접노무원가	단위당 표준직접노무원가 = 제품단위당 표준작업시간 × 시간당 표준임률
표준변동제조간접원가	① 단위당 표준변동제조간접원가 = 단위당 표준조업도 × 표준배부율 ② 표준배부율 = 변동제조간접원가예산 ÷ 기준조업도
표준고정제조간접원가	① 단위당 표준고정제조간접원가 = 단위당 표준조업도 × 표준배부율 ② 표준배부율 = 고정제조간접원가예산 ÷ 기준조업도

기업은 기간에 따라(예 단기, 중기, 장기 등) 계획을 수립하고 이를 금액으로 표시한 예산을 편성하게 되는데 이 경우 표준원가를 사용한다. 이와 같은 예산은 조업도에 따라 고정예산과 변동예산으로 구분될 수 있다. 고정예산은 특정 조업도를 기준으로 사전에 편성된 예산을 말한다. 따라서 실제조업도가 특정조업도와 달라도 변동되지 않으며 특정조업도의 목표달성도에 대한 정보만을 제공한다. 반면에 변동예산은 실제조업도의 변동에 따라 조정되어 편성되는 예산을 말한다.

제2절 | 원가요소별 차이분석

01 의의

표준원가계산에서 차이분석은 표준원가와 실제원가의 차이를 비교하여 분석하는 투입 및 산출분석으로서 원가통제 및 성과평가에 많이 사용된다.

> **총차이 = 실제발생(투입)원가 − 실제 산출량에 허용된 표준원가**

예산이익과 실제이익의 차이가 영업이익에 미치는 영향에 따라 구분되는 차이를 다음과 같이 구분할 수 있다. 영업이익을 증가시키는 차이를 유리한 차이라고 하고, 영업이익을 감소시키는 차이를 불리한 차이라고 한다.

- 유리한 차이: 실제원가 < 표준원가
- 불리한 차이: 실제원가 > 표준원가

02 직접재료원가 차이분석

(1) 의의

직접재료원가의 총차이는 실제로 발생된 직접재료원가와 표준직접재료원가와의 차이를 말하며, 이와 같은 총차이는 가격차이와 수량차이(또는 능률차이)로 구분한다. 직접재료원가 가격차이는 다음과 같이 사용시점에서 분리하는 경우와 구입시점에서 분리하는 경우로 구분된다.

(2) 사용시점에서 분리하는 경우

① 가격차이 = 실제사용량 × (실제가격 − 표준가격)

② 수량차이 = (실제사용량 − 표준사용량) × 표준가격

실제발생원가	실제사용량 × 표준가격	표준사용량 × 표준가격
㉠	㉡	㉢

가격차이 = ㉠ − ㉡ ──── 수량차이 = ㉡ − ㉢

확인 및 기출예제

(주)한국은 총재료원가 ₩100,000인 원재료 50,000단위를 생산하는 표준예산을 수립하였다. 실제 생산품은 50,000단위였고 원재료는 45,000단위가 투입되었으며 원재료의 단위당 원가는 ₩2.1이었다. 직접재료원가의 가격차이와 능률차이는 얼마인가?

	가격차이	능률차이
①	₩4,500 불리	₩10,000 유리
②	₩5,000 유리	₩10,500 불리
③	₩5,000 불리	₩10,500 유리
④	₩10,000 유리	₩4,500 불리
⑤	₩10,000 유리	₩10,500 불리

해설

단위당 표준재료원가 = ₩100,000 ÷ 50,000단위 = ₩2
- 가격차이 = 45,000단위 × (₩2.1 − ₩2) = ₩4,500(불리)
- 능률차이 = (45,000단위 − 50,000단위) × ₩2 = ₩10,000(유리)

정답: ①

---

(3) 구입시점에서 분리하는 경우

① 가격차이 = 실제구입량 × (실제가격 − 표준가격)

② 수량차이 = (실제사용량 − 표준사용량) × 표준가격

실제구입원가	실제구입량 × 표준가격	실제사용량 × 표준가격	표준사용량 × 표준가격
㉠	㉡	㉢	㉣

가격차이 = ㉠ − ㉡ ──── 수량차이 = ㉢ − ㉣

(주)한국은 표준원가제도를 채택하고 있다. 직접재료의 수량표준은 제품단위당 4.2kg, 가격표준은 1kg당 ₩200이다. 20×3년 3월 중 제품 520개를 생산하였고, 직접재료 2,500kg을 ₩490,000에 구입하여 그중 2,200kg을 사용하였다. 가격차이를 재료구입시점에서 분리할 경우, (주)한국의 20×1년 3월의 재료원가의 가격차이와 수량차이를 계산하면?

	가격차이	수량차이		가격차이	수량차이
①	₩10,000 불리	₩3,200 불리	②	₩10,000 불리	₩3,200 유리
③	₩9,000 불리	₩4,000 유리	④	₩10,000 유리	₩3,200 불리
⑤	₩10,000 유리	₩3,200 유리			

해설

- 가격차이 = 2,500kg × (@₩196* − @₩200) = ₩10,000(유리)
  * ₩490,000 ÷ 2,500kg
- 수량차이 = [2,200kg − (520개 × 4.2kg)] × @₩200 = ₩3,200(불리)

정답: ④

03 직접노무원가 차이분석

직접노무원가 차이는 실제직접노무원가와 표준직접노무원가와의 차이를 말하며, 이는 임률차이(가격차이)와 능률차이로 구분한다.

(1) 임률차이(가격차이) = 실제사용시간 × (단위당 실제임률 − 단위당 표준임률)

(2) 능률차이(시간차이) = (실제사용시간 − 표준사용시간) × 단위당 표준임률

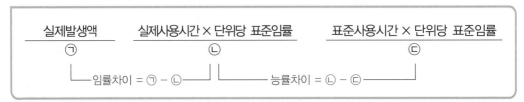

(주)한국은 표준원가계산제도를 채택하고 있다. 직접노무원가 관련 자료가 다음과 같을 때, 직접노무원가 시간당 표준임률은?

제24회

• 표준직접노무시간	9,000시간
• 실제직접노무시간	8,600시간
• 실제발생 직접노무원가	₩3,569,000
• 능률차이	₩160,000(유리)
• 임률차이	₩129,000(불리)

① ₩380   ② ₩385   ③ ₩397

④ ₩400   ⑤ ₩415

> **해설**
>
> 능률차이 = (8,600시간 − 9,000시간) × 표준임률 = ₩160,000(유리)
> ∴ 표준임률 = ₩400
>
> 정답: ④

04 변동제조간접원가 차이분석

변동제조간접원가 차이는 실제변동제조간접원가와 표준변동제조간접원가의 차이로 계산한다. 이러한 변동제조간접원가 총차이는 소비차이와 능률차이로 구분된다.

(1) 소비차이 = 실제조업도 × (실제배부율 − 표준배부율)

(2) 능률차이 = (실제조업도 − 표준조업도) × 표준배부율

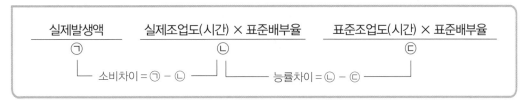

05 고정제조간접원가 차이분석

고정제조간접원가 차이는 고정제조간접원가 실제발생액과 배부액의 차이이다. 이 경우 고정제조간접원가 배부액은 실제 생산량에 허용된 표준조업도에 고정제조간접원가 표준배부율을 곱한 금액이다. 고정제조간접원가 총차이는 예산차이와 조업도차이로 구분된다.

(1) 예산차이(소비차이) = 실제발생액[*1] − 고정제조간접원가 예산액[*2]

  [*1] 실제조업도 × 실제배부율
  [*2] 기준조업도 × 표준배부율

(2) 조업도차이 = 고정제조간접원가예산액 − (표준조업도 × 표준배부율)

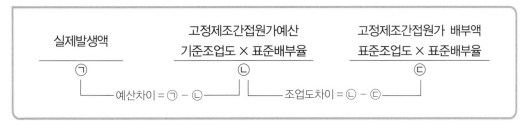

(주)한국의 20×1년 제조간접원가 표준자료는 다음과 같다.

구분	수량표준	표준배부율
변동제조간접원가	2시간	₩5
고정제조간접원가	2시간	₩4

20×1년 제조간접원가의 기준조업도는 2,500직접노무시간, 실제 발생한 직접노무시간은 2,750시간이다. 20×1년 제조간접원가의 조업도차이는 ₩2,000(불리)이었다. 제조간접원가 능률차이는?

제27회

① ₩1,250(유리)   ② ₩1,250(불리)
③ ₩2,450(유리)   ④ ₩2,450(불리)
⑤ ₩3,750(불리)

해설

- 조업도차이 = (2,500시간 − 표준조업도) × ₩4 = ₩2,000(불리)
  ⇨ 표준조업도 = 2,000시간
∴ 능률차이 = (2,750시간 − 2,000시간) × ₩5 = ₩3,750(불리)

정답: ⑤

01 표준원가계산은 제품원가에 대하여 원가요소별로 미리 설정해 놓은 표준원가를 측정하여 계산하는 방법을 말한다. ( )

02 표준원가계산의 절차는 '실제원가 파악 ⇨ 각 원가요소별 표준원가 설정 ⇨ 원가차이 분석'의 순서이다. ( )

03 실제발생원가와 표준원가와의 차이를 원가차이라고 하며, 해당 차이를 분석한 것을 차이분석이라고 한다. ( )

04 표준원가보다 실제발생원가가 적은 경우를 불리한 차이라고 하며, 표준원가보다 실제발생원가가 많은 경우를 유리한 차이라고 한다. ( )

05 직접재료원가 차이분석을 구입시점에서 파악할 때 가격차이를 계산할 경우 실제단가에서 표준단가를 차감한 금액과 실제사용량을 곱하여 차이분석을 한다. ( )

---

01 ○

02 × 표준원가 설정을 통해 원가계산이 이루어진 후 요소별로 실제 발생한 원가와 비교하여 차이를 분석한다.

03 ○

04 × 표준원가보다 실제발생원가가 적은 경우를 유리한 차이라고 하며, 표준원가보다 실제발생원가가 많은 경우를 불리한 차이라고 한다.

05 × 실제사용량 ⇨ 실제구입량

06 직접노무원가의 능률차이는 실제시간에서 실제생산량에 허용된 직접노동시간을 차감하여 단위당 표준임률을 곱하여 계산한다. ( )

07 직접재료원가, 직접노무원가는 조업도차이가 발생하지 않지만, 변동제조간접원가와 고정제조간접원가는 조업도차이가 발생한다. ( )

08 고정제조간접원가의 예산은 조업도가 증가함에 따라 증가한다. ( )

---

06 ○

07 ✕ 조업도차이는 고정제조간접원가에서 발생하며, 직접재료원가, 직접노무원가, 변동제조간접원가에는 발생하지 않는다.

08 ✕ 고정제조간접원가의 예산은 고정된 기준조업도에 배부율을 곱한 값이며, 실제조업도가 변동된다고 해도 변하지 않는 고정금액이다.

01 (주)한국은 표준원가제도를 채택하고 있으며, 당기 생산량은 1,200개이다. 당기 중 재료 3,000개(@₩20)를 ₩60,000에 구입하였으며, 그중 2,500개를 사용하였다. 표준소비량은 2개, 표준소비가격은 ₩18이다. (주)한국은 직접재료원가 가격차이를 구입시점에서 산정한다고 할 때 가격차이와 능률차이는 각각 얼마인가?

	가격차이	능률차이
①	₩1,800 유리	₩6,000 불리
②	₩1,900 유리	₩2,000 불리
③	₩1,800 불리	₩6,000 유리
④	₩6,000 유리	₩1,800 불리
⑤	₩6,000 불리	₩1,800 불리

제2편 원가·관리회계

8장

정답 | 해설

01 ⑤ 직접재료원가의 차이분석: 구입시점에서 가격차이 분리
   • 가격차이 = 3,000개 × (₩20 − ₩18) = ₩6,000(불리)
   • 능률차이 = (2,500개 − 2,400개*) × ₩18 = ₩1,800(불리)
   * 1,200개 × 2개

(주)한국은 20×1년 4월에 제품 1,100단위를 생산하였다. 이와 관련하여 당월 중 직접재료 2,420kg을 1kg당 ₩19에 외상으로 구입하여 그중 2,300kg을 생산에 투입하였다. 20×1년 4월 직접재료의 월초 재고는 없었으며, 월초 재공품과 월말 재공품 또한 없었다. 직접재료원가 표준원가는 다음과 같다.

구분	수량표준	가격표준	표준원가
직접재료원가	2kg	₩20	₩40

(주)한국이 직접재료원가 가격차이를 사용시점에서 분리하는 경우, 20×1년 4월의 직접재료원가 가격차이와 수량차이는 각각 얼마인가?

	가격차이	수량차이
①	₩2,000(유리한 차이)	₩2,300(불리한 차이)
②	₩2,000(불리한 차이)	₩2,300(유리한 차이)
③	₩2,300(유리한 차이)	₩2,000(불리한 차이)
④	₩2,300(불리한 차이)	₩2,000(유리한 차이)
⑤	₩2,500(유리한 차이)	₩2,300(유리한 차이)

03 (주)한국은 표준원가계산제도를 채택하고 있으며, 단일제품을 생산·판매하고 있다. 2분기의 예정생산량은 3,000단위였으나 실제는 2,800단위를 생산하였다. 직접재료원가 관련 자료는 다음과 같다.

• 제품단위당 수량표준	2kg
• 직접재료 단위당 가격표준	₩300
• 실제 발생한 직접재료원가	₩1,593,000
• 직접재료원가 수량차이	₩120,000(불리)

2분기의 직접재료 실제사용량은? 제22회

① 5,600kg   ② 5,800kg
③ 6,000kg   ④ 6,200kg
⑤ 6,400kg

04 (주)한국의 4월 직접재료원가에 대한 자료는 다음과 같다. 4월의 유리한 재료수량차이(능률차이)는?

• 실제재료구매량	3,000kg
• 실제생산에 대한 표준재료투입량	2,400kg
• 실제재료구입단가	₩310/kg
• 실제재료사용량	2,200kg
• 불리한 재료가격차이(구입시점 기준)	₩30,000

① ₩50,000   ② ₩55,000

③ ₩60,000   ④ ₩75,000

⑤ ₩80,000

정답 | 해설

02 ③ • 직접재료원가 가격차이 = 2,300kg × (₩19 − ₩20) = ₩2,300(유리)
      • 직접재료원가 수량차이 = (2,300kg − 2,200kg*) × ₩20 = ₩2,000(불리)
       * 1,100단위 × 2kg

03 ③ 직접재료원가 수량차이 = (실제사용량 − 표준수량) × 표준가격
                          = [실제사용량 − (2,800단위 × 2kg)] × ₩300 = ₩120,000(불리)
      ∴ 실제사용량 = 6,000kg

04 ③ 가격차이(구입시점) = 3,000kg × (₩310 − 표준단가) = ₩30,000(불리)
      ⇨ 표준단가 = ₩300
      ∴ 수량(능률)차이 = (2,200kg − 2,400kg) × ₩300 = ₩60,000(유리)

05 (주)한국은 표준원가계산제도를 채택하고 있으며, 단일제품을 생산·판매하고 있다. 20×1년 직접재료원가와 관련된 표준 및 원가자료가 다음과 같을 때, 20×1년의 실제 제품생산량은? (단, 가격차이 분석시점은 분리하지 않음)　제25회

• 제품단위당 직접재료 수량표준	2kg
• 직접재료 단위당 가격표준	₩250/kg
• 실제 발생한 직접재료원가	₩150,000
• 직접재료원가 가격차이	₩25,000(불리)
• 직접재료원가 수량차이	₩25,000(유리)

① 250단위 　　　　② 300단위 　　　　③ 350단위
④ 400단위 　　　　⑤ 450단위

06 표준원가계산에서 직접재료원가의 가격차이를 구입시점 또는 사용시점에서 인식할 수 있으나 구입시점에서 인식하는 것이 더 바람직한 이유로 가장 적절한 것은?

① 사용시점에서 인식하면 가격차이와 능률차이의 구분이 어렵다.
② 가격차이는 능률차이와 상호 관련성이 적다.
③ 가격차이는 생산부문 담당자에게 책임이 있다.
④ 구매담당자가 구입시점에서 가격차이를 조기에 인식하여 수정할 수 있다.
⑤ 구입시점과 사용시점 중 어느 시점에서 인식하더라도 차이가 없다.

07 (주)한국은 표준원가계산을 적용하고 있다. 당기의 제품생산량은 15단위이며, 직접 노무원가와 관련된 자료는 다음과 같다.

• 실제직접노무원가	₩130,000
• 실제직접노무시간	130시간
• 제품단위당 표준직접노무시간	8시간
• 직접노무시간당 표준임률	₩900

직접노무원가 능률차이는? (단, 기초 및 기말재공품은 없음)　제17회, 제13회 유사

① ₩9,000 불리 　　　　② ₩10,000 불리 　　　　③ ₩12,000 불리
④ ₩13,000 불리 　　　　⑤ ₩22,000 불리

08 (주)한국은 표준원가계산제도를 사용하고 있으며, 3월의 직접노무원가 차이분석 결과는 다음과 같다.

직접노무원가	임률차이	능률차이
	₩9,000(유리)	₩1,500(불리)

3월에 실제직접노무시간은 18,000시간이고, 실제임률은 시간당 ₩2.5이다. 3월의 실제생산량에 허용된 표준직접노무시간은? (단, 재공품재고는 없음) 제21회

① 17,300시간
② 17,400시간
③ 17,500시간
④ 17,600시간
⑤ 17,700시간

정답 | 해설

05 ② • 직접재료원가 가격차이 = ₩150,000 − (₩250/kg × 실제수량) = ₩25,000(불리)
⇨ 실제수량 = 500kg
• 직접재료원가 수량차이 = [500kg − (실제생산량 × 2kg)] × ₩250/kg = ₩25,000(유리)
∴ 실제생산량 = 300단위

06 ④ 구입시점에서 직접재료원가 가격차이를 인식하는 것은 조기에 재료원가차이를 인식하므로 더 바람직한 방법이다.

07 ① 직접노무원가 능률차이 = (실제시간 − 표준시간) × 표준단가
= [130시간 − (15단위 × 8시간)] × ₩900 = ₩9,000(불리)

08 ③ • 임률차이 = (₩2.5 − 표준임률) × 18,000시간 = ₩9,000(유리)
⇨ 표준임률 = ₩3
• 능률차이 = (18,000시간 − 표준직접노무시간) × ₩3 = ₩1,500(불리)
∴ 표준직접노무시간 = 17,500시간

※ 다음 자료를 참조하여 각 물음에 답하시오. [09~10]

기준조업도 30,000시간	생산량 10,000개
• 제조간접원가예산 　= ₩1,200,000 + (₩100 × 작업시간) • 제품단위당 표준작업시간: 5시간	• 실제작업시간: 51,000시간 • 실제변동제조간접원가: ₩5,300,000 • 실제고정제조간접원가: ₩1,500,000

09 변동제조간접원가에 대한 소비차이와 능률차이는 각각 얼마인가?

	소비차이	능률차이
①	₩100,000 유리	₩200,000 유리
②	₩100,000 불리	₩400,000 유리
③	₩200,000 유리	₩100,000 유리
④	₩200,000 불리	₩100,000 불리
⑤	₩400,000 유리	₩100,000 불리

10 고정제조간접원가에 대한 예산차이와 조업도차이는 얼마인가?

	예산차이	조업도차이
①	₩150,000 유리	₩170,000 불리
②	₩200,000 유리	₩300,000 유리
③	₩300,000 유리	₩200,000 유리
④	₩300,000 불리	₩800,000 유리
⑤	₩800,000 유리	₩200,000 불리

11 (주)한국은 표준원가계산제도를 도입하고 있다. 20×1년 기준조업도 900기계작업시간하에서 변동제조간접원가 예산은 ₩153,000이며 고정제조간접원가 예산은 ₩180,000이다. 당기의 실제 기계작업시간은 840시간, 실제 발생된 변동제조간접원가는 ₩147,000이었다. 조업도차이가 ₩10,000(불리)인 것으로 나타났다면, 변동제조간접원가 능률차이(유리)는?

제23회

① ₩1,700

② ₩2,000

③ ₩18,700

④ ₩32,400

⑤ ₩47,200

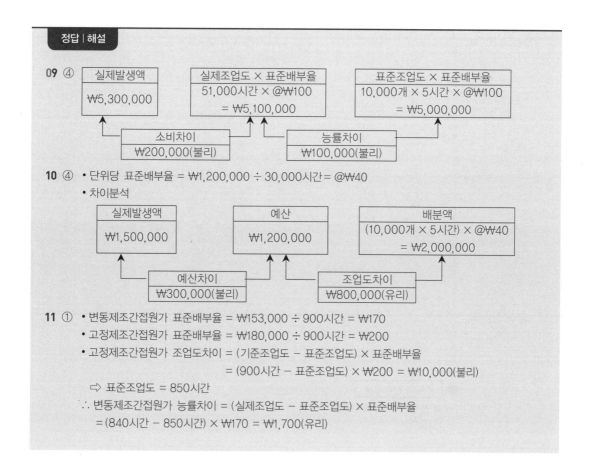

09 ④

실제발생액	실제조업도 × 표준배부율	표준조업도 × 표준배부율
₩5,300,000	51,000시간 × @₩100 = ₩5,100,000	10,000개 × 5시간 × @₩100 = ₩5,000,000

소비차이 ₩200,000(불리)

능률차이 ₩100,000(불리)

10 ④ • 단위당 표준배부율 = ₩1,200,000 ÷ 30,000시간 = @₩40

• 차이분석

실제발생액	예산	배분액
₩1,500,000	₩1,200,000	(10,000개 × 5시간) × @₩40 = ₩2,000,000

예산차이 ₩300,000(불리)

조업도차이 ₩800,000(유리)

11 ① • 변동제조간접원가 표준배부율 = ₩153,000 ÷ 900시간 = ₩170

• 고정제조간접원가 표준배부율 = ₩180,000 ÷ 900시간 = ₩200

• 고정제조간접원가 조업도차이 = (기준조업도 − 표준조업도) × 표준배부율

= (900시간 − 표준조업도) × ₩200 = ₩10,000(불리)

⇨ 표준조업도 = 850시간

∴ 변동제조간접원가 능률차이 = (실제조업도 − 표준조업도) × 표준배부율

= (840시간 − 850시간) × ₩170 = ₩1,700(유리)

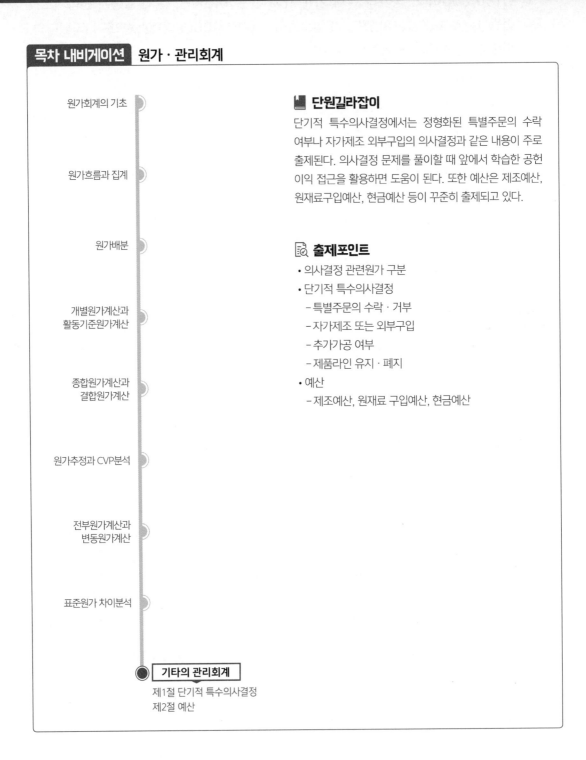

제 9 장 기타의 관리회계

📖 단원길라잡이

단기적 특수의사결정에서는 정형화된 특별주문의 수락 여부나 자가제조 외부구입의 의사결정과 같은 내용이 주로 출제된다. 의사결정 문제를 풀이할 때 앞에서 학습한 공헌이익 접근을 활용하면 도움이 된다. 또한 예산은 제조예산, 원재료구입예산, 현금예산 등이 꾸준히 출제되고 있다.

🔍 출제포인트

- 의사결정 관련원가 구분
- 단기적 특수의사결정
  - 특별주문의 수락 · 거부
  - 자가제조 또는 외부구입
  - 추가가공 여부
  - 제품라인 유지 · 폐지
- 예산
  - 제조예산, 원재료 구입예산, 현금예산

01 의의

의사결정이란 일정한 목표를 효과적으로 달성하기 위해서 여러 가지 선택 가능한 대안들 중에서 최적의 대안을 선택하는 것이다. 의사결정의 영향이 미치는 기간에 따라 단기적 의사결정과 장기적 의사결정으로 구분하고, 이때 단기적 의사결정은 화폐의 시간가치를 고려하지 않은 비교적 짧은 기간에 이루어지는 의사결정으로 다시 일상적 의사결정과 특수의사결정으로 구분된다. 일상적 의사결정은 대안을 비교·분석할 필요 없이 종전의 의사결정을 그대로 따르고, 특수의사결정은 상황의 발생에 따라 대안을 비교·분석하여 최적안을 선택해야 하므로 다양한 의사결정기법이 필요하다. 본 장에서는 특수의사결정을 중심으로 서술하고 있다.

02 의사결정에 이용되는 원가 개념

(1) 매몰원가

매몰원가란 과거의 의사결정으로부터 발생한 역사적 원가로서, 현재 또는 미래의 의사결정시 고려할 필요가 없는 원가(예 새로운 기계장치 구입시 기존 기계장치의 취득원가)를 말한다.

(2) 관련원가와 비관련원가

관련원가란 여러 대안 사이에서 차이가 발생하는 미래원가로서, 의사결정에 직접적으로 관련된 원가이다. 반면, 비관련원가란 여러 대안 사이에 차이가 발생하지 않는 원가로서, 의사결정에 관련이 없어 고려할 필요가 없는 원가이다.

03 단기적 특수의사결정의 유형

(1) 특별주문의 수락 또는 거절

특별주문이란 기존의 거래처가 아닌 고객이나 기존의 거래처가 정상판매가격보다 낮은 가격을 요구하는 주문 등을 말한다. 경영자는 이와 같은 특별주문의 제의를 받을 경우 기업에 유휴생산능력이 존재하는지 여부에 따라 특별주문의 수락 여부를 판단한다.

① **유휴생산능력이 존재하는 경우:** 특별주문을 수락하더라도 기존 설비능력만으로도 특별주문품의 생산이 가능하므로 기회비용이 발생하지 않는다. 따라서 특별주문으로 인하여 추가적으로 증가하는 원가만이 관련원가이므로 특별주문으로 인한 증분수익과 증분원가를 비교하여 의사결정한다.

의사결정 기준	의사결정
증분수익 > 증분원가	특별주문 수락
증분수익 < 증분원가	특별주문 거절

확인 및 기출예제

(주)한국은 단위당 판매가격이 ₩1,000인 제품 A를 생산·판매하고 있으며 제품 A의 단위당 제조원가는 다음과 같다.

• 직접재료원가	₩250	• 직접노무원가	₩150
• 변동제조간접원가	₩200	• 고정제조간접원가	₩50

(주)한국은 제품 A 1,000개를 개당 ₩800에 구입하겠다는 특별주문을 받았다. 동 주문에 대해서는 개당 ₩80의 특수포장원가가 추가로 발생하고, 동 주문에 대한 생산은 유휴설비로 처리될 수 있다. (주)한국이 특별주문을 수락하여 생산·판매할 경우 이익증가액은? (단, 특별주문은 기존 제품판매에 영향을 미치지 않고, 기초 및 기말재고는 없음)

제19회, 제18회 유사

① ₩70,000
② ₩120,000
③ ₩220,000
④ ₩270,000
⑤ ₩320,000

해설

(1) 증분수익 = ₩800 × 1,000개 = ₩800,000
(2) 증분원가 = (₩250 + ₩150 + ₩200 + ₩80) × 1,000개 = ₩680,000
∴ 증분이익 = (1) − (2) = ₩120,000

정답: ②

---

② 유휴생산능력이 없는 경우: 특별주문을 수락할 경우 기존 설비능력이 부족하기 때문에 특별주문으로 인한 기회비용이 발생하거나 추가적인 설비투자로 인하여 고정원가가 발생한다. 따라서 특별주문으로 인한 증분원가뿐만 아니라 기회비용도 같이 고려하여 의사결정을 해야 한다.

핵심 콕! 콕! 의사결정 기준과 의사결정

의사결정 기준	의사결정
증분수익 > 증분원가 + 기회비용	특별주문 수락
증분수익 < 증분원가 + 기회비용	특별주문 거절

(주)한국은 연간 최대 5,000단위의 제품을 생산할 수 있는 생산설비를 보유하고 있다. (주)한국은 당기에 4,000단위의 제품을 기존 거래처에 단위당 ₩500에 판매할 수 있을 것으로 예상하고 있으며, 영업활동에 관한 자료는 다음과 같다.

• 단위당 직접재료원가	₩150
• 단위당 직접노무원가	₩100
• 단위당 변동제조간접원가	₩50
• 단위당 변동판매관리비	₩50
• 고정제조간접원가(생산설비 감가상각비)	₩300,000
• 고정판매관리비	₩100,000

(주)한국은 최근 중간도매상으로부터 2,500단위에 대한 특별주문을 요청받았다. (주)한국이 해당 특별주문을 수락하는 경우 기존 거래처에 판매하던 수량 일부를 감소시켜야 한다. (주)한국이 이 특별주문을 수락할 경우, 중간도매상에 제안할 수 있는 단위당 최소 판매가격은? (단, 기초 및 기말재고자산은 없으며, 특별주문은 전량 수락하든지 기각해야 함) 제24회

① ₩410   ② ₩440   ③ ₩450
④ ₩500   ⑤ ₩510

해설

(1) 증분원가와 기회비용 = ㉠ + ㉡ = ₩1,100,000
　㉠ 증분원가 = ₩350 × 2,500단위 = ₩875,000
　㉡ 기회비용 = (₩500 − ₩350) × 1,500단위 = ₩225,000
(2) 특별주문으로 인한 단위당 최소 판매가격
　= (1) ÷ 특별주문수량 = ₩1,100,000 ÷ 2,500단위 = ₩440

정답: ②

(2) 부품의 자가제조 또는 외부구입

기업이 제품의 제조에 필요한 부품 등을 자가제조할 것인가 또는 외부구입할 것인가는 자가제조의 관련원가와 외부구입가격을 비교하여 결정한다. 부품을 외부구입하게 되면 자가제조시 발생하는 변동원가를 절감할 수 있고, 외부구입에 따른 일부 고정원가를 절감할 수 있을 것이다. 즉, 부품을 외부에서 구입하게 되면 회피가능원가는 변동원가와 회피가능 고정원가의 합계가 된다. 또한 부품을 자가제조하지 않고 외부구입하는 결과 발생하는 유휴설비를 다른 용도에 활용하여 발생할 수 있는 기회원가도 함께 고려해야 한다.

핵심 콕! 콕! 의사결정 기준과 의사결정

의사결정 기준	의사결정
외부구입원가 > 회피가능원가 + 기회원가	자가제조
외부구입원가 < 회피가능원가 + 기회원가	외부구입

(주)대한은 부품 A를 자가제조하고 있다. 연간 5,000단위의 부품 A를 자가제조시 단위당 제조원가는 다음과 같다.

직접재료원가	₩120
직접노무원가	₩150
변동제조간접원가	₩80
고정제조간접원가	₩250
계	₩600

(주)민국은 (주)대한에게 부품 A를 단위당 ₩550에 연간 5,000단위를 납품하겠다고 제의하였다. (주)대한이 이를 수락할 경우 유휴시설을 임대하여 연간 ₩600,000의 임대수익을 얻을 수 있으며, 부품 A에 배부된 고정제조간접원가는 단위당 ₩100만큼 회피가능하다. 다음 중 옳은 것은?

① 외부구입시 연간 ₩100,000만큼 이익 증가
② 외부구입시 연간 ₩125,000만큼 이익 증가
③ 자가제조시 연간 ₩75,000만큼 이익 증가
④ 자가제조시 연간 ₩100,000만큼 이익 증가
⑤ 자가제조시 연간 ₩125,000만큼 이익 증가

해설

회피가능원가와 기회원가		외부구입원가	
변동제조원가*1	₩1,750,000	외부구입원가*2	₩2,750,000
회피가능 고정원가	₩500,000		
임대수익 등 기회원가	₩600,000		
자가제조 관련원가	₩2,850,000	외부구입 관련원가	₩2,750,000

*1 ₩350 × 5,000단위
*2 ₩550 × 5,000단위
∴ 외부구입을 선택하면 매년 ₩100,000의 이익이 증가한다.

정답: ①

(3) 연산품의 추가가공 여부 결정

동일한 공정을 거쳐 생산된 연산품을 분리점에서 그대로 판매할 것인가 아니면 각 개별공정에서 추가가공할 것인가에 대한 의사결정을 해야 한다. 이 경우 결합원가는 의사결정에 영향을 주지 않는 비관련원가이므로 증분수익(= 최종판매가치 − 분리점에서의 판매가치)에서 증분비용(예 추가가공비 등)을 차감하여 ₩0보다 큰 경우 증분이익이 발생하므로 추가가공을 하고 반대의 상황은 증분손실이 발생하므로 추가가공하지 않는다.

의사결정 기준과 의사결정

의사결정 기준	의사결정
증분수익 − 증분비용 > 0	추가가공
증분수익 − 증분비용 < 0	추가가공하지 않음

확인 및 기출예제

(주)한국은 결합공정에서 제품 A, B, C를 생산한다. 당기에 발생된 결합원가는 ₩40,000 이며, 결합원가는 분리점에서의 상대적 판매가치를 기준으로 제품에 배분된다. 분리점에서의 단위당 판매가격과 생산량은 다음과 같다.

제품	단위당 판매가격	생산량
A	₩10	1,500단위
B	₩15	1,000단위
C	₩20	1,000단위

추가가공할 경우, 제품별 추가가공원가와 추가가공 후 단위당 판매가격은 다음과 같다.

제품	추가가공원가	추가가공 후 단위당 판매가격
A	₩5,000	₩12
B	₩4,000	₩20
C	₩10,000	₩35

추가가공이 유리한 제품만을 모두 고른 것은? (단, 추가가공 공정에서 공손과 감손은 발생하지 않고, 생산량은 모두 판매되며, 기초 및 기말재공품은 없음)   제17회 수정

① A   ② B   ③ A, B
④ A, C   ⑤ B, C

해설

(1) 제품 A
　증분수익: (₩12 − ₩10) × 1,500단위 = ₩3,000
　증분비용: (₩5,000)
　증분손실: (₩2,000) < 0 ⇨ 추가가공 ×
(2) 제품 B
　증분수익: (₩20 − ₩15) × 1,000단위 = ₩5,000
　증분비용: (₩4,000)
　증분이익: ₩1,000 > 0 ⇨ 추가가공 ○
(3) 제품 C
　증분수익: (₩35 − ₩20) × 1,000단위 = ₩15,000
　증분비용: (₩10,000)
　증분이익: ₩5,000 > 0 ⇨ 추가가공 ○

정답: ⑤

(4) 제품라인의 유지 또는 폐지

다양한 제품을 생산하는 경우에는 수익성이 낮은 제품라인을 폐지하는 의사결정이 빈번하게 이루어진다. 제품라인의 폐지 여부에 대한 의사결정은 단기적으로 증분이익을 파악해서 분석해야 하며 이 경우 다음의 관련 항목을 검토해야 한다.

① 공헌이익: 제품의 생산을 중단하면 수익과 변동원가가 모두 감소하므로 그 순액인 공헌이익을 관련 항목으로 검토한다.

② 회피가능 고정원가: 제품라인을 폐지하는 경우 감소할 수 있는 고정원가만을 관련 항목으로 고려한다.

> **핵심 콕! 콕!** 의사결정 기준과 의사결정

의사결정 기준	의사결정
제품라인의 공헌이익 > 회피가능고정원가 + 기회원가	제품라인 유지
제품라인의 공헌이익 < 회피가능고정원가 + 기회원가	제품라인 폐지

● 회피불가능 고정원가: 라인 폐지 여부와 관계없이 지출되는 비용이므로 고려하지 아니한다.

> **확인 및 기출예제**
>
> (주)한국은 제품 A와 제품 B를 생산·판매하고 있으며, 제품 A의 20×2년도 공헌이익계산서는 다음과 같다.
>
> | 구분 | 금액 |
> |---|---|
> | 매출액 | ₩1,200,000 |
> | 변동비 | ₩810,000 |
> | 공헌이익 | ₩390,000 |
> | 고정비 | ₩480,000 |
> | 영업이익 | ₩(90,000) |
>
> (주)한국의 경영자는 지난 몇 년 동안 계속해서 영업손실이 발생하고 있는 제품 A의 생산 중단을 고려하고 있다. 제품 A의 생산을 중단하더라도 고정비 중 ₩210,000은 계속해서 발생된다. (주)한국이 제품 A의 생산을 중단할 경우, 영업이익에 미치는 영향은? 제22회
>
> ① ₩100,000 증가   ② ₩100,000 감소
> ③ ₩120,000 증가   ④ ₩120,000 감소
> ⑤ ₩180,000 감소
>
> **해설**
>
> 영업이익 = -₩390,000 + (₩480,000 - ₩210,000) = -₩120,000   정답: ④

제2절 예산

01 의의

예산이란 기업의 기본전략에 기초한 장기계획에 따라 경영활동의 계획을 공식적으로 계량화하여 표현한 것으로, 기업의 종합적인 이익관리시스템이자 계획 및 통제를 위해 중추적 역할을 한다. 기업은 예산편성을 통해 조직의 목표를 명확하게 해 주고 구성원의 행동방향을 제시해 줄 수 있다.

02 적용기간과 기능

(1) 적용기간

예산은 통상 1년 단위로 수립하며 이를 다시 월별 또는 분기별로 세분한다.

(2) 기능

예산은 조직구성원들에 대한 평가와 통제기준이 되므로 경영자가 보다 합리적으로 경영활동을 수행할 수 있도록 한다. 의사소통과 조정, 전파와 계획, 그리고 통제와 동기부여라는 순기능을 갖고 있다. 반면 성과 조작의 가능성, 장기목표의 희생 그리고 내부적 갈등이라는 역기능도 존재한다.

03 예산의 종류

(1) 종합예산, 부문예산

① 종합예산: 기업 전체를 대상으로 편성하는 예산을 말하며, 기업의 손익활동에 대한 예산인 운영예산과 자금흐름에 대한 예산인 재무예산으로 구분된다.

② 부문예산: 기업의 특정 부문에 대한 예산을 말하며, 판매예산, 생산예산, 구매예산, 재무예산으로 구분된다.

(2) 권위적 예산, 참여적 예산, 자문적 예산

① 권위적 예산: 기업의 최고경영자가 상의하달식으로 편성한 예산을 말한다.

② 참여적 예산: 종업원들이 적극적으로 참여하여 하의상달식으로 편성한 예산을 말한다.

③ 자문적 예산: 최고경영자가 현재의 영업활동에 영향을 미치는 중요한 요소와 미래의 계획안에 대해서 조직 구성원에게 자문을 구한 다음에 편성한 예산을 말한다.

(3) 증분예산, 원점기준예산

① 증분예산: 전년도 예산을 기준으로 일정한 증감률을 고려하여 편성하는 예산을 말한다.

② 원점기준예산: 예산을 새로 수립하는 것으로 가정하고 편성하는 예산을 말한다.

04 제조예산과 원재료구입예산

(1) 제조예산

> 제조예산(목표생산량) = 계획판매량 + 기말목표재고량 − 기초실제재고량

확인 및 기출예제

(주)한국은 상품매매기업이다. 20×1년 상품 월별 예상판매량은 다음과 같다.

	1월	2월	3월
상품 예상판매량	400단위	600단위	800단위

20×1년 1월 초 상품 재고는 없으며, 매월 말 상품의 적정재고수량은 다음 달 예상판매량의 25%이다. 2월 상품 구입수량은? 제25회

① 550단위   ② 575단위
③ 600단위   ④ 625단위
⑤ 650단위

해설

	재고자산		
기초 600×25% =	150	판매	600
구입	650	기말 800×25% =	200
	800		800

정답: ⑤

---

(2) 원재료구입예산

> • 원재료 구입량 = 예상원재료 사용량 + 기말 적정 원재료재고량 − 기초원재료재고량
> • 원재료구입예산 = 원재료 구입량 × 단위당 원재료 예상구입가격

◉ 제조예산의 생산량을 계산한 후에 사용량을 계산한다.

(주)한국은 제품 단위당 2kg의 재료를 사용하며, 재료의 kg당 가격은 ₩50이다. (주)한국은 다음 분기 재료 목표사용량의 30%를 분기 말 재료 재고로 유지한다. 2분기 목표생산량은 1,000단위이고, 3분기 목표생산량은 1,200단위이다. 2분기의 재료구입예산은? (단, 재공품재고는 없음)

제26회

① ₩94,000
② ₩100,000
③ ₩106,000
④ ₩112,000
⑤ ₩120,000

해설

원재료

기초	1,000단위 × 2kg × 30%	600	사용량	1,000 × 2kg	2,000
구입		2,120	기말	1,200단위 × 2kg × 30%	720
		2,720			2,720

∴ 재료구입예산 = 구입수량 × kg당 가격 = 2,120단위 × ₩50 = ₩106,000

정답: ③

05 상기업 현금예산의 유형

(1) 매출채권 회수

현금유입액 = (당월매출액 × 회수율) + (전월매출액 × 회수율)

(2) 매입채무 지급

- 현금유출액 = (당월매입액* × 지급률) + (전월매입액 × 지급률)
- 매입액 = 매출원가 + 기말재고 − 기초재고

* 매입액을 추정하는 경우는 상품계정을 사용한다.

(3) 판매관리비 지급

현금유출액 = 판매관리비 − 감가상각비

(주)한국은 상품매매업을 영위하고 있다. 20×1년 3분기의 상품매입예산은 다음과 같다.

구분	7월	8월	9월
상품매입액(예산)	₩70,000	₩90,000	₩80,000

매월 상품매입은 현금매입 40%와 외상매입 60%로 이루어진다. 매입시점의 현금매입에 대해서는 2%의 할인을 받고 있다. 외상매입의 30%는 매입한 달에 지급하고, 나머지는 그 다음 달에 지급한다. 20×1년 9월의 현금지출예상액은? 제27회

① ₩78,560 ② ₩79,560
③ ₩83,560 ④ ₩85,560
⑤ ₩88,560

해설

(1) 9월분 = (₩80,000 × 40% × 98%) + (₩80,000 × 60% × 30%) = ₩45,760
(2) 8월분 = (₩90,000 × 60% × 70%) = ₩37,800
∴ 20×1년 9월의 현금지출예상액 = (1) + (2) = ₩83,560 정답: ③

01 의사결정이란 일정한 목표를 달성하기 위하여 여러 가지 선택 가능한 대체적 행동이나 방법 가운데 최적대안을 선택하는 논리적 과정이다. ( )

02 원가는 목적에 대한 수단이므로 상이한 목적에 동일한 원가가 이용된다. ( )

03 각 대안간에 차이가 없는 미래원가는 관련원가이다. ( )

04 매몰원가는 비관련원가이다. ( )

05 모든 기회원가는 관련원가이고, 변동원가 또한 대부분 관련원가이다. ( )

06 회피가능고정원가는 비관련원가이고, 회피불능고정원가는 관련원가이다. ( )

---

01 ○

02 × 동일한 원가 ⇨ 상이한 원가

03 × 관련원가 ⇨ 비관련원가

04 ○

05 ○

06 × 회피가능고정원가는 관련원가이고, 회피불능고정원가는 대부분 비관련원가이다.

07 특별주문 요청이 들어오는 경우 증분수익이 증분원가와 기회비용의 합보다 크면 거절한다.

( )

08 부품의 자가제조 또는 외부구입의 의사결정시에는 자가제조 관련원가와 외부구입 관련원가를 비교하여 둘 중에서 작은 대안을 선택하는 것이 유리하다. ( )

09 제품라인을 폐지할 경우 매출액과 변동원가는 줄어들기 때문에 이를 고려해야 하며 회피가능고 정원가 또한 고려해야 한다. 회피가능고정원가는 관련원가이기 때문이다. 즉, 해당 제품라인의 공헌이익이 회피가능고정원가보다 작은 경우 제품라인을 유지한다. ( )

10 기업 전체를 대상으로 판매예산, 제조예산 등 여러 예산의 상호 유기적인 관계로 수립된 예산을 종합예산이라 하며, 이는 통상 1년 단위로 수립된다. 예산의 수립절차는 실제거래와 반대의 순 서로 이루어진다. ( )

---

07 × 거절 ⇨ 수락

08 ○

09 × 제품라인의 공헌이익이 회피가능고정원가보다 작은 경우는 제품라인을 폐지한다.

10 ○

01 다음 설명 중 옳지 않은 것은?

① 단계배분법은 보조부문의 원가를 배부하는 방법이다.
② 매몰원가는 원가의 일부이기 때문에 미래의 의사결정에 있어서 고려한다.
③ 고정원가도 의사결정에 따라 회피 가능하다면 의사결정에 영향을 받는 것이며, 이는 의사결정시 고려해야 하는 관련원가이다.
④ 정상원가계산방법은 제조간접원가만을 미리 결정하여 배부하는 원가계산방법이다.
⑤ 현행 한국채택국제회계기준에서 인정하고 있는 방법은 전부원가계산제도이다.

02 기계장치를 ₩5,000,000에 구입하였으나 이 기계를 사용할 수 없게 되었다. 대안 1은 수리비용 ₩2,000,000을 들여 ₩3,500,000을 받고 파는 것이고, 대안 2는 현재 고물상에 ₩800,000을 받고 파는 것일 때, 매몰원가는?

① ₩0
② ₩800,000
③ ₩2,000,000
④ ₩3,500,000
⑤ ₩5,000,000

정답 | 해설

01 ② 매몰원가는 이미 발생한 과거원가, 기발생원가로서 의사결정시 고려하지 않는다.

02 ⑤ 비관련원가인 기계장치의 과거 취득원가 ₩5,000,000이 매몰원가이다.

03 (주)한국은 생산시설의 여유로 추가 특별주문 요청이 증가하고 있다. (주)한국의 특별추가생산 의사결정과 관련하여 관계없는 항목은?

① 직접재료원가
② 직접노무원가
③ 변동제조간접원가
④ 고정제조간접원가
⑤ 기회원가

04 (주)한국에서는 컴퓨터를 ₩2,000,000(추정내용연수 4년, 추정잔존가치 10%, 정액법 상각)에 구입하여 2년 동안 사용하다가 신형 컴퓨터(취득원가 ₩2,500,000으로 추정)로 대체할 것인지를 의사결정하고자 한다. 신형 컴퓨터로 대체할 경우 기존 컴퓨터의 처분금액은 ₩500,000으로 추정된다. 다음 중 컴퓨터의 대체의사결정시 관련원가는 무엇인가?

| ㉠ 기존 컴퓨터의 취득원가 | ㉡ 기존 컴퓨터의 장부금액 |
| ㉢ 기존 컴퓨터의 처분금액 | ㉣ 신형 컴퓨터의 취득원가 |

① ㉠, ㉡
② ㉠, ㉢
③ ㉡, ㉣
④ ㉢, ㉣
⑤ ㉠, ㉢, ㉣

05 다음 중 의사결정시 관련원가에 해당하는 것으로만 구성된 것은?

① 기회원가, 회피불능원가
② 매몰원가, 회피가능원가
③ 매몰원가, 회피불능원가
④ 증분지출원가, 회피불능원가
⑤ 기회원가, 증분지출원가, 회피가능원가

06 (주)한국은 ₩73,500에 구입한 원재료 A를 보유하고 있으나, 현재 제품생산에 사용할 수 없다. (주)한국은 원재료 A에 대해 다음과 같은 두 가지 대안을 고려할 수 있다.

〈대안 1〉 원재료 A를 그대로 외부에 ₩45,600에 판매
〈대안 2〉 원재료 A에 ₩6,600의 다른 원재료를 혼합하여 원재료 B로 변환한 후, 외부에 ₩58,100에 판매

(주)한국이 〈대안 2〉를 선택하는 경우, 〈대안 1〉에 비하여 증가 또는 감소하는 이익은?

제22회

① ₩5,900 증가
② ₩12,500 증가
③ ₩15,400 감소
④ ₩22,000 감소
⑤ ₩27,900 감소

제2편 원가·관리회계

9장

정답 | 해설

03 ④ 유휴생산능력이 있으므로 고정제조간접원가는 문제에 특별한 언급이 없는 한 관련범위 내에서 일정하게 발생한다. 따라서 특별추가주문생산 의사결정과 관련성이 없다.

04 ④ 기존 컴퓨터의 취득원가나 장부금액은 이미 발생된 비관련원가이므로 신형 컴퓨터 대체시 의사결정에 영향을 미치지 않는다.

05 ⑤ • 관련원가: 기회원가, 증분지출원가, 회피가능원가
  • 비관련원가: 매몰원가, 회피불능원가

06 ① • 〈대안 1〉 ₩45,600
  • 〈대안 2〉 ₩58,100 − ₩6,600 = ₩51,500
  ∴ ₩51,500 − ₩45,600 = ₩5,900 이익 증가

07 (주)한국은 당기에 칫솔세트 2,000단위를 생산·판매하는 계획을 수립하였으며, 연간 최대조업능력은 2,400단위이다. 칫솔세트의 단위당 판매가격은 ₩2,000, 단위당 변동원가는 ₩800이며, 총고정원가는 ₩220,000이다. 한편, (주)한국은 당기에 바이어로부터 200단위를 단위당 ₩1,200에 구매하겠다는 특별주문을 받았으며, 이 주문을 수락하기 위해서는 단위당 ₩300의 운송원가가 추가로 발생한다. 특별주문의 수락이 (주)한국의 당기순이익에 미치는 영향은?

① ₩20,000 증가   ② ₩20,000 감소
③ ₩80,000 감소   ④ ₩80,000 증가
⑤ ₩140,000 증가

08 (주)한국은 연간 최대생산능력이 10,000단위이다. 20×1년 말에 추정한 20×2년도 예상손익에 관한 자료는 다음과 같다.

매출액(6,000단위 × ₩250)	₩1,500,000
변동원가(6,000단위 × ₩105)	(₩630,000)
공헌이익	₩870,000
고정원가	(₩550,000)
영업이익	₩320,000

20×2년 초 한 구매업자로부터 단위당 ₩200에 제품 4,500단위를 구입하겠다는 새로운 제안을 받았다. (주)한국이 이 제안을 수락한다면, 생산능력의 제약으로 인해 기존 고객에 대한 판매를 일정 부분 포기해야 한다. (주)한국의 단위당 변동원가와 총고정원가는 불변이라고 가정한다. 이 제안을 수락할 경우 (주)한국의 증분손익은 얼마인가?

① ₩80,000 이익   ② ₩210,000 손실
③ ₩355,000 이익   ④ ₩427,500 이익
⑤ ₩550,000 손실

09 (주)한국은 한 종류의 제품 X를 매월 150,000단위씩 생산·판매하고 있다. 단위당 판매가격과 변동원가는 각각 ₩75과 ₩45이며, 월 고정원가는 ₩2,000,000으로 여유 생산능력은 없다. (주)한국은 (주)대한으로부터 매월 제품 Y 10,000단위를 공급해 달라는 의뢰를 받았다. (주)한국은 제품 X의 생산라인을 이용하여 제품 Y를 즉시 생산할 수 있다. 그러나 (주)한국이 (주)대한의 주문을 받아들이기 위해서는 제품 X의 생산·판매량 8,000단위를 포기해야 하고, 제품 Y를 생산·판매하면 단위당 ₩35의 변동원가가 발생한다. (주)한국이 현재의 이익을 유지하려면 이 주문에 대한 가격을 최소한 얼마로 책정해야 하는가? (단, 재고자산은 없음)

① ₩43
② ₩59
③ ₩63
④ ₩69
⑤ ₩73

정답 | 해설

07 ① (1) 증분수익 = 200단위 × ₩1,200 = ₩240,000
  (2) 증분원가 = 200단위 × (₩800 + ₩300) = ₩220,000
  ∴ 증분이익 = (1) − (2) = ₩20,000 증가

08 ③ (1) 증분수익 = 4,500단위 × ₩200 = ₩900,000
  (2) 증분원가와 기회비용 = ₩545,000
    ㉠ 증분원가 = 4,500단위 × ₩105 = ₩472,500
    ㉡ 기회비용 = 500단위 × (₩250 − ₩105) = ₩72,500
  ∴ 증분이익 = (1) − (2) = ₩355,000 이익

09 ② 특별주문시 증분원가 = ㉠ + ㉡ = ₩590,000
    ㉠ 변동원가 = ₩35 × 10,000단위 = ₩350,000
    ㉡ 기회비용 = (₩75 − ₩45) × 8,000단위 = ₩240,000
  ∴ 최소판매가격 = ₩590,000 ÷ 10,000단위 = ₩59

10 레저용 요트를 전문적으로 생산·판매하고 있는 (주)한국은 매년 해당 요트의 주요 부품인 자동제어센서 2,000단위를 자가제조하고 있으며, 관련 원가자료는 다음과 같다.

구분	총원가	단위당 원가
직접재료원가	₩350,000	₩175
직접노무원가	₩250,000	₩125
변동제조간접원가	₩150,000	₩75
고정제조간접원가	₩400,000	₩200
합계	₩1,150,000	₩575

(주)한국은 최근 외부업체로부터 자동제어센서 2,000단위 전량을 단위당 ₩450에 공급하겠다는 제안을 받았다. (주)한국이 동 제안을 수락할 경우, 기존 설비를 임대하여 연간 ₩100,000의 수익을 창출할 수 있으며, 고정제조간접원가의 20%를 회피할 수 있다. (주)한국이 외부업체로부터 해당 부품을 공급받을 경우, 연간 영업이익에 미치는 영향은?

① ₩0
② ₩30,000 감소
③ ₩30,000 증가
④ ₩70,000 감소
⑤ ₩70,000 증가

11 (주)한국은 제품 A를 포함하여 여러 종류의 제품을 생산한다. 20×1년도 제품 A에 관한 예산자료는 다음과 같다.

• 매출액	₩840,000
• 공헌이익	₩280,000
• 고정원가	₩320,000
• 영업이익	(−)₩40,000

만일 제품 A의 생산을 중단하면 제품 A의 고정원가 ₩320,000 중 ₩190,000을 절감할 수 있다. 제품 A의 생산 중단이 (주)한국의 20×1년도 예산영업이익에 미치는 영향은?

제21회

① ₩90,000 증가
② ₩90,000 감소
③ ₩130,000 증가
④ ₩190,000 감소
⑤ ₩190,000 증가

12 한국 아파트는 방치된 아동용 자전거 60대와 어른용 자전거 40대를 수거하였으며, 이와 관련하여 총 ₩1,000의 비용이 발생하였다. 관리사무소장은 자전거를 즉시 처분하는 방안(즉시 처분)과 바퀴·몸체를 분리해서 처분하는 방안(분리 처분) 가운데 하나를 결정하려고 한다. 다음의 자료를 사용할 경우 이익을 극대화하는 의사결정은?

구분	즉시 처분	분리 처분	
	판매가치(총액)	추가발생원가(총액)	판매가치(총액)
아동용	₩1,500	₩200	₩1,650
어른용	₩800	₩120	₩1,000

① 모든 자전거를 즉시 처분한다.

② 아동용 자전거는 분리 처분하고 어른용 자전거는 즉시 처분한다.

③ 아동용 자전거는 즉시 처분하고 어른용 자전거는 분리 처분한다.

④ 모든 자전거는 분리 처분한다.

⑤ 모든 자전거를 즉시 처분하거나 분리 처분하여도 의사결정에는 차이가 없다.

정답 | 해설

10 ③ • 외부구입원가 = 2,000단위 × ₩450 = ₩900,000
     • 회피가능원가와 기회원가 = ㉠ + ㉡ + ㉢ = ₩930,000
        ㉠ 변동제조원가 = ₩350,000 + ₩250,000 + ₩150,000 = ₩750,000
        ㉡ 임대수익(기회비용) = ₩100,000
        ㉢ 회피가능고정원가 = ₩400,000 × 0.2 = ₩80,000
     ∴ 외부구입시 ₩930,000 − ₩900,000 = ₩30,000만큼 영업이익이 증가한다.

11 ② • 제품 A의 생산을 중단하여 감소하는 공헌이익 = −₩280,000
     • 제품 A의 생산을 중단하여 회피가능한 고정원가 = ₩190,000
     • 영업이익 = −₩280,000 + ₩190,000 = −₩90,000
     ∴ 제품 A의 생산 중단이 (주)한국의 20×1년도 예산영업이익에 미치는 영향은 ₩90,000 감소이다.

12 ③

구분	즉시 처분	분리 처분	의사결정
아동용	₩1,500	₩1,650 − ₩200 = ₩1,450	즉시 처분
어른용	₩800	₩1,000 − ₩120 = ₩880	분리 처분

13 (주)한국의 20×1년 1월 매출액은 ₩200,000이고, 2월과 3월 매출은 각각 ₩300,000 과 ₩240,000이 될 것으로 예상하고 있다. (주)한국의 매출액은 외상거래이며 이 중 30%는 판매한 달에 회수되고, 70%는 판매한 다음 달에 회수된다. 20×1년 3월에 매출 관련 현금유입액은?

① ₩140,000　　　　② ₩210,000　　　　③ ₩250,000
④ ₩282,000　　　　⑤ ₩310,000

14 (주)한국은 20×1년 2월 초 현금잔액은 ₩50,000이며, 1월과 2월의 매입과 매출 은 다음과 같다.

구분	매입액	매출액
1월	₩300,000	₩400,000
2월	₩250,000	₩350,000

매출은 모두 외상으로 이루어지며, 매출채권은 판매한 달에 80%, 그 다음 달에 20% 가 현금으로 회수된다. 모든 매입 역시 외상으로 이루어지고, 매입채무는 매입액의 60%를 구입한 달에, 나머지 40%는 그 다음 달에 현금으로 지급한다. (주)한국은 모 든 비용을 발생하는 즉시 현금으로 지급하고 있으며 2월 중 보험료 ₩10,000, 급여 ₩5,000, 감가상각비 ₩7,500이 발생하였다. (주)한국의 2월 말 현금잔액은?

① ₩90,000　　　　② ₩115,000　　　　③ ₩125,000
④ ₩140,000　　　　⑤ ₩160,000

15 (주)한국은 20×1년 초 설립되었으며, 20×1년도에 제품 45,000단위를 생산할 계획이다. 제품은 하나의 공정을 거쳐 완성되며, 원재료는 공정 초에 전량 투입된다. 제품단위당 원재료 3kg이 필요하고, 1kg당 구입가격은 ₩2이다. 기말원재료와 기 말재공품으로 23,000kg과 2,000단위를 보유할 계획이다. 20×1년도 원재료 구 입예산은?
제20회, 제18회 유사

① ₩212,000　　　　② ₩270,000　　　　③ ₩294,000
④ ₩316,000　　　　⑤ ₩328,000

16 (주)한국의 20×1년 종합예산의 일부 자료이다.

	2월	3월	4월
매출액	₩100,000	₩200,000	₩300,000

월별 매출은 현금매출 60%와 외상매출 40%로 구성되며, 외상매출은 판매된 다음 달에 40%, 그 다음 달에 나머지가 모두 회수된다. 20×1년 4월 말 매출채권 잔액은?

제23회

① ₩48,000　　　　② ₩56,000　　　　③ ₩72,000

④ ₩144,000　　　　⑤ ₩168,000

정답 | 해설

13 ④ 3월 매출 관련 현금유입액
(1) 2월 매출분 현금회수액 = ₩300,000 × 70% = ₩210,000
(2) 3월 매출분 현금회수액 = ₩240,000 × 30% = ₩72,000
∴ 3월 현금유입 예상액 = (1) + (2) = ₩282,000

14 ③ (1) 현금유입액: 매출채권회수액
㉠ 2월분 = ₩350,000 × 0.8 = ₩280,000
㉡ 1월분 = ₩400,000 × 0.2 = ₩80,000
(2) 현금유출액: 매입채무지급액 + 판매비와 관리비 지급액
㉠ 매입채무지급액
· 2월분 = ₩250,000 × 0.6 = ₩150,000
· 1월분 = ₩300,000 × 0.4 = ₩120,000
㉡ 판매비와 관리비 지급액 = ₩10,000 + ₩5,000 = ₩15,000
∴ 2월 말 현금잔액 = 기초현금 + (1) − (2)
= ₩50,000 + ₩360,000 − ₩270,000 − ₩10,000 − ₩5,000
= ₩125,000

15 ⑤

원재료			
기초	0	사용	141,000*
구입	164,000	기말	23,000
	164,000		164,000

재공품			
기초	0	생산	45,000
투입	47,000	기말	2,000
	47,000		47,000

* 47,000단위 × 3kg
∴ 원재료구입액 = 구입수량 × 구입단가 = 164,000단위 × ₩2 = ₩328,000

16 ⑤ 본 문제는 현금유입액이 아니라 기말매출채권 잔액을 계산하는 문제이므로 회수율을 주의하여 계산하여야 한다.
(1) 4월: ₩300,000 × 0.4 = ₩120,000
(2) 3월: ₩200,000 × 0.4 × 0.6 = ₩48,000
∴ 20×1년 4월 말 매출채권 잔액 = (1) + (2) = ₩168,000

부록

제27회 기출문제 및 해설

01 재무제표의 작성과 표시에 적용되는 일반사항에 관한 설명으로 옳지 않은 것은?

① 경영진은 재무제표를 작성할 때 계속기업으로서의 존속가능성을 평가해야 한다.
② 부적절한 회계정책은 이에 대하여 공시나 주석 또는 보충자료를 통해 설명하더라도 정당화될 수 없다.
③ 전체 재무제표(비교정보를 포함한다)는 적어도 1년마다 작성한다.
④ 한국채택국제회계기준에서 요구하거나 허용하지 않는 한 자산과 부채, 그리고 수익과 비용은 상계하지 아니한다.
⑤ 모든 재무제표는 발생기준 회계를 사용하여 작성해야 한다.

해설 기업은 현금흐름정보를 제외하고는 발생기준 회계를 사용하여 재무제표를 작성해야 한다.

02 한국채택국제회계기준에서 제시하고 있는 전체 재무제표에 해당하지 않는 것을 모두 고른 것은?

> ㉠ 기말 재무상태표
> ㉡ 경영진 재무검토보고서
> ㉢ 환경보고서
> ㉣ 기간 현금흐름표
> ㉤ 기간 손익과 기타포괄손익계산서
> ㉥ 주석

① ㉠, ㉡   ② ㉡, ㉢   ③ ㉢, ㉣
④ ㉣, ㉤   ⑤ ㉤, ㉥

해설 전체 재무제표에는 기말 재무상태표, 기간 포괄손익계산서(또는 기간 손익과 기타포괄손익계산서), 기간 자본변동표, 기간 현금흐름표, 주석 등이 있다. 따라서 경영진 재무검토보고서(㉡)와 환경보고서(㉢)는 한국채택국제회계기준에서 제시하고 있는 전체 재무제표에 해당하지 않는다.

03 재고자산에 관한 설명으로 옳은 것은?

① 재고자산은 취득원가와 순실현가능가치 중 높은 금액으로 측정한다.

② 개별법이 적용되지 않는 재고자산의 단위원가는 선입선출법, 가중평균법 및 후입선출법을 사용하여 결정한다.

③ 재고자산의 수량결정방법 중 실지재고조사법만 적용시 파손이나 도난이 있는 경우 매출원가가 과소평가될 수 있는 문제점이 있다.

④ 부동산매매를 주된 영업활동으로 하는 부동산매매기업이 보유하고 있는 판매 목적의 건물과 토지는 재고자산으로 분류되어야 한다.

⑤ 물가가 지속적으로 상승하고 재고청산이 발생하지 않는 경우, 선입선출법의 매출원가가 다른 방법에 비해 가장 크게 나타난다.

> 해설 ① 재고자산은 취득원가와 순실현가능가치 중 낮은 금액으로 측정한다.
> ② 개별법이 적용되지 않는 재고자산의 단위원가는 선입선출법, 가중평균법을 사용하여 결정한다.
> ③ 재고자산의 수량결정방법 중 실지재고조사법만 적용시 파손이나 도난이 있는 경우 기말재고가 과소평가되므로 매출원가가 과대평가될 수 있다.
> ⑤ 물가가 지속적으로 상승하고 재고청산이 발생하지 않는 경우, 선입선출법의 매출원가는 먼저 입고된 과거원가이므로 다른 방법에 비해 과소계상된다.

04 (주)한국의 다음 재고자산 관련 자료를 이용하여 구한 재고자산의 취득원가는?

• 매입가격	₩500,000	• 매입운임	₩2,500
• 매입할인	₩15,000	• 하역료	₩10,000
• 수입관세(과세당국으로부터 추후 환급받을 금액 ₩7,500 포함)			₩10,000
• 재료원가, 기타 제조원가 중 비정상적으로 낭비된 부분			₩4,000
• 후속 생산단계에 투입 전 보관이 필요한 경우 이외의 보관원가			₩1,000

① ₩500,000 ② ₩505,000 ③ ₩514,000
④ ₩522,500 ⑤ ₩529,000

> 해설 재고자산의 취득원가에는 수입관세 중 환급받을 금액은 포함하지 않으며 재료원가, 기타 제조원가 중 비정상적으로 낭비된 부분과 후속 생산단계에 투입 전 보관이 필요한 경우 이외의 보관원가는 포함하지 않는다.
> ∴ 취득원가 = ₩500,000 + ₩2,500 − ₩15,000 + ₩10,000 + (₩10,000 − ₩7,500)
> = ₩500,000

05 (주)한국의 다음 재고자산 관련 거래내역을 계속기록법에 의한 이동평균법을 적용할 경우 기말재고액은? (단, 재고자산감모손실과 재고자산평가손실은 없으며, 재고자산 단가는 소수점 둘째 자리에서 반올림함)

일자	적요	수량(단위)	단위당 원가	단위당 판매가격
1월 1일	기초재고	500	₩75	
6월 1일	매출	250		₩100
8월 1일	매입	250	₩90	
12월 1일	매출	300		₩100

① ₩15,000   ② ₩16,000

③ ₩16,500   ④ ₩18,000

⑤ ₩18,500

해설┃ 이동평균단가 = [(250개 × ₩75) + (250개 × ₩90)] ÷ 500개 = ₩82.5

∴ 기말재고 = 기말재고수량 × 이동평균단가

= (500개 − 250개 + 250개 − 300개) × ₩82.5 = ₩16,500

06 (주)한국의 다음 자료를 이용하여 구한 재고자산회전율은? (단, 재고자산회전율은 매출원가 및 기초와 기말의 평균재고자산을 이용하며, 계산결과는 소수점 둘째 자리에서 반올림함)

• 기초재고자산	₩18,000	• 당기매입액	₩55,000
• 당기매출액	₩80,000	• 매출총이익률	30%

① 2.0회   ② 3.2회   ③ 4.7회

④ 5.1회   ⑤ 6.0회

해설┃ 기말재고 = 기초재고 + 당기매입액 − 매출원가

= ₩18,000 + ₩55,000 − (₩80,000 × 70%)

= ₩17,000

∴ 재고자산회전율 = 매출원가 ÷ 평균재고

= (₩80,000 × 70%) ÷ [(₩18,000 + ₩17,000) / 2]

= 3.2회

07 (주)한국이 20×1년 말 실지재고조사한 재고자산 원가는 ₩50,000으로 파악되었다. (주)한국이 재고자산과 관련하여 다음 추가사항을 고려할 경우 정확한 기말 재고자산은? (단, 재고자산감모손실과 재고자산평가손실은 없음)

- 20×1년 12월 27일 (주)대한으로부터 FOB 선적지인도조건으로 매입하여 운송 중인 상품의 원가는 ₩15,000이며, 이 상품은 20×2년 초 (주)한국에 도착할 예정이다.
- (주)한국이 20×1년 중 구매자에게 시용판매의 목적으로 인도한 상품의 원가는 ₩20,000이며, 기말 현재 구매자는 이 상품에 대해 30%의 구매의사 표시를 하였다.
- (주)한국의 20×1년 말 실사한 재고자산 중 ₩20,000은 주거래은행의 차입금에 대한 담보로 제공 중이며, 저당권은 아직 실행되지 않았다.
- (주)한국이 20×1년 중 위탁판매를 위한 수탁자인 (주)민국에게 적송한 상품의 원가는 ₩15,000이며, 기말 현재 (주)민국은 60%의 판매 완료를 통보해 왔다.

---

① ₩70,000 ② ₩77,000
③ ₩85,000 ④ ₩91,000
⑤ ₩105,000

[해설] 본 문제는 담보제공 상품이 실사한 재고자산에 포함되어 있음을 주의해야 한다.
∴ 기말재고자산 = ₩50,000 + ₩15,000 + (₩20,000 × 70%) + (₩15,000 × 40%)
= ₩85,000

08 (주)한국의 20×1년 초 재무상태표상 당좌자산은 ₩3,500, 재고자산은 ₩1,500, 유동부채는 ₩2,000으로 나타났다. (주)한국이 20×1년 중 상품 ₩1,000을 현금매입하고 외상매출금 ₩500을 현금회수한 경우 (가) 당좌비율과 (나) 유동비율에 미치는 영향은? (단, (주)한국의 유동자산은 당좌자산과 재고자산만으로 구성되어 있으며, 계속기록법을 적용함)

	(가)	(나)
①	감소	감소
②	감소	불변
③	증가	감소
④	증가	불변
⑤	불변	불변

해설 • 상품매입시
  (차) 상품(유동자산)　　　　　　　　　1,000　　　(대) 현금(당좌자산, 유동자산)　　1,000
• 외상매출금 회수시
  (차) 현금(당좌자산, 유동자산)　　　　500　　　(대) 매출채권(당좌자산, 유동자산)　500
∴ 거래가 각 비율에 미치는 영향
  (가) 당좌비율(↓) = 당좌자산(↓) ÷ 유동부채(불변)
  (나) 유동비율(불변) = 유동자산(불변) ÷ 유동부채(불변)

09 각 기업에 대한 감사의견이 순서대로 올바르게 제시된 것은?

> ⊙ (갑회사) 회계감사를 받기 위해 제출한 재무제표에는 한국채택국제회계기준을 중요하게 위배한 내용이 있었지만, 회계감사 종료 전에 모두 수정되어 최종 재무제표에는 한국채택국제회계기준을 중요하게 위배한 내용이 없었다.
>
> ⓛ (을회사) 회계감사 이후 최종 재무제표에 한국채택국제회계기준을 위배한 내용이 포함되어 있으나, 위배 내용이 미미하며 중요하지는 않다.
>
> ⓒ (병회사) 감사범위가 중대하게 제한되어 적절한 회계감사를 수행할 수 없었다.

① 적정의견, 적정의견, 의견거절
② 적정의견, 적정의견, 부적정의견
③ 한정의견, 한정의견, 한정의견
④ 한정의견, 적정의견, 의견거절
⑤ 한정의견, 적정의견, 부적정의견

해설 재무제표에 대한 감사의견은 한국채택국제회계기준의 준수 여부, 감사범위의 제한 여부에 따라 상이하다. 따라서 감사의견은 표명사유 및 중요성에 따라 적정의견, 한정의견, 부적정의견, 의견거절로 구분된다.
⊙ⓛ 한국채택국제회계기준의 위배가 없거나 중요하지 않은 경우이므로 적정의견에 해당된다.
ⓒ 감사범위가 중대하게 제한되었으므로 의견거절에 해당된다.

10 20×1년 말 재무제표에 부채로 반영해야 하는 항목을 모두 고른 것은? (단, 각 거래는 독립적임)

> ⊙ 20×1년 근무결과로 20×2년에 연차를 사용할 수 있게 됨(해당 연차는 20×2년에 모두 사용될 것으로 예상되나, 사용되지 않은 연차에는 20×3년 초에 수당이 지급됨)
>
> ⓛ 20×1년 말 구매계약이 체결되고 20×2년에 컴퓨터 납품 예정
>
> ⓒ 20×1년 재무제표 승인을 위해 20×2년 3월에 개최된 정기주주총회에서 현금배당 결의

① ⊙
② ⓛ
③ ⓒ
④ ⊙, ⓒ
⑤ ⊙, ⓛ, ⓒ

해설 단기 종업원급여는 종업원이 관련 근무용역을 제공하는 연차보고기간 이후 12개월 이내에 전부 결제될 것으로 예상되는 종업원급여를 말한다. 제시된 유급 연차휴가나 연차병가 등은 단기 종업원급여에 해당하며, 기업은 예상되는 단기 종업원급여는 할인되지 않은 금액으로 비용으로 인식하고 기말시점에 지급해야 할 금액은 부채로 인식한다.

---

08. ②　09. ①　10. ① ┃ 정답

11 (주)한국은 모든 매출거래를 매출채권 증가로 처리한다. 20×1년과 20×2년 중 회수불능이 확정되어 제거된 매출채권은 없으며, 회수불능으로 회계처리했던 매출채권을 현금으로 회수한 내역도 없을 때, 다음 중 옳지 않은 것은?

계정과목	20×1년	20×2년
기말 매출채권	₩95,000	₩100,000
기말 손실충당금	₩15,500	₩17,000
매출액	₩950,000	₩980,000
손상차손	₩15,500	?

① 20×2년 초 매출채권의 전기이월액은 ₩95,000이다.

② 20×1년 초 손실충당금의 전기이월액은 ₩0이다.

③ 20×2년 손상차손은 ₩1,500이다.

④ 20×2년 초 손상차손의 전기이월액은 ₩0이다.

⑤ 20×2년 현금회수된 매출채권은 ₩976,500이다.

해설 ① 20×2년 초 매출채권잔액은 20×1년 말 매출채권잔액 ₩95,000이다.

② 20×1년도에 손상확정과 회수금액이 없는 경우이므로 20×1년도 말 기말잔액과 손상차손금액이 동일하므로 전기이월액은 ₩0이다.

③ 20×2년 손상차손 = 기초손실충당금 + 손상차손 − 확정액 = 기말손실충당금
= ₩15,500 + x − ₩0 = ₩17,000
∴ 손상차손(x) = ₩1,500

④ 손상차손은 비용계정으로 잔액이 이월되지 않는 계정이므로 전기이월액은 ₩0이다.

⑤ 20×2년 현금회수된 매출채권 = 기초매출채권 + 외상매출액 − 기말매출채권

손실충당금

기초매출채권	95,000	회수액	975,000
외상매출액	980,000	기말매출채권	100,000
	1,075,000		1,075,000

12 아파트 관리업무를 영위하는 (주)한국의 당기 말 자본총계에 영향을 미치는 거래는 모두 몇 개인가? (단, 각 거래는 독립적임)

- 당기 관리비수입 발생(단, 당기말까지 관리비고지서는 미발행)
- 차기 관리비를 당기에 미리 수령
- 당기 급여 발생(단, 급여 지급은 차기에 이루어짐)
- 당기 중 주식배당 실시
- 당기 미수이자 발생(단, 이자수령은 차기에 이루어짐)

① 1개   ② 2개   ③ 3개
④ 4개   ⑤ 5개

해설┃ 수익의 발생과 비용의 발생은 각각 자본의 증가와 감소원인이 되므로 자본총계에 영향을 준다. 따라서 관리비수입의 발생과 미수이자의 발생은 자본의 증가요인이고, 급여의 발생은 자본의 감소요인이 되므로 자본총계에 영향을 미치는 거래에 해당된다.

13 20×1년과 20×2년 말 미수임대료와 선수임대료 잔액이 다음과 같을 때, 20×2년 중 현금으로 수취한 임대료가 ₩118,000이라면, 20×2년 포괄손익계산서에 표시될 임대료는?

구분	20×1년 말	20×2년 말
미수임대료	₩11,000	₩10,000
선수임대료	₩7,800	₩8,500

① ₩116,300   ② ₩117,700   ③ ₩118,000
④ ₩118,300   ⑤ ₩119,700

해설┃ 본 문제는 현금수취액에서 출발하여 발생주의 임대료수익을 계산하는 발생주의 전환 문제에 해당된다.

임대료 수취액	118,000	발생주의	116,300
		미수임대료 감소	1,000
		선수임대료 증가	700
	118,000		118,000

14 재무보고를 위한 개념체계에서 제시한 측정기준에 관한 설명으로 옳은 것은?

① 공정가치는 자산을 취득할 때 발생한 거래원가로 인해 증가할 수 있다.

② 공정가치와 역사적 원가는 유입가치에 해당한다.

③ 사용가치는 기업 특유의 가정보다는 시장참여자의 가정을 반영한다.

④ 자산의 현행원가는 측정일 현재 동등한 자산의 원가로서 측정일에 지급할 대가와 그날에 발생할 거래원가를 포함한다.

⑤ 역사적 원가를 기반으로 한 이익은 현행원가를 기반으로 한 이익보다 미래이익을 예측하는 데 더 유용하다.

해설 ① 공정가치는 자산을 취득할 때 발생한 거래원가로 인해 증가하지 않는다.
② 공정가치는 유출가치에 해당하며, 유입가치는 역사적 원가와 현행원가가 해당된다.
③ 반대로 설명되어 있다. 사용가치는 시장참여자의 가정보다는 기업 특유의 가정을 반영한다.
⑤ 반대로 설명되어 있다. 현행원가를 기반으로 한 이익이 역사적 원가를 기반으로 한 이익보다 미래이익을 예측하는 데 더 유용하다.

15 근본적 질적 특성에 해당하는 것은?

① 비교가능성　　　② 이해가능성　　　③ 검증가능성
④ 적시성　　　　　⑤ 목적적합성

해설 근본적으로 재무정보가 유용하기 위해서는 목적적합해야 하고, 나타내고자 하는 바를 충실하게 표현해야 한다.

16 (주)한국은 20×1년 초 건물을 ₩50,000에 취득하고 투자부동산(공정가치모형 선택)으로 분류하였다. 동 건물의 20×1년 말 공정가치는 ₩38,000, 20×2년 말 공정가치는 ₩42,000일 때, 20×2년도 당기순이익에 미치는 영향은? (단, (주)한국은 건물을 내용연수 10년, 잔존가치 ₩0, 정액법 상각함)

① ₩2,000 증가　　② ₩3,000 증가　　③ ₩4,000 증가
④ ₩5,500 증가　　⑤ ₩9,500 증가

해설 투자부동산을 공정가치모형으로 선택한 경우 발생하는 투자부동산 평가손익은 모두 당기손익에 영향을 미친다. 따라서 20×2년도 발생한 투자부동산 평가이익(₩42,000 − ₩38,000 = ₩4,000)은 수익계정으로 당기순이익을 증가시킨다.

17 기계장치 취득과 관련된 자료가 다음과 같을 때, 취득원가는?

• 구입가격	₩1,050
• 최초의 운송 및 취급 관련 원가	₩100
• 신제품 광고 및 판촉활동 관련 원가	₩60
• 정상작동 여부를 시험하는 과정에서 발생하는 원가	₩100
• 시험가동 과정에서 생산된 시제품의 순매각금액	₩20
• 다른 기계장치의 재배치 과정에서 발생한 원가	₩50

① ₩1,050

② ₩1,150

③ ₩1,230

④ ₩1,250

⑤ ₩1,340

해설 광고 및 판촉 관련 원가, 시험가동 과정에서 생산된 시제품의 순매각금액, 그리고 재배치 과정에서 발생한 원가는 유형자산의 원가에 포함하지 않는 항목이다.
∴ 기계장치의 취득원가 = ₩1,050 + ₩100 + ₩100 = ₩1,250

18 포괄손익계산서 회계요소에 해당하는 것은?

① 자산

② 부채

③ 자본

④ 자본잉여금

⑤ 수익

해설 포괄손익계산서에는 수익과 비용, 그리고 기타포괄손익이 표시된다. 나머지는 재무상태표에 표시되는 자산, 부채 그리고 자본항목에 해당된다.

14. ④	15. ⑤	16. ③	17. ④	18. ⑤

정답

19 (주)한국은 20×1년 초 4년간 용역을 제공하기로 하고 총계약금액 ₩100,000의 용역계약을 수주하였다. 관련 자료가 다음과 같을 때, 20×3년도 용역계약이익은? (단, 진행률에 의해 계약수익을 인식하며, 진행률은 총추정계약원가 대비 누적 발생계약원가로 산정함)

구분	20×1년	20×2년	20×3년	20×4년
누적발생계약원가	₩24,000	₩52,000	₩68,000	₩80,000
추가소요예정원가	₩56,000	₩28,000	₩12,000	–

① ₩4,000   ② ₩5,000

③ ₩6,000   ④ ₩7,000

⑤ ₩8,000

해설 본 문제는 연도별 총계약원가가 동일하므로 간편법으로 계약이익을 풀이하면 신속한 계산이 가능하다.

구분	20×1년	20×2년	20×3년	20×4년
누적발생계약원가(A)	₩24,000	₩52,000	₩68,000	₩80,000
추가소요예정원가	₩56,000	₩28,000	₩12,000	–
총계약원가(B)	₩80,000	₩80,000	₩80,000	₩80,000
누적진행률(A÷B)	30%	65%	85%	100%

∴ 20×3년 계약이익 = (₩100,000 − ₩80,000) × (85% − 65%) = ₩4,000

20 (주)한국은 20×1년 초 취득하고 즉시 사용한 기계장치(정액법 상각, 내용연수 4년, 잔존가치 ₩2,000, 원가모형 선택)를 20×4년 초 현금 ₩16,000에 처분하면서 유형자산처분이익 ₩1,500을 인식하였을 때, 기계장치의 취득원가는? (단, 손상 및 추가지출은 없음)

① ₩50,000   ② ₩52,000

③ ₩54,000   ④ ₩56,000

⑤ ₩58,000

해설 • 유형자산처분이익 = 처분금액 − 처분 직전 장부금액
                    = ₩16,000 − 처분 직전 장부금액 = ₩1,500
      ⇨ 처분 직전 장부금액 = ₩14,500
• 처분 직전 장부금액 = 취득원가 − 감가상각누계액
                   $= x - (x - ₩2,000) \times 3/4 = ₩14,500$
  ∴ 취득원가(x) = ₩52,000

21 20×1년 초 (주)한국은 현금 ₩12,000을 이전대가로 지급하고 (주)대한을 합병하였다. 합병일 현재 (주)대한의 식별 가능한 자산과 부채의 공정가치가 다음과 같을 때, (주)한국이 인식할 영업권은?

• 매출채권	₩4,000	• 비유동부채	₩7,000
• 재고자산	₩7,000	• 매입채무	₩5,000
• 유형자산	₩9,000		

① ₩3,000   ② ₩4,000

③ ₩5,000   ④ ₩7,000

⑤ ₩8,000

해설 영업권 = 합병대가 − 피합병회사의 순자산 공정가치
          = ₩12,000 − (₩4,000 + ₩7,000 + ₩9,000 − ₩7,000 − ₩5,000)
          = ₩4,000

22 유형자산의 회계처리에 관한 설명으로 옳은 것은?

① 자산을 해체, 제거하거나 부지를 복구하는 의무를 부담하게 되는 경우 의무이행에 소요될 것으로 최초에 추정되는 원가를 취득시 비용으로 처리한다.

② 정기적인 종합검사 과정에서 발생하는 원가가 인식기준을 충족하더라도 유형자산의 일부가 대체되는 것은 해당 유형자산의 장부금액에 포함하지 않는다.

③ 적격자산의 취득, 건설 또는 생산과 직접 관련된 차입원가는 발생기간에 비용으로 인식하여야 한다.

④ 재평가모형을 적용하는 유형자산의 손상차손은 해당 자산에서 생긴 재평가잉여금에 해당하는 금액까지는 기타포괄손익으로 인식한다.

⑤ 상업적 실질이 결여된 교환거래에서 취득한 자산의 취득원가는 제공한 자산의 공정가치로 측정한다.

해설 ① 복구원가는 원상복구를 위하여 유형자산으로 계상된 시설물을 제거, 해체하거나 또는 부지를 복원하는 데 소요될 것으로 최초 추정되는 원가를 말한다. 이 경우 최초 인식시점에서 예상되는 자산의 복구원가는 충당부채 인식요건을 충족하면 유형자산의 최초원가에 가산한다.

② 유형자산의 일부를 대체할 때 발생하는 원가가 인식기준을 충족하는 경우에는 이를 해당 유형자산의 장부금액에 포함하여 인식한다.

③ 적격자산에 대한 차입원가는 자산의 취득과 관련된 원가이므로 자산의 인식요건을 만족하는 경우에 자산 원가의 일부로 자본화해야 한다.

⑤ 상업적 실질이 결여된 교환거래에서 취득한 자산의 취득원가는 제공한 자산의 장부금액으로 측정한다.

23 고객과의 계약에서 생기는 수익에서 설명하는 다음 ( )에 공통으로 들어갈 용어는?

- 수익인식 5단계: 계약의 식별 ⇨ ( )의 식별 ⇨ 거래가격을 산정 ⇨ 거래가격을 계약 내 ( )에 배분 ⇨ ( )의 이행에 따라 수익을 인식
- ( ): 고객과의 계약에서 구별되는 재화나 용역 또는 실질적으로 서로 같고 고객에게 이전하는 방식도 같은 일련의 구별되는 재화나 용역을 고객에게 이전하기로 한 약속

① 환불부채　　　　　② 계약자산　　　　　③ 계약부채
④ 판매가격　　　　　⑤ 수행의무

해설 수행의무는 고객과의 계약에서 재화나 용역을 이전하기로 한 약속이다. 따라서 수익인식의 핵심 원칙은 기업이 고객에게 약속한 재화나 용역이 고객에게 이전되는 것을 나타내도록 재화나 용역의 이전대가로 고객으로부터 받을 권리를 반영한 금액으로 수익을 인식해야 한다는 것이다.

24 다음에 해당하는 자본항목은?

> 상법의 규정에 따라 자본금의 2분의 1에 달할 때까지 현금배당액의 10분의 1 이상을 의무적
> 으로 적립해야 한다.

① 주식발행초과금 ② 감자차익
③ 자기주식 ④ 주식할인발행차금
⑤ 이익준비금

해설 법정적립금은 회사의 다른 이해관계자들을 보호하기 위하여 법률에 의해 강제적으로 적립되어 현금
배당이 제한되는 이익잉여금을 말한다. 이와 같은 법정적립금 중 본 문제에서 제시되는 내용은 상법
에서 규정하고 있는 이익준비금에 대한 설명이다.

25 기업이 종업원에게 급여를 지급하면서 소득세 등을 원천징수하여 일시적으로 보관
하기 위한 계정과목은?

① 예수금 ② 선수금
③ 선급금 ④ 미수금
⑤ 미지급금

해설 일반적인 상거래 이외에서 발생하는 일시적인 제예수액을 말하며, 영업상 또는 영업외 모든 일시적
인 예치보관 현금으로 일정 시기가 지나면 지급해야 하는 의무이다(예 소득세예수금 등).

26 (주)한국은 20×1년 1월 1일에 상각후원가로 측정하는 액면금액 ₩10,000의 사채(표시이자율 연 5%, 이자는 매년 말 후급, 유효이자율 연 10%, 만기 20×3년 말)를 ₩8,757에 발행하였다. (주)한국이 동 사채의 90%를 20×3년 1월 1일에 ₩9,546을 지급하고 조기상환했을 때, 사채상환손익은? (단, 단수 차이가 발생할 경우 가장 근사치를 선택함)

① 손익 ₩0

② 손실 ₩541

③ 이익 ₩541

④ 손실 ₩955

⑤ 이익 ₩955

해설 • 20×1.12.31. 상각후원가 = (₩8,757 × 1.1) − ₩500 = ₩9,133
  • 20×2.12.31. 상각후원가 = (₩9,133 × 1.1) − ₩500 = ₩9,546
  ∴ 20×3.1.1. 상환손익 = (₩9,546 × 90%) − ₩9,546 = (₩955) 손실

27 다음은 (주)한국의 20×1년 재무제표 자료이다. (주)한국의 20×1년 법인세비용차감전순이익은 ₩10,000일 때, 간접법으로 산출한 영업활동현금흐름은?

• 감가상각비	₩4,000	• 매출채권(순액)의 증가	₩2,000
• 재고자산의 증가	₩4,000	• 매입채무의 감소	₩2,000
• 유상증자	₩2,000	• 사채의 상환	₩4,000

① ₩6,000

② ₩8,000

③ ₩10,000

④ ₩12,000

⑤ ₩14,000

해설

영업활동현금흐름	6,000	법인세비용차감전순이익	10,000
[수익계정 제거]		[비용계정 제거]	
[영업활동 관련 자산증가, 부채감소]		감가상각비	4,000
매출채권의 증가	2,000	[영업활동 관련 자산감소, 부채증가]	
재고자산의 증가	4,000		
매입채무의 감소	2,000		
	14,000		14,000

28 금융자산에 해당하지 않는 것은?

① 매출채권

② 투자사채

③ 다른 기업의 지분상품

④ 당기법인세자산

⑤ 거래상대방에게서 국채를 수취할 계약상의 권리

해설 금융자산은 계약에 의해 현금이나 다른 금융자산을 수취할 권리를 말한다. 따라서 선급금, 재고자산 등과 같은 실물자산, 법인세 관련 자산 등은 금융자산에 해당되지 않는다.

29 20×1년 초에 설립된 (주)한국의 유통보통주식수는 10,000주(주당 액면금액 ₩1,000)이고 우선주는 3,000주(배당률 10%, 누적적·비참가적, 주당 액면금액 ₩1,000)이며, 20×1년에 유통보통주식수의 변동은 없다. 20×1년 당기순이익이 ₩5,000,000일 때, (주)한국의 기본주당순이익은?

① ₩385

② ₩400

③ ₩470

④ ₩485

⑤ ₩500

해설 기본주당순이익 = 보통주 당기순이익 ÷ 가중평균유통보통주식수

= [₩5,000,000 − (3,000주 × ₩1,000 × 10%)] ÷ 10,000주

= ₩470

30 (주)한국이 은행으로부터 통지받은 은행 예금잔액증명서상 잔액은 ₩10,000이고, 장부상 당좌예금 잔액과 차이가 있다. 당좌예금계정 잔액의 불일치 원인이 다음과 같을 때, (주)한국의 조정 전 당좌예금계정 잔액은?

• (주)한국이 거래처에 발행하였으나 은행에서 미인출된 수표	₩2,000
• (주)한국은 입금처리하였으나 은행에서 미기록한 예금	₩1,000
• (주)한국에서 회계처리하지 않은 은행수수료	₩300
• 타회사가 부담할 수수료를 (주)한국의 계정에서 차감한 은행의 오류	₩400
• (주)한국에서 회계처리하지 않은 이자비용	₩500

① ₩8,600 ② ₩9,400 ③ ₩9,800
④ ₩10,000 ⑤ ₩10,200

해설

회사측		은행측	
수정 전 잔액(x)	10,200	수정 전 잔액	10,000
은행수수료	(300)	기발행 미인출수표	(2,000)
이자비용 기장 누락	(500)	미기입예금	1,000
		은행 착오 출금	400
	9,400		9,400

31 (주)한국은 20×1년 5월 1일 주식A 100주를 취득일의 공정가치인 주당 ₩100에 취득하고 당기손익-공정가치측정 금융자산으로 분류하였다. 20×1년 말과 20×2년 말의 주식A의 공정가치는 다음과 같다.

구분	20×1년 말	20×2년 말
주식A 공정가치	₩120	₩140

(주)한국은 20×2년 5월 1일 주식A 50주를 처분일의 공정가치인 주당 ₩110에 처분하고, 나머지 50주는 계속 보유하고 있다. 20×2년 당기순이익에 미치는 영향은?

① 영향 없음 ② ₩500 감소 ③ ₩500 증가
④ ₩1,000 감소 ⑤ ₩1,000 증가

해설 (1) 처분손익 = (₩110 − ₩120) × 50주 = (₩500) 처분손실 ⇨ 당기순이익 감소
(2) 평가손익 = (₩140 − ₩120) × 50주 = ₩1,000 평가이익 ⇨ 당기순이익 증가
∴ 20×2년 당기순이익에 미치는 영향: (1) + (2) = ₩500 증가

32 (주)한국의 20×1년 말 재무상태표에 표시된 현금 및 현금성자산은 ₩500이다. 다음 자료를 이용할 경우 보통예금은?

• 통화	₩50	• 송금수표	₩100
• 선일자수표	₩150	• 보통예금	?
• 당좌개설보증금	₩150	• 우편환증서	₩100
• 양도성 예금증서(취득일 20×1년 10월 1일, 만기일 20×2년 1월 10일)			₩150

① ₩200

② ₩250

③ ₩300

④ ₩350

⑤ ₩400

해설 현금 및 현금성자산 = 통화 + 송금수표 + 보통예금(x) + 우편환증서
$$= ₩50 + ₩100 + x + ₩100 = ₩500$$
∴ 보통예금(x) = ₩250

33 (주)한국의 내년 예상손익자료는 다음과 같다. 연간 생산·판매량이 20% 증가한 다면 영업이익은 얼마나 증가하는가?

• 단위당 판매가격	₩2,000	• 변동원가율	70%
• 손익분기점 판매량	300개	• 연간 생산·판매량	400개

① ₩48,000

② ₩54,000

③ ₩56,000

④ ₩60,000

⑤ ₩66,000

해설 영업이익의 증가 = (400개 × 20%) × ₩2,000 × 30% = ₩48,000

34 (주)한국의 20×1년 원가자료는 다음과 같다. 직접노무원가가 기본원가(prime cost)의 40%일 때 기말재공품 금액은?

• 직접재료원가	₩90,000	• 제조간접원가	₩70,000
• 당기제품제조원가	₩205,000	• 기초재공품	₩5,000

① ₩10,000
② ₩20,000
③ ₩60,000
④ ₩90,000
⑤ ₩110,000

해설 직접노무원가가 기본원가의 40%이므로 직접재료원가는 기본원가의 60%이다. 따라서 기본원가는 다음과 같다.
∴ 기본원가 = ₩90,000 ÷ 60% = ₩150,000

재공품

기초재공품	5,000	제품제조원가	205,000
기본원가	150,000	기말재공품(x)	20,000
제조간접원가	70,000		
	225,000		225,000

35 (주)한국은 상품매매업을 영위하고 있다. 20×1년 3분기의 상품매입예산은 다음과 같다.

구분	7월	8월	9월
상품매입액(예산)	₩70,000	₩90,000	₩80,000

매월 상품매입은 현금매입 40%와 외상매입 60%로 이루어진다. 매입시점의 현금매입에 대해서는 2%의 할인을 받고 있다. 외상매입의 30%는 매입한 달에 지급하고, 나머지는 그 다음 달에 지급한다. 20×1년 9월의 현금지출예상액은?

① ₩78,560
② ₩79,560
③ ₩83,560
④ ₩85,560
⑤ ₩88,560

해설 (1) 9월분 = (₩80,000 × 40% × 98%) + (₩80,000 × 60% × 30%) = ₩45,760
(2) 8월분 = (₩90,000 × 60% × 70%) = ₩37,800
∴ 20×1년 9월의 현금지출예상액 = (1) + (2) = ₩83,560

36 (주)한국의 20×1년 제조간접원가 표준자료는 다음과 같다.

구분	수량표준	표준배부율
변동제조간접원가	2시간	₩5
고정제조간접원가	2시간	₩4

20×1년 제조간접원가의 기준조업도는 2,500직접노무시간, 실제 발생한 직접노무시간은 2,750시간이다. 20×1년 제조간접원가의 조업도차이는 ₩2,000(불리)이었다. 제조간접원가 능률차이는?

① ₩1,250(유리)
② ₩1,250(불리)
③ ₩2,450(유리)
④ ₩2,450(불리)
⑤ ₩3,750(불리)

해설 • 조업도차이 = (2,500시간 − 표준조업도) × ₩4 = ₩2,000(불리)
　　　⇨ 표준조업도 = 2,000시간
　　∴ 능률차이 = (2,750시간 − 2,000시간) × ₩5 = ₩3,750(불리)

37 (주)한국은 1개의 보조부문 S와 2개의 제조부문 P1과 P2를 통해 제품을 생산하고 있다. 부문공통원가인 화재보험료와 감가상각비는 각 부문의 점유면적을 기준으로 배분한다. 20×1년 6월의 관련 자료가 다음과 같을 때 보조부문원가를 배분한 후 제조부문 P1의 부문원가(총액)는?

구분	보조부문	제조부문		계
	S	P1	P2	
부문공통원가 화재보험료 감가상각비				₩16,000 ₩14,000
부문개별원가	₩10,000	₩15,000	₩18,000	
점유면적(m²)	20	30	50	100
용역수수관계(%)	20	50	30	100

① ₩21,000
② ₩24,000
③ ₩28,000
④ ₩32,000
⑤ ₩34,000

해설 부문 공통원가 배분

구분	보조부문	제조부문	
	S	P1	P2
부문공통원가 화재보험료 감가상각비			
부문개별원가	₩10,000	₩15,000	₩18,000
부문공통원가 배분			
화재보험료	₩3,200	₩4,800	₩8,000
감가상각비	₩2,800	₩4,200	₩7,000
부문원가의 합계	₩16,000	₩24,000	₩33,000
보조부분원가 배분	(₩16,000)	₩10,000[*1]	₩6,000[*2]
제조부문 합계		₩34,000	₩39,000

[*1] ₩16,000 × 50 / (50 + 30) = ₩10,000
[*2] ₩16,000 × 30 / (50 + 30) = ₩6,000

38 (주)한국은 20×1년 초에 설립되었다. 20×1년과 20×2년의 생산 및 판매활동은 동일한데 생산량은 500개이고, 판매량은 300개이다. 원가 및 물량흐름은 선입선출법을 적용한다. 20×2년 전부원가계산의 영업이익이 변동원가계산의 영업이익보다 ₩120,000 더 많았다. 20×2년 말 기말제품재고에 포함된 고정제조간접원가는? (단, 재공품은 없음)

① ₩210,000   ② ₩220,000   ③ ₩230,000
④ ₩240,000   ⑤ ₩250,000

해설 20×1년 초에 설립되었으므로 20×1년 말 기말재고는 200개(0 + 500개 − 300개)이므로 20×2년은 다음과 같다.

	20×2년		
기초재고	200	판매량	300
생산량	500	기말재고	400
	700		700

- 이익차이 = (500개 − 300개) × 단위당 고정제조간접원가 = ₩120,000
  ⇨ 단위당 고정제조간접원가 = ₩600
∴ 기말재고에 포함된 고정제조간접원가 = ₩600 × 400개 = ₩240,000

39 (주)한국은 가중평균법으로 종합원가계산을 적용하고 있다. 모든 원가는 공정 전반에 걸쳐 균등하게 발생한다. 20×1년 기초재공품수량은 100개(완성도 60%), 당기착수수량은 1,100개, 당기완성품수량은 900개, 기말재공품수량은 200개(완성도 30%)이다. 20×1년의 완성품환산량 단위당 원가는 ₩187이다. 품질검사는 완성도 40% 시점에서 이루어지며, 검사를 통과한 합격품의 5%를 정상공손으로 간주한다. 정상공손원가를 정상품에 배분한 후의 기말재공품 금액은?

① ₩11,220   ② ₩11,430   ③ ₩11,640
④ ₩11,810   ⑤ ₩11,890

해설 본 문제의 경우 기말재공품 완성도가 30%로서 검사시점 40%에 도달하지 않았으므로 정상공손원가 배분대상이 아니다. 따라서 정상공손원가는 모두 완성품원가에 배분된다.
∴ 기말재공품원가 = 기말재공품 완성품환산량 × 완성품환산량 단위당 원가
                    = (200개 × 30%) × ₩187 = ₩11,220

40 20×1년 초 설립된 (주)한국은 생산된 제품을 당해 연도에 모두 판매한다. 20×1년에 제품 A 900개를 생산하여 단위당 ₩3,000의 가격으로 판매하였다. 20×1년의 제품 A의 원가구조는 다음과 같다.

• 단위당 변동제조원가	₩800	• 고정제조원가(총액)	₩800,000
• 단위당 변동판매관리비	₩600	• 고정판매관리비(총액)	₩600,000

20×2년 초 (주)한국의 경영자는 제품 A의 제조공정을 개선하려고 한다. 제조공정을 개선하면 고정제조원가는 연간 ₩317,800 증가하고, 직접노무원가는 단위당 ₩100 절감된다. 단위당 변동판매관리비와 판매가격, 고정판매관리비는 20×1년과 동일하다. 20×2년 제품 A의 영업이익을 20×1년과 동일하게 유지하기 위한 제품 A의 생산·판매수량은? (단, 재공품은 없음)

① 1,021개　　　　　　　　② 1,034개
③ 1,045개　　　　　　　　④ 1,073개
⑤ 1,099개

해설 • 20×1년 영업이익
$$=\{₩3,000 - (₩800 + ₩600)\} \times 900개 - ₩800,000 - ₩600,000$$
$$= ₩40,000$$

• 20×2년 영업이익
$$=\{₩3,000 - (₩700 + ₩600)\} \times x - ₩800,000 - ₩600,000 - ₩317,800$$
$$= ₩40,000$$
$$\therefore \text{생산·판매수량}(x) = 1,034개$$